KB046752

민사소송
가이드 · 매뉴얼

전병서

박영사

제2판

머리말

본서는 요건사실론을 기초로 민법, 상법, 민사집행법의 교차 영역을 아우르면서 종합적으로 실전적 민사실무능력을 체계화하기 위한 교재입니다.

소송유형마다 그 조문의 적용을 받는 전형적 사안을 제시하고, 그 사안에 대한 소송물·청구취지·청구원인·예상되는 항변 등에 대한 자세한 설명을 전개하였습니다.

본서가 초학자에게는 구체적 사례를 해결하기 위한 가이드가 되고, 어느 정도 요건사실론을 이해하고 있는 신진 변호사, 법무사 등에게는 실무상 매뉴얼이 되기를 기대합니다.

항상 격려하여 주시는 주위 분들에게 감사를 드리고, 특히 본서의 편집작업을 맡아 준 박영사 윤혜경 대리에게 감사를 표합니다.

2024. 2.

전 병 서

머리말

본서는 사건유형별 민사소송에 대한 가이드(guide) 내지는 매뉴얼(manual)입니다. 민사소송법 자체의 이론서나 법원의 민사소송 실무서는 다수 존재하지만, 실전적으로 민사소송을 하고자 하는 경우의 적절한 교재는 많지 않은 듯하여 본서를 집필하게 되었습니다.

사실관계와 그에 터 잡은 원고의 청구취지와 청구원인 및 피고의 항변을 이해하지 않고서는 민사소송을 제대로 이해하기 어렵습니다. 그리하여 본서는 민사소송유형을 대상으로 요건사실을 통한 실체법과 절차법, 이론과 실무의 기초를 이해할 수 있도록 그 내용을 전개하였습니다.

분쟁의 실태에 따라 일목요연하게 그 내용을 구성하였는데, 기본적(전형적) 소송유형뿐만 아니라 특수한 소송유형도 다루고 있습니다.

본서가 법학전문대학원에서의 교육뿐만 아니라, 나아가 민사실무의 현장에서 활약하는 신진 변호사, 법무사 등에게도 도움이 되기를 기대합니다.

그리고 민사소송에 맞닥뜨려 스스로 법적 지식을 익혀 가면서 나홀로 본인소송을 하고자 하는 경우에도 본서가 참고가 될 수 있으면 하는 바람입니다.

2022. 8.

전 병 서

[플랫폼 주소] http://justitia.kr

[QR코드]

소송의 유형

건물인도청구
건물철거 및 토지인도청구
건물철거청구
공유물분할소송
구상금청구
대여금청구
동산인도청구
매매대금지급청구
목적물인도청구
보수지급청구
보증채무이행청구
부동산(토지)인도청구
사해행위취소소송(채권자취소소송)
생활방해 유지청구소송
소유권이전등기말소등기청구
소유권이전등기청구
소유권확인소송
양수채권청구
어음금청구소송
인수금청구
인지청구소송
임대료(차임)청구소송
임대차보증금반환청구
자녀인도청구의 집행
저당권설정등기말소등기청구
전부금청구소송
정기금판결과 변경의 소
주주대표소송
주주총회결의 취소소송
중재판정 집행결정신청
채권자대위소송
채무부존재확인소송
청구이의의 소
추심의 소
토지경계확정소송
파산채권조사확정재판

목 차

제 1 부 민사소송절차와 요건사실

| 제 2 부 기본적 소송유형

| 제 3 부 특수한 소송유형

제1부
민사소송절차와 요건사실

제1장
민사소송의 이해

제1장 민사소송의 이해

- 甲은 2019. 8. 1. 乙에게 3억 원을 변제기는 2019. 8. 31.로 정하여 대여하였는데, 변제기가 지났음에도 대여금을 변제하지 않는다고 주장하면서 대여금반환을 구하는 소를 제기하였다고 하자.
- 甲은 2020. 7. 1. 乙에게 카메라 1대를 100만 원에 팔았다고 주장하면서, 乙에게 매매대금의 지급을 구하는 소를 제기하였다고 하자.
- 甲은 자신이 소유하는 A건물을 乙이 불법적으로 점유하고 있다고 주장하면서 乙에게 A건물의 인도를 구하는 소를 제기하였다고 하자.

민사소송이란 분쟁이 발생한 경우에 원고가 주장하는 권리(의무)의 존부에 대하여 법원이 심리하여 그 판단을 판결이라는 형식으로 재판하는 것에 의하여 그 분쟁을 해결하는 것이다. 가령, 금전을 빌려주면 그 반환을 구하는 대여금반환청구권, 또는 물건을 팔면 매매대금지급청구권이라는 권리가 발생한다.

그런데 권리라는 것은 머릿속에서 생각하는 추상적·관념적인 존재에 지나지 않고 실제로 그것을 보거나 접촉하는 등 직접 감지할 수 있는 것은 아니므로 법관이 오감(五感)의 작용에 의하여 직접적으로 권리의 존부를 인식할 수 없다.

그렇다면 법원은 권리의 존부에 대하여 어떻게 판단하여 재판하는가. 민법이나 상법 등의 실체사법이 권리의 존부를 인식하기 위한 수단이 된다. 법규는 「어느 법률요건이 있는 때에는 어느 법률효과가 발생한다」는 형식으로 규정되어 있다(반드시 모든 조문이 이러한 형식으로 규정되어 있는 것은 아니지만, 그러한 경우는 해석에 의하여 보완된다). 어느 권리를 가지고 있는 것을 주장하기를 원하는 당사자는 「권리의 발생」이라는 법률효과를 정하는 법규의 법률요건에 해당하는 사실을 주장하고 증명하게 된다. 또 상대방 당사자의 권리가 없는 것을 주장하기를 원하는 당사자는 「권리의 발생의 장애」나 「권리의 발생의 소멸」이라는 법률효과를 정하는 법규의 법률요건에 해당하는 사실을 주장하고 증명하게 된다.

그리하여 재판은 아래 그림과 같이 ① 어느 법률요건(Tatbestand)이 있으면, 어느 법률효과(Rechtfolge)가 발생한다는 법규(T → R)를 대전제로 하고, 어느 확정된 구체적인 요건사실(주요사실)(Sachverhalt)이 위 법률요건에 ② 포섭되는(S⊂T)것을 소전제로 하여, ③ 따라서 사안에서 그 법률효과가 인정된다(S → R)는 결론을 이끌어내는 **법적 3단 논법**에 의하여 구체적인 법률효과의 발생·변경·소멸을 판단하여 선언하는 것이다.

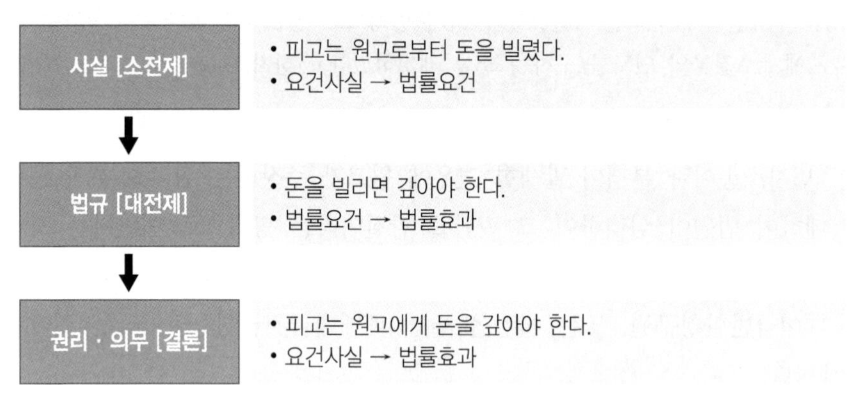

그래서 어느 사건에 대하여 판결을 하기 위해서는 법규 적용의 소전제가 되는 구체적인 사실의 존부를 확정하지 않으면 안 된다. 법원은 법규를 실마리로 하여 해당 분쟁에 관계하는 법규의 법률요건에 해당하는 구체적인

사실인 요건사실 가운데 다툼이 없는 것은 그대로 사실인정을 하고(자백사실), 다툼이 있는 것에 대하여는 증거에 의하여 증명된 사실을 존재하는 것으로 이를 인정한다(사실확정). 그렇게 하여 요건사실의 존부가 확정되면, 법규에 규정되어 있는 권리·의무의 존부(법률효과)가 확정되는 것으로서(법규적용) 판결을 내려 해당 민사분쟁을 해결하는 것이다.

1. 소송절차의 구조

민사소송은 사인 사이의 분쟁의 법적 해결을 위해서 소의 제기로부터 판결에 이르기까지 원고·피고 및 법원의 행위가 연속하여 행하여지면서 진행되는 재판상의 절차이다. 본래 소송에 해당하는 용어인 프로세스(process)는 일정한 목적을 향하여 진전되는 과정을 뜻하는 것으로 소송절차의 전체적 흐름을 이해하는 것은 대단히 중요하다. 그리하여 여기에서는 **대여금청구소송**을 가지고 민사소송절차의 흐름에 대하여 살펴보기로 한다. 아울러 민사소송의 전체구조를 개관하고, 민사소송의 중요개념을 익히고자 한다.

민사소송의 절차를 단순화하면, 다음과 같이 몇 개의 주요한 국면으로 나눌 수 있다.

즉, 원고에 의한 심리·판단의 대상의 제시(청구) → 원고·피고에 의한 주장(주장) → 원고·피고에 의한 입증(증명) → 법원에 의한 판단(판결)이라는 과정을 거친다.

기본적으로는 [가] 본안의 신청 단계에서는 처분권주의가 지배하고, [나] 법률상 주장의 단계에서는 「법적 평가=법원의 책무」라는 명제가 지배하고, [다] 사실상 주장, [라] 증명의 단계에서는 변론주의가 지배한다.

이로부터 [가]와 [다], [라]의 단계에서는 당사자가 주도권을 쥐는 데 대하여, [나]의 단계에서는 법원이 주도권을 쥔다는 차이가 발생한다.

결국 소송절차가 이 순서로 [가] → [나] → [다] → [라]로 전개되어 간다.

청구의 인낙은 [가]의 차원에, **권리자백**은 [나]의 차원에, **재판상 자백**은 [다]의 차원에 각각 속한다. 그래서 각 차원을 지배하는 원리의 차이에 의하

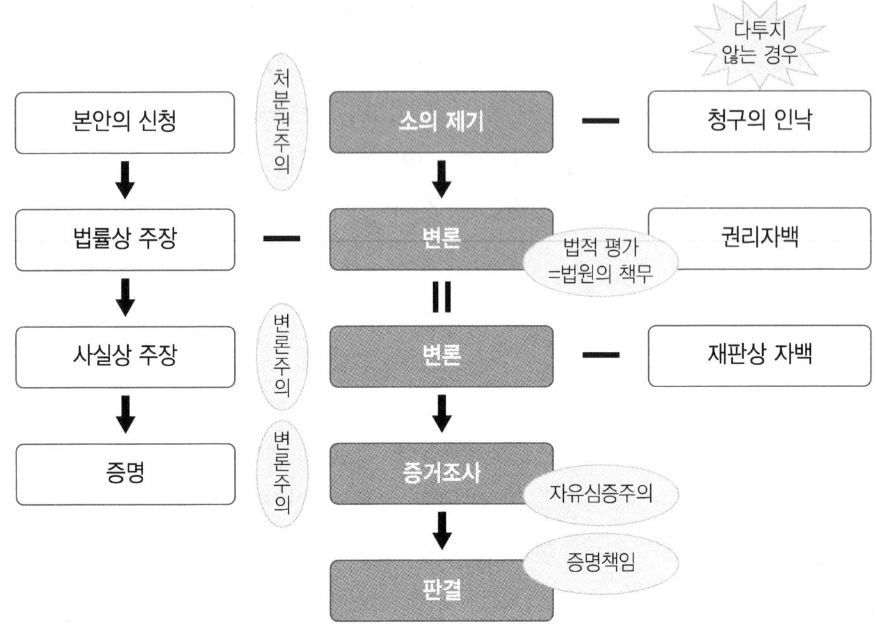

여 청구의 인낙과 재판상 자백에 대하여는 원칙적으로 당사자의 의사에 의한 효과가 인정되는 데 대하여, 권리자백의 경우에는 원칙적으로 당사자의 의사에 따른 효과가 인정되지 않는다.

가. 청구(본안의 신청)의 단계

소송은 원고가 청구를 제시하는 것에서 시작한다. 법률상 분쟁이 생긴 경우에 원고가 될 사람은 민사소송이라는 법정의 분쟁해결수단에 있어서 어떠한 법률관계(권리·의무)를 해결의 대상으로 할 것인가를 특정하여 명확하게 하여 법원에 제시할 필요가 있는데, 이를 청구(본안의 신청)라고 한다.

청구는, 소제기의 단계에 있어서는 소장에 청구의 취지로 적히며(민사소송법 249조 1항. 이하 조문은 별도의 법명이 없으면 민사소송법 조문이다), 이후 권리(의무)의 발생, 소멸 등을 둘러싼 주장·증명으로 심리의 대상이 되고, 판결의 단계에서는 판결서의 중심적 판단의 대상이 된다.

이에 대하여 피고가 응답한다. 통상은 청구의 기각을 구하면서(또는 소의 부적법 각하를 구하기도 한다) 원고의 청구를 다툰다. 다투는 경우에 절차는 다음 단계로 진행한다.

한편, 청구의 단계에서 소송이 종료되는 경우도 있다. 그것은 원고에 의한 소의 취하, 청구의 포기, 피고에 의한 청구의 인낙, 원·피고 사이에 소송상 화해가 성립한 경우이다. 이렇게 당사자의 의사에 따른 소송종료가 인정되는 것은 처분권주의가 지배하기 때문이다.

나. 법률상 주장 단계

다음, 원고가 자기의 청구를 뒷받침하는 법률상의 주장을 행하고, 이에 대하여 피고가 응답한다.

가령, 원고가 소유권에 기한 반환청구권으로서 어떤 **목적물의 인도를 구하는 경우**에 자기의 청구(소유권에 기한 인도청구권)의 유무를 뒷받침하기 위해서 실무상 위 [가] 청구의 단계에서 청구와 함께 처음부터 원고가 목적물의 소유권을 가진다는 것과 피고가 그 목적물을 점유하고 있다는 것을 주장하게 된다. 여기서 「원고의 목적물 소유」가 소유권에 기한 반환청구의 요건사실 가운데 하나인데, 이는 목적물의 소유권이 원고에게 귀속되어 있다는 권리관계가 아니라, 원고가 목적물의 소유권을 취득한 구체적 원인사실을 의미하는 것이다. 그런데 (소유권을 취득한 구체적 원인사실이 아니라) 목적물의 소유권을 가진다는 원고의 법률상의 주장을 피고가 인정하면(권리자백에 대하여는 법원이 구속되지 않으나, 이 경우는 원고의 소유권의 내용을 이루는 구체적 사실에 대한 자백으로 볼 수 있으므로 자백이 성립), 원고가 소유권의 취득원인사실을 구체적으로 주장·증명할 필요가 없지만, 피고가 원고의 목적물의 소유권을 다투면, 원고는 소유권의 취득원인사실을 주장하여야 하므로 절차는 다음 단계로 진행하게 된다.

다. 사실상 주장 단계

다음, 위 예에서 청구(소유권에 기한 인도청구권)에 대한 원인사실(소유권취득원인사실로 가령 매매계약이나 증여계약)을 원고가 주장하고(물론 피고의 목적물

점유도 원고가 주장), 이에 대하여 피고가 응답한다.

통상적으로 피고의 응답방법은 ① 인정한다, ② 다툰다, ③ 인정하면서 다툰다로 나눌 수 있다.

우선, ① 원고가 증명책임을 지는 사실의 주장을 피고가 인정하면, 자백이 성립하여 그 사실은 불요증사실이 된다(288조). 이는 변론주의가 타당하다는 점에 기인한다. 특히 다투지 않고 침묵하고 있는 경우도 마찬가지이다(150조 1항). 이를 **자백간주**라고 한다. 이 경우에 그 사실을 법원은 그대로 인정하지 않으면 안 된다.

다음, ② 원고의 주장을 피고가 다투면, 그 사실은 증명이 필요하다. 이를 **부인**이라고 한다. 피고가 그 사실을 알지 못한다는 **부지**의 진술을 한 경우도 마찬가지이다(150조 2항). 이 경우에는 이러한 사실에 관하여 절차는 다음 증명의 단계로 진행한다.

한편, ③ 원고의 주장을 인정하면서, 피고가 적극적으로 자기의 방어방법을 제출하는 경우가 있다. 이를 **항변**이라고 한다. 이 경우에는 피고의 주장, 즉 항변에 대하여 원고의 응답을 구하게 된다.

라. 증명(입증)의 단계

위 다툼이 된 사실에 대하여 증명을 하게 된다. 이 경우에 그 사실에 대하여 증명책임을 지는 당사자는 본증을 하게 된다.

위 예에서 원고가 목적물을 매수하였는지 여부를 둘러싸고, 매매계약서를 증거로 제출하고(본증), 피고는 그 계약서가 위조라는 것을 감정에 의하여 밝히려는(반증) 공방이 전개될 것이다. 법원은 증거조사의 결과에 따라 자유로운 심증으로, 가령 매매계약을 부정(즉, 요건사실의 하나인 원고의 목적물 소유를 부정)하는 사실인정을 하여 원고의 청구를 기각하는 판결을 내리게 될 것이다.

2. 소 송 물

소(Klage)는 원고가 법원에 대하여 피고와의 관계에 있어서 일정한 권리(소송상 청구)를 제시하고, 그 당부에 대한 심판을 구하는 신청(=소송행위)인데, 심판의 대상이 되는 소송의 객체를 「소송물」이라고 부른다. 대여금의 반환을 구하는 청구의 소송물은 「소비대차계약에 기한 대여금반환청구권」이다(실무의 입장). 소송에서 당사자는 심판의 대상인 대여금반환청구권이 인정되는지 여부를 둘러싸고 서로 공방을 펼치고, 법원은 원고의 주장이 정당하다고 인정되면, 피고에게 대여금의 반환을 명하는 판결을 선고하게 된다.

그런데 대여금반환청구소송에 있어서는 통상 ① 대여금 원금과 함께, ② (이자부 소비대차의 경우) 이자, ③ 지연손해금이 청구되는 경우가 많다. 이들은 같은 금전지급청구라도 ①은 소비대차계약에 기한 대여금반환청구권, ②는 이자계약에 기한 이자청구권, ③은 이행지체에 기한 손해배상청구권이고, 각각 법적 성질을 달리하는 것이므로 실무상 **별개의 소송물**로 본다.

위 사안에서는 이자 지급의 약정은 없으므로(소비대차계약은 무이자가 원칙) ① 대여금 원금과 ③ 지연손해금만이 청구될 것이다. 이 경우에는 여러 개의 청구가 하나의 소로 제기된 **객관적 병합**으로(253조) **소송물은 2개**가 된다.

소송물이론

📖 민사소송법은 소송의 대상을 「소송목적」(민사소송법 26조. 이하 조문은 법명이 없으면 민사소송법 조문이다)이라고 부르는 경우도 있으나, 오히려 「청구」라고 부르는 경우가 많다(가령 25조, 253조 등). 이러한 「청구」라는 용어법은 1877년의 독일 민사소송법(CPO)의 입법자가 소송의 대상을 나타내기 위하여 실체법상의 청구권(Anspruch)과 같은 단어인 Anspruch(청구)라는 단어를 사용한 것에서 유래한다. 독일 민사소송법 제정 당시에 있어서 소송은 실체법상 권리를 행사하는 것이므로 소송의 대상도 실체법상의 청구권이라고 여기고, 실체법상 청구권의 개념으로 충분하다고 보았다. 그러나 이행소송 이외에 확인소송이나 형성소송이 독자의 소송유형으로서 승인되자, 심판의 대상으로서 「청구=실체법상 청구권」의 도식은 확인소송이나 형성소송에서의 심판의 대상으로서 상정되는 것의 대응관계는 소멸하고, 소송상 청구의 개념도 어의(語義)를 전환할 필요성에 직면하게 되었다.

예를 들어 확인소송에 있어서는 청구권이 아닌 「특정한 권리 또는 법률관계의 존부」가 심판의 대상이 되고, 확인소송에 있어서는 청구권은 등장하지 않기 때문이다. 결국 소송법의 견지에서 소송물(소송상 청구)의 개념을 다시 새롭게 정립하려는 학설의 전개가 시작되었다. 여기서 심판의 대상, 즉 소송물을 이론적으로 어떻게 포착할 것인가 하는 방법에 대하여 전통적인 입장인 구(舊)소송물이론과 이에 대하여 새로운 견해인 신(新)소송물이론이 첨예하게 대립하게 되었다. 구소송물이론은 원고가 청구로 제시하고 있는 실체권(실체법상 권리) 그 자체를 소송물로 파악하는 입장이고, 신소송물이론은 실체법상 권리에 구애받지 않고 소송법 독자의 관점에서 소송물을 파악하는 입장이다. 예를 들어 甲이 乙에게 대여금반환청구의 소를 제기한 경우에 구소송물이론에서는 甲의 乙에 대한 「소비대차계약에 기한 대여금반환청구권」이 소송물이지만, 신소송물이론에서는 甲의 乙에 대한 「금전급부(이행)를 구하는 지위」가 소송물이 된다. 실무에서는 대체로 구소송물이론을 취하고 있다.

Q-1 원고가 소장에 기재하고 첫 변론기일에 주장한 것은 소비대차계약에 기한 대여금반환청구인데, 법원이 증거조사한 결과, 그 사실관계는 원고가 주장하고 있는 바와 달리, 이전에 원고가 피고에게 매도한 부동산매매대금지급채무를 대여금반환채무로 변경하기로 약정(준소비대차)한 것으로 나타나고 있다면, 원고는 소를 변경하여야 하는가?

➲ 법원은 원고가 신청한 청구(소송물)와 다른 소송물에 대하여 판결할 수 없다(203조 처분권주의 위반). 그런데 소송상 청구의 구체적 내용을 어떻게 포착할 것인가에 대한 논쟁을 소송물이론이라고 한다. 소송물개념을 실체법상 권리와 단절하여 오로지 신청(Antrag=우리 법의 청구의 취지)이라는 소송법상 요소만으로 구성하는 신소송물이론(一分肢說)에서는 반환청구권이 소비대차에 기하든지 준소비대차에 기하든지 소송물을 뒷받침하는 법적 관점에 지나지 않고, 그 변경은 공격방어방법의 변경에 지나지 않는다고 본다. 민사소송법 262조가 규정하는 소변경의 절차는 필요하지 않다(다만, 변론주의 원칙상 준소비대차계약에 관한 사실주장을 청구원인사실의 하나로 추가 또는 변경할 필요가 있다). 반면, 원고가 소송에서 주장하고 있는 실체권(실체법상 권리) 그 자체를 소송물로 파악하는 실무의 입장에서는 개개의 구체적인 실체법상 청구권마다 소송물이 다르다고 본다. 이 입장에 따르면 위 사안에서 소의 변경이 필요하고, 원고로서는 청구원인을 소비대차에서 준소비대차로 바꾸는 변경절차를 밟아야 할 것이다(이 절차를 취하지 않으면 법원은 청구를 기각할 수밖에 없다).

3. 소의 제기

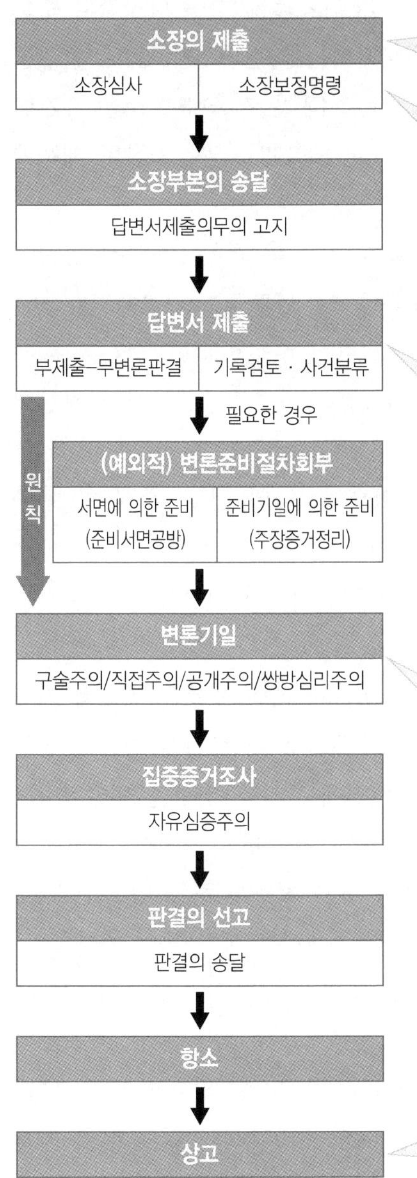

원고는 피고에 대하여 관할권을 가지는 법원에 소장이라고 불리는 서면을 제출하여 소를 제기한다(248조).

소장을 수리한 법원은 사건을 특정한 재판부에 배당하고, 재판장은 소장이 필수적 기재사항을 구비하고 있는가와 소장에 소정의 인지가 첩부되어 있는가를 심사한다. 심사의 결과 소장에 흠이 있으면 재판장은 상당한 기간을 정하고 그 기간 이내에 흠을 보정하도록 명하고, 원고가 보정기간 이내에 흠을 보정하지 않은 경우에는 재판장을 명령으로 소장을 각하한다(254조).

피고가 원고의 청구를 다투는 경우에는 소장부본을 송달(공시송달은 제외)받은 날로부터 30일 이내에 답변서를 제출하여야 하고(265조 1항), 피고가 답변서를 제출하지 않은 때 또는 청구의 원인이 된 사실을 모두 자백하는 취지의 답변서를 제출하고 따로 항변을 제출하지 않은 때에는 법원은 원고가 소장에서 주장한 사실을 자백한 것으로 보고 변론 없이 판결할 수 있다(257조).

피고가 답변서를 제출하면 재판장은 바로 변론기일을 정하여야 하고, 필요한 경우에만 변론준비절차에 부친다(258조).

상고이유에 중대한 법령위반에 관한 사항 등 상고심을 법률심으로 순화시키기에 알맞은 사유가 포함되어 있지 않은 경우에 상고심리불속행에 따른 상고기각 판결을 한다(상고심절차에 관한 특례법).

가. 소장의 제출

처분권주의(處分權主義)에 따라 민사소송의 개시를 위하여 당사자의 주도가 필요하고, 법원의 직권으로 소송이 개시되지는 않는다. 원고는 관할권을 가지는 법원에 원칙적으로 소장이라고 불리는 서면을 제출하여 소를 제기한다(민사소송법 248조. 별도 법명의 표시가 없으면 민사소송법 조문). 소장의 제출에 의하여 소송절차가 개시된다.

그리고 소장 등을 전자문서로 제출할 수 있도록 하는 전자소송방식이 도입되었다(민사소송 등에서의 전자문서 이용 등에 관한 법률 참조. 사건에 따라 2011년 또는 2012년부터 시행).

소장제출주의의 예외로 소액사건에 있어서는 구술제소, 당사자 쌍방의 임의출석에 의한 제소를 할 수 있다(소액사건심판법 4조, 5조).

소장에는 소송절차를 진행하기 위한 필요최저한의 정보, 즉 누가 누구에게 무엇을 구하는가를 명확하게 하지 않으면 안 된다(주체 및 객체의 특정). 그리하여 소장에는 당사자와 법정대리인, 청구의 취지와 원인을 적어야 하는데, 이것이 소장의 필수적 기재사항이다(249조 1항).

그리고 소장에는 준비서면에 관한 규정을 준용하여 보통은 임의적 기재사항도 적을 수 있다(249조 2항). 이는 소장이 준비서면으로서의 기능을 겸하게 하기 위한 것이다. 실무상 소장의 청구원인에는 자기 청구를 뒷받침하는 구체적 사실, 피고가 주장할 것이 명백한 방어방법에 대한 구체적인 진술 그 밖에 입증이 필요한 사실에 대한 증거방법을 등을 적도록 하고 있고(민사소송규칙 62조), 기본적 서증으로 대여금반환청구소송에서는 예를 들어 차용증 등과 그 밖에도 소장에는 증거로 될 문서 가운데 중요한 것의 사본을 붙이도록 하고 있다(민사소송규칙 63조 2항).

소장에 위와 같은 일정한 사항을 기재하여, 작성자인 원고 또는 그 대리인이 기명날인 또는 서명하고(249조 2항, 274조), 소송목적의 값(소가)에 따른 인지를 붙여야 한다. 그리고 각 피고에 송달하기 위하여 피고 수만큼의 소장 부본을 함께 제출한다(민사소송규칙 48조 1항). 또 필요한 소송서류의 송달비용을 미리 낼(예납) 것도 요구된다(116조).

소 장

원 고 ○ ○ ○
서울 서초구 서초동 999
전화 (02) 530-1111, 휴대폰 (011) 9999-1111
팩스번호 (02) 3480-1111, 이메일주소
우편번호 137-750

피 고 △ △ △
서울 송파구 오륜동 1000
우편번호 138-151

대여금청구의 소*

청 구 취 지

1. 피고는 원고에게 300,000,000원 및 이에 대하여 2019. 8. 1.부터 이 사건 소장 부본 송달일까지는 연 5%**, 그 다음날부터 다 갚는 날까지는 연 12%***의 각 비율로 계산한 돈을 지급하라.
2. 소송비용****은 피고가 부담한다.
3. 제1항은 가집행*****할 수 있다.

라는 판결을 구합니다.

청 구 원 인

원고는 2019. 8. 1. 피고에게 3억 원을 변제기 2019. 8. 31.로 정하여 대여하였습니다. 그런데 피고가 변제기에 변제하지 않으므로 원고는 피고에 대하여 위 원금 3억 원 및 이에 대하여 변제기 다음날인 2019. 9. 1.부터 이 사건 소장 부본 송달일까지는 민법이 정한 연 5%, 그 다음날부터 다 갚는 날까지는 소송촉진 등에 관한 특례법이 정한 연 12%의 각 비율로 계산한 지연손해금을 구하고자 이 건 청구에 이른 것입니다.

증 거 방 법

갑 제1호증 (차용금증서)

첨 부 서 류

1. 위 입증방법 2통
1. 송달료 납부서 1통
1. 소장 부본 1통

2022. . .
위 원고 ○ ○ ○ 기명날인 또는 서명

서울동부지방법원**** 귀중**

*사건명은 간결하고 정확하게 표시하고, 여러 개의 청구가 병합되어 있는 때에는 대표적인 청구 1개만을 택하여 "...등 청구의 소"와 같이 적는다.

**변제기가 경과하면, 특약이 없어도 당연히 법정이율 연5분의 비율에 의한 지연손해금을 청구할 수 있다(민법 397조 1항 본문).

***소제기의 실체법상 효과와 관련하여, 채무자가 이유 없이 소송을 지연하는 것에 대한 방지책으로 금전채무의 이행을 명하는 판결을 선고할 경우에 금전채무불이행으로 인한 손해배상액산정의 기준이 되는 법정이율은 소장부본 송달 다음날부터는 연 12%로 한다(소송촉진 등에 관한 특례법 3조 1항).

****소송비용은 소송의 진행 중에는 각각의 당사자가 지급하지만, 최종적으로는 원칙적으로 패소한 당사자가 부담한다(98조). 법원은 직권으로 소송비용에 대하여 재판하여야 하지만(104조), 원고의 입장에서 청구의 취지란에 소송비용의 재판을 구하는 것이 관행적이다.

*****승소자는 판결의 확정을 기다려서 그 내용을 실현할 수 있는 것이 원칙이지만, 현재의 3심제 소송제도 아래에서는 판결이 확정될 때까지는 상당한 시간이 걸린다. 미확정의 종국판결이지만, 확정된 판결과 마찬가지로 그 내용을 실현시킬 수 있는 효력을 부여하는 형성적 재판을 가집행선고라고 한다. 「재산권의 청구에 관한 판결」에는 상당한 이유가 없는 한, 당사자의 신청 유무를 불문하고 직권으로 가집행을 할 수 있다는 것을 선고하여야 하지만(213조 1항), 원고의 입장에서 청구의 취지란에 가집행선고를 구한다고 적는 것이 관행적이다.

******토지관할과 관련하여 「각급법원의 설치와 관할구역에 관한 법률」은 각 법원에 그 직무집행의 지역적 한계로서 그 관할구역을 정하여 놓고 있다. 피고의 주소가 서울 송파구 오륜동이므로 서울동부지방법원을 관할법원으로 한 것이다.

「민사소송 등 인지법」은 소가가 1천만 원 미만일 경우 1만분의 50을 곱한 금액, 1천만 원 이상 1억 원 미만일 경우 1만분의 45를 곱한 금액에 5천 원을 가산한 금액, 1억 원 이상 10억 원 미만일 경우 1만분의 40을 곱한 금액에 5만 5천 원을 가산한 금액, 10억 원 이상인 경우 1만분의 35를 곱한 금액에 55만 5천 원을 가산한 금액 상당의 인지를 붙이도록 한 역진제를 채택하고 있다.

Q-2 채무자(피고)가 자기의 유일한 재산을 처분한다면, 채권자(원고)가 승소판결을 받더라도 강제집행을 할 만한 재산이 없게 되어 판결문이 한낱 휴지조각이 된다. 채권자가 소제기에 앞서서 취할 조치에 대하여 살펴보시오.

➲ 채권자의 권리실현을 위하여 우선 판결절차에 의하여 권리의 존재를 확정하고, 이를 전제로 집행절차에 의하여 권리의 실현을 도모하는 것이 본래의 순서이다. 그러나 그 도중에 채무자의 재산상태가 변동하는 것에 의하여 채권자는 소송에서 승소하고도 권리의 실질적 만족을 얻지 못할 우려가 있다. 그래서 민사집행법(보전절차는 민사집행법에서 규율)은 실현될 청구권을 보전하기 위한 잠정적 조치로서 가압류와 가처분과 같은 보전처분을 인정하고 있다. 사안과 같은 대여금반환청구에서 채권자는 장래의 집행을 보전하려는 목적으로 미리 채무자의 재산을 압류하여 채무자가 이를 처분하지 못하도록 가압류를 신청할 수 있다. 한편, 가처분은 채권자가 특정물의 인도와 같이 다툼의 대상에 관하여 청구권을 가지고 있을 때 그 다툼의 대상이 처분되거나 멸실되는 등 법률적·사실적 변경이 생기는 것을 방지하기 위해서 판결을 받기 전에 그 다툼의 대상의 현상변경을 금지시키는 제도로, 점유이전금지가처분이나 처분금지가처분이 그 예이다.

Q-3 甲은 빌려준 돈 3억 원 전부가 아닌, 그 가운데 1억 원만 지급하라는 소를 제기할 수 있는가?

➲ 채권자가 소송 밖에서 소송에 의하지 않고 채권을 분할적으로 행사하는 경우에 사적 자치의 원칙 하에서 그것이 권리남용이 아니라면 아무런 문제는 없다. 그러나 소송은 법원이라는 국가기관을 통하여 권리행사를 하는 경우로, 소송이 하나의 분쟁으로 1회에 해결되는 것이 법원으로서도, 피고로 법원에 나와야 하는 채무자에게도 바람직한 것이다. 이는 소송경제의 요청에 비추어 보아도 그러하다. 한편, 채권자로서는 광적으로 소송에 집착하는 사람이 아니라면 본래는 1회의 소송에서 다툼의 해결을 보는 것을 원할 것이나, 경우에 따라서 분할청구를 할 수밖에 없는 상황도 있다. 그리하여 일부청구는 인정된다.

Q-4 피고의 주소가 서울 송파구 오륜동인 경우에 원고는 소장을 서울동부지방법원에 제출하면 되는가?

➲ 소장은 관할권을 가지는 법원에 제출하여야 한다. 관할 가운데 토지관할은 소재지를 달리하는 같은 종류의 법원 사이에서 재판권의 분담을 정한 것이다. 소를 제기할 것인지 여부의 선택권은 원고에게 있고, 일단 소가 제기되면 피고로서는 응소가 강제된다. 원고는 자기가 원해서 소를 제기한 것이므로 어떤 장소로든 나갈 것이지만, 피고는 할 수 없이 이에 맞닥뜨려야 된다. 따라서 피고의 이익을 위한 원리에 따라 관할은 피고의 편의를 고려하는 것이 공평에 합치한다는 관점에서 결정된다. 「원고는 피고의 법정에 따른다」는 것이 로마법 이래의 원칙이다. 민사소송법 2조에서도 「소는 피고의 보통재판적이 있는 곳의 법원이 관할한다」고 규정하고 있다. 이 보통재판적은 사람(자연인)의 경우에 주소에 따라 정하여진다(3조). 각급법원의 설치와 관할구역에 관한 법률에서 각 법원에 그 직무집행의 지역적 한계로 그 관할구역을 정하여놓고 있다. 위 예에서 피고의 주소인 서울 송파구 오륜동은 그림과 같이 서울동부지방법원 관할이므로 서울동부지방법원에 소장을 제출하면 된다(다만, 여러 가지 특별재판적이 인정되고 있으므로 반드시 위 법원에만 제출하여야 하는 것은 아니다).

Q-5 甲은 돈을 빌려줄 당시 위 오륜동에서 乙과 이웃으로 살았는데, 甲은 이사하여 현재 창원시에 살고 있다. 甲은 서울동부지방법원에 소를 제기하여야 한다면, 창원에서 서울로 왔다 갔다 하는 것이 문제라서 선뜻 내키지 않는다. 甲은 자신의 주소지 관할법원인 창원지방법원에도 소를 제기할 수 있는가? 아니면, 乙의 주소지(보통재판적)가 있는 곳의 법원에만 토지관할권이 인정되는가?

➲ 재산권에 관한 소는 의무이행지의 특별재판적이 인정되고 있으므로(8조 후단) 보통재판적과 특별재판적에 의하여 생기는 토지관할이 경합되는 경우에 甲은 그 가운데 임의로 선택하여 소를 제기할 수 있다. 甲이 乙의 주소지에서 돈을 받기로 한 특별한 사정이 없다면, 甲은 피고의 보통재판적이 있는 곳의 법원인, 즉 乙의 주소지 관할법원(서울동부지방법원)과 특별재판적인 의무이행지의 관할법원(창원지방법원) 가운데 원하는 곳에서 소를 제기할 수 있다.

Q-6 甲이 의무이행지의 특별재판적에 따라 자신의 주소지 관할법원인 창원지방법원에 소를 제기하였다고 하자. 그런데 乙의 입장에서는 창원지방법원에서 소송을 수행함에는 비용과 시간이 많이 들므로 자신의 주소지에서 소송을 수행하기를 원한다. 이 경우에 소송법상 제도를 설명하시오.

➲ 피고에게 현저한 손해가 생기거나 현저하게 소송의 진행이 지연되는 경우에는 당사자는 다른 관할법원으로 이송신청을 할 수 있다(35조). 그러나 실무는 이러한 이송을 인정하지 않고 사실상 규정을 사문화시키고 있다.

Q-7 보통재판적에 따라 甲은 서울동부지방법원에 소를 제기하였다. 만약 소송중에, 乙이 주소를 위 오륜동에서 인천으로 옮겼다고 하자. 관할에 영향이 있는가?

➲ 법원의 관할은 원고가 소를 제기한 때를 표준으로 정한다(33조). 이는(=관할의 항정(恒定)) 제소시에 존재한 관할이 소송중에 사정이 변경되는 것에 따라 관할이 동요하여 심리가 무위가 되는 불안정을 막기 위하여 관할이 그 뒤에 소멸되지 않는다는 취지이다. 乙이 소송중에 주소를 서울 송파구 오륜동에서 인천으로 옮겼더라도 서울동부지방법원의 관할에 영향이 없다.

Q-8 위 사건의 제1심은 지방법원(및 지원)의 단독판사와 합의부 가운데 어느 쪽이 분담하는가?

➲ 지방법원(및 지원)에서의 제1심 소송사건을 그 경중을 기준으로 단독판사와 합의부의 어느 쪽에 분담시킬 것인가의 정함을 사물관할이라고 한다. 원칙적으로 소송목적의 값(=소가)이 5억 원을 넘지 않으면(이하) 단독판사가 담당한다(즉, 5억 원까지는 단독판사의 관할에, 5억 100원부터는 합의부의 관할에 속한다). 이 경우, 그 값은 소로 주장하는 이익을 기준으로 계산하여 정한다(26조 1항). 다만, 이자, 손해배상(지연배상) 등의 청구는 주청구의 부대목적이 되는 경우로 소송목적의 값에 넣지 않는다(27조 2항). 이를 **부대청구의 불산입**이라고 한다.

가령, 원고가 원금과 이자를 함께 청구하는 때에는 이자를 무시하고 소송목적의 값을 산정한다. 산정을 용이하게 하고, 계산의 번잡을 피하려는 취지이다. 위 사례에서 소송목적의 값이 3억 원 고액이므로 사물관할은 단독판사의 관할인데, 소송목적의 값이 고액으로, 원칙적으로 부장판사가 담당한다(그리고 항소심은 원칙적으로 고등법원에서 관할한다. 2022년 개정된 민사 및 가사소송의 사물관할에 관한 규칙 4조 참조). 한편, 위 경우에 당사자 사이의 합의로 첫 변론기일 전에 합의부에서 재판받기를 신청하면, 재정결정부에 회부된다.

법원의 구성

📖 법원은 그것을 구성하는 법관의 수에 의하여 **합의제**와 **단독제**로 나뉜다. 합의제는 재판장과 합의부원(이른바 배석판사라고 한다)으로 구성된다. 합의제에 있어서는 사건의 처리상 중요한 사항은 그 구성법관의 합의에 의한 과반수의 의견으로 정한다. 재판의 적정이라는 점에서는 합의제가 우월하고, 재판의 신속이라는 점에서는 단독제가 뛰어나다. 대체로 각국은 제1심에 있어서는 원칙적으로 단독제를 채택하고, 상급심에 있어서는 합의제에 의하고 있다(법원조직법 7조 4항, 5항, 32조 1항 참조). 단독판사의 법정관할에 속하는 사건이라도 그 내용이 복잡하고 중요하여 합의부에서 심판할 것으로 합의부가 스스로 결정하면 합의부로 이송할 수 있다(민사소송법 34조 3항 참조).

나. 청구취지 및 청구원인

(1) 청구취지

청구의 취지는 청구의 내용·범위를 나타내서 원고가 어떠한 내용의 판결을 구하는가를 간결·명료하게 표시하는 소의 결론 부분으로, 원고가 소로 구하고자 하는 판결의 주문에 대응하는 형식으로 적는다.

(2) 청구원인

청구원인은 여러 의미로 사용되는데, 실무상 청구원인이라 함은 소송물인 권리관계의 발생원인에 해당하는 사실관계, 즉 원고가 심판의 대상으로 해당 소송에서 제시하고 있는 실체법상의 권리의 발생요건에 해당하는 구체적 사실(통상 이를 권리근거규정의 요건사실이라고 한다)을 말한다. 한편, 이론상 소장의 필수적 기재사항으로 청구원인은 위와 달리, 협의의 의미로 '청구의 취지를 보충하여 청구를 특정하기 위하여 필요한 사실'을 말하는 것에 주의하라.

다. 소장의 심사

(1) 사건의 배당

소장이 법원에 제출되면, 사건기록을 작성한 후에 사무배당에 의하여 법원은 소송사건을 특정한 재판부에 배당한다.

(2) 재판장등의 소장심사

재판장(합의체의 재판장 또는 단독사건에서의 단독판사)이 소장을 심사한다(254조 1항). 심사의 대상은 ① 소장이 필수적 기재사항을 갖추고 있는지 여부와 ② 소장에 소정의 인지가 첩부(貼付)되어 있는지 여부이다. 다만, 실무에서 형식적 사항의 심사는 재판장의 포괄적 위임에 따라 법원사무관등이 정형적으로 처리하고 실질적 사항은 재판장에게 개별적으로 보고하여 그 지시에 따라 처리하는 방식을 활용하였는데, 이를 2014년 12월 30일 민사소송법 개정에 반영하여 각종 형식적 보정명령은 법원사무관등이 일차적으로 담당하게 하였다.

(3) 소장보정명령

심사의 결과, 소장에 흠이 있으면 재판장은 상당한 기간을 정하여 보정을 명한다. 재판장은 법원사무관등으로 하여금 위 보정명령을 하게 할 수 있다(254조 1항).

그리고 재판장은 소장을 심사하면서 필요하다고 인정하는 경우에는 원고에게 청구하는 이유에 대응하는 증거방법을 구체적으로 적어 내도록 명할 수 있고, 원고가 소장에 인용한 서증의 등본 또는 사본을 붙이지 아니한 경우에는 이를 제출하도록 명할 수 있다(254조 4항). 예를 들어 계약관계소송에서는 계약서를, 부동산관계소송에서는 등기부등본 등 기본적 서증을 소장에 붙여야 한다. 이를 통하여 소장의 충실화를 도모하고 절차가 개시되는 제일 처음 단계에서부터 주장과 증거를 정리하기 쉽도록 하여 집중심리의 효율화를 꾀하고자 한 것이다. 다만, 이를 이행하지 않더라도 다음의 소장각하명령을 할 수 없다(소장보정명령의 대상과 소장각하명령의 대상 구별).

(4) 소장각하명령

원고가 보정기간 이내에 흠을 보정하지 않는 경우에는 재판장은 명령으로 소장을 각하한다(254조 2항). 이 소장의 각하는 소장을 수리할 수 없다는 이유에서 소장을 반환하는 취지이고, 소의 부적법 각하와는 다른 개념인데, 청구의 당부에 대하여 판단하지 않고 사건의 종결을 가져오는 점에서는 공통된다.

(5) 소장 부본의 송달

재판장이 소장을 심사한 결과, 적식이라고 인정된 때, 즉 소장에 흠이 없는 경우 또는 흠이 있어도 보정이 행하여진 경우에는 피고에게 소장 부본을 송달한다(255조). 송달에 관한 사무는 법원사무관등이 처리한다(175조 1항). 참고로 보면, 전자적 송달을 할 수 있다(민사소송 등에서의 전자문서이용 등에 관한 법률 참조). 한편, 아무리 애쓰더라도 피고의 주소·거소가 판명되지 않은 때에는 공시송달을 신청할 수 있다. 공시송달은 법원사무관등이 송달할 서류를 보관하고 명의인이 출석하면 언제라도 이를 교부한다는 취지를 공시하여 행하는 송달방법이다(195조).

라. 답변서의 제출

(1) 답변서제출의무

피고가 원고의 청구를 다투는 때에는－공시송달의 방법에 따라 소장 부본을 송달받은 경우를 제외하고－소장 부본을 송달받은 날부터 30일 이내에 답변서를 제출하여야 하고(256조 1항), 법원은 소장 부본을 송달할 때에 위 취지를 피고에게 알려야 한다(동조 2항－답변최고).

답변서에는 준비서면에 관한 규정을 준용하므로(256조 4항) 답변서에는 원고의 청구와 공격 또는 방어의 방법에 관한 진술과 사실상 주장을 증명하기 위한 증거방법 및 상대방의 증거방법에 대한 의견을 함께 적어야 한다. 즉, 답변서에는청구의 취지에 대한 답변과 소장에 기재된 개개의 사실에 대한 인정 여부 및 이에 관한 증거방법, 항변과 이를 뒷받침하는 구체적 사실 및 이에 관한 증거방법을 적어야 한다(민사소송규칙 65조 1항). 단순히「원고의 청구를 일단 부인한다」와 같은 형식적 답변을 하여서는 안 되고, 어느 정도 구체적 내용이 기재된 답변서를 제출하여야 한다.

그리고 법원은 피고가 제출한 답변서 부본을 원고에게 송달하여야 한다(256조 3항).

청구취지에 대한 답변

🕮 소장의 청구취지에 대하여 피고가 답변한다. 통상은 원고의 청구를 다투어 청구의 기각을 구하는 신청을 한다. 한편, 원고의 청구를 피고가 그대로 인정하면 청구의 인낙이 되고, 그 취지를 조서에 적은 때에는 확정판결과 마찬가지의 효력이 발생하고 소송은 종료된다(220조).

청구원인에 대한 답변

🕮 한쪽 당사자의 사실상의 주장에 대한 상대방 당사자의 태도는 부인, 부지(不知), 자백, 침묵으로 나눌 수 있다. 나아가 항변이 있다. 부인에는 단순히 상대방의 주장을 진실이 아니라고 소극적으로 부정하는 경우(단순부인)와 상대방의 주장과 양립하지 않는 별도의 사실을 적극적으로 주장하여(간접적으로, 이유를 대며) 상대방의 주장을 부정하는 경우(적극

부인·간접부인 내지는 이유부 부인)가 있다. 한편, 자백은 자기에게 불리한 상대방의 주장사실을 시인하는 진술이다. 그리고 항변은 상대방이 주장하는 사실에 따른 법률효과를 전제로 하면서도 그 법률효과의 발생을 방해하거나 그것을 소멸·저지시킬 목적으로 반대효과를 생기게 하는 별도의 양립할 수 있는 요건사실(반대규정의 요건사실)을 주장하는 것을 말한다.

(2) 무변론판결

피고가 답변서 제출기간 이내에 답변서를 제출하지 아니하거나 답변서를 제출하였더라도 원고의 주장사실을 모두 자백하는 취지이고 따로 항변을 하지 아니한 때에는 법원은 원고가 소장에서 주장한 사실을 피고가 자백한 것으로 보아 변론 없이 판결할 수 있다(257조 1항, 2항). 이를 무변론판결이라고 하는데(다만, 사건이 무변론판결을 하기에 부적합한 경우에는 변론기일을 지정하거나 보정명령을 발령하는 방식으로 후속절차를 진행), 직권으로 조사할 사항이 있거나 판결이 선고되기까지 피고가 원고의 청구를 다투는 취지의 답변서를 제출한 경우에는 무변론판결을 할 수 없다(동조 1항 단서). 다만, 무변론판결이 곧 원고 승소판결을 의미하는 것은 아니다. 주장 자체로 원고의 청구가 이유 없는 경우 등에는 원고 승소판결을 할 수 없다.

Q-9 피고의 답변서 제출의무에 있어서 공시송달의 방법에 따라 소장 부본을 송달받은 경우를 제외하는(256조 1항) 이유는 무엇인가?

➲ 현행 민사소송법에서는 다양한 송달실시의 방법을 마련하고 있는데, 송달받을 사람에게 서류의 등본 또는 부본을 교부하는 교부송달이 원칙이다(178조). 그런데 주소 등(또는 근무장소)을 알 수 없는 경우에는 소장 등을 송달할 수 없어 소송절차를 진행할 수 없게 된다. 그리하여 이러한 경우에는 재판장은 직권 또는 당사자의 신청에 따라 공시송달을 명할 수 있다(194조 1항). 공시송달은 법원사무관등이 송달할 서류를 보관하고 그 사유를 법원의 게시판에 게시하거나 그 밖에 대법원규칙이 정하는 방법에 따라서 한다(195조). 당사자의 절차보장과 관련하여 공시송달은 송달실시의 방법으로 극히 불충분하므로 피고의 보호를 위해서 답변서 제출의무에서 공시송달의 경우를 제외한 것이다. 변론기일에 당사자가 출석하지 않은 경우에 자백간주의 규정을 적용하지 않는 것도(150조 3항) 마찬가지 취지이다.

4. 변 론

가. 변론기일의 지정

피고가 답변서를 제출하면, 재판장은 원칙적으로 바로 변론기일을 정하여야 한다(258조 1항). 바로 사건을 검토하여 가능한 최단 기간 안의 날로 제1회 변론기일을 지정하여야 한다(민사소송규칙 69조 1항). 종전에는 답변서 제출 단계에서 기록을 검토하여 원칙적으로 변론에 앞서 변론준비절차에 부치도록 하였으나, 절차가 변론기일을 중심으로 진행되도록 함으로써 직접주의와 공개주의에 바탕을 둔 충실한 구술심리를 실현하고자 2008년 12월에 민사소송법을 개정하여 변론준비절차는 「임의」절차화하였고, 이제 원칙적인 사건관리방식이 「변론준비절차 선행방식」에서 「변론기일 지정방식」으로 변경되었다고 할 것이다.

당사자가 주장·증명을 행하고, 법원이 심증을 형성하는 민사소송의 핵심절차가 변론이다. 당사자는 법원에서 변론하여야 한다(134조 1항). 이를 필수적 변론의 원칙이라고 한다. 변론기일에 미리 제출된 소장이나 답변서 또는 준비서면에 기재한 사항에 대하여 말로 진술하여 변론한다. 공개의 법정에 출석하여, 법관의 면전에서, 당사자 쌍방이 대석하여, 말로 변론을 하게 되므로 공개주의, 직접주의, 쌍방심리주의, 구술주의라는 근대적 소송의 여러 가지 원칙이 실현되게 된다. 그런데 이제 법원은 교통의 불편 또는 그 밖의 사정으로 당사자가 법정에 직접 출석하기 어렵다고 인정하는 때에는 변론기일을 비디오 등 중계장치에 의한 중계시설을 통하거나 인터넷 화상장치를 이용한 영상재판 방식으로 열 수 있는데, 이 경우에는 심리의 공개에 필요한 조치를 취하여야 한다(287조의2).

변론은 집중되어야 한다(272조 1항). 실체적 진실발견 및 신속한 재판에 이바지할 수 있도록 변론기일에는 충실한 구술심리를 실현하여야 한다. 법원은 변론이 집중되도록 함으로써 변론이 가능한 한 속행되지 않도록 하여야 하고, 당사자는 이에 협력하여야 한다(민사소송규칙 69조 2항).

Q-10 변론기일에 피고 乙만이 결석하였는데, 乙이 제출한 답변서에 "3억 원을 빌린 사실은 인정하나, 변제하였다"고 적혀 있는 경우에 법원은 어떻게 취급하여야 하는가?

➲ 당사자가 변론기일에 결석하는 경우가 있다. 이러한 경우에 구술주의를 관철한다면 소송심리를 진행하지 못하는 경우가 생기기 때문에 이 불편을 제거하기 위한 대책이 필요하다. 현행 민사소송법은 당사자 한쪽이 변론기일에 출석하지 않거나, 출석하고서도 변론하지 않은 경우에 그가 제출한 소장·답변서 그 밖의 준비서면의 내용을 마치 진술한 것으로 보고(148조 1항) 출석한 상대방의 변론과 맞추어서 심리·판결하는 대석판결주의를 채택하고 있다. 그런데 당사자가 불출석한 경우에 출석한 상대방은 이미 제출한 준비서면에 적혀 있는 사항만을 주장할 수 있다(276조). 준비서면에 적어 예고하지 않은 사항까지 주장할 수 있다고 한다면, 결석자에게 예상 밖의 재판이 되어 공평하지 않기 때문이다.

나. 준비서면

준비서면이라 함은 당사자가 변론에 앞서 미리 상대방에게 변론의 내용을 예고하여 법원에 제출하는 서면으로서 공격방어방법 및 상대방의 공격방어방법에 대한 응답내용을 기재한 것을 말한다.

소송의 본격적인 심리의 마당은 변론인데, 그 기일에 당사자가 돌연 공격방어방법을 제출하면 상대방도 법원도 그 취지를 그 자리에서 이해하거나 또는 이에 대하여 응답하는 것이 곤란하다. 따라서 당사자 각자에게 변론에서 진술하려는 사항을 미리 서면으로 적어 제출시켜 상대방에게 송달하는 것에 의하여 상대방에게 준비의 기회를 주고, 법원에게도 심리를 강구시키는 것에 의하여 집중심리를 용이하게 하고자 하는 것이 준비서면의 취지이다.

준비서면은 변론의 준비를 위한 것이고, 변론에 대신하는 것이 아니므로 이를 제출한 것만으로는 소송자료가 되지 않는 것이 원칙이다. 그 적은 내용을 소송자료로 하는 데에는 변론기일에 말로 진술하여야 한다(구술주의의 요청).

준비서면은 본래 변론의 준비를 목적으로 하는 것이지만, 다음 변론준비절차에 있어서도 준비서면이 활용된다(280조 1항).

본안전 항변

📖 실체법상의 효과와 관계있는 본안의 항변과 달리, 소송요건의 흠을 이유로 소가 부적법하다는 주장과 같이 실체법상의 효과와 관계없는 항변의 경우를 본안전 항변이라고 한다. 그러나 소송요건의 대부분은 법원의 직권조사사항에 속하므로 본안전 항변은 법원의 직권발동을 촉구하는 의미밖에 없고, 엄격하게는 항변이라고 할 수 없다.

공격방어방법

📖 원고가 자기의 청구를 이유 있게 하기 위하여 제출하는 재판자료를 공격방법이라고 하고, 반대로 피고가 원고의 청구를 배척하기 위하여 제출하는 재판자료를 방어방법이라고 한다.

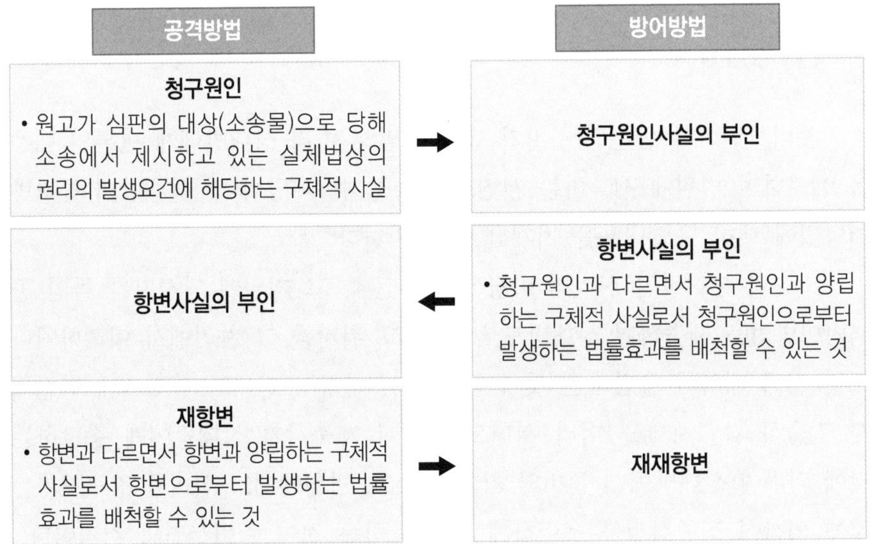

다. 변론준비절차

변론준비절차는 변론이 효율적이고 집중적으로 실시될 수 있도록 당사자의 주장과 증거를 정리하는 절차를 말하는데(279조 1항), 예외적으로 사건을 변론준비절차에 부칠 필요가 있는 경우에 바로 변론기일을 정하지 않고, 사건을 변론준비절차에 부친다(258조 1항 단서). 변론준비절차의 종류로 서면교환방식에 의한 변론준비절차와 변론준비기일 두 가지를 두고 있다. 변론준비절차가 끝난 경우에는 재판장은 바로 변론기일을 정하여야 한다(258조 2항).

한편, 재판장은 특별한 사정이 있는 때(가령 반소 등으로 사건이 복잡하게 되는 경우)에는 변론기일을 연 뒤에도(변론을 일부 행한 뒤에도) 사건을 변론준비절차에 부칠 수 있다(279조 2항).

변론준비절차에서 화해(286조, 145조)나 조정을 권고할 수 있고, 또한 화해권고결정을 할 수 있다(286조, 225조 이하). 변론준비절차를 통하여 쟁점이 정리되면 소송의 승패에 대하여 어느 정도 예상을 할 수 있어 법원이 화해를 적극적으로 권유한다면 화해가 성립되는 경우가 많을 것이다.

라. 심 리

(1) 심리의 단계적 구조

절차는 원고에 의한 심리·판단의 대상 제시(청구) → 원고·피고에 의한 주장(주장) → 원고·피고에 의한 증명 → 법원에 의한 판단(판결)이라는 과정을 거친다는 점은 이미 앞에서 설명하였다. 여기서 본안의 신청(청구)은 주장(통상은 사실상의 주장, 예외적으로는 법률상의 주장)에 의하여 뒷받침되며, 주장(사실상의 주장)은 증명에 의하여 뒷받침되는 단계적 구조로 되어 있다. 각 단계에 있어서 상대방이 다투지 않는 경우에는(처분권주의 효과로 본안의 신청단계에서는 청구의 인낙, 변론주의의 효과로 주장단계에서는 재판상의 자백) 다음 단계의 소송행위에 의하여 뒷받침될 필요가 없으나, 다투는 경우에는 다음 단계의 소송행위에 의하여 뒷받침되어야 한다.

(2) 자 백

당사자 사이에 서로 다툼이 없는 사실은 재판상 자백으로서 법원은 그대로 재판의 기초로 한다. 다툼이 없는 사실에는 적극적으로 당사자 양측의 진술이 일치한 경우(재판상 자백)와 한쪽의 주장사실을 상대방이 명백히 다투지 않은 데 지나지 않은 경우(자백간주)가 있다(150조 참조).

가령, 피고는, 원고가 주장한 「2019. 8. 1. 피고에게 3억 원을 변제기는 2019. 8. 31.로 정하여 대여한 사실」을 인정한다고 하였다고 하자(재판상 자백).

이 점에 대하여는 다툼이 없으므로 증명이 필요하지 않다(288조). 다툼이 없는 사실은 변론주의와 관련하여 이에 반하는 법원의 인정이 배척된 결과, 증명의 대상이 되지 않는다.

(3) 부 인

가령, 피고는, 자신은 돈을 빌린 사실이 없고, 원고로부터 돈을 빌린 사람은 자신의 전처인 A라고 주장하였다고 하자(부인). 이렇게 당사자 사이에 다툼이 있는 사실에 대하여 법원은 당사자가 제출한 증거를 조사하여 이러한 쟁점에 대한 심증을 형성한다.

Q-11 가령, 피고가 원고로부터 돈을 빌린 사람은 자신의 전처(前妻)이므로 자신에 대한 소송은 피고적격이 결여된 자에 대한 소송으로 부적법 각하되어야 한다고 주장하였다고 하자. 피고적격자는 실체법상 의무자이어야 하는가?

➲ 구체적 청구에 있어서 당사자로서 소송을 수행하고 본안판결을 구할 수 있는 자격을 당사자적격이라고 한다. 이행의 소에서는 자기의 실체법상 이행청구권을 주장하는 사람이 원고적격자이고, 그로부터 의무자로 주장되고 있는 사람이 피고적격자이다. 여기서 청구권 내지는 의무가 존재하는가에 대하여는 법원이 실체관계를 심리한 후 결정되는 것이므로 정당한 원고가 반드시 실체법상의 권리자이고 정당한 피고가 반드시 실체법상의 의무자는 아니라는 것을 주의하여야 한다. 결국 당사자적격은 주장 그것만으로 판단하여야 하고, 실체관계에 대한 본안심리 끝에 실제 의무자가 아님이 판명되면 법원은 청구기각의 판결을 할 것이고, 당사자적격의 흠이라 하여 소를 부적법 각하하여서는 안 된다.

Q-12 가령, 乙의 「금전은 받았으나, 빌린 것이 아니고 증여로 받은 것이다」는 진술의 성격은?

➲ 가령, 乙의 「그러한 사실이 없다」는 진술이 단순부인이고, 「금전은 받았으나, 빌린 것이 아니고 증여로 받은 것이다」는 진술이 이유부 부인이다. 증여로 받은 것이라는 피고의 진술은 원고가 주장하는 요건사실 가운데 반환합의의 존재라는 첫 번째 요건사실과 양립하지 않는 사실을 주장하는 것으로, 반환합의의 존재에 대한 법원의 심증을 동요시키는 간접사실의 주장에

지나지 않는다. 여기서 피고는 원고가 주장하는 반환합의의 존재에 대하여 법원을 진위불명의 상태에 빠뜨리면 충분하고, 스스로 증여계약의 체결사실을 증명할 필요는 없다.

(4) 예상되는 항변(공격방어방법)

대여금청구에서 통상 피고의 반론으로 변제의 항변, 소멸시효의 항변, 상계의 항변 등을 예상할 수 있다.

항변의 유형

권리장애항변(권리불발생항변) - 권리근거규정에 기한 권리의 발생을 애초부터 방해하는 권리장애규정의 요건사실을 주장하는 경우이다. 의사능력의 흠, 불공정한 법률행위, 통정허위표시, 원시적 이행불능 등이 여기에 속한다.

권리저지항변 - 권리저지규정에 기한 항변을 말한다. 최고·검색의 항변권, 동시이행의 항변권, 유치권 등이 여기에 속한다.

〈계약의 경우〉

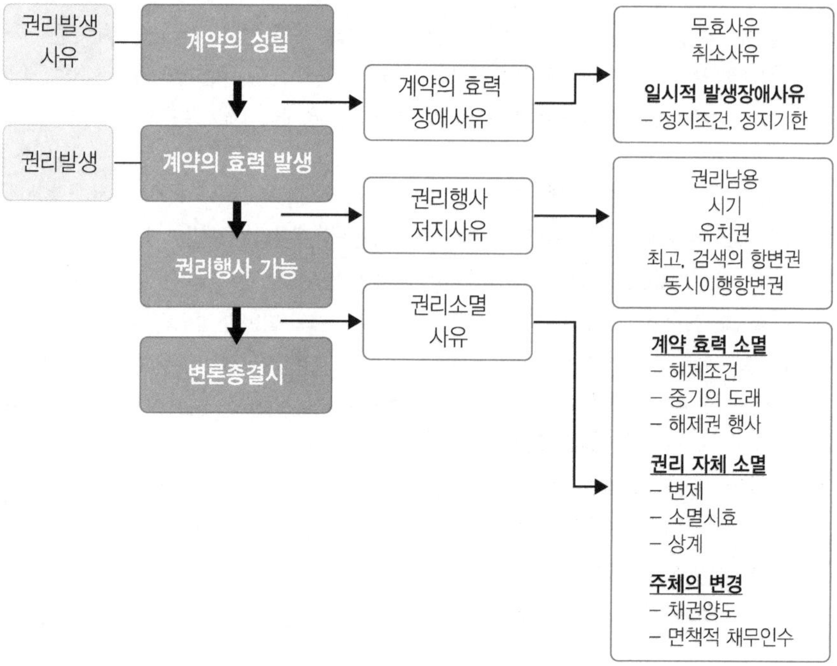

권리소멸항변(권리멸각항변) - 권리소멸규정에 기하여 일단 발생한 권리를 소멸시키고자 하는 항변을 말한다. 변제, 면제, 경개, 소멸시효의 완성, 해제조건의 성취 등이 여기에 속한다. 이와 같은 사유는 권리근거사실이 성립한 다음에 발생한다.

Q-13 피고가 변제의 항변 및 상계의 항변을 함께 제출하였다고 하자. 법원의 심리·판단의 순서는 어떻게 되는가?

➲ 피고의 방어방법으로 여러 가지 항변이 주장되고 있는 경우에 일반적으로는 각 항변은 선택적 관계에 있으므로 법원은 원칙적으로 당사자가 제출한 공격방어방법에 대하여 그 실체법상의 논리적 순서에 구속되지 않고 자유로운 순서로 심리·판단할 수 있고, 가령 당사자가 순서를 지정하여도 이에 구속되지 않는다. 그러나 상계의 항변에 대한 판단은 판단이유 중의 판단이라도 기판력이 있고(216조 2항), 피고에게 반대채권의 실권이라는 불이익이 수반되므로 당사자가 예비적으로 상계의 항변을 제출한 경우는 물론, 그렇지 않더라도 우선 증거조사에 의하여 소구채권의 존재를 확정한 뒤, 상계에 대한 심리·판단이 내려져야 한다는 입장(이를 **증거조사설**이라고 한다)이 일반적이다.

Q-14 위 대여금반환청구소송에서 乙은 甲에 대한 3억 원의 계약금반환채권을 가지고 상계한다는 취지의 항변을 제출하였다고 하자. 한편, 乙은 甲을 상대로 위 3억 원의 계약금반환청구를 구하는 소를 별도로 제기하였다고 하자. 이 별소는 적법한가?

➲ 피고가 원고에 대하여 반대채권을 가지고 있는 경우에 피고의 권리의 행사로서는 별소에 의하는 방법, 반소에 의하는 방법 이외에 상계의 항변을 제출하는 방법이 있다. 이 3가지 방법 가운데 피고가 어느 한 가지만을 선택하여 권리행사를 하는 한도에서는 아무런 문제는 없으나, 상계의 항변과 별소의 방법을 병용하거나 또는 상계의 항변과 반소의 방법을 병용한 경우에는 문제이다. 이는 중복된 소제기의 금지(259조)와 관련된다. 실무상 상계의 항변 자체는 소송물이 아니라 공격방어방법에 지나지 않기 때문에 논리적으로는 중복의 소송계속에 해당되지 않는다고 본다. 즉, 담당재판부로서는 전소와 후소를 같은 기회에 심리·판단하기 위하여 이부, 이송 또는 변론병합 등을 시도함으로써 기판력의 저촉·모순을 방지함과 아울러 소송경제를 도모함이 바람직하였다고 할 것이나, 그렇다고 하여 특별한 사정이 없는 한, 별소로 소송계속 중인 채권을 자동채권으로 하는 소송상 상계의 주장이 허용되지 않는다고 볼 수는 없다고 본다(대법원 2001. 4. 27. 선고 2000다4050 판결). 그러나 상계의 항변에 대하여는 대항

한 액수에 있어서 그 판단에 기판력이 인정되는(216조 2항) 등 보통의 공격방어방법과 다르게 취급되는 특수성이 있으므로 문제가 되고, 중복된 소제기의 금지(259조)를 유추적용하여야 할 것이라는 입장도 유력하다.

5. 증명(증거조사)

가. 증거방법과 증거능력

증거조사의 대상이 되는 유형물을 「증거방법」이라고 한다. 즉, 증인이나 계약서 등 물리적인 의미에서의 증거 그 자체를 증거방법이라고 한다.

증거방법이 증거조사에 있어서 이용될 수 있는 법률상의 자격을 「증거능력」 또는 「증거적격」이라고 한다. 자유심증주의를 취하고 있는 현행 민사소송에서는 원칙적으로 증거능력에는 제한이 없다(그러나 형사소송에서는 전문(傳聞)증거의 배제 등 증거능력의 제한이 존재하는데, 최근 민사소송에서도 위법하게 수집한 증거방법의 증거능력이 문제되고 있다).

나. 증명의 대상

어느 사건에 대하여 판결을 하기 위해서는 법규 적용의 소전제가 되는 구체적인 사실의 존부를 확정하고, 이에 적용할 대전제인 법규를 명확하게 하지 않으면 안 된다.

민사소송의 대상은 원고가 주장하는 권리·의무이지만, 이를 직접 감지할 수는 없으므로 주요사실(=요건사실)의 존부로부터 그 법률효과로 권리·의무의 유무를 판단하게 된다. 주요사실의 존부만 확정할 수 있으면, 권리·의무의 판단을 할 수 있으므로 결국 사실인정의 대상은 다툼이 있는 주요사실이다. 그리고 주요사실(=요건사실)을 간접적으로 추인케 하는 간접사실(=징빙)이나 증거능력이나 증거력에 관계되는 보조사실은 주요사실의 증명에 필요한 한도에서 증명의 대상이 되는 것에 지나지 않는다.

법원은 법규를 실마리로 하여 해당 분쟁에 관계하는 법규의 법률요건에 해당하는 구체적인 사실인 주요사실 가운데 다툼이 없는 것은 그대로 사실인정을 하고(자백사실), 다툼이 있는 것에 대하여는 증거에 의하여 증명된 사실을 존재하는 것으로 이를 인정한다(사실확정). 그렇게 하여 주요사실의 존부가 확정되면 법규에 규정되어 있는 권리·의무의 존부(법률효과)가 확정되는 것으로서(법규적용) 판결을 내려 해당 민사분쟁을 해결하는 것이다.

다만, 대전제인 법규에 대하여는 법적 구성=법원의 책무라는 원리가 타당하고, 법규의 존부 및 내용에 대하여 법원에 맡기더라도 판단의 공정성은 담보되므로 원칙적으로 당사자에 의한 증명을 요구할 필요가 없다.

다. 증거의 신청

사실의 존부에 대하여 당사자 사이에 다툼이 없다면 법원도 이를 그대로 취하여야 하지만, 그렇지 않다면 법원이 판결을 내리는 데 있어서 이를 확정하여야 한다. 그것은 법관만의 우연적·주관적인 판단에 의할 것이 아니라, 소송에 현출된 객관적인 증거에 근거할 것이 요구된다. 그런고로 증거의 신청과 그 조사의 문제가 등장한다.

증거를 제출하여 법원으로 하여금 주장의 진부에 대하여 자기에게 유리하게 확신을 갖도록 하기 위한 소송행위를 증명(증거신청)이라고 한다.

법원이 조사할 수 있는 증거는 원칙적으로 당사자가 신청한 것에 한정된다(변론주의). 증인신문과 당사자본인신문을 제외한 모든 증거신청 및 증거자료의 현출은 가급적 제1회 변론기일이 종료되기 전(변론준비기일을 연 경우에는 변론준비기일 전)에 완료하는 것이 바람직하다. 그리고 증인신문과 당사자신문은 당사자의 주장과 증거를 정리한 뒤 집중적으로 하여야 한다(293조). 증거조사는 수소법원이 법정에서 변론기일에 행하는 것을 원칙으로 한다. 그 증거조사기일은 동시에 변론기일이 된다. 증인신문과 당사자신문을 제외한 증거조사는 변론기일 전에도 할 수 있다(289조 2항).

사실의 조사·증거수집의 기본적 기능

📖 ① **증명사실을 의식한 증거수집** - 우선, 분쟁을 법적으로 해결처리 함에 있어서, 사건을 의뢰한 배경에 깔려 있는 분쟁에 관련된 사실에 대한 객관적 사실인정이 중요하다. 증거를 수집함에 있어서, 이 증거에 어떤 사실이 인정될 수 있는가. 즉, 그 증거의 입증취지는 무엇인가를 인식할 필요가 있다.

② **법적분쟁의 정리·명확화** - 사실인정을 함에 있어서, 해당 분쟁을 둘러싼 법적 쟁점을 정리·명확화하고, 이에 관한 당사자의 주장을 뒷받침할 증거·정보를 수집·확보할 필요가 있다. 법적 쟁점이 정리되어 있지 않고서는, 증거의 중요성·입증취지가 불명확하게 되고, 분쟁 해결을 방해하게 될 뿐만 아니라, 쓸데없는 시간·노력·비용의 부담이 발생할 수 있다.

③ **다양한 증거방법의 이해** - 수집될 증거에는, 부동산등기부등본, 상업등기부등본, 가족관계등록부 등 각종 소송사건에 빈번하게 사용되는 기본적 증거, 임대차분쟁에 있어서의 부동산임대차계약서, 교통사고분쟁에 있어서 교통사고증명서, 진료보수명세서등 각 소송유형마다 필요한 유형적인 증거, 각 개별사건마다 특성이 반영된 개별 증거가 있다. 전자의 기본적 내지 유형적 증거의 수집에 대해서는 빠진 것이 없는가, 사건의 특성이 나타나는 후자의 개별 증거에 대해서는 빠뜨리는 실수가 없는가를 주의할 필요가 있다. 특히 현지조사·관계자조사 등 분쟁현장의 조사를 하게 되면, 종래 당사자의 주장이나 기본증거·유형적 증거 등의 서증 등으로부터는 알 수 없었던 「사건의 쟁점」과 같은 것을 떠오르게 하는 증거나 현장상황을 만나는 경우가 있다. 현장주의의 중요함을 명심하여야 한다.

④ **증거의 평가능력의 중요성** - 수집된 증거의 증거가치에는 우열이 있다. 또 증거가 뒷받침하는 사실에 대하여도 분쟁의 요건사실에 직접 관여하는 것부터 간접사실에 관여하는 것, 나아가서는, 해결수단의 선택·교섭 등에 있어서 이해득실을 고려하기 위해 검토되어야 하는 사실에 관한 증거도 있다(가령 재판관할에 관한 증거, 교섭의 지렛대가 되는 상대방의 재산상황·지급능력에 관한 증거 등). 또 하나의 증거로부터 추인되는 사실은 반드시 하나에 그치지 않을 수도 있다. 상호모순적인 사실을 시사할 가능성조차 있다. 그리고 하나의 증거로 쟁점에 관한 모든 사실을 증명하는 것은 쉽지 않고,

여러 개의 증거, 나아가서는 증명사실을 쌓아 나가 핵심을 구성하는 사실을 뒷받침하여 나가기도 한다. 이와 같이 다양하고 복합적인 성격을 가진 증거를, 종합적으로 평가하는 능력을 연마할 필요가 있다.

⑤ **피드백의 중요성** - 수집한 증거나 사실조사의 결과에 기하여, 다시 한번 주장사실에 있어서 증명의 강도나 문제점 등을 객관적으로 검증할 필요가 있다. 다시 말하면, 주장사실의 증명의 가능성이나 사건 예측에 대해서 객관적으로 판단하는 것이 중요하다. 또한 종전의 청구나 주장사실을 다른 법적 구성에 맞추어 새로운 청구를 하는 것도 고려할 필요가 있을 수 있다.

⑥ **반증의 준비** - 청구나 주장에 대하여 상대방의 입장에서 상정할 수 있는 주장이나 반론·반박에 대비하여 미리 증거수집이나 사실조사를 하여 두는 것이 바람직하다.

라. 증명의 정도

(1) 고도의 개연성의 확신

재판에서 법관이 어느 사실을 「증명되었다」고 하여, 이를 인정하기 위해서는 그 사실의 존부에 대한 심증이 일정한 정도에 달할 것이 필요하고, 이 요구되는 (최하 한도) 심증의 정도를 「증명도」라고 부른다. 이 증명도는 사회의 통상인이 합리적 의심을 품지 않을 정도의 십중팔구라는 고도의 개연성의 확신에 이르는 것이 필요하다. 결국 객관적으로는 「고도의 개연성」, 주관적으로는 법관의 「확신」이 필요하다. 법관의 현실의 심증이 위와 같은 증명도에 달하지 못한 경우에는 사실의 존부는 불명이 된다. 이 경우에 법관은 증명책임의 분배에 따라서 재판을 할 수밖에 없다.

(2) 형사사건과의 비교

형사사건에서도 피고인을 유죄로 인정하기 위해서는 합리적인 의심이 없을 정도의 증명이 필요하다. 이는 반대사실이 존재할 우려가 전혀 없는 경우를 말하는 것이 아니라, 추상적 가능성으로 반대사실이 존재할 여지가 있더라도 건전한 사회상식에 비추어 그 우려가 합리성이 없다고 일반적으로 판단되는 경우에는 유죄인정을 할 수 있다. 그 증명의 정도는 민사보다도 높을 것을 요구하고 있다.

(3) 직접증거와 간접증거

증명의 대상이 되는 사실이 주요사실인가 아니면 간접사실 또는 보조사실인가에 따른 구별이다. 직접증거는 다툼이 있는 주요사실을 직접대상으로 하는 증거이다. 이에 대하여 간접증거는 간접사실이나 증거의 증명력에 영향을 미치는 사실인 보조사실을 대상으로 한다. 그 전제로 주요사실, 간접사실, 보조사실을 이해하여야 한다.

가령, 甲의 乙에 대한 금전소비대차계약에 기한 1,000만 원의 대여금청구사건에 있어서 요건사실(=주요사실)은 "甲은 20××. ×. ×. 乙에게 1,000만 원을, 변제기를 같은 해 O. O.로 정하여 대여하였다"는 사실인데, 이 요건사실의 직접증거로서 생각할 수 있는 것은 차용증, 소비대차계약이 체결된 것을 목격한 증인의 증언 등이다. 그리고 주요사실(=요건사실)의 존재를 추인시키는 간접사실로서 생각할 수 있는 것은 가령, ① 甲이 그때에 1,000만 원을 자기의 예금계좌에서 인출한 것(계약체결 시에 甲이 대여자금으로 될 수 있는 현금을 마련한 것을 의미), ② 乙이 그때까지 자금난에 허덕이다가 자기의 별개의 차용금 1,000만 원을 지급한 것(계약체결 시에 乙이 차용금에 상당하는 현금을 취득한 것을 의미)등 여러 가지인데, 이 경우에 ①에 대한 예금지급신청서나 ②에 대한 증인의 증언 등이 간접증거이다.

간접증명

가령, 대여금반환청구에서 甲의 주장 가운데 "乙이 아파트구입자금으로서 3억 원이 필요하다고 말한 사실"은 乙이 甲으로부터 3억 원을 빌렸을 가능성이 있다는 것을 의미한다. 따라서 이 사실은 3억 원의 대여라는 주요사실을 추인시키는 간접사실이라고 할 수 있다. 대여금반환청구에서 주요사실의 증거(직접증거)로 생각할 수 있는 것은 차용증, 계약이 체결된 것을 목격한 증인의 증언 등인데, 이러한 직접증거가 있고 또한 그것을 충분하게 신용할 수 있다면, 법원은 그 증거로부터 주요사실의 존부를 인정하면 충분하나, 항상 당사자가 직접증거를 가지고 있다고 할 수 없다. 그 경우에 당사자는 주요사실의 존부를 추인시키는 사실, 즉 1개 또는 여러 개의 간접사실을 주장하고, 간접사실을 증거로 증명하는 것에 의하여 간접사실로부터 사실상의 추정에 의하여 주요사실의 존부를 증명하여 나가게 되고(간접증명), 법원도 간접증명에 의하여 주요사실의 존부를 인정하게 된다.

사실상의 추정

📖 가령, 대여금반환청구의 소에서 100만 원의 대여사실의 여부가 쟁점이 되었다고 하자. 甲은 급히 돈이 필요한 乙에게 2021. 3. 3. 오후 흑석로 노상에서 차용증을 받지 않고 대여하였다고 진술하면서, 위 대여사실을 뒷받침하는 증거로 甲·乙 양쪽 모두에게 친구인 丙이 당시 현장에 있었다고 하면서 증인신문을 신청하였다고 하자. 법원이 이 신청을 채택하여 신문을 실시한 결과, 丙은 대여 당시 현장에 같이 있지는 않았지만, 오전에 甲이 현금인출기에서 100만 원을 인출한 장소에 같이 있었고, 같은 날 저녁 乙이 전자제품판매점에서 가격 100만 원의 노트북컴퓨터를 현금으로 구입하는 장소에 같이 있었다고 하면서 전자에 대하여는 돈이 많은 甲이 한 번에 그 정도의 금액을 인출하는 것은 그 이전에도 몇 번 본 적이 있어서 특별하다고 여기지 않았고, 후자에 대하여는 식사비도 제대로 가지고 다니지 못하는 乙로서 상당한 금액의 물건을 사고 있다고 생각하였으나, 그 금액을 어떻게 조달하였는지에 대하여는 묻지 않았다고 증언하였다. 법원은 丙의 증언을 신용할 수 있다고 볼 때, 증언하는 사실(甲의 예금 인출, 乙의 노트북의 구입)을 甲, 乙이 별도로 주장하지 않았더라도 재판의 기초로 할 수 있는가. 丙이 증언하는 사실(甲의 예금 인출, 乙의 노트북의 구입)은 대여사실이라는 주요사실을 추인시키는 간접사실이다. 甲, 乙이 이러한 사실을 주장하지 않더라도 법원이 이를 재판의 기초로 하는 것이 허용된다. 간접사실은 변론주의의 적용이 없고, 당사자가 주장하지 않더라도 법원이 판결의 기초로 할 수 있다. 나아가 자유심증주의하에서는 간접증거(위 사안에서 증인 丙의 증언 등)로부터 간접사실을 인정하고, 그 간접사실로부터 경험칙에 기한 사실상의 추정에 의하여 주요사실을 증명할 수 있다(간접증명). 이러한 간접증명의 과정은 법관이 자유로운 판단으로 취사선택한 경험칙을 이용하여 행하는 것이고, 이것도 자유심증주의의 주요한 내용이다. 경험칙의 이용에 의하여 위와 같이 주요사실의 존재가 추인되는 것을 「사실상의 추정」이라고 한다(특히 유형적·정형적으로 추인되는 경우를 「일응의 추정」이라고 부른다). 결국 사실상의 추정은 법관의 자유로운 심증의 틀 내에서의 경험칙의 하나의 작용이라고 할 수 있다.

(4) 본증과 반증

실제의 소송에서는 증명책임을 지는 당사자만이 증명활동을 하는 것은 아니고, 양쪽의 당사자가 한쪽은 그 사실의 존재를 증명하기 위하여 증거를 제출하고, 다른 쪽은 그 사실의 존재를 부정하기 위하여 증거를 제출하는 것이 보통이다. 이 경우에 자기가 증명책임을 지는 사실을 증명하기 위한 증거

내지는 증명활동을 **본증**, 상대방이 증명책임을 지는 사실에 대하여 제출되는 증거 내지는 증명활동을 **반증**이라고 한다.

본증은 그 사실의 존재(요증사실)에 대하여 법관에게 고도의 개연성을 인식(확신)시켜야 한다. 이에 대하여 반증은 그 사실의 부존재에 대하여 완벽하게 증명할 필요는 없고, 본증에 기한 고도의 개연성의 인신이 형성되는 것을 방해하거나 또는 이미 생긴 고도의 개연성의 인신을 동요시켜 상대방의 주장사실의 존재에 대하여 법관에게 의심을 품게 하여 진위불명의 사태로 내몰기만 하면 그것으로 목적을 달성한다. 이러한 반증에는 직접반증과 간접반증이 있다.

여기서 **간접반증**은 간접본증과 비교·대비될 수 있다. 간접본증이라는 표현을 직접본증과 대비하여 사용되는 경우에 그 구별은 그 본증의 대상이 주요사실인지, 간접사실인지 여부에 있다. 이에 반하여, 간접반증이라는 말을 직접반증과 대비하여 사용하는 경우에는 반증의 대상이 주요사실인지 간접사실인지 여부로 구별되는 것이 아니라 본증의 대상을 직접 반박하는 것인지, 간접사실을 개입시켜 동요시키는 것인지 여부로 구별하는 것이다. 따라서 간접본증을 직접 반박하는 경우에 다투어지고 있는 것은 간접사실의 존부이지만, 그 반박은 직접반증이고, 직접본증을 반박하기 위해 간접사실을 매개시킨다면 동요하는 것이 주요사실의 존부에 관한 심증인 경우에도 간접반증이 된다.

한편, 반증과 **반대사실의 증명**은 구별하여야 한다. 법률상의 추정을 뒤집기 위한 소위 반대사실의 증명은 반증이 아니라 본증이다. 반대사실의 존재는 법률상의 추정을 다투는 사람에게 증명책임이 있기 때문이다. 그 추정을 다투는 사람은 반대사실의 증거를 제출하여야 하는데, 이는 본증이므로 당사자로서는 법원이 그 추정사실의 존재에 의심을 품게 하는 정도의 증명으로 충분하지 않고, 그 추정사실을 뒤집을 만한 반대사실의 존재를 완벽하게 증명하여야 한다.

마. 자유심증주의 및 증명책임

사실의 인정은 법관의 자유로운 심증에 기한 판단이다. 이를 자유심증주의라고 한다(202조). 증거조사결과의 평가는 법원의 자유심증주의에 따른다. 즉, 법원은 법정의 증거법칙에 구속되지 않고, 변론 전체의 취지와 증거조사의 결과를 참작하여 자유로운 심증으로 사실주장이 진실에 합치하는지 여부를 판단한다.

법원이 사실의 존부에 대한 심증을 얻을 수 없는 경우에는(소위 진위불명) 증명책임에 따른 판결이 행하여진다.

바. 경 험 칙

(1) 의 의

가령, 비가 내리면 도로는 미끄러지기 쉽다든지, 물은 위로부터 아래로 흐른다든지 또는 사람은 죽는다 등과 같이 같은 종류의 많은 사실을 경험한 결과로부터 귀납되는 사물에 관한 지식이나 법칙을 경험법칙이라고 한다(경험칙이라고도 한다). 경험법칙에는 일상의 상식에 속하는 것에서부터 전문적 기술 또는 과학상의 것까지 포함된다. 그 개연성도 대단히 높은 것에서부터 단순한 가능성에 머무르는 것까지 천차만별이다. 사실인 관습도 경험법칙이라고 보아도 좋다.

(2) 역 할

㈎ 간접사실로부터 주요사실의 추인

사실의 확정에 있어서 증거로부터 사실의 인정이나 간접사실로부터 주요사실의 존재의 추인(소송에 있어서 사실인정은 1개 또는 여러 개의 간접사실로부터 추론의 단계를 거쳐 주요사실에 대한 판단에 도달하는 것이 보통) 등에 경험법칙을 이용하지 않을 수 없다. 여기서는 경험법칙이 법적 3단논법의 대전제로 기능한다.

㈏ 법규의 해석

법규가 그 요건을 특정한 구체적 개념으로 규정하고 있는 경우에는 언어상의 경험법칙만으로 해석할 수 있는 경우가 많다. 그러나 추상적인 불특정개념을 사용하여 규정하고 있는 경우(가령 과실, 정당사유, 신의성실 등)에는 경험법칙을 이용하여 그 개념 내용을 보충하여야 한다. 여기서는 법적 3단논법의 대전제의 구성 부분으로 기능한다.

(3) 경험칙과 상고이유

통상의 경험법칙에 현저히 어긋나는 사실인정이 된 경우, 즉 자유심증주의의 내재적 제한을 일탈한 경우에 자유심증주의 위배를 이유로 상고할 수 있다.

(4) 경험칙은 증명의 대상인가

경험칙의 취사선택은 법관에게 맡겨져 있고(자유심증주의), 일상적 경험칙은 그 판단을 법관에게 맡겨도 잘못할 위험은 적으므로 당사자에 의한 증명을 요구할 필요는 없다.

6. 판 결

법원은 확정된 사실에 법규를 적용하여 권리·의무 또는 법률관계의 존부에 대한 결론을 이끌어 낼 수 있을 정도로 소송이 재판을 하기에 성숙된 때에는 변론(증거조사를 포함하는 의미)을 종결하고 종국판결을 한다(198조). 심판의 대상을 둘러싸고 양쪽 당사자가 공격방어방법을 충분히 다한 뒤에 법원의 판결이 내려지게 된다.

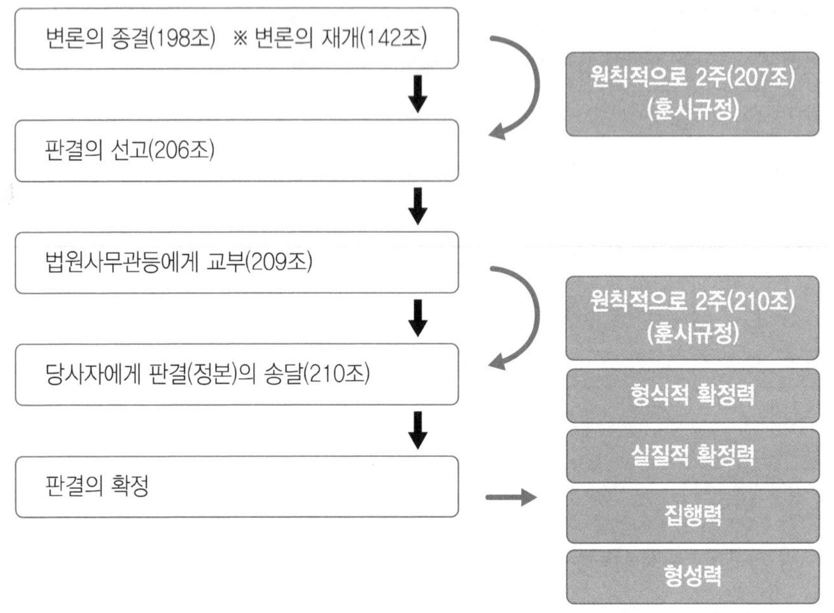

판결서의 구성

판결서에 반드시 기재하여야 할 사항은 ① 당사자와 법정대리인, ② 주문, ③ 청구취지 및 상소취지, ④ 이유, ⑤ 변론종결일(무변론판결의 경우에는 판결선고일), ⑥ 법원, ⑦ 법관의 서명날인이다.

실무에서는 위 사항 이외에도 몇 가지 사항을 추가하여 일정한 순서에 따라 배열하여 기재하고 있는데, 이를 순서대로 적어보면 다음과 같다(재판서양식에 관한 예규 참조).

① 법원의 표시　② 표제　③ 사건의 표시

④ 당사자 및 그 법정대리인과 소송대리인 등 소송진행에 관여한 자의 표시

⑤ 원심 판결의 표시(상소심 판결에 한함)

⑥ 변론종결일(변론 없이 판결하는 경우에는 날짜 대신 '무변론'이라고 표시)

⑦ 판결선고일(민사소송법에서는 무변론판결의 경우에 변론종결일 대신 판결선고일을 기재하도록 하고 있으나, 위 예규는 모든 판결에 대하여 이를 기재하도록 하고 있음)

⑧ 주문

⑨ 청구취지 및 항소취지(후자는 항소심 판결에 한함)

⑩ 이유

⑪ 판결서 작성일(판결선고일을 표시하는 판결에는 생략)

⑫ 판결한 법관의 표시 및 서명날인

본안판결은 청구의 이유의 유무에 대한 판결이다. 여기에는 청구인용판결과 청구기각판결이 있다. 청구를 인용하는 경우에 소의 종류에 대응하여 이행판결, 확인판결, 형성판결이라고 한다. 가령 원고의 대여금청구가 인정되는지 여부를 심리하여 원고의 청구가 정당하다고 인정하면 법원은 피고에게 그 지급을 명하는 재판(본안판결)을 하거나, 반대로 청구에 이유가 없으면 甲에게 대여금반환청구권이 없다는 것을 선언하는 재판(본안판결), 즉 "원고의 청구를 기각한다"는 재판을 한다.

경우에 따라서는 소송요건을 충족하지 못하는 경우에 본안의 심리에 들어가지 않고 소를 부적법하다고 각하하는 판결이 **소송판결**이다(219조). 소송요건은 본안판결을 하기 위하여 필요한 요건으로, 소송요건을 충족하지 못하는 경우에 본안의 심리에 들어가지 않고 소를 부적법하다고 각하한다. 다만, 소송요건을 갖추었는지 여부를 우선 집중하여 심리하고, 그 존재를 확인한 뒤에 비로소 본안심리에 들어가는 것은 아니라는 것을 주의하라. 본안과 소송요건의 심리를 병행·동시 진행한다(그 존부를 판단하는 기준시는 어느 경우나 원칙적으로 변론종결 시). 여기서 심리가 병행·동시 진행하더라도 본안판단에 앞서서 우선 소송요건이 존재하는 것으로 확정되어야 비로소 본안청구가 이유 있는지 여부가 판단된다(소송요건의 선순위성).

물론 사건의 전부가 판결로 마무리되는 것은 아니다. 처분권주의는 소송의 종료 단계에서도 타당하므로 소의 취하, 청구의 포기·인낙, 소송상 화해에 따라 소송이 종료되는 경우가 있다.

Q-15 법원의 심리 결과, 원고의 대여금이 3억 원이 아니라, 실제 4억 원인 것이 판명되었다면, 법원은 4억 원의 지급을 피고에게 명할 수 있는가?

➲ 법원은 당사자가 신청하지 않은 사항에 대하여는 판결할 수 없다(203조). 당사자가 신청한 사항을 넘어서 법원이 판결하는 것은 허용되지 않으므로 처분권주의 위반이 된다.

Q-16 위 대여금청구소송에서 피고(乙)는 원고(甲)가 주장하는 대여사실을 부인하면서 다른 주장을 하지는 않았다. 그런데 법원은 甲이 증거방법으로 제출한 차용증에 관한 서증절차를 통하여 이미 그 대여금채권의 소멸시효기간이 경과하였음을 알았다. 법원은 위 대여사실을 인정하면서도 소멸시효완성을 이유로 甲의 청구를 기각하는 판결을 선고하였다. 이 판결은 정당한가?

➲ 법원은 당사자가 제출한 사실만을 판결의 기초로 할 수 있다(변론주의). 당사자가 어느 사실을 판결을 통하여 인정받기 위해서는 그 사실의 주장이 있어야 한다(주장책임). 피고가 반환의무의 소멸의 전제가 되는 소멸시효의 항변을 하지 않은 경우에 이에 기하여 행하여진 판결은 변론주의에 위반된다.

소송비용의 재판

📖 법원은 사건을 완결하는 재판을 하는 때에 직권으로 종국판결의 주문에서 그 심급의 소송비용에 대하여 당사자가 부담하여야 할 소송비용의 액수 또는 비율을 선고하여야 한다(104조). 소송비용은 소송을 진행하는 중에는 각각의 당사자가 지급하지만, 최종적으로는 패소한 당사자가 부담하는 것이 원칙이다(98조). 보통 소송비용의 정함은 관행적으로 부담의 비율로 정하여지므로(예를 들어, 소송비용은 피고가 부담한다. 또는 소송비용은 이를 3분하여 그 2는 원고가, 나머지는 피고가 각 부담한다) 당사자는 별도로 소송비용액의 확정결정을 신청하여(110조 내지 112조) 이에 따라 상대방으로부터 비용의 상환을 받는다.

가집행선고

📖 승소자는 판결의 확정을 기다려서 비로소 그 내용을 실현할 수 있는 것이 원칙이지만, 3심제 소송제도 아래에서는 판결이 확정될 때까지는 상당한 시간이 걸린다. 그러나 법원이 미확정판결에 관하여도 확정된 것과 마찬가지로 그 내용을 실현할 수 있도록 그 판결주문에서 「판결을 가집행을 할 수 있다」고 선고한 때에는 그것에 기초하여(즉, 가집행선고 있는 종국판결이 집행권원이 된다) 강제집행을 할 수 있다. 재산권의 청구에 관한 판결에는 상당한 이유가 없는 한, 당사자의 신청 유무를 불문하고 직권으로 가집행을 할 수 있다는 것을 선고하여야 한다(213조 1항). 다만, 이전등기청구와 같이 의사의 진술을 명하는 판결에는 가집행선고가 붙지 않는다는 것을 주의하라.

7. 상 소

가. 종국판결과 상소

종국판결은 그 심급을 종결시키는 것이지만, 그것이 소송을 무조건 마무리하는 것은 아니다. 종국판결에 대하여 일정한 요건하에, 일정한 기간 이내에 상소를 제기할 수가 있다. 적법한 상소에 의하여 소송은 원칙적으로 상급심에 이심(移審)된다. 종국판결에 대한 상소에는 항소와 상고가 있다.

심급관할

📖 심급관할은 어느 종류의 법원이 제1심의 수소법원(受訴法院)이 되고, 그 법원의 판결에 대한 상소에 대하여 어느 종류의 법원이 관할을 가지는가의 문제, 즉 어느 종류·단계의 법원에 어느 심급의 직분을 분담시킬 것인가를 정한 것이다. 항소사건은 소송목적의 값에 따라 고등법원과 지방법원 항소부에서 관할한다. 소송목적의 값이 3억 원으로 고액단독사건인 위 사례에서는 원칙적으로 고등법원에서 항소심을 관할한다(2022년 개정된 민사 및 가사소송의 사물관할에 관한 규칙 4조 참조).

나. 항 소

항소가 제기되면, 제1심 판결은 확정되지 않고(498조, 확정차단효) 사건은 항소법원에 이심되어, 다시 심리된다. 항소의 제기는 항소장에 법정사항을 기재하고 제1심 소장에 붙였던 인지액의 1.5배액을 붙여, 판결이 송달된 날로부터 2주 이내에 원심 법원인 제1심 법원에 항소장을 제출하여야 한다(397조 1항). 항소장에는 당사자 등의 표시 이외에 제1심 판결의 표시와 그 판결에 대한 항소의 취지를 표시한다(397조 2항). 이것이 항소장의 필수적 기재사항이며, 불복의 이유는 임의적 기재사항이고, 성질상 기재되어도 준비서면이 되는 것이다(398조). 원칙적으로 항소심에서도 새로운 사실이나 증거를 제출할 수가 있고, 제1심에서 이미 제출된 재판자료와 항소심에서 새롭게 제출된 재판자료가 항소심 판결의 기초가 된다. 이 의미에서 항소심의 구조는 속심(續審)이다.

Q-17 피고가 변제와 소멸시효를 주장한 바, 결국 소멸시효가 인정되어 원고의 청구가 기각되었다고 하자. 피고는 변제하였음에도 법원이 이를 받아들이지 않은 것은 불만이라고 하여, 소멸시효가 아닌 변제로 인한 청구기각을 구하면서 항소할 수 있는가?

➲ 항소심절차는 제1심 절차가 일단락된 뒤에 이심되어 새로 소송절차가 개시되는 것이므로 무조건 항소심이 허용되는 것은 아니다. 제1심 절차에서 내려진 종국판결에 대하여 다시 상급법원의 심판을 받는 것을 정당화하는 무엇인가의 불복이 있지 않으면 안 된다. 이것이 항소의 이익이다. 전부승소한 당사자는 원칙적으로 항소의 이익이 없다. 판결이유 중의 판단에 불복이 있더라도 승소하였다면 항소의 이익은 없다. 위 경우에 피고는 항소할 수 없다.

제1심 판결이 정당하면 항소기각을 한다(414조 1항, 2항). 한편, 원판결이 내용상 부당한 때에는 이를 취소하여야 한다(416조). 그런데 제1심 판결을 취소하면, 소에 대한 완결된 법원의 응답이 없게 되므로 이에 대하여 무엇인가 조치를 강구하여야 하는데, 항소심은 사실심인 관계상 항소법원이 스스로 제1심에 대신하여 소에 대하여 재판하게 되는 자판(自判)이 원칙이다(제1심 법원에 환송하지 않는다). 예를 들어 원고의 청구를 인용한 제1심 판결에 대하여, 항소법원은 「제1심 판결을 취소한다」 다음에 「원고의 청구를 기각한다」와 같이 재판한다.

Q-18 제1심 판결의 가집행선고에 기한 강제집행의 결과를 항소심은 고려하여 판결을 선고하여야 하는가?

➲ 가집행선고부 판결에 기한 집행의 효력은 확정적인 것이 아니고 후일 본안판결 또는 가집행선고가 취소·변경될 것을 해제조건으로 하는 것이므로, 가집행선고에 기하여 채권자가 집행을 완료함으로써 만족을 얻은 경우, 항소심에서 본안에 관하여 판단할 때에는 그 집행의 이행상태를 고려하지 아니하고 청구의 당부에 관하여 판단하여야 하나, 이는 해당 소송절차에서 취소·변경대상이 되는 본안판결이 존재하는 경우에 만약 가집행에 기한 이행상태를 판결자료로 채용한다면 가집행선고에 기한 집행 때문에 그 본안청구에 관하여 승소의 종국판결을 얻을 길이 막히게 되는 이상한 결과가 되어 실제상 불합리하기 때문이지 가집행선고부 판결에 기한 집행이 종국적인 것임을 부인하는 것은 아니다(대법원 1995. 4. 21. 선고 94다58490 판결).

다. 상 고

상고심은 원심 판결의 당부를 법률적인 측면에서만 심사하기 때문에 **법률심**이라고 부른다. 상고심은 법률심이지만, 실제로는 원심의 사실인정이 못마땅할 경우에는 채증법칙 위반이나 심리미진 등을 이유로 원심 판결을 파기하는 예가 적지 않은데, 채증에 관한 경험칙 위반이 상고이유가 되는 것에 의하여 법관의 자유심증주의가 담보되고 있다.

상고장의 제출은 원심(항소심)법원에 제출하여야 한다(425조, 397조). 판결이 송달된 때부터 2주 이내의 상고기간의 준수 여부는 원심법원이 상고장을 접수한 때가 기준이다. 인지액은 소장의 2배이다.

상고심리불속행제도

📖 상고심리불속행제도는 당사자에 의하여 주장된 상고이유에 중대한 법령위반에 관한 사항 등 상고심을 법률심으로 순화시키기에 알맞은 사유가 포함되어 있지 않은 경우의 무익한 상고나 상고권의 남용을 본안심리에 앞서서 사전에 체크하여 대법원의 법률심으로의 기능을 효율적으로 수행하게 하고 법률관계를 신속하게 확정하기 위하여 1994년 「상고심절차에관한특례법」에 따라 채택된 것이다. 즉, 당사자에 의하여 주장된 상고이유가 상고심절차에관한특례법상의 일정한 사유(심리속행사유)에 해당되지 아니한다고 판단될 때에는 상고법원이 더 나아가 심리를 진행하지 아니하고 상고기각판결을 하는 것이다(동법 4조 1항). 상고본안심리 거부라는 점에서 내용상으로는 상고각하와 같은 소송판결이지만, 형식상으로는 「각하」가 아니라, 「기각」이므로 본안판결이다.

심리속행사유는 다음과 같다(동법 4조 1항). 원심 판결이 헌법에 위반하거나 헌법을 부당하게 해석한 때(1호), 원심 판결이 명령·규칙 또는 처분의 법률위반 여부에 대하여 부당하게 판단한 때(2호), 원심 판결이 법률·명령·규칙 또는 처분에 대하여 대법원판례와 상반되게 해석한 때(3호), 법률·명령·규칙 또는 처분에 대한 해석에 관하여 대법원판례가 없거나 대법원판례를 변경할 필요가 있는 때(4호), 위 1호 내지 4호 이외에 중대한 법령위반에 관한 사항이 있는 때(5호), 이유불비·이유모순을 제외한 민사소송법 424조 소정의 절대적 상고이유가 있는 때(6호), 다만 상고이유로 주장한 바가 위 6가지 속행사유에 해당하더라도 그 주장 자체로 보아 이유가 없는 때, 원심 판결과 관계가 없거나 원심 판결에 영향을 미치지 아니하는 경우에는 더 이상 심리를 속행하지 아니하고 상고기각판결을 한다(동조 3항).

심리불속행판결은 판결이지만, 절차상 특례로 선고를 요하지 아니하며(다만, 선고를 생략하는 것은 문제가 있다는 지적이 많다), 상고인에게 송달됨으로써 그 효력이 생긴다(동법 5조 2항).

상고심의 심판의 대상은 불복신청의 대상인 원심 판결이 파기(破棄)될 것인지 여부이다. 상고심에 의한 원판결의 취소를 특히 파기라고 부르는데, 상고가 이유 있다고 인정할 때(상고인용)에는 원판결을 파기하여야 한다. 상고심에서는 사건에 대한 사실인정은 다시 행하지 않으므로 원심 판결을 파기하는 때에는 사건을 사실심으로 환송하는 것이 원칙이다(436조 1항). 항소심에서는 제1심 판결이 부당할 때에 이를 취소하고 자판(自判)하는 것과 반대이다.

상고심의 종국판결과 같이 더 이상 상소를 할 수 없는 판결은 그 선고와 동시에 확정된다. 판결이 확정되면, 기판력이 생긴다.

Q-19 피고는 변론에서 변제항변을 하지 아니하여 패소하였는 바, 판결확정 뒤에 대여금채권은 이미 판결이 있기 전에 변제에 의하여 소멸하였다는 것을 이유로 원고를 상대로 채무부존재확인의 소를 제기할 수 있는가?

➲ 예를 들어 3억 원의 대여금반환청구소송에서 원고 승소의 이행판결이 확정되면, 그 표준시(사실심 변론종결 시)에 있어서 「3억 원의 청구권이 있다는 판단」에 기판력이 생긴다. 이에 모순·저촉되는 당사자의 주장은 불가능하므로 확정판결이 있은 뒤, 가령 채무자가 채권자를 상대로 「청구이의의 소」나 「채무부존재확인의 소」를 제기하여 표준시 전에 변제하였다든가, 채무면제가 있었다든가 등을 주장하면서 다시 소송물인 3억 원의 청구권의 부존재를 다투는 것은 기판력에 의하여 봉쇄된다.

8. 재 심

확정된 종국판결에 대하여 판결의 확정에 이르기까지 절차의 중대한 흠이나 판결의 기초가 되는 자료에 묵과할 수 없는 흠이 있을 때에 당사자는 그 판결의 취소와 사건의 재심판을 구할 수 있다. 종결되어 기판력이 생긴 사건을 다시 심리하고자 하는 것이므로 재심사유가 법정되어 있고(451조 1항), 재심의 제기기간도 제한되어 있다(456조, 예외는 457조).

실전 쟁점

[X의 주장] 나는 인천 시내에 토지를 소유하고 있었는데, 이것을 Y에게 2억 원에 매각하였다. 2021. 7. 15.에 매매계약서에 서명날인하고, 계약금 2천만 원을 받았다. 잔금은 2021. 8. 31.에 등기를 의뢰한 A 법무사 사무소에서 소유권이전등기에 필요한 서류를 넘기는 동시에 지급할 것을 약속하였다. 약속 당일에 나는 A 법무사가 요청하는 서류를 준비하여 A 법무사 사무소로 향하였는데, Y는 나오지 않았다. 전화로 연락하여도 연결되지 않았다. 그 뒤, 몇 번이고 Y에게 매매대금 지급을 요청하였는데, Y는 이리 저리 핑계만 대고 지급하려고 하지 않았다. 한편, Y는 매매계약시에 내가 거짓말을 하였다고 말하는 것 같은데, 나는 들리는 소문을 그대로 Y에게 말한 것뿐이며, 거짓말을 한 것이 아니다. 나는 Y를 상대로 매매대금 잔금 1억 8천만 원의 지급을 구하는 소를 제기하기를 원한다.

[1] 소장의 작성에 대하여 검토하시오.
[2] 소제기에 앞서 X가 취할 수 있는 보전수단에 대하여 검토하시오.

[Y의 주장] 나는 X로부터 이 사건 토지를 2억 원에 매수한 것은 사실이다. 내가 X로부터 토지를 매수한 것은 X가 「이 토지 근처에 지하철역이 생길 계획이 있다. 분명이 땅값이 오를 것이다」라고 말하였기 때문이다. 그러나 X의 이야기가 거짓말인 것을 알게 되었으므로 그 대책을 B 변호사와 상담하고, 그 상담 내용에 따라 약속한 결제일 당일에 A 법무사 사무소에 가지 않았던 것이다. X가 나에게 매매대금의 지급을 청구하였지만, 나로서는 거꾸로 계약금 2천만 원을 돌려받기를 원한다.

[3] 해약금 해제에 대하여 검토하시오.
[4] Y는 항변으로 무엇을 주장할 수 있는가?
[5] Y는 계약금 2천만 원의 반환을 구하기 위해서는 재판상 어떻게 하여야 하는가?

가. 소장의 작성

원고 X(매도인)가 피고 Y(매수인)에게 매매대금을 청구하는 단순한 사례이다.

매매대금청구를 위해서는 우선 매매계약의 성립요건을 규정하고 있는 민법 563조를 살펴보아야 한다. 민법 563조를 보면, 매매는 당사자 한쪽(매도인)이 일정한 재산권을 상대방(매수인)에게 이전할 것을 약정하고 상대방은 이에 대한 대금을 지급할 것을 약정함으로써 그 효력이 생긴다고 규정하고 있다. 매매계약에서 당사자 쌍방에게 각각 어떠한 채권이 발생하는가를 검토하면, 매도인은 매매대금지급청구권을, 매수인은 등기·인도청구권을 취득한다. 매매계약에 의하여 매도인의 매매대금지급청구권과 매수인의 재산권이전(목적물인도·등기)청구권이 발생하고, 또 바로 이행을 청구할 수 있다.

(1) 소 송 물

주된 청구의 소송물은 매매계약에 기한 매매대금청구권이다. 계약에 기한 청구권은 계약마다 발생하므로 소송물의 개수는 계약의 개수에 의하여 정하여지게 된다. 사안에서 매매계약은 1개이므로 소송물의 개수도 1개이다.

(2) 청구취지

청구취지는 강제집행에 의하여 실현될 피고의 의무를 분명히 하는 것이므로 당사자 및 이행의 내용이 간결하고 정확하게 표현되어야 한다. 이 경우에, 청구취지에 급부의 법적 성격을 적지 않는 것이 실무이므로 「피고는 원고에게 매매대금(이 부분은 적을 필요 없음) 1억 8천만 원을 지급하라」와 같이 급부의 법적 성격을 적지 않은 채(위 '매매대금'을 적지 않은 채), 다음과 같이 적는다.

1. 피고는 원고에게 1억 8천만 원 및 이에 대하여 2021. 9. 1.부터 이 사건 소장 부본 송달일까지는 연 5%의, 그 다음 날부터 다 갚는 날까지는 연 12%의 각 비율에 의한 금원을 지급하라.
2. 소송비용은 피고가 부담한다.
3. 제1항은 가집행 할 수 있다.

라는 판결을 구합니다.

위 사안에서 잔금지급기일은 2021. 8. 31.로 약정하였고, 그 다음날인 2021. 9. 1.부터 이행지체의 책임을 진다.

민법 387조 1문은 「채무이행의 확정한 기한이 있는 경우에는 채무자는 기한이 도래한 때부터 지체책임이 있다」고 하고 있으나, 이는 그 기한이 도과하는 것을 의미하므로 그 기한이 도래한 다음날부터 이행지체의 책임을 진다.

(3) 청구원인

❶ 원·피고 사이의 매매계약 성립(매매계약체결사실)
❷ 원고가 피고에게 소유권이전등기·인도 채무에 대한 변제의 제공을 한 사실

위 청구원인 가운데, ①은 매매대금지급청구권의 발생 원인으로서 필요하며, ②는 지연손해금을 청구하기 위한 요건사실로서 필요하다.

① 매매계약의 성립하면 대금지급청구권은 즉시 발생하므로(매매계약은 낙성·쌍무·불요식의 유상계약이다) 원고 X(매도인)는 청구원인으로 매매계약체결사실만을 주장·증명하면 된다.

② 지연손해금의 청구는 채무불이행(이행지체)에 기한 손해배상청구인데, 매매계약에 기한 매매대금지급채무에 대해서는 피고가 동시이행의 항변권을 가지고 있는 관계로 매매대금지급채무의 기한이 도달한 사실만으로는 피고의 이행지체가 되지 않고, 원고가 위 ②의 소유권이전등기·인도 채무에 대한 변제의 제공을 하여야 비로소 이행지체가 된다. 그래서 원고는 위 ②의 사실을 청구원인에 적을 필요가 있다.

나. X가 취할 수 있는 민사보전 수단

가령, 채무자 Y가 자신의 유일한 자산인 부동산을 매각하려고 하는 등의 경우에 X는 1억 8천만 원 금전채권을 보전하기 위하여 해당 부동산에 대하여 가압류가 이용된다. 가압류는 금전채권을 가지고 있는 사람이 승소판결에 의한 강제집행을 하기 전에, 특히 채무자에 대한 소제기 전에 장래의 강제집행에 대비하여 채무자의 재산을 임시로 압류해 두는 제도이다. 부동산의 가압류 외에 은행예금 등의 채권 가압류나 동산의 가압류 등이 있다. 이 사건에서 X는 1억 8천만 원의 금전채권 보전을 위하여 Y의 재산에 대하여 가압류를 신청할 수 있다.

다. 해약금 해제

(1) 매매계약이 체결되면, 관행적으로 매매계약서에 서명날인하는 때에 매매대금의 10% 내지는 20% 정도의 금액이 계약금으로서 매수인으로부터 매도인에게 교부되는 경우가 많다. 가령 매매대금 2억 원의 매매에서 2천만 원이 계약금으로 교부되면, 잔금은 1억 8천만 원이 되며, 잔금은 소유권이전등기절차를 위한 서류와 교환으로 법무사 사무소에서 지급되는 경우가 흔하다.

(2) 계약금이 교부되면, 매매계약의 해제권이 발생한다. 위 예에서 매수인이 계약금

2천만 원을 교부한 경우에 매수인이 1억 5천만 원으로 살 수 있는 다른 토지를 발견하여 그 쪽이 더 좋은 조건이라는 것을 안다면, 매수인은 매도인에게 아무런 잘못이 없어도 계약금을 포기하여 매매계약을 해제하고, 1억 5천만 원에 발견한 토지를 매수할 수 있다. 지급한 계약금 2천만 원은 손해를 보지만, 5천만 원이나 싼 토지를 살 수 있기 때문에 결국에는 3천만 원의 이득이 된다. 계약금을 받은 매도인도 마찬가지이다. 계약금을 받은 매도인이 더 좋은 조건의 2억 5천만 원에 매각할 수 있는 상대방을 찾은 경우에는 매도인은 계약금의 배액인 4천만 원을 반환하여 매매계약을 해제하고 더 좋은 조건의 매수인과 매매계약을 성립시킬 수 있다. 이 경우에는 계약금의 반환에 의하여 2천만 원의 손해가 있지만, 결국에는 3천만 원의 이득이 된다.

(3) 계약금 배액의 반환에 의한 매매계약의 해제는 상대방에게 잘못이 없어도 할 수 있다. 계약금을 주고받는 행위 가운데 그렇게 자유롭게 해제할 수 있는 것을 합의하였다고 풀이할 수 있기 때문이다. 이러한 계약금을 해약금이라고 말하며, 민법 565조가 다음과 같이 해약금에 관하여 규정하고 있다. 즉, 매매의 당사자 일방이 계약당시에 금전 기타 물건을 계약금, 보증금등의 명목으로 상대방에게 교부한 때에는 당사자간에 다른 약정이 없는 한 당사자의 일방이 이행에 착수할 때까지 교부자는 이를 포기하고 수령자는 그 배액을 상환하여 매매계약을 해제할 수 있다.

(4) 그런데 위 해약금에 의한 매매계약의 해제에도 시기적 제한이 있다. 매수인이 이미 잔금 지급의 준비를 하고 있는데 매도인이 해제한다든지, 매도인이 소유권이전등기의 준비나 인도의 준비를 하고 있는데 매수인이 해제하면 상대방에게 불측(不測)의 손해를 주기 때문에 상대방이 「계약의 이행에 착수」한 뒤에는 해약금에 의한 해제는 할 수 없다.

(5) 이 사건의 경우, X는 소유권이전등기나 인도의 준비를 마쳤기 때문에 이미 이행에 착수하였다고 할 수 있다. 따라서 Y는 계약금을 포기하여 매매계약을 해제할 수 없다.

라. 답변서의 작성

(1) 청구원인의 인부(認否)

청구원인 ①은 인정, ②는 부지와 같이 된다.

(2) 항 변

Y는 다음과 같은 주장을 할 수 있다.

(가) 사기에 의한 취소

그 주장이 법원에 의하여 인정될지 여부는 어찌되었든, 피고로서는 원고가 「이 토지 근처에 지하철역이 생길 계획이 있다. 분명히 땅값이 오를 것이다」라고 피고에게 거짓

말을 하여 피고가 매수의 의사표시를 하게 한 것이 민법 110조 1항의 사기에 해당한다고 주장하여 피고는 매수의 의사표시의 취소를 주장할 수 있다. 또한 취소는 소송 밖에서 취소의 의사표시를 하여 그 사실을 소송에서 주장하여도 무방하지만, 취소의 상대방이 소송 당사자인 경우에는 비로소 소송에서 취소의 의사표시를 하여도 된다.

(나) 착오에 의한 취소

민법 109조 1항은 내용의 중요부분에 착오가 있을 때에는 의사표시를 취소할 수 있다고 규정하고 있다. 이 사건의 경우, 피고는 「이 토지 근처에 지하철역이 생길 계획이 있다. 분명히 땅값이 오를 것이다」라고 믿어 이 사건 토지를 매수한 것인데, 사실은 그렇지 않았던 것이다. 피고의 생각과 현실 사이에 엇갈림이 있었던 것은 틀림없지만, 이것이 「내용의 중요부분에 착오」가 있었다고 할 수 있는지 여부에 대해서는 좀 더 검토가 필요하다.

이 사건과 같은 경우에 있어서, 피고의 오해는 무엇이었는가 생각하여 보면, 「이 사건 토지를 대금 2억 원에 산다」라는 매수의 의사표시 자체에는 어떠한 오해도 없었고, 거기에 착오는 없는 것이다. 「이 토지 근처에 지하철역이 생길 계획이 있다. 분명히 땅값이 오를 것이다」라고 믿은 점에 생각과 현실 사이의 차이가 있었던 것이다.

그러면 「이 토지 근처에 지하철역이 생길 계획이 있다. 분명히 땅값이 오를 것이다」라고 믿고 있었다는 것은 의사표시와의 관계에서 무엇을 의미하는 것인가. 결론적으로 「이 토지 근처에 지하철역이 생길 계획이 있다. 분명히 땅값이 오를 것이다」는 매수의 의사표시를 하기에 이른 동기(動機)라고 생각할 수 있다. 즉, 의사표시 자체에는 착오가 없고, 매수의 의사표시를 하기에 이른 동기에 착오가 존재한 것이다.

그런데 동기의 착오만으로는 원칙적으로 민법 109조 1항의 착오가 되지 않는다.

동기의 착오가 법률행위의 내용의 중요부분의 착오에 해당함을 이유로 표의자가 법률행위를 취소하려면, 그 동기를 해당 의사표시의 내용으로 삼을 것을 상대방에게 표시하고 의사표시의 해석상 법률행위의 내용으로 되어 있다고 인정되면 충분하다. 당사자들 사이에 별도로 그 동기를 의사표시의 내용으로 삼기로 하는 합의까지 이루어질 필요는 없지만, 그 법률행위의 내용의 착오는 보통 일반인이 표의자의 입장에 섰더라면 그와 같은 의사표시를 하지 아니하였으리라고 여겨질 정도로 그 착오가 중요한 부분에 관한 것이어야 한다(대법원 2000. 5. 12. 선고 2000다12259 판결).

따라서 동기의 착오를 주장하는 때에는 ① 동기의 착오가 있었다. ② 동기가 표시되어 의사표시의 내용이 되었다. ③ 그 착오가 중요한 부분에 관한 것이다 등의 요건사실을 주장하고서야 비로소 민법 109조 1항의 착오에 의한 취소의 주장이 완전한 것이 된다. ① 동기의 착오만으로는 주장 자체 실당(失當)이 된다.

(다) 동시이행의 항변권

피고의 위와 같은 항변이 인정되지 않더라도, 본래 피고는 원고로부터 이 사건 토지의 소유권이전등기·인도를 받는 것과 동시에(상환으로) 매매대금을 지급하면 되는데, 원고가 단순히 매매대금의 지급을 청구하였기 때문에 소송에서 이대로 방치하면, 피고는 판결에서 단순, 무조건으로 매매대금의 지급을 명령받게 된다.

그렇게 되면 현실상 피고에게 매매대금의 지급을 선이행으로 강제하는 결과가 되기 때문에 피고는 소유권이전의 동시이행의 항변권을 제출하여 그러한 결과가 되는 것을 방지할 수 있다.

피고의 동시이행항변이 정당하다고 인정되는 때에는 피고에게 원고의 채무이행과 상환으로 피고의 채무를 이행할 것을 명하는 취지의 판결을 하게 된다. 즉, 동시이행항변이 제출되고 받아들여진 때의 판결 주문은 다음과 같이 된다. 이것을 '**상환이행판결**'이라고 한다.

피고는 원고로부터 이 사건 토지의 소유권이전등기절차의 이행 및 위 토지를 인도 **받음과 동시**에(또는 **상환**으로)원고에게 1억 8천만 원을 지급하라.

마. 반소의 제기

만약, 피고의 주장대로 매매계약이 사기나 착오에 의하여 취소될 수 있다고 한다면, 피고는 계약금으로서 원고에게 교부한 2천만 원의 반환을 청구할 수 있을 것이다. 계약금 계약은 매매계약이 유효하게 존재하는 것을 전제로 하고 있기 때문이다.

피고로서는 이 사건에 대한 판결이 피고에게 유리하게(가령 원고의 청구기각) 확정된 뒤에 X에게 별소를 제기하여 계약금의 반환을 청구하여도 되지만, 이 소송에서 한꺼번에 같이 그 해결을 바란다면, X에게 반소를 제기하면 된다.

피고가 소송계속 중에 그 소송절차를 이용하여 원고에 대하여 제기하는 소가 반소이다(269조). 반소는 본소의 당사자인 피고(반소원고)가 원고(반소피고)를 상대로 하여(반소의 당사자) 제기하는 소이다. 본소의 원고를 반소에서는 반소피고, 본소의 피고를 반소에서는 반소원고라고 부른다.

반소를 제기하면 본소와 같은 법원에서 같은 시기에 판결을 받을 수 있다. 그러나 반소는 어떠한 경우라도 제기할 수 있는 것이 아니라, 「본소의 청구 또는 방어의 방법과 서로 관련이 있어야 하는 경우」이어야 한다(269조 1항). 이 요건에 해당하지 않으면 반소의 제기는 허용되지 않기 때문에 별소를 제기할 수밖에 없다.

이 사건의 경우, 사기나 착오취소라는 피고의 방어방법(그 결과는 계약의 무효를 가져온다)과 관련하는 청구라고 할 수 있기 때문에 반소의 요건을 결여하는 것은 아니다.

반소는 본소와 마찬가지의 절차에 따르므로(270조), 원칙적으로 서면(반소장)으로 하여야 하고, 소장의 필수적 기재사항을 적고, 소장에 붙이는 것과 같은 액의 인지를 내야 하지만, 다만 본소와 그 목적이 동일한 반소의 경우에는 반소의 인지액에서 본소의 인지액을 공제한 차액의 인지액만 내면 된다.

반소장의 청구취지의 기재례는 다음과 같다.

1. 원고(반소피고)는 피고(반소원고)에게 2천만 원 및 … 비율에 의한 금원을 지급하라.
2. 반소로 인한 소송비용은 원고(반소피고)가 부담한다.
3. 제1항은 가집행 할 수 있다.

라는 판결을 구합니다.

제1부

민사소송절차와 요건사실

제2장

요건사실의 이해

제 2 장
요건사실의 이해

- 甲은 2019. 8. 1. 乙에게 3억 원을 변제기는 2019. 8. 31.로 정하여 대여하였는데, 변제기가 지났음에도 대여금을 변제하지 않는다고 주장하면서 대여금반환을 구하는 소를 제기하였다고 하자.
- 甲은 2020. 7. 1. 乙에게 카메라 1대를 100만 원에 팔았다고 주장하면서, 乙에게 매매대금의 지급을 구하는 소를 제기하였다고 하자.

요건사실론은 민법 등 실체법을 입체적으로 이해하고, 민사소송의 공격방어의 구조를 재정립하는 역할을 한다.

요건사실을 통하여 평면적인 이해에 그친 민법 등 실체법을 재판과 관련된 규범으로 인식하게 된다.

요건사실을 명확하게 이해하고 있지 않으면, 당사자로서는 주장하여야 할 사실을 주장하지 않거나 중요한 점에 대한 증명을 하지 못하여 소송에서 불이익을 입을 우려가 있고, 법원으로서도 증명촉구 등을 함에 있어 올바른 소송지휘를 하지 못할 수 있다.

이와 같이 요건사실은 민사소송에서 상당히 중요한 역할을 한다.

1. 요건사실의 의의

위 대여금의 반환을 구하는 사안에서 대여금반환청구권이라는 권리의 발생의 법률효과를 정하는 법규는 민법 598조이다. 민법 598조는 "소비대차는 당사자 일방이 금전 기타 대체물의 소유권을 상대방에게 이전할 것을 약정하고 상대방은 그와 같은 종류, 품질 및 수량으로 반환할 것을 약정함으로써 그 효력이 생긴다"라고 규정하고 있다. 여기서 「그 효력이 생긴다」라는 것은 소비대차계약의 효력이 생긴다는 것이며, 이는 「대여금반환청구권」 등의 권리가 발생한다는 것이다.

그리하여 「대여금반환청구권」이라는 법률효과를 발생시키는 법률요건(법률효과의 발생요건)은 대주(貸主)가 금전 기타 대체물의 소유권을 차주(借主)에게 이전할 것을 약정하고, 차주가 위 약정한 대체물과 동종, 동질, 동량의 물건을 반환할 것을 약정한 것이다. 소비대차는 낙성(諾成)계약이므로 위와 같은 합의가 있으면 소비대차는 성립한다. 따라서 소비대차계약의 성립이 인정되면, 그 법률효과로 소비대차계약의 효력이 생기며, 따라서 대여금반환청구권이라는 권리가 발생한다는 것이다. 결국 대여금반환청구소송에서 원고측은 청구원인으로 "甲은 20OO. OO. OO. 乙에게 3억 원을 변제기를 같은 해 OO. OO.로 정하여 대여하였다"는 사실을 주장하여야 한다. 빌린 사람(차주)은 약정시기에 차용물과 같은 종류, 품질 및 수량의 물건을 반환하여야 하고(민법 603조 1항), 반환시기의 약정이 없는 때에는 빌려준 사람(대주)은 상당한 기간을 정하여 반환을 최고하여야 한다. 그러나 빌린 사람(차주)은 언제든지 반환할 수 있다(동법 동조 2항).

이렇게 실체법이 정하는 법률효과를 발생시키는 구성요건을 법률요건이라고 하고, 이에 해당하는 구체적 사실을 요건사실이라고 한다. 즉, 요건사실은 권리 또는 법률관계의 발생(나아가 저지, 소멸 등)의 법률효과가 생기는 요건으로 각 실체법규에 규정되어 있는 것(법률요건)에 해당하는 구체적 사실을 가리킨다.

그런데 통상 실무에서, 「요건사실」과 「주요사실」을 같은 의미로 사용하고 있다. 그러나 민사법학에서는, 일반적으로 실체법의 조문의 법률요건(=구성요건)에 적혀 있는 유형적 사실이 요건사실이고, 이같이 요건사실에 해당하는 구체적 사실이 주요사실이라고 설명하기도 한다. 즉, 요건사실은 「법적 개념」이며, 주요사실은 「사실적 개념」이라고 본다. 가령, 매매계약에 기한 대금지급을 구하는 사안에서 민법 563조는 "매매는 당사자 일방이 재산권을 상대방에게 이전할 것을 약정하고 상대방이 그 대금을 지급할 것을 약정함으로써 그 효력이 생긴다"라고 규정하고 있는데, 여기 민법 563조가 정하는 요건사실은, 「재산권이전의 약속」과 「대금지급의 약속」이라는 사실이지만, 주요사실은 「매도인은 OO년 OO월 OO일 매수인에게 무엇을 대금 OO원에 매도하였다」라는 사실이다. 주요사실은, 이른바 육하원칙 비슷하게(누가, 언제, 누구에게, 어디서, 무엇을, 어떻게 하였나)를 분명하게 한 구체적 사실이다.

여기서는 요건사실과 주요사실을 용어상 구별하지 않고 사용하기로 하고, 다만, 주요사실을 용어로 사용할 때에는, 변론주의에 의하여 당사자가 소송에서 반드시 주장·증명하여야 하고, 법원이 심리의 기준으로 삼아 그 인정 여부를 가려야 하는 사실로, 심리의 주요대상이 된다는 의미를 내포하는 소송법상 개념으로 사용한다.

규범적 요건

📖 실체법규 속에는, 과실, 중과실 또는 정당한 이유 등의 법적 평가·규범적 평가에 관한 일반적·추상적 개념(구체적으로 이미지를 떠올리기 곤란한 개념)으로 법률요건을 정하는 규정도 적지 않다. 예를 들어, 민법 129조, 750조 등은 「과실」, 민법 126조는 「정당한 이유」를 각각 법률요건으로 하고 있다, 또한 민법 2조 1항의 「신의성실」, 동조 2항의 「권리의 남용」, 민법 103조의 「선량한 풍속」 등 마찬가지로 각각의 법적 평가가 성립하는 것이 법률효과의 발생요건이 되고 있다. 이들은 사실로 기재된 법률요건(사실적 요건이라고도 불린다)과는 달리, 규범적 평가로 법률요건이 기재되어 있으므로 「규범적 요건」이라고 불린다. 실제 민사소송에서, 이같은 규범적 평가가 성립하였다고 인정되기 위해서는 그 평가의 성립을 근거짓는 구체적 사실이 필요하고, 이러한 사실은 「평가근거사실」이라고 불린다. 이러한 규범적 요건에서 주요사실을 어떻게 볼 것인가에 대하여 논쟁이 있다. 예를

들어 불법행위에 기한 손해배상소송에서 피고의 「과실」이 문제가 되는 경우에 과실 그 자체가 주요사실인가, 아니면 과실의 구체적 사실이나 내용을 이루는 예를 들어 음주운전, 속도위반 등이 주요사실인가 반드시 명확하지 않게 된다.

규범적 요건에서의 주요사실은 규범적 평가 자체가 아닌(규범적 평가는 법적판단에 지나지 않으므로, 원래 주장·증명의 대상이 되지 않는다), 그 판단을 기초짓는 평가근거사실이 주요사실이라고 해석하는 견해가 있다(호문혁). 이는 규범적 평가를 기초 짓는 구체적 사실인 평가근거사실을 주요사실로 보기 때문에 「주요사실설」이라고 불린다.

한편, 「과실」과 같은 추상적 개념(일반조항)을 법규의 구성요건으로서 그 자체가 주요사실이라고 보고, 그 구체적 사실이나 내용인 음주운전이나 속도위반은 간접사실이라고 보는 입장도 있다. 「간접사실설」이라고 한다. 이 입장에서는 음주운전이나 속도위반은 간접사실이 되어 당사자의 주장이 필요하지 않고, 법원이 이를 자유롭게 인정할 수 있게 된다는 점에서 의문이 들게 된다. 「과실」 그 자체가 주요사실이므로 당사자가 예를 들어 「음주운전」 여부를 다투고 있는 때에 법원은 「속도위반」을 인정하면서 이에 기하여 판결을 할 수 있는데, 이는 당사자 특히 패소한 피고에게는 불공평한 예상외의 재판이 된다.

그리하여 주요사실·간접사실의 구별은 더 이상 변론주의의 적용기준으로 될 수 없지 않는가, 또는 변론주의의 적용기준은 다른 곳에서 구하여야 하는 것이 아닌가라는 비판이 등장하였다.

이러한 논의를 배경으로 주요사실과 간접사실을 구별하는 종래의 틀을 유지하면서도, 「과실」, 「정당사유」, 「신의성실」과 같은 추상적 요건사실 자체에 한정하여 변론주의의 적용이 있는 주요사실로 볼 것이 아니라, 경우에 따라서는 위 예에서 「음주운전」, 「속도위반」 등의 구체적 사실을 준주요사실로 보아, 이 준주요사실에 대하여도 당사자의 주장이 필요하고, 주장이 없으면 판결의 기초로 할 수 없다는 견해가 최근 다수설이다(이시윤, 289면 참조). 이 학설에서의 준주요사실은 앞에서 살핀 주요사실설에서 말하는 「평가근거사실」과 마찬가지이므로 실질적으로는 평가근거사실을 주요사실로 보는 「주요사실설」과 대립하는 것은 아니라고 생각한다.

2. 재판의 구조와 요건사실

위 대여금의 반환을 구하는 사안에서 원고는, 분쟁의 대상이 되고 있는 대여금반환청구권을 자신이 가지고 있다는 것을 어떻게 주장하고, 증명하는가. 또 법원은 대여금반환청구권이 존재하는지 여부를 어떻게 판단하는가.

권리·의무의 존부를 심리·판단하는 데 있어서 권리·의무라는 것은 머리 속에서 생각되는 추상적·관념적인 존재에 지나지 않고 실제로 보거나 접촉하는 등 직접 감지할 수 있는 것은 아니므로 직접적으로 권리·의무의 존부를 인식할 수는 없다. 권리를 인식하기 위한 수단이 되는 것이 민법이나 상법 등의 실체법이다.

위 대여금반환청구권에 있어서 민법 598조는 "소비대차는 당사자 일방이 금전 기타 대체물의 소유권을 상대방에게 이전할 것을 약정하고 상대방은 그와 같은 종류, 품질 및 수량으로 반환할 것을 약정함으로써 그 효력이 생긴다"고 규정하고 있다. 그 효력이 생긴다는 것은 소비대차계약의 효력이 생기며, 대여금반환청구권 등의 권리가 생긴다는 것이라는 점을 이미 설명하였다.

권리를 가지고 있다고 주장하기를 원하는 당사자는 "권리의 발생"이라는 법률효과를 정하는 법규(권리근거규정)의 법률요건에 해당하는 사실을 주장하고 증명하게 된다. 법률요건은 추상적이고, 직접 이를 인식할 수 없으므로 이 요건에 해당하는 구체적 사실을 인식하는 것에 의하여 법률요건이 충족한 것으로 하는데, 여기서 법률효과의 발생요건(즉, 법률요건)에 해당하는 구체적 사실이 요건사실이라는 점을 이미 설명하였다.

이에 대하여 권리가 없다는 것을 주장하기를 원하는 반대 당사자는 권리근거규정의 요건사실을 부인하든지, 이를 인정한 뒤에 「권리의 발생의 장애」, 「권리의 발생의 소멸」이나 「권리의 발생의 저지」라는 법률효과를 정하는 법규의 법률요건에 해당하는 요건사실(이를 항변사실이라고 한다)을 주장하고 증명하게 된다.

3. 민사소송절차와 요건사실

민사소송에서 다루어지는 실제의 사안은 다양한 사실관계에 바탕을 두고 있고, 사실인정의 면에서도 모든 사건이 각각 다르다고 할 수 있다.

그러나 소송물이 동일한 경우에는 거기에 최소한으로 공통되는 기본적인 요소가 있는데, 개개의 사안에서 소송물인 권리 또는 법률관계의 발생에 필요한 공통의 요소를 추출하면, 그것이 **청구원인**이 된다고 할 수 있다.

가령, 민법 563조는 "매매는 당사자 일방이 재산권을 상대방에게 이전할 것을 약정하고 상대방이 그 대금을 지급할 것을 약정함으로써 그 효력이 생긴다"라고 규정하고 있다. 매매는 낙성계약이므로, 재산권이전과 대금지급에 관한 합의만 있으면 성립한다. 따라서 매도인이 매수인에 대하여 매매대금을 청구하는 소송에서, 소송물인 「매매계약에 기한 대금지급청구권」의 존재가 인정되기 위해서는, 매도인과 매수인 사이에 어느 목적물에 대하여 매도인은 그 목적물의 소유권을 매수인에게 이전하고, 매수인은 그 대가로 일정한 대금을 지급한다는 양쪽의 의사표시가 합치할 필요가 있고, 원고는 이 점에 대한 구체적 사실을 청구원인으로 주장하여야 한다.

원고는 이 권리근거규정의 요건사실인 청구원인사실을 주장하지 않으면 그 권리 또는 법률관계를 인정받지 못한다.

한편, 피고로서는 청구원인사실을 부인하여 다투는 것 이외에, 경우에 따라서는 소송물인 권리의 발생을 방해하거나 발생한 권리를 소멸시키거나 발생한 권리의 행사를 저지하는 효과를 발생시키는 데 필요한 요건사실을 **항변사실**로 주장하게 된다.

공격방어방법

📖 원고가 자기의 청구를 이유 있게 하기 위하여 제출하는 재판자료를 **공격방법**이라고 하고, 반대로 피고가 원고의 청구를 배척하기 위하여 제출하는 재판자료를 **방어방법**이라고 한다.

통상 법원은 우선 원고로부터 주장된 청구원인이 유리성(有理性) 내지는 일관성을 가지는가를 심리한 뒤(다만, 항변사실의 인정이 간단하다면, 항변을 먼저 심리하여 청구기각을 하여도 무방하다), 피고에게 청구원인사실에 대한 인부를 촉구하여 청구원인사실이 부인되면, 원고가 제출한 본증을 조사한다.

4. 요건사실과 주장책임

변론주의가 지배하는 민사소송에서는 당사자가 주장한 요건사실에 한정하여 그 법률효과의 발생 여부를 판단하고, 만일 어떤 요건사실에 대한 주장이 없다면, 그 요건사실이 증거로 인정된다고 하더라도 법원으로서는 그 요건사실을 인정하여 해당 법률효과의 판단의 기초로 삼을 수 없다(이른바 변론주의 제1명제 참조).

이와 같이 어떤 법률효과의 요건사실이 변론에 나타나지 않은 결과, 이에 기한 유리한 법률효과가 인정되지 않는 당사자의 불이익을 **주장책임**이라고 한다.

이러한 주장책임의 분배는 통상 증명책임의 분배에 따른다.

주장책임과 증명책임이 다른 경우

📖 타인의 대리인으로 계약을 한 자가 그 대리권을 증명하지 못하고 또 본인의 추인을 얻지 못한 때에는 상대방의 선택에 좇아 계약의 이행 또는 손해배상의 책임이 있다(민법 135조 1항). 위 '대리권 증명' 부분에 관하여는, 주장책임은 변론주의원칙상 상대방에게, 증명책임은 위와 같이 무권대리인에게 있어, 주장책임과 증명책임이 불일치한다. 주장책임과 증명책임이 일치한다는 원칙에 대한 예외로 본다.

5. 요건사실과 증명책임

가. 어느 사실이 진위불명(non liquet)인 경우에 판결에 있어서 그 사실을 요건으로 하는 자기에게 유리한 법률효과의 발생 내지는 불발생이 인정되지 않게 되는 일방 당사자의 위험 또는 불이익을 「증명책임」(Beweislast)이라고 한다(=입증책임=거증책임). 그리고 그러한 위험 또는 불이익을 당하는 당사자가 「증명책임을 부담한다」고 표현한다. 법관은 적용법규의 요건사실이 진위불명이므로 재판을 거부하는 것이 허용되지 않는다. 이 경우에 법관

은 재판을 회피할 수 없으므로 이것을 해결하기 위하여 진위불명의 사실이 존재하는 것으로 취급할 것인가, 존재하지 않는 것으로 취급할 것인가. 참 또는 거짓 어느 쪽의 의제를 하지 않으면 안 되는데, 증명책임의 개념을 도입하여 그 요건사실을 존재하지 않는 것으로 취급한다. 즉, 증명책임은 이 경우에 재판을 가능하게 하기 위한 법기술이다.

나. 어떠한 요건사실에 대하여 어느 쪽 당사자가 증명책임을 부담하는가의 문제를 「증명책임의 분배」라고 한다. 민법 135조 1항(무권대리인의 상대방에 대한 책임), 민법 437조(보증인의 최고·검색의 항변권), 자동차손해배상보장법 3조 단서 등과 같이 실체법규가 「증명」의 용어를 사용하여 증명책임의 소재를 명시하고 있는 경우에는 그것에 따르면 무방하나, 그러한 예는 많지 않다.

다. 증명책임 분배의 기준으로 법률요건분류설이 일반적 입장인데(규범설 [Normentheorie]이라고도 한다), 그 내용은 다음과 같다.

소송물인 권리관계의 존부의 판단은 그 발생·변경·소멸의 법률효과의 판단에 근거하는데, 이러한 법률효과의 판단은 각 법규의 구성요건사실의 존재의 확정에 의하여 그 법규가 적용되는 결과이다. 따라서 증명책임의 분배는 요건사실론과 표리일체를 이룬다. 즉, 증명책임은 증명책임의 분배를 고려에 넣고 입법된 민법 그 밖의 실체법규 중에서 법률효과와 관련, 각 요건사실에 있어서 각 당사자에게 분배되어 있다. 이 법률요건분류설에 의하면, ① 일정한 법률효과를 주장하는 당사자는 그 법률효과의 발생을 규정하는 「권리근거규정」의 요건사실에 있어서 증명책임을 지고, ② 권리근거규정에 의한 법률효과의 발생에 있어 방해사유를 규정하는 「권리장애규정」의 요건사실은 법률효과의 발생을 다투는 자에게 증명책임이 있고, ③ 일단 발생한 법률효과의 소멸은 새로운 법률효과이므로 법률효과의 소멸을 주장하는 자는 소멸을 규정하는 「권리소멸(멸각)규정」의 요건사실에 있어서 증명책임을 지고, ④ 예를 들어 동시이행의 항변권이나 유치권 등의 「권리저지규정」의 요건사실에 있어서는 상대방의 권리의 주장을 배제하고자 하는 자가 증명책임을 지고, ⑤ 본문과 단서로 되어 있는 조문에서는 단서에서 제외되는 사실에 대하여 본문에서 인정된 법률효과를 다투는 자에게 증명책임이 있고,

⑥ 명문을 결여하고 있는 경우나 명문은 있어도 해석상 명문에 없는 요건이 부가되어 있는 경우에 있어서도 문제가 되는 사실이 법률효과의 발생을 기초지우는 사실인가, 그 발생의 장애를 기초지우는 사실인가에 의하여 증명책임의 소재가 정하여진다고 한다.

가령, 매매대금의 지급청구소송에서는 원고는 매매대금지급청구권 발생의 근거가 되는 매매계약 성립의 요건사실에 대하여 증명책임을 부담하고, 이에 대하여 피고는 가령 불공정한 법률행위, 통정허위표시 등과 같은 권리발생을 방해하는 권리장애규정의 요건사실, 소멸시효완성이나 변제 등과 같은 권리소멸규정의 요건사실, 동시이행항변권, 유치권 등과 같은 권리저지규정의 요건사실에 대한 증명책임을 부담하게 된다.

라. 증명책임은 단순히 소송의 최종단계에 있어서 사실의 진위불명의 위험 내지는 불이익을 어느 쪽 당사자에게 부담시킬 것인가의 기준으로서 작용하는 것뿐만 아니라(현재의 재판실무에 있어서는 직접적인 증거가 불충분한 경우라도 경험칙이나 사실상의 추정 등의 활용에 의하여 심증을 얻는 경우가 많으므로 위와 같은 작용 내지는 기능만을 중시하여 본다면, 증명책임의 의의는 그다지 크지 않다고 할 수 있다), 그 밖에 변론주의를 개재시켜 소송의 전 과정을 통하여 ① 당사자의 소송활동 및 ② 법원의 소송지휘의 지표로서 기능한다. 그 의미에서 증명책임은 '민사소송의 척추'(Rückgrat des Zivilprozesses)라고 일컬어진다.

① 당사자의 소송활동의 지표로서의 기능을 보면, 주장책임의 분배, 즉 청구를 이유 있게 하는 청구원인사실과 항변사실의 구별, 그것에 의하여 나아가 부인과 항변의 구별 및 본증과 반증의 구별이 증명책임에 의하여 결정되게 된다(아울러 자백에 있어서 불이익한 사실의 구체적인 내용을 둘러싸고 그 기준도 된다). 당사자의 소송활동의 지표는 변론과 증거조사를 당사자 측으로부터 설명한 것이다. 따라서 ② 소송운영에 대한 직책을 담당하는 법원은 이러한 순서·형식에 따라 심리를 진행하고, 필요하다면, 법률사항에 관한 의견 진술의 기회를 주거나 증명의 촉구 등 석명권을 행사하지 않으면 안 된다. 증명책임이 법원의 소송운영의 지침으로도 된다고 하는 것은 이러한 이유이다.

실전 쟁점

그림을 좋아하는 재력가 乙은 지인 丙으로부터 화상(畵商) 甲의 갤러리에 유명 A화백의 그림이 전시되어 있다는 이야기를 들었다. 이전부터 A화백의 작품을 손에 넣고 싶었던 乙은 진짜인가의 판단, 가격 교섭에 대하여 그다지 자신이 없었으므로 그 구입 방법에 대한 모든 것을 丙에게 맡겼다. 丙은 2019년 2월 초, 甲으로부터 「위 그림을 사정이 있어 급히 팔고 싶다. 시세는 1억 원 정도이지만, 반값 정도로 팔아도 괜찮다」라는 설명을 듣고, 교섭한 결과, 4,000만 원에 매수하기로 하는 취지의 계약을 甲과 사이에 체결하였다. 그때, 대금의 지급, 그림의 인도는 2019년 2월 말로 하는 것으로 하였다. 한편, 乙은 몇 번 거래를 하였던 다른 화상 B에게 위 이야기를 꺼낸 바, 진짜 그림이라면, 그런 가격으로 거래될 리가 없다. 속은 것 아닌가라는 등의 이야기를 들었다. 乙은 약속 대금 4,000만 원을 지급할 기분이 들지 않았다. 분명히 그림에는 A화백 것으로 보이는 서명, 작품번호의 기재, 보증서가 붙어 있지만, 만약 진품과 똑 같은 모조품이라고 한다면, 고작 100만 원 정도의 가치밖에 나가지 않는다고 한다. 甲은 乙에게 대금 4,000만 원의 지급을 구하고 있다. 乙은 물론 이에 응하기 싫다.

실체법인 민법 규범은, 이러이러한 요건이 충족되면, 이러이러한 법적 효과(권리의 발생·장애·소멸)가 발생한다고 규정하고 있다.

예를 들어, 민법 563조는 「매매는 당사자의 일방이 재산권을 상대방에게 이전할 것을 약정하고 상대방이 그 대금을 지급할 것을 약정함으로써 그 효력이 생긴다」라고 규정하는 것에 의하여, 일방 당사자(매도인)가 상대방에 대하여 재산권을 이전할 것을 약정하고, 상대방 당사자(매수인)가 그 대금을 지급할 것을 약정한 때에는, 매도인에게는 **매매대금지급청구권**, 매수인에게는 **재산권이전청구권**이 발생한다고 하고 있다.

그리고 민법 114조 1항은, 「대리인이 그 권한 내에서 본인을 위한 것임을 표시한 의사 표시는 직접 본인에게 대하여 효력이 생긴다」라고 규정하고 있다.

또한 민법 109조 1항은, 「의사표시는 법률행위의 내용의 중요 부분에 착오가 있는 때에는 취소할 수 있다. 그러나 그 착오가 표의자의 중대한 과실로 인한 때에는 취소하지 못한다」라고 규정하고 있다.

종래 법학 강의에서는 가령 착오에 대하여 본다면, 일반적으로 착오제도의 취지에서 시작하여, 착오에는 어떤 경우가 있는가. 내용의 중요 부분의 착오란 무엇인가. 동기(動機)의 착오가 의사의 흠결이라고 할 수 있는가. 동기의 착오에 의하여 법률행위가 취소되기 위해서는 동기가 상대방에게 표시될 것이 필요한가. 취소로 제3자에게 대항할 수 있는가(민법 109조 2항 참조) 등을 설명하여 왔다.

그래서 착오를 둘러싼 사례 문제를 보면, 사실·상황의 측면에서는 다툼이 없는 것을 전제로 주로 해석론상의 논점을 검토하는 문제가 제시되었다. 그러나 실제 소송에서는, 법률적인 쟁점과 함께 또는 전적으로 사실·사정의 존부가 쟁점이 되는 것에도 주의하여야 한다.

결국 위 문제의 경우, 4,000만 원의 매매대금을 지급받아야 한다고 생각하는 甲은, 소송에서 매매대금 청구권을 근거 짓는 「청구원인」으로서, ① 2019년 2월 초 해당 그림에 대하여 4,000만 원으로 매매하는 계약을 丙과 사이에 체결한 것(법률행위), ② 그때, 丙이 乙을 위한 것임을 나타낸 것(현명), ③ 이 계약 체결에 앞서 乙은 丙에게, 매매에 대하여 대리권을 수여한 것(대리권의 발생원인 사실)을 주장하게 된다.

매매계약이 성립하면 대금지급청구권은 즉시 발생하므로(매매계약은 **낙성·쌍무·불요식**의 유상계약이다) 甲은 청구원인으로 ① 매매계약체결사실만을 주장·증명하면 된다. 더하여 대리에 관한 청구원인으로 ② 현명, ③ 대리권의 발생원인 사실을 주장·증명하여야 한다.

이러한 주장이 뒷받침되지 않으면, 甲의 청구는 「주장 자체 이유 없음(失當)」으로서 기각되게 된다.

덧붙여 계약이 무효가 아닌 것(법률행위의 무효는 법률행위가 성립된 것을 전제로 하며, 법률행위 자체가 성립되지 않은 경우에 무효가 문제될 여지는 없다), 매매대금채무에 있어서 이행기가 도래한 것이나 매수인 乙이 아직 대금을 변제하지 않은 것 등에 대하여는 甲으로서는 이를 주장·증명할 필요가 없다.

이에 대해서, 乙은 본래 매매계약은 성립하지 않았다고 다투는 것을 생각할 수 있다. 「청구원인사실에 대한 인부」에 있어서, 乙에 의하여 이와 같은 주장이 있게 되면, 甲은, 계약의 성립에 대하여 증명하여야 하고, 법관에게 계약이 성립하였다는 심증을 생기게 할 수 있는 증거(계약서 등의 물증, 계약체결 당시 참여자의 증언 등)를 제시하지 못하는 경우에는 대금청구는 기각되게 된다. 또한 현명, 대리권의 발생원인 사실에 대해서도, 그 존부에 대하여 계약의 성립 여부와 마찬가지로 생각할 수 있다.

나아가 乙은, 만일 계약이 성립하였더라도, ① 대리인 丙이 가짜 그림을 진짜라고 잘못 생각하였고(의사표시에 착오가 있는 것: 또는 진짜로서는 대단히 싸게 사는 것이라고 생각하고, 이를 甲에게도 나타내면서 구입하기로 하였던 것인데, 실제로는 진짜 그림이 아니었고), ② 이러한 착오는 법률행위의 내용의 중요부분에 관한 것이어서 매매계약을 취소한다고 주장하여 대금의 지급을 거절하려고 할 것이다. 이는, 甲의 청구원인사실과 양립하지만, 청구를 배척하는 사실의 주장이며, 「**항변**」(착오취소의 항변)이라고 한다.

이러한 乙의 주장에 대해서, 甲은 위 그림은 원래 가짜 그림이 아니며, 丙에게는 착오가 없었고 또는 동기가 甲에게 표시되지 않았다 등으로 다투는 것을 생각할 수 있다. 「항변사실에 대한 인부」에 관계되는 주장이다.

착오의 항변에 대해서는 乙에게 증명책임이 있고, 그 증명에 성공하지 못하면, 甲의 청구는 인용되게 된다.

그러나 甲으로서는, 더하여 만일 법률행위의 내용의 중요부분에 착오가 있었다고 하더라도, 이러 이러한 사정(규범적 요건에 있어서의 평가근거사실)이 있어 丙에게는 착오를 한 것에 중대한 과실이 있었으므로 乙은 착오취소의 주장을 할 수 없다고 주장하는 것을 생각할 수 있다. 이것은 乙의 항변사실과는 양립하지만, 항변을 배척하는 주장으로 「**재항변**」이다.

이 재항변에 대해서는, 乙의 그런 사정은 없다는 「재항변사실의 인부」의 주장과, 이에 더하여 중대한 과실이 있다고는 할 수 없다는 평가를 이끄는 (위 재항변사실과는 양립하는) 사실에 대한 주장이 「**재재항변**」으로서 행하여질 수 있을 것이다. 한편, 이에 대하여 중대한 과실을 주장·증명하려는 甲이 본증으로 중대한 과실을 추인할 간접사실을 주장·증명하였으나, 乙의 중대한 과실을 인정하기에 곤란한 사정에 대한 주장·증명이 있는 경우에는 甲의 재항변 단계에서 증명 부족으로 보는, 즉 이를 간접반증으로 파악하는 입장을 생각할 수 있다.

소송물=매매대금청구권			
청구원인(甲)	항변(乙)	재항변(甲)	재재항변(乙)
계약의 성립	착오	중대한 과실	중대한 과실
		평가근거사실	평가장애사실
대리권·현명			

한편, 위 사례의 경우에는 착오항변과 함께, 乙에 의하여 **사기항변**의 주장이 행하여지는 것도 생각할 수 있다. 이 경우에는, 乙로서는, 甲이 丙에게 가짜 그림을 진짜처럼 믿게 하려고 기망행위를 한 것, 丙은 이에 의하여 진짜와 착각하여 매수 취지의 의사표시를 한 것, 乙은 그 의사표시를 취소한 것, 따라서 해당 매매계약은 처음부터 무효이며, 乙은 甲의 매매대금지급청구에 응할 필요가 없다고 주장하게 될 것이다.

실무적인 관점에서 민법 규범을 학습하는 경우, 이와 같이 전형적인 분쟁 사례를 소재로 하여 실체법규범·제도를 분쟁 당사자 사이의 소송에 있어서의 공격·방어 주장의 구조와 묶어 주장·증명책임의 분배와 관련지으면서, 입체적·기능적으로 익힐 필요가 있다.

이렇게 학습하는 것이야말로 법률가가 되기 위하여 필요한 것이고, 당사자의 이익을 둘러싼 실제의 생생한 주장·상황 속에서 요건적으로 필요하게 되는 사실을 뽑아내어, 실제의 이익 주장을 권리가 「존재한다·존재하지 않는다」라는 법적 주장으로 구성하여 나가는 (소송수행에 불가결한) 힘을 기를 수 있다.

판결을 하여야 하는 법관으로서도 요건사실의 습득이 소송에서의 당사자주의로부터 분쟁 당사자의 협력을 얻어 쟁점을 명확하게 정리하여, 신속히 적절한 순서로 민사소송을 운영하여 나가기 위한 이론·기법을 함양하는 것과 관련되어 중요하다.

제2부
기본적 소송유형

제1장
소비대차

제 2 부 기 본 적 소 송 유 형

제1장
소비대차

제1강 대여금청구

甲은 2019. 8. 1. 乙에게 3억 원을 변제기는 2019. 8. 31.로 정하여 대여하였다. 甲이 변제기가 지났음에도 대여금을 변제하지 않는다고 주장하면서 乙에게 대여금청구를 하는 경우를 살펴보자.

사안에서 대여금청구소송을 예로 든 것은, 금전(매매대금, 손해배상, 약정금 등) 지급청구소송이 민사소송 전체에서 중요한 위치를 차지하고 있고, 그 가운데에서도 특히 중요한 것은 대여금청구소송이므로(2022년 제1심 민사본안사건(소액사건 제외) 가운데 8.1%) 우선 이를 중심으로 살펴보고자 한 것이다.

대여금청구소송과 관련되는 실체법 규정은 민법 598조 이하의 소비대차이다(어떤 청구권[권리 또는 법률관계]의 존부에 대하여 다툼이 있는 경우에 그 청구권의 존부를 구체적으로 인식하는 수단은 민법 등의 실체법규이다).

소비대차는 당사자 일방이 금전 기타 대체물의 소유권을 상대방에게 이전할 것을 약정하고, 상대방은 동종, 동질, 동량의 물건을 반환할 것을 약정함으로써 성립한다(민법 598조). **무이자가 원칙**으로, 낙성, 무상, 편무, 불요식의 계약이다. 다만, 이자부 소비대차는 유상, 쌍무계약이다. 빌린 사람(차주)

은 약정시기에 차용물과 같은 종류, 품질 및 수량의 물건을 반환하여야 하고(민법 603조 1항), 반환시기의 약정이 없는 때에는 빌려준 사람(대주)은 상당한 기간을 정하여 반환을 최고하여야 한다. 그러나 빌린 사람(차주)은 언제든지 반환할 수 있다(동법 동조 2항).

1. 소 송 물

소(Klage)는 원고가 법원에 대하여 피고와의 관계에 있어서 일정한 권리(소송상 청구)를 제시하고, 그 당부에 대한 심판을 구하는 신청(=소송행위)인데, 심판의 대상이 되는 소송의 객체를 「소송물」(Streitgegenstand)이라고 부른다. 대여금의 반환을 구하는 청구의 소송물은 「소비대차계약에 기한 대여금 반환청구권」이다(실무의 입장).

소송에서 당사자는 심판의 대상인 대여금반환청구권이 인정되는지 여부를 둘러싸고 서로 공방을 펼치고, 법원은 원고의 주장이 정당하다고 인정되면 피고에게 대여금의 반환을 명하는 판결을 선고하게 된다.

그런데 이자부 소비대차의 경우라면, 대여금청구소송에 있어서는 통상 ① 대여금 원금과 함께, ② 이자, ③ 지연손해금이 청구되는 경우가 많다.

이들은 같은 금전지급청구라도 ①은 소비대차계약에 기한 대여금반환청구권, ②는 이자계약에 기한 이자청구권, ③은 이행지체에 기한 손해배상청구권이고, 각각 법적 성질을 달리하는 것이므로 실무상 별개의 소송물로 본다.

위 사안에서는 이자 지급의 약정은 없으므로(앞에서 설명하였듯이 소비대차계약은 무이자가 원칙) ② 이자청구권은 청구되지 않고, ① 대여금 원금과 ③ 지연손해금이 청구되는 경우이다. 이 경우에 ①과 ③ 청구의 단순병합으로 소송물은 2개가 된다.

2. 청구취지

청구의 취지는 청구의 내용·범위를 나타내서 원고가 어떠한 내용의 판결을 구하는가를 간결·명료하게 표시하는 소의 결론 부분으로, 원고가 소로 구하고자 하는 판결의 주문에 대응하는 형식으로 적는다. 가령 대여금청구소송의 경우에는 「피고는 원고에게 OOO원을 **지급하라**」는 판결을 구한다와 같이 적는다.

청구의 취지에 의하여 소송상 청구가 특정되고, 피고는 이에 대응하여 방어의 목표를 정하게 된다.

이행소송 이외에 가령 소유권확인소송의 경우에는 「원고에게 별지 기재의 부동산의 소유권이 있음을 **확인한다**」, 이혼소송의 경우에는 「원고와 피고는 **이혼한다**」는 판결을 구한다와 같이 적는다.

위 사안에서 청구의 취지는 다음과 같다.

> 피고는 원고에게 300,000,000원 및 이에 대하여 2019. 9. 1.부터 이 사건 소장 부본 송달일까지는 연 5%의, 그 다음날부터 다 갚는 날까지는 연 12%의 각 비율에 의한 금원을 지급하라.

"피고는 원고에게 300,000,000원(① 대여금 원금 부분) 및 이에 대하여 2019. 9. 1.부터 이 사건 소장 부본 송달일까지는 연 5%의, 그 다음날부터 다 갚는 날까지는 연12%의 각 비율에 의한 금원(③ 지연손해금 부분)을 지급하라"와 같이 된다. ② 이자지급의 약정은 없고, ① 대여금 원금과 ③ 지연손해금이 함께 청구되는 경우이다.

청구취지에 '대여금', '지연손해금' 등과 같은 금전채권의 내용이나 성질은 적지 않는다. 즉, '… 비율에 의한 약정이자나 지연손해금'이라고 적지 않고, 단지 '… 비율에 의한 금원'이라고 적는다.

원고는 ① 대여금 원금 3억 원 이외에 ③ 지연손해금에 있어서, 변제기 다음 날인 2019. 9. 1.부터 소장 부본의 송달일까지는 민법에서 정한 민사법정이율인 연 5%의 지연손해금을, 그 다음날부터 다 갚는 날까지는 소송촉진 등에 관한 특례법에서 정한 연 12%의 비율에 의한 지연손해금을 구하고 있다.

여기서 변론종결일 이후부터 '다 갚는 날까지'에 해당하는 부분은 그 성질이 장래이행청구에 해당한다. 원금채권의 존재가 인정되고 변론종결 당시까지 이를 변제하지 않은 이상, 그에 대한 지연손해금에 대하여는 '미리 청구할 필요'(251조 참조)가 인정되어 적법한 것으로 보는데, 실무상 이 부분과 변론종결 전에 발생한 청구 부분을 구분하지 않고 적는다.

❶ 대여금 원금 부분

❷ 이자 약정 없음

- 만약 이자지급의 합의가 없더라도, 상인 사이의 금전소비대차는 물론 상인이 그 영업에 관하여 상인이 아닌 자에게 금전을 대여한 경우에도 **당연히 법정이자를 청구할 수 있으므로**(상법 55조 1항) 이를 주장·증명하여 상사법정이율인 연 6분의 이자를 청구할 수 있다(상법 54조).
- 만약 이자지급의 약정이 있는 경우 – 법정이율을 초과하는 약정이율에 의한 이자를 청구하는 경우에는 법정이율을 초과하는 이율의 합의를 한 것을 주장증명하여야 한다(민법 379조는 당사자의 약정이 없으면, 이율은 연 5분으로 한다고 규정하고 있다).
- 가령, 이율 월 2%의 이자지급의 약정이 있는 경우에 이에 대하여 전혀 변제되지 않았다면, 청구의 취지는, "대여일인 2019. 8. 1.부터 다 갚는 날까지 월 2%의 비율에 의한 금원을 지급하라"와 같이 될 것이다. 여기서 대여일인 2019. 8. 1.부터 변제기인 2019. 8. 31.까지 부분이 **이자청구** 부분이다. 변제기 다음날인 2019. 9. 1.부터 다 갚는 날까지 부분은 후술하듯이 **지연손해금 청구** 부분이다.

❸ 지연손해금 부분

- 2019. 9. 1.부터 소장 부본의 송달일까지 – 민법에서 정한 민사법정이율인 연 5%의 지연손해금 – 변제기가 경과하면, 특약이 없어도 당연히 법정이율 연 5분(민법 379조)의 비율에 의한 지연손해금을 구할 수 있다(민법 397조 1항 본문).
- 소장 부본의 송달일 다음날부터 다 갚는 날까지 – 소송촉진 등에 관한 특례법에서 정한 연 12%의 비율에 의한 지연손해금 – 소제기의 실체법상 효과

와 관련하여, 채무자가 이유 없이 소송을 지연하는 것에 대한 방지책으로 금전채무의 이행을 명하는 판결을 선고할 경우에 금전채무불이행으로 인한 손해배상액산정의 기준이 되는 법정이율은 소장 부본 송달 다음날부터는 연 12%로 한다(소송촉진 등에 관한 특례법 3조 1항, 소송촉진 등에 관한 특례법 제3조제1항 본문의 법정이율에 관한 규정).

- 만약, 위 법정이율을 초과하는 약정이율의 합의가 있는 경우 – 그 약정이율을 지연손해금에도 그대로 적용하여 ('약정이율에 의한 지연손해금'이라 하여) 지연손해금을 인정하고 있다(민법 397조 1항 단서).

3. 청구원인

청구원인은 여러 의미로 사용된다.

실무상 청구원인이라 함은 소송물인 권리관계의 발생원인에 해당하는 사실관계, 즉 원고가 심판의 대상으로 당해 소송에서 제시하고 있는 실체법상의 권리의 발생요건에 해당하는 구체적 사실(통상 이를 권리근거규정의 요건사실이라고 한다)을 말한다.

한편, 이론상 소장의 필수적 기재사항으로(249조 1항) 청구원인은 위와 달리 협의의 의미로 '청구의 취지를 보충하여 청구를 특정하기 위하여 필요한 사실'을 말하는 것에 주의하라. 가령, 원고가 피고에 대하여 여러 차례에 걸쳐 금전을 대여한 경우에 대여금청구의 동일성을 명백히 하는 사실을 소장에 적지 않으면 안 되므로 대여금액, 금전교부의 연월일을 분명히 할 필요가 있다.

가. 대여금청구

대여금청구에 있어서 실무상 甲은 청구원인으로, ① 甲과 乙 사이에서 금전의 반환의 합의를 한 것, ② 甲과 乙 사이에서 변제기의 합의를 한 것, ③ 甲가 乙에게 금전을 교부한 것(①+②+③=소비대차계약), ④ 변제기가 도래한 것을 주장·증명하게 된다(①+②+③+④=대여금청구).

소비대차계약에 기하여 대여금청구를 하는 경우에는 ①부터 ③을 주장하는 것으로 충분하지 않고, 이에 더하여 ④ 변제기가 도래한 것을 주장하여야 한다.

❶ 甲과 乙 사이에서 금전의 반환의 합의를 한 것
❷ 甲과 乙 사이에서 변제기의 합의를 한 것
- 소비대차계약은 대차형 계약이기 때문에 반환시기의 약정은 조건이나 기한 등과 같은 단순히 법률행위의 부관이 아니라, 계약의 필수불가결한 본질적 요소
- 차용자가 대여자의 주장과 다른 반환시기의 약정을 주장하는 것은 항변이 아니라, 적극부인에 해당한다.

❸ 甲이 乙에게 금전을 교부한 것
- 소비자대차계약은 낙성계약이지만, 실무상 이를 요건사실로 취급

❹ 변제기가 도래한 것
- 확정기한인 경우, 그 도래 여부가 법원에 현저한 사실
- 불확정기한일 경우, 그 기한을 정하는 사실이 발생한 것을 주장·증명

나. 부대청구 – 이자청구

가령, 이율 월 2%의 이자지급의 약정이 있는 경우라면, 원고는 원본채권에 대하여 대여일인 2019. 8. 1.부터 다 갚는 날까지 연 24%(=월 2%)의 비율에 의한 금원의 지급을 청구할 수 있다. 여기서 대여일인 2019. 8. 1.부터 변제기인 2019. 8. 31.까지 부분이 이자청구 부분이다. 한편, 변제기 다음날인 2019. 9. 1.부터 다 갚는 날까지 부분은 다음에 설명할 지연손해금청구 부분이다.

이자청구권의 요건사실은 다음과 같다.

❶ 원본채권의 발생원인사실
- 이자는 원본을 전제로 하는 것(원본채권에 대한 부종성)이므로 청구원인으로 ①이 필요하다.
- 다만, 해당 사실은 주된 청구의 청구원인사실로 주장·증명될 것을 예정하고

있으므로 해당 사실을 부대청구의 청구원인사실로 별도 주장·증명할 필요는 없다.

❷ 甲과 乙 사이에 이자지급의 합의를 한 것

- 소비대차계약은 무이자가 원칙이므로 이자지급의 합의가 있다면 ②가 청구원인으로 필요하다.
- 이자지급의 합의는 이율의 합의를 포함하는데, 법정이율을 초과하는 약정이율에 의한 이자를 청구하는 경우에는 법정이율을 초과하는 이율의 합의를 한 것을 주장·증명하여야 한다.
- 한편, 이자지급의 합의는 있지만, 그 약정이율을 정하지 않은 때에는 이율은 민법 379조에 의하여 연 5분이 된다(민법 379조는 당사자의 약정이 없으면, 이율은 연 5분으로 한다고 규정하고 있다).
- 이자지급의 합의가 없더라도, 상인 사이의 금전소비대차는 물론 상인이 그 영업에 관하여 상인이 아닌 자에게 금전을 대여한 경우에도 당연히 상사법정이율인 연 6%의 법정이자를 청구할 수 있다(상법 55조 1항, 54조).

❸ 금전을 교부한 사실 및 시기

- 이자가 생기는 기간은 특약이 없는 한, 차용자가 금전을 교부받은 때부터 계산하고(이자가 생기는 기간은 원본의 교부일로부터 변제기까지이다), 차용자가 책임 있는 사유로 수령을 지체할 때에는 대여자가 이행을 제공한 때로부터 계산한다(민법 600조). 따라서 ③ 금전을 교부한 사실 및 그 시기를 주장·증명하여야 한다.

다. 부대청구 – 지연손해금청구

이행지체로 말미암은 손해배상청구권(이자와 다르다), 즉 지연손해금청구의 요건사실은 다음과 같다.

甲이 乙에게 지연손해금을 청구하는 경우에 청구원인으로 다음 ①, ②, ③을 주장·증명하게 된다.

지연손해금은, 민법상으로는 대여금이 약정한 날에 변제되지 않은 것(이행지체)에 의하여 발생하는 것이므로 변제되지 않은 것이 요건사실이 될 것 같은데, 이는 민사소송법상으로 상대방의 항변이 되고, 변제되지 않은 것을 甲이 청구원인으로 주장할 필요는 없다.

❶ 원본채권의 발생원인사실

- 지연손해금도 원본의 존재를 전제로 하는 것이므로 甲이 乙에게 지연손해금을 청구하는 경우에 ①이 청구원인으로 필요하다.

❷ 변제기가 도과한 것

- 지연손해금은 채무자의 이행지체에 기한 것이므로 ②가 청구원인으로 필요하다. 구체적으로는 확정기한의 합의가 있는 경우에는 그 기한의 도과(민법 387조 1항 전문)가 된다. 이행기한의 당일이 도래하여도 그 날 중에 이행하면 이행지체의 책임은 생기지 않으므로 그 날이 도과하는 것에 의하여 이행지체의 책임을 지게 된다(대법원 1998. 11. 8. 선고 88다3253 판결). 불확정기한의 합의가 있는 경우에는 그 기한의 도래 및 채무자가 이를 안 때(민법 387조 1항 후문), 기한의 정함이 없는 경우에는 최고 및 상당기간의 도과(민법 603조 2항)가 된다.
- 기한의 정함이 없는 경우에는 민법 387조 2항이 아니라, 그 특칙인 민법 603조 2항에 의한다. 여기서 최고는 소장 부본의 송달로도 할 수 있으므로 송달일로부터 상당한 기간이 도과하게 되는 판결선고 다음날을 지연손해금의 기산일로 삼아 지연손해금을 청구하고 있을 경우에는 「최고+상당기간의 도과」가 현저한 사실이 되므로 이에 대한 별도의 주장·증명은 필요하지 않다.

❸ 손해의 발생과 그 액수

- 손해의 발생과 그 액수는 원고가 주장·증명하여야 한다.
- 소비대차계약 당시에 미리 지연손해금의 발생을 예상하여 그 이율을 정하여 놓을 수 있다.
- 그렇지 않다면, 금전채무의 불이행의 경우에는 그 손해배상액은 법정이율 또는 약정이율에 의하여 정하여진다.
  - 변제기가 지나면, 특약이 없어도 대여자는 당연히 법정이율 연 5분(민법 379조)의 비율에 의한 지연손해금을 구할 수 있다(민법 397조 1항 본문). 그 이행지체가 있으면 지연이자 부분만큼의 손해가 있는 것으로 보려는 데에 그 취지가 있는 것이므로 대여자는 그 만큼의 손해가 있었다는 것을 증명할 필요가 없는 것이나, 그렇다고 하더라도 **지연이자 상당의 손해가 발생하였다는 취지의 주장은 하여야 하는 것**이지 주장조차 하지 아니하여 그 손해를 청구하고 있다고 볼 수 없는 경우까지 지연이자 부분만큼의 손해를 인용해 줄 수는 없다(대법원 2000. 2. 11. 선고 99다49644 판결).
  - 법정이율을 초과하는 약정이율의 합의가 있는 경우에는 그 약정이율을

지연손해금에도 그대로 적용하여 ('약정이율에 의한 지연손해금'이라 하여) 지연손해금을 인정하고 있다(민법 397조 1항 단서). 여기서 대여자는 약정이율의 합의가 있는 것을 주장·증명하여야 한다.

- 그런데 위 397조 1항 단서의 약정이율에 의한다는 규정은 약정이율이 법정이율 이상인 경우에만 적용되고, 특이하게 **약정이율이 법정이율보다 낮은 경우**에는 그 본문으로 돌아가 **법정이율에 의하여 지연손해금을 정할 것**이다. 금전채무에 관하여 아예 이자약정이 없어서 이자청구를 전혀 할 수 없는 경우에도 채무자의 이행지체로 인한 지연손해금은 법정이율에 의하여 청구할 수 있으므로 이자를 조금이라도 청구할 수 있었던 경우에는 더욱이나 법정이율에 의한 지연손해금을 청구할 수 있다고 하여야 하기 때문이다(대법원 2009. 12. 24. 선고 2009다85342 판결).
- 한편, 당사자 간에 약정이자 또는 약정지연이자의 정함이 있는 경우라 할지라도 이보다 소송촉진 등에 관한 특례법이 정한 법정이율이 더 높은 경우에, 당사자는 소송촉진 등에 관한 특례법 3조 1항의 규정에 따라 소장 등이 송달된 날 다음날부터는 연 12%의 비율에 의한 지연손해금의 지급을 구할 수 있다(대법원 2002. 10. 11. 선고 2002다39807 판결).

4. 예상되는 항변(가능한 공격방어방법)

대여금청구사건에서 통상 피고의 반론으로 변제의 항변, 소멸시효의 항변, 상계의 항변 등을 예상할 수 있다.

항변의 유형마다 공격방어의 구조를 살펴보면 다음과 같다.

나아가 피고의 항변에 대한 원고의 재항변이 있다.

가. 변제항변

사례에서 「甲으로부터 3억 원을 빌린 것은 맞지만, 2019년 8월 31일에 전액 변제하였다」와 같이 乙은 채권의 소멸원인으로서 변제의 항변을(민법 460조 이하) 할 수 있다.

변제는 채무자 또는 제3자가 하는 급부행위에 의하여 채권이 소멸되는 것을 말한다. 채무의 변제는 제3자도 할 수 있다(민법 469조).

피고는 대여금반환채무의 발생은 인정하면서, 이미 변제하였다고 주장하는 것으로, 이는 원고가 주장하는 청구원인사실과 양립하면서 그 청구원인사실에 의하여 생기는 법률효과를 소멸시키는 것이므로 항변에 해당한다.

민법 460조 이하에서 채권의 소멸로 변제에 대하여 규정하고 있으나, 변제의 요건사실을 직접적으로 규정한 근거 조문은 없다.

통상 변제의 요건사실은 다음과 같다.

❶ 乙(또는 제3자)이 甲에게 채무의 내용(본지)에 따른 이행을 한 것
❷ 위 이행이 그 채무에 대하여 이루어진 것

위 ①, ②를 일괄하여 「乙은 甲에게 본건 대여금지급채무의 이행으로 OOO원을 지급한 사실이 있다」와 같이 적는다.

보통 증거(서증)로 영수증, 무통장입금증이 제출된다.

피고(乙)의 이러한 변제주장에 대하여 원고(甲)는 인부를 분명히 하지 않더라도 이미 소비대차계약에 기한 대여금반환채무의 이행을 구하고 있으므로 원고(甲)는 당연히 피고(乙)의 변제의 주장을 부인하고 있는 것으로 본다.

여기서 원고(甲)가 위 변제는 동종의 다른 채무(가령 여러 차례에 걸쳐 금전을 빌린 경우)를 변제받은 것이라고 다투면서, **변제충당**의(민법 476조 이하) 재항변을 할 수 있다(자세히는 후술한다).

변제충당의 요건사실은 다음과 같다.

❶ 별개의 동종 채무를 부담하고 있는 사실
- 이에 대하여 상대방은 가령 동종 채무의 발생원인이 무효사유에 해당하는 것이나 이미 변제하여 동종채무는 소멸한 것 등을 반박할 수 있다.

❷ 지급한 급부가 총 채무를 소멸시키기에 부족한 사실
❸ 제공한 급부의 전부 또는 일부가 합의충당, 지정충당, 법정충당 등의 방식에 의하여 다른 채무에 충당된 사실

위 ①, ②의 요건사실이 증명되면, 일단 변제충당의 문제가 생기는데, 원·피고는 각자 스스로 변제충당되었다고 주장하는 채무가 법정변제충당의 순위에서 앞서 있다는 점이나 그 채무의 변제에 충당하기로 합의하였다거나 지정하였다는 점 등 각자에게 유리한 변제충당사실을 주장·증명하여야 한다.

나아가 대물변제의 항변도 생각할 수 있는데, 이에 대하여는 후술한다.

나. 변제공탁항변

변제항변에 이어서 변제공탁항변에 대하여도 살펴보자. 공탁을 하는 목적은 매우 다양한데, 여기서는 변제의 목적을 위한 변제공탁(민법 487조 내지 491조)에 대한 것이다.

변제공탁은 채무자가 공탁자로서 자기의 채권자에게 채무를 변제하기 위한 목적으로 행하는 공탁을 말하는데, 변제대용으로 행하여지는 공탁으로서 공탁에 의하여 공탁자의 채무가 소멸하고, 채권자는 공탁소로부터 공탁물 출급청구권을 갖게 된다.

변제공탁제도의 목적은 채무자가 채권자에 대하여 변제의 제공을 하였으나 채권자가 수령을 거절하거나 수령불능일 때, 채권자의 불확지의 경우에 성실한 채무자를 채무관계의 구속으로부터 벗어나게 할 수 있도록 함에 있다.

변제공탁원인은 채권자의 변제수령의 거절 또는 불능(민법 487조 전문), 변제자가 과실 없이 채권자를 알 수 없는 경우(동조 후문)이다. 이에 대한 증명책임은 공탁자가 부담한다.

❶ 수령거절

- 채무자가 변제의 제공을 한 것
- 채권자가 변제의 수령을 거절한 것 – 채권자가 미리 수령을 거절한 경우에는 변제의 제공 없이 바로 공탁할 수 있으므로 이 경우에는 변제의 제공이 필요하지 않다.

❷ 채권자가 변제를 수령할 수 없는 것

- 채권자의 귀책성이 필요한 것은 아니다.

❸ 채무자가 채권자를 확지할 수 없는 것
- 가령 양도금지특약부 채권이 양도된 경우 등이다.

그리하여 변제공탁의 요건사실은 다음과 같다.

❶ 위 공탁원인사실
❷ 채권자가 변제를 위하여 공탁을 한 것
❸ 위 공탁이 채무의 본지에 따른 것
- 일부변제공탁은 원칙적으로 무효이다. 가령, 피고가 공탁한 금액이 채무액의 일부에 불과하다는 원고의 주장은 변제공탁항변에 대한 **부인**이다.
- 채무 전액에 대한 공탁이 있음을 요하고, 채무 전액이 아닌 일부에 대한 공탁은 채권자가 이의유보 없이 공탁원인을 수락하지 아니하면, 그 부족액이 근소하다는 등의 특별한 사정이 없는 한 그 부분에 관하여도 효력이 생기지 않으나, 채권자가 공탁금을 채권의 일부에 충당한다는 유보의 의사표시를 하고 이를 수령한 때에는 그 공탁금은 채권의 일부의 변제에 충당되고, 그 경우 유보의 의사표시는 반드시 명시적으로 하여야 하는 것은 아니고, 묵시적 방법으로 표시하는 것도 가능하다(대법원 2009. 10. 29. 선고 2008다51359 판결 등).

다. 면제항변

채권자가 채무자에게 채무를 면제하는 의사를 표시한 때에는 채권은 소멸한다(민법 506조).

'원고는 피고에게 2021. 4. 18. 이 사건 채무를 면제한다는 의사표시를 하였다'와 같이 피고는 채권자인 원고가 채무자인 피고에게 채무면제의 의사표시를 한 사실을 가지고 항변할 수 있다. 나아가 면제계약도 유효하다.

제3자는 채권자로부터 채권처분의 권한을 위임받는 등 특별한 사정이 없는 한, 채무면제를 할 수 없으므로 제3자에 의한 채무면제의 효력을 주장하기 위해서는 그와 같은 특별사정까지 채무자가 증명하여야 한다.

라. 소멸시효항변

피고 乙이 방어방법으로 펼치는 소멸시효의 주장은 일단 발생한 대여금 채권이 그 후에 소멸한다고 하는 것이므로 권리소멸사유로, 항변이 된다.

민법이 정하고 있는 대여금채권의 소멸시효의 요건사실은 다음과 같다.

❶ 권리를 행사할 수 있는 때에 있을 것(민법 166조)

- 확정기한이 있는 경우에는 그 확정기한이 도래한 때, 불확정기한이 있는 경우에는 그 기한이 객관적으로 도래한 때, 기한의 정함이 없는 경우에는 채권이 성립한 때부터 소멸시효가 진행한다.
- 그런데 채권자가 권리의 실현을 위하여 소를 제기하고, 이에 대하여 채무자가 소멸시효의 항변을 제출하는 경우에는, ①은 이미 원고(甲)의 청구원인에서 나타나 있으므로 피고(乙)는 ①을 다시 주장·증명할 필요는 없다. 결국 전형적인 소멸시효의 항변에서의 요건사실은 다음 ②와 ③이 된다.

가령, 피고는 2010. 9. 30.을 기산점으로 하여 소멸시효항변을 하고 있음이 명백한데도 법원은 그로부터 2개월 후인 2010. 11. 30.을 기산점으로 하여 소멸시효기간을 산정하였다면, 이는 당사자가 주장하지 아니한 사실을 인정한 것이어서 **변론주의에 위배**된다(대법원 1995. 8. 25. 선고 94다35886 판결). 소멸시효 기산일은 채무의 소멸이라고 하는 법률효과 발생의 요건에 해당하는 소멸시효기간 계산의 시발점으로서 소멸시효항변의 법률요건을 구성하는 구체적인 사실에 해당하므로 이는 변론주의의 적용대상이라 할 것이다. 따라서 본래의 소멸시효 기산일과 당사자가 주장하는 기산일이 서로 다른 경우에는 변론주의의 원칙상 법원은 당사자가 주장하는 기산일을 기준으로 소멸시효를 계산하여야 하는데, 이는 당사자가 본래의 기산일보다 뒤의 날짜를 기산일로 하여 주장하는 경우는 물론이고, 특별한 사정이 없는 한 그 반대의 경우에 있어서도 마찬가지라고 보아야 할 것이다. 왜냐하면 당사자가 주장하는 기산일을 기준으로 심리판단하여야만 상대방으로서도 법원이 임의의 날을 기산일로 인정하는 것에 의하여 예측하지 못한 불이익을 받음이 없이 이에 맞추어 권리를 행사할 수 있는 때에 해당하는지의 여부 및 소멸시효의 중단사유가 있었는지의 여부 등에 관한 공격방어방법을 집중시킬 수 있을 것이기 때문이다.

❷ 권리를 행사하지 않고 위 ①부터 일정기간(가령 10년)이 경과하였을 것(민법 162조 1항)

- ②의 시효기간에 있어서 소멸시효의 기간계산은 초일을 산입하지 않고, 익일부터 계산한다. 구체적으로는 시효기간의 말일의 경과를 표시하는 것으로 충분하다.
- 상행위로 인한 채권에 있어서 5년의 소멸시효를 주장하는 경우에는 ②의 시효기간에 있어서 채권이 상행위로 인하여 생긴 것을 주장·증명하여야 한다(상법 64조).
- 민법 162조 내지 165조는 각종 채권의 시효기간에 관하여 규정하고 있는데, 문제된 채권의 시효기간에 관한 근거사실은 당사자가 주장·증명하여야 하지만, 어떠한 시효기간의 적용을 받는가에 관한 당사자의 주장은 법률상의 견해에 불과하므로 법원은 이에 구속되지 않는다(소송에서는 「법적 구성=법원의 책무」 또는 「법은 법관이 아는 것」이라는 원리가 지배한다). 어떠한 시효기간이 적용되는지에 관한 주장은 권리의 소멸이라는 법률효과를 발생시키는 요건을 구성하는 사실에 관한 주장이 아니라 단순히 법률의 해석이나 적용에 관한 의견을 표명한 것이다. 이러한 주장에는 변론주의가 적용되지 않으므로 법원이 당사자의 주장에 구속되지 않고 직권으로 판단할 수 있다. 당사자가 민법에 따른 소멸시효기간을 주장한 경우에도 법원은 직권으로 상법에 따른 소멸시효기간을 적용할 수 있다(대법원 2017. 3. 22. 선고 2016다258124 판결).

❸ 원용권자가 상대방에 대하여 시효원용의 의사표시를 한 사실은 주장·증명할 필요는 없음(절대적 소멸설)

- 당사자의 원용이 없어도 시효완성의 사실로서 채무는 당연히 소멸하고, 다만 소멸시효의 이익을 받는 자가 소멸시효 이익을 받겠다는 뜻을 항변하지 않는 이상 그 의사에 반하여 재판할 수 없을 뿐이다(대법원 1979. 2. 13. 선고 78다2157 판결). 이는 민사소송에 있어서 변론주의 때문이다.

乙(피고)의 소멸시효 항변, 가령 피고(乙)로서는 우선 권리행사를 할 수 있는 때로부터 10년이 경과하였음을 주장·증명할 수 있고, 이에 대하여 원고(甲)는 민법 168조의 청구, 가처분, 채무승인 등의 중단사유를 들어 시효중단의 재항변을 할 수 있다(재항변은 항변사실의 주장·증명에 의하여 발생하는 법률효과를 배척하거나, 청구원인사실의 주장·증명에 의하여 발생하는 법률효과를 부활시키는 것이다).

마. 상계항변

상계권 등 사법상의 형성권에 기한 항변에는 소송 전이나 소송 밖에서 이를 행사한 후, 그 사법상의 효과를 소송상 공격방어방법의 하나로 진술하는 경우도 있으나(상계에 의하여 발생한 대립채권의 소멸이라는 법률효과를 상대방의 청구에 대한 소송상의 항변으로 제출하는 경우), 소송상 비로소 직접 상계권을 공격방어방법으로 행사하는 경우도 있다.

피고는 원고에 대한 별도의 채권을 가지고 상계의 항변을 하고자 한다면, 다음의 요건사실을 주장·증명하여야 한다(한편, 상계충당에 관하여는 후술한다).

❶ 자동채권(반재채권)의 발생원인사실

❷ 수동채권(청구채권)에 대하여 일정 금액에 관하여 상계의 의사표시(를 한 사실과 그 도달)

❸ 자동채권과 수동채권이 상계적상에 있는 사실

- 민법 492조 1항 본문은 위 ① 및 ② 외에 ③ 자동채권과 수동채권이 상계적상에 있는 사실, 즉 「대립하는 채권이 동종의 목적을 가진 것」 및 「쌍방의 채무가 변제기에 있을 것」이 필요하다고 규정하고 있다.
- 전자 「대립하는 채권이 동종의 목적을 가진 것」에 관하여는 통상은 ①의 자동채권의 발생원인사실을 주장·증명하면 충분하다.
- 후자 「쌍방의 채무가 변제기에 있을 것」에 관하여는 ①의 자동채권의 발생원인이 매매형 계약인 경우는 원칙적으로 계약의 체결과 동시에 이행기가 도래하므로 ①의 사실만을 주장·증명하면 충분한 것에 대하여(변제기의 합의가 재항변이 된다), 대차형 계약인 경우는 변제기가 계약의 필수불가결한 요소이므로 ①의 사실을 주장·증명하는 과정에서 변제기의 합의사실이 드러나므로 피고는 변제기가 도래한 사실에 대하여도 주장·증명하지 않으면 안 된다.
- 한편, 상계자는 스스로 기한의 이익을 포기하고 변제기 전이라도 변제할 수 있으므로 수동채권은 반드시 변제기가 도래할 필요는 없다.

상계는 소급효가 있으므로(민법 493조 2항) 상계가 있으면 상계적상이 생긴 시점 이후는 수동채권에 대한 이자 및 지연손해금은 발생되지 않는다. 결국 상계의 항변은 수동채권의 원본에 대한 항변이 될 뿐 아니라 상계적상이 생긴 이후의 이자 및 지연손해금에 대한 항변도 된다.

그런데 **자동채권**에 **동시이행의 항변권**이 붙어 있는 경우에는 성질상 상계가 허용되지 않는다(대법원 2002. 8. 23. 선고 2002다25242 판결). 상계자 일방의 의사표시에 의하여 상대방의 항변권 행사의 기회를 상실케 하는 결과가 되기 때문이다. 따라서 피고의 주장 자체에서 자동채권에 항변권이 붙어 있는 것이 분명하게 드러나는 경우에는 항변권의 발생장애 또는 소멸원인에 대한 사실을 함께 주장하지 않는다면, 피고의 상계의 항변은 주장 자체로 이유 없게 된다(항변권의 존재효과로 상계가 허용되지 않으므로).

한편, 수동채권의 성질이 상계를 허용하지 않는 경우에(민법 492조 1항 단서) 이러한 주장은 보통 상계의 항변에 대한 **재항변**이라고 볼 수 있다.

또한 법률의 규정에 의한 상계의 금지로, 불법행위채권을 수동채권으로 하는 상계의 금지(민법 496조), 압류금지채권을 수동채권으로 하는 상계의 금지(민법 497조), 지급금지채권을 수동채권으로 하는 상계의 금지(민법 498조) 등이 있는데, 이러한 상계금지사유는 상계항변에 대한 **재항변인 경우도 있지만**, 상계항변 단계에서 주장 자체로 상계금지사유가 드러나는 경우와 같이 상계항변이 주장 자체로 이유 없는 경우가 많다. 가령 고의의 불법행위로 인한 손해배상채권(민법 496조)과 같이 수동채권의 내용에서 그 점이 분명한 경우에는 상계의 항변이 주장 자체로 이유 없게 된다. 가령 전부금청구소송에서 피고가 원고의 채권압류 및 전부명령이 있은 뒤에 취득한 채권으로 위 전부금채권과 상계한다고 주장하는 경우에 민법 498조에 따라 상계가 금지되므로 이러한 주장은 주장 자체로 이유 없게 된다.

그리고 상계의 의사표시에는 조건 또는 기한을 붙일 수 없기 때문에(민법 493조 1항 후문) 조건 또는 기한이 붙어 있는 상계의 의사표시는 무효가 되고(조건 또는 기한만이 무효가 되는 것은 아니다), 상계의 의사표시에 조건 또는 기한이 붙어 있다는 주장은 상계의 항변의 법률효과를 뒤집어 청구원인의 법률효과를 부활시키는 것이므로 상계의 항변에 대한 **재항변**이 된다.

5. 예비적·선택적 공동소송, 소송고지

甲이 乙을 상대로 대여금청구를 하였다.

[乙의 답변] 乙은 답변서에서 돈을 빌린 것은 아들인 丙이고, 乙 자신이 아니라고 주장하면서 청구기각판결을 구하였다.

[甲의 주장] 제1회 변론기일에 甲은 乙의 위임장의 제시에 의하여 乙의 대리인 丙에게 돈을 주면서 본건 소비대차계약을 체결한 것이라고 주장하였다.

[乙의 주장] 이에 대하여 乙은 위 위임장의 성립을 부인한 뒤, 본건 채무에 대한 지급의무가 있다고 한다면 그것은 乙 자신이 아니라, 아들인 丙이라고 주장하였다.

제1회 변론기일이 종료한 뒤, 甲이 위 취지를 丙에게 물어본 바, 丙은 위임장을 위조하지 않았고, 乙의 대리인으로 본건 계약을 체결한 것이고, 돈을 지급할 의무는 丙 자신에게는 하나도 없다는 주장을 고수하고 있다.

甲으로서는 丙에게 돈을 건네준 것은 사실인지라, 아버지 乙, 아들 丙의 어느 쪽에서도 대여금채권을 회수할 수 없게 되는 것은 피하고 싶다.

이를 위한 소송방식을 검토하시오.

선택할 수 있는 절차로는 ① 예비적·선택적 공동소송, ② 소송고지 등을 생각할 수 있다.

① 대리인과 계약하였지만 무권대리의 의심이 있는 때에는 제1차적으로 본인에게 이행을 청구하고, 이것이 기각될 경우에 대비하여 제2차적으로 대리인에 대한 손해배상청구도 병합하여 제기하는 경우를(민법 135조 1항 참조) **예비적 공동소송**의 전형적 예로 들고 있다. 심판에 순위를 붙이지 않고, 본인, 무권대리인 누구인가에 선택적으로 청구하는 **선택적 공동소송**까지 허용된다(70조 1항 본문 참조). 당사자를 추가하는 후발적 형태도 가능하다(70조에 의한 68조 준용).

② 한편, 소송계속 중에 당사자가 참가의 이해관계를 가지는 제3자에게 고지이유 및 소송의 진행정도를 적은 서면을 법원을 통하여 송달하는 것에 의하여 소송계속의 사실을 통지할 수 있다(84조 이하). 丙은 만약 패소한 甲으로부터 나중에 민법 135조 1항의 손해배상청구를 당할 가능성이 있으므로

甲·乙 사이의 소송에 대하여 법률상 이해관계가 있다고 할 것이고, 그래서 甲은 丙에게 **소송고지**를 할 수 있다.

6. 민사보전 - 가압류

사안에서 가령, 乙(채무자)이 유일한 자산인 부동산을 매각하려고 하는 등의 경우에 甲(채권자)은 대여금채권의 보전을 위하여 乙(채무자)의 재산에 대하여 가압류를 신청할 수 있다.

민사보전절차로, 가압류는 금전채권을 가지고 있는 사람이 승소판결에 의한 강제집행을 하기 전에, 특히 채무자에 대한 소제기 전에 장래의 강제집행에 대비하여 채무자의 재산을 임시로 압류하여 두는 제도이다(민사집행법 276조). 채무자 소유의 부동산의 가압류 외에 채무자의 은행예금 등의 채권 가압류나 동산의 가압류 등이 있다. 목적물에 따라 그 집행절차도 다르다(민사집행법 293조 이하 참조).

그리고 가압류는 소멸시효의 중단사유가 되므로(민법 168조 2항) 청구채권의 소멸시효의 성립을 방해한다는 의미에서 청구채권의 보전수단도 되고 있다.

7. 민사집행 - 추심명령

대여금채권의 집행권원을 가지고 있는 채권자(甲)는 채무자(乙)가 제3채무자(丙)에 대하여 가지는 채권을 압류하여 본인 명의로 직접 추심할 수 있다.

추심명령이라 함은 압류한 금전채권에 대한 현금화의 하나의 방법으로, 채무자가 제3채무자에 대하여 가지고 있는 채권에 대하여 대위의 절차를(민법 404조 채권자대위권 참조) 거치지 않고 직접 집행채권자에게 추심할 권리를 부여하는 집행법원의 명령을 말한다(민사집행법 229조 2항).

추심명령은 압류채권자의 신청에 의하여 발령된다. 그 신청은 압류명령의 신청과 동시에 할 수도 있고, 추후에 신청할 수도 있다. 추심명령은 제3채무자에게 송달됨으로써 그 효력이 발생한다(민사집행법 229조 4항, 227조 3항).

원칙적으로 추심권의 범위는 피압류채권의 전액에 미치고(민사집행법 232조 1항), 종된 권리인 이자 및 지연손해금에도 미친다.

채권자는 추심한 금전으로 다른 채권자가 없는 경우에는 자기의 변제에 충당하면 되나, 절차에 참가한 다른 채권자가 있는 경우에는 배당절차에 의하여 배당을 받게 된다.

실전 쟁점 1

위 대여금청구에서 乙은 청구기각의 판결을 구하면서 甲의 주장사실을 전부 부인하였는데, 乙이 신청한 증인은 법정에 출석하여, "甲이 乙에게 3억 원을 대여하는 것과 乙이 변제기로부터 한 달이 지난 때에 甲에게 3억원과 5%의 비율로 계산한 1개월간의 지연손해금까지 지급하는 것을 목격하였다"라고 증언하였다. 위와 같은 증인신문을 마친 후 변론이 종결되었다면 법원은 위 증언을 토대로 하여 甲의 청구를 기각할 수 있는가? 【2010년 사법시험 변형】

원고(甲)는 피고(乙)에 대한 금전대여사실에 관하여 주장·증명책임이 있다. 피고는 원고가 금전대여사실에 관하여 주장·증명을 할 경우에 이에 대한 권리소멸사유에 관한 항변으로서 변제사실에 관한 주장·증명책임이 있다. 사안에서 피고는 원고의 주장사실을 부인하였고, 변제항변을 하지 않았다. 증거자료(증언)와 소송자료를 준별하는 입장에 의하면, 피고의 주요사실에 대한 주장(변제항변)이 없었음에도 불구하고, 증거자료(증인의 증언)에 나타난 사실을 기초로 변제사실을 인정하여 원고의 청구를 기각할 수 없다. 한편, 증거자료의 소송자료화를 긍정하는 입장에 의하면, 피고가 신청한 증인의 증언(중거자료)에서 피고가 채무를 변제한 사실이 증명되었으므로 원고의 청구를 기각하는 판결을 할 수 있다.

실전 쟁점 2

다음과 같은 사안에서 예상되는 판결의 결론 및 논거를 서술하시오.

(1) 甲은 2020. 1. 18. 乙을 상대로 대여금 2억 원(이자지급의 약정은 없고, 변제기는 2019. 3. 14.이다) 및 이에 대하여 2019. 3. 15.부터 이 사건 소장 부본 송달일까지는 연 5%의, 그 다음날부터 다 갚는 날까지 연 12%의 각 비율에 의한 금원을 지급하라는 소를 제기하였다.

(2) 이에 대하여 乙은 2020. 3. 28. 준비서면에서 다음과 같이 주장하였고, 그 준비서면은 2020. 3. 31. 甲에게 송달되었다.

(가) 甲에 대하여 집행증서에 기한 5천만 원의 채권을 가지고 있던 丙이 위 채권을 집행채권으로 하여 2019. 6. 15. 채무자를 甲, 제3채무자를 乙로 하여 위 대여금 중 5천만 원에 대하여 압류 및 추심명령을 받았고, 위 명령은 乙에게 2019. 6. 30. 송달되었다. 그러나 甲에게는 위 압류 및 추심명령이 송달불능되었다.

(나) 甲의 또 다른 채권자 丁은 甲에 대한 9천만 원의 채권을 피보전채권으로 하여 2019. 7. 8. 채무자를 甲, 제3채무자를 乙로 하여 위 대여금 2억 원 중 9천만 원에 대하여 채권가압류신청을 하였고, 그 가압류결정이 2019. 7. 27. 乙에게 송달되었으므로 甲의 청구에 응할 수 없다.

(다) 만일 책임이 있더라도, 乙은 2017. 10. 16. 甲에게 4,000만 원을 이자 월 2%(매월 15일 지급), 변제기 2018. 10. 15.로 정하여 대여하였는데, 2018. 10. 15.까지의 이자만을 지급받았을 뿐 그 이후 원금 및 이자를 변제받지 못하였으므로 위 채권을 자동채권으로 하여 위 대여금과 대등액에서 상계한다.

심리 결과, 甲, 乙의 위 각 주장사실은 증거에 의하여 모두 사실로 인정되었다.

乙에 대한 소장부본 송달일은 2020. 2. 8., 변론종결일은 2020. 5. 17., 판결선고일은 2020. 5. 31.이다. 【2011년 법원행정고시 변형】

가. 각하 부분 - 추심명령 부분

추심명령은 제3채무자에게 송달한 때에 효력이 발생한다(민사집행법 229조 4항, 227조 3항). 제3채무자에 대한 송달은 추심명령의 효력발생요건이 되나, 채무자에 대한 송달은 추심명령의 효력발생요건이 아니므로 채무자인 甲에게 추심명령이 송달불능된 경우에도 추심명령의 효력에는 영향이 없다.

사안에서 압류 및 추심명령이 2019. 6. 30. 제3채무자 乙에게 송달되었다.

그런데 제3채무자에 대한 이행의 소는 추심채권자만이 제기할 수 있고, 채무자는 피압류채권에 대한 이행소송을 제기할 당사자적격을 상실한다.

따라서 甲의 청구 중 丙이 추심명령을 받은 5천만 원에 대한 청구(추심권의 범위는 종된 권리인 이자 및 지연손해금에도 미치나, 당초 압류대상으로 삼지 않은 압류의 효력 발생 전에 이미 발생한 이자 등에는 미치지 않는다)는 甲이 당사자적격을 상실하여 각하되어야 한다. 따라서 이 사건 소 중, 5천만 원 및 이에 대한 2019. 7. 1부터 다 갚는 날까지 지연손해금 청구 부분은 각하한다.

나. 단순 인용 부분 - 가압류 결정 부분

금전채권이 가압류된 경우에도 가압류 결정의 채무자인 甲은 제3채무자인 乙을 상대로 금원의 지급을 구하는 소를 제기하는 것에 지장이 없고, 이 부분에 대하여 법원은 단순 인용판결을 하여야 한다.

피고는 원고에게 위 추심명령이 있는 금액을 제외한 1억 5천만 원(2억 원-5천만 원)과 추심명령이 위 乙에게 송달되기(2019. 6. 30.) 전에 이미 발생한 2억 원에 대한 이자 2백 5십만 원(2억 원×연 5%×3/12개월)을 합한 금액인, 1억 5천 2백 5십만 원(1억 5천만 원+2백 5십만 원) 및 그중 1억 5천만 원에 대한 2019. 7. 1.부터 2020. 5. 31.까지는 연 5%의, 그 다음날부터 다 갚는 날까지는 연 12%의 각 비율에 의한 금원을 지급하라는 판결이 있게 된다. 금전채무 불이행으로 인한 손해배상액 산정의 기준이 되는 법정이율은 그 금전채무의 이행을 구하는 소장이 채무자에게 송달된 날의 다음 날부터는 연 12%의 이율에 따르는데(소액사건심판법 3조 1항), 채무자에게 그 이행의무가 있음을 선언하는 사실심 판결이 선고되기 전까지 채무자가 그 이행의무의 존재 여부나 범위에 관하여 항쟁하는 것이 타당하다고 인정되는 경우에는 그 타당한 범위에서 위 연 12%의 이율을 적용하지 않는다(동조 2항). 위 사안에서 판결선고일은 2020. 5. 31.이다.

다. 기각 부분 - 상계 항변 부분

한편, 가압류의 효력 발생 당시에(2019. 7. 17) 대립하는 양 채권이 상계적상에 있으면 제3채무자는 가압류가 있은 뒤에도 상계를 할 수 있다.

乙의 주장이 담긴 준비서면은 2020. 3. 31. 甲에게 송달되었다. 따라서 2020. 3. 31. 상계의 의사표시가 도달되었고, 상계의 의사표시가 있으면 각 채무가 상계할 수 있는 때, 즉 상계적상일인 2019. 3. 15.에 대등액에 관하여 소멸한 것으로 본다(민법 493조 2항).

제 2 부 기 본 적 소 송 유 형

제 1 장
소비대차

제 2 강 소송물 결정을 위한 실체법상 발생근거

甲, 乙, 丙은 대학시절에 음악서클을 통하여 서로 알고 지낸 사이로, 최근 다시 모여 3명이 함께 계속적으로 연주회를 할 기회를 찾고자 한다. 甲 등 3명은 연주회를 2019. 7. 1.에 개최하기로 계획하였는데, 그날의 연주회 장소의 예약 등 연주회 준비를 위하여 1,500만 원 정도의 돈이 필요하다는 것을 알았다. 甲, 乙, 丙은 2019. 7. 1.의 연주회를 위하여 각각 500만 원씩을 각출하기로 하고, 乙이 그 연주회 장소의 예약 등 연주회의 준비를 하기로 하였다. 乙은 甲에게 2019. 6. 1. 위 7월 1일의 연주회를 위하여 500만 원의 비용이 필요하므로 준비하여 달라고 말하였다. 그래서 2019. 6. 25. 甲은 자신의 정기예금을 일부 해약하여 乙 아파트 부근의 커피집에서 乙에게 연주회 준비를 위하여 500만 원을 건네주었다. 乙은 커피집에서 현금 500만 원을 수령하였다. 그때에 乙은 甲에게 위 7월 1일의 연주회가 성공하면 연주회 수입으로 연주회 비용을 청산하여 적어도 2019. 7. 31.에는 甲에게 500만 원을 반환할 수 있다고 말하였다. 참고로, 甲과 乙은 일상생활에서 어려울 때 서로 500만 원 정도의 금전을 대차할 수 있는 친한 사이이다. 그런데 2019. 7. 1.에 열릴 연주회는 乙이 연주회 장소의 예약 절차 등을 잘못하여 장소를 확보하지 못하고, 결국 예정된 연주회는 취소되었다. 甲은 乙에게 2019. 7. 10.에 500만 원의 반환을 요구하였는데, 乙은 甲의 500만 원의 청구에 대하여 다음과 같이 말하였다. 그리고 乙은 2019. 7. 31.이 지나도 500만 원을 甲에게 돌려주지 않았다.

"甲으로부터 2019. 6. 25.에 500만 원을 연주회에 사용하라고 받은 적은 있으나, 그것은 빌린 것은 아니다. 게다가 甲으로부터 500만 원을 받은 것은 甲, 乙, 丙 3인의 이번만의 연주회 때문이 아니라, 앞으로 연주회를 열기 위한 자금이기도 하다. 2019. 7. 1.에 예정된 연주회는 乙이 연주회 장소의 예약 절차를 잘못한 것이 아니라, 乙이 연주회를 열기 위하여 예약을 한 직후에 丙이 갑자기 아파 연주회를 여는 것은 무리라는 연락을 받았기 때문에 乙은 연주회 장소를 일단 예약하였음에도 불구하고 어쩔 수 없이 이를 취소한 것이다. 丙의 병세는 2019. 7. 1.에는 회복되었지만, 그 시점에는 연주회 장소가 확보되지 못하였다. 연주회 취소의 원인이 乙 자신에게는 없다. 연주회 취소 수수료 및 연주회 준비의 안내장 작성 등의 비용 지출이 있었다. 甲으로부터 받은 500만 원은 이러한 비용지출에 충당하여 잔액은 남지 않았다."

乙은 甲의 요청에 응하지 않으므로 甲은 A 변호사에게 위임하여 乙에게 500만 원의 반환을 구하는 소를 제기하고자 한다.

A변호사의 입장에서 반환청구의 실체법상 근거를 검토하시오.

요건사실론에서 소송물의 결정은 원칙적으로 실체법상 발생근거의 개별 규정에 따르므로(구소송물이론) 사안에서 甲의 乙에 500만 원의 반환청구의 실체법상 발생근거(나아가 그 경우의 요건사실)를 검토하기로 하자.

지금까지의 민법의 학습에서는 사례 자체에서 계약의 유형이 명시되고, 그 계약의 성립이나 효과 등에 대하여 검토하는 것이 일반적이었으나, 여기서는 사실 가운데에서 권리발생원인이 되는 법적 의미가 있는 사실을 찾는 것에 중심을 두고 검토한다.

1. 소비대차 - 대여금청구

甲은 2019. 6. 25. 반환의 약속하에 乙에게 500만 원을 건네주었다.

소비대차에 기한 대여금청구소송의 요건사실은 앞에서 언급한 바 있다.

❶ 甲과 乙 사이에서 금전의 반환의 합의를 한 것
❷ 甲과 乙 사이에서 변제기의 합의를 한 것
❸ 甲이 乙에게 금전을 교부한 것
❹ 변제기가 도래한 것

이에 대한 乙의 인부는 다음과 같다.

(○) – 500만 원을 건네받은 것은 인정하고 있다.

(×) – 그러나 乙은 500만 원의 반환을 거절하고 있으므로 반환의 합의에 대한 점은 이를 부인하고 있는 것이다. 아울러 당연히 변제기에 대한 합의도 부인하고 있다.

(△) – 한편, 변제기의 도래는 현저한 사실로 그 인부는 필요하지 않다.

2. 증 여

가. 해제조건부 증여계약과 부당이득

위 소비대차계약에 기한 대여금청구권이라는 구성 이외에 2019. 7. 1. 연주회가 열리는지 여부를 조건으로 甲이 乙에게 500만 원을 증여하였다는 구성도 가능할 것이다. 이 경우에 발생근거규정은 다음과 같다.

증여는 당사자 일방이 무상으로 재산을 상대방에게 수여하는 의사를 표시하고, 상대방이 이를 승낙함으로써 그 효력이 생긴다(민법 554조). 그리고 해제조건이 있는 법률행위는 조건이 성취된 때로부터 그 효력을 잃는다(민법 147조 2항). 연주회가 열리지 않는다면, 증여가 무효가 되고, 甲은 증여한 금원을 乙에게 반환받을 수 있게 되지 않은가를 검토할 수 있다.

즉, 법률상 원인 없이 타인의 재산 또는 노무로 인하여 이익을 얻고 이로 인하여 타인에게 손해를 가한 자는 그 이익을 반환하여야 하는데(민법 741조), 증여계약이 무효임에도 불구하고, 乙이 500만 원을 그대로 가지고 있으므로 甲은 乙에게 500만 원의 반환을 청구할 수 있다.

여기서 **부당이득반환청구**의 요건사실은 다음과 같다.

❶ 원고의 손실
❷ 피고의 이득
❸ 위 손실과 이득 사이의 인과관계
※ 이득이 법률상 원인의 흠결
- 누구에게 증명책임 있는가에 대하여 청구원인설과 항변설의 대립이 있음

나. 부담부 증여계약과 채무불이행 및 해제

수증자가 일정한 의무를 부담하는 것을 조건으로 하는 증여가 부담부 증여이다. 부담부 증여에 쌍무계약에 관한 규정이 적용된다(민법 561조). 사안에서 乙이 연주회 장소를 예약하여 연주회 준비를 할 의무를 이행하여야 하는 부담부 증여임에도 그 의무를 이행하지 않았다는 법적 구성이다. 증여자는 그 계약을 해제할 수 있다.

그 요건사실은 다음과 같다.

❶ … 를 의무로 500만 원을 증여한다는 계약을 체결
❷ 甲은 乙에게 500만 원을 교부
❸ … 의무의 불이행
❹ 해제의 의사표시

여기서 乙은 부담의 내용 및 그 불이행에 대하여 인정하지 않으리라 생각한다. 다만, 연주회 장소가 확보되지 못한 점은 인정할 것으로 보인다.

사안에서 乙은 丙이 갑자기 아파 연주회를 여는 것은 무리라는 연락을 받았기 때문에 어쩔 수 없이 장소의 예약을 취소하였다고 하므로 乙 자신에게는 불이행의 책임이 없다고 주장할 수 있을 것이다. 불이행에 대하여 자기의 책임이 없다는 乙의 주장은 **항변**이 된다(이는 乙이 이에 대하여 주장·증명책임을 진다는 입장으로, 반면 **부인**이라는 입장도 있을 수 있다).

그리고 소장의 송달로 甲은 **해제의 의사표시**를 乙에게 한 것이 된다.

3. 조합 - 잔여재산 분배청구

甲은 乙 및 丙과 무엇인가 조합과 같은 계약을 체결한 것이라고 생각할 수 있고, 이에 따라 甲은 잔여재산 분배청구를 검토할 수 있다.

조합은 2인 이상이 상호출자하여 공동사업을 경영할 것을 약정함으로써 그 효력이 생긴다(민법 703조 1항). 출자는 금전 기타 재산 또는 노무로 할 수 있다(동조 2항). 공동사업의 종류나 성질에 제한이 없다. 비영리적인 것도 상관 없다. 또한 계속적·영속적일 필요도 없다.

조합계약에 기한 500만 원의 반환청구의 권리발생근거는 민법 703조 1항, 명문의 규정은 없지만, 조합의 해산 그리고 민법 724조 2항이다. 해산으로 인하여 조합은 더 이상 존속하지 못한다. 잔여재산은 각 조합원의 출자가액에 비례하여 이를 분배한다(민법 724조 2항). 甲은 이러한 요건사실을 변론에서 주장할 필요성, 즉 주장책임이 있다. 그리고 다른 입장도 있지만, 주장책임과 증명책임이 일치한다는 입장을 취하면, 주장한 요건사실에 대한 증명책임도 甲이 부담하게 된다.

乙은 사례의 연주회를 조합사업이라고 인정할 수도 있고, 이를 부인할 수도 있다. 어느 쪽의 입장도 취할 수 있다.

한편, 사안에서 乙은 연주회의 취소 수수료나 연주회 준비의 안내장 작성 등의 비용 지출이 있었고, 500만 원은 이러한 비용지출에 충당하여 잔액은 남지 않았다고 주장하고 있는데, 이는 甲의 잔여재산분배청구에 대하여 조합의 사무처리비용을 지출하였다는 **항변**이 된다.

제1장 소비대차

제3강 공격방어방법

甲은 2009. 3. 1. 고등학교 동창생인 乙로부터 전화로 "아들을 보낼 테니 좀 도와 달라"는 부탁을 받고 같은 날 乙을 대리한 乙의 아들 丙에게 30,000,000원을 변제기 2009. 8. 31. 이자 약정 없이 지연이자 월 2%로 정하여 대여하였다. 당시 丙은 乙의 인감도장, 위임장 및 인감증명서를 소지하고 있었고 甲에게 이를 제시하였다.

甲이 위 변제기가 지난 2009. 10. 15. 乙에게 위 대여금 원금 및 그 지연이자의 지급을 독촉하자, 뜻밖에도 乙은 丙이 은행에서 가장 유리한 조건으로 대출받을 수 있도록 은행거래 경험이 많은 甲과 의논하라는 뜻에서 甲에게 전화한 것일 뿐인데, 丙이 마음대로 甲으로부터 금원을 차용하여 당일 위 금원을 모두 도박자금으로 탕진하였다고 말하였고, 이는 모두 사실로 밝혀졌다.

甲은 乙의 어려운 형편을 생각하여 乙 등이 그 채무를 이행하기를 기다려 왔는데, 乙이 자신의 채무는 이행하지 않고 2020. 3. 1. A로부터 A의 甲에 대한 물품대금채권 10,000,000원을 양도받았다고 하면서 그 지급을 구하자, 2020. 4. 1. 乙을 상대로 30,000,000원 및 이에 대한 2009. 9. 1.부터 다 갚는 날까지 연 24%의 비율에 의한 금원을 지급하라는 이 사건 소를 제기하였다.

위 소송에서 甲과 乙의 주장과 증명은 다음과 같다.

[甲의 주장] 乙은 丙에게 대리권을 수여하였으므로 丙은 乙을 대리할 대리권이

있고, 丙에게 대리권이 없다고 하더라도 민법 126조의 표현대리에 해당한다.

[乙의 주장] 甲이 乙에게 위 금원을 대여한 것이 아니라, 丙에게 사업자금으로 사용하라고 증여한 것이므로 이를 변제할 의무가 없다. 甲이 乙에게 위 금원을 대여한 것이라고 하더라도, 이 사건 소는 변제기로부터 10년이 경과하여 제기된 것이므로 甲의 대여금채권은 소멸시효의 완성으로 소멸하였다. 위 소비대차계약은 도박자금 마련을 위한 것으로서 반사회적 법률행위에 해당하여 무효이다. A는 2019. 10. 1. 甲에게 컴퓨터 15대를 30,000,000원에 판매하였고, 乙은 A로부터 2020. 3. 1. 위 물품대금채권 가운데 10,000,000원의 채권을 양도받고 A가 채권양도의 통지를 하였던바, 위 양수금채권으로 위 대여금채권과 대등액에서 상계한다.

[甲의 주장] 甲은 乙의 소멸시효 주장에 대하여는, 乙이 2018. 7. 1. 동창회 모임에서 甲에게 "형편이 풀리고 있으니 2년 내에 차용금을 갚아주겠다"고 말함으로써 채무를 승인하였으므로 시효가 중단되었다고 주장하고, 한편 상계 주장에 대하여는 이를 자백하였다.

[甲의 증명] 甲은 증거로 갑 제1호증(차용증서), 갑 제2호증(위임장), 갑 제3호증(인감증명서)을 제출하고, 증인으로 丙과 동창생 B를 신청하였다. 증인으로 출석하여 丙은 앞서 본 차용 경위 외에 ① 금원을 차용한 뒤, 乙에게는 甲이 "사업자금으로 쓰고 만약 형편이 되면 변제하라"고 하였다고 거짓말을 하였고, ② 차용금을 차용 당일 도박자금으로 탕진한 것은 사실이나, 甲으로서는 이를 알지 못하였을 것이라고 증언하였다. B는 "동창회 당일 甲이 乙과 만나 채무 운운하는 것은 들은 것은 사실이나, 구체적인 내용은 알지 못한다"는 취지로 증언하였다.

위와 같은 사실 관계를 기초로, 丙과 B의 증언이 신빙성이 있고, 乙에 대하여 민법 126조의 표현대리가 성립한다는 가정 하에 아래 판결서 이유의 항변 이하 판단에 해당하는 (보충) 부분을 완성하시오.

이 유

갑 제1호증(차용증서)의 기재와 증인 丙의 증언에 의하면, 원고가 2009. 3. 1. 피고의 대리인이라고 자칭하는 丙에게 30,000,000원을 변제기 2009. 8. 31. 지연이자 월 2%로 정하여 대여한 사실을 인정할 수 있다.

원고는 먼저 丙이 피고로부터 대리권을 수여받고 위와 같은 행위를 하였다고 주장하나, 이를 인정할 증거가 없으므로 위 주장은 이유 없다.

원고는 다음으로 피고에게 민법 126조의 표현대리에 의한 책임이 있다고 주장하므로 살피건대, (생략) 정당한 이유가 있었다고 할 것이므로 위 주장은 이유 있다.

> 따라서 피고는 특별한 사정이 없는 한, 원고에게 위 차용금 30,000,000원과 이에 대한 지연손해금을 지급할 의무가 있다.
> (보충)
> 그렇다면, 원고의 이 사건 청구는 (이하 생략 …)

乙의 증여의 주장은 **부인**에 해당한다.

항변을 살펴볼 경우에는 무효사유(사안에서 도박자금으로 빌린 것이라는 주장) →시효소멸→상계의 순서이나, 여기에서는 시효소멸이 인정되므로 상계에 대한 판단은 필요하지 않다.

1. 대리에 의한 소비대차계약

대여금청구에 있어서 대리에 의하여 소비대차계약이 체결되었더라도 소송물이나 청구의 취지는 다르지 않다. 대리인 丙을 매개하였더라도 소비대차계약은 甲·乙 사이에 성립하기 때문이다(대리에 대하여 자세히는 후술한다).

대리권의 발생원인사실이 부정되는 경우(즉, 유권대리가 인정되지 않을 때)에 나아가(또는 예비적으로) 표현대리를 주장하는 경우가 많다(대리에 대하여는 별로로 후술한다).

참고로 보면, 유권대리에 있어서는 본인이 대리인에게 수여한 대리권의 효력에 의하여 법률효과가 발생하는 반면 표현대리에 있어서는 대리권이 없음에도 불구하고 법률이 특히 거래상대방 보호와 거래안전유지를 위하여 본래 무효인 무권대리행위의 효과를 본인에게 미치게 한 것으로서 표현대리가 성립된다고 하여 무권대리의 성질이 유권대리로 전환되는 것은 아니므로, 양자의 구성요건 해당사실 즉 주요사실은 다르다고 볼 수밖에 없으니 **유권대리에 관한 주장 속에 무권대리에 속하는 표현대리의 주장이 포함되어 있다고 볼 수 없다**(대법원 1983. 12. 13. 선고 83다카1489 전원합의체 판결).

2. 반사회질서의 법률행위

乙은 우선 위 차용금은 도박자금으로 빌린 것으로서 그 대여행위는 사회질서에 반하는 법률행위(민법 103조)에 해당하여 무효라고 항변하나, 이를 인정할 만한 증거가 없으므로 위 항변은 이유 없다.

3. 소멸시효

乙은 다음으로 甲의 위 대여금채권이 시효로 소멸하였다고 항변하므로 살피건대, 위 대여금 채권의 변제기가 2009. 8. 31.인 사실은 앞서 본 바와 같고, 원고의 이 사건 소는 그로부터 10년이 경과한 후인 2020. 4. 1. 제기되었음이 기록상 명백하므로 위 대여금채권은 이 사건 소제기 전에 이미 시효로 소멸하였다고 할 것이니 乙의 위 항변은 이유 있다.

이에 대하여 甲은 소멸시효 완성 전인 2018. 7. 1. 乙이 동창회 모임에서 위 대여금 지급채무를 승인하였으므로 시효가 중단되었다고 재항변하나, 증인 B의 진술만으로는 이를 인정하기에 부족하고 달리 이를 인정할 만한 증거가 없으므로 甲의 재항변은 이유 없다.

4. 상 계

甲은 2017. 6. 1. 乙에게 6,000만 원을 이자 월 2%(매월 말일 지급), 변제기 2017. 9. 30.로 정하여 대여하고, 2017. 8. 1. 다시 5,000만 원을 이자 월 1%(매월 말일 지급), 변제기 2017. 11. 30.로 정하여 대여하였는데, 乙이 위 각 대여금 등을 변제하지 않고 있다.

그리하여 甲은 2018. 2. 14. 乙을 상대로 위 대여금 합계 1억 1,000만 원(6,000만 원+5,000만 원) 및 그중 6,000만 원에 대하여는 2017. 6. 1.부터 다 갚는 날까지 월 2%의, 5,000만 원에 대하여는 2017. 8. 1.부터 다 갚는 날까지 월 1%의 각 비율에 의한 금원의 지급을 구하는 소를 제기하였다.

이에 대하여 乙은 '중앙가구'라는 상호로 가구판매업을 하면서 2017. 12. 31. 甲에게 의자, 장식장, 식탁 등 가구 5개를 대금 2,000만 원에 판매하고 그날 바로 가구를 인도하였는데, 甲이 그 대금을 지급하지 않고 있으므로 위 물품대금채권을 자동채권으로 하여 甲의 위 각 대여금 및 그 이자 등 채권과 대등액에서 상계한다는 취지의 내용을 적은 준비서면을 2018. 3. 28. 법원에 접수하고, 그 준비서면은 2018. 3. 31. 甲에게 송달되었다.

심리 결과, 甲과 乙의 위 각 주장사실은 증거에 의하여 모두 사실로 인정되었으며, 2018. 5. 8. 변론이 종결되고 2018. 5. 15. 판결이 선고되었다.

판결의 주문 및 근거를 밝히시오. 각 지분 이자채권 및 지연손해금에 대한 지연손해금은 고려하지 마시오.

소송상 직접 상계권을 방어방법으로 행사한 경우로, 상계적상일은 2017. 12. 31.이다.

사안은 수동채권이 둘 이상이고, 채무자가 그 전부를 소멸하게 하지 못하는 급부를 한 경우이다.

가. 판결의 주문

1. 피고는 원고에게 100,900,000원 및 그중 50,900,000원에 대하여는 2018. 1. 1.부터 다 갚는 날까지 월 2%의, 50,000,000원에 대하여는 2018. 1. 1.부터 다 갚는 날 까지 월 1%의 각 비율에 의한 금원을 지급하라.
2. 원고의 나머지 청구를 기각한다.

나. 근거 - 법정변제충당의 준용

상계로 소멸되는 수동채권은 법정변제충당의 순서(민법 499조에서 476조 내지 479조 준용)에 의하므로 민법 479조 1항에 의하여 총비용 → 총이자 → 총원본 순서로 소멸하고, 민법 477조 2호에 의하여 원본 서로 사이에는 변제이익이 더 많은 채무에 먼저 충당된다.

상계적상일인 2017. 12. 31. 현재 甲의 수동채권은 ① 2017. 6. 1.자 대여원금 6,000만 원, 그 이자 및 지연손해금 840만 원(6,000만 원×0.02×7월), ② 2017. 8. 1.자 대여원금 5,000만 원, 그 이자 및 지연손해금 250만 원(5,000만 원×0.01×5월)이다.

위 ①, ② 채무는 모두 변제기가 도래하였고, 이율이 더 높은 ① 채무 쪽이 채무자인 乙에게 변제이익이 더 크다.

따라서 乙의 자동채권 2,000만 원은 법정변제충당의 순서에 따라, 우선 위 ①, ② 채권 가운데, 각 이자 및 지연손해금 등 합계 1,090만 원(840만 원+250만 원), 그리고 변제이익이 더 큰 ① 채권의 원본 가운데 일부인 910만 원(2,000만 원－위 1,090만 원)에 순차 충당된다.

실전 쟁점 1

甲의 乙에 대한 1,000만원의 대여금반환청구소송에서 乙은 이 금액을 이미 변제하였고, 또 만약 변제하지 않았다고 하여도 시효에 의하여 소멸되었다고 주장하는 데 대하여, 甲은 변제를 부인하고, 시효는 도중에 중단되었다고 주장하였다. 법원은 우선 소멸시효의 점에 대하여 증거조사를 하고, 시효의 완성은 분명하다고 하여 그 밖의 증거조사에 들어가지 않고 甲의 청구를 기각하였다. 법원의 조치에 대하여 그 적부를 논하시오.

사안에서 乙은 「이 금액」이라고 하고 있으므로 대여금이란 사실은 일단 인정한 뒤에(自白) 변제의 항변과 예비적으로 시효의 항변을 제출한 것이다(피고가 원고의 청구원인사실을 자백하면, 원고는 그 사실상의 주장에 대하여 증명이 필요하지 않으므로 그 뒤 피고가 항변을 하면 그 항변사실을 둘러싸고 새로운 공격방어가 진행된다). 그리고 시효의 항변에 대하여 甲은 시효중단의 재항변을 제출하였다. 그렇다면 소송에서 甲이 승소하기 위하여는 ① 대여금이 인정될 것, ② 변제가 부정될 것, ③ 소멸시효의 완성이 부정될 것의 3가지가 필요하다. ①에 대하여는 자백이 성립하였으므로 ②와 ③에 대하여는 증거에 의한 인정이 필요하게 된다. 이에 대하여 乙이 승소하기 위하여는 ②, ③ 가운데 어느 것 하나라도 乙의 주장이 인정되면 충분하다. 물론 대여금이 부정

되면 좋겠지만, 그것이 인정되더라도 변제 또는 시효의 어느 쪽이 인정된다면 승소한다. 그렇다면 사안에서 법원이 우선 시효의 항변을 인정하여 甲의 청구를 기각한 조치는 잘못이 없다. 사고논리로 보나 시효를 이유로 승소하는 피고의 감정을 생각한다면 확실히 ①②③의 순서로 심리하는 것이 적절하지만(또 실제 그렇게 하는 것이 보통이다), 사실에 의한 인정이 난이도에서 차이가 있는 경우도 있고, 또 피고의 목적은 청구기각을 바라는 이상(216조. 판결이유 중의 판단에는 기판력은 미치지 않는다), 소송촉진의 관점에서도 그다지 나쁘다고 할 수 없다.

실전 쟁점 2

甲은 乙에 대한 대여금 5,000만원을 소구하였다.

[1] 변론에서 乙은 예비적으로 甲에 대한 1억원의 반대채권 가운데 5,000만원을 가지고 상계한다고 진술하였다. 그 뒤 「乙은 甲에게 3,000만원을 지급한다. 甲은 잔액 2,000만원을 포기한다. 甲은 이미 제기한 5,000만원 지급의 소를 취하한다」는 소송 밖에서의 화해가 성립되어, 甲은 乙의 동의하에 유효하게 소를 취하하였다. 그 뒤, 乙은 甲을 피고로 하여 앞의 1억원의 지급을 구하는 소를 제기하였는 바, 이에 대하여 甲은 청구기각을 구하면서 「1억원 중 5,000만원은 상계에 의하여 소멸하였다」고 주장하였다. 법원은 甲의 위 상계에 의한 소멸주장에 대하여 어떻게 판단하여야 하는가?

[2] 변론에서 乙은 대여금채권을 변제하였으므로 그 소멸을 주장하는 것과 함께 만약 대여금채권의 존재를 법원이 인정한다면, 甲에 대하여 가지고 있는 매매대금채권으로 위 대여금과 상계한다고 진술하였다. 이에 대하여 甲은 乙의 위 매매대금채권의 성립을 부정하면서 만약 乙의 위 매매대금채권의 존재를 법원이 인정한다면, 乙에 대하여 가지고 있는 별개의 손해배상채권으로 乙의 위 매매대금채권과 상계한다고 진술하였다. 이 경우에 소송상 상계의 항변에 대하여 상대방이 소송상 상계의 재항변을 하는 것이 허용되는지 여부에 대하여 검토하시오.

[1] 상계권 등(해제권, 해지권, 취소권) 사법상의 형성권에 기한 항변에는 소송 전이나 소송 외에서 이를 행사한 뒤, 그 사법상의 효과를 소송상 공격방어방법의 하나로 진술하는 경우도 있으나, 사안과 같이 소송에서 비로소 직접 형성권을 공격방어방법으로 행사하는 경우도 있다. 전자는 통상의 공격방어방법과 마찬가지로 생각하면 되므로 그다지 문제는 없다. 가령, 상계는 상대방에 대한 의사표시로 하고(민법 493조 1항), 그 결과 소구채권이 소멸한 것을 소송에서 항변으로 제출할 수 있다. 그러나 후자는 소송상 공격방어방법의 하나이므로 민사소송법상의 규제를 받는데, 이 경우에도 소송 전이나, 소송 외에서 형성권을 행사한 경우와 똑같이 사법상의 효과가 발생하는가, 아니면 단순히 소송법상의 효과밖에 생기지 않는가가 문제이다. 이를 논의의 배경으로 하여 아래와 같이 형성권의 소송상 행사의 법적 성질에 관하여 여러 가지 학설이 전개되었다. 주로 문제가 되는 것은 소송상 상계의 항변이다. 소가 부적법 각하되었다든지, 또는 소의 취하가 있었다든지 하는 경우에는 상계의 항변은 소송상 방어방법으로서의 의의를 잃게 된다. 또한 상계의 항변 자체가 부적법 각하된 경우에는(가령 실기한 공격방어방법으로) 원래부터 상계의 항변은 심리의 대상이 될 수 없다. 그럼에도 불구하고 반대채권의 소멸이라는 중대한 실체법상의 효과가 남는다면, 이는 상계한 측에게 만족스럽지 못한 결과가 된다. 그렇다면 반대채권의 소멸이라는 실체법상의 효과를 부정하는 방향이 정당할 것인데, 문제는 이를 어떻게 근거 짓는가 하는 것이다. 실체법과 소송법의 체계적 분리라는 민사소송법의 원칙, 상계제도의 취지, 소송상 상계의 본질, 상계의 항변을 제출한 당사자의 의도라는 관점에서 구체적으로 타당한 결론을 이끌어 낼 필요가 있다.

위 사안과 관련하여 **판례**는, 소송상 방어방법으로서 상계항변이 있었으나, 소송절차 진행 중 조정이 성립됨으로써 수동채권에 대한 법원의 실질적인 판단이 이루어지지 아니한 이상, 위 상계항변은 그 사법상 효과도 발생하지 않는다고 보아야 하고, 또한 그 조정조서의 조정조항에 특정되거나 청구의 표시 다음에 부가적으로 기재되지 아니하였으므로 특별한 사정이 없는 한, 위 조정조서의 효력이 상계에 제공한 자동채권에 미친다고 보기 어렵다고 보았다(대법원 2013. 3. 28. 선고 2011다3329 판결). 소송에서 상계권이 행사된 뒤, 해당 소송절차에서 조정이 성립됨으로써 수동채권의 존재에 관한 법원의 실질적인 판단이 이루어지지 아니한 경우에 그 소송절차에서 행하여진 소송상의 상계항변의 사법상 효과도 발생하는지 여부, 그리고 조정조서의 효력 범위 등이 쟁점이 되었는데, 소송상 상계의 항변의 특수성 및 실체법적 성질과 관련된 논의를 좀 더 확실히 밝혀주었으면 좋았을 것이다.

[2] 피고의 상계항변에 대하여 원고가 다시 피고의 자동채권을 소멸시키기 위한 위하여 소송상 상계의 재항변을 하는 것이 허용되는지 여부가 쟁점이다. 종래 소송상 상

계에 관하여는 주로 피고의 방어방법인 상계의 항변이 논의되었지만, 사안은 피고의 상계항변이 아니라, 원고가 상대방인 피고의 상계항변에 대하여 상계로 재반박한 것이다. 소송상 상계의 항변의 법적 성질을 어떻게 볼 것인가 하는 논의와도 연결된다.

판례는 원칙적으로 소극적 입장이다. 즉, 소송상 방어방법으로서의 상계항변은 통상 수동채권의 존재가 확정되는 것을 전제로 하여 행하여지는 일종의 예비적 항변으로서 소송상 상계의 의사표시에 의해 확정적으로 효과가 발생하는 것이 아니라, 당해 소송에서 수동채권의 존재 등 상계에 관한 법원의 실질적 판단이 이루어지는 경우에 비로소 실체법상 상계의 효과가 발생한다(위 2011다3329 판결 참조). 이러한 피고의 소송상 상계의 항변에 대하여 원고가 다시 피고의 자동채권을 소멸시키기 위하여 소송상 상계의 재항변을 하는 경우, ① 법원이 원고의 소송상 상계의 재항변과 무관한 사유로 피고의 소송상 상계항변을 배척하는 경우에는 소송상 상계의 재항변을 판단할 필요가 없고, 피고의 소송상 상계항변이 이유 있다고 판단하는 경우에는 원고의 청구채권인 수동채권과 피고의 자동채권이 상계적상 당시에 대등액에서 소멸한 것으로 보게 될 것이므로 원고가 소송상 상계의 재항변으로써 상계할 대상인 피고의 자동채권이 그 범위에서 존재하지 아니하는 것이 되어 이때에도 역시 원고의 소송상 상계의 재항변에 관하여 판단할 필요가 없게 된다. 또한, ② 원고가 소송물인 청구채권 외에 피고에 대하여 다른 채권을 가지고 있다면 소의 추가적 변경에 의하여 그 채권을 당해 소송에서 청구하거나 별소를 제기할 수 있다. 그렇다면 원고의 소송상 상계의 재항변은 일반적으로 이를 허용할 이익이 없다. 따라서 피고의 소송상 상계항변에 대하여 원고가 소송상 상계의 재항변을 하는 것은 다른 특별한 사정이 없는 한 허용되지 않는다고 보는 것이 타당하다고 보았다(대법원 2014. 6. 12. 선고 2013다95964 판결).

제 2 부 기 본 적 소 송 유 형

제 1 장
소비대차

제 4 강 준소비대차에 기한 대여금청구

X건물을 소유하고 있는 乙은 2015. 8. 3.경, 그 건물 지붕의 수선을 공사업자 甲에게 의뢰하였다, 이때 공사대금에 대하여 조금 비싸다고는 생각하였지만, 최종적으로는 甲이 말한 대로 1,500만 원으로 합의하였다. 공사의 완성 기한은 같은 해 8. 18.로, 예정대로 공사는 완성되었다. 甲이 지붕을 수선한 것이 마음에 들었기에, 乙는 이번에는 X건물의 증축을 의뢰하였다. 乙이 위 지붕수선의 공사대금을 지급하지 못하였으나, 甲은 또 일을 부탁한다면 증축공사가 완성하고 나서 지급하여도 괜찮다는 말을 하였다. 그러나 乙은 미안한 마음에 증축공사의 계약금으로 1,000만 원을 지급하기로 하였다. 계약일은 2015. 9. 5.로, 완성 기한은 2016. 2. 28.로 하고, 계약 시에 대금의 일부로 1,000만 원을 지급하였다. 甲은 예정대로 X건물의 증축공사에 착수하여 예정대로 기한까지 X건물의 증축을 완성하여 완성기일에 그 결과물을 인도하였다. 甲은 乙에게 2016. 3. 10.에, 증축공사의 도급대금 5,000만 원의 잔금으로서 4,000만 원과 지붕의 수리대금 1,500만 원의 합계 5,500만 원의 청구를 하였다. 그러나 乙은 마침 그때 수중에 자금이 부족하여, 甲에게 "지금은 돈이 없으니 6개월 정도 기다려 주었으면 한다"라고 부탁하였다. 그러자 甲은, 이자를 연 2할로 할 것을 요청하였다. 乙은 아무래도 연 2할은 비싸다고 생각하였으나, 부탁하는 처지인지라, 최종적으로는 연 15%의 이자로 하기로 甲과 합의하였다. 그리고 2016. 4. 3. 위 대금 합계 5,500만 원에 대해서, 이자를

연 15%로 정하여 빌린다는 소비대차계약을 체결하고, 갚는 기한은 6개월 후인 2016. 10. 2.로 하기로 하였다.

당사자 쌍방이 소비대차에 의하지 않고 금전 기타의 대체물을 지급할 의무가 있는 경우에 당사자가 그 목적물을 소비대차의 목적으로 할 것을 약정한 때에는 그러한 경우에도 소비대차가 성립한다(민법 605조). 위 경우에 당사자가 그 지급할 의무를 소비대차의 목적으로 하기로 약정한 때에는 그에 따른 효력을 인정하더라도 문제될 것이 없다. 이를 준소비대차라고 한다.

준소비대차는 기존채무를 소멸하게 하고 신채무를 성립시키는 계약인 점에 있어서는 경개와 동일하지만, 경개에 있어서는 기존채무와 신채무 사이에 동일성이 없는 반면, 준소비대차에 있어서는 원칙적으로 동일성이 인정된다.

준소비대차가 성립하면 그 효력은 보통의 소비대차와 같고, 대물반환의 예약에 관한 민법 607조, 608조도 적용된다.

신채무와 기존채무의 소멸은 서로 조건을 이루어 기존채무가 부존재하거나 무효인 경우에는 신채무는 성립하지 않고 신채무가 무효이거나 취소된 때에는 기존채무는 소멸하지 않았던 것이 되고, 기존채무와 신채무의 동일성이란 기존채무에 동반한 담보권, 항변권 등이 당사자의 의사나 그 계약의 성질에 반하지 않는 한 신채무에도 그대로 존속한다는 의미이다. 만약 기존채무에 대하여 채권가압류가 마쳐진 후 채무자와 제3채무자 사이에 준소비대차 약정이 체결된 경우, 준소비대차 약정은 가압류된 채권을 소멸하게 하는 것으로서 채권가압류의 효력에 반하므로, 가압류의 처분제한의 효력에 따라 채무자와 제3채무자는 준소비대차의 성립을 가압류채권자에게 주장할 수 없고, 다만 채무자와 제3채무자 사이에서는 준소비대차가 유효하다(대법원 2007. 1. 11. 선고 2005다47175 판결).

1. 소 송 물

소송물은 준소비대차계약에 기한 대여금청구권이다.

2. 청구취지

청구취지의 기재는 금전의 지급을 구하는 청구의 경우와 다르지 않다.

3. 청구원인

준소비대차의 요건사실은 다음과 같다.

❶ 종전 채무의 발생사실
- 기존 채무의 존재를 준소비대차의 효과를 주장하는 사람이 주장·증명하여야 한다.

❷ 종전 채무의 목적물을 소비대차의 목적으로 하는 합의
- 기존 채무의 당사자가 그 채무의 목적물을 소비대차의 목적으로 한다는 합의를 할 것을 요건으로 하므로 준소비대차계약의 당사자는 기초가 되는 기존 채무의 당사자이어야 한다.
- 기존채무가 무효이면, 준소비대차도 성립되지 않는다.
- 기존채무가 소비대차일 경우에도 준소비대차는 성립한다. 605조는 '소비대차에 의하지 아니하고'라고 정하고 있지만, 이는 통상의 경우를 규정한 것에 지나지 않는다고 본다.

❸ 변제기의 합의

❹ 변제기의 도래

가령 甲과 乙이 도급계약의 도급대금을 지급하지 않고, 이를 소비대차의 목적으로 할 것을 약정한 경우를 생각하여 보자(이는 도급대금의 지급이 유예되는 효과가 있다).

甲이 乙에게 준소비대차에 기하여 대여금을 청구하는 경우에 그 청구원인은 다음과 같다.

❶ 甲과 乙이 도급계약을 체결한 사실(→ 위 ①)
❷ 甲과 乙은 위 도급대금청구권을 준소비대차의 목적으로 하기로 합의하고 변제기를 정한 사실(→ 위 ②)
❸ 甲과 乙은 변제기를 정한 사실(→ 위 ③)
❹ 위 변제기가 도래한 사실(→ 위 ④)

앞의 사안에서, 甲(원고) 주장의 청구원인은 2개의(지붕수선+건물증축) 도급계약에 근거한 대금(보수)채권을 소비대차의 목적으로 한 준소비대차의 성립이다.

4. 예상되는 항변

[乙의 주장] … 나는, 甲으로부터 2016. 3. 10.에, 증축공사의 도급대금 5,000만 원의 잔금으로서 4,000만 원과 지붕의 수리대금 1,500만 원의 합계 5,500만 원의 청구를 받았다. 그러나 나는, 마침 그때 수중에 자금이 부족하여, 甲에게 "지금은 돈이 없으니 6개월 정도 기다려 주었으면 한다"라고 부탁하였다. 그러자 甲은, 이자를 연 2할로 할 것을 요청하였다. 나는 아무래도 연 2할은 비싸다고 생각하였으나, 내가 부탁하는 처지인지라, 최종적으로는 연 15%의 이자로 하기로 甲과 합의하였다. 그리고 2016. 4. 3. 위 대금 합계 5,500만 원에 대해서, 이자를 연 15%로 정하여 빌린다는 소비대차계약을 체결하고, 갚는 기한은 6개월 후인 2016. 10. 2.로 하기로 하였다. 그러나 그 후에도, 甲으로부터는 가끔 빨리 지급하라든가, 이자만이라도 달라든가 하는 재촉이 있었다. 나도, 재촉하는 전화를 받을 때마다 기

분이 안 좋았으므로 3개월 후인 2016. 7. 2. 전부터 내가 소유하고 있었던 유명화가의 그림을 가지고 甲의 집을 방문하여 지붕의 수리대금 상당분 1,500만 원과 그날까지의 이자로 이것을 받아달라고 말하였다. 이 그림을 사고자 하면, 족히 2,000만 원 이상을 주어야 하는 것이었지만, 어쩔 수 없이 이것을 넘기기로 하였다. 甲은 처음에는 주저하였으나, 가격을 듣자 흔쾌히 받겠다며 그림을 받았다. 그런데 그 뒤 얼마 지나지 않아 증축 부분에서 균열이 생겼다. 아는 건축사에게 물어보니, 확실히 벽의 강도(强度)가 부족하고, 날림공사라고 하였다. 이것을 수선하려면, 벽의 보강공사가 필요하다고 하였다. 그래서 甲이 잔대금을 청구하여 온 2016. 10. 2.경, 甲에 대하여, "증축 부분의 벽에 강도부족에 의한 균열이 있고, 그 수선을 요구하고자 한다. 수선되지 않는 한, 잔금과 이자는 지급할 수 없다"고 말하고, 지급을 거절하였다. 그러나 甲은 날림공사를 한 것을 절대 인정하지 않았다. 나는, 甲이 수선하지 않는 한, 남은 원금과 그 이자를 지급할 생각은 없다. 게다가 내가 대금의 지급을 거절하자마자, 甲은 내가 인도한 그림이 가짜이며, 가격은 30만 원 정도밖에 안 되므로 지급한 것으로 합의한 1,500만 원까지도 지급하라고 요청하였고, 2016. 11. 8. 도달의 내용증명우편으로 그림에 의한 지급을 취소한다고 통지하여 왔다. 그러나 이 그림은 틀림없는 진품이고, 2,000만 원 이상의 가치가 있는 것이다. 내가 甲을 속였다는 것은 완전한 생트집이고, 나는 이에 대하여 몹시 분하게 생각한다.

위 사안에서, 甲(원고) 주장의 대금(보수)채권을 목적으로 하는 준소비대차에 기한 대여금청구 가운데 1,500만 원과 그 이자 3개월분에 대해서 그림으로 대물변제(민법 466조)하였다는 乙(피고)의 주장이 있다.

또한 그 가운데 4,000만 원과 그 이자의 주장에 대하여는 준소비대차의 목적이 되었던 X건물의 증축공사 대해서, 동 건물의 증축 부분의 벽 부분에 강도 부족을 원인으로 하는 균열이 있으므로 그 수선을 구하는 것이고, 그 수선과 동시가 아니라면, 증축공사에 의한 도급대금(보수)에 상당하는 대금의 지급을 하지 않겠다는 취지의 동시이행의 항변(민법 536조)을 하고 있다.

한편, 대물변제에 대해서는 甲(원고)으로부터 사기에 의한 취소(민법 110조)의 재항변이 주장되고 있다.

가. 대물변제의 항변

乙은 준소비대차에 기한 대여금채권 5,500만 원 가운데, 1,500만 원과 그 3개월분 이자의 지급에 대신하여, 그림의 소유권을 이전한다는 대물변제를 하였다고 주장하고 있다.

이는 대여금채권 1,500만 원과 3개월분 이자에 대하여 일단 발생한 대여금청구권이 그 뒤, 소멸한 것이라는 주장이고, 권리소멸원인사실이므로, 이를 유리하게 주장하는 乙에게 주장·증명책임이 있고, **항변**이 된다.

대물변제는 채무자가 부담하는 원래의 급부에 대신하여 다른 급부를 현실적으로 함으로써 그것을 등가치의 것으로 승인하여 채권을 소멸시키는 변제자와 채권자 사이의 계약을 말하며, 변제와 동일한 효력을 가진다(민법 466조). 그 성질에 대하여 **낙성계약**이라는 입장도 있지만, **요물계약**으로 보는 입장이 일반적이다.

요물계약설에서, 위 사안과 같이 동산(그림)을 대물로 하는 대물변제계약의 요건사실은 다음과 같다.

❶ 본래의 채무의 존재(발생원인사실)
❷ 그 채무의 변제를 대신하여 동산의 소유권을 이전한다는 합의
❸ 채무자가 위 ② 당시 그 동산을 소유하고 있던 것

- 대물변제에 의한 채무소멸의 효과가 생기기 위해서는 소유권의 이전이 필요한데, 소유권이전을 위해서는 전주가 소유하고 있던 것이 필요하기 때문이다.

❹ 그 동산에 대하여 인도가 이루어진 것

- 요물계약설에서 이는 계약의 성립요건이지, 계약의 이행이 되는 것은 아니다.

나. 동시이행의 항변

乙은 준소비대차에 기한 대여금채권 5,500만 원 가운데, 그 구채무인 甲 건물의 증축공사의 도급계약에 기한 대금(보수)채권 4,000만 원에 관해서 증축부분의 벽에 강도 부족이 있고, 그에 의해 벽에 균열이 생기고, 벽의 보강공사를 할 필요가 있고, 그 수선을 할 때까지 지급을 거절한다고 주장하고 있다.

이 주장은 乙이 甲에게 부담하고 있던 구채무인 위 도급계약에 기한 대금(보수)채무에, 동 계약에 기한 하자보수(瑕疵補修)청구권과 동시이행의 항변권이 존재하고 있고, 준소비대차계약을 체결한 후에도 이 동시이행의 항변권이 존속하여, 그것을 행사하여 준소비대차계약에 기한 대여금채무와 그 이자에 대하여 지급을 거절한다는 주장이라고 이해할 수 있다.

그리고 이 주장이 인정되면, 4,000만 원에 대해서는 하자의 보수와 상환이행판결을 하게 된다.

도급인은 완성된 목적물에 하자가 있는 때에는 수급인에게 하자보수청구권을 가진다(민법 667조 1항). 위 사안에서 乙은 "증축 부분의 벽에 균열이 생겼고 그 원인이 벽의 강도(強度) 부족에 의한 것이다"라고 말하고 있는데, 벽의 강도 부족의 존재는 하자라고 할 수 있다. 수급인의 하자보수의무는 무과실책임이므로 도급인은 수급인의 고의, 과실을 주장·증명할 필요는 없다. 도급인은 하자보수 대신 손해배상청구권도 가지는데(민법 667조 2항), 양자는 선택채권이고, 채권자인 도급인은 어느 쪽의 권리를 행사하는가를 분명히 할 필요가 있다(민법 382조 1항).

그리고 도급인의 하자보수청구권과 수급인의 도급대금(보수)청구권은 동시이행관계에 있으므로(민법 667조 3항) 동시이행의 항변권을 행사하여 도급대금(보수)의 지급을 거절할 수 있다. 동시이행의 항변권의 행사가 인정되면, 법원은 하자의 보수와 상환으로 도급잔대금(보수)을 지급하라고 상환이행판결을 할 수 있게 된다.

위에서의 설명에 의하여 도급계약에 기한 하자보수청구권과 동시이행의 항변의 요건사실은 다음과 같다.

❶ 도급계약의 성립
❷ 완성된 목적물에 하자가 있는 것
❸ 피고가 원고에게 손해배상을 대신하여 하자보수를 청구하는 취지의 의사표시를 한 것
❹ 하자의 보수가 이루어지기까지 도급대금(보수)의 지급을 거절한다는 취지의 권리 주장

5. 항변에 대한 인부 및 재항변

가. 항변에 대한 인부

甲의 주장에 의하면, 대물변제에 대하여 甲이 다음 항목의 사기취소의 주장을 하고 있기는 하나, 대물변제가 이루어진 사실 자체는 인정하고 있다.

또한 乙의 동시이행의 항변에 대해서는 甲이 증축건물의 벽의 강도 부족에 의한 균열이 생겼다는 하자의 존재는 부인하고 있지만, 그 밖의 사실은 모두 인정하고 있다.

그런데 동시이행의 항변권의 권리 주장은 법원의 면전에서 행하여진 현저한 사실이므로 별도로 甲의 인부가 필요하지 않다.

나. 사기에 의한 취소의 재항변

그림에 의한 대물변제에 대해서 甲은 乙이 가짜 그림을 유명화가의 작품이라고 속였다고 주장하고, 사기를 이유로(민법 110조) 대물변제의 취소를 주장하고 있다. 사기에 의하여 대물변제가 취소된다면, 대물변제는 소급적으로 무효가 되므로(민법 141조 본문) 채무소멸의 효과는 생기지 않는다. 이는 대물변제에 의한 효과를 방해하는 주장이고, **재항변**으로서 기능한다.

여기서 재항변의 성질에 대해서는 **장애의 재항변**으로 보는 견해(의사표시의 흠의 동시 존재를 강조하는 입장)와 **소멸의 재항변**으로 보는 견해(사후적으로 취소의 의사표시가 이루어져 비로소 그 효과가 발생하는 점을 강조하는 입장)가 있다.

하여튼 사기에 의한 취소의 요건사실은 다음과 같다.

❶ 乙→甲 기망행위
❷ 기망행위에 의하여 甲 착오
❸ 甲 착오에 의하여 대물변제의 합의
❹ 甲→乙 취소의 의사표시

위 사안에서 甲은 ① 그림은 사실 30만 원의 가치밖에 안 되는 가짜인데, 乙이 甲에게 유명화가의 작품이라고 말한 것, ② 甲이 그 내용을 오신하고, ③ 착오에 기하여 대물변제에 합의한 것, ④ 甲이 乙에 대하여 대물변제를 취소하는 의사표시를 한 것을 주장·증명하게 된다.

이에 대한 乙의 주장에 의하면, 대물변제 시에 甲에게 대물변제의 목적물인 그림이 시가 2,000만 원 이상인 유명화가의 작품이라고 말한 것, 甲이 사기에 의한 취소의 의사표시를 한 것은 인정하고 있지만, 사기 사실, 즉 그림이 30만 원의 가치밖에 안 되는 가짜라는 甲의 주장에 대하여는 이를 乙이 부인하고 있다.

실전 쟁점

甲은 乙에 대하여 3,000만 원의 매매대금채권을 가지고 있던 중 변제기가 다가오자, 2008. 4. 2. 乙과 합의하여 乙이 甲에게서 이자 연 10%, 변제기 2009. 4. 1.로 하여 3,000만 원을 빌린 것으로 채무 내용을 변경하였다. 그런데 乙은 위 변제기를 앞둔 2009. 3. 20.에 甲에게 지급기일이 2010. 4. 1.로 된 액면금 3,000만 원의 약속어음을 발행·교부하였고, 甲은 이를 별다른 이의 없이 수령하였다. 이후 2010. 3. 22. 甲의 채권자 丙이 甲의 위 대여금채권에 대한 가압류결정을 신청하여 그 인용결정이 그 무렵 乙에게 송달되었고, 그 직후 乙은 甲을 피공탁자로 하여 1,000만 원을 공탁하였다. 2010. 6. 22. 현재 甲이 乙에게 행사할 수 있는 권리는? 【2010년 사법시험 민법】

---

① 甲과 乙의 합의에 의한 채무내용의 변경이 경개인가(민법 500조), 준소비대차인가(민법 605조)를 검토한 뒤, ② 甲이 발행한 어음수수의 법률관계, 그리고 ③ 가압류결정 및 집행의 효력 및 일부공탁의 효력을 검토하여야 한다.

① 기존 채권·채무의 당사자가 그 목적물을 소비대차의 목적으로 할 것을 약정한 경우에 그 약정을 경개로 볼 것인가 또는 준소비대차로 볼 것인가는 일차적으로 당사자의 의사에 의하여 결정되고, 만약 당사자의 의사가 명백하지 않을 때에는 특별한 사정이 없는 한 동일성을 상실함으로써 채권자가 담보를 잃고 채무자가 항변권을 잃게 되는 것과 같이 스스로 불이익을 초래하는 의사를 표시하였다고는 볼 수 없으므로 일

반적으로 준소비대차로 보아야 하지만, 신채무의 성질이 소비대차가 아니거나 기존채무와 동일성이 없는 경우에는 준소비대차로 볼 수 없다(대법원 2003. 9. 26. 선고 2002다31803, 31810 판결).

② 기존 채무의 이행에 관하여 채무자가 채권자에게 어음을 교부할 때의 당사자의 의사는 기존 원인채무의 '지급에 갈음하여', 즉 기존 원인채무를 소멸시키고 새로운 어음채무만을 존속시키려고 하는 경우와, 기존 원인채무를 존속시키면서 그에 대한 지급방법으로서 이른바 '지급을 위하여' 교부하는 경우 및 단지 기존 채무의 지급 담보의 목적으로 이루어지는 이른바 '담보를 위하여' 교부하는 경우로 나누어 볼 수 있는데, 당사자 사이에 특별한 의사표시가 없으면 어음의 교부가 있다고 하더라도 이는 기존 원인채무는 여전히 존속하고 단지 그 '지급을 위하여' 또는 그 '담보를 위하여' 교부된 것으로 추정할 것이며, 따라서 특별한 사정이 없는 한 기존의 원인채무는 소멸하지 아니하고 어음상의 채무와 병존한다고 보아야 할 것이고, 이 경우 어음상의 주채무자가 원인관계상의 채무자와 동일하지 아니한 때에는 제3자인 어음상의 주채무자에 의한 지급이 예정되고 있으므로 이는 '지급을 위하여' 교부된 것으로 추정하여야 한다(대법원 1996. 11. 8. 선고 95다25060 판결).

③ 일반적으로 채권에 대한 가압류가 있더라도 이는 채무자가 제3채무자로부터 현실로 급부를 추심하는 것만을 금지하는 것일 뿐 채무자는 제3채무자를 상대로 그 이행을 구하는 소송을 제기할 수 있고 법원은 가압류가 되어 있음을 이유로 이를 배척할 수는 없는 것이 원칙이다. 왜냐하면 채무자로서는 제3채무자에 대한 그의 채권이 가압류되어 있다 하더라도 집행권원을 취득할 필요가 있고 또는 시효를 중단할 필요도 있는 경우도 있을 것이며 또한 소송계속 중에 가압류가 행하여진 경우에 이를 이유로 청구가 배척된다면 장차 가압류가 취소된 후 다시 소를 제기하여야 하는 불편함이 있는데 반하여 제3채무자로서는 이행을 명하는 판결이 있더라도 집행단계에서 이를 저지하면 될 것이기 때문이다(대법원 2002. 4. 26. 선고 2001다59033 판결). 가압류결정은 유효하나, 일부면제공탁은 원칙적으로 무효이다.

제 2 부 기 본 적 소 송 유 형

제1장
소비대차

제5강 보증채무이행청구

甲은 2019. 8. 1.에 丙에게 3억 원을 변제기는 2019. 8. 31.로 정하여 대여하였다. 乙은 위 소비대차계약에 기한 丙의 채무를 보증할 것을 甲과 약정하였다.

민법 428조 1항은 보증인은 주채무자가 이행하지 아니하는 채무를 이행할 의무가 있다고 규정하고 있는바, 보증계약이 성립하면 보증인은 주채무자가 부담하고 있는 채무를 이행하지 않은 때에 이에 갈음하여 이행한다는 내용의 보증채무를 부담한다.

보증은 주채무자의 채무를 담보하기 위하여 보증인과 채권자 사이에 체결된 계약(보증계약)에 의하여 생기는 법률관계이다.

보증인이 채권자와 계약을 체결함에 있어서 그 전제로 주채무자와 보증인 사이에 보증부탁계약이 있는 경우가 많으나, 이는 보증의 불가결한 요소는 아니다(민법 444조 참조).

하나의 급부에 대하여 주채무자와 보증인 2명이 각각 채무를 부담하는 점에서 보증채무는 주채무와는 독립된 별개의 채무로 되어 있지만, 주채무의 이행을 담보하는 것을 목적으로 하는 점에서 주채무에 종속하는 성질(이를 부종성이라고 한다)도 함께 가진다.

부종성이 없는 분할채무, 불가분채무, 연대채무 등과 달리, 보증채무는 주된 채무에 대하여 종된 지위에 서는 점, 즉 부종성에 그 특색이 있다.

1. 소 송 물

보증채무의 이행을 구하는 소송의 소송물은 보증계약에 기한 「보증채무이행청구권」이다.

나아가 연대보증이라 함은 보증인이 보증계약에서 주채무자와 연대하여 채무를 부담하기로 하는 보증채무를 말한다. 상법 57조 2항은 주채무 또는 보증채무에 상사성이 있는 때에는 그 보증은 연대보증이 된다고 규정하고 있다.

그리고 연대보증인이 여럿 있는 경우에도 분별의 이익을 갖지 못하고, 각자 주채무 전액을 지급하여야 한다(민법 448조 2항 참조).

그런데 보증계약과 연대보증계약의 관계에 대하여는 별개의 계약유형으로 이해하는 견해도 있지만, 연대보증채무는 보증계약에 있어서 보증채무가 가지고 있는 보충성을 빼앗아 채권자의 권리를 강화하기 위해 보증인의 주채무와 연대해서 채무를 부담하는 것을 특약하는 것에 의하여 성립하는 채무라고 풀이하는 것이 일반적이다.

결론적으로 **연대보증채무이행청구와 단순보증채무이행청구는 동일한 소송물**이라고 할 것이다. 이렇게 본다면 보증계약이 계약의 원칙적 형태가 되므로 연대보증계약은 보증계약에 특약이 부가된 것에 지나지 않게 된다. 연대보증계약에 있어서도 소송물은 「보증계약에 기한 보증채무이행청구권」이 된다.

보증채무이행청구소송에 있어서 가령 주채무가 대여금인 경우에 원본과 함께 이자, 지연손해금이 청구되는 경우가 많은데, 보증채무는 특약이 없는 한 그 대상으로서 주채무에 대한 이자와 지연손해금을 포함하는 것이므로(민법 429조 1항) **소송물은 1개**이다(이 점은 대여금청구에서 소송물의 개수를 파악하는 것과 다르다). 가령 1개의 보증계약에 기하여 원본, 이자, 지연손해금의 보증채무의 이행을 청구하는 경우에 이것들은 모두 그 보증계약에 기한 보증채무이행청구권에 포함되어 있다고 할 수 있으므로 단일한 보증채무의 범위에 포함되어 소송물은 1개이다.

한편, 실체법상 어음채권과 어음을 발행하게 된 근거가 되는 이른바 원인채권은 별개의 것이므로 실무상으로는(구소송물이론) 어음금청구와 원인채권의 보증계약으로부터 발생하는 보증금채권은 별개이다.

2. 청구취지

청구취지는 다음과 같이 이행할 채무의 종류, 법적 성질, 발생원인 등을 나타내지 않은 채, 무색투명한 추상적 표현을 사용하여야 한다.

피고는 원고에게 3억 원을 지급하라.

부대청구에 있어서도 청구취지에 '이자' 또는 '지연손해금'과 같은 금원의 법적 성질을 표시하지 않는다.

이자 약정이 없는 경우라도, 아래와 같이 변제기 다음날부터 소장 부본 송달일까지 민법에서 정한 연 5%의, 그 다음날부터 다 갚는 날까지 소송촉진 등에 관한 특례법에서 정한 연 12%의 각 비율에 의한 지연손해금을 구할 수 있다. 다만, 판결 시에는 피고에게 그 이행의무가 있음을 선언하는 사실심 판결이 선고되기 전까지 피고가 그 이행의무의 존재 여부나 범위에 관하여 항쟁(抗爭)하는 것이 타당하다고 인정되는 경우에는 그 타당한 범위에서 위 12%의 이율에 따르지 않는다.

피고는 원고에게 3억 원 및 이에 대하여 2019. 9. 1.부터 이 사건 소장 부본 송달일까지는 연 5%의, 그 다음날부터 다 갚는 날까지는 연 12%의 각 비율에 의한 돈을 지급하라.

한편, 주채무자에 대하여 대여금의 반환을 구하면서 이와 함께 (단순)보증인에게 보증채무의 이행을 구하는 소송유형을 실무상 흔히 볼 수 있는데, 이렇게 2인 이상의 피고에 대하여 금전지급의 청구를 할 경우에, (단순)보증의 경우는, "피고들은 공동하여 원고에게 3억 원을 지급하라"와 같이 각 피고 사이의 중첩관계의 표시로 「**공동하여**」라는 문구를 사용한다(불가분채무나 부진정연대채무의 경우에도 「공동하여」라는 문구를 사용). 그리고 피고들 가운데 일부를 표시하는 경우가 아닌 한, 피고들 성명을 특정할 필요가 없다.

> 피고들은 공동하여 원고에게 3억 원 및 이에 대하여 2019. 9. 1.부터 다 갚는 날까지는 연 12%의 비율에 의한 돈을 지급하라.

만약 단순보증이 아니라, 연대보증의 경우라면, 중첩관계가 있음을 나타내기 위하여 「**연대하여**」라는 문구를 사용한다. 가령 "피고들은 연대하여 원고에게 3억 원을 지급하라"와 같이 적는다.

만약 아무런 부가어 없이 단순히 "피고들은 원고에게 3억 원을 지급하라"는 청구취지는 민법 408조의 분할채무 원칙이 적용되어 청구금액을 피고별로 균분액(즉, 피고들이 3인이라면, 각 1억 원씩)의 지급을 구하는 것이 된다.

3. 청구원인

보증채무의 이행을 청구하는 경우의 요건사실은 다음과 같다.

❶ 주채무의 발생원인사실

- 보증채무는 주채무 없이는 존재할 수 없으므로(보증채무의 부종성) 우선 주채무의 발생원인사실이 주장·증명되어야 한다.

❷ 채권자와 보증인 사이에 주채무를 보증하는 취지의 서면에 의한 보증계약이 성립한 사실

- 보증채무는 채권자와 보증인 사이의 보증계약에 의하여 성립하고, 주채무자는 보증계약의 당사자가 아니다.
- 신중한 보증계약의 체결을 위하여 보증인의 보증의사는 보증인의 기명날인 또는 서명이 있는 서면으로 표시되어야 효력이 발생한다. 다만, 보증의 의사가 전자적 형태로 표시된 경우에는 효력이 없다(민법 428조의2 1항). 이렇게 보증은 요식행위이다.

나아가 단순보증이 아닌, 가령 연대보증에 있어서는, 위 ①, ② 요건사실 이외에 다음 ③ **연대의 특약 그 밖의 보증을 연대보증으로 하는 사실**을 주장·증명하여야 한다.

❸ 연대의 특약 그 밖의 보증을 연대보증으로 하는 사실

이와 달리, 단순히 보증채무의 이행을 구하는 경우에는 피고의 최고·검색의 항변이 있는 경우에 비로소 원고는 이에 대한 재항변으로 해당 보증이 연대보증인 사실을 주장하면 된다.

4. 예상되는 항변

가. 주채무와 관련된 항변

보증채무는 주채무에 부종하므로(민법 430조) 주채무에 관한 항변 및 그 이하의 공격방어방법은 보증채무에 관하여도 마찬가지로 공격방어방법이 된다.

그리하여 보증인은 주채무자의 항변으로 채권자에게 대항할 수 있다(민법 433조 1항).

가령, 보증인은 주채무를 발생시킨 계약이 사기에 의하여 취소되어 주

채무가 효력이 생기지 않은 것을 항변으로 주장할 수 있다.

가령, 보증인은 주채무자의 상환이행의 항변 및 동시이행의 항변을 원용할 수 있다.

(1) 주채무의 소멸시효

주채무가 소멸시효 완성으로 소멸하였을 때에는 보증채무도 부종성에 따라 당연히 소멸하므로(민법 430조) 보증인은 이것을 항변으로서 주장할 수 있다.

보증채무에 대하여 소멸시효가 중단되었으나 주채무에 대하여는 소멸시효가 완성된 경우에는 보증채무도 그 채무 자체의 시효중단에 불구하고 부종성에 따라 당연히 소멸된다. 보증채무에 대한 소멸시효가 중단되었다고 하더라도 이로써 주채무에 대한 소멸시효가 중단되는 것은 아니다(대법원 2002. 5. 14. 선고 2000다62476 판결). 따라서 채권자가 재항변으로 소멸시효의 중단을 주장하기 위해서는 주채무에 대한 시효중단을 주장하여야 하고(민법 440조에 의하여 주채무자에 대한 시효의 중단은 보증인에 대하여도 그 효력이 있다), 보증채무 자체에 대한 시효중단을 주장하는 것은 주채무의 시효소멸을 막을 수 없어 주장 자체로 이유 없는 것이 된다.

한편, 주채무에 대한 소멸시효가 완성되어 보증채무가 소멸된 상태에서 보증인이 보증채무를 이행하거나 승인하였다고 하더라도, 주채무자가 아닌 보증인의 행위에 의하여 주채무에 대한 소멸시효 이익의 포기 효과가 발생된다고 할 수 없으며, 주채무의 시효소멸에도 불구하고 보증채무를 이행하겠다는 의사를 표시한 경우 등과 같이 부종성을 부정하여야 할 다른 특별한 사정이 없는 한 보증인은 여전히 주채무의 시효소멸을 이유로 보증채무의 소멸을 주장할 수 있다고 보아야 한다(대법원 2012. 7. 12. 선고 2010다51192 판결).

그리고 시효이익의 포기는 상대적 효력을 생기게 하는 것에 지나지 않아 주채무자가 시효이익을 포기한 것은 보증인에게는 그 효력이 없고(민법 433조 2항), 주채무의효소멸을 주장할 수 있으므로 이는 채권자의 재항변이 되지 않는다.

(2) 주채무자의 채권과 상계

보증인은 자신의 채권자에 대한 채권으로 상계할 수 있음은 물론, 주채무자의 채권자에 대한 채권으로도 상계할 수 있다(민법 434조).

그런데 상계까지는 할 수 없고, 원고의 보증채무이행청구에 대하여 피고는 상계에 의하여 주채무가 소멸하는 한도에서 변제를 거절하는 항변권을 가지는 것에 지나지 않는다는 입장도 있는데, 이 변제를 거절한다는 주장은 청구원인사실에 의하여 생긴 법률효과의 행사를 저지하는 것이므로 항변에 해당한다.

나. 보증계약의 성립에 있어서 의사표시의 흠

① 甲 신용금고는 2019. 10. 1. A주식회사에게 1억 원을 「매월 말일까지 500만 원씩 분할 변제한다. 1회라도 지급이 늦어지면 甲으로부터 통지 없이 당연히 기한의 이익을 상실한다. 지연손해금은 연 10%로 한다」라는 약정으로 빌려주었다.

② 위 대여에 대하여, 甲이 연대보증인을 2명 세우도록 요구하였기 때문에 A주식회사 대표자 B는 자신이 연대보증인이 된 것은 물론이고, 친척인 乙에게 연대보증인이 되어 주도록 간청하였지만, 乙은 거절하였다. 그러나 B는 乙에게 「A주식회사의 경영은 안정적이다. 이번에 신규사업을 위해 융자를 받게 되는 것으로, 회사는 더욱 더 발전할 것이다. 乙에게 피해를 끼칠 일은 없다」라고 설득하였고, 甲의 대출 담당자도 乙에게 「A주식회사는 괜찮아요」라고 말하였으므로 乙은 A주식회사의 경영은 안정적이라고 믿고, 甲의 대출 담당자에게도 「A주식회사의 경영은 안정적이지요?」라고 확인한 뒤에 연대보증인이 된 것이다. 乙은 연대보증한 취지를 기재한 서면을 甲에게 제출하였다.

③ 그런데 상황은 이와 달리, 당시 A주식회사의 경영은 매우 힘든 상황이었고, 분명치 않은 곳에서 사업융자금을 빌려 자금운용을 하고 있는 형편이어서 A주식회사는 실제 본건 융자 이후 4개월 만에 어음을 부도내고 사실상 도산하였다. 2020. 2.의 일이다.

④ A주식회사는 2019. 10.부터 2020. 1.까지 4회분 합계 2천만 원을 甲에게 지급하여 잔금은 8천만 원인데, 2020. 2. 말일의 분할금의 지급이 연체된 결과, 기한의 이익을 상실하였다.

위 사안에서, 청구원인에 대하여 피고 乙은 주채무의 발생은 인정하나, 연대보증계약에 대하여는 다투리라고 예상할 수 있다.

(1) 착오에 의한 취소

乙은 A주식회사 대표자 B와 甲의 대출 담당자가 A주식회사의 경영은 안정적이라고 하였기 때문에 그것을 믿고 연대보증을 섰다. 그러나 그 당시 A주식회사의 경영은 좋지 않은 상황이었고, 이상한 곳에서 사업융자금을 빌려 자금융통을 하고 있던 형편이었으며 실제로 본건 융자 이후 겨우 4개월 만에 어음을 부도내고 사실상 도산하였다. 따라서 乙의 연대보증의 의사표시에는 내용의 중요 부분에 동기의 착오가 있었으며, 한편 그 동기는 甲에게 표시되어 의사표시의 내용이 되었기 때문에 乙은 연대보증의 의사표시를 취소한다(민법 109조 1항).

(2) 사기에 의한 취소

A주식회사 대표자 B와 甲의 대출 담당자는 乙에게 A주식회사의 경영은 도산이 임박하였음에도 불구하고 경영이 안정적이라는 허위사실을 말하여, 그것을 믿은 乙로 하여금 연대보증계약체결의 의사표시를 하도록 한 것이다. 또한 甲은 A주식회사 대표자 B의 기망행위의 사실을 알고 있었다. A주식회사 대표자 B의 사기는 제3자의 사기이기 때문에 취소권은 의사표시의 상대방인 甲이 그 사실을 알았거나 알 수 있었을 경우에 한하여 발생한다(민법 110조 2항). 결국 사기에 의하여 의사표시를 한 것으로 乙은 연대보증의 의사표시를 취소한다.

다. 보증채무에 특유한 항변 – 최고·검색의 항변권

보증인은 주채무자의 변제자력이 있는 사실과 그 집행이 용이한 사실을 증명하여 먼저 주채무자에게 청구할 것과 그 재산에 대하여 집행할 것을 항변할 수 있다(민법 437조 본문). 이는 원고가 주장하는 청구원인사실과 양립하면서 청구원인사실에 의하여 생긴 법률효과의 행사를 저지하는 것이므로 항변에 해당한다. 이는 연기적 항변권으로 항변권자가 이를 행사하는 의사표시를 하여야만 법원이 고려하게 되는 권리항변으로서의 성격을 가진다.

그 요건사실은 다음과 같다.

> ❶ 주채무자가 변제자력이 있는 사실
> ❷ 그 집행이 용이한 사실

이에 대한 **재항변**으로는, 가령 채권자는 주채무자에 대하여 이미 권리행사를 하였던 사실, 해당 보증이 연대보증인 사실 등이 있을 수 있다. 예를 들어 해당 보증계약이 연대보증계약인 경우는 그 성질상 최고·검색의 항변권을 행사할 수 없기 때문이다(민법 437조 단서)

5. 대 리

위 요건사실 가운데 두 번째 요건사실인, 「채권자와 보증인 사이에 주채무를 보증하는 취지의 서면에 의한 보증계약이 성립한 사실」에 있어서 보증채무는 채권자와 보증인 사이의 보증계약에 의하여 성립하고, 주채무자는 보증계약의 당사자가 아니지만, 통상 주채무자가 보증인을 대리하여 채권자와 보증계약을 체결하기도 한다. 이에 대하여는 매매 부분에서 별도로 설명한다.

6. 보증의 부인

통상 보증계약이 체결되는 것에 적극적인 측은 채권자로부터 보증인을 요구받은 주채무자이다. 그 때문에 주채무자는 보증계약을 체결하기 위하여 보증계약서의 전부 또는 일부를 위조하여 보증인이 되는 것을 승낙하지 않은 사람을 보증인으로 내세우거나 보증인이 승낙한 보증내용과 다른 보증계약서를 만드는 경우가 있다.

또한 가벼운 마음에 보증인이 되었는데, 예상에 반하여 큰 금액의 보증채무의 이행이 청구된 경우에 그 보증인이 스스로 보증채무를 면하기 위하여 일부러 보증계약서는 위조된 것으로 자신에게 보증의사가 없었다든지 대리권을 수여하지 않았다든지 등의 허위의 주장을 하는 경우가 있다.

이러한 경우에 법률상 사문서의 진정의 추정에 있어서 2단계의 추정이나 표현대리 등이 문제되는 경우가 많다.

참고로 이러한 사안에 대하여 관련된 판결의 기재례는 다음과 같다.

(1) … 살피건대, 문서에 날인된 작성명의인의 인영이 그의 인장에 의하여 현출된 것이라면 특별한 사정이 없는 한 그 인영의 진정성립, 즉 날인행위가 작성명의인의 의사에 기한 것임이 사실상 추정되고, 일단 인영의 진정성립이 추정되면 그 문서 전체의 진정성립이 추정되나, 위와 같은 사실상 추정은 날인행위가 작성명의인 이외의 자에 의하여 이루어진 것임이 밝혀진 경우에는 깨어지는 것이므로, 문서제출자는 그 날인행위가 작성명의인으로부터 위임받은 정당한 권원에 의한 것이라는 사실까지 증명할 책임이 있다 할 것이다(대법원 2003. 4. 8. 선고 2002다69686 판결 등 참조).

그런데, 이 사건에 관하여 보면, 이 사건 보증보험계약서(갑제1호증)에 있는 피고 명하의 인영이 피고의 인감도장에 의한 것임은 당사자 사이에 다툼이 없으나, 한편, 당심 감정인 OOO의 필적감정결과에 의하면, 피고 명의의 서명은 피고의 것이 아님이 인정되고, 이와 같은 경우 비록 피고 명의의 인영의 동일성 여부에 대해서는 다툼이 없다 하더라도 위 서류는 피고 이외의 자에 의하여 작성된 것으로 볼 수 있고, 나아가 보험계약자 본인의 의사확인이 보증보험계약의 체결에 있어 지니는 중요성에 비추어 인영의 동일성만으로 당해 서류가 그 작성권한의 위임 기타 피고의 의사에 기하여 작성된 것이라고 볼 수도 없다 할 것이다. 따라서, 이 사건 보증보험계약서(갑제1호증)의 날인행위가 피고로부터 위임받은 정당한 권원에 의한 것임을 인정할 다른 증거가 없는 이 사건에 있어서 위 갑제1호증은 진정성립이 인정되지 아니하여 이를 증거로 쓸 수 없고, 달리 이 사건 보증보험계약이 피고의 의사에 의하여 체결되었음을 인정할 증거가 없으므로, 원고의 주장은 이유 없다.

(2) 원고는, 피고로부터 기본대리권을 수여받은 자가 대리권의 범위를 넘어 원

고와 이 사건 보증보험계약을 체결한 것이고 피고의 인감도장과 피고 본인이 발급받은 인감증명서와 사업자등록증, 주민등록등본이 원고에게 제공되었으므로, 원고로서는 대리인으로 행위한 사람에게 실제로는 대리권이 없다는 점에 대하여 선의일 뿐만 아니라 무과실이었다 할 것인바, 이는 민법 126조 소정의 표현대리에 해당하므로, 피고는 원고에 대하여 이 사건 보증보험계약에 따른 구상채무를 부담한다는 취지로 주장한다.

그러나, 피고가 대리인으로 행위한 사람에게 어떠한 기본대리권을 수여하였다고 볼 자료가 없을 뿐 아니라, 보증보험 사업자가 본인이 아닌 어떤 사람이 본인의 인감도장과 본인 발급의 인감증명 등을 가지고 있다하여 계약체결의 권한이 있다고 믿음에 정당한 사유가 있다고 보기는 어렵고, 달리 원고에게 정당한 사유가 있었음을 인정할 자료가 없다.

따라서, 원고의 위 주장도 이유 없다.

7. 주채무자 · 보증인에 대한 공동소송

주채무자에 대하여 대여금 등과 같은 주채무의 반환을 구하면서 이와 함께 보증인에 대하여 보증채무의 이행을 구하는 공동소송도 가능하다(통상의 공동소송).

가령, 채권자가 주채무자와 보증인을 상대로 공동소송으로 대여금 등 청구의 소를 제기한 사안에서, 주채무자는 주채무의 성립을 다투면서 가정적으로 변제의 항변을 제출하여 주채무의 존재를 다투는 데 대하여, 보증인은 간단히 주채무의 존재를 자백하고 보증채무의 부존재를 주장하여 방어를 펼치는 경우에, 보증인의 자백은 채권자와 보증인 사이의 소송에서만 자백으로 효력을 가지므로 법원은 채권자와 보증인 사이에서는, 자백에 구속되어 주채무가 존재하는 것을 전제로 재판을 하여야 하지만, 한편 채권자와 주채무자 사이에서는, 법원은 증거에 따라서 주채무의 존부를 인정하여야 한다. 따라서 법원이 일단 주채무는 성립하였지만, 그 뒤에 변제로 소멸하였다는 심증을 얻은 경우에 채권자의 주채무자에 대한 청구는 기각할 수 있지만, 한편 법원이 보증계약의 성립을 인정하게 되면 채권자의 보증인에 대한 청구는 이를 인용하여야 한다(66조 공동소송인 독립의 원칙).

그리고 위 예에서 주채무자가 변제의 항변을 제출하고, 증인신문 결과, 법원은 변제가 있었다는 심증에 도달한 때에 그 증언을 채권자와 보증인 사이에서 공통으로 사용하는 것은 인정되지만(증거공통의 원칙), 한편 보증인이 주채무가 존재한다는 채권자의 주장을 다툴(부인) 뿐이고 변제의 항변을 제출하지 않은 경우에는 변제에 의한 주채무의 소멸을 이유로 채권자의 보증인에 대한 청구를 기각하는 것은 변론주의에 위반된다. 그렇다면 이 장면에서 공동소송인 사이의 증거공통의 원칙을 인정하여도 그다지 의미가 없게 된다. 이 원칙이 의미를 갖기 위하여는 나아가 주채무자가 변제의 항변을 제출하면, 그 소송법상의 효과가 보증인에 대하여도 생기지 않으면 안 된다(주장공통의 원칙). 그리하여 주장공통의 원칙이 주장되고 있다.

위 예에서 주채무자는 변제의 항변을 제출하고 있지만, 보증인이 그러한 항변을 원용조차 하지 않는 때에 법원이 주채무자에 대하여는 주채무의 소멸을 이유로 원고의 청구기각판결, 보증인에 대하여는 주채무의 존재를 전제로 원고의 청구인용판결을 하는 것은 역사적 사실은 하나밖에 있을 수 없다는 논리의 거역으로서 부당하다고 하면서 결국 공동심판절차에 붙쳐진 이상, 가능하면 통일적인 해결을 도모하는 것이 바람직하다는 고려에서 공동소송인 사이에 주장공통을 인정하여도 공동소송인독립의 원칙에 저촉되지 않는다는 것이다.

즉, 공동소송인독립의 원칙은 각자가 다른 공동소송인으로부터 제약을 받지 않고 적극적인 소송수행행위를 할 수 있다는 데에 그 목적·의의가 있고, 각 공동소송인이 주어진 독립한 소송수행권을 행사하지 않은 경우의 취급은 이미 공동소송인독립의 원칙과는 직접적인 관계가 없다고 볼 수 있다는 것이다.

그런데 실무는 공동소송인독립의 원칙에 대한 명문의 규정과 변론주의의 소송구조 등에 비추어 볼 때, 통상의 공동소송에 있어서 이른바 주장공통의 원칙은 적용되지 아니한다고 판시하여 부정적이다(대법원 1994. 5. 10. 선고 93다47196 판결).

8. 기판력의 상대성

乙은 개인사업을 운영하였는데, 경쟁이 심해져 경영상태가 악화되어 자금융통이 필요하게 되었다. 甲이 융자하여 주기로 하였으나, 보증인이 없으면 융자하지 않는다는 조건을 내세웠기 때문에 乙은 아는 사람인 丙에게 보증인이 되어 달라고 의뢰하여 丙이 이에 응하였다. 그리하여 甲은 乙에게 3억 원을 대출하고, 丙은 乙의 甲에 대한 3억 원의 채무를 보증하는 계약을 甲과 체결하였다. 그 뒤, 甲은 乙에게 3억 원의 대여금청구의 소를 제기하였지만, 그 청구는 기각되고 판결이 확정되었다. 이 경우에 甲이 丙에게 보증채무의 지급청구를 하였다고 한다면, 위 甲·乙 사이의 전소 확정판결은 이 甲·丙 사이의 소송에 영향을 미치는지 여부에 대하여 검토하시오.

기판력의 상대적 효력에 의하면(218조 1항), 기판력은 채권자와 보증인 사이의 소송에는 미치지 않으므로 채권자와 보증인 사이의 후소에 있어서 전소와는 반대로 주채무가 존재하는 것이 인정되어, 그 결과 보증인이 채권자에게 보증채무를 지급하라는 판결도 있을 수 있다.

위와 같은 부자연스러운 결과를 피하기 위하여 전소의 판결의 효력이 무엇인가의 형태로 후소에 미치는 것을 인정하려는 학설이 유력하게 제창되고 있다. 이 견해에서는 후소 당사자인 제3자의 법적 지위가 전소 당사자의 법률관계에 의존하고 있는 경우에(가령 사안과 같은 보증채무의 부종성) 전소판결의 효력을 유리 또는 불리하게 그 제3자에게 미치는 것이 허용된다고 하면서 그 영향력을 기판력의 확장과 별도의 판결의 효력의 일종으로서 **반사적 효력**(또는 반사효)이라고 부른다. 가령 보증채무는 주채무의 부존재(소멸)에 대하여 부종성을 가지고, 결국 보증인은 그 채무의 부존재에 관하여 주채무자에게 의존하고 있다. 그래서 주채무자의 승소판결(즉, 채권자의 패소판결)의 반사효는 보증인에게 미친다는 것이다(다만, 반사효와 법률요건적 효력과의 관계가 문제된다).

그런데 반사적 효력은 그 이론에 있어서 기판력의 확장과 무엇이 다른가, 실체법상 의존관계가 있는 것만으로 제3자에게 판결의 효력이 미치는 것을 충분히 설명할 수 있는가, 그리고 어떠한 경우에 반사적 효력이 생기는가 하는 그 범위에 관한 문제 등이 좀 더 검토되어야 한다고 생각한다.

9. 보조참가

甲은 乙에 대하여 3억 원의 보증채무 이행을 구하는 소를 제기하였다. 이 소송이 진행되는 도중에 주채무자인 丙은 乙 측에 보조참가하였다. 이 보조참가 신청이 받아들여진 후 丙은 자신의 주채무가 존재하지 않는다고 주장하였지만, 乙은 주채무와 보증채무를 모두 인정하였다. 법원은 乙의 진술을 받아들여 甲의 청구를 인용하고 이 판결은 확정되었다. 乙이 위 판결 후에 3억 원을 甲에게 지급하지 않아 甲이 丙에 대하여 주채무의 지급을 구하는 소를 제기한 경우, 이 소송에서 丙은 주채무가 존재하지 않는다고 다툴 수 있는가? 【2008년 사법시험】

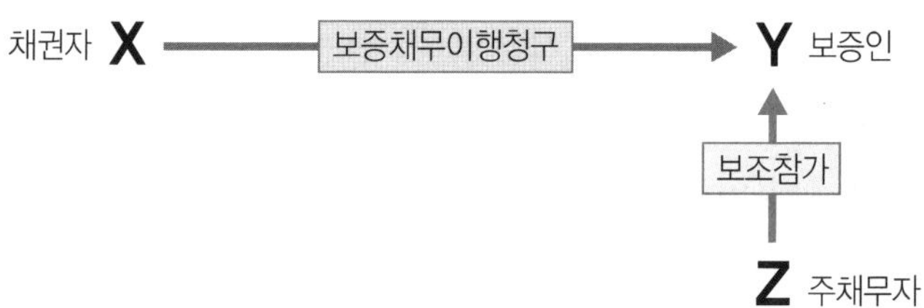

소송결과에 이해관계가 있는 제3자는 한쪽 당사자를 돕기 위하여 법원에 계속 중인 소송에 참가할 수 있다(71조 본문). 보조참가를 할 수 있는 경우는, 「다른 사람 사이」의 「소송계속 중」에 「소송결과」에 「이해관계」가 있는 경우로, 「소송절차를 현저하게 지연시키지 않아야 한다」.

가령 채권자가 보증인을 상대방으로 한 소송에서, 만약 보증인이 패소하면, 보증인은 주채무자에게 구상금청구를 할 것이 예상되므로 주채무자가 보증인의 승소를 위하여 보증인에게 참가하는 경우를 보조참가의 전형적인 예로 들고 있다.

10. 구상금청구

보증인이 채권자에게 대위변제를 한 뒤, 주채무자에게 구상금청구의 소를 제기하는 경우도 실무상 흔히 접할 수 있다(나아가 구상금 자체에 대하여도 다시 보증인이 있는 경우도 흔함). 이에 대하여는 따로 후술한다.

실전 쟁점

〈사실관계〉

- A 주식회사 대표이사 B는 이 사건 매매계약의 중도금을 지급하기 위하여 C에게 돈을 빌려줄 것을 부탁하였고, 이에 C는 연대보증인 2인을 구해 오면 1억 원을 빌려주겠다고 하였다.
- B는 우선 당시 A주식회사의 이사로 있던 D에게 위와 같은 사정을 설명하고 연대보증을 허락받았고, 다른 한 명의 연대보증인은 연대보증의 의미나 효과에 대해서 전혀 알지 못하는 등록된 지적장애인인 자신의 조카 E(남, 38세)에게 부탁하였다. C는 B, D, E를 직접 만나서 2009. 3. 1.경 D와 E의 연대보증 아래 A 주식회사에게 1억 원을 변제기 2010. 3. 1. 이율 월 2%로 정하여 대여하였고, 계약 체결 당시 B는 E가 조카여서 연대보증을 해 주는 것이라 설명하여, C는 E의 지적장애 상태를 알지 못한 채 위 계약을 체결하였다.
- A 주식회사 대표이사 B는 위 차용금 채무의 변제기가 다가오자 C를 찾아가 몇 개월만 더 변제기를 연장해 달라고 부탁하여, 2010. 2. 1. C와 사이에서 위 채무의 변제기를 2010. 10. 1.까지 연장하기로 합의하였다.
- 한편, D는 2010. 1. 10. A주식회사의 이사직을 사임한 후 퇴직하였고, 그 직후인 2010. 1. 12. C에게 A주식회사 이사직을 사임하였으므로 위 연대보증계약을 해지한다고 내용증명우편으로 통보하여, 위 통보가 2010. 1. 18. C에게 도달되었다.

〈소송의 경과〉

- C는 A주식회사 측에 위 대여금의 지급을 촉구하였으나 지급받지 못하자 C1 변호사에게 소송을 의뢰하였고, C1은 C의 소송대리인이 되어 2012. 8. 1. D 및 E를 상대로 연대보증채무의 이행을 구하는 소송을 제기하였다.

- D는 C의 소장을 송달받은 후 변호사 D1을 소송대리인으로 선임하면서 ① 일체의 소송행위, ② 반소의 제기 및 응소, 상소의 제기 및 취하, ③ 소의 취하, 화해, 청구의 포기 및 인낙 등의 권한을 위임하였다.
- E는 2012. 11. 3. 금치산선고를 받았는데, 아버지 E1이 후견인으로 선임된 후 친족회 동의를 얻어 E의 법정대리인으로서 C의 본소에 대하여 답변하는 한편, 반소로서 위 연대보증채무(C가 E에게 청구한 본소청구 금액 전부)가 존재하지 아니한다는 내용의 채무부존재확인의 소를 제기하였다.

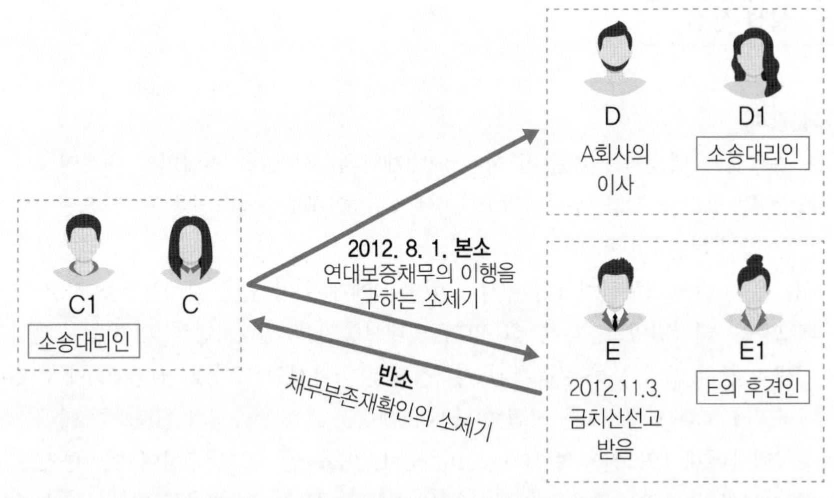

〈문제〉

(1) D의 소송대리인 D1은 'D는 회사의 이사 지위에서 부득이하게 연대보증을 선 것이어서 이사 사임 직후 위 연대보증계약을 해지한 이상 연대보증채무를 부담하는 것은 부당하며, 나아가 연대보증인의 동의 없이 주채무의 기한을 연장한 이상 그 후에 확정된 대출금 채무를 연대보증인에게 청구하는 것은 부당하다'는 취지로 주장하였다. 위 각 주장이 받아들여질 수 있는지 여부를 논거와 함께 서술하시오(보증인 보호를 위한 특별법은 고려하지 말 것).

(2) 만약 위 소송에서 피고 D가 소송계속 중 상속인으로 처와 아들 1명을 남기고 사망하였으나, 법원이 이를 알지 못한 채 피고를 D로 표시한 판결을 선고하였고, 그 판결문이 소송대리인 D1에게 송달되었다면 위 판결의 효력이 상속인들에게 미치는지 여부와 상소기간이 진행되는지 여부를 각 논거와 함께 서술하시오.

(3) E 측은 본소에 대한 항변 및 반소청구원인으로 C와 E 사이의 연대보증계약은 주위적으로 폭리행위여서 무효라고 주장하고, 예비적으로 의사무능력자의 행위여서 무효라고 주장하였다. E 측의 위 각 주장이 받아들여질 수 있는지 여부를 논거와 함께 서술하고, C의 본소와 E의 반소의 각 결론[각하, 청구전부인용, 청구일부인용(일부 인용되는 경우 그 구체적인 금액 또는 내용을 기재할 것), 청구기각]을 그 논거와 함께 서술하시오. 【2013년 제2회 변호사시험 일부】

---

(2) (가) 판결의 효력이 상속인에게 미치는지 여부

소송계속 중에 당사자가 사망한 경우에는 대립 당사자의 한쪽이 없게 되어 2당사자 대립구조를 갖추지 못하므로 새로운 당사자를 설정하는 것과 함께 그 당사자의 절차관여의 기회를 보장하기 위하여 소송에 관여(중단의 해소를 위해 상속인 등이 소송절차를 수계하게 되는데, 다만 상속포기를 할 수 있는 동안에는 수계를 하지 못한다)할 수 있을 때까지 소송절차의 진행을 중단하도록 하고 있다(233조 1항, 2항).

그런데 사안과 같이 만약 당사자에게 소송대리인이 있는 경우에는 소송대리인은 당사자의 사망에 의하여 그 대리권을 잃지 않고(95조, 96조) 또한 소송절차도 중단되지 않는다(238조). 당사자가 무방어상태가 되는 것은 아니기 때문이다. 새로운 위임행위가 없어도 소송대리인은 당연히 상속인 등 소송을 수행하여야 하는 사람의 대리인으로 종전과 같은 내용의 위임을 받은 것이 되고, 판결의 효력은 상속인에게 미친다.

당사자가 사망한 경우에 망인의 소송대리인은 당사자 지위의 당연승계로 인하여 상속인으로부터 새로이 수권을 받을 필요 없이 법률상 당연히 상속인의 소송대리인으로 취급되어 상속인들 모두를 위하여 소송을 수행하게 되는 것이고, 당사자가 사망하였으나 그를 위한 소송대리인이 있어 소송절차가 중단되지 않는 경우에 비록 상속인으로 당사자의 표시를 정정하지 아니한 채 망인을 그대로 당사자로 표시하여 판결하였다고 하더라도 그 판결의 효력은 망인의 소송상 지위를 당연승계한 상속인들 모두에게 미치는 것이므로, 망인의 공동상속인 중 소송수계절차를 밟은 일부만을 당사자로 표시한 판결 역시 수계하지 아니한 나머지 공동상속인들에게도 그 효력이 미친다(대법원 2010. 12. 23. 선고 2007다22859 판결).

(2) (나) 상소기간이 진행되는지 여부

한편, 제1심에서 乙에게 소송대리인이 있었다고 하여도 제1심 판결이 송달된 시점에서는 심급대리의 원칙에서 소송대리인의 대리권은 소멸되고, 소송절차가 중단된다(대법원 1995. 5. 23. 선고 94다23500 판결, 대법원 1996. 2. 9. 선고 94다61649 판결 등). 따라서 소송절차의 중단이 해소되기 위하여는 상속인의 수계신청이 필요하다.

그런데 소송대리인이 상소제기의 특별한 권한을 따로 받았다면, 그 소송대리인은 상소를 제기할 권한이 있으므로 상소기간만료시까지 소송절차는 중단되지 않고, 양쪽 당사자 측이 최종적으로 상소를 제기하지 않게 되면, 상소기간 도과로 그 판결은 확정되게 된다. 소송대리인이 상소한 경우에는 상소에 따른 이심의 효력에 의하여 이제 상소심에서의 소송대리인의 소송대리권은 소멸되고, 이때에 소송절차가 중단된다.

제1장
소비대차

제6강 구상금청구

乙이 甲으로부터 3억 원의 대출을 받을 때 乙의 부탁에 의하여 丙이 보증을 하였고, 그 때문에 이후 甲에게 대위변제를 한 뒤, 丙이 乙에게 구상금청구의 소를 제기하는 경우를 살펴보자.

보증인이 채권자에게 대위변제를 한 뒤, 주채무자에게 구상금청구의 소를 제기하는 경우도 실무상 흔히 접할 수 있다(나아가 구상금 자체에 대하여도 다시 보증인이 있는 경우도 흔하다).

보증인은 채권자에 대해서는 자기의 채무(즉, 보증채무)를 이행하는 것이지만, 주채무자에 대해서는 다른 사람의 채무를 대신 변제하는 것이 되어 구상의 문제가 생길 수 있고, 그리하여 보증인은 주채무자에 대하여 구상권을 가진다.

구상권의 범위에 관하여 ① 주채무자의 부탁에 의하여 보증인이 된 경우, ② 주채무자의 부탁 없이 보증인이 된 경우, ③ 주채무자의 의사에 반하여 보증인이 된 경우의 세가지를 생각할 수 있다.

그런데 구상을 용이하게 하기 위하여 법은 일정한 요건 하에 변제받은 채권자의 채권 및 이에 부속하는 권리가 재무자 대신 변제를 한 사람(대위변제자라 하는데, 제3자뿐만 아니라 보증인이나 연대채무자와 같이 공동채무자의 1인인 경우를 포함)에게 이전되게 하는데, 이를 **변제자대위**라고 한다(민법 482조 1항).

1. 소 송 물

부탁에 의하여 보증을 한 경우에 구상금청구의 소의 소송물은 **위임계약**(보증위탁계약)**에 기한 사무처리비용상환청구권**이다(민법 688조).

민법 441조(수탁보증인의 구상권) 이하의 보증인의 구상권을 소송물로 보는 입장도 있을 수 있으나, 민법 441조 이하의 규정은 민법 688조(수임인의 비용상환청구권 등)의 특칙으로 그 한도에서 위임의 규정의 적용을 배제하는 것에 지나지 않는다고 볼 것이다.

한편, 부탁 없는 보증의 경우는 **사무관리에 기한 비용상환청구권**이 소송물이다(민법 739조).

2. 청구취지

구상금청구소송에서의 청구취지의 기재는 금전의 지급을 구하는 청구의 청구취지의 경우와 다르지 않다.

3. 청구원인

청구원인으로는 다음과 같은 사실을 적는다.

❶ 주채무의 발생원인사실(가령 채권자·주채무자 사이의 소비대차계약)
❷ 보증계약의 성립
❸ 보증인이 채권자에게 변제한 사실(그 밖의 채무소멸행위)
❹ 보증의 부탁을 받은 것(부탁 있는 보증의 경우)
❺ 그 밖의 손해의 발생 및 금액(내용 및 근거)

④와 관련, 부탁 있는 보증의 경우에 ④가 요건사실로 필요한지 여부에 대하여 다툼이 있으나, 부탁 있는 보증의 경우에 구상권의 발생근거는 보증위탁계약이므로 이를 요건사실로 하여야 한다.

④ 및 ⑤는, 가령 「'피고는 2020. 1. 5. 원고에게 원고가 대위변제한 때에는 대위변제액에 대한 변제일 다음날부터 연 10%의 비율에 의한 지연손해금을 지급한다'는 약정으로 보증의 위탁을 하였다」와 같이 적는다.

4. 소송고지

甲은 乙에게 3억 원을 대여하게 되었는데, 적당한 보증인을 내세우지 않으면 대여할 수 없다고 하므로 乙의 친척이 이웃인 丙에게 보증인이 될 것을 요청하여 丙은 두말없이 보증인이 되었다(다만, 丙은 채무자 乙로부터의 부탁을 받지 않은 보증인으로 한다). 그런데 乙이 대여금을 甲에게 지급하지 못하므로 甲은 丙에게 보증채무 3억 원의 지급을 구하는 소를 제기하였다. 丙은 지급유예의 약속이 있었다 등의 주장을 하였으나, 만일 甲에게 패소하여 보증채무의 이행을 하여야 할 것을 고려하여, 소송계속 중에 乙에게 장래 丙이 甲에게 보증채무 3억 원을 지급한 때에는 乙에게 생기는 구상금 3억 원을 지급하라는 별소를 제기하고, 동시에 그 별소를 甲·丙 사이의 소송에 병합할 것을 신청하였는데, 丙의 위와 같은 소는 적법한가. 한편, 丙이 구상권을 확보하기 위하여 별도의 수단이 있다면, 그것을 검토하시오.

채권자로부터 보증인에게 보증의 지급을 구하는 소의 제기가 있은 경우에 보증인은 추후 주채무자에 대한 구상권을 확보하기 위하여 주채무자에게 소송고지를 할 수 있다.

소송고지는 소송계속 중(상고심에 계속 중인 경우도 무방) 당사자가 참가의 이해관계를 가지는 제3자에게(보조참가, 공동소송적 보조참가, 독립당사자참가, 공동소송참가를 할 수 있는 사람이 포함될 수 있으나, 그 취지에 비추어 주로 보조참가할 이해관계인의 경우가 일반적) 고지이유 및 소송의 진행정도를 적은 서면을 법원을 통하여 송달하는 것에 의하여 소송계속의 사실을 통지하는 것을 말한다(84조 이하).

주채무자에게 소송을 고지하면, 가령 보증인이 패소하여 보증채무를 지급하고, 뒤에 주채무자에게 구상권을 행사한 소송에서 주채무자가 전소의 사실인정·판단과 모순되는 주채무가 부존재한다는 주장을 하는 것이 방지된다.

실전 쟁점

[사실관계] 합자회사 乙관광여행사(이하 '乙관광'이라 한다)는 1996. 6. 3. 쌍용자동차주식회사(이하 '쌍용자동차'라 한다)로부터 버스 10대를 할부로 매수하면서, 乙관광이 할부금을 연체할 경우 연 24%의 비율에 의한 지연손해금을 가산하여 지급하기로 약정하였다.

A와 B, C는 그 무렵 위 할부대금채무를 연대보증하였다.

乙관광은 쌍용자동차에 이 사건 할부대금채무에 대한 변제 명목으로 2000. 6. 22. 4,300만 원, 같은 달 23일 6,600만 원, 같은 달 30일 4,200만 원, 2001. 4. 28. 1,400만 원을 각 입금하였다.

한편, 乙관광은 1997. 11. 1. 쌍용자동차에 이 사건 할부대금채무를 담보해 주기 위하여 이 사건 연대보증인들과 공동으로 액면 4억 원인 약속어음 2장을 발행하고 약속어음 공정증서를 작성하여 주었는데, 쌍용자동차는 2002. 3. 21. 위 각 약속어음 공정증서로 乙관광과 일부 연대보증인들 소유 부동산에 대하여 강제경매를 신청하여 강제경매개시결정이 내려졌다. 乙관광과 이 사건 연대보증인들은 2002. 5. 6. 위 각 약속어음 공정증서 정본에 기한 강제집행의 배제를 구하는 청구이의의 소를 제기하였으나 그 항소심에서 결국 '乙관광과 이 사건 연대보증인들은 쌍용자동차에 금 124,958,273원 및 이에 대한 지연손해금을 지급할 채무가 있다'는 취지의 일부패소 판결을 받았고, 2005. 10. 7. 위 판결이 확정되었다.

이후 A는 2006. 2. 21. 할부대금채무 266,198,773원(=보증원금 124,958,273원 +지연손해금 141,240,500원) 전부를 대위변제하였다.

A는 B와 C를 상대로 구상금청구의 소를 제기하였다. 소장부본 송달일이 B에게는 2006. 2. 21., C에게는 2006. 3. 31.이다.

[A의 주장] A는 연대보증인인 B와 C가 공동면책되었으므로, A에 대하여 각자의 부담부분에 상응한 금원을 지급할 의무가 있다고 주장한다.

[B와 C의 주장] 버스에 대한 할부대금채권은 상인이 판매한 상품의 대가에 해당하여 3년의 단기소멸시효가 적용되고, 그 소멸시효는 주채무자인 乙관광이 채무승인을 하였던 1997. 11. 1.로부터 진행되어 그로부터 3년이 지난 2000. 10. 31. 시효로 소멸하였다. A는 이미 시효로 소멸한 채무를 이행한 것이므로, 구상권을 행사할 수 없다.

여러 연대보증인 사이의 구상 청구는, 어느 연대보증인이 주채무에 대하여 자기의 부담 부분을 넘은 변제를 한 때에는 다른 연대보증인에 대하여 변제자의 부담 부분을 넘은 부분에 대하여 구상을 할 수 있다(민법 448조 2항, 425조). 소송물은 민법 448조 2항에 기한 공동연대보증인에 대한 구상청구권이다.

가. 구상금채무의 발생

(1) 청구원인

① 주채무의 발생원인사실(=주채무자의 금전차용), ② 원·피고의 연대보증관계의 발생(연대보증계약의 성립), ③ 자기의 부담 부분을 넘은 원고의 변제(민법 448조 2항)등이 청구원인이다.

그리고 지연손해금의 기산일은 변제일(공동면책일)당일이다(민법 448조 2항, 425조 2항). 그 성질은 법정이자이다.

(2) 소멸시효항변

다음과 같이 결국 피고의 소멸시효항변은 배척되었다.

(가) 3년의 소멸시효기간

위 할부대금채권은 상인이 판매한 상품의 대가에 해당하여 그 소멸시효기간은 민법 163조 6호에 따라 3년이다. 소멸시효는 권리를 행사할 수 있는 때로부터 진행하므로(민법 166조 1항), 이 사건 할부대금채무의 경우에는 할부금의 지급기한이 매달 도래할 때마다 그 할부금 채무의 소멸시효가 진행된다.

(나) 소멸시효의 중단

乙관광이 약속어음을 발행한 1997. 11. 1.과 이 사건 할부대금채무 중 일부를 변제한 2000. 6. 22. 및 2001. 4. 28.에 乙관광의 잔존채무에 대한 승인으로 시효가 중단되었으므로 소멸시효는 2001. 4. 28.부터 다시 진행한다.

원인채권의 지급을 확보하기 위하여 어음이 수수된 경우에 채권자가 어음채권으로 채무자의 재산을 압류함으로써 그 권리를 행사한 경우에는 그 원인채권의 소멸시효를 중단시키는 효력이 있다(대법원 2002. 2. 26. 선고 2000다25484 판결 참조). 쌍용자동차가 2002. 3. 21. 乙관광을 상대로 한 강제경매신청과 그 이후 재판상 청구로 인하여 이 사건 할부대금채무에 대한 소멸시효의 진행이 다시 중단되었다가 판결이 확정된 2005. 10. 7.부터 다시 진행된다(민법 178조 2항).

이 경우에 이 사건 할부대금채무의 소멸시효는 10년으로 연장된다(민법 165조 1항). A가 이로부터 10년이 경과하지 아니한 2006. 2. 21. 쌍용자동차에 할부대금채무를 변제하였으므로 할부대금채무는 시효로 소멸하지 않은 상태이다.

위 B, C의 위 주장은 받아들이지 않는다.

나. 구상의무의 범위

여러 연대보증인 가운데 한 사람이 채무의 전액이나 자기의 부담 부분 이상을 변제하였을 때에는 다른 연대보증인에 대하여 구상을 할 수 있고, 특별한 사정이 없는 한, 연대보증인들의 내부적 부담비율은 같다. 이 사건 할부대금에 대하여 연대보증인이 부담하여야 할 보증채무의 금액은 각 88,732,924원(=금 266,198,773원×1/3)이다.

결국 B, C는 A에게 이 돈 및 이에 대하여 위 대위변제일인 2006. 2. 21.부터 이 사건 소장부본 송달일인 2006. 2. 21.(피고 B) 또는 2006. 3. 31.(피고 C)까지는 민법에서 정한 연 5%의, 그 다음날부터 다 갚는 날까지는 소송촉진 등에 관한 특례법에서 정한 연 20%(현재 연 12%)의 비율에 의한 지연손해금을 지급할 의무가 있다.

제1장
소비대차

제7강 상 속

가령 甲이 乙에게 대여금 청구권(또는 구상금 청구권)을 가지고 있는바, 丙이 乙을 상속한 경우에 甲이 丙에게 이를 청구하는 경우를 살펴보자.

상속이란, 자연인이 사망한 경우에 그 사망한 사람(피상속인)과 일정한 관계를 가지는 사람(상속인)이 피상속인의 권리의무를 포괄적으로 승계하는 것이다.

상속은 사망으로 인하여 개시되는데(민법 997조), 상속개시의 원인으로 사망에는 실종선고, 인정사망 및 부재선고가 포함된다.

1. 청구취지

가령 甲이 乙에게 대여금(또는 구상금 청구권)을 가지고 있는바, 丙이 乙을 상속한 경우에 甲이 丙에게 이를 청구하는 경우에 그 이행청구의 청구취지는 이행을 구하는 의무의 내용을 명확하고 간결하게 표시하고, 이행할 채무의 종류, 법적 성질, 발생원인 등을 나타내지 않는 무색투명한 추상적 표현을 사용한다.

다음과 같이 적는다.

피고는 원고에게 100,000,000원을 지급하라.

피고는 원고에게 100,000,000원 및 이에 대하여 2020. 12. 1.부터 다 갚는 날까지 연 18%의 비율에 의한 금원을 지급하라.

위 기재례에서 연 18%의 비율에 의한 금원은 변제기 전이면 약정이자이고, 변제기 후면 지연손해금(또는 지연이자)인데, 소송촉진 등에 관한 특례법 소정의 법정이율인 연 12%를 초과하는 연 18%의 약정이율의 합의가 있는 경우이다.

2. 청구원인

위 청구권을 기초 짓는 요건사실, 즉 대여금청구의 요건사실 이외에 상속의 요건사실을 주장하여야 한다.

상속의 요건사실은 다음과 같다.

❶ 피상속인이 사망한 사실
"乙은 2020. 3. 26. 사망하였다"와 같이 적는다.
❷ 피상속인에 대하여 상속인으로서 신분관계가 있다는 사실
"丙은 乙의 자(子)이다"와 같이 적는다.

이 경우에 만약 乙에게 丙 이외의 상속인이 더 있다고 한다면, 공동상속이 되는 것이고, 가령 대여금청구권과 같은 금전채권의 경우에는 상속분에 따라 채무가 **분할적으로 공동상속인에게 승계**되므로 甲은 丙에게 그 금액 전부를 청구할 수 없게 된다.

그래서 다른 상속인이 있는가 하는 점에 대하여 누가 주장·증명하여야 하는가 문제된다.

① 원고인 甲이 청구원인으로, 乙에게는 피고 丙 이외의 상속인이 없다는 것을 주장·증명하여야 한다는 입장과, ② 피고 丙이 항변으로, 乙에게 丙 이외의 다른 상속인이 있다는 것을 주장·증명하여야 한다는 입장이 있다.

생각건대 다른 상속인이 없다는 소극적 사실이 요건사실로 되는 것은 가능한 피하는 것이 좋다고 생각하므로 두 번째 입장인, 피고 丙이 항변으로 다른 상속인이 있다는 것을 주장·증명하는 것이 타당하다고 본다.

3. 소송상 쟁점

가. 사자명의소송 - 당사자표시정정

원고가 사망 사실을 모르고 사망자를 피고로 표시하여 소를 제기한 경우와 같은 사자명의소송의 경우에 있어서 당사자의 확정과 관련하여 사망자의 상속인으로 당사자표시정정으로 처리할 것인가, 아니면 임의적 당사자변경(가령 260조 피고의 경정)에 의할 것인가 하는 문제가 등장한다.

판례는 청구의 내용과 원인사실, 당해 소송을 통하여 분쟁을 실질적으로 해결하려는 원고의 소제기 목적 내지는 사망 사실을 안 이후의 원고의 피고표시 정정신청 등 여러 사정을 종합하여 볼 때 사망자의 상속인이 처음부터 실질적인 피고이고 다만 그 표시를 잘못한 것으로 인정된다면, 사망자의 상속인으로 피고의 표시를 정정할 수 있다. 그리고 이 경우에 실질적인 피고로 해석되는 사망자의 상속인은 실제로 상속을 하는 사람을 가리키고, 상속을 포기한 자는 상속 개시시부터 상속인이 아니었던 것과 같은 지위에 놓이게 되므로 제1순위 상속인이라도 상속을 포기한 경우에는 이에 해당하지 아니하며, 후순위 상속인이라도 선순위 상속인의 상속포기 등으로 실제로 상속인이 되는 경우에는 이에 해당한다고 본다(대법원 2006. 7. 4.자 2005마425 결정).

또한 **판례**는 상속개시 이후 상속의 포기를 통한 상속채무의 순차적 승계 및 그에 따른 상속채무자 확정의 곤란성 등 상속제도의 특성에 비추어 위 표시정정의 법리는 채권자가 채무자의 사망 이후 그 1순위 상속인의 상속포기 사실을 알지 못하고 1순위 상속인을 상대로 소를 제기한 경우에도 채권자가 의도한 실질적 피고의 동일성에 관한 위 전제요건이 충족되는 한 마찬가지로 적용이 된다고 본다(대법원 2009. 10. 15. 선고 2009다49964 판결).

나. 공동상속

(1) 본안전 항변

공동상속에 있어서 본안전 항변으로 피고가 상속인 가운데 1인인 피고 자신만을 상대로 한 것은 부적법하다는 취지의 항변을 하는 경우가 종종 있다.

이는 다음과 같이 이유가 없다.

> 피고는 이 사건 소는 피고가 위 A의 채무를 상속하였다 하여 그 이행을 구하는 소인데, 공동상속인 전원을 상대로 하지 아니하고 상속인 중의 1인인 피고만을 상대로 하였으므로 부적법하다는 취지의 항변을 하나, 여러 상속인이 공동상속을 할 경우, 피상속인의 채무는 그 상속인들에게 각자의 상속분에 따라 승계되는 것이어서 공동상속인 각자의 지분권의 처분에 관하여 반드시 공동상속인 전원 사이에서 합일적으로 처리되어야 할 이유가 없고 따라서 이에 관한 소송에 있어서 상속인 전원을 공동피고로 삼아야 하는 것은 아니므로 위 항변은 이유가 없다.

(2) 다수 당사자에 대한 금전지급청구

참고로 甲이 사망한 사람에 대하여 24,000,000원의 대여금채권을 가지고 있었고, 이에 대하여 A, B가 연대보증을 하였는데, 위 사망으로 B(위 연대보증인 중의 1인), C, D, E가 각각 12,000,000원, 8,000,000원, 2,000,000원, 2,000,000원씩 상속을 한 경우에 각 피고의 채무액은 A, B가 각 24,000,000원, C가 8,000,000원, D, E가 각 2,000,000원이 된다.

이 경우의 청구취지는 다음과 같이 적는다.

주채무자(사망자의 상속인)와 연대보증인의 채무의 경우에 중첩관계의 표시로 「연대하여」라는 문구를 부가하는 것이 실무상의 관례이다.

> 원고에게, 피고 A, B는 연대하여 24,000,000원을, 위 피고들과 연대하여 위 금원 중 피고 C는 8,000,000원을, 피고 D, E는 각 2,000,000원을 각 지급하라.

참고로 보면, 2인 이상의 피고에 대하여 금전 지급을 청구할 때에는 '각', '공동하여', '연대하여', '합동하여' 등의 표시를 하여 피고들의 상호관계와 채무의 범위를 확정하여야 한다. '각'은 중첩관계가 없는 반면, '공동하여', '연대하여', '합동하여'는 중첩관계가 있다. 중첩관계가 있는 불가분채무, 부진정연대채무, 주채무자와 단순보증인 1인의 각 채무, 신원본인과 신원보증인의 각 채무의 관계에는 종래의 실무에서는 「각자」 라는 표현을 사용하였다. 그러나 「각」이라는 용어와 구별하기 어려워 모두 「공동하여」로 대체할 수 있고, 또한 「공동하여」로 기재하는 것이 바람직하다고 한다.

한편, 단순히 '피고들은 원고에게 OOO원을 지급하라'는 청구취지는 민법 408조의 분할채무 원칙이 적용되어 청구금액을 피고별로 균분하여 지급을 구하는 것이 된다.

(3) 공동소송인 독립의 원칙

> 甲은 乙에게 2억 원을 빌려주었다. 그 후 乙이 사망하여 상속인 A와 B가 1/2 지분씩 공동상속하였다. 그래서 甲은 A와 B를 공동피고로 하여 위 상속분에 따라 1억 원씩의 지급을 구하는 소를 제기하였다. 위 소송에서 소장부본이 A에 대하여는 공시송달되었고, B에 대하여는 교부송달되었다. 그 후 진행된 변론기일에 A는 출석하지 않았고, B는 출석하여 乙이 위 대여금 중 8,000만 원을 변제하였다고 주장하였다. 위 대여사실과 변제사실이 모두 인정될 경우 甲의 A와 B에 대한 청구는 각각 어느 범위에서 인용되어야 하는가? 【2011년 사법시험 변형】

판결 주문은 원고에게, 피고 A는 1억 원을, 피고 B는 6천만 원을 각 지급하라가 된다.

이는 통상공동소송에서 **공동소송인 독립의 원칙**(66조)을 적용한 결과이다(실무의 입장).

4. 상속재산에 관한 가압류

상속인은 상속개시된 때부터 피상속인의 재산에 관한 포괄적 권리의무를 승계한다(민법 1005조 본문). 다만, 상속인은 상속개시 있음을 안 날로부터 3월 내에 단순승인이나 한정승인 또는 포기를 할 수 있다(민법 1019조 1항 본문).

상속인은 상속포기를 할 때까지는 그 고유재산에 대하는 것과 동일한 주의로 상속재산을 관리하여야 한다(민법 1022조). 상속인이 상속을 포기할 때에는 민법 1019조 1항의 기간 내에 가정법원에 포기의 신고를 하여야 하고(민법 1041조), 상속포기는 가정법원이 상속인의 포기신고를 수리하는 심판을 하여 이를 당사자에게 고지한 때에 효력이 발생하므로, 상속인은 가정법원의 상속포기신고 수리 심판을 고지받을 때까지 민법 1022조에 따른 상속재산 관리의무를 부담한다.

이와 같이 상속인은 아직 상속의 승인, 포기 등으로 상속관계가 확정되지 않은 동안에도 잠정적으로나마 피상속인의 재산을 당연 취득하고 상속재산을 관리할 의무가 있으므로, 상속채권자는 그 기간 동안 상속인을 상대로 상속재산에 관한 가압류결정을 받아 이를 집행할 수 있다.

그 후 가령, 상속인이 상속포기로 인하여 상속인의 지위를 소급하여 상실한다고 하더라도(상속포기는 상속개시된 때에 소급하여 그 효력이 있다. 민법 1042조) 이미 발생한 가압류의 효력에 영향을 미치지 않는다. 따라서 위 상속채권자는 종국적으로 상속인이 된 사람 또는 민법 1053조에 따라 선임된 상속재산관리인을 채무자로 한 상속재산에 대한 경매절차에서 가압류채권자로서 적법하게 배당을 받을 수 있다(대법원 2021. 9. 15. 선고 2021다224446 판결).

실전 쟁점 1

甲남과 乙녀는 결혼을 하여 2018. 4. 7. 혼인신고를 하였으며 乙은 2019. 4. 20. 甲과의 사이에서 丙을 출산하였다. 혼인생활 도중 甲은 2020. 3. 26. 심장마비로 자연사하여 상속이 개시되었고, 甲 명의의 상속재산으로는 시가 5억 원 상당의 X 부동산이 유일하게 존재한다.

(1) A는 乙에게 2억 원을 대여하였으나 乙이 변제기까지 이를 변제하지 아니하자, 乙을 상대로 대여금청구의 소를 제기하여 2020. 3. 3. 승소판결이 확정되었다. 甲이 사망하자, 아무런 재산도 소유하고 있지 않았던 乙은 A에 대한 채무를 상속재산으로 변제하는 것을 회피하기 위하여, 가정법원에 상속포기 신고를 하여 2020. 5. 7. 그 신고가 수리되었다. 이 경우 A가 乙의 책임재산을 확보하는 조치를 취할 수 있는가?

(2) 乙은 2020. 5. 20. 丁과 재혼하여 혼인신고를 하였고, 丁은 2020. 6. 7. 丙을 양자로 입양하는 신고를 적법하게 마쳤다. 그 후 丁이 乙 모르게 양자 丙을 대리하여 X부동산 중 丙 소유 지분(2/5)을 B에게 2억 원에 매도하는 매매계약을 체결한 경우, 위 매매계약의 효력은 어떠한가?

(3) 甲은 2019. 11.경 C와 혼인 외 정교관계를 맺어 戊가 포태되었다. 甲이 사망하자 乙과 丙은, 戊의 존재를 모르는 상태로, X부동산에 대하여 상속등기를 하고 적법한 절차에 따라 D에게 5억 원에 매도하여 2020. 5. 31. D를 소유자로 한 소유권이전등기를 마쳤다. 이때 태아인 戊에게는 상속에 관하여 어떠한 권리가 인정되는가를 설명하고, 정상적으로 출생한 후의 권리 행사에 대하여 설명하시오. 【2010년 사법시험 변형】

가. 상속의 포기

상속으로 인하여 생기는 권리·의무의 포괄적 승계를 전면적으로 거부하여 처음부터 상속인이 아니었던 효과를 생기게 하는 상속인의 단독행위를 상속의 포기라고 한다. 상속인의 자유의사를 존중하여 상속을 거부할 수 있도록 한 것이다. 물론 상속을 포기하지 않고, 피상속인의 권리의무를 무한정 승인하여도 상관없는데, 이를 단순승인이라고 한다.

상속인은 원칙적으로 상속개시 있음을 안 날로부터 3월 내에 상속포기를 할 수 있다

(민법 1019조 1항). 상속인이 상속을 포기한 때에는 위 기간 내에 가정법원에 포기의 신고를 하여야 한다(민법 1041조). 상속의 포기는 상속개시된 때에 소급하여 그 효력이 있다(민법 1042조).

상속의 포기는 비록 포기자의 재산에 영향을 미치는 바가 없지 아니하나(그러한 측면과 관련하여서는 채무자 회생 및 파산에 관한 법률 386조도 참조) 상속인으로서의 지위 자체를 소멸하게 하는 행위로서 순전한 재산법적 행위와 같이 볼 것이 아니다. 오히려 상속의 포기는 1차적으로 피상속인 또는 후순위상속인을 포함하여 다른 상속인 등과의 인격적 관계를 전체적으로 판단하여 행하여지는 '인적 결단'으로서의 성질을 가진다.

사해행위취소와 관련하여, 상속의 포기에 대하여 비록 상속인인 채무자가 무자력상태에 있다고 하여서 그로 하여금 상속포기를 하지 못하게 하는 결과가 될 수 있는 채권자의 사해행위취소를 쉽사리 인정할 것이 아니다. 그리고 상속은 피상속인이 사망 당시에 가지던 모든 재산적 권리 및 의무·부담을 포함하는 총체재산이 한꺼번에 포괄적으로 승계되는 것으로서 다수의 관련자가 이해관계를 가지는데, 위와 같이 상속인으로서의 자격 자체를 좌우하는 상속포기의 의사표시에 사해행위에 해당하는 법률행위에 대하여 채권자 자신과 수익자 또는 전득자 사이에서만 상대적으로 그 효력이 없는 것으로 하는 채권자취소권의 적용이 있다고 하면, 상속을 둘러싼 법률관계는 그 법적 처리의 출발점이 되는 상속인 확정의 단계에서부터 복잡하게 얽히게 되는 것을 면할 수 없다. 또한 상속인의 채권자의 입장에서는 상속의 포기가 그의 기대를 저버리는 측면이 있다고 하더라도 채무자인 상속인의 재산을 현재의 상태보다 악화시키지 아니한다.

이러한 점들을 종합적으로 고려하여 보면, **상속의 포기**는 민법 406조 1항에서 정하는 "재산권에 관한 법률행위"에 해당하지 아니하여 **사해행위취소의 대상이 되지 못한다** (대법원 2011. 6. 9. 선고 2011다29307 판결). A는 乙의 책임재산을 확보하기 위하여 사해행위취소를 할 수 없다.

한편, 나아가 A는 乙의 상속포기와 관련하여 대위행사할 피대위권리가 존재하지 않으므로(민법 1024조 1항. 상속의 포기를 한 경우에는 상속개시 있음을 안 날로부터 3월내에도 이를 취소할 수가 없다) **채권자대위권**의 행사에 의하여 乙의 책임재산을 확보할 수 없다.

나. 양자의 법률행위를 대리

사안의 매매계약은 친권에 의하여 양부 丁이 양자 丙의 재산에 관한 법률행위를 대리한 것(민법 920조)이다.

그렇다면 우선 사안의 혼인 및 입양에 의한 乙, 丙, 丁 사이의 법률관계를 확정하여 친권의 존부를 따진 뒤, 그 친권의 행사에 있어서 이해상반행위(민법 921조), 부부공동대리(민법 909조 2항) 등의 제한을 위반하였는지 여부를 검토하여야 한다.

나아가 그 제한에 위반한 경우라도 그 효력이 본인 丙에게 귀속될 사유로 민법 126조의 표현대리나 민법 920조의2의 요건을 충족하는 사정이 있는지를 검토하여야 한다.

그러한 요건이 충족된다면 친권의 행사에도 대리권 남용이론을 적용하여 대리행위의 효력을 부인할 수 있는지 여부도 검토하여야 한다.

다. 태아의 상속

甲의 사망 당시 태아였던 戊도 상속능력이 인정된다(민법 1000조 3항). 다만 1000조 3항에서 태아는 상속순위에 관하여는 "이미 출생한 것으로 본다"고 규정되어 있는바 그 의미가 무엇인지 문제된다. **판례**는 **정지조건설**을 취하고 있다.

甲의 사망 당시 태아였던 戊에게 상속에 관한 권리가 인정되려면 戊가 甲의 직계비속으로서 상속에 관한 권리능력자임이 인정되어야 한다.

한편, 戊 또는 C는 甲의 사망을 안 날로부터 2년 내에 검사를 상대로 하여 인지청구의 소를 제기할 수 있다(민법 864조).

戊 또는 C의 인지청구가 인용되어 망 甲과 戊 사이에 친생자관계가 성립하면 戊에게 상속권이 인정된다.

상속개시 후 인지에 의하여 공동상속인이 된 자가 상속재산의 분할을 청구할 경우에 다른 공동상속인이 이미 상속재산을 처분한 때에는 그 상속분에 상당한 가액의 지급을 청구할 권리를 갖는다(민법 1014조).

실전 쟁점 2

乙은 2009. 2. 1. F가 야기한 교통사고로 사망하였는데, 사망 당시 상속인으로는 배우자인 C와 망인의 父 D, 母 E가 있었고, 상속재산으로는 甲에 대한 1억 원의 대여금채권 및 Z 부동산(가액은 2억 원), W 동산(1,000만 원 상당)과 F에 대한 5,000만 원의 손해배상채권이 있었으며 C, D, E는 이러한 상속재산의 현황을 잘 알고 있었다. (이하 문항은 상호 관련되지 않은 별개임)

(1) 乙의 사망 당시 C는 태아(乙의 친자라고 가정한다)를 포태 중이었는데, 남편의 사망으로 정신적 충격으로 고민 끝에 2009. 3. 낙태하였다. 한편, D는

F로부터 위 교통사고로 인한 망인의 손해배상금을 추심하여 변제받아 이를 소비하지 않은 채 E의 예금계좌로 송금한 후, 상속을 포기하기로 마음먹고 2009. 4. 1. 가정법원에 가서 적법요건을 갖춘 상속포기신고를 마쳤다. 甲이 2009. 7. 1. 1억 원의 대여금청구소송을 제기할 때 누구를 상대로 얼마의 금원을 청구하면 전부승소를 받을 수 있는지(혹은 C, D, E 누구에게도 청구할 수 없다면 그 점을) 그 논거와 함께 서술하시오(이자, 비용은 고려하지 않는다).

(2) D, E는 2009. 6. 1. C에게 'C가 망인의 채무를 포함한 재산 전부를 상속하는 것에 대해 이의를 제기하지 않겠다'는 취지의 각서를 작성해 주었다. 이러한 사실을 알게 된 甲은 2009. 7. 1. C를 상대로 대여금 1억 원 전액의 지급을 구하는 소를 제기하였다. 위 소에 대한 결론[각하, 청구기각, 청구일부인용(일부인용의 경우 그 구체적인 금액과 내용을 기재할 것), 청구전부인용]을 그 논거와 함께 서술하시오(이자, 비용은 고려하지 않는다). 【2014년 변호사시험 변형】

---

(1) 태아를 낙태한 경우의 상속결격자 여부, 손해배상금을 추심하여 변제받은 것에서(민법 1026조 1호) 상속포기의 유효 여부가 쟁점이다.

(2) 상속재산 분할의 대상이 될 수 없는 상속채무에 관하여 공동상속인들 사이에 분할의 협의가 있는 경우라면 이러한 협의는 민법 1013조에서 말하는 상속재산의 협의분할에 해당하는 것은 아니지만, 위 분할의 협의에 따라 공동상속인 중의 1인이 법정상속분을 초과하여 채무를 부담하기로 하는 약정은 면책적 채무인수의 실질을 가진다고 할 것이어서, 채권자에 대한 관계에서 위 약정에 의하여 다른 공동상속인이 법정상속분에 따른 채무의 일부 또는 전부를 면하기 위하여는 민법 454조의 규정에 따른 채권자의 승낙을 필요로 하고, 여기에 상속재산 분할의 소급효를 규정하고 있는 민법 1015조가 적용될 여지는 전혀 없다(대법원 1997. 6. 24. 선고 97다8809 판결). 채무자와 인수인 사이의 계약에 의한 채무인수에 대하여 채권자는 명시적인 방법뿐만 아니라 묵시적인 방법으로도 승낙을 할 수 있는 것인 바, 직접 위 인수채무금의 지급을 청구한 사실이 인정되면 원고는 위 지급청구로서 묵시적으로 피고의 채무인수를 승낙한 것으로 보아야 할 것이다(대법원 1989. 11. 14. 선고 88다카29962 판결).

제2부
기본적 소송유형

제2장
매 매

제 2 부 기 본 적 소 송 유 형

제 2 장
매 매

제 1 강 매매계약에 기한 대금지급청구

甲은 2020. 7. 1. 乙에게 카메라 1대를 100만 원에 팔았고, 甲이 乙에게 매매대금을 청구하고자 한다. 이 경우에 甲은 어떠한 사실을 주장하여야 하는가.

실제의 소송에서 매매계약에 기한 대금지급청구(매도인이 매수인에게) 또는 목적물인도청구(매수인이 매도인에게)가 적지 않게 있게 된다.

여기서는 금전지급청구로, 매도인의 매수인에 대한 **매매계약에 기한 대금의 지급을 구하는 경우**를 설명하기로 한다.

甲이 매매대금청구를 하기 위한 요건사실을 알기 위해서는 우선 매매계약의 성립요건을 규정하고 있는 민법 563조를 살펴보아야 한다.

민법 563조를 보면, 매매는 당사자 한쪽(매도인)이 일정한 재산권을 상대방(매수인)에게 이전할 것을 약정하고 상대방은 이에 대한 대금을 지급할 것을 약정함으로써 그 효력이 생긴다고 규정하고 있다. 매매계약에 의하여 매도인의 매매대금지급청구권과 매수인의 재산권이전(목적물인도)청구권이 발생하고, 또 바로 이행을 청구할 수 있다.

매매계약은 **낙성·쌍무·불요식의 유상계약**이다.

민법이 규정하는 전형계약에는 여러 종류가 있는데, 그중에서도 매매계약은 거래의 중심을 이루는 중요한 전형계약으로, 매매계약에 관한 민법의 규정이 다른 유상계약에도 준용되고 있다(민법 567조).

1. 소 송 물

소송물은 「매매계약에 기한 대금지급청구권」이다. 계약에 기한 청구권은 계약마다 발생하므로 소송물의 개수는 계약의 개수에 의하여 정하여지게 된다. 사안에서 매매계약은 1개이므로 소송물의 개수도 1개이다.

또한 매매대금청구소송의 경우에 실무상 부대청구로, 목적물 인도 후의 이자 상당분의 금전의 지급을 구하는 경우가 적지 않다. 그 법적 근거는 민법 587조 2문의 매수인은 목적물의 인도를 받은 날로부터 대금의 이자를 지급하여야 한다는 규정이다. 다만, 대금의 지급에 대하여 기한이 있는 때에는 그러하지 아니한다(민법 587조 2문 단서). 매도인이 매수인에게 민법 587조 2문에 의한 이자의 지급을 청구하는 경우의 소송물은 그 법적 성질을 **지연손해금으로 보는 입장**에 의하면(후술하듯이 이렇게 보는 입장이 일반적), 대금지급채무의 이행지체에 기한 손해배상청구권이고, 반면 법정이자로 보는 입장에 의하면 그 소송물은 **법정이자청구권**이다(이 부분에 대하여 자세히는 후술 부대청구 참조).

2. 청구취지

청구취지는 강제집행에 의하여 실현될 피고의 의무를 분명히 하는 것이므로 당사자 및 이행의 내용이 간결하고 정확하게 표현되어야 한다. 이 경우에, 청구취지에 급부의 법적 성격을 적지 않는 것이 실무이므로 「피고는 원고에게 **매매대금**(이 부분은 적을 필요 없음) 1,000,000원을 지급하라」와 같이 급부의 법적 성격을 적지 않은 채(위 '매매대금'을 적지 않은 채), 다음과 같이 적는다.

피고는 원고에게 1,000,000원을 지급하라.

위 사안에서 가령, 甲과 乙은 대금지급기일을 2020. 7. 31.로 약정하였고, 甲이 乙에게 계약 당일인 2020. 7. 1. 카메라를 인도하였을 때에 위 매매대금과 함께 나아가 부대청구로 목적물 인도 후의 이자 상당분의 금전의 지급을 구하는 경우의 청구취지의 기재례는 다음과 같다(이 부분에 대하여 자세히는 후술 부대청구 참조). 대금지급기일이 2020. 7. 31.로, 대금지급에 관하여 기한이 있는 경우이다(민법 587조 2문 단서).

피고는 원고에게 1,000,000원 및 이에 대하여 2020. 8. 1.부터 이 사건 소장 부본 송달일까지는 연 5%의,그 다음 날부터 다 갚는 날까지는 연 12%의 각 비율에 의한 금원을 지급하라.

대금지급기일 2020. 7. 31. 다음날인 2020. 8. 1.부터 이행지체의 책임을 진다. 민법 387조 1문은 「채무이행의 확정한 기한이 있는 경우에는 채무자는 기한이 도래한 때부터 지체책임이 있다」고 하고 있으나, 이는 그 기한이 도과하는 것을 의미하므로 그 기한이 **도래한 다음날**부터 이행지체의 책임을 진다.

3. 청구원인

매매계약의 성립하면 대금지급청구권은 즉시 발생하므로(매매계약은 낙성·쌍무·불요식의 유상계약이다) 원고는 청구원인으로 매매계약체결사실만을 주장·증명하면 된다. 여기서 매매계약체결이라는 것은 매도인이 재산권을 이전하고, 매수인이 그 대가로 일정액의 금전을 지급한다는 쌍방의 의사표시의 합치이고, 이 사실을 나타내기 위하여 다음과 같이 적게 된다.

매매계약의 체결

- 甲은 2020. 7. 1. 乙에게 카메라의 소유권을 이전할 것을 약정하고, 乙은 甲에게 대금 100만 원을 지급할 것을 약정하였다.
- 甲과 乙은 2020. 7. 1. 카메라를 대금 100만 원에 매매하는 계약을 체결하였다. (이와 같이 적어도 무방)

재산권(=목적물)과 대금액은 매매계약의 요소이므로 매매계약이 성립하기 위해서는 목적물이 확정되어 있는 것 이외에 대금액 또는 대금액 결정의 방법이 확정되어 있어야 하고(그 목적물과 대금은 반드시 계약체결 당시에 구체적으로 특정할 필요는 없고 이를 나중에라도 구체적으로 특정할 수 있는 방법과 기준이 정하여져 있으면 충분하다), 이에 더하여 매매계약의 특정을 위하여 쌍방 당사자와 계약일시도 필요하다.

그러나 한편, 아래에서와 같이 매도인의 목적물 소유, 대금지급시기의 합의, 목적물의 인도 등은 매매계약의 본질적 요소가 아니어서 대금지급청구의 요건사실이 되는 것은 아니다.

만약 원고 甲이 "나는 2020. 7. 1.에 **내가 소유하는** 카메라를 대금 100만 원에 乙에게 매도하였는데, **乙로부터 대금을 아직 받지 못하고 있다**. 따라서 나는 乙에게 위 매매대금의 지급을 구한다"와 같이 청구원인을 적었다고 하자(아래 ①, ④의 설명에서와 같이, 위 밑줄 부분은 청구원인사실이 아니다).

① 민법 569조가, 매매의 목적물에 대하여 자기의 재산권에 한정하지 않고, 다른 사람의 재산권의 매매도 유효하게 보고 있으므로 원고(매도인)가 목적물을 소유하고 있는지 여부는 청구원인을 구성하는 것이 아니다. 따라서 원고(매도인)로서는 매매계약 성립 당시, 목적물이 자기의 소유에 속하는 것을 주장·증명할 필요는 없다.

② 그리고 매매계약은 대금지급채무의 이행기한을 계약의 본질적 요소로 하는 것은 아니므로(매매계약에 있어서는 계약이 체결되면, 즉시 이행기에 있다) 매매대금지급채무의 이행에 기한의 합의(이는 매매계약의 부관에 지나지 않는다)가 있는 경우라도 원고(매도인)는 그 기한의 합의와 기한의 도래를 청구원인으로 주장·증명할 필요는 없다. 이 점은 목적물의 반환시기를 본질적 요소

로 하는 소비대차, 임대차와 같은 대차형의 계약과 다르다.

③ 또한 목적물을 피고(매수인)에게 인도한 것은 매매대금지급청구권의 발생요건은 아니므로 원고(매도인)는 청구원인으로 이를 주장·증명할 필요는 없고, 피고(매수인)로부터 동시이행의 항변이 주장된 경우에 이에 대한 재항변(반대급부 이행의 재항변)으로서 주장하면 충분하다(한편, 부대청구로 지연손해금을 함께 청구하는 경우에는 요건사실로 이를 주장·증명할 필요가 있는데, 이에 대하여는 후술). 다만, 실제로는 동시이행항변의 주장이 예상되는 것, 목적물의 인도가 선이행의 관계에 있는 경우가 적지 않은 것, 목적물의 인도를 하지 않은 채 매매대금지급을 청구하는 것에 심리적 저항이 있는 것 등의 사정에서 원고(매도인)가 청구원인으로 목적물을 인도한 것을 주장하는 경우가 많다. 이 경우에는 매도인으로서는 본래 재항변으로 주장하여야 할 요건사실을 청구원인 단계에서 미리 주장하는 것이다.

④ 한편, 위 예에서 원고는 피고로부터 대금을 받지 못한 것을 주장하고 있는데, 이 부분과 관련하여 오히려 "지급하였다"(변제)가 피고의 항변이 되는 것이고, 대금을 받지 못하고 있다는 것은 원고의 권리발생에 필요한 사실이 아니므로 청구원인을 구성하는 것이 아니다.

⑤ 그리고 원고(매도인)는 매매계약을 증명하기 위하여 매매계약서, 주문서, 납품서, 장부 등과 같은 것을 준비하여야 한다. 특히 매매계약서는 매매의사(법률행위)가 표시되어 있는 서류로 처분문서이다. 매매계약서에 당사자의 서명, 날인, 무인이 있는 경우에는 계약서의 작성 명의인인 당사자가 그 의사에 의해 작성한 것, 즉 문서의 성립이 진정이라는 것이 추정된다(358조). 그렇다면 문서의 성립의 진정을 다투는 측이 문서의 내용을 알고 서명, 날인, 무인을 한 것이 아닌 것 등을 반증하지 않는 한, 그 추정을 뒤집을 수 없고, 결국 문서의 기재 내용대로 매매계약의 체결사실이 인정된다.

주요사실 · 간접사실

🕮 어떠한 사실이 항상 주요사실이 되거나 간접사실이 된다고 할 수 있는가.

가령 소장에서, "① 원고는 합판제조판매업을 하고 있다. ② 원고는 2020. 9. 1. 피고에게 합판 1,000장을 대금 500,000원에 매도하는 매매계약을 체결하였다. ③ 원고는 계약 당일 피고에게 위 합판 1,000장을 인도하였다. ④ 피고는 위 합판을 집수리하는 데 사용하였다. ⑤ 그런데 피고는 대금지급기일이 지나도록 원고에게 대금을 지급하지 않았다. ⑥ 그리하여 원고는 피고에게 몇 차례에 걸쳐 대금지급의 독촉을 하였으나, 피고는 지금까지 그 대금을 지급하지 않고 있다. ⑦ 따라서 원고는 피고에 대하여 위 대금의 지급을 구한다."는 내용을 기재한 소를 제기하였다고 하자.

매매대금채권 발생의 법률요건은 매매계약 체결사실이다. 이 경우에 매매계약은 특정되어야 하는데, 이를 위해서는 계약당사자, 계약의 일시, 목적물(매매대금)을 기재함으로써 충분하다고 할 수 있다. 따라서 매매대금(원금)을 청구하는 경우의 주요사실은 ②의 사실뿐이다.

①의 사실은 원고가 매도인임을 추인하게 하는 간접사실에 해당하고, ③, ④, ⑥의 사실은 원고가 피고에게 합판을 매도하였음을 추인하게 하는 간접사실에 해당된다. 특히, ③의 사실은 피고가 동시이행의 항변을 하는 경우에, 이에 대한 이행 또는 이행제공의 재항변 사실에 해당하는 것이고, ⑥의 사실은 피고가 소멸시효의 항변(민법 163조 6호)을 하는 경우에 이에 대한 소멸시효중단(민법 168조 1호, 174조)의 재항변 사실에 해당하는 것이라고 할 수 있다.

그러나 원고가 매매대금 원금이 아닌, 매매대금에 대한 지연손해금의 지급을 구하는 경우에는 사정이 달라진다. 우선, 민법이 정한 연 5%의 비율에 따른 지연손해금의 지급을 구하는 경우에는, 이른바 존재효과설에 따라 동시이행의 관계가 있으면 지체책임을 지지 않으므로 원고가 피고에게 지체책임을 묻기 위해서는 자기의 채무를 이행 또는 이행제공하였다는 점을 주장·증명할 필요가 있다. 따라서 ③의 사실이 주요사실이 된다. 다음으로, 상법이 정한 연 6%의 비율에 따른 지연손해금의 지급을 구하는 경우에는, 원고가 상인이라는 사실이 인정되어야 하므로 이 경우에는 ①의 사실도 주요사실이 된다.

4. 피고의 대응

피고 乙이 자백하는 경우를 별도로 하고, 무엇인가 乙의 변명이 있는 때의 구체적 대응으로서는 다음 여러 가지가 생각될 수 있다.

① 첫째, 乙로서는 "카메라는 산 적이 없다. 이전에 신세를 진 일 때문에 사례로 받은 것이다"라는 이유가 있는 경우이다. 이는 대금지급의 약속을 하였다는 사실의 **적극 부인**(이유부 부인)이라고 할 수 있다.

② 둘째, 乙로서는 "본 적이 없는 카메라가 우리 집에 있는 것 확실하지만, 왜 이것이 있는가 하는 점은 자기로서는 알 수 없는 일이다. 자기 아버지가 어디에서 입수하지 않았는가 생각하지만, 가물가물하여 그것도 확실치가 않다"라는 이유가 있는 경우가 있다. 이는 **부지**(不知)이다.

③ 셋째, 乙로서는 "甲으로부터 카메라를 샀지만, 그것은 유명 배우가 소지하였던 골동품 카메라로 그만한 가치가 있다는 설명을 듣고 그러한 내력의 것이라고 믿어 산 것이다. 그런데 위 카메라는 甲이 중고벼룩시장에서 구입한 것으로 판명되었다. 그래서 이 매매계약은 착오에 의하여 취소한다"라는 이유가 있는 경우가 있다. 이는 청구원인은 자백한 뒤에, 권리발생장애사실(계약의 효력발생장애사유)에 해당하는 계약의 착오에 의한 취소를 주장하는 것이다, **권리장애**(불발생)**항변**의 주장이고, 그 근거규정은 민법 109조 1항 본문이다.

④ 넷째, 乙로서는 "甲으로부터 카메라를 샀지만, 연말에 보너스를 타면 대금을 지급한다(지급기한은 2020. 12. 20.)는 기한의 정함이 있다"라는 이유가 있는 경우이다. 이는 미도래의 **확정기한**이 정함이 있다는 항변을 주장하고 있다. 유사한 대응으로, "은행으로부터 융자를 받게 되는 시기에 지급한다는 합의가 있었다"라는 이유도 생각할 수 있다. 이는 **불확정기한**이 정함이 있다는 항변이다. 이러한 항변은 그 어느 쪽도 권리배척사실로 **권리저지항변**이고, 그 근거규정은 민법 152조 1항이다.

⑤ 다섯째, 乙로서는 "甲으로부터 카메라를 샀지만, 인도를 받지는 못하였다. 카메라의 인도시까지 대금지급을 하지 않겠다"라는 이유가 있는 경우이다. 이는 권리배척사실로 **동시이행의 항변**(권리저지항변)을 주장하고 있는 것이다. 그 근거규정은 민법 536조이다.

⑥ 여섯째, 乙로서는 "대금 100만 원을 甲 측에 지참하여 갔는데, 부재중이므로 甲의 처에게 지급하였다. 무엇인가 이유에서 처가 甲에게 그 상황을 말하지 않은 것뿐이다"라는 이유가 있는 경우이다. 이는 권리소멸사실에 해당하는 변제의 주장으로 **권리소멸항변**이다.

계약의 성립·효력의 발생·효력의 소멸

📖 계약으로부터 발생한 권리를 소송물로 하는 소송에서 권리발생사유인 계약의 성립을 원고가 주장·증명하면, 피고가 권리발생장애사유, 권리행사저지사유, 권리소멸사유를 주장·증명하지 않는 한, 판결의 기준시에서 원고가 행사 가능한 권리를 가지고 있는 것으로 판단되게 된다.

- **권리발생장애사유**: 계약의 성립 과정에 있어서 그 효력의 발생을 저해하는 법률요건에 해당하는 사실(발생장애사유)이 있으면, 계약의 효력이 발생하지 않게 되고, 그 계약으로부터 생기는 권리는 발생하지 않는다. 따라서 계약의 효력의 발생장애사유는 권리발생장애사유이다. 다만, 계약의 효력이 발생하지 않는 경우에 사실상 그 계약에 기하여 이미 이행이 이루어진 때에는 법률상의 원인 없이 상대방이 이득을 얻게 되는 것이므로 이에 대한 부당이득반환청구권이 발생하는 것과 같이 계약의 효력의 발생장애사유가 권리발생사유로서 주장되는 경우가 있는 것은 물론이다. 계약의 효력의 발생장애사유로서 무효사유와 취소사유가 있다. 무효사유가 존재하면, 계약은 당초부터 전혀 효력이 생기지 않는다. 취소사유가 있는 경우는, 취소권이 행사되는 것에 의하여 계약은 처음부터 무효인 것으로 본다. 즉, 취소의 경우에 취소권이 행사되기까지 계약의 효력은 일단 생기지만, 그것은 취소권의 행사의 유무에 관계되는 불확실한 효력이고, 취소권의 행사에 의하여 처음부터 효력이 생기지 않았던 것으로 보는 것이므로(민법 141조 본문) 계약의 효력의 소멸사유가 아니라, 발생장애사유로서 취급할 것이다. 다만, 취소된 법률행위에 기하여 이미 이루어진 급부의 반환의무를 원상회복의무로 보는 입장은 취소권의 행사에 의하여 계약이 종료한 것으로 보는 것이므로 취소권의 행사는 발생장애사유가 아니라, 계약의 효력의 소멸사유로 보게 될 것이다. 의사무능력, 목적의 원시적 불능·불확정, 강행법규위반(민법 105조의 반대해석), 공서양속위반(민법 103조), 심리유보의 예외(민법 107조 1항 단서), 허위표시(민법 108조 1항)가 무효사유이고, 행위무능력(민법 5조 2항 등), 사기·강박(민법 110조 1항) 등은 취소사유이다.
- **권리행사저지사유**: 계약의 효력이 발생하면, 그 법률효과로 계약내용에 따른 권리가 발생한다. 발생한 권리는 권리의 행사를 저지하는 법률요건에 해당하는 사실(권리행사저지사유)이 없으면, 즉시 그 행사를 할 수 있다. 권리의 남용(민법 2조 2항), 시기(始期)(민법 152조 1항)는 권리행사저지사유이다. 민법총칙 규정 이외에서는 유치권(민법 320조), 보증인이 가지는 최고·검색의 항변권(민법 437조), 쌍무계약에 있어서 동시이행의 항변권(민법 536조)이 권리행사저지사유가 된다.
- **권리소멸사유**: 발생한 권리는 권리를 소멸시키는 법률요건에 해당하는 사실(권리소멸사유)이 없는 한, 그대로 존속한다. 권리소멸사유로서는 소멸시효(민법 162조 이하) 이

외에 제척기간 내지는 권리의 존속기간의 만료, 채권의 소멸사유로 규정되어 있는 변제 이하의 각 사유(민법 460조 이하)가 전형적인 것이다. 한편, 채권의 양도(민법 449조), 면책적 채무인수는 권리·의무의 주체의 변경으로 인적 측면에서 권리·의무의 소멸사유가 된다.

피고(매수인) 乙이 위와 같은 항변을 주장하는 경우에, 이에 대하여 원고(매도인) 甲이 항변사실을 부인하는 때에는, 피고(매수인)는 자기가 주장하는 항변사실을 증명할 필요가 있게 된다. 가령, 피고(매수인)는 대금지급청구라는 효과의 발생을 방해하는 권리장애규정이나 일단 성립한 권리를 소멸시키는 권리소멸규정에 해당하는 요건사실을 증명하여야 한다.

아래에서 예상되는 항변을 자세히 살펴보기로 한다.

5. 예상되는 항변

가. 동시이행의 항변

피고(매수인)는 원고(매도인)의 대금지급청구에 대하여, 원고가 목적물을 인도할 때까지 대금의 지급을 거절한다고 하는 권리주장을 동시이행의 항변으로 주장할 수 있다. 동시이행의 항변은 권리항변으로 이를 행사하는 것이 그 요건이다.

민법에서는 동시이행의 항변을, ① 쌍무계약이 있고, ② 상대방의 채무가 이행기에 있고, ③ 상대방이 채무의 이행 또는 그 제공을 하지 않고 청구를 하면, ④ 상대방이 채무를 이행할 때까지 자기의 채무의 이행을 하지 않겠다는 취지를 주장할 수 있다(민법 536조 참조)고 설명한다. 이에 따르면 언뜻 위 모두가 요건사실처럼 보인다.

그런데 대금지급청구의 청구원인에서 매도인이 매매계약체결의 사실을 주장·증명하는 것에 의하여, 매수인의 매매대금지급의무와 동시이행관계에서는 매도인의 재산권이전의무(매매의 효력에 관한 민법 568조 1항 참조)의 발생에 대한 요건사실이 함께(주장공통의 원칙에 의하여) 주장·증명된 것이 된다(즉,

매매계약체결사실에 동시이행의 항변권이 존재하는 것이 이미 자리잡고 있다). 따라서 매수인은 목적물인도채무와 대금지급채무가 동시이행의 관계(민법 568조 2항 참조)에 있다는 것의 기초사실을 주장·증명할 필요는 없다(위 ① 관련).

피고(매수인)가 주장한 동시이행의 항변에 대하여는 원고(매도인)는어떠한 반대주장을 할 수 있는가.

앞의 사안에서, 가령 甲은 '목적물인 카메라 인도 전에 대금지급을 이행하기로 합의하였다'라는 주장을 할 수 있다(위 ② 관련). 이는 선이행의 합의로, 재항변이다.

또한 甲은 카메라를 인도한 것을 주장할 수 있다(위 ③ 관련). 이는 반대급부의 이행을 말하는 것이고, 재항변이다. 목적물인도채무의 이행을 매도인이 재항변으로 주장·증명하여야 하는 것이므로 매수인은 매도인이 목적물인도채무를 이행하지 않은 것을 항변으로 주장·증명할 필요는 없다.

이와 달리 甲이 가령 '카메라를 택배서비스로 보냈으나, 乙이 부재중이라 수령되지 못하였다'라는 주장을 하는 경우에는 어떻게 되는가. 이는 카메라의 인도에 대하여 채무자인 甲이 급부의 실현에 필요한 준비를 하여 채권자인 乙의 목적물 수령이라는 협력을 구하는 것을 행한 것으로, 이행의 제공이라는 상태이다(민법 460조). 채무자는 채무의 본지에 따른 이행의 제공을 하는 것에 의하여 채무불이행책임을 면한다(민법 461조). 이행의 제공에는 이러한 면책효과가 있으나, 이행한 것과 마찬가지의 효과까지 인정되지 않는다. 그래서 쌍무계약의 당사자의 한쪽은 상대방의 이행의 제공이 있더라도 그 제공이 계속되지 않는 한, 동시이행의 항변권을 잃지 않는다(대법원 1999. 7. 9. 선고 98다13754, 13761 판결 등). 그렇다면 소제기 전에 甲이 이행의 제공을 하였어도 乙은 동시이행의 항변권을 잃지 않게 되므로 카메라를 택배서비스로 보냈지만, 乙이 부재로 수령되지 못하였다는 사실을 甲이 주장하더라도 의미가 없다. 즉, 甲의 주장 자체 이유 없게(=실당(失當)하게) 된다.

위에서 살펴 본 결과, 결국 피고가 동시이행의 항변으로 주장·증명하여야 하는 **요건사실**은 위 ④ **상대방이 채무를 이행할 때까지 자기의 채무의 이행을 하지 않겠다는 취지를 주장하는 것만**이고, 이 때문에 권리항변의 전형적 예로 동시이행의 항변을 들고 있는 것이다.

가령, 반대급부 이행의 재항변이 인정된 경우의 판결 이유 기재례는 다음과 같다.

> 피고는 원고로부터 이 사건 카메라를 인도받을 때까지는 원고의 청구에 응할 수 없다고 동시이행의 항변을 하므로 살피건대, 매매의 경우 매도인의 목적물 인도의무와 매수인의 매매대금 지급의무는 일반적으로 동시이행관계에 있는 것이므로 이 사건 계약에서도 피고는 원고의 위 카메라 인도의무와 상환으로써만 그 매매대금을 지급할 의무가 있다 할 것이나, 한편 (증거를) 종합하면 원고가 20OO. OO. OO. 피고에게 위 카메라를 인도한 사실을 인정할 수 있으므로 (이 점을 지적하는 원고의 재항변은 이유 있고) 결국 피고의 위 항변은 이유 없다.

법원이 동시이행의 항변을 인정하는 때에는 상환이행판결을 하게 된다.

상환이행판결은 원고가 피고에게 일정한 의무를 이행하는 것과 동시에(상환으로) 피고로 하여금 일정한 의무의 이행을 하도록 명하는 판결이다.

원고가 처음부터 상환이행의 판결을 구한 경우는 물론이거니와, 원고는 단순이행을 청구하고 있는데, 피고가 동시이행의 항변(또는 유치권의 항변)을 하고 그것이 정당하다고 인정되는 때에도 특히 원고가 반대의 의사를 표시하지 않는 한, 원고의 청구를 기각하는 판결이 아니라, 피고에게 원고의 채무이행과 상환으로 피고의 채무를 이행할 것을 명하는 취지의 판결이 선고된다. 그런데 단순이행청구에 대하여 상환이행판결을 하는 경우에는 원고의 청구를 모두 인용하는 것이 아니므로 판결의 주문에 반드시 「원고의 나머지 청구를 기각」하는 취지가 표시되게 된다. 주문에서 반대의무의 내용이 명확히 나오게 된다. 그렇지 않으면 집행불능의 판결이 되기 때문이다.

상환이행판결의 주문 기재례는 다음과 같다.

> 피고는 원고로부터 카메라를 인도받음과 동시에(또는 상환으로) 원고에게 1,000,000원을 지급하라.

이러한 판결로 강제집행을 하려고 하는 때에는 '반대의무의 이행 또는 그 제공을 하였다는 것'의 증명이 집행개시요건이 된다(민사집행법 41조 1항).

나. 이행지체를 이유로 한 해제

(1) 의 의

채무의 이행이 가능한데도 이행을 하지 않는 것이 이행지체이다. 그리고 계약의 해제란 유효하게 성립한 계약의 효력을 당사자 일방의 의사표시에 의하여 소급적으로 소멸케 하여 계약이 처음부터 성립하지 않은 것과 같은 상태로 복귀시키는 것을 말한다.

발생근거와 관련하여 해제권은 법정해제권과 약정해제권으로 나뉘는데, 법정해제는 당사자의 일방에게 채무불이행이 있는 경우에 상대방에게 인정되는 해제로, 여기서는 이행지체를 이유로 한 법정해제에 대하여 언급하고, 이행불능을 이유로 한 법정해제는 항목을 바꾸어 설명하기로 한다.

법정해제에는 민법 544조부터 546조까지 규정되어 있는 일반적 채무불이행에 의한 해제 이외에 각종 계약에 특유한 것(가령 매도인의 담보책임)도 있다.

계약 당사자는 해제권이 발생한 경우에 이를 행사하여 계약관계를 해소할 수 있다. 해제는 상대방에 대한 의사표시로 한다(민법 543조 1항). 일단 해제의 의사표시를 하면, 이를 철회할 수 없다(동조 2항).

해제의 법적 효과에 대해서는 논쟁이 있기는 하지만, **판례** 및 **통설**인 **직접효과설**에서는 해제가 있으면, 계약은 소급적으로 그 효과가 소멸하는 것으로 풀이되므로 해제는 매매계약에 기한 대금지급청구의 청구원인에 대한

항변이 된다. 권리의 발생의 장애를 가져오는 기능을 가지는 것처럼 보이지만, 해제되기까지는 계약이 유효하므로 일단 유효하게 발생한 권리를 해제에 의하여 소멸시키는 기능을 가지고 있는 것으로 보아 **권리소멸항변**으로 보고자 한다.

(2) 이행지체의 요건사실

이행지체를 이유로 한 법정해제의 요건사실(민법 544조)을 크게 나누어보면, 이행지체인 것, 그리고 해제의 절차적 요건으로 구성되어 있다.

여기서 이행지체의 요건사실은 체계서에서, ㉮ **채무가 이행 가능한 것**, ㉯ 채무의 이행기가 경과한 것, ㉰ **채무자가 이행기에 이행하지 않은 것**, ㉱ **이행하지 않은 것이 채무자의 귀책에 기한 것**, ㉲ **이행하지 않은 것이 위법한 것**으로 보고 있다.

그런데 위 ㉮와 관련, 채무는 통상적으로 이행이 가능하므로 이는 이행지체의 요건이 되지 않는다.

그리고 위 ㉰ 주장·증명책임의 분배의 기본원리인 공평의 관점에서 본다면 乙에게 불이행의 주장·증명책임이 있는 것이 아니라, 상대방인 甲 측에게 이행에 대한 주장·증명책임이 있다. 채무의 이행(변제)은 甲의 **재항변**이라는 입장에 따른다(후술하듯이 논의가 있음).

또한 위 ㉱에서, 반대사실인 귀책사유가 없다는 것이 甲의 **재항변**이 된다.

그리고 위 ㉲는 이행하지 않은 점에 있어서 甲 측에 정당한 사유가 없다는 것으로(채무자가 동시이행항변권이나 유치권을 가지고 있지 않다는 것이므로 원칙적으로 채권자가 주장하는 계약 내용으로부터 동시이행항변권 등의 존재가 분명하지 않는 한) 이행지체의 요건이 되지 않는다고 본다.

결국, ㉯ 채무의 이행기가 경과한 것이 이행지체의 요건사실인데, 이행기의 정함의 여하에 따라 이행지체사실은 다음과 같다.

피고가 항변으로 원고의 이행지체를 문제 삼는 경우이다.

이행기의 정함이 있는 경우
- **확정기한**(민법 387조 1항 전문) ▸ 확정기한의 약정사실, ▸ 기한의 도래사실
- **불확정기한**(387조 1항 후문) ▸ 불확정기한의 약정사실, ▸ 기한의 확정 및 확정된 기한의 도래사실, ▸ 원고가 기한의 도래를 안 사실

이행기의 정함이 없는 경우
- 원고에게 채무의 이행을 청구한 사실(민법 387조 2항)
- 원고가 상당한 기간 내에 이행 또는 이행의 제공을 하지 않은 사실에 대하여는 누구에게 주장·증명책임이 있는가에 관하여 논의가 있음

(3) 이행지체를 이유로 한 해제의 요건사실

이행지체의 요건사실에 더하여 이행지체를 이유로 한 해제의 요건사실은 다음과 같다.

❶ 원고가 채무의 이행을 지체한 사실
- 채무의 발생원인사실
- 채무의 이행기가 경과한 것 – 이행기의 종류에 따라 위 설명 참조

❷ 원고에게 (상당한 기간을 정하여) 이행을 최고한 사실
- 민법 544조의 규정에도 불구하고, 최고는 반드시 미리 일정기간을 명시하여 최고하여야 하는 것은 아니며, 최고한 때로부터 상당한 기간이 경과하면 해제권이 발생
- 따라서 최고에 「상당한 기간」을 정하는 것이 요건사실이 아님
- 과다최고는 원칙적 부적법 – 이행최고가 본래 이행하여야 할 채무액을 초과하는 금액의 이행을 요구하는 내용일 때에는 그 과다한 정도가 현저하고 그 금액을 제공하지 않으면 그것을 수령하지 않을 것이라는 의사가 분명한 경우에는 그 최고는 부적법하고 이러한 최고에 터 잡은 계약해제는 그 효력이 없다(대법원 1994. 11. 25. 선고 94다35930 판결).
- 기한의 정함이 없는 채무에 대하여 이행청구를 한 경우에는(민법 387조 2항 참조) 여기서 다시 최고를 할 필요 없음
- 채무자가 미리 이행하지 아니할 의사를 표시한 경우(민법 544조 후문) – 최고 불요

- 정기행위(민법 545조) – 최고 불요
- 그런데 이 법정해제의 요건을 경감하는 특약은 원칙적으로 유효하므로 최고 없이도 해제할 수 있게 하는 특약(무최고해제특약)을 할 수 있음

❸ 최고 후 상당기간의 경과

- 최고에 「상당한 기간」을 정하는 것이 요건사실이 아니고, 요건사실로는 최고로부터 해제의 의사표시까지 「상당한 기간이 경과한 것」으로 충분함

❹ 원고가 상당한 기간 내에 이행 또는 이행의 제공을 하지 않은 사실

- 이를 **해제의 요건사실로 보는 입장**(즉, 주장·증명책임은 채권자에게 있음)도 있음 – 계약 본래의 채무의 이행을 구하는 경우와 같이 채무의 이행 여부가 채무소멸원인으로서 다루어지는 경우에는 채무의 이행이 권리소멸사실로 되어 채무자측에 그 주장·증명책임이 있으나, 계약해제에 있어서는 채무자의 이행지체사실이 계약해제권의 발생사실이 되므로 그 주장·증명책임은 채권자에게 있다 할 것임(사법연수원, 요건사실(2019), 36–37면)
- 그러나 변제는 변제자가 주장·증명책임을 진다는 관점에서 **해제의 요건사실로 볼 수 없다는 입장**도 있음 – 최고 후 상당한 기간 경과 전(해제의 의사표시 도달 전)에 변제의 제공이 이루어진 경우에는 해제권은 발생하지 않음 – 그 결과 해제의 항변에 의한 법률효과의 발생이 장애되어 청구원인에 기한 대금청구가 인정되게 되므로 위 변제의 제공은 해제의 **재항변**으로 기능함

❺ 피고가 (상당한 기간 경과 뒤) 해제의 의사표시를 한 사실

- **도달주의**에 의하여 그 통지가 원고에게 도달한 때에 효력이 생기므로(민법 111조 1항) 도달한 사실까지 포함
- 최고시에 일정기간 내에 이행하지 않으면 다시 해제의 의사표시를 하지 않더라도 당연히 계약은 해제된다는 의사표시를 한 경우(최고기간 내에 이행이 없는 경우라는 정지조건부 해제로 그 유효성 인정)에 최고기간의 경과로 계약은 곧 해제됨
- 그런데 「이행이 없는 경우」라는 부분은 이행이 있으면 해제권이 발생하지 않는다는 법률상 당연히 생기는 효과를 정하는 것(특히 의미 없는 합의)에 지나지 않는다고 해석하는 것에 의하여, 결국 「최고기간이 경과한 때에 해제한다」라는 **정지기한부해제**의 의사표시가 남게 된다고 할 것임
- 한편, 해제의 의사표시 전에 이행불능이라면 채무가 소멸하고 이행지체가 될 여지가 없으므로 이행불능은 그것이 채무자의 귀책사유가 있는지 여부와

상관없이 원고가 주장할 수 있는 **재항변**이 되고, 반면 해제의 의사표시 후에 이행불능이 되더라도 해제의 효과는 이미 생겼으므로 재항변으로 의미는 없음

- 최고는 물론 해제의 의사표시조차도 필요 없이 자동적으로 해제된 것으로 간주하는 특약(실권약관 내지는 당연해제특약)도 가능하나, 이는 채무자에게 불리한 결과가 되므로 신의성실에 따라 특약의 내용을 엄격하게 해석하여야 함

❻ 최고 전에 피고가 자기 채무에 대하여 이행 또는 이행의 제공을 한 것

- 원고의 대금지급채무와 피고의 재산권이전의무가 **동시이행관계**에 있는 것, 즉 대금지급채무에 동시이행의 항변권이 부착되어 있으므로 해제를 주장하는 피고는 자신의 재산권이전의무의 이행 또는 이행의 제공을 주장·증명할 필요가 있음

보통 이행지체에 의한 해제의 요건사실은 보통 다음과 같이 주장하게 된다.

1. 피고는 원고에게 2020. 7. 31. 이 사건 매매대금 전액의 제공을 하고, 본건 카메라를 인도하도록 최고하였다.
2. 최고 후, 상당기간의 말일인 같은 해 8. 15.이 경과하였다.
3. 피고는 원고에게 같은 해 8. 16. 도달의 서면으로 본건 매매계약을 해제한다는 의사표시를 하였다.

다. 이행불능을 이유로 한 해제

계약 당사자 한 쪽의 채무가 이행불능이 된 경우에 상대방은 최고를 하지 않고 곧바로 계약을 해제할 수 있다(민법 546조). 이러한 이행불능해제는 이행지체해제와 달리, 무(無)최고 해제의 전형적 예이므로 해제를 위한 최고는 그 요건사실이 아니다. 이행을 최고한다는 것이 의미가 없기 때문이다.

성질상 매수인의 대금지급의무의 이행불능은 생각하기 어려우므로 매도인의 채무인, 목적물인도의무나 소유권이전등기의무가 이행불능이 된 경우

가 주로 문제된다.

그런데 이행불능이 된 경우에 채권자(매수인)는 더 이상 채무자(매도인)에게 급부를 청구할 수 없고, 채무자에게 그에 대한 귀책사유가 있는 이상, 채무자(매도인)의 본래의 채무는 손해배상채무로 대체된다(민법 390조. 이행이익의 배상을 내용으로 하는 전보배상).

그럼에도 이행불능에 있어서 계약을 해제하여야 할 필요성은 (위와 같이 불능으로 말미암아 손해배상채권으로 전환될 뿐인데)손해배상을 받기 위해서 (쌍무계약에서반대급부청구권과 동시이행관계가 유지되므로) 쌍무계약의 경우에 있어서 자기의 채무를 이행하여야 함에서 비롯된다(다만, 해제의 경우에 그 당사자는 민법 551조에 따른 손해배상청구권을 가진다).

여기서 채무의 이행이 불능이라는 것은 단순히 절대적·물리적으로 불능인 경우가 아니라 사회생활에 있어서의 경험법칙 또는 거래상의 관념에 비추어 볼 때 채권자가 채무자의 이행의 실현을 기대할 수 없는 경우를 말한다.그리고 여기서 이행불능이란 후발적 불능을 말하고, 계약 성립 이전에 이미 이행이 불가능한 경우는 계약체결상의 과실 또는 하자담보책임으로 논의된다.

항변으로 이행불능을 이유로 한 해제의 요건사실은 다음과 같다.

❶ 채무이행이 불가능한 사실
❷ 해제의 의사표시

매수인이 이행불능을 이유로 한 해제를 함에 있어서는 상대방의 급부가 불가능한 이상, 그 급부와 매수인의 급부가 동시이행관계에 있다고 하더라도 그 이행의 제공이 필요하지 않다.

그리고 이행불능을 이유로 한 해제를 함에 있어서 채무자의 귀책사유가 있어야 하는데(민법 546조),원칙적으로 채무자가 채무의 이행을 책임지는 것이므로 채무자가 자신의 「귀책사유 없음」을 증명하여야 한다. 여기서는 「귀책사유 없음」이 해제의 항변에 대한 **재항변**이 된다.

이와 관련하여, 이행지체 중에 이행불능이 된 경우에는 그 이행불능은 채무자의 책임으로 돌아갈 사유에 의한 이행불능으로 평가된다. 이는 위 재항변인 채무불이행에 채무자의 귀책사유가 없다는 평가를 장해하는 평가장애사실이 되는 것을 의미한다. 따라서 「이행불능이 이행지체 중에 생긴 사실」은 채권자가 주장·증명하여야 할 **재재항변**이다.

라. 매도인의 하자담보책임에 기한 해제

매매 목적물이 특정물인 경우에, 이것에 흠이 있는 경우에는 피고(매수인)는 항변으로 하자담보책임에 기한 해제를 주장할 수 있는데(민법 580조 1항 1문), 그 요건사실은 다음과 같다.

❶ 매매계약 당시, 목적물에 하자가 있는 사실
❷ 하자로 인하여 계약의 목적을 달성할 수 없는 사실
❸ 그 매매계약을 해제한다는 의사표시를 한 사실

이에 대하여 원고(매도인)는 **재항변**으로서(민법 580조 1항 2문 참조), 매매계약 당시에 하자에 대해 매수인인 피고가 알았거나(악의) 또는 과실로 인하여 이를 알지 못한 사실(과실의 평가근거사실)을 주장·증명할 수가 있다.

한편, 매매의 목적물이 **불특정물인 경우**에는 매매 목적물이 특정된 시점(특정이 있기 전에는 아직 담보책임이 문제될 여지가 없다)을 기준으로 목적물의 하자 여부를 판단하여야 하는 것(민법 581조) 이외에는 위와 마찬가지이다.

위 해제권은 매수인이 하자가 있는 사실을 안 날로부터 6월 내에 행사하여야 한다. 이는 법원이 직권으로 고려할 사항이다.

마. 변제의 항변

변제에 의하여 채권은 목적을 달성하고 소멸한다. 매수인은 채권의 소멸원인으로 변제를 주장·증명할 수 있다.

처음의 사안에서, 乙이 대금 100만 원을 甲의 처에게 주었다는 주장(변제항변)에 대하여, 甲은 그런 사실은 없다고 부인(否認)할 수 있다. 또한 乙이 甲 본인에게가 아니라, 처에게 100만 원을 준 것은 甲에 대한 매매대금지급이라고 할 수 없다는 甲의 주장도 상정할 수 있는데, 이 주장도 본래의 변제라고 할 수 없다는 취지의 부인이다. 다만, 乙은 甲의 처는 甲의 사자(使者)이고, 처에게 건네준 것은 甲에게 건네 준 것이 된다는 재반론을 하게 될 것이다.

그런데 제3자에게 변제한 경우에는 제3자에게 변제한 사실, 제3자가 변제수령권한을 수여받은 사실까지 주장·증명하여야 한다.

잠깐, 지급한 금액이 채무 전부를 소멸시키기에 부족한 경우의 변제충당에 있어서 법정변제충당의 방식은 다음과 같다(변제충당에 대하여 자세히는 별도 설명). 변제기에 있는 채무와 변제기에 있지 않은 채무가 있으면, 전자의 변제에 충당한다(민법 477조 1항). 채무전부의 이행기가 도래하였거나 도래하지 아니한 때에는 채무자에게 변제이익이 많은 채무의 변제에 충당한다(동조 2항).

바. 행위제한능력 취소

> 가령, 甲이 乙에게 카메라를 팔았지만, 매매대금이 지급되지 않았다고 주장하여 그 지급을 구하는 소에 있어서 乙은 "매매계약 당시 자신은 미성년자이었으므로 매수의 의사표시를 취소한다"고 주장하고, 이에 대하여 甲은 "乙이 성인인 것처럼 사술(詐術)을 사용하였기 때문에 취소할 수 없다"고 반론한다고 하자.

위 예에서, 가령 청구원인사실인 매매계약이 성립한 사실이 인정된다고 하더라도 피고로서는 미성년자이며, 매매계약체결의 의사표시를 취소하였기 때문에 매매계약은 무효가 되고(민법 141조), 그 결과 매매대금의 지급의무가 없다고 **항변**하는 것이다.

이에 대하여 원고는 가령 항변대로 피고가 미성년자이며 매매의사표시를 취소하였다고 하더라도 피고가 속임수(사술)을 사용하였기 때문에 그 의사표시를 취소할 수 없다고 주장하고 있는 것으로, 이는 **재항변**이다(민법 17조).

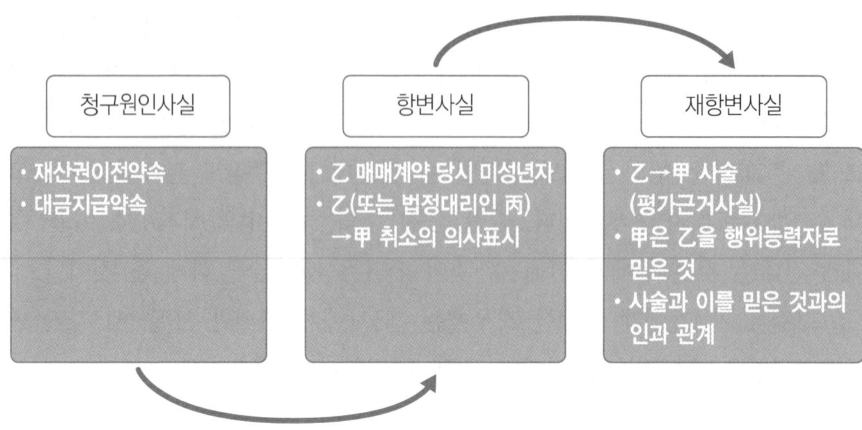

사. 조건과 기한 – 부관

처음의 사안에서, 매매계약시에 대금지급기일을 1개월 후로 약정하였고 하자. 매매계약을 포함한 이전형(移轉型) 계약에서는 원칙대로 계약의 성립과 동시에 계약에서 생기는 권리를 행사할 수 있는데, 이를 전제로 한다면, 위와 같이 당사자가 의사표시(합의)에 의하여 법률행위에 부가한 약관, 즉 「부관(附款)」은 계약 본체와 가분(可分)의 사실이 된다.

이 부관이 정지조건이라면 장애효과가(민법 147조 1항), 이행기한이라면 저지효과가(민법 152조 1항), 나아가 해제조건 또는 종기라면 소멸효과가(민법 147조 2항, 152조 2항) 발생하고, 그 어느 것도 권리행사를 부정하는 피고로서는 유리한 것이 된다. 따라서 이전형 계약에서 부관의 사실은 이에 의하여 이익을 받을 피고가 주장·증명하여야 할 항변이 된다(**항변설**).

예를 들어 다음과 같이 주장한다.

> 원고는 피고와 본건 매매계약 체결 시에 대금지급기한을 2020. 8. 1.로 합의하였다.

이때에 피고는 기한의 합의가 존재하는 것만을 주장하면 되고, 기한이 아직 도래하지 않은 것은 주장하지 않아도 된다. 기한의 도래는 원고가 **재항변**으로 주장하여야 한다. 그런데 실제 소제기 전에 이미 확정기한이 도래하고 있는 경우에는 기한의 항변이 간단히 배척되게 되므로 기한의 항변에서 그 것이 확정기한인 경우에는 변론종결 시까지는 도래하지 않을 기한을 가지고 주장하는 것이 아니라면 그 항변의 실제 의미가 없을 것이다.

기한에서는, 기한의 도래에 의하여 부관의 효과가 소멸하고, 정지조건에서는, 조건의 성취에 의하여 부관의 효과가 소멸한다. 따라서 이러한 사실이 원고의 **재항변**이 된다.

아. 약정해제

당사자는 계약에 의하여 어느 한쪽이 계약을 해제할 수 있는 권리를 유보할 수 있는데, 이를 약정해제권이라 한다. 가령 (특히 부동산매매에서)매매계약 체결 시에 매매대금의 10% 정도의 금액이 계약금으로서 매수인으로부터 매도인에게 교부되는 경우가 많은데, 다른 약정이 없는 한, 당사자 한쪽이 이행에 착수할 때까지 매도인은 계약금의 배액을 상환하고, 매수인은 계약금을 포기하고 각 매매계약을 해제할 수 있다(민법 565조 1항). 즉, 이를 해약금으로 추정한다. 상대방에게 과실이 없어도 해제할 수 있다. 계약금을 주고받은 행위 가운데 그렇게 자유롭게 해제할 수 있는 것이 합의되었다고 풀이할 수 있기 때문이다.

이러한 해약금 해제의 항변에 대하여 원고는 ① 계약금을 해약금으로 하지 않기로 약정한 사실, 또는 ② 당사자 일방이 해제의 의사표시가 있기 전에 이행에 착수한 사실 등을 주장하여 약정해제의 효력을 다투는 **재항변**을 할 수 있다.

계약금 관련

📖 甲(매도인)이 2020. 3. 1. 乙(매수인)에게 부동산을 2억 원에 매도하는 계약 체결에 있어서 다음과 같은 계약서 내용이 있다고 하자.

- 2020. 3. 1. 매매계약 동시에 乙이 甲에게 2,000만 원 지급완료
- 2020. 4. 1. 중도금 8,000만 원 약정
- 2020. 5. 1. 잔대금 1억 원 약정

가령, 다른 약정이 없는 경우, 계약금은 해약금으로 추정되므로 2020. 3. 31.까지 甲은 乙에게 계약금의 배액인 4,000만 원을 지급하고, 乙은 甲에게 지급한 계약금 2,000만 원을 포기하고 각 매매계약을 해제할 수 있다. 그런데 乙이 2020. 4. 1. 甲에게 중도금 8,000만 원을 지급하면, 계약금의 배액을 상환하거나 계약금을 포기하더라도 계약을 해제할 수 없다. 乙도 계약을 해제할 수 없다(대법원 2000. 2. 11. 선고 99다62074 판결).

그런데 乙이 약정대로 2020. 4. 1. 중도금 8,000만 원을 지급하고, 2020. 5. 1. 잔대금 1억 원을 이행제공하였음에도 甲이 소유권이전등기를 하여 주지 않을 경우에, 乙은 甲의 이행지체를 이유로 계약해제(법정해제)를 할 수 있다. 나아가 원상회복으로 甲은 乙로부터 받은 돈 1억 원(계약금 2,000만 원+중도금 8,000만 원)에다가 민법 548조 2항에 의하여 받은 날로부터 이자를 가산하여 乙에게 반환하여야 한다. 그리고 乙은 손해가 있을 경우에 손해배상을 청구할 수도 있다.

한편, 乙이 甲의 계약위반을 이유로 甲을 상대로 계약금 상당액 2,000만 원의 지급을 구하는 경우에 위약금 약정이 없는 한, 이는 인용될 수 없다. 계약금 자체는 위약금이나 손해배상액의 예정이 아니라는 것은 이러한 의미이다.

만약, 위약금 약정의 예로 볼 수 있는 것은 다음과 같은 경우이다. "甲이 계약위반하면 乙에게 계약금의 배액을 지급하고, 乙이 계약위반하면 甲에게 계약금의 반환을 요구할 수 없다(또는 계약금을 포기한다)"와 같이 '계약위반'이라는 표현이 있는 경우이다.

자. 사기에 의한 취소

가령 甲의 매매계약에 기한 대금지급청구에 대하여, 乙은 다음과 같이 주장한다고 하자.

나(乙)는 甲으로부터 X토지의 인접지에 새로운 고속철 역사와 역세권 지역성장거점 개발계획이 있어 장래 X토지가 값이 왕창 오를 것이라는 말을 믿고 X토지를 매수하였다. 그런데 새로운 역사 개발과 지역성장거점 개발계획 등과 같은 말은 전혀 엉터리로 나는 甲에게 속았다. 그 때문에 나(乙)는 2020. 2. 1. 甲에게 이 사건 매매계약의 취소를 통지하였다.

법률행위의 취소가 있으면, 그 법률행위는 처음부터 무효인 것으로 본다(민법 141조 본문). 따라서 위 사안에서, 甲의 매매계약에 기한 대금지급청구에 대하여, 乙은 해당 매매계약의 사기취소를 주장하여(민법 110조 1항 참조) 대금의 지급을 거절할 수 있다(한편, 동기의 착오에 의한 취소 주장에 대하여도 검토할 수 있는데, 이는 앞에서 이미 언급하였다). 이 주장은 청구원인에 기한 법률효과를 소멸시키는 것으로 항변이다.

甲·乙 매매계약에 있어서 사기에 의한 취소의 요건사실은 다음과 같다.

❶ 甲 → 乙 기망행위
❷ 기망행위에 의하여 乙 착오
❸ 乙 착오에 의하여 매매계약의 의사표시
❹ 乙 → 甲 취소의 의사표시

- 취소의 의사표시와 관련, 취소는 소송 밖에서 취소의 의사표시를 하고, 그 사실을 소송에서 주장하여도 되지만, 취소의 상대방이 소송 당사자인 경우에는 소송에서 취소의 의사표시를 하더라도 무방하다(그리고 의사표시만을 취소하는 것이 아니라, 매매계약을 취소하는 것이다).

한편, 나아가 위 매매계약에 기하여 이미 급부가 행하여진 경우에는 부당이득반환의 법리에 의하여 그 급부가 반환(매매대금이 지급된 경우에는 매매대금의 반환)되어야 한다(민법 741조). 계약이 취소되면 법률행위가 처음부터 무효인 것으로 본다(민법 141조 본문)는 규정으로부터 무효의 경우와 마찬가지로 이를 **부당이득반환청구권**으로 보는 것이다. 이를 부당이득반환청구권으로 보지 않고, 취소된 법률행위에 기해 발생한 법률행위의 종료에 기한 **원상회복청구권**으로 보는 입장도 있을 수 있다.

이미 이행된 급부반환의 경우에 위와 같은 사기에 의한 취소의 요건사실 이외에 다음 사실을 주장·증명할 필요가 있다.

❶ 매매계약을 체결한 사실
❷ 매매계약에 기하여 특정한 급부를 한 사실

만약, 위 사안에서 소정의 계약금이 교부되었고, 피고의 주장대로 매매계약이 사기에 의하여 취소된다면, 피고는 교부된 계약금의 반환을 구할 수 있을 것이다. 계약금 계약은 매매계약이 유효하게 존재하는 것을 전제로 하고 있기 때문이다.

그 요건사실은 다음과 같다.

❶ 매매계약을 체결한 사실
❷ 계약금을 지급한 사실
❸ 매매계약이 취소된 사실

그런데 피고로서는 본건에 대한 판결이 피고에게 유리하게 확정된 뒤에 별소를 제기하여 계약금의 반환을 청구하여도 되지만, 분쟁을 한꺼번에 해결하기를 원한다면, 반소를 제기하면 된다. 반소를 제기하면 본소와 동일한 법원에서 같은 시기에 판결을 받을 수 있다. 그러나 반소는 어떠한 경우라도 제기할 수 있는 것이 아니라, '본소의 청구 또는 방어의 방법과 서로 관련이 있어야 하는 경우'이어야 한다(269조 1항 참조). 이 요건에 해당하지 않으면 반소의 제기는 허용되지 않기 때문에 별소를 제기할 수밖에 없다. 여기서는 사기취소라는 피고의 방어방법(그 결과는 계약의 무효를 가져온다)과 관련되는 청구라고 할 수 있기 때문에 위 반소의 요건을 결여하는 것은 아니라고 볼 수 있다.

6. 부대청구

매매대금청구소송에 있어서, 실무상 매매대금 원금과 함께 부대청구로 목적물 인도 후의 이자 상당분의 금전의 지급을 구하는 경우가 흔하다.

그 법적 근거는 민법 587조 2문의 매수인은 목적물의 인도를 받은 날로부터 대금의 이자를 지급하여야 한다는 규정이다(그러나 동조 단서에는 대금의 지급에 대하여 기한이 있는 때에는 그러하지 아니한다고 하고 있다). 즉, 매수인은 매매대금의 지급을 지체하고 있더라도 목적물을 인도받을 때까지 이자를 지급할 필요가 없으며, 매수인은 목적물의 인도를 받은 날로부터 이자를 지급하면 된다.

위 부대청구는 매매대금청구와 법적 성질이 다른 것이므로 별도로 다음과 같은 요건사실을 주장하여야 한다.

그런데 그 성질에 대하여 「지연손해금」(지연이자)이라는 입장과 법정이자라는 두가지 입장이 있다.

가. 지연손해금이라는 입장

그 성질에 대하여 「**지연손해금**」(지연이자)이라는 입장이 있다.

❶ 甲과 乙 사이에 매매계약을 체결한 것
- 이행지체에 기한 손해가 있다는 것의 전제가 되는 채무의 존재를 말하기 위함

❷ 甲이 乙에게 위 ① 매매계약에 기한 목적물을 인도한 것
- 동시이행항변권의 존재효과설에 의하여 甲은 위 매매계약의 체결 이외에 자신의 채무인 목적물을 인도한 것(목적물이 부동산인 경우는 소유권이전의무의 이행 또는 이행의 제공사실)을 마저 주장·증명하여야만 됨
- 이는 동시이행의 항변권의 존재효과를 소멸시키기 위함

위 ② 부분을 좀 더 설명하면, 동시이행항변권의 본래적 효력인 이행거절권은 상대방으로부터 청구를 받은 자가 이를 행사하지 않으면 발생하지 않는 것이지만, 한편 항변권의 존재 자체만으로도 이행지체책임의 발생을 막는 효력이 있으므로(존재효과설) 원고(매도인)로서는 매매계약에 있어서 매매계약의 체결 이외에 자신의 채무인 목적물을 인도한 것(목적물이 부동산인 경우는 소유권이전의무의 이행 또는 이행의 제공사실−소유권이전에 관련된 등기서류를 교부 또는 제공한 사실)을 마저 주장·증명하여야만(다만, 지연손해금을 구하지 않고, 단지 매매대금지급만 구하는 경우에는 소유권이전의무의 이행 또는 이행의 제공사실은 요건사실에 해당하지 않는다) 피고(매수인)의 매매대금지급채무가 비로소 이행지체에 빠질 수 있게 된다.

❸ 가령, 대금지급기한에 관하여 기한의 정함이 없는 경우라면, 甲이 乙에게 매매대금의 지급을 구하는 최고를 한 것
- 이행이 지체된 것을 나타내기 위함

위 ③ 부분을 좀 더 설명하면, 이행이 지체된 것을 근거 짓기 위하여 변제기가 경과한 것을 주장할 필요가 있는데, 대금지급기한에 관한 약정이 있는 경우에 그 기한이 확정기한이라면, 확정기한에 관한 약정사실만 주장·증명하면 되고, 그 기한의 도과 여부는 법원에 현저하므로 이에 대한 별도의 주장·증명은 필요하지 않다. 그 기한이 불확정기한이라면, 채무자가 기한이 도래함을 안 때로부터 지체책임을 지므로 매도인으로서는 불확정기한에 관한 약정사실 이외에 불확정기한이 도래한 사실과 채무자인 매수인이 일정 시점에서 그 기한의 도래를 안 사실까지 주장·증명하여야 한다. 한편, 기한의 정함이 없는 경우에는 채무자는 이행청구를 받은 때로부터 지체책임을 지므로 매도인으로서는 기한이 정함이 없이 매도한 사실과 매도인이 일정 시점에서 매매대금지급의 이행을 청구한(가령, 최고) 사실을 주장·증명하여야 한다(민법 387조 2항).

❹ 손해의 발생과 그 액수
- 손해를 말하기 위함

위 ④ 손해의 발생 및 그 범위는 원고가 주장·증명할 사실이나, 매매대금채무와 같은 금전채무를 이행하지 않은 경우에는 민법 397조에서 특칙을 정하고 있다. 즉, 민사법정이율에 의한 지연손해금을 주장하는 경우에는 별도의 사실을 증명하지 않더라도 민법 397조를 적용하여 매매대금에 대한 연 5%의 민사법정이율에 의한 금원을 손해로 인정할 수 있다. 한편, 상사법정이율인 연 6%의 지연손해금을 주장하는 경우에는 매매대금채무가 상행위로 발생한 사실을 주장·증명하여야 하는데(상법 54조), 상인의 행위는 영업을 위하여 하는 것으로 추정하고(상법 47조 2항), 상인이 영업을 위하여 하는 행위는 상행위로 보므로(상법 47조 1항) 결국 상인의 행위로 매매대금채무가 발생한 사실, 즉 매매계약 당사자의 일방이 상인인 사실을 주장·증명하면 특별한 사정이 없는 한, 상사법정이율의 적용을 주장할 수 있게 된다. 즉, 상법 소정의 연 6%의 이율로 청구하기 위해서는 매매가 상행위이거나 당사자의 일방이 상인임을 표시하는 내용을 적어야 한다.

1. 원고는 카메라 판매도매업을, 피고는 카메라 판매소매업을 각 경영하고 있다.
2. 원고는 2020. 7. 1. 피고에게 OO카메라 100대를 대금 1,000만 원에 대금지급기일을 2020. 7. 31.로 정하여 매도하였고, 같은 날 위 카메라 100대를 인도하여 주었다.
3. 그렇다면 피고는 원고에게 매매대금 1,000만 원 및 이에 대한 대금지급기일 다음 날인 2020. 8. 1.부터 이 사건 소장 부본 송달일까지는 상법이 정하는 연 6%의, 그 다음 날부터 다 갚는 날까지는 「소송촉진 등에 관한 특례법」이 정하는 연 12%의 각 비율에 의한 지연손해금을지급할 의무가 있다 할 것이다.

이와 달리, 원고가 약정비율에 의한 지연손해금의 지급을 주장하는 경우에는 지연손해금 비율에 관한 약정사실을 주장·증명하여야 한다.

원고는 2020. 7. 1. 피고에게 OO카메라 100대를 대금 1,000만 원에 매도하고, 대금지급기일은 2020. 7. 31.로 하되, 그 기일이 지나면 월 2%의 비율에 의한 지연손해금을 받기로 약정하고, 같은 날 피고에게 위 OO카메라 100대를 인도하였다.

그렇다면 피고는 원고에게 위 OO카메라 대금 1,000만 원 및 이에 대한 대금지급기일 다음 날인 2020. 8. 1.부터 다 갚는 날까지 월 2%의 비율에 의한 약정지연손해금을 지급할 의무가 있다.

나. 법정이자라는 입장

한편, 그 성질에 관하여 「법정이자」라는 입장이 있다. 이 입장에 의하면, 위 ①, ② 사실 이외에, ③ 위 ②의 인도의 시기 및 그 시기 이후의 기간의 경과를 주장·증명하면 충분하다.

❶ 甲과 乙 사이에 매매계약을 체결한 것
❷ 甲이 乙에게 위 ① 매매계약에 기한 목적물을 인도한 것
❸ 위 ②의 인도의 시기 및 그 시기 이후의 기간의 경과

7. 보전수단

가령 甲이 乙에 대한 매매계약에 기한 대금지급청구소송에 있어서, 채무자 乙이 유일한 재산인 X토지를 丙에게 처분하여 등기를 넘겨준 경우, 해당 소송에 승소한 甲은 丙을 상대로 사해행위취소의 소를 제기하여(민법 406조 1항) 승소판결을 받아 등기명의를 乙로 되돌린 뒤, 해당 부동산에 대한 강제집행을 할 수 있을 것이다. 그러나 사해행위취소소송 자체 어렵고 또한 丙이 甲을 해치는 것에 대하여 선의라면, 甲은 강제집행의 전제가 되는 사해행위취소소송에 승소할 수 없다. 이러한 경우를 피하기 위하여 금전채권의 보전수단으로 「가압류」가 마련되어 있다.

가압류는 채무자가 무자력이 되는 것을 방지하고자 금전채권(이나 금전으로 환산할 수 있는 채권)을 피보전채권으로 하여 채무자로부터 그 재산에 대한 처분권한을 잠정적으로 빼앗는 제도이다(민사집행법 276조).

그리고 가압류는 소멸시효의 중단사유가 되므로(민법 168조 2항) 청구채권의 소멸시효의 성립을 방해한다는 의미에서 채권보전수단도 되고 있다.

가압류에는 목적물이 되는 재산의 종류에 따라 실무상 부동산 가압류, 선박·항공기·자동차·건설기계 가압류, 유체동산 가압류, 채권 가압류 그 밖의 재산권에 대한 가압류로 구분하고 있고, 목적물에 따라 그 집행절차도 다르다(민사집행법 293조 이하 참조).

8. 객관적 · 예비적 병합

가령 매도인이 목적물을 먼저 인도하였으나, 매수인이 매매계약의 무효를 이유로 대금을 지급하지 않는 경우에 매도인은 매수인을 상대로 하나의 소송절차를 통하여, 매매계약의 **유효**함을 전제로 대금지급을 청구하면서, 매매가 **무효**라고 인정되는 경우를 염려하여 이미 인도한 목적물의 반환을 청구하기를 원하는 경우에 객관적 예비적 병합이 가능하다.

예비적 병합은 각 청구가 법률상 양립하지 않고, 오히려 서로 배척되는 관계에 있는 경우에 제1차(주위적)청구가 인용되지 않을 것을 염려하여, 그 인용을 해제조건으로 하여 제2차(예비적)청구에 대하여도 미리 심판을 신청하는 경우의 병합이다.

위 경우에 각 청구에 대하여 동시에 심판을 신청한다면 모순되는 신청이 되므로 각 청구에 심판의 순위를 붙이는 것이 요구되는 것이다.

주위적으로,
피고는 원고에게 … 하라.
예비적으로,
피고는 원고에게 … 하라.

사물관할의 정함 및 붙여야 할 인지의 표준이 되는 소송목적의 값(=소가)의 산정에 있어서 **병합된 여러 청구의 값을 모두 합하여 정함이 원칙**인데(27조 1항), 위와 같은 예비적 병합의 경우에는 산정에 있어서 합산이 아니라, 중복청구의 **흡수의 법리**에 따른다. 경제적 이익이 공통이기 때문이다. 위 예비적 병합 이외에 선택적 병합, 물건의 인도 및 대상청구의 병합, 주채무자와 보증인 또는 여러 연대채무자에 대한 청구의 병합 등도 합산하지 않고 흡수의 법리에 따른다.

9. 일부청구

가령, 甲은 乙에 대하여 가지고 있다고 주장하는 매매대금채권 1,000만 원의 일부로 600만 원의 지급을 구하는 소(① 소송)를 제기하였고, 한편, 이 소송계속중, 乙은 甲에 대하여 가지고 있다고 주장하는 대여금채권 400만 원의 지급을 구하는 소(② 소송)를 제기한바, 甲은 위 ① 소송에서 소구하고 있는 채권의 잔액인 400만 원을 자동채권으로 한 상계의 항변을 하였다고 하자. 위 ② 소송의 수소법원은 甲으로부터의 상계의 주장을 어떻게 취급할 것인가.

일부청구와 관련하여 판례의 입장인 명시적 일부청구긍정설에 의하면 (대법원 1985. 4. 9. 선고 84다552 판결) 일부청구에서 **소송물은 개별화**된다. 따라서 상계에 제공된 반대채권의 존부의 판단에 대한 기판력의 모순저촉의 염려가 없으므로 甲의 상계의 항변을 적법하다고 볼 수 있을 것이다. 다만, 위 ①, ② 소송에서 변론의 병합 등의 적절한 조치가 요망된다.

실전 쟁점

의류도매상 甲은 2007. 3. 1. 의류소매상 乙에게 청바지 100벌을 대금 1,000만 원에 판매하였다. 당시 乙의 친구인 丙은 위 의류대금채무를 연대보증하였다. (아래 각 문항은 상호 아무런 관련이 없음)

(1) 위 사례에서, 乙과 丙의 의류대금채무의 소멸시효기간 및 기산점은 어떠한지 간략하게 설명하고, 만약 甲이 2007. 7. 1. 乙을 상대로 위 의류대금의 지급을 구하는 소를 제기하여 2008. 6. 30. 승소판결이 확정되었다면, 乙과 丙의 의류대금채무의 소멸시효기간 및 기산점은 어떻게 변경되는지 간략하게 설명하시오.

(2) 위 사례에서, 만약 甲이 2010. 2. 1. 위 의류대금채권을 보전하기 위하여 丙 소유의 X부동산을 가압류한 후, 2012. 3. 1. 乙과 丙을 상대로 위 의류대금의 지급을 구하는 소를 제기하면서 위 가압류로 乙과 丙의 의류대금채

무의 소멸시효가 중단되었다고 주장하였고, 이에 대하여 乙과 丙은 위 채무의 시효소멸을 주장하였다면, 乙과 丙의 위 주장은 받아들여질 수 있는지 그 결론과 근거를 간략하게 설명하시오.

(3) 위 사례에서, 만약 甲이 2007. 5. 1. 乙에 대한 위 의류대금채권을 丁에게 양도하고 乙에게 그 양도사실을 통지하였다면 이 경우 丁이 丙에 대하여 위 연대보증채권을 행사할 수 있는지 여부 및 그 근거를 간략하게 설명하고, 이와 달리 만약 甲이 2007. 5. 1. 丙에 대한 위 연대보증채권을 戊에게 양도하고 丙에게 그 양도사실을 통지하였다면 이 경우 戊가 丙에 대하여 연대보증채권을 행사할 수 있는지 여부 및 그 근거를 간략하게 설명하시오.

(4) 위 사례에서, 만약 甲이 丙에게 1,000만 원을 빌려주어서 1,000만 원의 대여금채권도 가지고 있었는데, 丙이 2007. 7. 1. 甲에게 채무변제조로 1,000만원을 지급하자 甲은 위 변제금이 위 의류대금채무의 변제에 충당되었다고 주장하고, 丙은 위 변제금이 위 대여금채무의 변제에 충당되었다고 주장한다면(다만, 위 각 채무의 이행기는 위 변제금 지급 당시 모두 도래하였고, 이자 또는 지연손해금은 없는 것으로 가정함), 위 변제금 1,000만 원은 위 각 채무 중 어느 채무의 변제에 충당되는지, 충당에 관한 합의 또는 지정이 있는 경우와 그렇지 않은 경우로 나누어, 그 결론과 근거를 간략하게 설명하시오.

(5) 위 사실관계에서, 만약 丙 이외에 己도 위 의류대금채무를 연대보증하였는데 甲이 己에 대해서만 1,000만 원 전액의 지급을 청구하였다면, 이 경우 己가 甲에게 지급하여야 할 금액 및 근거를 간략하게 설명하시오. 【2012년 법무사시험】

제 2 장
매 매

제 2 강 매매계약과 대리

[甲의 주장] 나는, 카메라(이하 '본건 카메라')가 있기는 한데, 좀 더 성능이 좋은 카메라를 갖고 싶었다. 그 이야기를 친구 乙에게 하였더니, 乙은 조건이 맞으면 본건 카메라를 사겠다고 말하고, 다음 날, 丙과 함께 보러 왔다. 본건 카메라도 200만 원 이상 주고 산 것으로, 산 지 1년도 지나지 않은 것이어서, 적어도 100만 원은 받았으면 한다고 말하자, 乙은 상당히 망설였지만, 조금 더 생각할 여유를 달라고 말하고 돌아갔다.

3일 정도 지난 2020. 7. 1. 丙이 와서, 乙이 사겠다고 한다고 말하였다기에, 대금 100만 원은 7월 중에 지급하겠다는 약속 하에, 丙에게 카메라를 넘겨주었다.

8월에 들어서도 乙이 대금을 지급하지 않아서 재촉하였더니, 乙은 자신은 사지 않았다. 丙이 샀을 것이라고 말하여, 놀라서 丙에게 확인하니, 丙은 乙이 사서 자신에게 취직 선물로 주었다고 말하였다.

나로서는, 丙을 乙의 대리인으로서 乙에게 팔았다고 생각하였기에 乙이 대금을 지급하여 주었으면 좋겠는데, 가령 丙이 무권대리인이었다면 丙에게 대금을 지급받기를 원한다.

한편, 乙이나 丙은 본건 카메라가 고장 났다고 말하고 있는데, 내가 카메라를 사용할 때에는 전혀 문제가 없었으므로 수리비가 30만 원이나 나올 정도의 고장이 있으리라고는 생각하지 않는다.

[乙의 주장] 나는, 甲으로부터 본건 카메라를 산 적이 없다. 丙에게 카메라를 살 대리권을 준 적도 없다. 丙과 함께 본건 카메라를 보러 간 뒤, 본건 카메라를 사지 않겠다고 말하였는데, 丙은 그렇다면 자신이 본건 카메라를 원한다고 말하였으므로 丙이 스스로 산 것이 확실하다. 丙의 취직선물로 본건 카메라를 사주겠다는 이야기 등을 한 적은 없다. 게다가 丙의 이야기로는 본건 카메라는 산 뒤, 곧 고장이 나서 수리비가 30만 원이나 들었다고 하므로 본건 카메라 대금을 지급한다고 하더라도, 그 비용을 빼야 한다.

[丙의 주장] 나는, 본건 카메라를 보고 마음에 들었고, 乙이 사지 않겠다고 하였으므로 취직 선물로 사달라고 乙에게 말하였더니, 乙은 그렇게 하겠다고 하였다. 그래서 丙에게 가서, 乙의 대리인으로서 본건 카메라를 사 온 것이다. 乙의 대리인으로서 산다는 점은 甲에게도 확실히 말하였다. 그런데 본건 카메라는 산 뒤 곧 고장이 났고, 수리를 맡겼더니 셔터가 망가져 수리비가 30만 원이나 들었다. 그러므로 가령 내가 카메라 대금을 지급하여야 한다고 하더라도, 수리비는 빼야 한다.

위 사안에서 甲은 乙의 대리인인 丙에게 본건 카메라를 팔았다고 주장하고, 제1차적으로는 乙에게 매매대금의 지급을 원하는 한편, 가령 丙에게 대리권이 없었다고 한다면, 丙에게 그 지급을 구하고자 한다.

1. 소송물과 청구취지

가. 乙을 피고로 하는 경우

甲은 乙의 대리인인 丙에게 본건 카메라를 팔았다고 주장하고, 乙에게 매매대금의 지급을 청구하고 있다.

이에 대하여 乙은 丙의 대리권을 부인함과 동시에, 본건 카메라는 고장이 났다며 수리비의 공제를 요구하고 있다.

乙을 피고로 하는 경우
소송물은 매매계약에 기한 대금지급청구권 1개이다.

나. 丙을 피고로 하는 경우

甲은 丙에게 乙로부터의 대리권이 없다면, 丙에게 매매대금의 지급을 구하고자 한다.

이에 대하여 丙은 乙로부터 대리권의 수여가 있었다고 주장하고, 수리비의 공제를 요구하고 있다.

> **丙을 피고로 하는 경우**
> 소송물은 민법 135조 1항에 기한 이행청구권 1개이다.

다. 청구취지

乙과 丙 어느 쪽을 피고로 한 경우라도 그 청구취지는 다음과 같다.

> 피고는 원고에게 1,000,000원을 지급하라.

라. 乙과 丙 쌍방을 피고로 하는 경우

甲이 乙과 丙 쌍방을 피고로 소를 제기한 때에는 공동피고의 일방에 대한 소송의 목적인 권리와 공동피고의 타방에 대한 소송의 목적인 권리가 **법률상 양립할 수 없는 관계로 예비적·선택적 공동소송**의 특별 규정에 의한다(70조).

대리인과 계약하였지만 무권대리의 의심이 있는 때에 대리권의 수여라는 동일한 사실의 존부를 전제로 하여 서로 모순되는 법률효과가 문제되는 경우로, 이러한 예비적 공동소송형태에 의하여 가령 甲은 乙과의 관계에서는 대리권의 수여가 인정되지 않고(그리하여 乙에게 책임을 물을 수 없음), 한편 丙과의 관계에서는 대리권의 수여가 인정되는(그리하여 丙에게 책임을 물을 수 없음) 서로 모순되는 사태가 생기는 것을 방지할 수 있게 된다. 이러한 공동소송형태가 인정되지 않으면 자칫 황당한 상황이 된다(관련하여 2002년 민사소송법 개정시 예비적·선택적 공동소송 신설).

예비적·선택적 공동소송은 동일한 법률관계에 관하여 모든 공동소송인 서로 사이의 다툼을 하나의 소송절차로 한꺼번에 모순 없이 해결하려는 소송형태로서, 모든 공동소송인에 대한 청구에 관하여 판결을 하여야 하고(70조 2항), 그중 일부 공동소송인에 대하여만 판결을 하거나, 남겨진 자를 위하여 추가판결을 하는 것은 허용되지 않는다.

그리고 공동소송인 가운데 한 사람에 대한 상대방의 소송행위는 공동소송인 모두에게 효력이 미치므로, 예비적·선택적 공동소송인 중 어느 한 사람에 대하여 상소가 제기되면 다른 공동소송인에 대한 청구 부분도 상소심에 이심되어 상소심의 심판대상이 되고, 이러한 경우 상소심의 심판대상은 예비적·선택적 공동소송인들 및 그 상대방 당사자 사이의 결론의 합일확정의 필요성을 고려하여 그 심판의 범위를 판단하여야 한다(대법원 2018. 11. 9. 선고 2018다251851 판결 등 참조).

한편, 민사소송법 70조 2항은 같은 조 제1항의 예비적·선택적 공동소송에서는 모든 공동소송인에 관한 청구에 대하여 판결을 하도록 규정하고 있으므로, 이러한 공동소송에서 일부 공동소송인에 관한 청구에 대하여만 판결을 하는 경우 이는 일부판결이 아닌흠이 있는 전부판결에 해당하여 상소로써 이를 다투어야 하고, 그 판결에서 누락된 공동소송인은 이를 시정하기 위하여 상소를 제기할 이익이 있다(대법원 2008. 3. 27. 선고 2005다49430 판결 등 참조).

청구취지는 다음과 같다.

乙, 丙 쌍방을 피고로 하는 경우
주위적 피고에 대한 청구취지: 피고 乙은 원고에게 … 하라.
예비적 피고에 대한 청구취지: 피고 丙은 원고에게 … 하라.

한편, 피고 측이 복수인 선택적 공동소송의 청구취지는 다음과 같다.

선택적으로, 피고 甲은 원고에게 … 하라, 또는 피고 乙은 원고에게 … 하라.

예비적·선택적 공동소송의 경우에도 모든 공동소송인에 관한 청구에 대하여 판단하여야 하므로(70조 2항) 가령 피고가 복수인 예비적 공동소송에 있어서 예비적 당사자인 피고도 통상의 공동소송과 같이 '**피고**'라고 표시한다.

2. 대리의 요건사실

대리는 의사표시를 한 자 이외의 자에게 법률효과가 생기게 하는 제도이다. 민법 114조 1항은 대리인이 그 권한 내에서 본인을 위한 것임을 표시한 의사표시는 직접 본인에게 대하여 효력이 생긴다고 규정하고, 동조 2항은 전항의 규정은 대리인에게 대한 제3자의 의사표시에 준용한다고 규정하고 있다.1항을 능동대리라고 하고, 2항을 수동대리라고 한다. 민법상으로는 의사표시를 한 자에게 해당 의사표시의 효과가 귀속하는 것이 원칙이므로 대리제도는 그 예외에 해당한다.

대리인에 의한 법률행위가 있은 경우에 그 법률효과가 본인에게 귀속하는 데에는, ① 법률행위의 존재, ② 대리인의 현명(顯名), ③ 대리권의 존재가 법률요건이다. 그리고 「직접 본인에게 효력이 생긴다」가 법률효과이다.

가령, 甲이 乙의 대리인인 丙과 OO계약(가령 매매계약, 소비대차계약)을 체결하였을 경우에 본인 乙에게 그 계약의 효력을 생기게 하기 위해서 甲은 다음 요건사실을 주장·증명할 필요가 있다(주장·증명책임은 대리권의 존재를 주장하는 자에게 있다).

❶ 甲과 丙이 OO계약을 체결한 것(법률행위의 존재) ❷ 그 때에 丙이 乙을 위하여 하는 것을 나타낸 것(=현명) ❸ 乙이 丙에게 위 계약체결에 대한 대리권을 수여한 것(대리권의 발생원인사실)

① 대리제도는 사적 자치의 보충·확충을 취지로 하는 제도인데, 대리인 또는 상대방의 법률행위(의사표시)가 필요하다. 따라서 불법행이나 사실행위에 대리의 적용이 없는 것은 당연하다. 또 법률행위라 하더라도 혼인, 인지, 유언 등의 신분상의 행위와 같이 본인의 의사표시가 반드시 필요한 행위에 대하여는 대리가 인정되지 않는다.

② 현명은 본인을 위한 것임을 나타내는 사실이다. 통상은 「OOO대리인 아무개」라고 표시하여 나타낸다. 명확하게 현명을 하여야 하는 것은 아니고, 주위의 사정으로부터 본인을 위한 것임을 나타내고 있는 것이 분명하면 무방하다(민법 115조 단서). 대리인이 본인을 위한 것임을 표시하지 않은 경우에 그 의사표시는 자기를 위한 것으로 본다(동조 본문).

한편, 대리가 상행위에 대하여 이루어지는 때에는 현명은 필요하지 않다(상법 48조). 이는 상거래의 대량성, 비개인성을 전제로 한 것으로 현명에 대신하여 해당 법률행위가 상행위인 것을 주장·증명하게 되는 것을 제외하면 요건사실은 통상의 대리와 다르지 않다.

③ 대리권의 존재는 대리권의 발생원인사실에 의하여 터 잡는다. 대리권수여행위의 법적 성질에 대한 견해는 사무처리계약설, 단독계약설, 무명계약설이 있는데, 이러한 학설의 대립이 결론을 좌우하지 않는 한, 「OO법률행위를 하는 대리권을 수여하였다」와 같이 적는다.

3. 乙을 피고로 하는 경우

가. 청구원인

① 원고는 丙에게 2020. 7. 1. 별지 물건목록 기재의 카메라(본건 카메라)를 대금 1,000,000원에 팔았다.
② 丙은 위 ① 때, 피고를 위하여 하는 것을 나타냈다.
③ 피고는 丙에게, ①에 앞서, ①의 대리권을 수여하였다.
④ 따라서 원고는 피고에게 위 매매계약에 기하여 대금 1,000,000원의 지급을 구한다.

나. 청구원인에 대한 인부

청구원인 ①의 사실은 인정한다.
청구원인 ②, ③의 각 사실은 부인한다.

다. 항변 – 상계

① 본건 카메라는, 청구원인 ① 당시 셔터가 망가져 있었다.
② 본건 카메라의 수리에 300,000원이 들었다.
③ 피고는 원고에게 2020. O. O.의 본건 변론기일에, 위 손해배상청구권을 가지고, 원고의 본소 청구채권과 그 대등액에서 상계하는 의사표시를 하였다.

라. 항변에 대한 인부

항변 ①, ②의 각 사실은 부인한다.

본인 추인에 의한 대리권 수여의 대체

대리권의 수여사실이 없더라도(표현대리가 인정되지 않는 경우에는 협의의 무권대리가 된다)본인이 나중에 대리행위를 **추인**하면(민법 135조), 원칙적으로 계약의 당초에 소급하여 본인에게 법률효과가 귀속한다(민법 133조 본문). 따라서 본인의 추인은 대리권의 **수여사실과 등가교환**(等價交換)할 수 있는 요건사실이 된다. 추인의 요건사실은 「본인의 추인」사실만이다. 추인은 원칙적으로 상대방에게 하지 않으면 안 되는데, 결과적으로 상대방이 알면 충분하므로 추인의 의사표시의 도달이 요건사실이 되는 것은 아니다(민법 132조 단서). 또한 본인의 추인은 묵시의 의사표시로 할 수 있다.

한편, 본인 추인의 전제로 대리권의 부존재가 요구되는 것은 아니므로 유권대리이더라도 대리권의 증명이 곤란한 경우에는 본인의 추인에 의하여 대리권의 증명을 보완할 수 있다.

본인이 추인함에 앞서 추인을 거절하는 의사표시를 한다든지 상대방의 최고에 의하여 추인거절간주의 효과가 생기면(민법 131조), 추인의 효과발생에 장애가 생긴다. 따라서 이러한 사실은 피고가 주장·증명할 **항변**이 된다. 또한 본인의 추인에 앞서 상대방이 계약을 철회한 경우에도 추인의 효과발생에 장애가 생긴다(민법 134조 본문). 따라서 상대방의 계약철회의 사실은 피고가 주장·증명할 **항변**이 된다. 다만, 상대방이 대리권이 없는 것에 대하여 악의이면 철회권을 행사할 수 없다(민법 134조 본문). 따라서 해당 사실은 원고가 주장·증명할 **재항변**이 된다.

한편, 본인의 추인은 민법 135조 무권대리인의 책임의 발생을 장애하는 항변이 된다는 것은 뒤에서 따로 설명하기로 한다.

4. 표현대리

그런데 대리의 요건사실 가운데 하나인, 대리권의 발생원인사실이 부정되는 경우(즉, 유권대리가 인정되지 않을 때)에 甲은 나아가(또는 예비적으로) 표현대리를 주장하는 경우가 많다.

가. 민법 126조의 표현대리

가령 민법 126조 권한을 넘는 표현대리는 표현대리인이 그의 기본대리권의 범위를 넘어서 본인을 위한 법률행위를 하였을 때에 그 법률행위의 효과를 본인에게 귀속시키는 제도를 말한다.

이를 주장하는 경우에 甲은 다음의 요건사실을 주장·증명할 필요가 있다.

❶ 대리인이라고 자칭하는 자와 계약의 체결

❷ 기본대리권의 존재

- 기본적인 대리권이 없는 자에 대하여는 권한을 넘은 표현대리가 성립할 여지가 없다.

❸ 대리인이라고 믿을 만한 정당한 이유의 존재

- 정당한 이유는 이른바 규범적 요건으로, 구체적 사실이 위 규범적 요건에 해당하는가 하는 법적 판단을 하여야 한다. 그런데 정당한 이유와 같은 일반조항 내지는 추상적인 개념이 사용되는 경우에 여기서 무엇이 주요사실인가 문제된다. 구체적 사실을 준주요사실로 보아 이 준주요사실에 대하여도 당사자의 주장이 필요하고, 주장이 없으면 판결의 기초로 할 수 없다는 견해가 다수설이다.

나. 민법 125조의 표현대리

대리권 수여의 표시에 의한 표현대리는 대리권이 수여되지 않았음에도 불구하고 본인이 제3자에 대하여 타인(표현대리인)에게 대리권을 수여하였다는 취지를 표시함으로써 그 표시를 받은 제3자가 대리권의 수여가 있는 것으로 오신하여 그 타인과 법률행위를 하는 경우에 제3자를 보호하기 위하여 그 행위의 효과를 본인에게 귀속시키는 제도이다.

그 요건사실은 다음과 같다.

❶ 수권의 표시가 있을 것
❷ 표시된 대리권의 범위 내에서의 행위가 있을 것
❸ 대리행위의 상대방은 수권표시를 받은 자일 것
❹ 제3자의 선의·무과실

다. 민법 129조의 표현대리

대리권 소멸 후의 표현대리는 대리권이 소멸하여 대리권이 없게 된 사람이 대리행위를 한 때에 그와 거래한 선의·무과실의 상대방을 보호하기 위하여 그 상대방과의 관계에서 대리권이 여전히 존속하는 것과 같은 효과를 인정하는 제도이다.

그 요건사실은 다음과 같다.

❶ 대리인이 대리권을 가지고 있을 것
❷ 대리행위 당시 대리권이 소멸한 것
❸ 상대방이 그 대리권의 소멸사실에 대하여 선의·무과실

5. 무권대리인의 책임

甲은 乙을 위하여 하는 것을 나타낸 丙과 사이에 카메라를 파는 계약을 체결하였는바, 가령 丙이 무권대리인이라면 무권대리인의 책임으로서 丙에게 대금을 지급받기를 원하여 甲은 매매대금채무의 이행을 구한다고 하자.

이는 민법 135조 1항이 정하고 있는 무권대리인의 책임을 주장하는 것이다. 민법 135조 1항은 "타인의 대리인으로서 계약을 한 자가 그 대리권을 증명하지 못하고 또 본인의 추인을 얻지 못한 때에는 상대방의 선택에 좇아 계약의 이행 또는 손해배상의 책임이 있다"고 규정하고 있다. 이 계약의 이행 또는 손해배상의 책임은 상대방의 선택에 따라 어느 쪽의 책임을 부담하게 되어 있으므로 **선택채권**이다(민법 380조 이하).

민법 135조 1항에 의한 책임이 발생하기 위해서는, 우선, ① 甲과 丙이 매매계약을 체결한 것이 필요하다.

❶ 甲과 丙이 매매계약을 체결

다음으로, 「타인의 대리인」으로서 계약을 체결한 것이 필요하므로 ② 丙이 乙을 위하여 하는 것을 나타낸 것(현명)이 필요하다.

❷ 그때에 丙이 乙을 위하여 하는 것을 나타낸 것(=현명)

한편, 위 책임이 발생하기 위해서, 대리권수여와 관련, 「乙이 丙에게 대리권을 수여하지 않은 것」은 필요하지 않다. 丙이 자기의 대리권을 증명하지 못한 때에는 본조의 책임이 발생하는 것으로 규정되어 있기 때문에 만약 본조의 책임이 발생하기 위해서 「대리권을 수여하지 않은 것」이 필요하다고 하면, 대리권수여의 사실이 진위불명(眞僞不明)이 된 때에는 본조의 책임은 인정되지 않게 되기 때문이다. 대리권수여에 대해서 진위불명이 되었을 때에는 본조의 책임이 발생하는 것이고, 즉 대리권수여가 항변으로, 丙은 그 책임을 면하려면 스스로 대리권 있음을 증명하여야 한다. '대리권 증명' 부분에 관하여는 **주장책임**은 변론주의 원칙상 甲에게, **증명책임**은 위와 같이 丙에게 있어 주장책임과 증명책임이 일치하지 않는다. 주장책임과 증명책임이 일치한다는 원칙에 대한 예외로 본다.

또한 위 책임이 발생하기 위해서 「乙이 추인을 하지 않은 것」도 필요하지 않다고 할 것이다. 무권대리행위에 의한 계약상의 효과를 의도하는 본인의 의사표시를 추인이라고 하고(민법 130조 참조), 본인이 추인할 수 있는 권리를 추인권이라고 한다. 무권대리행위의 추인이 있으면, 원칙으로 계약은 계약시로 소급하여 그 효과가 생기고(민법 133조), 무권대리가 아닌 것이 된다. 따라서 본인의 추인은 본조의 책임의 발생을 장애하는 **항변**이 된다. 추인이 없는 것이 본조의 책임의 발생원인사실은 아니다.

그리고 丙은 **항변**으로 민법 135조 1항에 의하여, 대리권의 수여 또는 추인의 존재를 주장·증명할 수 있고, 또한 동조 2항에 의하여 상대방이 대리권 없음을 알았거나(악의) 알 수 있었을 것(알지 못한 것에 과실이 있는 것) 또는 대리인으로 계약한 자가 행위능력이 없는 것을 주장·증명할 수 있다. 만약 제한능력자에게 위 책임을 지우는 것은 제한능력자 보호라는 민법의 취지에 어긋나기 때문이다. 그런데 제한능력자가 법정대리인의 동의를 얻어 무권대리행위를 하였다면 능력자와 마찬가지의 책임을 진다는 것이 일반적 입장이다.

❸ 甲이 계약의 이행을 선택하는 의사표시를 한 것

무권대리인은 상대방의 선택에 따라 계약의 이행 또는 손해배상 어느 쪽의 책임을 부담하게 되어 있다(선택채권. 민법 380조 이하).

결국, 위 사안에서 甲이 丙에게 민법 135조 1항에 따라 매매대금채무의 이행을 구하고자 한다면, 그 청구원인은 ① 甲과 丙이 매매계약을 체결한 것, ② 丙이 乙을 위하여 하는 것을 나타낸 것(현명), ③ 甲이 계약의 이행을 선택하는 의사표시를 한 것이 된다.

이에 대한 항변은 다음과 같다.

항변
- 대리권의 수여
- 추인
- 대리권 없는 것에 대하여 악의 또는 과실 있는 선의
- 제한능력

6. 丙을 피고로 하는 경우

가. 청구원인

① 원고는 피고에게 2020. 7. 1. 별지 물건목록 기재의 카메라(본건 카메라)를 대금 1,000,000원에 팔았다.

② 피고는 위 ① 때, 乙을 위하여 하는 것을 나타냈다.

③ 따라서 원고는 피고에게 무권대리인에 대한 이행청구로 위 매매대금 1,000,000원의 지급을 구한다.

나. 청구원인에 대한 인부

청구원인 ①, ②의 각 사실은 인정한다.

다. 항 변

① **대리권 수여** – 乙은 피고에게 청구원인 ①에 앞서 그 대리권을 수여하였다.

② **상계**

㉮ 본건 카메라는 청구원인 ① 당시 셔터가 망가져 있었다.

㉯ 본건 카메라의 수리에 300,000원이 들었다.

㈐ 피고는 원고에게, 2020. O. O.의 본건 변론기일에 위 손해배상청구권을 가지고 원고의 본소 청구채권과 그 대등액에서 상계하는 의사표시를 하였다.

라. 항변에 대한 인부

항변 ①, ②의 ㉮, ㉯의 각 사실은 부인한다.

표현대리와 무권대리의 관계

📖 甲은 丙을 피고로 민법 135조에 따른 무권대리인의 책임을 구하는 소를 제기하였는데, 丙이 소송에서 자신이 甲 주장의 대리행위를 하였다고 인정되는 경우라도 甲은 위 대리행위의 본인인 乙에 대하여 해당 대리에 의하여 체결된 계약의 이행을 구하여야 하고, 해당 대리행위가 乙에 대하여 효력이 생기지 않는 것이 공권적으로 확정된 경우에 비로소 그 대리인으로서 법률행위를 한 丙에게 민법 135조 1항에 기한 계약의 이행 또는 손해배상의 청구를 할 수 있는 것이다. 그런데 甲은 乙에 대한 매매계약이행청구에서 丙에 의한 대리행위 및 대리권(표현대리를 포함)의 존재의 주장을 하지 않았으므로 대리행위의 성립 및 효력에 대한 공권적 판단은 이루어지지 않았다. 따라서 본건 청구는 민법 135조의 요건을 충족하지 못하여 실당(失當)한 것이다.

甲은 乙에 대한 첫 번째 매매계약이행청구소송에서 丙의 대리행위 및 대리권(표현대리도 포함)의 주장을 하지 않았다. 이 경우에 甲은 丙에 대하여 무권대리인의 책임을 추급할 수 있는가. 즉, 표현대리와 무권대리의 관계를 살펴보자.

여기서 문제되는 것은 상대방이 표현대리를 주장하지 않고, 곧바로 민법 135조 1항에 기하여 무권대리인의 책임을 물을 수 있는가 하는 점이다.

민법 135조의 무권대리인의 책임의 성질을 표현대리가 성립하지 않는 경우의 보충적 책임으로 볼 것인가. 아니면 선택적 책임으로 볼 것인가 문제된다. 표현대리가 성립하더라도 상대방이 협의의 무권대리의 효과도 주장할 수 있는가.

① **보충적 책임설** : 대리인에게 대리권이 없는 경우를 총칭하여 광의의 무권대리라고 하고, 이를 다시 본인과 무권대리인 사이에 특별한 사정이 있는 경우와 그렇지 않은 경우로 나누어, 전자를 표현대리, 후자를 협의의 무권대리라고 하는 입장으로, 표현대리가 성립하면 표현대리의 규정을 적용하여야 하고 그와 별도로 무권대리인의 책임을 인정할 필요가 없지만, 표현대리가 성립하지 않는 경우에 2차적으로 협의의 무권대리의 규정을 적용할 수 있다는 입장이다. 그 근거로는 ① 민법 135조는 대리가 본인에

대하여 효력이 없는 경우의 규정이다. ② 표현대리는 유권대리와 마찬가지 효과가 생기므로 무권대리인의 책임을 적용할 필요가 없다. ③ 표현대리가 성립하면, 상대방은 계약의 목적을 달성하므로 대리인의 책임은 없다 등을 들 수 있다.

② **선택적 책임설**(효과 선택설) : 협의의 무권대리가 무권대리의 일반적·원칙적인 모습이고, 표현대리는 무권대리의 특수한 것이며, 따라서 원칙적인 무권대리에 관한 규정은 당연히 표현대리에도 적용된다고 하는 입장이다. 이 견해에 의하면, 표현대리의 책임과 무권대리인의 책임은 병존하고, 상대방은 표현대리가 성립하는 경우에도 무권대리의 책임을 주장할 수 있다. 즉, 상대방은 어느 쪽이든 선택적으로 행사할 수 있다고 한다.

③ 위 丙의 주장은 보충적 책임설에 따른 것이다.

7. 丙에 대한 계약책임

한편, 甲은 丙에게 위 ① 甲과 丙이 매매계약을 체결한 것만 가지고, 그것만으로도 매매대금의 지급을 청구할 수 있다.

대리인이 본인을 위한 것임을 표시하지 않은 경우에 그 의사표시는 자기를 위한 것으로 보는데(민법 115조 본문), 이 경우에 甲은 丙이 스스로를 위하여 의사표시를 한 것까지 주장·증명할 필요는 없다. 통상의 계약 성립에 기한 청구의 경우와 요건사실이 다르지 않다. 이는 계약책임이고, 민법 135조 1항의 무권대리인의 책임과는 별개의 권리이다. 甲은 그 어느 쪽을 소송물로 할 수 있다.

甲이 이 계약책임을 주장하는 경우에는 위 ① 甲과 丙이 매매계약을 체결한 것만이 청구원인사실이고, 위 ② 현명은 丙의 **항변**이 된다. 丙이 「乙을 위한 것을 나타낸 것」(=乙에게 그 계약의 효과가 귀속하는 것)으로 계약을 체결한 이상, 乙 이외의 자(=丙)에게 계약책임을 물을 수 없기 때문이다.

또한 丙은 甲이 대리인으로서 한 것임을 알았거나 알 수 있었다는 것을(민법 115조 단서) 주장하여 위 매매계약의 효과를 丙 자신의 아니라, 乙에게 귀속할 것을 항변할 수 있다.

8. 무권대리인의 본인 상속

무권대리인이 본인을 상속한 경우에 논의의 대립은 있지만, 본인이 스스로 법률행위를 한 것과 마찬가지의 지위가 생긴 것으로 하거나 또는 본인의 지위와 무권대리인의 지위의 병존을 인정하면서 스스로 한 무권대리행위에 대하여 본인의 자격에서 추인을 거절하는 것은 **신의칙에 반하게 되어 추인이 간주**되어 계약 낭초부터의 유권대리로 본인에게 효과가 귀속한다(대법원 1994. 9. 27. 선고 94다20617 판결 참조).

그런데 본인의 사망한 경우에 무권대리행위를 추인하는 권리는 공동상속인에게 불가분적으로 귀속하고 공동상속인 전원이 행사하지 않으면 안 된다. 무권대리인의 상속 분 상당 부분에 대하여도 당연히는 추인의 효력이 생기지 않는다, 따라서 다른 상속인이 있는 사실(공동상속의 사실)은 추인간주의 효과발생의 장애가 되는 요건사실이 되고, 상대방이 주장·증명책임을 지는 **항변**이 된다.

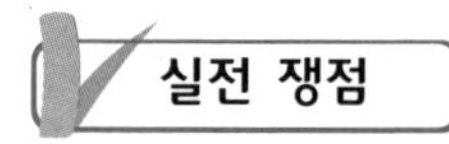

甲이 乙에 대하여 계약에 기한 이행을 구하는 소를 제기하면서 甲과 乙 사이에 계약이 체결되었다고 주장하는 데 대하여, 법원은 甲과 乙의 대리인 丙 사이에 계약이 체결되었다고 인정하였다면. 법원의 인정은 적법한가?

[유제] X가 Y를 상대로 대여금의 반환을 구하는 소를 제기하였다. 피고 Y는 금원의 대여사실을 다툰다. 이 점에 대하여 증거조사가 있었다. 서증의 증거조사 외에 증인 A에 대한 신문이 쌍방 당사자로부터 있었는데, 증인 A는 금원의 대여가 X·Y 사이에 이루어진 것이 아니라, B가 Y의 대리인으로 돈을 받으면서 X에게 반환을 약속하였다고 증언하였다. 그런데 증거조사를 마친 뒤, 증인 A가 증언한 Y 본인이 아니라, Y의 대리인 B가 돈을 받으면서 반환약속을 한 사실에 대하여 X는 아무런 주장을 하지 않고 변론이 종결되었다. 법원이 증인 A의 증언대로 사실을 인정하고 본소 청구를 인용하는 판결을 선고하는 것의 당부에 대하여 검토하시오.

요건사실과 변론주의(주장책임)에 대하여 이해하고 있는가를 묻는 것이다. 계약의 상대방이 본인인가. 아니면 본인의 대리인인가(즉, 본인에 의한 의사표시인가. 아니면 대리인에 의한 의사표시인가)는 법률효과의 발생에 필요한 사실이고, 주장·증명의 과정을 달리하므로 주요사실이다. 대리행위는 주요사실이므로 甲이 진술하지 않은 대리행위를 법원이 인정하는 것은 원칙적으로 변론주의에 어긋난다. 그러나 변론주의의 기능인 불의의 타격(예상밖의 재판) 방지나 당사자의 공격방어의 기회보장과 관련하여 주요사실 가운데에도 해당 소송에 있어서 중요하지 않은 것에는 변론주의가 미치지 않는다는 조정 하에(이러한 입장에서는 반대로 간접사실의 경우도 중요한 간접사실은 변론주의가 미친다고 볼 수 있다), 사안에 따라서 주요사실이지만, 당사자의 주장이 없는 대리행위를 인정하여도 변론주의에 어긋나지 않는 경우가 있다는 것을 생각하여야 한다. 사안에서 계약이 대리인에 의하여 성립하였다는 사실은 주요사실이지만, 양쪽 당사자가 이를 문제 삼지 아니하여 계약이 대리인, 본인 누구에 의하여 성립하였는지 여부가 중요한 쟁점이 되지 않는 경우에는 증거자료만에 의하여 대리인에 의하여 계약이 성립하였다고 인정하더라도 예상밖의 재판이 되지 않는다. 결국, 변론주의의 기능인 불의의 타격의 유무에 비추어 변론주의의 적용범위를 조정하는 것이 바람직하다 할 것이다. 다음 판례가 '간접적 진술'이 있다고 보아 변론주의에 어긋나는 것은 아니라고 판단한 것도 이러한 맥락에서 이해할 수 있다.

한편, 대법원 1987. 9. 8. 선고 87다카982 판결은 甲이 소장에서 토지를 乙로부터 매수하였다고 주장하고 있으나, 甲이 위 매매 당시 불과 10세 남짓한 미성년이었고 증인신문을 신청하여 甲의 조부인 丙이 甲을 대리하여 위 토지를 매수한 사실을 증명하고 있다면, 甲이 그 변론에서 위 대리행위에 관한 명백한 진술을 한 흔적은 없다 하더라도 위 증인신청으로서 위 대리행위에 관한 간접적인 진술은 있었다고 보아야 할 것이므로 위 토지를 대리에 의해 매수한 것으로 인정하였다고 하여 이를 변론주의에 반하는 것이라고는 할 수 없다고 판시하였다(이후에도 마찬가지의 대법원 1994. 10. 11. 선고 94다24626 판결; 대법원 1996. 2. 9. 선고 95다27998 판결 등이 있다).

그러나 이에 대하여 위 판례의 입장은 상대방 당사자의 방어권을 침해할 우려가 있는 등이 문제되므로 소송운영기술상 **석명권**을 발동하여 주장을 촉구하고 변론에서 그와 같은 주장이 나왔을 때 비로소 판결의 기초로 삼는 것이 보다 순리라는 견해가 있다. **판례** 가운데에도 비록 원고가 명백한 주장을 한 바가 없다 하더라도 증인신청으로써 이에 대한 간접적인 주장이 있었다고 볼 여지가 없지 아니할 뿐 아니라, 그렇지 않다 하더라도 법원으로서는 적어도 원고가 이를 주장하는 취지인지 석명을 구하여 당사자의 진의를 밝힘으로써 소송관계를 명확히 하였어야 옳을 것이라고 판시한 것이 있다(대법원 1993. 3. 9. 선고 92다54517 판결).

나아가 참고로 보면, 예를 들어 丙이 甲을 대리하여 토지를 매도하였다는 주장에는 丙이 甲을 이른바 **대행적으로 대리**하여 자신의 명의로 토지를 매도하였다는 주장도 포함되어 있다고 볼 것이므로 위와 같은 인정판단이 변론주의를 위배한 것이라고 볼 수 없다고 판시한 판례가 있다(대법원 1995. 2. 28. 선고 94다19341 판결).

제 2 장 매 매

제 3 강 매매계약 관련 목적물인도청구

甲이 2020. 7. 1. 乙에게 카메라 1대를 100만 원에 매도한 예를 앞에서 살펴보았다. 여기서는 乙(매수인)이 甲(매도인)에게 위 카메라의 인도를 구하는 소를 검토하고자 한다. 이 경우에 乙은 어떠한 사실을 주장·증명하여야 하는가. 한편, 매매계약에 기하여 소유권이전등기를 청구하는 경우에 대하여는 별도로 후술한다.

민법 563조를 보면, 매매는 당사자 한쪽(매도인)이 일정한 재산권을 상대방(매수인)에게 이전할 것을 약정하고, 상대방은 이에 대한 대금을 지급할 것을 약정함으로써 그 효력이 생긴다고 규정하고 있다. 낙성·쌍무·불요식의 유상계약이다.

매매는 **낙성계약**이므로, 재산권이전과 대금지급에 관한 합의만 있으면 성립한다.

매매의 효력으로, 매도인은 매매의 목적인 재산권을 매수인에게 이전하여야 한다(민법 568조 1항). 매매의 목적물은 동산·부동산, 특정물·불특정물을 가리지 않는다.

매매의 목적인 권리가 **물권**과 같이 법률행위 외에 등기, 등록, 인도 등의 공시방법을 갖추어야 하는 것이면 등기, 등록에 협력하거나 인도하여야 한다. **채권**의 매매의 경우에는 대항요건을 갖추기 위하여 채무자에게 통지하여야 한다.

동산의 매매에서는 목적물인도의무가 재산권이전의무에 포함된다.

여기서는 매매계약에 기하여 乙(매수인)이 甲(매도인)에게 위 카메라의 인도를 구하는 소를 검토하고자 한다.

1. 소 송 물

소송물은 매매계약에 기한 **목적물인도청구권**이다. 참고로 보면, 1개의 매매계약에 기하여 여러 개의 목적물의 인도를 구하는 경우라도 소송물은 1개이다.

2. 청구취지

청구취지의 기재례는 다음과 같다.

피고는 원고에게 카메라 1대를 인도하라.

3. 청구원인

청구원인은 다음과 같다. 매매계약이 성립하면 매수인은 매도인에게 매매목적물의 이전을 청구할 수 있으므로 청구원인은 매매계약을 체결한 것만을 적으면 된다.

매매계약을 체결한 것
즉, 재산권의 이전약속과 대금지급약속이다.

다음과 같이 적는다.

원고는 2020. 7. 1. 피고에게 카메라 1대를 대금 1,000,000원에 매도하는 계약을 체결하였다.

한편, 소유권에 기한 반환청구권으로서 인도청구의 경우와 달리, 여기서의 매매계약에 기한 목적물인도청구의 경우에는 상대방이 목적물을 점유하고 있는 사실을 청구원인으로 주장·증명할 필요는 없다.

매매예약을 체결한 경우

📖 매매예약을 체결한 경우에 그 예약은 일방예약으로 추정되므로 매수인으로서는 매도인과의 매매예약 체결사실과 매매예약 완결의 의사표시를 한 사실을 주장·증명함으로써 매매계약체결사실을 대체할 수 있다. 그리고 여기서 매매예약완결의 의사표시는 소장의 송달에 의하여도 할 수 있다.

4. 예상되는 항변

소송물이 매매계약에 기한 권리이므로 앞의 대금지급청구의 항변에 준하여 살펴보면 된다.

가. 동시이행의 항변

매수인이 대금을 지급하기까지 목적물의 인도를 거절한다는 권리주장을 동시이행의 항변(권리항변)으로서 주장할 수 있는 것은 매도인의 대금지급청구에 대한 매수인의 동시이행의 항변의 경우와 마찬가지이다.

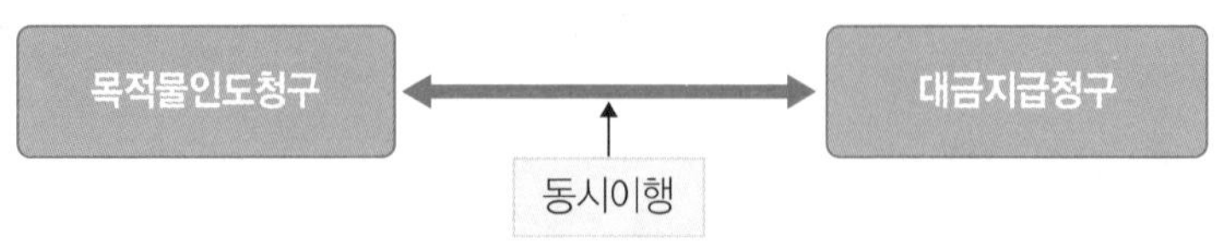

참고로 동시이행의 항변이 인정된 상환이행판결의 기재례는 다음과 같다.

피고는 원고로부터 1,000,000원을 지급받음과 동시에(또는 상환으로) 원고에게 카메라 1대를 인도하라.

나. 사기취소

법률행위의 취소가 있으면, 그 법률행위는 처음부터 무효인 것으로 본다(민법 141조 본문). 따라서 위 사안에서, 가령 해당 매매계약의 사기취소를 주장하여(민법 110조 1항 참조) 카메라의 인도를 거절할 수 있다. 이 주장은 청구원인에 기한 법률효과를 소멸시키는 것으로 **항변**이다.

5. 매매를 원인으로 한 소유권이전등기청구

동산매매와 비교하여 부동산매매에서는 좀 더 복잡한 문제가 생긴다. 부동산매매의 물권변동에 있어서 이른바 형식주의를 취하고 있으므로 등기가 성립요건이 된다. 권리 그 자체를 이전하여 주어야 하는데, 부동산소유권의 경우는 등기도 이전하여 주어야 한다. 1개의 매매계약에 기하여 목적물의 인도와 소유권이전등기의 양쪽을 구하는 경우라도 **소송물은 1개**이다.

매매계약의 체결만으로 매수인의 매도인에 대한 소유권이전등기청구권이 발생하므로 매매를 원인으로 한 소유권이전등기청구의 경우에도 매수인은 매매계약의 체결사실만 주장·증명하면 되며, 매매대금을 지급하였다거나 목적물이 매도인의 소유라는 사실을 매수인이 주장·증명할 필요는 없다.

이에 대하여 자세히는 별도로 설명하고, 여기서는 해약금 해제의 경우와 동시이행의 항변과 관련된 판결의 예를 살펴보기로 한다.

가. 해약금 해제

가령 甲(매도인)이 2020. 3. 1. 乙(매수인)에게 부동산을 2억 원에 매도하는 계약 체결에 있어서 다음과 같은 계약서 내용이 있다고 하자.

- 2020. 3. 1. 매매계약 동시에 乙이 甲에게 2,000만 원 지급 완료
- 2020. 4. 1. 중도금 8,000만 원 약정
- 2020. 5. 1. 잔대금 1억 원 약정

매매의 경우에 다른 약정이 없는 한, 당사자 한쪽이 이행에 착수할 때까지 매도인은 계약금의 배액을 상환하고, 매수인은 계약금을 포기하고 각 매매계약을 해제할 수 있다(민법 565조 1항). 즉, 다른 약정이 없는 경우, 계약금은 해약금으로 추정되므로 2020. 3. 31.까지 甲은 乙에게 계약금의 배액인 4,000만 원을 지급하고, 乙은 甲에게 지급한 계약금 2,000만 원을 포기하고 각 매매계약을 해제할 수 있다. 그런데 乙이 2020. 4. 1. 甲에게 중도금 8,000만 원을 지급하면, 계약금의 배액을 상환하거나 계약금을 포기하더라도 계약을 해제할 수 없다. 乙도 계약을 해제할 수 없다(대법원 2000. 2. 11. 선고 99다62074 판결).

해제를 할 수 있는 것은 당사자의 한쪽이 이행에 착수할 때까지이므로 당사자 중 어느 쪽이라도 이행에 착수하였다면 해제권이 봉쇄된다.

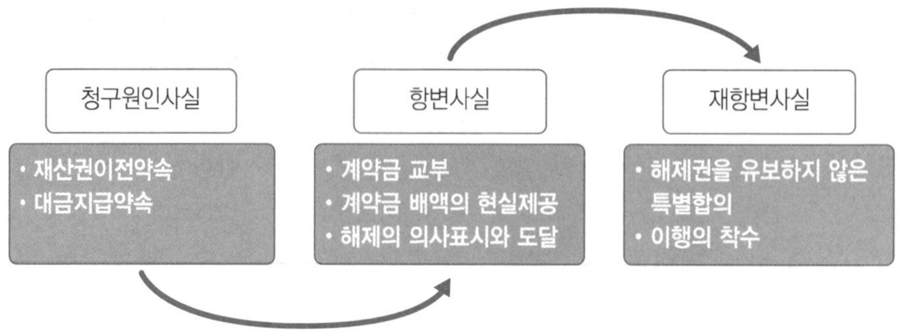

해약금 해제의 항변이 봉쇄된 판결의 예는 다음과 같다.

> 피고는 계약금 배액을 제공하고 위 매매계약을 해제한다고 항변하므로 살피건대, 피고가 위 매매 당시 원고로부터 계약금 2천만 원을 지급받았다가 20OO.OO.OO 원고에게 위 계약금의 배액 상당의 액면금 40,000,000원권 신한은행 발행 자기앞수표를 제공하면서 위 매매계약을 해제하는 의사표시를 한 사실은 당사자 사이에 다툼이 없으나, 한편 매도인이 계약금의 배액을 제공하고 매매계약을 해제하려면 당사자의 일방이 이행에 착수할 때까지 하여야 할 것인 바, 원고가 위 매매 당시 피고에게 중도금 중 일부의 지급을 위하여 액면금 50,000,000원, 지급기일 20OO.OO.OO인 OO건설 주식회사 발행의 약속어음 1매를 배서교부한 사실은 당사자 사이에 다툼이 없으므로 이로써 원고는 위 어음의 결제 여부를 불문하고위 매매계약의 이행에 착수하였다고 할 것이니, 결국 피고의 위 항변은 이유없다.

나. 동시이행의 항변

> **청구원인에 관한 판단**
> 원고가 2020. 3. 1. 피고로부터 이 사건 토지를 대금 2억 원에 매수한 사실은 당사자 사이에 다툼이 없으므로 특별한 사정이 없는 한, 피고는 원고에게 이 사건 토지에 관하여 위 매매를 원인으로 한 소유권이전등기절차를 이행할 의무가 있다.

동시이행항변에 관한 판단

피고는 원고로부터 미지급된 중도금 5천만 원과 이에 대한 잔금지급기일까지의 약정 지연손해금 및 잔금 1억 원을 지급받을 때까지는 원고의 청구에 응할 수 없다고 동시이행의 항변을 하므로 살피건대, 위 매매계약 당시 피고가 원고로부터 그 대금 중 중도금 8천만 원은 2020. 4. 1., 잔금 1억 원은 2020. 5. 1. 각 지급받기로 약정한 사실은 당사자 사이에 다툼이 없고, 갑 제1호증(토지매매계약서)의 기재 및 변론의 전체의 취지를 종합하면, 원고가 위 중도금의 지급을 지체한 때에는 월 2%의 비율에 의한 지연손해금을 지급하고, 피고는 원고로부터 위 잔금을 지급받음과 동시에 원고에게 소유권이전등기절차를 이행하기로 약정한 사실을 인정할 수 있으며, 한편 피고는 위 중도금 지급기일에 원고로부터 중도금 중 일부로 3천만 원을 지급받은 사실을 자인하고 있다.

부동산의 매수인이 선이행하여야 할 중도금의 지급을 하지 아니한 채 잔금지급기일을 경과한 경우에는 다른 약정이 없는 한 매수인의 미지급 중도금과 이에 대한 그 지급기일 다음날부터 잔금 지급기일까지의 지연손해금 및 잔금지급의무는 매도인의 소유권이전등기의무 등과 동시이행의 관계에 있다 할 것이므로 원고는 피고에게 나머지 중도금 5천만 원과 이에 대한 그 지급기일 다음날인 2020. 4. 2.부터 잔금 지급기일인 2020. 5. 1.까지 월 2%의 비율에 의한 약정 지연손해금 1백만 원(5천만×0.02×1개월) 및 잔금 1억 원을 합한 1억 5천 1백만 원을 지급할 의무가 있고, 피고의 소유권이전등기절차이행의무는 원고의 위 잔금 등 지급의무와 동시이행의 관계에 있다 할 것이어서 피고의 항변은 이유 있다.

법원이 동시이행의 항변을 인정하는 때에는 상환이행판결을 하게 되는데, 상환이행판결의 기재례는 다음과 같다.

피고는 원고로부터 000원을 지급받음과 동시에(또는 상환으로) 원고에게 … 2000. 00. 00. 매매를 원인으로 한 소유권이전등기절차를 이행하라.

상환이행판결이 내려진 경우에 강제집행을 하려고 하는 때에는 위와 같은 **의사진술을 할 의무**에 대하여는 '반대의무의 이행 또는 그 제공을 하였다는 것'이 **집행문부여의 요건**이 된다(민사집행법 263조 2항). 그 판결이 확정된 뒤에 채권자가 그 반대의무를 이행한 사실을 증명하고 집행문을 받았을 때에 의사표시의 효력이 생기기 때문이다.

반면, **일반 상환이행판결**의 경우라면, '반대의무의 이행 또는 그 제공을 하였다는 것'이 **집행개시요건**이 된다는 점을 주의하라(민사집행법 41조 1항).

6. 매매계약 관련 분쟁

매매계약을 둘러싼 분쟁은 앞에서 살핀 대금지급청구 및 목적물인도청구 이외에 여러 가지 사안이 있을 수 있다.

위 대금지급청구나 목적물인도청구는 매매계약이 성립하고 있는 것이 전제가 되는데, 매매계약이 성립에 이르지 않은 경우에도, 매매계약의 체결의 과정에서 계약체결의 거부, 설명의무위반 등에 의한 손해배상책임을 둘러싼 분쟁이 생기게 된다.

그리고 매매계약이 성립하였어도 매매계약의 체결과정에 흠이 있어 계약의 무효 또는 취소가 주장되어 이미 이루어진 급부의 회복을 둘러싼 문제가 생기게 된다.

또한 매매계약이 유효한 경우에도 채무불이행을 둘러싼 분쟁, 하자담보책임을 둘러싼 분쟁이 생기게 된다.

한편, 매매계약의 목적·대상인 유체물·무체물의 권리의 흠결·하자 등에 의하여 계약의 상대방이나 제3자에게 손해가 생긴 경우에 채무불이행에 의한 또는 불법행위에 의한 손해배상을 둘러싼 분쟁이 생기게 된다.

제 2 부 기 본 적 소 송 유 형

제 2 장
매 매

제 4 강 채무불이행 및 계약의 해제

甲은 인쇄출판 등을 업(業)으로 하는 회사인데, 2020. 2. 1. 乙회사로부터 편집제본하는 기계 1대를 2억 원에 구입하는 취지의 계약을 체결하였다. 계약체결 당일에 계약금 2천만 원을 지급하고, 잔금은 기계의 인도시로 하고, 乙의 사무실에서 기계를 인도하기로 약정하였다. 마침 위 기계의 재고가 없으므로 조금 기다렸는데, 2020. 4. 1. 乙의 사장으로부터 甲 앞으로 위 기계가 완성되어 포장도 끝났으므로 사정이 될 때 가지러 와 달라는 연락이 있었다. 그래서 2020. 4. 10. 甲의 담당자가 위 기계를 받으러 가기로 결정하여 그 내용을 乙에게도 연락하였다. 그런데 2020. 4. 8. 甲의 주요한 거래처가 도산하여 甲으로서도 채권보전 활동이 촉박하여 2020. 4. 10.에 甲의 담당자는 乙에게 갈 수 없었고, 구입한 편집제본기계를 인수할 수 없었다. 그리고 황당하게도 2020. 4. 12.에 乙의 사무실 겸 공장이 옆집으로부터의 화재에 의해 연소(延燒)하여 포장이 끝난 채로 보관되어 있던 위 편집제본기계도 소실(燒失)되어 버렸다.

그래서 甲은 계약을 해제한 뒤, 乙을 피고로 하여 손해배상청구의 소를 제기하고자 한다. 아래 내용에 따라 소장의 청구의 취지는 어떻게 되는가를 검토하시오. 한편, 甲은 乙로부터 금전의 반환 내지는 지급을 전혀 받지 않은 것으로 한다.

[1] 乙은 소실(燒失)된 편집제본기계 대신 새로운 기계를 제조한 뒤, 甲에게 인도할 계약상의 의무를 지는가. 또한 이 경우에 甲이 약속한 매매잔대금 1억 8천

만 원의 지급의무는 어떻게 되는가.
[2] 가령, 옆집으로부터의 연소(延燒)가 아닌, 乙의 종업원의 과실에 의한 실화(失火)로 건물이 불타서 위 편집제본기계가 소실(燒失)된 경우라고 한다면, 위 (1)의 질문에 대한 답은 어떻게 되는가.
[3] 위 [2]의 경우에 甲은 편집제본기계 구입계약을 해제할 수 있는가. 가령, 유효한 해제가 이루어진 경우에 당사자 사이에는 어떠한 법률관계가 생기는가.
[4] 위 [3]의 사안에서 甲·乙 사이의 계약서에 "매도인의 의무불이행에 의하여 약정기한까지 매매목적물을 매수인에게 교부하지 못하고 계약이 해제된 경우에는 매도인은 위약금으로서 이미 수령한 계약금의 배액인 4천만 원을 지급하는 외에 매수인이 입은 손해를 배상한다"라는 조항이 있는 경우에 이 4천만 원의 성질을 어떻게 이해할 것인가.
[5] 위 [4]의 위약금 조항이 존재하는 경우에 甲은 예정대로 편집제본기계의 인도를 받지 못한 결과, 이미 수주한 큰 규모의 거래인 인쇄출판물의 계약(계약가격 1억 원, 한편 甲의 이익률은 10% 정도)을 취소하게 되었다.

채무의 내용에 좇은 이행(민법 390조)이 있으면 채권은 소멸한다. 그러나 채무불이행이 있다면 그 구제로 다음의 것을 생각할 수 있다.

우선 이행지체의 경우에 채무의 내용인 급부를 강제적으로 실현할 수 있다. 이것이 현실적 이행의 강제 또는 강제이행이다(민법 389조). 여기서는 채무자의 귀책사유는 필요하지 않다.

그리고 채무자의 귀책사유로 채무불이행이 생긴 경우에 채무자는 손해배상을 청구할 수 있고(민법 390조), 한편 계약에서는 그 계약을 파기하고 계약의 구속에서 해방될 수 있는데, 그것이 계약의 해제(또는 해지)이다(민법 544조 이하).

1. 채무불이행

채무를 부담하고 있는 특정한 사람(채무자)이 그 채무의 내용대로의 행위(이를 이행이라고 한다)를 한다면, 채권자도 만족하여 특별한 다툼이 생기지 않는다. 그러나 현실적으로는 채무는 반드시 이행되는 것은 아니다. 또 채무자의 특정한 행위(이행)가 전혀 행하여지지 않은 경우뿐만이 아니라, 그 행위가 불완전한 경우도 있다. 이 경우에 채무자의 책임으로 돌릴 수 있는 사유에 의한 것이 채무불이행이다.

채무의 내용에 좇은 이행을 하지 아니한 것이 채무불이행인데, 채무불이행의 유형으로 통상 3가지 형태를 생각할 수 있다. 하나는 이행의 기한이 도과하였고, 그 이행이 가능함에도 채무자의 책임에 돌아갈 사유에 의하여 이행되지 않은 상태인 **이행지체**이다. 둘째는 채권의 성립 후에 생긴 채무자의 귀책사유에 의하여 이행이 불가능하게 된 상태인 **이행불능**이다. 마지막으로 외견상은 채무의 이행이 행하여졌지만 내용이 불완전한 상태인 **불완전이행**이다.

이러한 사유가 발생한 경우에는 채권자를 보호하기 위하여 각각의 사유에 따라서 일정한 권리가 채권자에게 발생한다.

이행지체에 대하여는 지연배상청구권, 이행불능에 대하여는 손해배상(전보배상)청구권(민법 390조), 불완전이행에 대하여는 완전한 이행의 청구를 할 수 있다.

그리고 어느 경우에도 계약에 있어서는 해제권이 발생한다(민법 544조, 546조).

한편, **채권자지체**가 성립하는 경우는 그 효과로서 원칙적으로 채권자에게 민법 규정에 따른 일정한 책임이 인정되는 것 외에, 채무자가 채권자에 대하여 일반적인 채무불이행책임과 마찬가지로 손해배상이나 계약해제를 주장할 수는 없다(대법원 2021. 10. 28. 선고 2019다293036 판결).

2. 채무불이행 손해배상청구

가. 의 의

채무자가 채무의 내용에 좇은 이행을 하지 아니한 때에는 채권자는 손해배상을 청구할 수 있다(민법 390조). 가령 채권자는 채무자의 이행지체, 즉 이행이 지연되는 것으로 인하여 입은 손해에 대하여(예외적으로 민법 395조의 전보배상) 그 배상을 청구할 수 있다. 그 범위는 통상의 손해를 그 한도로 한다(민법 393조 1항).

나. 청구권 경합

그런데 동일한 사실관계에서 발생한 손해의 배상을 목적으로 하는 경우에도 **채무불이행**을 원인으로 하는 배상청구와 **불법행위**를 원인으로 한 배상청구는 청구원인을 달리하는 **별개**의 **소송물**이다. 계약위반으로 인한 채무불이행이 성립한다고 하여 그것만으로 바로 불법행위가 성립하는 것은 아니다.

손해배상책임으로 채무불이행과 불법행위를 이유로 하는 청구의 이동(異同)에 대하여 주로 귀책사유(채무자 내지는 피고의 고의·과실)의 증명책임이 원고(채권자)쪽에 있는지 여부가 문제된다.

불법행위에서는 원고(피해자)가 이에 대한 증명책임을 지는 것에 대하여, 채무불이행에서는 신의칙상의 이유에서 피고(채무자)가 귀책사유의 부존재의 증명책임을 진다. 귀책사유(고의·과실)가 원고의 청구원인이 되는가, 피고의 항변이 되는가에 차이가 있는 것만이고, 그 밖의 점에서는 양쪽 요건사실 자체는 마찬가지이다(또한 그 효과에 있어, 손해배상의 범위에 대하여도 상당인과관계가 미치는 범위의 손해배상으로 양자 공통이다).

이 때문에 요건사실은 실질적으로 거의 동일하여, 동일한 사실관계가 채무불이행과 불법행위의 2가지 청구권을 발생시키는 경우, 이 **청구권 경합**을 어떻게 처리할 것인가에 있어서 신·구소송물이론의 대립이 있는 것이다.

석명권

📖 손해배상청구의 법률적 근거는 이를 계약책임으로 구성하느냐 불법행위책임으로 구성하느냐에 따라 요건사실에 대한 증명책임이 달라지는 중대한 법률적 사항에 해당하므로, 당사자가 이를 명시하지 않은 경우 석명권을 행사하여 당사자에게 의견 진술의 기회를 부여함으로써 당사자로 하여금 그 주장을 법률적으로 명쾌하게 정리할 기회를 주어야 함에도, 이러한 조치를 취하지 않은 채 손해배상청구의 법률적 근거를 불법행위책임을 묻는 것으로 단정한 뒤 증명이 부족하다는 이유로 청구를 받아들이지 않은 것은 위법하다(대법원 2009. 11. 12. 선고 2009다42765 판결).

다. 청구원인

채무자가 채무의 내용에 좇은 이행을 하지 아니한 때에는 채권자는 손해배상을 청구할 수 있다(민법 390조 본문). 그 요건사실은 다음과 같다.

이에 대하여 가해자는 계약에 따른 의무의 발생·내용 등을 다투거나, 다른 원인에 의하여 손해가 발생하였다고 주장하거나, 인과관계의 존재 등을 다투는 경우가 많은데, 이는 그 어느 것도 청구원인의 **적극부인**이고, 그 증명은 **반증**이다.

한편, 의무위반에 대하여 가해자의 과실이 없다거나 피해자에게 과실이 있다는 주장은 **항변**에 해당하고, 가해자가 이를 주장·증명하게 된다.

❶ 피해자와 가해자 사이에 계약관계가 성립한 것
❷ 가해자가 피해자에게 구체적 의무를 부담하고 있는 것
❸ 가해자가 그 의무를 위반한 것
- 채권자가 채무불이행사실만을 증명하면 되고, 채무자가 자신에게 귀책사유가 없다는 점을 증명하여야 그 책임을 면할 수 있음. 한편, 불법행위책임에서는 채무자의 고의 또는 과실을 채권자가 증명하여야 함(민법 750조).

❹ 피해자에게 손해의 발생
❺ 의무위반과 손해발생 사이에 인과관계
❻ 구체적 손해액
- 손해 발생 사실은 인정되나 손해액에 관한 증명이 불충분한 경우에 법원은 그 이유만으로 그 부분 손해배상 청구를 배척할 것이 아니라 손해액에 관하여 적극적으로 석명권을 행사하고 증명을 촉구하여 이를 밝혀야 함

라. 소멸시효

계약상 채권의 소멸시효는 다른 정함이 없는 한 민법 162조 1항에 따라 10년이나, 불법행위채권의 소멸시효는 민법 766조에 따라 손해 및 가해자를 안 날로부터 3년 또는 불법행위가 있은 날로부터 10년이다.

3. 계약의 해제

가. 해제의 의의

계약의 해제란 유효하게 성립한 계약의 효력을 당사자 일방의 의사표시에 의하여 소급적으로 소멸케 하여 계약이 처음부터 성립하지 않은 것과 같은 상태로 복귀시키는 것을 말한다.

그 발생근거와 관련하여 해제권은 **법정해제권**과 **약정해제권**으로 나뉜다. 해제권은 형성권인데, 당사자가 계약에서 미리 또는 별도의 계약으로 유보한 해제권을 행사하여 해제의 효과가 생기는 것이 약정해제이고, 당사자가 법률의 규정에 의하여 부여된 해제권을 행사하여 해제의 효과가 생기는 것이 법정해제이다.

법정해제 가운데, 이행지체를 이유로 한 해제, 이행불능을 이유로 한 해제에 대하여는 이미 앞에서 설명한 바 있다.

그리고 불완전이행에 의한 해제권의 발생에 대하여는, 추완을 할 수 있는 경우에는 이행지체에 준하여, 추완을 할 수 없는 경우에는 이행불능에 준하여 생각하면 될 것이다.

합의해제

📖 본래 계약의 해제는 해제권을 가지는 자의 일방적 의사표시로 계약을 실효시키는 단독행위이다. 이에 대하여 합의해제는 계약당사자 쌍방이 기존의 계약의 효력을 새로운 계약에 의하여 소급적으로 소멸하게 하는 것을 말한다. 이 경우에 해제의 효과인 원상회복 또는 손해배상의 범위에 관하여는 합의된 내용에 따라 결정되고, 원칙적으로 해제에 관한 민법 543조 이하의 규정이 적용되지 않는다. 해제의 효과 등은 합의에 의하여 결정되므로 요건사실을 검토할 필요까지는 없다 할 것이다.

실권약관

📖 한편, 실권약관은 할부판매계약에서 매수인이 1회라도 할부금 지급을 게을리 하면 매매계약은 효력을 잃고 매수인은 매도인에게 목적물을 반환하여야 한다고 약정한 경우와 같

이 계약당사자 사이에 일방이 그 이행을 게을리 하면 계약은 효력을 잃는다는 뜻의 특약을 한 경우이다.

나. 해제권의 행사

해제권은 형성권이므로 그것을 행사하지 않으면, 해제의 효과는 생기지 않는다. 해제는 상대방에 대한 의사표시로 한다(민법 543조 1항). 일단 해제의 의사표시를 한 이상, 가령 상대방이 승인하여도 해제의 의사표시를 철회할 수 없다(동조 2항). 당사자 일방 또는 쌍방이 수인인 경우에는 해제는 전원으로부터 또는 전원에 대하여 하여야 하는데(민법 547조 1항), 이를 해제권의 불가분성이라고 한다.

다. 해제의 효과

해제의 효과에 관하여는 논쟁이 있기는 하지만, **판례** 및 **통설**인 **직접효과설**에서는 해제가 있으면, 계약은 소급적으로 그 효과가 소멸하는 것으로 해석한다. 계약을 해제하면 처음부터 계약은 존재하지 않은 것이 되고, 당사자의 채권채무는 소멸한다. 계약은 없었던 상태로 돌아간다.

그래서 민법은 각 당사자는 그 상대방에 대하여 원상회복의 의무가 있다고 규정하고 있는데(민법 548조 1항 본문), 구체적으로는 ① 당사자가 계약에 의하여 부담하는 채무의 운명(채무로부터의 해방) 내지는 ② 관련된 채무에 대하여 이미 이루어진 급부의 처리(기이행 급부의 반환) 및 ③ 해제된 당사자에 있어서의 손해배상의무의 발생(손해배상)이 아울러 문제가 된다(민법 551조).

(1) 원상회복

여기서 해제의 효과로 인도한 물건이나 지급한 금전의 반환을 구할 수 있는 권리를 **원상회복청구권**이라고 한다. 원상회복청구권은 일종의 **부당이득반환청구권**이라고 보는데(민법 741조), 부당이득반환청구에서는 현존이익의 반환으로 무방하지만, 원상회복청구에서는 전부의 반환이 필요한 것에 문제가 없지 않는가 하는 점에서 논의가 있다.

이익의 현존 여부나 선의, 악의에 불문하고 특단의 사유가 없는 한 받은 이익의 전부를 상대방에게 반환하여야 할 것이다(대법원 1997. 12. 9. 선고 96다47586 판결).

해제로 인하여 제3자의 권리를 해하지 못한다(민법 548조 1항 단서). 가령 매도한 토지에 저당권이 설정되어 이를 말소할 수 없는 경우에는 저당권이 설정된 채 반환할 수밖에 없다. 그래서 나중에 손해배상의 문제로 처리하게 된다.

당사자 쌍방이 원상회복의무를 지는 때에는 동시이행의 항변을 할 수 있다(민법 549조).

한편, 원상회복의무에 있어서 반환할 것이 금전인 때에는 그 받은 날로부터 이자를 가하여야 한다(민법 548조 2항).

물권도 계약의 해제로 인하여 당연히 복귀되는지 여부

🕮 민법 548조 1항 본문에 의하면, 계약이 해제되면 각 당사자는 상대방을 계약이 없었던 것과 같은 상태에 복귀케 할 의무를 부담한다는 뜻을 규정하고 있는바 계약에 따른 채무의 이행으로 이미 등기나 인도를 하고 있는 경우에 그 원인행위인 채권계약이 해제됨으로써 원상회복된다고 할 때 그 이론 구성에 관하여 소위 채권적 효과설과 물권적 효과설이 대립되어 있으나 우리의 법제가 물권행위의 독자성과 무인성을 인정하고 있지 않는 점과 민법 548조 1항 단서가 거래안정을 위한 특별규정이란 점을 생각할 때 계약이 해제되면 그 계약의 이행으로 변동이 생겼던 물권은 당연히 그 계약이 없었던 원상태로 복귀한다 할 것이다(대법원 1977. 5. 24. 선고 75다1394 판결).

계약해제로 인한 원상회복의무로서의 법정이자 반환

🕮 민법 548조 2항은 계약해제로 인한 원상회복의무의 이행으로 반환하는 금전에는 그 받은 날로부터 이자를 가산하여야 한다고 하고 있는바, 위 이자의 반환은 원상회복의무의 범위에 속하는 것으로 일종의 부당이득반환의 성질을 가지는 것이지 반환의무의 이행지체로 인한 손해배상은 아니라고 할 것이고, 소송촉진 등에 관한 특례법 3조 1항은 금전채무의 전부 또는 일부의 이행을 명하는 판결을 선고할 경우에 있어서 금전채무불이행으로 인한 손해배상액 산정의 기준이 되는 법정이율에 관한 특별규정이므로, 위 이자에는 소송촉진등에관한특례법 제3조 제1항에 의한 이율을 적용할 수 없지만(대법원 2000. 6. 23. 선고

2000다16275, 16282 판결 참조), 원상회복의무의 이행으로 금전의 반환을 구하는 소송이 제기된 경우 채무자는 그 소장을 송달받은 다음날부터 반환의무의 이행지체로 인한 지체책임을 지게 되므로 그와 같이 원상회복의무의 이행으로 금전의 반환을 명하는 판결을 선고할 경우에는 금전채무불이행으로 인한 손해배상액 산정의 기준이 되는 법정이율에 관한 특별규정인 소송촉진등에관한특례법 제3조 제1항에 의한 이율을 적용하여야 할 것이다(대법원 2003. 7. 22. 선고 2001다76298 판결).

(2) 손해배상

계약을 해제하는 경우에 채권자는 자기의 채무를 면하고 또한 이행한 것을 반환받지만, 그것만으로 손해를 전보받지 못하는 경우도 있다. 가령 중고스마트폰을 100만 원에 팔았는데, 매수인의 계약을 해제하여 매도인이 그 목적물을 교부할 채무를 면하였지만 그 사이에 목적물의 값이 떨어져 80만 원이 되었다면, 상황에 따라 적어도 20만 원의 손해가 남는다. 그리하여 해제와 함께 손해배상의 양립을 인정하고 있다(민법 551조). 다만, 이는 계약해제의 효과에서 나오는 것이 아니라, 채무불이행을 원인으로 하는 것이다. 채무불이행에 기한 것이므로 그것은 이행이익의 배상을 원칙으로 한다(대법원 1983. 5. 24. 선고 82다카1667 판결).

계약해제로 인한 손해배상의 범위(=이행이익)

🕮 계약당사자의 일방이 계약해제와 아울러 하는 손해배상의 청구도 채무불이행으로 인한 손해배상과 다를 것이 없으므로 전보배상으로서 그 계약의 이행으로 인하여 채권자가 얻을 이익 즉 이행이익을 손해로서 청구하여야 하고 그 계약이 해제되지 아니하였을 경우 채권자가 그 채무의 이행으로 소요하게 된 비용, 즉 신뢰이익의 배상은 청구할 수 없는 것이다(대법원 1983. 5. 24. 선고 82다카1667 판결).

채무불이행을 이유로 계약해제와 아울러 손해배상을 청구하는 경우, 신뢰이익의 배상을 구할 수 있는지 여부(적극) 및 그 신뢰이익의 배상의 범위

🕮 채무불이행을 이유로 계약해제와 아울러 손해배상을 청구하는 경우에 그 계약이행으로 인하여 채권자가 얻을 이익, 즉 이행이익의 배상을 구하는 것이 원칙이지만, 그에 갈음하

여 그 계약이 이행되리라고 믿고 채권자가 지출한 비용, 즉 신뢰이익의 배상을 구할 수도 있다고 할 것이고, 그 신뢰이익 중 계약의 체결과 이행을 위하여 통상적으로 지출되는 비용은 통상의 손해로서 상대방이 알았거나 알 수 있었는지의 여부와는 관계없이 그 배상을 구할 수 있고, 이를 초과하여 지출되는 비용은 특별한 사정으로 인한 손해로서 상대방이 이를 알았거나 알 수 있었던 경우에 한하여 그 배상을 구할 수 있다고 할 것이고, 다만 그 신뢰이익은 과잉배상금지의 원칙에 비추어 이행이익의 범위를 초과할 수 없다(대법원 2002. 6. 11. 선고 2002다2539 판결).

계약의 일방 당사자가 상대방의 이행을 믿고 지출한 비용 (신뢰이익의 손해)이 손해의 범위에 포함되는지 여부(한정 적극)

📖 부동산매매계약에 있어서 매수인이 매도인의 채무불이행을 이유로 계약을 해제한 뒤, 분양대금의 반환 이외에 매수인의 소유권이전등기비용의 배상청구를 한 사안에서, 신뢰이익의 손해도 이행이익의 한도 내에서 배상을 청구할 수 있는데, 부동산매매에 있어서 매수인이 소유권이전등기비용을 지출하리라는 것은 특별한 사정이 없는 한 매도인이 알았거나 알 수 있었다고 보아야 할 것이고, 원고가 청구하고 있는 소유권이전등기비용의 내용은 법무사보수, 등록세, 교육세, 인지대, 채권구입비 등으로서 통상적인 지출비용의 범위 내에 속한다고 할 것이므로 위와 같은 비용들도 피고가 원고에게 배상하여야 할 손해를 이룬다고 보아야 할 것이다(대법원 1999. 7. 27. 선고 99다13621 판결).

라. 해제권의 소멸

해제권의 경우도 해제권의 포기 등 권리의 일반적 소멸사유가 인정되는 것은 물론이다. 행사기간의 정함이 없는 경우에 해제권은 형성권이므로 10년의 제척기간에 걸린다.

(1) 최고에 의한 소멸

해제권의 행사의 기간을 정하지 않은 때에는 상대방은 상당한 기간을 정하여 해제권 행사 여부의 확답을 해제권자에게 최고할 수 있다(민법 552조 1항). 상당한 기간 내에 해제의 통지를 받지 못한 때에는 해제권은 소멸한다(동조 2항). 상대방의 불안정한 지위를 보호하고자 하는 취지이다.

(2) **계약의 목적물의 훼손 등으로 인한 소멸**

해제권자의 고의나 과실로 인하여 계약의 목적물이 현저히 훼손되거나 이를 반환할 수 없게 된 때 또는 가공이나 개조로 인하여 다른 종류의 물건으로 변경된 때에는 해제권은 소멸한다(민법 553조).

4. 검 토

본 사안에서는 계약의 해석이라는 문제가 곳곳에 등장한다. 甲·乙 사이의 거래가 매매계약인가 제작물공급계약인가에 대하여서도 계약의 해석의 문제이고, 또한 [4] 및 [5]의 위약금에 관한 계약조항의 문제도 결국은 해석의 문제이다. 이 같은 경우에는 얼마나 합리적인 사고를 할 수 있는가가 해결의 핵심이 된다. 그리고 그 합리적 사고를 지탱하는 것은 정확한 지식(실무에 있어서는 경험도 포함)이다. 이러한 점을 충분히 의식하여 사안을 검토하여야 한다.

[5]에서는 청구취지의 기재내용이라는 형태로 문제가 제시되고 있다. 이것은 구체적인 청구금액을 특정시키는 것에 의하여 추상적 논의로 끝나지 않고 구체적 결론을 이끌어 낼 것을 요구하는 것이다.

또한 본 사안에서는 종류채무의 특정, 위험부담, 채무불이행, 수령지체, 이행보조자의 과실이라는 계약법의 기본이 되는 여러 개념이 등장한다. 이들 개념의 내용 및 서로의 관계를 요령 있게 정리하고 논리모순이 발생하지 않는 것이 중요하다.

가. [1]에 대하여

(1) **계약유형**

본 사안에서는 우선 甲·乙 사이에 체결된 계약이 매매계약인가 또는 도급계약인가를 확인할 필요가 있다고 생각한다. 즉, 당사자의 일방(매도인)이

어떤 재산권을 상대방(매수인)에게 이전할 것을 약정하고, 이에 대하여 매수인이 그 대금을 지급할 것을 약정하는 계약이 매매계약이다(민법 563조). 또한 당사자의 일방(수급인)이 상대방(도급인)에게 어느 일을 완성할 것을 약정하고, 이에 대하여 도급인이 그 완성한 일에 대하여 대가(보수)를 지급할 것을 약정하는 계약이 도급계약이다(민법 664조).

한편, 민법전에 규정은 없지만, 당사자의 일방이 상대방의 주문에 응하여 자기의 재료에 의하여 목적물을 제작하여 그것을 공급하고, 상대방이 이에 대하여 보수를 지급하는 계약을 제작물공급계약이라고 하는데, 이는 이른바 비전형계약이다. 판례는 제작물공급계약의 성질을 제작물이 대체물인지 여부에 따라 판단한다. 즉, 계약에 의하여 제작 공급하여야 할 물건이 대체물인 경우에는 매매에 관한 규정이 적용되지만, 물건이 특정의 주문자의 수요를 만족시키기 위한 부대체물인 경우에는 당해 물건의 공급과 함께 그 제작이 계약의 주목적이 되어 도급의 성질을 띠게 된다고 한다(대법원 2010. 11. 25. 선고 2010다56685 판결 등).

그 가운데 어느 쪽인가 하는 것은 결국 계약의 해석 문제이다. 당사자가 어떤 취지로 계약을 체결하였는가를 따져보아야 한다. 그러나 어떤 유형의 계약을 체결하려고 하였는가에 관하여 실제의 거래에서는 당사자 자신에게도 분명한 의식이 없는 경우가 종종 있게 된다. 그래서 당사자의 의사를 분명히 하는 것에는 한계가 있고, 따라서 어떠한 당사자인가, 어떠한 계약 목적물인가, 어떠한 목적으로 계약을 체결하였는가 등과 같은 객관적 요소 등을 고려하여 계약의 내용을 결정할 필요가 있다.

본 사안에서는 생산되는 목적물의 사양 등은 미리 정하여져 있는 것이었고, 우연히 재고가 없었을 뿐이었다. 따라서 주문 내용에 따라 새로운 설계가 필요하거나 또는 대폭 설계가 변경되는 것과 같은 상품이 아니고, 정형적인 상품이 판매에 제공되고 있다고 볼 수 있다. 그렇다면 이 경우의 계약 유형은 매매계약이라고 이해하는 것이 타당할 것이다. 본 사건에서는 이하 매매계약이라는 것을 전제로 논의를 진행한다.

(2) 종류채무의 특정과 이행불능

매매계약체결 뒤에, 목적물의 교부(인도)가 객관적으로 불가능하게 된 경우에 매도인의 목적물인도채무는 이행불능이 된다. 이행불능이 된 원인에 채무자의 귀책성이 인정되는 경우에는 채무불이행책임(민법 390조)의 문제가 되고, 매도인의 목적물인도채무는 손해배상채무로 전가(轉嫁)된다. 이에 대하여 채무자에게 귀책성이 인정되지 않는 경우에는 해당 채무는 이행불능에 의하여 소멸한다(그 뒤는 위험부담의 문제가 된다).

그런데 본 사안에서 이행불능인지 여부는 우선 이 매매계약이 특정물매매, 불특정물매매의 어느 쪽인가의 검토가 필요하게 된다. 후자, 즉 불특정물매매의 경우라면, 특정되기까지 사이에는 본래 매도인은 동종, 동질, 동량의 다른 목적물을 매수인에게 교부하면 충분하므로 당초 교부하려고 하였던 목적물이 멸실하여도 채무의 이행불능 상태가 되지 않는다.

본 사안의 편집제본기계의 매매는 동종의 상품이 다수 제조되어 판매에 제공되고 있으므로 불특정물매매라고 이해된다. 그래서 다음으로 특정되었는지 여부가 문제된다. 채무자가 구체적으로 어떠한 행위를 하여야 이행에 필요한 행위를 완료한 때(민법 375조 2항)에 해당하는가 하는 것은 일단 계약당사자의 약정에 의하여 정하여진다. 사안에서의 이른바 추심채무(채권자가 채무자에게 와서 급부를 받아 가야 하는 채무)의 경우에 채무자가 목적물을 다른 물건에서 분리하여 인도할 준비를 갖춘 뒤에 채권자에게 이를 받아 갈 것을 통지한 단계에서 특정이 생긴다고 본다.

본 사안에서는 이 요건을 충족하고 있다. 그런데 특정이 있고 나서, 매도인 乙은 당초 인도하려고 하였던 기계가 귀책성 없이 소멸한 경우에(옆집으로부터의 화재 연소(延燒)) 이제 다른 기계의 인도의무를 지지 않는다. 매도인의 의무는 이행불능에 의하여 소멸하게 된다.

(3) 위험부담

쌍무계약에서, 각 채무가 완전하게 이행되기 전에, 일방의 채무가 채무자의 책임으로 돌릴 수 없는 사유에 의하여 이행불능이 되어 소멸한 경우에,

다른 한쪽의 채무는 어떠한 영향을 받는가 하는 것이 위험부담의 문제이다. 이 경우에 다른 한쪽의 채무도 함께 소멸한다고 하는 사고방식이 채무자(위험부담)주의, 반대로 다른 한쪽의 채무는 존속한다고 하는 사고방식이 채권자(위험부담)주의이다.

본 사안에서는 후술할 채권자의 수령지체가 생긴 것이고, 그 경우에 채권자주의의 적용이 있다 할 것이다(민법 538조 1항 후문). 따라서 본 사안에서는 결국 매수인 甲의 대금지급의무는 존속하는 것이 된다.

나. [2]에 대하여

(1) 수령지체

여기서는 이른바 수령지체를 검토할 필요가 있다. 수령지체는 채무의 이행에 있어 수령 그 밖의 채권자의 협력이 필요한 경우에 채무자가 채무의 본지에 따른 제공을 하였음에도 불구하고 채권자가 협력하지 않거나 협력할 수 없기 때문에 이행이 지체되고 있는 상태에 있는 것을 말한다.

이 경우에 수령지체 뒤에 불능이 될 때에는 불가항력에 기한 경우라도 위험부담의 채권자주의의 적용이 있다고 본다. 나아가 채무자는 채무의 이행에 있어서 주의의무가 경감되어 선관주의의무(민법 374조)를 지지 않고 자기의 재산에 있어서와 동일한 주의의무로 충분하거나 또는 고의 또는 중과실에 대하여만 책임을 진다고 본다(민법 401조). 그 결과, 본 사안에서 화재가 乙의 종업원의 과실에 의한 실화(失火)인 경우에 그 과실의 내용이 어느 정도의 것인가. 즉, 단순한 경과실인가 아니면 중과실인가에 의하여 결론이 달라지게 된다.

과실의 정도가 경미한 경우(경과실에 그치는 경우)에는 乙이 채무불이행책임을 지는 일은 없고, 결국 이 문제는 위험부담으로서 처리되게 된다.

(2) 본 사안에의 적용

과실의 정도가 중대한 경우(중과실이 인정되는 경우)에는 채무불이행의 문제가 되어 乙에게 손해배상책임이 생긴다. 이 경우에 후술할 계약해제(민법

546조)가 행하여지지 않는 한, 매수인인 甲의 매도인 乙에 대한 매매대금지급의무도 존속하게 된다.

한편, 과실행위는 乙의 종업원이 행하고 있다. 종업원의 과실을 그대로 乙 그 자신의 과실과 마찬가지로 보아도 좋은가 하는 문제도 검토할 필요가 있지만, 민법 390조의 채무자의 귀책성은 채무자의 고의, 과실 및 신의칙상 이와 마찬가지로 볼 수 있는 사정이라고 이해되므로 종업원의 과실 등도 이른바 이행보조자의 과실로서 乙에게 귀책된다.

다. [3]에 대하여

(1) 해 제

채무불이행책임이 생긴 경우에 계약해제가 인정된다. 해제권이 행사된 경우에 이미 이행된 내용을 원래대로 되돌리는 원상회복의무가 계약 당사자 쌍방에게 인정되는(민법 548조 1항) 이외에 해제권자에게는 손해배상청구도 인정되게 된다(민법 551조).

(2) 본 사안에의 적용

사안 [2]에서 검토하였듯이, 乙의 종업원의 과실이 경과실인 경우에는 채무불이행은 되지 않고, 이행불능에 따른 위험부담으로서 처리되므로 甲은 계약을 해제할 수 없다(이행불능에 의하여 계약은 당연히 종료한다).

이에 대하여 乙의 종업원의 과실이 중과실인 경우에는 乙의 채무는 채무불이행에 기한 손해배상책임으로서 그 성질을 바꾸어 존속하고, 甲·乙 사이의 계약관계도 계속 존속하게 된다. 이것을 종료시키는 甲의 행위가 계약해제이고, 이행불능에 기한 계약해제권(민법 546조)이 甲에게 생긴다.

甲이 계약을 해제하면, 이미 이행된 부분은 원상회복의무가 발생하고 또한 미이행한 부분에 대하여는 그대로 이행책임을 면하게 된다. 그래서 甲은 이미 지급한 2천만 원에 대하여는 그 반환을 구할 수 있다. 또한 나머지 1억 8천만 원에 대하여는 지급의무를 면한다. 그리고 甲에게 생긴 손해에 대하여는 별도로 乙에게 손해배상을 청구할 수 있게 된다.

라. [4]에 대하여

(1) 위약금의 성질

위약금에 대하여는 일반적으로 손해배상의 예정으로 추정하고 있다(민법 398조 4항). 손해배상의 예정의 경우에 구체적인 손해의 증명이 없어도 채무불이행의 사실만 증명되면 해당 예정금액을 청구할 수 있지만, 동시에 그 이상의 손해의 발생을 주장·증명하는 것은 허용되지 않는다고 풀이한다. 그래서 이와 같은 취급에 의문이 있는 때에는 이런 종류의 약정 위약금을 위약벌의 취지로 이해하여야 하는 경우가 있다는 것이 지적되고 있다. 위약벌이라고 한다면, 위약금의 수령과는 별개로 구체적 손해의 배상을 구할 수 있다고 풀이한다.

본 사안에 있어서도 위약금 4천만 원이 손해배상의 예정이라고 이해된다면 4천만 원을 넘는 배상을 요구할 수 없다고 생각된다.

그러나 본 사안의 경우의 약정에는 4천만 원의 배상책임 외에 나아가 매수인이 입은 손해를 배상한다는 취지가 규정되어 있다. 이 같은 경우에 당사자 사이의 약정은 어떠한 것으로 이해하여야 하는가. 결국 이는 계약의 해석의 문제이고 한마디로 손해배상의 예정이라든가 위약벌이라든가 등으로 단정 지을 수 없는 문제라고 할 수 있다. 종래 손해배상의 예정인가, 아니면 위약벌인가의 어느 쪽의 개념에 적용한 뒤, 그 적용된 개념으로부터 당연하게 결과를 이끌어 내는 방식을 취하는 경향이 강하였는데, 이 문제의 본질은 당사자 사이에서 위약의 경우의 해결 방법을 어떻게 결정하였는가 하는 점에 유의하여야 한다.

그런데 계약의 해석이라는 것은 의외로 곤란한 경우가 많다.

가령, 도급계약서 및 그 계약내용에 편입된 약관에 수급인의 귀책사유로 인하여 계약이 해제된 경우에는 계약보증금이 도급인에게 귀속한다는 조항이 있을 때 이 계약보증금이 손해배상액의 예정인지 위약벌인지는 도급계약서 및 위 약관 등을 종합하여 구체적 사건에서 개별적으로 결정할 의사해석의 문제이고, 위약금은 민법 398조 4항에 의하여 손해배상액의 예정으로 추정되므로, 위약금이 위약벌로 해석되기 위하여는 특별한 사정이 주장·입증되어야 한다고 본다(대법원 2010. 11. 25. 선고 2010다56685 판결 등).

(2) 본 사안에의 적용

본 사안과 같은 약정에 있어서 상대방의 채무불이행의 경우에 특별한 사정이 없는 한, 채권자는 현실에서 발생한 손해의 증명을 필요로 하지 않고 계약금과 같은 금액의 손해배상을 구할 수 있다는 내용을 규정함과 동시에, 현실에서 발생한 손해를 증명하여 계약금을 초과하는 손해의 배상을 구할 수 있다는 취지를 규정하는 것에 의하여 상대방의 채무불이행에 의하여 손해를 입은 채권자에 대하여 실제 생긴 손해 전액의 배상을 얻게 하려는 취지를 정한 규정이라고 풀이하는 것이 사회통념에 비추어 합리적이고 당사자의 통상의 의사에 따르는 것이라고 할 것이다. 종래의 손해배상의 예정인가, 위약벌인가 하는 경직된 판단에서 당사자 사이의 계약의 해석을 통한 유연한 해결을 도모하고자 하는 것이다.

이러한 입장에서는, 본 사안의 약정도 乙의 채무불이행에 기한 해제의 경우에 甲이 실제 생긴 손해의 증명을 필요로 하지 않고 계약금 반환 부분을 포함하여 4천만 원의 지급을 구할 수 있고, 동시에 이것을 초과하는 손해가 생긴 경우에는 실제 생긴 손해를 증명하여 초과 부분의 배상을 구할 수도 있다는 취지의 합의내용으로 해석할 수 있다.

마. [5]에 대하여

(1) 본 사건 약정

본 사안에서는 매수인 甲에게 구체적인 손해가 생긴 사안이다. 매매 목적물을 이용하는 것에서 얻어질 수 있는 이익에 관하여 손해배상을 구하는 경우의 손해액의 평가에 대하여는 여러 요소가 관계하여 그 평가가 쉽지 않다. 그러나 사안에 의하면, 1억 원 인쇄출판물의 계약이 취소되고 이익률은 25% 정도라는 것에서 우선은 2천 5백만 원의 손해가 생긴다고 볼 수 있을 것이다.

그런데 가령 甲·乙 사이의 위약금에 관한 약정이 위약벌의 취지였던 경우에는 4천만 원의 위약금 이외에 구체적으로 생긴 손해금 2천 5백만 원 전부를 별도 청구할 수 있게 된다(합계 6천 5백만 원). 한편, 종래 설명되어 온 손해배상의 예정 개념에 따른다면, 甲은 약정된 4천만 원을 청구할 수 있을 뿐이고, 그 이상의 손해배상은 구할 수 없는 것이 된다. 이에 대하여 甲은 계약서에서 명시된 4천만 원을 청구할 수 있을 뿐만 아니라 이를 초과하는 손해가 실제 생긴 것을 증명하는 경우에는 미리 그 손해분에 대해서까지 배상을 청구할 수 있다는 입장도 생각할 수 있다.

(2) 계약금과의 관계

이 경우에 또 다른 측면에서 검토가 필요한 것은 4천만 원의 위약금을 지급한다고 하는 경우에 계약금 2천만 원과의 관계이다. 사안 [4]에서 지적한대로 계약금 2천만 원은 해제의 결과 원상회복으로 乙로부터 甲에게 반환되어야할 금액이다. 그래서 4천만 원의 지급의무에 대해서 위약금이라고 보는 이상, 원상회복의무인 2천만 원 계약금의 반환금과 별개로 이해할 수도 있다. 그렇게 되면 甲은 계약금 2천만 원의 반환 이외에, 손해배상 부분으로서 당연히 (손해의 증명이 필요하지 않고) 별도 4천만 원을 청구할 수 있고, 가령 4천만 원을 초과하는 손해가 생긴 것을 증명할 수 있는 경우에는 이 4천만 원을 초과하는 손해 부분도 같이 청구할 수 있게 된다. 이렇게 이해하는 한, 실제 손해액이 위와 같이 2천 5백만 원이라고 한다면, 합의한 위약금액 4천만 원을 초과하는 손해는 생기지 않았으므로 甲이 청구할 수 있는 것은 계약금 2천만 원의 반환과 약정에 기한 위약금 4천만 원의 지급이라는 것이 된다.

그러나 과연 甲·乙은 4천만 원이라는 금액을 계약금의 반환분 2천만 원과 별도로 지급하는 것으로 약정한 것으로 볼 것인가. 본 사건 약정은 '수령한 계약금의 배액인 4천만 원'을 지급한다는 것이다. 계약금의 배액이라는 지적은 이른바 계약금의 배액 반환(민법 565조 1항)의 조항을 염두에 두고 이를 의식한 약정이라고 이해할 여지가 있다. 물론 계약금 해제의 경우에는 별도 손해배상의무가 생기지 않는 것(민법 565조 2항)에 대하여, 채무불이행 해제의 경우에는 계약금의 반환과 손해배상의무가 병존한다고 하는 점에서 차이가 있다. 그러나 그와 같은 법적 구별을 계약 당사자가 어디까지 의식하고 있는가는 별도 문제이다. 그런데 계약의 해석으로서는 매도인의 의무불이행의 경우에 우선 제1단계로서 계약금 해제의 경우에 준하여 계약금 2천만 원의 반환 이외에 그것과 동액의 배상금 부분 2천만 원을 더하여 합계 4천만 원을 무조건 乙에게 지급하게 하여 가령 배상금 부분 2천만 원을 초과하는 손해가 생긴 경우에는 제2단계로서 그 점을 주장·증명하는 것에 의하여 2천만 원을 초과하는 손해 부분도 지급하게 하는 취지로 이해하는 것이 타당할 것이다. 이 문제도 계약의 해석 문제이고 구체적인 사실에 의하여 결론이 달라질 여지가 있지만, 이와 같은 해석이 일단 합리적이라고 생각된다.

(3) 구체적 청구금액

위와 같은 전제에서 본다면, 본건 사안에서 매수인 甲은 계약금의 반환 부분 2천만 원도 포함하여 합계 4천만 원(계약금 부분을 공제한 나머지 2천만 원은 손해배상금의 취지)을 乙로부터 위약금으로 받을 수 있고, 가령 甲에게 생긴 실제 손해액이 미리 합의한 손해배상 부분 2천만 원을 초과하는 경우에는 그 차액을 구체적인 손해를 주장·증명하는 것에 의하여 청구할 수 있게 된다. 본 사건에서 甲에게 생긴 손해는 2천 5백만 원이라고 보이므로 5백만 원 부분이 이 별도 청구할 수 있는 부분이 된다.

한편, 본 사안은 소제기를 염두에 두고 청구취지의 기재 내용을 묻고 있다. 그렇다면 甲은 乙에게 총액으로 4천 5백만 원의 지급을 구하는 것이 되고, 청구의 취지는 다음과 같이 적게 될 것이다.

1. 피고는 원고에게 4천 5백만 원을 지급하라.
2. 소송비용은 피고가 부담한다.
3. 제1항은 가집행할 수 있다.

라는 판결을 구한다.

甲은 乙에게 그 밖에 위 청구에 부대하여 지연손해금을 청구하는 경우가 일반적이다.

실전 쟁점

[1] 甲과 乙 사이에 매매계약이 체결되어 매도인인 甲의 급부는 모두 이행되고 매수인인 乙의 대금지급의무는 일부 이행되지 않은 채 乙이 매매목적물을 소유하고 있었다. 이러한 상황에서 甲이 매매계약을 적법하게 취소하거나 매매계약을 적법하게 해제하였다면 甲, 乙은 이미 이행받은 급부를 상대방에게 반환할 의무가 있는 바, 그 반환의무의 법률적 성질과 범위에 관하여 매매계약이 취소된 경우와 해제된 경우를 비교하여 설명하시오.

[2] 甲은 2008. 7. 1. 乙로부터 경기 가평군 설악면 미사리에 있는 청평호 주변의 임야 2,000㎡를 1억 원에 매수하였다. 甲은 위 토지에 펜션을 지을 예정이었고, 매매계약 당시 그 사정을 乙에게 말하자 乙도 위 토지에 펜션을 지으면 경관이 매우 좋을 것이라고 맞장구를 쳤다. 그런데 甲이 위 매매대금을 모두 지급하고 소유권이전등기를 받은 날 乙과 함께 가평군에 문의한 결과, 위 임야는 최근에 상수도 보호구역 내에 들게 되어서 펜션을 지을 수 없다는 사실을 알게 되었다. 乙도 그 사실을 그 때 비로소 알고 당황하였으나 매매계약을 없었던 것으로 하자는 甲의 요구에는 응하지 않았다. 甲이 위 매매대금을 돌려받을 수 있는 방법은 무엇인지를 그 요건, 효과와 함께 모두 검토하시오. 【2008년 법원행정고시】

제2부
기본적 소송유형

제3장
임 대 차

제1강 임대료(차임)청구소송
제2강 임대차보증금반환청구
제3강 임대차계약의 종료에 기한 목적물반환청구
제4강 임대차계약의 종료에 기한 건물철거 및 토지인도청구

제 2 부 기 본 적 소 송 유 형

제 3 장
임 대 차

제 1 강 임대료[차임]청구소송

임차인이 왜 임대료를 지급하지 않는가. 가령 단지 돈이 없어서 지급하지 않는가. 아니면 임대인이 수선의무를 이행하지 않으므로 목적물을 사용·수익할 수 없는 상태라서 지급하지 않는가 등과 같은 임차인의 임대료의 지급을 (일부라도) 거절하는 경우를 살펴보고자 한다.

임대차계약은 임대인이 임차인에게 목적물을 사용·수익하게 할 것을 약정하고, 상대방은 이에 대하여 차임을 지급할 것을 약정함으로써 성립하는 낙성·유상·쌍무·불요식의 계약이다(민법 618조). 실제로는 민법의 특별법인 주택임대차보호법, 상가건물 임대차보호법이 문제될 것이나, 여기에서는 논외로 한다. 민법이 규율하는 임대차는 '동산'의 임대차, 농지가 아닌 '일반 토지'의 임대차 그리고 주택이 아닌 '일반 건물'의 임대차 등이다.

임대차계약의 효과로 임대인의 차임청구권 및 임차인의 목적물에 대한 사용수익청구권이 발생한다(위 민법 618조).

그리하여 임차인은 임대인에게 임차물의 사용·수익의 대가로 차임을 지급할 의무를 부담한다. 이 점에서 임대차는 차임 없이 빌리는 계약인 사용대차와 본질적으로 구별된다.

차임지급시기에 특약이 없으면 차임은 동산, 건물이나 토지에 관하여는 매월 말에, 기타 토지에 대하여는 매년말에 지급하여야 한다. 그러나 수확기 있는 것에 대하여는 그 수확후 지체없이 지급하여야 한다(민법 633조).

1. 소 송 물

임대료청구소송의 소송물은 **임대차계약에 기한 임대료**(차임)청구권이다.

2. 청구원인

청구원인의 요건사실로, 임대인은, ① 임대차계약을 체결한 것, ② 목적물의 인도, ③ 임대료(차임)채무의 발생기간의 경과를 주장·증명할 필요가 있다.

❶ 임대차계약의 체결

- 타인 소유의 물건에 대한 임대차계약도 유효하게 성립하므로 임대인은 목적물이 자신의 소유인 점을 주장·증명할 필요는 없다.

❷ 임대인이 임차인에게 목적물을 인도한 사실

- 목적물의 인도를 주장·증명하여야 하는 것은 민법 633조가 **차임후급**을 원칙으로 하고 있기 때문이다. **선이행의 관계**가 된다.

❸ 임대료(차임)채무의 발생기간의 경과

- 임대차의 성질상 목적물을 일정기간 임차인이 사용·수익을 할 수 있는 상태에 놓아야 하므로 일정기간의 경과의 주장이 필요하다.
- 만약, 임대료지급기한의 특약이 있으면, 그 기한의 도래를 주장하면 된다.
- 미리 임대료를 지급하기로 하는 특약이 있는 경우에는 이는 필요하지 않다. 이 경우에는 목적물의 인도가 임대료지급과 **동시이행관계**가 된다.

3. 예상되는 항변

금전지급청구의 일반적 경우와 마찬가지로 임차인은 **변제의 항변**을 할 수 있다. 그리고 임대차에 있어서 특수한 경우로, 다음과 같이 임차인은 임대료지급거절권(민법 623조), 차임감액청구권(민법 627조 1항) 등을 항변으로 주장할 수 있다.

가. 변제의 항변

임대차계약이 성립하였다면, 임대인에게 임대차계약에 기한 임대료(차임) 채권이 발생하였다 할 것이므로 차임을 지급하였다는 사실은 **항변**으로 그 증명책임은 임차인이 부담한다(대법원 2001. 8. 24. 선고 2001다28176 판결).

나. 임대료지급거절권

임대차계약에 있어서 목적물을 사용·수익하게 할 임대인의 의무와 임차인의 차임지급의무는 상호 대응관계에 있으므로 가령, 임대인이 목적물을 사용·수익하게 할 의무를 불이행하여 임차인이 목적물을 전혀 사용할 수 없을 경우에는 임차인은 차임 전부의 지급을 거절할 수 있고, 목적물의 사용·수익이 부분적으로 지장이 있는 상태인 경우에는 그 지장의 한도 내에서(이 경우에는 그 전부의 지급을 거절할 수는 없다) 차임의 지급을 거절할 수 있다(대법원 1997. 4. 25. 선고 96다44778, 44785 판결).

다. 차임감액청구권

가령, 목적물의 일부멸실의 경우에 임차인은 차임의 감액을 청구할 수 있다(민법 627조 1항). 이는 형성권으로 일방적 의사표시로 당연히 상당한 금액으로 감액된다.

라. 계약의 해제

위 차임의 감액청구에서 나아가 그 잔존 부분으로 임차의 목적을 달성할 수 없는 때에는 임차인은 일부멸실을 이유로 계약해제를 주장할 수 있다(민법 627조 2항).

이 경우에 임차인은 다음과 같은 요건사실을 주장·증명하게 된다.

❶ 목적물인도 뒤에 임차물의 일부가 멸실한 것
❷ 그 멸실이 임차인의 책임이 아닌 것
❸ 일부멸실로 인하여 잔존부분으로 임대차계약의 목적을 달성할 수 없는 것
❹ 임차인이 임대인에게 해제의 의사표시를 한 것 및 그 의사표시가 도달한 시기

제 3 장
임 대 차

제 2 강 임대차보증금반환청구

임대차보증금은 임대차에서 임차인이 부담하는 차임 그 밖의 채무 등으로 인한 손해배상채무를 담보하기 위하여 임차인(또는 제3자)이 임대인에게 교부하는 금전이다.

그리고 보증금계약은 보증금을 수수하기로 하는 당사자 사이의 약정을 말하는 것으로 임대차에 **종된 계약**으로, 그 법적 성질은 **정지조건부 반환채무**를 수반하는 금전소유권의 이전이라고 보는 것이 일반적이다.

임대차계약이 기간만료, 해지, 취소 또는 무효 등 어떠한 사유로든지 효력을 상실하게 되는 때에는 '계약에 기초하여' 또는 '원상회복, 부당이득'으로 그 임대차보증금의 반환채무가 발생한다.

그리고 임대인의 보증금반환채무와 임차인의 목적물반환의무는 **동시이행의 관계**에 있다.

참고로 보면, 주거용 건물의 임대차에 관한 주택임대차보호법에서는 임대차기간이 끝난 경우에도 임차인이 보증금을 반환받을 때까지는 임대차관계가 존속되는 것으로 본다(동법 4조 2항).

권리금

🕮 영업용 건물의 임대차에 수반되어 행하여지는 권리금의 지급은 임대차계약의 내용을 이루는 것은 아니고 권리금 자체는 영업시설·비품 등 유형물이나 거래처, 신용, 영업상의 노하우(know-how) 혹은 점포 위치에 따른 영업상의 이점 등 무형의 재산적 가치의 양도 또는 일정기간 동안의 이용대가라고 볼 것인바, 권리금이 그 수수 후 일정한 기간 이상으로 그 임대차를 존속시키기로 하는 임차권 보장의 약정 아래 임차인으로부터 임대인에게 지급된 경우에는, 보장기간 동안의 이용이 유효하게 이루어진 이상, 임대인은 그 권리금의 반환의무를 지지 아니하며, 다만 임차인은 당초의 임대차에서 반대되는 약정이 없는 한 임차권의 양도 또는 전대차 기회에 부수하여 자신도 일정기간 이용할 수 있는 권리를 다른 사람에게 양도하거나 또는 다른 사람으로 하여금 일정기간 이용케 함으로써 권리금 상당액을 회수할 수 있을 것이지만, 반면 임대인의 사정으로 임대차계약이 중도 해지됨으로써 당초 보장된 기간 동안의 이용이 불가능하였다는 등의 특별한 사정이 있을 때에는 임대인은 임차인에 대하여 그 권리금의 반환의무를 진다고 할 것이다(대법원 2002. 7. 26. 선고 2002다25013 판결 등 참조).

1. 소 송 물

보증금반환청구의 소송물은 보증금계약의 종료에 기한 보증금반환청구권이다.

계약기간의 만료, 임대차계약의 해지 등 종료원인에 따라 소송물이 달라지는가에 대하여 논의가 있을 수 있는데, 실무상으로는 하나의 소송물로 파악한다.

2. 청구취지

기재례는 다음과 같다.

> 피고는 원고에게 2억 원 및 이에 대한 0000. 00. 00.부터 이 사건 소장 부본 송달일까지는 연 5%의, 그 다음날부터 다 갚는 날까지는 연 12%의 각 비율에 의한 금원을 지급하라.

3. 청구원인

청구원인은 다음과 같다.

❶ 임대차계약의 체결

- 임대차계약이 체결된 사실에는 임차목적물, 차임이 구체적으로 특정되어야 한다.
- 임대차계약은 대차형 계약이므로 반환시기의 합의는 단순한 법률행위의 부관에 그치는 것이 아니라, 계약의 필수불가결한 요소이다. 그리하여 임대차계약의 체결로, 임대기간에 관한 사실까지도 주장·증명하여야 한다.

❷ 임대차보증금 수수의 합의 및 임대차보증금의 지급

- 임대차계약에서 보증금을 지급하였다는 증명책임은 보증금의 반환을 구하는 임차인이 부담한다(대법원 2005. 1. 13. 선고 2004다19647 판결).

❸ 임대차의 종료

- 임대차기간의 정함이 없는 경우에는 임대인에게 계약해지의 통고를 하여 그 의사표시가 임대인에게 도달한 사실 및 그때로부터 민법 635조 2항 소정의 일정한 기간이 경과한 사실을 주장·증명하여야 한다.
- 사정변경에 따른 계약해지를 할 수 있다.

한편, 임차인이 임대인으로부터 목적물을 양수한 제3자에게 임대차보증금의 반환을 청구하기 위해서는 그가 임대인의 지위를 승계하였거나 보증금반환채무를 인수하였을 것이 필요하므로 이 경우에 가령 임차인 자신이 주택임대차보호법(또는 상가건물 임대차보호법) 소정의 대항력에 관한 요건을 갖춘 사실을 요건사실로 더하여 주장·증명하면 된다.

4. 예상되는 항변

가. 묵시의 갱신의 항변

원고(임차인)가 임대기간의 만료를 이유로 임대차계약의 종료를 주장하면, 피고(임대인)는 이에 대한 항변으로 묵시적 갱신(민법 639조 1항)을 주장하여 임대차계약의 종료사실을 다툴 수 있다.

이 경우에 피고는 그 요건사실로 다음을 주장·증명하면 된다.

❶ 임차인인 원고가 기간만료 뒤에도 목적물을 계속 사용·수익한 사실
❷ 임대인인 피고가 상당한 기간 내에 이의를 하지 않은 사실

갱신된 임대차는 기간의 정함이 없는 임대차와 마찬가지가 되므로 원고는 **재항변**으로 해지의 통고(민법 635조)에 의한 임대차계약의 종료를 주장할 수 있다.

나. 공제의 항변

임대차계약에서 임대차보증금은 임대차계약 종료 후에 발생하는 차임상당의 부당이득반환채권뿐만 아니라 훼손된 건물 부분의 원상복구비용 상당의 손해배상채권 등도 담보하는 것이므로, 임대인으로서는 임대차보증금에서 그 피담보채무를 공제한 나머지만을 임차인에게 반환할 의무가 있다. 임대차보증금은 임대차관계에 따른 임차인의 모든 채무를 담보하는 담보적 효력을 가지며, 그 결과 임대인은 임대차와 관련된 자신의 채권을 우선변제받을 수 있게 되는데(따라서 임차인의 다른 채권자는 임차인의 보증금반환채권에 관하여 임대인에 우선하여 변제받을 방법이 없다), 이러한 임대인의 우선변제권의 행사를 실무상 「공제」라고 말한다(상계권의 행사가 아니라는 것에 주의).

임대인은 공제 대상 채권의 발생사실을 주장·증명하여 그 공제를 항변할 수 있고, 임차인은 공제 대상 채권의 소멸사실을 주장·증명하여 **재항변**

할 수 있다. 즉, 이러한 공제의 항변을 하는 임대인으로서는 그 임대차보증금에 의하여 담보되는 차임채권, 부당이득반환채권 및 손해배상채권의 발생에 관하여 주장·증명책임을 부담하고, 다만 그 발생한 채권이 변제 등의 이유로 소멸하였는지에 관하여는 재항변을 하는 임차인이 그 주장·증명책임을 부담한다(대법원 1995. 7. 25. 선고 95다14664, 14671 판결).

(1) **계약 존속 중의 연체차임**

임대인인 피고의 연체차임의 공제의 항변에 대하여, 차임지급사실은 원고인 임차인의 재항변이 된다.

(2) **임대차계약 종료 후의 부당이득**

임대차계약 종료 후 임차인의 임차목적물인도의무와 임대인의 연체임료 기타 손해배상금을 공제하고 남은 임차보증금반환의무와는 동시이행의 관계에 있으므로, 임차인이 동시이행의 항변권에 기하여 임차목적물을 점유하고 사용·수익한 경우 그 점유는 불법점유라 할 수 없어 그로 인한 손해배상책임은 지지 아니하되, 다만 사용·수익으로 인하여 실질적으로 얻은 이익이 있으면 부당이득으로서 반환하여야 한다(대법원 1998. 7. 10. 선고 98다15545 판결). 따라서 공제의 항변이 인정되기 위해서 피고로서는, 원고가 임차목적물을 점유하고 있다는 사실을 주장·증명하는 것만으로는 부족하고, 원고가 목적물을 본래의 용법대로 사용·수익하고 있는 사실까지 주장·증명하여야 한다.

법률상의 원인 없이 이득하였음을 이유로 한 부당이득의 반환에 있어 이득이라 함은 실질적인 이익을 의미하므로, 임차인이 임대차계약관계가 소멸된 이후에도 임차목적물을 계속 점유하기는 하였으나, 이를 본래의 임대차계약상의 목적에 따라 사용·수익하지 아니하여 실질적인 이득을 얻은 바 없는 경우에는 그로 인하여 임대인에게 손해가 발생하였다 하더라도 임차인의 부당이득반환의무는 성립되지 않는다(대법원 1998. 5. 29. 선고 98다6497 판결 등). 즉, 이 경우에는 임대인의 공제의 항변은 부정된다.

(3) 목적물의 멸실 등에 따른 손해배상

임대인이, 목적물이 멸실·훼손됨에 따라 목적물반환의무의 전부 또는 일부가 이행불능되었다는 것을 이유로 그 전보배상청구권 상당액의 공제를 항변하기 위해서는 ① 목적물의 멸실·훼손사실과, ② 그 손해액을 주장·증명하면 된다.

임차인의 임차물반환채무가 이행불능이 된 경우에 임차인이 그 이행불능으로 인한 손해배상책임을 면하려면 그 이행불능이 임차인의 귀책사유로 말미암은 것이 아님을 증명할 책임이 있는데(대법원 2006. 1. 13. 선고 2005다51013, 51020 판결), 이 경우에 귀책사유로 말미암은 것이 아니라는 주장은 원고인 임차인의 **재항변**이 된다.

다. 동시이행의 항변

임대인의 보증금반환채무와 임차인의 목적물인도의무는 동시이행의 관계에 있다.

원고의 임대차보증금반환청구에 대하여 피고가 목적물인도의무와의 동시이행의 항변을 할 경우를 고려한 소장의 청구취지의 기재례는 다음과 같다.

> 피고는 원고로부터 서울 OO구 OO동 OOO OO빌라 201호 건물을인도받음과 동시에 원고에게 2억 원에서 2020. 8. 1.부터 그 인도 완료일까지 월 2백만 원의 비율에 의한 금액을 공제한 나머지 금원을 지급하라.

임차인의 보증금반환청구권이 제3자에게 양도되거나 전부된 경우에도 채권의 동일성은 그대로 유지되는 것이므로 임대인은 여전히 목적물인도와의 동시이행을 항변할 수 있다.

피고의 목적물인도와의 동시이행항변에 대하여, 원고는 피고에게 목적물을 인도하였거나 계속하여 그 이행의 제공을 한 사실을 **재항변**으로 주장할 수 있다.

실전 쟁점

甲(주소지: 서울 성동구)은 2009. 3. 1. 乙(주소지: 서울 강남구)로부터 서울 강남구 소재 대한빌딩 중 1, 2층을 임대보증금 1억 원, 월 차임 400만 원, 임대차기간 2년으로 약정하여 임차하였다. 그리고 위 임대차계약서 말미에 "본 임대차와 관련하여 甲과 乙 사이에 소송할 필요가 생길 때에는 서울중앙지방법원을 관할법원으로 한다"라는 특약을 하였다. 甲은 乙에게 위 임대보증금 1억 원을 지급한 후 위 건물에서 '육고기뷔페'라는 상호로 음식점을 경영하고 있다. 甲은 도축업자인 丙(주소지: 서울 노원구)에게서 돼지고기를 구입하여 왔는데, '육고기뷔페'의 경영 악화로 적자가 계속되어 丙에게 돼지고기 구입대금을 제때에 지급하지 못하여 2010. 12.경에는 丙에 대한 외상대금이 1억 원을 넘게 되었다. 이에 丙이 甲에게 위 외상대금을 갚을 것을 여러 차례 독촉하자 甲은 부득이 乙에 대한 위 임대보증금반환채권을 丙에게 2011. 1. 17. 양도하게 되었고, 甲은 2011. 1. 20. 乙에게 내용증명 우편으로 위 채권양도 사실을 통지하여 다음날 乙이 위 내용증명 우편을 직접 수령하였다. 한편, 甲에 대하여 3,000만 원의 대여금채권을 가지고 있는 A는 위 채권을 보전하기 위하여 甲의 乙에 대한 위 임대보증금반환채권에 대하여 채권자를 A로, 채무자를 甲으로, 제3채무자를 乙로 하여 법원에 채권가압류신청을 하였고 위 신청에 대한 가압류결정이 고지되어 가압류결정 정본이 2011. 1. 22. 제3채무자인 乙에게 송달되었다. 甲과 乙은 2011. 2. 28. 위 임대차기간을 2년 연장하기로 합의(묵시의 갱신은 문제되지 아니하는 것을 전제로 함.)하였다. 임대차기간이 연장된 것을 전혀 모르는 丙이 乙에게 임대보증금의 지급을 요구하자 乙은 위 임대차기간이 연장되었음을 이유로 丙에게 임대보증금의 반환을 거절하였다.

(1) 乙이 甲과의 위 임대차기간 연장 합의를 이유로 丙에게 임대보증금의 지급을 거절한 것에 관하여 丙은 乙에 대하여 어떠한 법률상 주장을 할 수 있는가?
(2) 甲과 乙이 한 위 관할 합의에 관한 특약은 丙에게 효력이 미치는가?
(3) 위 임대보증금반환청구권과 관련하여 A가 받은 채권가압류결정과 丙이 받은 채권양도 중 어느 것이 우선하는가?
(4) 丙은 변호사 丁을 찾아가서 임대보증금의 반환을 받는 방법에 대해 자문하였다. 현재 乙은 甲에게서 임대목적물을 인도받지 않았기 때문에 임대보증금을 반환할 수 없다는 입장이고, 甲 역시 자신이 점유 중인 임대목적물을 임의로 乙에게 인도할 생각이 전혀 없다. 변호사 丁으로서는 丙이 실질적으

로 위 임대보증금을 반환받을 수 있도록 하려면 누구를 상대로 어떤 소송을 제기해야 한다고 답변하는 것이 적절한가? (가령 공동소송일 경우에 그 요건은 충족된 것으로 봄)

(5) 丙은 변호사 丁이 위 (4)에서 답변한 내용에 따라 소송을 제기하기로 하여 그에 따른 소장을 작성한 후, 2011. 6. 10. 위 소장을 서울중앙지방법원에 접수하였고, 그 소장 부본은 2011. 6. 24. 소장에 기재된 피고측에 송달되었다. 한편, 乙은 甲을 상대로 2011. 6. 9. 서울동부지방법원에 甲의 3기 이상 월 차임 연체를 이유로 한 임대차계약의 해지를 청구원인으로 하여 위 건물 1, 2층의 인도를 구하는 소송을 제기하였고, 그 소장 부본은 2011. 6. 28. 甲에게 송달되었다. 丙이 제기한 소와 乙이 제기한 소는 각각 적법한가?

(6) 위 임대보증금반환채권을 가압류한 A는 丙이 제기한 위 (5)의 소송에서 피고 乙을 보조참가하는 신청을 하였고 이에 대하여 丙은 아무런 이의를 제기하지 아니하여 보조참가는 유효하게 되었다. 丙이 제기한 위 (5)의 소송에서 원고 청구에 대한 전부 인용 판결이 선고되었다고 가정하고, 2011. 12. 12. 그 판결 정본이 피고 乙에게, 2011. 12. 14. 피고 보조참가인 A에게 각각 송달되었고, 피고 乙은 기한 내에 항소를 하지 아니하였으며, 피고 보조참가인 A는 2011. 12. 28. 제1심 법원에 항소장을 제출하였다면 위 항소는 효력이 있는가?

(7) 乙은 위 (5)의 소송에서 연체차임이 임대보증금에서 공제되어야 한다는 항변을 전혀 하지 아니한 채 소송이 종료된 후, 乙은 甲이 연체한 차임이 5,000만 원이라고 주장하면서 승소가능성을 고려하여 일단 3,000만 원만을 청구하는 것임을 소장 청구원인에서 명시적으로 밝히고 그 지급을 구하는 별도의 소를 甲을 상대로 제기하였다. 이 소송 제1심에서 원고 청구가 전부 기각되어 그 제1심 판결이 그대로 확정된 후 乙이 나머지 2,000만 원 부분에 대하여 甲을 상대로 소를 다시 제기하는 경우, 이 소는 적법한가? 【2012년 제1회 변호사시험 변형】

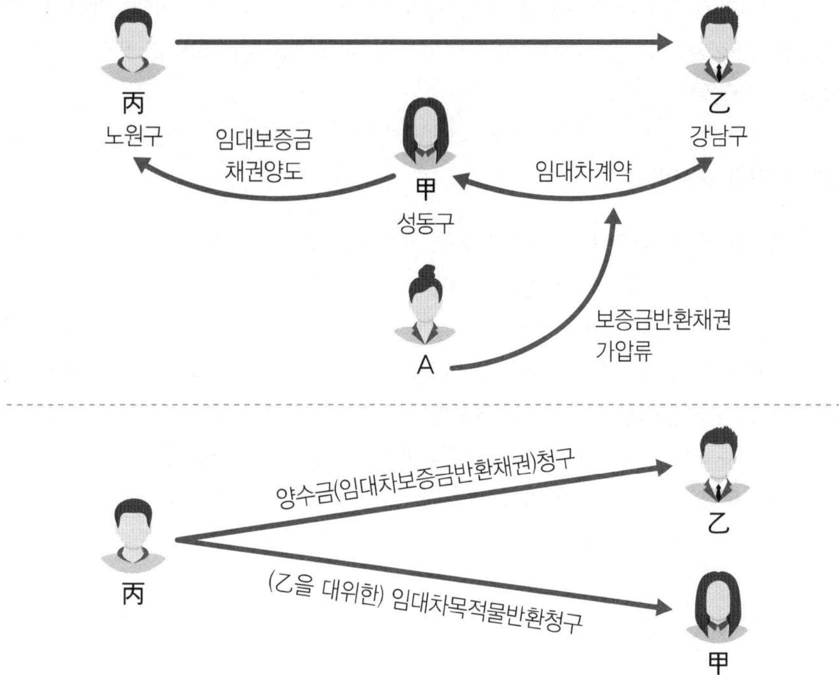

(1) 채권양도

양도인이 양도통지만을 한 때에는 채무자는 그 통지를 받은 때까지 양도인에 대하여 생긴 사유로써 양수인에게 대항할 수 있다(민법 451조 2항).

그러나 임대인이 임대차보증금반환청구채권의 양도통지를 받은 후에는 임대인과 임차인 사이에 임대차계약의 갱신이나 계약기간 연장에 관하여 명시적 또는 묵시적 합의가 있더라도 그 합의의 효과는 보증금반환채권의 양수인에 대하여는 미칠 수 없다(대법원 1989. 4. 25. 선고 88다카4253, 4260 판결).

(2) 관할의 합의

관할의 합의는 소송법상의 행위로서 합의 당사자 및 그 일반승계인을 제외한 제3자에게 그 효력이 미치지 않는 것이 원칙이지만, 관할에 관한 당사자의 합의로 관할이 변경된다는 것을 실체법적으로 보면, 권리행사의 조건으로서 그 권리관계에 불가분적으로 부착된 실체적 이해의 변경이라 할 수 있으므로, 지명채권과 같이 그 권리관계의 내용을 당사자가 자유롭게 정할 수 있는 경우에는, 당해 권리관계의 특정승계인은 그와 같이 변경된 권리관계를 승계한 것이라고 할 것이어서, 관할합의의 효력은 특정승계인에게도 미친다(대법원 2006. 3. 2.자 2005마902 결정). 丙은 乙의 임대차계약에 기한 임대보증금반환채권을 양수한 특정승계인이므로 甲과 乙의 관할합의의 특약은 丙에게 효력이 미친다.

(3) 채권의 이중양도

채권이 이중으로 양도된 경우의 양수인 상호간의 우열은 통지 또는 승낙에 붙여진 확정일자의 선후에 의하여 결정할 것이 아니라, 채권양도에 대한 채무자의 인식, 즉 확정일자 있는 양도통지가 채무자에게 도달한 일시 또는 확정일자 있는 승낙의 일시의 선후에 의하여 결정하여야 할 것이고, 이러한 법리는 채권양수인과 동일 채권에 대하여 가압류명령을 집행한 자 사이의 우열을 결정하는 경우에 있어서도 마찬가지이므로, 확정일자 있는 채권양도 통지와 가압류결정 정본의 제3채무자(채권양도의 경우는 채무자)에 대한 도달의 선후에 의하여 그 우열을 결정하여야 한다(대법원 1994. 4. 26. 선고 93다24223 전원합의체 판결).

(4) 채권자대위소송

丙이 양수금인 임대차보증금을 乙로부터 받아내기 위해서는 丙은 乙을 상대로 양수금지급청구의 소를 제기하는 외에 乙을 대위하여 甲을 상대로 위 건물 1, 2 층의 인도청구의 소를 제기할 필요가 있다.

채권자가 자기채권을 보전하기 위하여 채무자의 권리를 행사하려면 채무자의 무자력을 요건으로 하는 것이 통상이지만 임대차보증금반환채권을 양수한 채권자가 그 이행을 청구하기 위하여 임차인의 가옥인도가 선 이행되어야 할 필요가 있어서 그 인도를 구하는 경우에는 그 채권의 보전과 채무자인 임대인의 자력유무는 관계가 없는 일이므로 무자력을 요건으로 한다고 할 수 없다(대법원 1989. 4. 25. 선고 88다카4253, 4260 판결).

(5) 중복된 소제기의 금지, 소송계속의 발생 시점, 전소, 후소의 판단, 소송물이론에 따른 소송물

丙과 乙의 양소는 임대기간 만료를 원인으로 한 건물인도청구와 월 차임 연체를 원인으로 한 임대차계약 해지에 기한 건물인도청구인데, 양소의 소송물이 별개인지 여부를 소송물이론과 관련하여 논증하여야 한다. 구소송물이론이나 신소송물이론 중 이분지설에 따르면 丙과 乙의 양소의 소송물이 달라 중복된 소제기 금지의 요건을 흠결하므로 양소 모두 적법하다. 다만, 건물인도청구의 원인으로 기간만료의 경우나 법정해지의 경우나 소송물이 동일하다는 실무적 입장도 있으므로 소송물이 동일하다고 보아 중복된 소제기의 금지에 저촉되어 부적법하다는 결론을 내려도 무방할 것이다. 그 결론에 이르는 논리적 전개 과정이 중요하다고 생각한다.

중복된 소제기의 금지(259조)는 소송계속으로 인하여 당연히 발생하는 소송요건의 하나로서, 이미 동일한 사건에 관하여 전소가 제기되었다면 설령 그 전소가 소송요건을 흠결하여 부적법하다고 할지라도 후소의 변론종결 시까지 취하·각하 등에 의하여 소송계속이 소멸되지 아니하는 한 후소는 중복제소금지에 위배하여 각하를 면치 못하게 된다(대법원 1998. 2. 27. 선고 97다45532 판결).

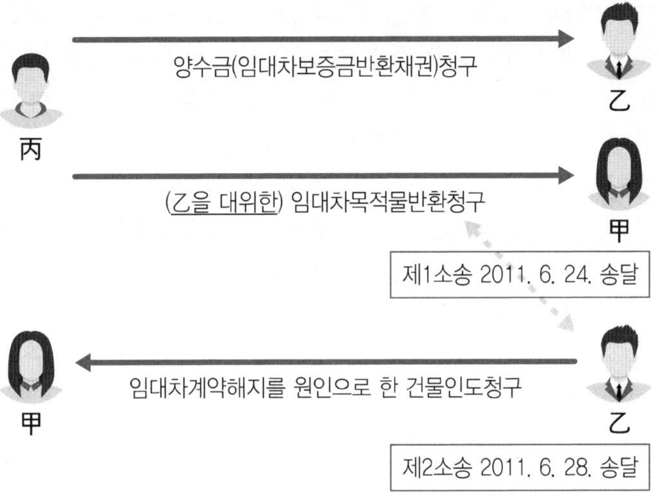

(6) 보조참가

피고 보조참가인은 참가할 때의 소송의 진행 정도에 따라 피참가인이 할 수 없는 소송행위를 할 수 없으므로, 피고 보조참가인이 상고장을 제출한 경우에 피고 보조참가인에 대하여 판결정본이 송달된 때로부터 기산한다면 상고기간 내의 상고라 하더라도 이미 피참가인인 피고에 대한 관계에 있어서 상고기간이 경과한 것이라면 피고 보조참가인의 상고 역시 상고기간 경과 후의 것이 되어 피고 보조참가인의 상고는 부적법하다(대법원 2007. 9. 6. 선고 2007다41966 판결).

이에 대하여 보조참가인의 상소의 제기는 참가인에 대한 판결정본의 송달에 따라 판결내용을 알았을 때 비로소 가능한 것이고, 피참가인의 상소기간이 경과되었다고 하여 상소를 제기할 수 없다는 것은 보조참가인에게 매우 부당하고, 특히 참가인으로 보아 상소심에서 피참가인의 패소판결을 변경할 개연성이 있는데도 보조참가인이 상소를 제기할 수 없다면 분쟁의 해결은 결국 별소로 넘어가게 됨으로써 분쟁의 1회적 해결의 이념에 반하게 되므로 보조참가인에게 판결정본이 송달된 때로부터 독자적인 상소기간을 인정하여 분쟁의 통일적·종합적 해결을 도모함이 타당하다는 반대견해도 있다.

(7) 기 판 력

확정판결은 주문에 포함한 것에 한하여 기판력이 있는 것이므로(216조 1항), 확정판결의 기판력은 소송물로 주장된 법률관계의 존부에 관한 판단의 결론 자체에만 미치고 그 전제가 되는 법률관계의 존부에까지 미치는 것은 아니라고 할 것인바(대법원 1990. 12. 21. 선고 88다카26482 판결; 대법원 1995. 3. 24. 선고 93다52488 판결 등 참조), 임대차보증금은 임대차 종료 후에 임차인이 임차목적물을 임대인에게 반환할 때 연체차임 등 모든 피담보채무를 공제한 잔액이 있을 것을 조건으로 하여 그 잔액에 대하여서만 임차인의 반환청구권이 발생하고, 또 임대차보증금의 지급을 명하는 판결이 확정되면 변론종결 전의 사유를 들어 당사자 사이에 수수된 임대차보증금의 수액 자체를 다투는 것은 허용되지 아니한다 하더라도, 임대차보증금 반환청구권 행사의 전제가 되는 연체차임 등 피담보채무의 부존재에 대하여 기판력이 작용하는 것은 아니라고 할 것이다(대법원 2001. 2. 9. 선고 2000다61398 판결).

불법행위의 피해자가 일부청구임을 명시하여 그 손해의 일부만을 청구한 경우 그 일부청구에 대한 판결의 기판력은 청구의 인용 여부에 관계없이 청구의 범위에 한하여 미치는 것이고, 잔액 부분 청구에는 미치지 아니한다(대법원 2000. 2. 11. 선고 99다10424 판결).

제 3 장
임 대 차

제 3 강 임대차계약의 종료에 기한 목적물반환청구

부동산인도청구소송의 유형 가운데 대표적인 것으로 임대차계약의 종료에 기한 부동산인도청구소송을 들 수 있다('반환'의 의미를 포함하여 '인도'라는 용어를 사용한다).

임대차는 임대인과 임차인 사이의 합의가 있으면 성립하는 점에서 **낙성계약**이다(618조). 임대차는 목적물의 소유권을 상대방에게 이전하는 소비대차와 다르다. 그리하여 임대인이 그 목적물에 대한 소유권이나 임대할 권한이 있을 것을 요건으로 하지 않는다.

임대차계약이 종료하면 임차인은 임대인에게 임차목적물을 반환하여야 하고(민법 654조, 615조 또는 613조 1항 유추적용), 임차인의 목적물반환의무는 임대인의 보증금반환채무와 **동시이행**의 관계에 있다.

참고로 보면, 임대차계약의 종료에 기한 목적물반환청구권으로서의 인도청구권의 경우 이외에 임대인이 목적물의 소유자인 경우에는, **소유권에 기한 물권적 청구권**(반환청구권)**으로서의 인도청구권**(부동산인도청구소송 및 동산인도청구소송 부분 참조)의 경우도 있을 수 있다. 다만, 원고가 소송물로 이러한 소유권에 기한 반환청구권을 선택한 경우에도(이 경우에 원칙적으로 원고는 임대차에 관하여 전혀 언급할 필요가 없지만) 임대차계약의 종료가 쟁점이 되는 때에는, 원고는 실무상 소장 단계에서 스스로 피고의 임대차 항변을 미리 고려하여 임대차계약의 성립이나 그 종료원인을 선행적으로 주장하는 것이 통례이다.

여기서는 임대차계약을 전제로 목적물반환청구를 한 경우에 대하여 살펴보기로 한다. 실제로는 민법의 특별법인 주택임대차보호법, 상가건물 임대차보호법이 문제될 것이나, 여기에서는 논외로 한다.

한편, 목적물이 토지인 토지임대차에 있어서는, 임차한 토지상에 건물을 소유한 토지임차인에게 임대차계약의 종료에 기하여 건물철거 및 토지인도를 청구하는 경우가 많다. 이에 대하여는 따로 설명한다.

1. 소 송 물

소송물은 임대차계약의 종료에 기한 목적물인도(반환)청구권이다.

임대차계약의 종료에 기한 부동산인도청구권은 **임대차계약의 효과**로서 발생한 임차목적물반환의무에 기초를 둔 것으로 소송물은 임대차종료원인과 상관없이 1개라고 본다(**일원설**). 개개의 종료원인(기간만료, 해지의 통고, 해지 등)은 원고의 공격방법에 지나지 않는다.

이에 대하여 종료원인마다 소송물이 다르다는 입장도 있다(**다원설**).

2. 청구취지

청구취지의 기재례는 다음과 같다.

피고는 원고에게 서울 동작구 흑석로 123 지상 철근콘크리트조 슬래브지붕 2층 건물 1층 근린생활 100㎡, 2층 사무실 100㎡를 인도하라.

피고는 원고에게 서울 동작구 흑석로 100-1 대 100㎡ 중 별지도면 표시 1, 2, 3, 4, 5, 1의 각 점을 순차로 잇는 선내 (가) 부분 50㎡를 인도하라.

3. 청구원인

소유권에 기한 물권적 청구권을 청구원인으로 한 목적물의 인도(반환)청구의 요건사실은 ① 원고의 소유, ② 피고의 점유임에 대하여, 임대차계약의 종료를 원인으로 한 목적물인도(반환)청구의 요건사실은 ① 임대차계약의 체결, ② 목적물의 인도, ③ 임대차의 종료이고, 목적물이 임대인 소유라든지, 임차인의 목적물 점유(현재 임차인이 목적물을 점유하고 있지 않더라도 무방)는 그 요건사실이 아니다.

❶ 임대차계약의 체결

- 임대차계약의 체결 사실에는 임차목적물, 차임을 구체적으로 특정하여야 한다. 목적물반환청구권의 권리자인 임대인을 주어로 하고 이어서 계약일자, 임차인, 목적물, 임대차보증금, 차임, 기간, 임대사실의 순으로 나열하여 적는다.
- 타인 소유의 물건에 대한 임대차계약도 유효하게 성립하므로 임대인은 목적물이 자신의 소유인 점을 주장·증명할 필요는 없다.
- 반환시기의 합의는 단순한 법률행위의 부관에 그치는 것이 아니고 계약의 필수불가결한 요소이다.

❷ 목적물의 인도

- 인도의 주장·증명이 필요한 것은 목적물의 반환을 청구하는 이상, 목적물이 상대방에게 인도되어 사용·수익이 가능한 상태에 놓인 것이 그 논리적 전제가 되기 때문이다.

❸ 임대차의 종료

- 임대차가 종료되지 않고서는 목적물의 반환을 구할 수 없으므로 임대차 종료도 청구원인사실이 된다.

- 가장 일반적 종료원인은 임대기간의 만료이다.
- (기한의 약정이 없는) 임대차의 해지통고
- 차임연체로 인한 해지
- 무단전대를 이유로 한 해지
- 해지권 유보의 약정에 의한 해지통고
- 참고로 보면, 주택임대차보호법에서는 임대차기간이 끝난 경우에도 임차인이 보증금을 반환받을 때까지는 임대차관계가 존속되는 것으로 본다(동법 4조 2항).

가령, 민법 640조 **차임연체에 의한 해지**를 주장하여 목적물의 반환청구를 하는 경우의 청구원인 및 그에 관한 판단의 판결문 기재례는 다음과 같다.

> 원고가 2017. 6. 1. 피고에게 이 사건 점포를 임대차보증금 200,000,000원, 차임 월 2,000,000원(매월 16일 지급). 임대차기간 2017. 6. 17.부터 2019. 6. 16.까지 2년으로 정하여 임대하고, 2017. 6. 5. 피고에게 이 사건 점포를 인도한 사실, 피고가 2018. 7. 17. 이후의 차임을 지급하지 않고 있는 사실은 당사자 사이에 다툼이 없고, 원고가 2기 이상의 차임 연체를 이유로 위 임대차계약을 해지한다는 의사표시가 기재된 이 사건 소장부본이 2019. 2. 16. 피고에게 송달된 사실은 기록상 분명하다. 따라서 위 임대차계약은 2019. 2. 16. 해지되어 종료되었다 할 것이므로 특별한 사정이 없는 한, 피고는 원고에게 이 사건 점포를 인도할 의무가 있다.

그리고 임차인은 임대인의 동의 없이 그 권리를 양도하거나 임차물을 전대하지 못하는데(민법 629조 1항), 이에 위반하여 임차인이 제3자에게 임차물을 사용·수익시킨 때에는 임대인은 임대차계약을 해지할 수 있다(동조 2항). 따라서 임대인이 임차인에 대하여 **무단전대를 이유로** 민법 629조 2항에 기하여 임대차계약을 **해지**하여 목적물의 반환을 구하는 경우에 임대인은 위 ① **임대차계약을 체결한 것**, ② **임대차계약의 목적물을 인도한 것** 이외에 다음과 같은 청구원인을 주장·증명하여야 한다.

❸ 임차인이 제3자와 본건 목적물에 대한 임대차계약을 체결한 것
❹ 제3자가 위 ③의 계약에 기하여 본건 목적물의 인도를 받아, 이를 사용·수익 한 것
❺ 임대인이 임차인에게 위 ①의 계약을 해지하는 취지의 의사표시를 한 것

4. 예상되는 항변

가. 임대차보증금반환과의 동시이행

임대인인 원고의 목적물인도(반환)청구에 대해서 임차인인 피고는 임대차보증금의 반환과 동시이행의 항변을 주장할 수 있는데(위 보증금이 반환될 때까지 동시이행항변권을 행사한다는 권리주장이 필요), 이 경우에 피고인 임차인은(보증금반환청구의 발생사실이 동시이행항변의 요건사실인데, 이 가운데 임대차계약의 체결사실, 임대차의 종료사실 등은 이미 원고의 청구원인에서 주장되었을 것이므로) 임대차보증금의 지급사실만 주장·증명하면 된다.

임대차보증금반환채권은 임대차 종료 후 목적물을 임대인에게 인도할 때까지 발생한 연체 차임, 관리비, 부당이득, 손해배상금 등 임차인의 모든 채무를 공제한 잔액이 있을 것을 조건으로 그 잔액에 관하여 발생하는 **정지조건부 권리**로서 임대인의 목적물반환청구권과 **동시이행관계**에 있다. 따라서 임대차보증금반환채권은 임대차 종료 시에 발생하고 바로 이행기에 도달하지만, 그 구체적 반환액은 목적물 인도 시에 확정된다.

그리하여 임차인인 피고의 동시이행항변에 대하여 임대인인 원고는 **재항변**으로서 미지급 차임과 같은 공제대상 채권의 발생사실을 주장·증명하여 그 공제를 주장할 수 있다. 임대차보증금은 이와 같은 임대차 관계에 따른 임차인의 모든 채무를 담보하는 담보적 효력을 가지며, 그 결과 임대인은 임대차와 관련된 자신의 채권을 우선변제받을 수 있게 되는데, 이러한 임대인의 우선변제권의 행사를 실무상 「**공제**」라고 말한다(상계권의 행사가 아니라는 것에 주의).

이에 대하여 차임의 지급과 같은 공제대상 채권의 소멸사실은 임차인인 피고의 **재재항변**이 된다.

위 피고가 2018. 7. 17. 이후의 차임을 지급하지 않아 원고가 2기 이상의 차임 연체를 이유로 임대차계약을 해지한 사안에서 그 피고의 동시이행항변의 기재례는 다음과 같다.

피고는 원고로부터 위 임대차보증금을 반환받을 때까지는 원고의 청구에 응할 수 없다고 **동시이행의 항변**을 하므로 살피건대, 피고가 2017. 6. 17. 원고에게 위 임대차계약에 따라 임대차보증금 200,000,000원을 지급한 사실은 당사자 사이에 다툼이 없고, 위 임대차계약이 2019. 2. 16. 종료되었음은 앞에서 본 바와 같으므로 특별한 사정이 없는 한, 원고는 피고에게 위 임대차보증금을 반환할 의무가 있다.

이에 대하여 원고는 위 임대차보증금에서 2018. 7. 17.부터 이 사건 점포 인도일까지의 차임 또는 같은 금액 상당의 부당이득을 공제하여야 한다고 **재항변**하므로 살피건대, 임대차보증금은 임대차 종료 후 목적물을 인도할 때까지 임대차와 관련하여 발생하는 차임, 부당이득 등 임차인의 모든 채무를 담보하는 것이므로임대인은 그 금액을 공제한 잔액만을 반환할 의무가 있다.

그러므로 먼저 차임 부분에 관하여 보건대, 위 임대차계약상의 차임이 월 2,000,000원인 사실은 앞에서 본 바와 같으므로 원고가 차임을 지급받았음을 자인하는 기간의 다음 날인 2018. 7. 17.부터 위 임대차 종료일인 2019. 2. 16.까지 월 2,000,000원의 비율에 의한 차임 14,000,000원(2,000,000원×7개월)은 위 임대차보증금에서 공제되어야 한다.

다음으로 부당이득 부분에 관하여 보건대, 증인 A의 증언에 변론 전체의 취지를 종합하면 피고가 이 사건 점포를 음식점 용도로 임차하였고, 이OO이 피고의 승낙을 받아 위 임대차 종료 이후 2019. 4. 16.까지 이 사건 점포를 같은 용도로 점유·사용한 사실을 인정할 수 있으나, 피고가 그 다음날 이후 이 사건 점포를 본래의 임대차 목적에 따라 사용·수익하여 실질적인 이득을 얻었다고 인정할 증거가 없으므로피고는 위 임대차 종료 다음날로부터 위 2019. 4. 16.까지 이 사건 점포를 점유·사용함으로써 그 사용이익을 얻고 이로 인하여 임대인인 원고에게 같은 금액 상당의 손해를 가하고 있다고 할 것이니 이를 부당이득으로 원고에게 반환할 의무가 있다. 나아가 그 부당이득의 액수에 관하여 보면 통상의 경우 부동산의 점유·사용으로 인한 이득액은 그 부동산의 차임 상당액이라고 할 것인바, 위 임대차

종료 후의 차임 상당액도 앞에서 본 이 사건 점포의 차임인 월 2,000,000원일 것으로 추인되므로 임대차 종료 다음날로부터 위 2019. 4. 16.까지 월 2,000,000원의 비율에 의한 부당이득 4,000,000원(2,000,000원×2개월)도 위 임대차보증금에서 공제되어야 한다.

따라서 원고의 위 재항변은 위 인정 범위 내에서 이유 있고, 결국 피고의 동시이행항변은 위 임대차보증금에서 위 인정의 차임 또는 차임 상당 부당이득을 공제한 나머지 금원의 범위 내에서만 이유 있다.

가령, 원고가 피고에게 건물을 임대차보증금 1억 원, 차임 월 200만 원에 임대하였다가 임대차 종료 후 위 건물의 인도청구를 하였고, 이에 대하여 피고가 동시이행의 항변을 한 경우에 임대인인 원고의 채권은 목적물의 훼손으로 인한 손해배상금 5백만 원 및 2020. 3. 1. 이후 연체된 차임 또는 차임 상당 부당이득금인데, 2020. 10. 31.에 변론이 종결되었다고 가정하면, 원고가 반환하여야 할 임대차보증금은 1억 원에서 위 각 금액을 공제한 불확정의 금원이 된다.

이 경우의 판결 주문은 다음과 같이 두 가지가 가능하다.

우선, 손해배상액만 공제하고 2020. 3. 1. 이후 연체차임액은 특정하지 않은 방식이다. 이 방식을 취할 경우에는 변론종결 시까지 남은 임대차보증금이 전혀 없게 되거나 부족하게 되지 않는지 여부를 확인하여야 한다.

피고는 원고로부터 9,500만 원에서 2020. 3. 1.부터 별지 목록 기재 건물의 인도 완료일까지 월 200만 원의 비율에 의한 금액을 공제한 나머지 금원을 지급받음과 동시에 원고에게 위 건물을 인도하라.

아래는 2020. 10. 31. 변론종결 시를 기준으로 연체된 차임 또는 차임 상당 부당이득금을 특정하는 방식이다. 100,000,000원－(5,000,000원＋2,000,000원×8개월)＝79,000,000원이 된다.

> 피고는 원고로부터 7,900만 원에서 2020. 11. 1.부터 별지 목록 기재 건물의 인도 완료일까지 월 200만 원의 비율에 의한 금액을 공제한 나머지 금원을 지급받음과 동시에 원고에게 위 건물을 인도하라.

나. 유 치 권

임대차계약 종료 전의 비용은 민법 626조(임차인의 상환청구권)에 의하여, 종료 후의 비용은 민법 203조(점유자의 상환청구권)에 의하여 상환청구할 수 있다.

비용 지출 후 임대인이 교체된 경우에 새로운 임대인이 상환의무를 승계한다.

임대인의 동의를 얻은 전대차의 경우에 전차인이 전대인에게 비용상환을 청구할 수 있지만, 임대인에 대해서는 비용상환청구를 할 수 없다 할 것이다.

임차물의 보존을 위한 비용의 지출인지 여부를 기준으로 필요비와 유익비를 구별할 수 있으므로, 통상의 경제적 용법에 따라 사용함에 있어서 불가피하게 지출하여야 할 비용은 보존을 위한 것으로서 필요비에 해당되고, 이를 제외한 경우로서 임차물의 객관적 가치를 증가시키는 경우가 유익비에 해당한다.

(1) 필요비 상환청구권

임차인이 임차물의 보존관리를 위하여 필요한 비용을 지출한 경우에 그러한 필요비상환청구권에 기하여 임차인은 유치권을 행사할 수 있다(민법 626조 1항, 320조).

임차인은 통상적 비용으로 해당 행위를 하는 것이 원칙이므로 예외적 사태인 통상 지출할 비용액수를 초과하는 것에 대한 주장·증명책임은 상대방인 임대인에게 있다.

(2) 유익비 상환청구권

임차인이 목적물의 객관적 가치를 증가시키기 위하여 유익비를 지출한 경우에 그러한 유익비상환청구권에 기하여 임차인인 피고는 유치권을 행사할 수 있다(민법 626조 2항, 320조). 참고로 보면, 유익비의 상환청구는 임대차 관계 외에, 점유자가 점유물에 관하여 유익비를 지출한 경우(민법 203조 2항), 유치권자가 유치물에 관하여 유익비를 지출한 경우(민법 325조 2항)에도 할 수 있다.

임차인에 의한 임대차 건물의 수선 내지 증축·개축 부분은 특별한 사정이 없는 한, 건물 자체 구성 부분을 이루고 독립된 물건이 아니므로 임차인이 건물을 임차하여 상당한 부분을 수선 내지 증축·개축을 하였다 하더라도 그러한 사실만으로 건물의 소유권이 임차인에게 귀속한다고 볼 수 없고(그리하여 부속물매수청구권의 대상이 될 수는 없다), **부합의 법리**에 따라 건물 자체의 구성 부분을 이루게 되어 임대인의 소유가 되므로 그것이 현존하는 한, 유익비 상환청구의 대상이 된다.

필요비는 지출한 즉시 그 상환을 청구할 수 있음에 대하여, 유익비상환청구권은 임대차계약종료시에 그 변제기가 도래한다.

필요비와 달리, 유익비는 임대인이 실제 지출한 금액과 현존하는 증가액 가운데 임대인이 선택하는 바에 따라 정하여지므로 임차인은 임대인의 선택권을 위하여 실제 지출액은 물론 가치증가액에 모두에 대한 주장·증명책임을 부담한다(대법원 1962. 10. 18. 선고 62다437 판결; 대법원 2002. 11. 22. 선고 2001다40381 판결).

유익비 상환청구가 배척된 사안에서 판결의 기재례는 다음과 같다.

> 피고는 이 사건 점포에 유익비 40,000,000원을 지출하여 이 사건 점포의 객관적 가치가 적어도 12,000,000원 상당 증가하였으므로 이를 상환받을 때까지 위 점포를 유치할 권리가 있다고 **항변**하므로 살피건대, 피고가 원고와의 임대차계약에 따라 이 사건 점포를 인도받은 후 2020. 7. 중순 및 하순경 이 사건 점포 내부의 인테리어 공사뿐만 아니라 전기시설 및 수도시설 교체, 화장실 보수, 출입문 교체 등

> 이 사건 점포를 보수하기 위한 공사를 한 사실은 당사자 사이에 다툼이 없으나, 을 제2호증의 1(견적서), 2(영수증)의 각 기재만으로 피고가 위 공사비용으로 합계 40,000,000원을 지출하였고, 그로 인하여 변론종결일 현재 이 사건 점포의 가치가 증가한 사실을 인정하기에 부족하며, 달리 이를 인정할 증거가 없으므로 피고의 위 항변은 이유 없다.

유익비상환청구권에 기한 유치권의 항변을 하면서 나아가 반소로써 같은 비용의 지급을 구하는 사안에서 인정된 판결의 기재례는 다음과 같다.

> 피고는 위 부동산에 유익비 40,000,000원을 지출하였으므로 이를 상환받을 때까지 위 부동산을 유치할 권리가 있다고 **항변**함과 아울러 **반소**로써 위 금원의 지급을 구하므로 살피건대, … (피고의 공사시행에 따른 지출비용 40,000,000원, 가치증가 현존액 12,000,000원 상당) 사실을 인정할 수 있으므로 원고는 피고에게 원고의 선택에 따라 위12,000,000원을 유익비로 상환할 의무가 있고, 피고는 위 금원을 상환받을 때까지 위 부동산을 유치할 권리가 있다 할 것이므로 피고의 위 항변 및 반소청구는 위 인정 범위 내에서 이유 있다.

필요비, 유익비 등 비용상환청구권에 관한 민법 626조는 강행규정이 아니므로 당사자 사이의 특약으로 유익비상환청구권을 포기하거나 제한할 수 있다. 가령, 임대차계약서상 "임차인은 임대인의 승인 하에 개축 또는 변조할 수 있으나, 부동산의 반환기일 전에 임차인의 부담으로 원상복구키로 한다"라고 약정한 경우, 이는 임차인이 임차목적물에 지출한 각종 유익비의 상환청구권을 미리 포기하기로 한 취지의 특약이라고 봄이 상당하다(대법원 1994. 9. 30. 선고 94다20389, 20396 판결 등). 이러한 특약의 존재를 주장하는 것은 유치권항변에 대한 **재항변**이 된다.

다. 묵시적 갱신

원고가 임대기간의 만료를 이유로 임대차종료를 주장하면, 이에 대한 항변으로 피고는 민법 639조 1항 본문에 의한 묵시적 갱신을 주장하며 임대차종료사실을 다툴 수 있다. 임대차기간이 만료한 후 임차인이 임차물의 사용·수익을 계속하는 경우에 임대인이 상당한 기간 내에 이의를 하지 아니한 때에는 전 임대차와 동일한 조건으로 다시 임대차한 것으로 본다(민법 639조 1항 본문). 원고가 주장하는 임대차기간만료의 사실과 양립하고, 다시 임대차한 것으로 보는 효과가 발생하므로 위 묵시적 갱신의 주장은 계약종료의 법률효과에 장애를 가져오는 **항변**에 해당한다.

그런데 갱신된 임대차는 기간의 정함이 없는 임대차가 되므로 원고는 **재항변**으로 해지의 통고(민법 635조)에 의한 임대차종료를 주장할 수 있다.

주택임대차보호법상 묵시적 갱신 및 계약갱신 요구

📖 주택의 임대차에 관해서는 「주택임대차보호법」이 「민법」에 우선하여 적용되는데, 「민법」에 대한 특례로, 묵시적 갱신에 관한 부분은 다음과 같다. 임대인이 임대차기간이 끝나기 6개월 전부터 2개월 전까지의 기간에 임차인에게 갱신거절의 통지를 하지 아니하거나 계약조건을 변경하지 아니하면 갱신하지 아니한다는 뜻의 통지를 하지 아니한 경우에는 그 기간이 끝난 때에 전 임대차와 동일한 조건으로 다시 임대차한 것으로 본다. 임차인이 임대차기간이 끝나기 2개월 전까지 통지하지 아니한 경우에도 또한 같다(주택임대보호법 6조 1항). 위 경우에 임대차의 존속기간은 2년으로 본다(동법 동조 2항). 위 계약이 갱신된 경우에 같은 조 2항에도 불구하고 임차인은 언제든지 임대인에게 계약해지를 통지할 수 있다(동법 6조의2 1항).

위 계약의 갱신에도 불구하고 임대인은 임차인이 위 6조 1항 전단의 기간 이내에 계약갱신을 요구할 경우에 정당한 사유 없이 거절하지 못한다. 다만, 임대인(임대인의 직계존속 · 직계비속을 포함한다)이 목적 주택에 실제 거주하려는 경우 등에는 그러하지 아니하다(동법 6조의3 1항). 여기서 실제 거주하려는 경우에 해당한다는 점에 대한 **증명책임**은 임대인에게 있다. '실제 거주하려는 의사'의 존재는 임대인이 단순히 그러한 의사를 표명하였다는 사정이 있다고 하여 곧바로 인정될 수는 없지만, 임대인의 내심에 있는 장래에 대한 계획이라는 위 거절사유의 특성을 고려할 때 임대인의 의사가 가공된 것이 아니라 진정하다는 것을 통상적으로 수긍할 수 있을 정도의 사정이 인정된다면 그러한 의사의 존재를 추인할 수 있을 것이다. 이는 임대인의 주거 상황, 임대인이나 그의 가족의 직장이나 학교 등 사회적 환경, 임대인이 실제 거주하려는 의사를 가지게 된 경위, 임대차계약 갱신요구 거절 전후 임대인의 사정, 임대인의 실제 거주 의사와 배치 · 모순되는 언동의 유무, 이러한 언동으로 계약갱신에 대하여 형성된 임차인의 정당한 신뢰가 훼손될 여지가 있는지 여부, 임대인이 기존 주거지에서 목적 주택으로 이사하기 위한 준비의 유무 및 내용 등 여러 사정을 종합하여 판단할 수 있다(대법원 2023. 12. 7. 선고 2022다279795 판결). 그리고 동법 3조 4항에 따라 임대인의 지위를 승계한 임차주택의 **양수인**도 위 6조 1항 전단에서 정한 기간 내에 주택에 실제 거주하려고 한다는 사유를 들어 임차인의 계약갱신 요구를 거절할 수 있다(대법원 2022. 12. 1. 선고 2021다266631 판결).

갱신되는 임대차는 전 임대차와 동일한 조건으로 다시 계약된 것으로 본다. 다만, 차임과 보증금은 원칙적으로 약정한 차임이나 보증금의 20분의 1(5%)의 금액을 초과하지 않은 범위에서 증감할 수 있다(동법 7조).

라. 무단전대의 경우의 동의(승낙)의 항변

무단전대의 경우에 임대인은 임대차계약을 해지할 수 있고(민법 629조 2항), 임차인에게 임대차계약의 종료에 기한 목적물반환청구를 할 수 있는데, 반면 전대에 대하여 임대인의 동의(승낙)가 있으면, 무단전대가 아니므로 여기서 임대인이 전대를 동의(승낙)한 사실은 임차인이 주장·증명하여야 할 항변이 된다.

또한 판례는 임차인이 임대인의 승낙 없이 제3자에게 임차물을 사용·수익시킨 경우라도, 임대인에 대한 **배신행위**라고 인정하기에 충분하지 않은 특별한 사정이 있는 때에는 임대인은 임대차계약을 해지할 수 없다고 보고 있으므로(대법원 1993. 4. 27. 선고 92다45308 판결; 대법원 2010. 6. 10. 선고 2009다101275 판결 등) 임차인은 승낙의 항변에 대신하여 특별한 사정이 있는 것을 기초 짓는 구체적 사실을 주장·증명할 수 있다.

5. 부대청구

주된 청구(임대차계약의 종료에 기한 목적물반환청구)에 추가하여 부대청구로 **임대차계약에 기한 임대료지급청구** 및 임대차계약 종료 후 목적물 인도 시까지의 임대료 상당액의 금원(**부당이득에 기한 반환청구**)의 지급을 청구하는 것이 일반적이다.

전자인 임대차계약에 기한 임대료지급청구의 요건사실에 대하여는 따로 설명한 바 있으므로 여기서는 후자인 임대차계약 종료 후 목적물 인도시까지의 임대료 상당액의 금원지급청구의 경우만 살펴보기로 한다.

임차인이 임대차계약 종료 후 목적물을 계속 사용, 수익한 사실이 증명되면, 임차인이 차임 상당의 이득을 얻고 이로 인하여 임대인이 동액 상당의 손해를 입었다는 사실이 **사실상 추정**된다. 따라서 부당이득에 관한 요건사실인 임대인의 손해사실과 임차인 이득과 임대인 손해 사이의 인과관계에 대하여는 별도로 증명할 필요가 없다.

다만, 임차인이 임대차계약 종료 후 유치권 또는 동시이행항변권과 같은 인도거절권을 가지고 이를 행사하기 위한 방편으로 목적물을 점유하고 있을 뿐 본래의 임대차계약상의 목적에 따라 사용, 수익을 하지 아니하여 실질적인 이익을 얻은 바 없는 경우에는 그로 인하여 임대인에게 손해가 발생하였다 하더라도 임차인의 부당이득반환의무는 성립되지 아니한다(대법원 1998. 5. 29. 선고 98다6497 판결; 대법원 1998. 7. 10. 선고 98다8554 판결 등). 가령 임차인이 건물에서 더 이상 영업하지 않으면서 문을 잠가두고 열쇠만 보관하는 경우에는 부당이득이 성립하지 아니한다.

한편, 만약 부당이득반환청구가 아닌, 목적물반환채무의 **이행지체에 기한 채무불이행 손해배상청구**로 구성하면, 임대차계약의 종료사실에 더하여 손해의 발생 및 금액이 그 요건사실이 된다. 그런데 손해액에 대하여는 임대료 상당액의 주장을 하고, 손해의 발생에 대하여는 당연한 것으로 따로 주장할 필요가 없는 것이 통례이다. 여기서 임차인이 기존 차임을 손해액으로 인정하지 않을 경우에는 임대인이 임대료 감정신청을 하여야 한다.

6. 적법한 전대차에서 전차인에게 목적물의 반환을 청구하는 경우

적법한 전대차가 있는 경우에 임대인은 직접 계약관계에 있지 않은 전차인에 대하여도 민법 630조 1항에 의하여 임대인으로서의 권리를 행사할 수 있고, 전차인은 전대차계약에 기하여 부담하는 의무의 범위 내에서 직접 임대인에 대하여 의무를 부담한다.

따라서 임대인이 임차인과 사이의 임대차 종료를 이유로 **전차인**에 대하여 직접 목적물의 반환을 청구하는 경우에 그 요건사실은 다음과 같다.

❶ 임대인이 임차인과 임대차계약을 체결한 사실
❷ 임대인이 임차인에게 목적물을 인도한 사실
❸ 임차인이 임대인의 동의를 얻어 전차인과 임대차 또는 사용대차계약을 체결한 사실
❹ 임차인이 전차인에게 목적물을 인도한 사실
❺ 임대차가 종료한 사실

- 다만, 전차인의 권리를 임대인과 임차인의 의사만으로 해하는 것은 허용되지 않으므로(민법 631조) 임대차 종료원인으로 합의해지를 주장하는 것은 주장 자체로 이유 없게 됨
- 마찬가지 취지에서 임차인이 임차권을 포기하였다는 주장도 전차인의 권리를 소멸케 하는 사유가 되지 못하므로 주장 자체로 이유 없게 됨

임대인이 전차인에게 목적물의 직접 반환을 청구한 경우, 적법하게 전차한 전차인이라도 임대인에게 직접 전대차보증금반환청구권을 취득하는 것은 아니므로 전대차보증금의 반환과 **동시이행의 항변을 주장할 수는 없지만**, 임차인의 임대차보증금반환청구권에 기한 **동시이행항변권을 원용**할 수는 있다.

가령, 주택임대차보호법 3조 1항에 의한 대항력을 갖춘 주택임차인이 임대인의 동의를 얻어 적법하게 임차권을 전대(또는 양도)한 경우에 있어서 전차인(또는 양수인)이 임차인의 주민등록퇴거일로부터 주민등록법상의 전입신고기간 내에 전입신고를 마치고 주택을 인도받아 점유를 계속하고 있다면 비록 위 임차권의 전대(또는 양도)에 의하여 임차권의 공시방법인 점유와 주민등록이 변경되었다 하더라도 원래의 임차인이 갖는 임차권의 대항력은 소멸되지 아니하고 동일성을 유지한 채로 존속한다고 보아야 하므로 주택의 임차인이 제3자에게 전대한 이후에도 그의 임차권의 대항력이 소멸되지 아니하고 그대로 존속하고 있다면, 임차인은 그의 임차권의 대항력을 취득한

후에 경료된 근저당권의 실행으로 소유권을 취득하게 된 자에 대하여 임대보증금반환청구권에 기한 동시이행항변권을 행사하여 그 반환을 받을 때까지는 위 주택을 적법하게 점유할 권리를 갖게 되는 것이고 따라서 그로부터 위 주택을 전차한 제3자 또한 그의 동시이행항변권을 원용하여 위 임차인이 보증금의 반환을 받을 때까지 위 주택을 적법하게 점유, 사용할 권리를 갖게 된다(대법원 1988. 4. 25. 선고 87다카2509 판결).

무단전대의 경우에 있어서 임대인의 전차인에 대한 인도청구

🕮 임대차 관계가 없는 건물의 점유자, 가령 무단전대의 전차인에게 건물의 인도를 청구하는 경우에는 임대인으로서는 소유권에 기한 반환청구권을 주장할 필요가 있다. 이 경우에 소송물은 소유권에 기한 반환청구권으로서 인도청구권이다. 그 청구원인은 원고가 목적물을 소유하고 있는 것, 피고가 목적물을 점유하고 있는 것인데, 이에 대하여는 소유권에 기한 부동산 인도청구 부분을 참조하라. 점유권원의 항변으로, 전차인은 임대인이 전대차계약을 동의(승낙)한 것을 주장·증명하여야 한다. 아울러 임대인은 전차인에게 부대청구로, 불법행위에 기한 손해배상청구를 할 수 있다. 본래의 임대차계약이 해지되기까지 사이에 임대인은 임차인에게 임대료청구권을 가지지만, 동시에 전차인에게 불법행위에 기한 손해배상청구권도 가진다(다만, 후자는 전자의 지급에 의하여 소멸한다는 입장도 있을 수 있다).

제 3 장
임 대 차

제 4 강 임대차계약의 종료에 기한 건물철거 및 토지인도청구

목적물이 토지인 토지임대차에 있어서, 임차한 토지상에 임차인이 건물을 소유한 경우에 토지임대인이 토지임차인으로부터 토지를 인도받기 위해서는 그 전제로 지상건물의 철거를 구하여야 하므로(토지인도를 명하는 판결의 효력이 건물철거에 미치지 않으므로) 임대인은 임차인에게 토지인도만을 청구하지 않고, 건물철거 및 토지인도를 청구하는 경우가 많다.

1. 소 송 물

이 경우의 소송물을 어떻게 포착할 것인가에 대하여 입장이 나뉜다.

즉, 토지반환의무와는 별개의 임대차계약상의 의무로서 임차인은 인도로부터 계약종료까지의 사이에 목적물에 부속된 물건의 철거의무를 부담하는 것을 이유로 ① 임대차계약의 종료에 기한 건물철거청구권과 ② 토지인도청구권이라는 2개의 소송물이 된다고 보는 입장이 있다(**2개설**).

그러나 임차인은 임대차계약에 기한 의무로서, 임대차계약의 종료에 의하여 목적물을 원상태로 회복한 뒤, 임대인에게 인도한다는 1개의 의무로서 목적물반환의무를 부담하고, 부속물의 철거의무는 이 의무에 포섭된다고 보는 입장도 있다(1개설). 이렇게 보면, 소송물은 임대차계약의 종료에 기한 목적물반환청구권으로서의 건물철거 및 토지인도청구권 1개라고 풀이한다.

2. 청구취지

청구취지의 기재례는 다음과 같다.

> 피고는 원고에게 별지 목록 2 기재의 건물을 철거하고, 같은 목록 1 기재의 토지를 인도하라.

3. 청구원인

임차한 토지상에 건물을 소유한 토지임차인에 대해서, 토지임대인이 임대차계약의 종료에 기하여 건물철거 및 토지인도를 청구하는 경우의 요건사실은 다음과 같다.

❶ 토지임대차계약을 체결한 것

- 임대차계약에 있어서는, 임대료의 합의 및 반환시기(임대기간)의 합의가 계약의 본질적 요소가 된다.

❷ 위 임대차계약에 기하여 토지를 인도한 것

❸ 임대차계약의 종료원인사실

- 임대차계약의 종료원인의 전형적인 예로서, 존속기간만료, 해지의 통고, 해지 등이 고려될 수 있는데, 이들 종료원인마다 공격방어의 구조도 다르게 된다.

❹ 토지를 인도한 후 계약종료까지 사이에 토지상에 건물이 부속된 것

4. 예상되는 항변

가. 지상물매수청구권의 행사

임대인이 임대한 토지의 인도와 함께 임차인이 건축한 건물 등과 같은 지상물의 철거를 구할 경우에, 임차인이 민법 643조에 의한 지상물매수청구권을 행사하는 것은, 임대인의 지상물철거청구뿐만 아니라 토지인도청구에 대하여도 각 권리소멸사유가 되어 유효한 항변이다.

매수청구권은 건물의 소유를 목적으로 한 토지 임대차의 기간이 만료되어 그 지상에 건물이 현존하고, 임대인이 계약의 갱신을 원하지 않는 경우에 임차인에게 부여된 권리로서, 그 지상 건물이 객관적으로 경제적 가치가 있는지 여부나 임대인에게 그 지상 건물이 소용이 있는지 여부는 그 행사요건이라고 볼 수 없다.

그 요건사실은 다음과 같다.

❶ 지상물 소유의 목적으로 토지임대차계약을 체결한 사실

❷ 임차인이 지상물을 건축하여 그 지상물이 현존하고 있는 사실

- 임차인의 지상물매수청구권은 건물 기타 공작물의 소유 등을 목적으로 한 토지임대차의 기간이 만료되었음에도 그 지상시설 등이 현존하고, 또한 임대인이 계약의 갱신에 불응하는 경우에 임차인이 임대인에게 상당한 가액으로 그 지상시설의 매수를 청구할 수 있는 권리라는 점에서 보면, 위 매수청구권의 대상이 되는 건물은 그것이 토지의 임대목적에 반하여 축조되고, 임대인이 예상할 수 없을 정도의 고가의 것이라는 특별한 사정이 없는 한 임대차기간 중에 축조되었다고 하더라도 그 만료시에 그 가치가 잔존하고 있으면 그 범위에 포함되는 것이고, 반드시 임대차계약 당시의 기존 건물이거나 임대인의 동의를 얻어 신축한 것에 한정된다고는 할 수 없다(대법원 1993. 11. 12. 선고 93다34589 판결).

❸ 계약갱신을 청구하였으나, 임대인이 이를 거절한 사실

- 기간의 정함이 없는 임대차에 있어서는 임대인에 의한 해지통고에 의하여 그 임차권이 소멸한 경우에도 임차인의 계약갱신 청구의 유무에 불구하고

바로 매수청구권이 인정된다(대법원 1995. 12. 26. 선고 95다42195 판결).
❹ 매수청구권을 행사한 사실

임차인이 임대차가 종료하기 전에 임대인과 사이에 건물 기타 지상 시설 일체를 포기하기로 약정을 하였다고 하더라도 임대차계약의 조건이나 계약이 체결된 경위 등 제반 사정을 종합적으로 고려하여 실질적으로 임차인에게 불리하다고 볼 수 없는 특별한 사정이 인정되지 아니하는 한, 위와 같은 약정은 임차인에게 불리한 것으로서(민법 652조 참조) 효력이 없다(대법원 2002. 5. 31. 선고 2001다42080 판결).

한편, 임차인의 차임지체, 무단전대와 같은 채무불이행을 이유로 임대차가 종료되면 매수청구권이 인정되지 않는다(대법원 2003. 4. 22. 선고 2003다7685 판결). 따라서 원고의 청구원인 단계에서 그 종료원인이 임차인의 채무불이행으로 인한 해지였음이 밝혀진 경우라면, 매수청구권행사의 항변은 주장 그 자체로 이유 없게 된다.

지상물매수청구권은 지상물의 소유자에 한하여 행사할 수 있다고 보아야 한다(대법원 1993. 7. 27. 선고 93다6386 판결). 임차인으로부터 지상건물을 양수한 사람은 적법한 토지임차권의 양수인으로서의 요건을 갖추진 않는 한 양도인인 임차인을 대위하여 매수청구권을 행사할 수 없다.

한편, 지상물매수청구권의 행사의 상대방은 원칙적으로 임차권 소멸 당시의 토지소유자인 임대인이다. 토지 소유자가 아닌 제3자가 토지를 임대한 경우에 임대인은 특별한 사정이 없는 한 지상물매수청구권의 상대방이 될 수 없다(대법원 2022. 4. 14. 선고 2020다254228, 254235 판결). 그런데 임차권 소멸 후 임대인이 그 토지를 제3자에게 양도하는 등 그 소유권이 이전되었을 때에는 그 건물에 대하여 보존등기를 필하여 제3자에 대하여 대항할 수 있는 차지권을 가지고 있는 임차인은 그 신소유자에 대하여도 매수청구권을 행사할 수 있다(대법원 1977. 4. 26. 선고 75다348 판결).

지상물매수청구권은 **형성권**으로서, 피고의 매수청구권의 행사에 의하여 임대인과 임차인 사이에 지상물에 대한 **매매가 성립**한다. 그런데 피고가 매매대금의 지급을 반소로 구하지 않는 한, 매수청구권 행사 당시 지상물의 시가까지 피고가 주장·증명하여야 할 필요는 없다. 다만, 원고가 피고의 지상물매수청구권 행사의 항변이 받아들여질 것에 대비하여 예비적으로 지상물의 인도 및 소유권이전등기청구를 하고 있는 경우라면, 피고는 이와 동시이행관계에 있는 지상물 매매대금의 범위를 정하기 위하여 지상물의 시가를 주장·증명하여야 한다.

임차인이 지상건물에 대하여 매수청구권을 행사한 후에 임대인인 대지의 소유자로부터 매수대금을 지급받을 때까지 임차인은 그 지상건물의 인도를 거부할 수 있다고 하여도, 지상건물의 점유·사용을 통하여 그 부지를 계속하여 점유·사용하는 한, 그로 인한 부당이득으로서 부지의 임료 상당액은 임대인에게 이를 반환할 의무가 있다(대법원 2001. 6. 1. 선고 99다60535 판결).

나. 동시이행의 항변(또는 유치권)

가령, “피고는 원고가 본건 건물매수대금을 제공하기까지 본건 건물의 인도를 거절한다”와 같이 건물매수청구권의 행사에 의한 매매대금채무와 건물인도채무의 동시이행의 항변(또는 유치권)을 주장할 수 있다.

이 경우에 법원이 소송에서 이를 어떻게 취급할 것인가가 문제된다. 임대인의 건물철거 및 토지인도청구에는 건물매매대금지급과 동시에 건물인도를 구하는 청구가 포함되어 있다고 할 것인가. 그리하여 임대인이 소의 변경을 하지 않더라도 법원은 건물인도와 매매대금지급의 상환이행판결을 할 수 있는지 여부가 처분권주의와 관련하여 문제된다. 한편, 건물인도를 구하는 청구가 포함되지 않고, 그리하여 소의 변경이 필요하다면, 법원은 이를 임대인에게 석명하여야 하는가의 문제가 남는다.

이에 대하여 **판례**는 건물철거 및 토지인도청구에는 건물매수대금지급과 동시에 건물인도를 구하는 청구가 포함되어 있다고 할 수 없으므로 법원으로서는 임대인이 종전의 청구를 계속 유지할 것인지, 아니면 대금지급과 상환으로 지상물의 인도를 청구할 의사가 있는지(예비적으로라도)를 석명하고 임대인이 그 석명에 응하여 소를 변경한 때에는 지상물인도의 판결을 함으로써 분쟁의 1회적 해결을 꾀하여야 한다고 봄이 상당하다고 하였다(대법원 1995. 7. 11. 선고 94다34265 전원합의체 판결).

5. 건물퇴거청구

가령, 토지의 임차인 乙이 임차한 토지상에 소유하고 있는 건물을 제3자 丙에게 임대하고 있는 경우에는, 토지의 임대인 甲은 乙에게 위와 같은 건물철거 및 토지인도청구 이외에 丙에게 건물퇴거를 청구할 필요가 있다.

청구취지 기재례는 다음과 같다.

원고에게,
피고 丙은 별지 제1목록 기재 건물에서 퇴거하고,
피고 乙은 위 건물을 철거하고, 같은 제2목록 기재 토지를 인도하라.

이는 丙의 건물임차권이 이른바 대항력을 가진다고 하여 달라지지 않는다. 건물임차권의 대항력은 기본적으로 건물에 관한 것이고 토지를 목적으로 하는 것이 아니므로 이로써 토지소유권을 제약할 수 없고, 토지에 있는 건물에 대하여 대항력 있는 임차권이 존재한다고 하여도 이를 토지소유자에 대하여 대항할 수 있는 토지사용권이라고 할 수는 없다(대법원 2010. 8. 19. 선고 2010다43801 판결).

6. 부속물매수청구권

토지임대차가 아닌, **건물임대차**에 있어서 임대인이 임차인에게 임대한 건물의 인도와 함께 임차인이 시설한 부속물의 철거를 구할 경우에 건물임차인의 부속물매수청구권이 문제된다.

임차인이 민법 646조에 의한 부속물매수청구권의 행사를 주장하는 것은 임대인의 부속물철거청구에 대하여는 철거청구권의 소멸사유로, 건물인도청구에 대하여는 부속물매수대금의 지급과의 **동시이행**이라는 인도청구권의 행사저지사유로 기능하는 유효한 항변이다.

매수청구의 대상이 되는 부속물이란, 건물에 부속된 물건으로서 임차인의 소유에 속하고, 건물의 구성 부분으로는 되지 아니한 것으로서 건물의 사용에 객관적인 편익을 가져오게 하는 물건이라고 할 것이므로, 부속된 물건이 오로지 임차인의 특수목적에 사용하기 위하여 부속된 것일 때에는 이에 해당하지 않으며, 당해 건물의 객관적인 사용목적은 그 건물 자체의 구조와 임대차계약 당시 당사자 사이에 합의된 사용목적, 기타 건물의 위치, 주위환경 등 제반 사정을 참작하여 정하여지는 것이다(대법원 1993. 10. 8. 선고 93다25738, 25745 판결).

그 요건사실은 다음과 같다.

❶ 임대인의 동의를 얻어 부속물을 설치하였거나 그 부속 물이 임대인으로부터 매수한 것
❷ 위 부속물이 현존하는 것
❸ 매수청구권을 행사한 것

임대차종료사실도 원칙적으로 요건사실에 속하나, 이는 이미 원고의 청구원인에서 주장되었을 것이므로 따로 주장할 필요는 없다.

부속물매수청구권을 배제 또는 제한함으로써 임차인에게 불리한 특약을 맺는 것은 원칙적으로 효력이 없으나(민법 652조), 임대차계약의 과정을 전체적으로 살펴보아 그러한 특약이 임차인에게 불리하지 않은 것이라면 그 효력이 있으므로 원고는 매수청구권 포기의 특약사실과 임대차계약의 과정을 전체적으로 살펴볼 때 그 특약이 임차인 등에게 일방적으로 불리한 것이 아니라는 사정에 관한 사실을 주장하며 **재항변**할 수 있다.

가령, 건물임차인인 피고가 증·개축한 시설물과 부대시설을 포기하고 임대차 종료시의 현상대로 임대인의 소유에 귀속하기로 하는 대가로 임대차계약의 보증금 및 월차임을 파격적으로 저렴하게 하고, 그 임대기간도 장기간으로 약정하고, 임대인은 임대차계약의 종료 즉시 임대건물을 철거하고 그 부지에 건물을 신축하려고 하고 있으며 임대차계약 당시부터 임차인도 그와 같은 사정을 알고 있었다면 임대차계약 시 임차인의 부속시설의 소유권이 임대인에게 귀속하기로 한 특약은 단지 부속물매수청구권을 배제하기로 하거나 또는 부속물을 대가없이 임대인의 소유에 속하게 하는 약정들과는 달라서 임차인에게 불리한 약정이라고 할 수 없다(대법원 1982. 1. 19. 선고 81다1001 판결).

실전 쟁점

乙은 A토지 위에 지상건물의 소유를 목적으로 하는 甲과의 토지임대차계약에 따라 B건물을 신축하였다. 甲은 임대차기간이 만료한 뒤, 乙의 임대차계약의 갱신요청을 거절하고, 乙을 상대로 건물철거 및 토지인도를 청구하는 소를 제기하였다.

(1) 위 소송절차의 변론에서 乙은 건물매수청구권을 행사하였다. 이 경우 법원의 조치 및 그에 따른 판결에 대하여 검토하시오.

(2) 乙은 임대차의 종료를 다투었는데, 변론종결 시에 비로소 건물매수청구권을 행사한 경우에 법원은 이를 시기에 늦은 공격방어방법으로 각하할 수 있는가?

(3) 한편, 건물매수청구권이 시기에 늦은 공격방어방법으로 각하되어 청구인용판결이 확정되었다고 하자. 건물매수청구권의 행사의 효과는 어떻게 되는가?

(4) 위 경우와는 다르게, 乙은 위 소송절차의 변론에서 건물매수청구권을 행사하지 아니하여 甲의 승소판결이 선고되었고, 이 판결은 그대로 확정되었다. 그 후 B건물이 철거되기 전에 乙이 甲에 대하여 건물매수청구권을 행사하면서 그 매매대금의 지급을 청구하는 소를 제기하는 것이 위 확정판결에 저촉되는지 여부를 밝히시오.

---

(4) ① **비실권설**: 건물매수청구권은 소송물 자체에 부착된 흠에 근거한 것이 아니며 건물 자체의 효용을 되도록 유지하여야 한다는 강력한 정책적 견지에서 인정된 권리이기 때문에 그 행사에 시기를 정하는 것은 적절하지 못하다고 한다. ② **절충설**: 건물매수청구권이 있음을 알고 이를 행사하지 않은 경우에는 실권되지만, 몰랐을 경우에는

차단되지 않는다고 한다. ③ **실권설**: 건물매수청구권은 실질적으로 건물철거청구를 감축시키기 위한 항변적 성격이 강하므로 이를 행사하지 않았다면 확정판결의 효력에 의하여 차단되어야 한다고 본다. **판례**는 **비실권설**의 입장이다(대법원 1995. 12. 26. 선고 95다42195 판결).

제2부
기본적 소송유형

제4장
도급계약에서의 보수지급청구

제 4 장
도급계약에서의 보수지급청구

건물 내장 수리를 업(業)으로 하는 甲은 2020. 4. 10. 乙이 거주하는 주택의 리모델링을 보수 1,000만 원에 주문 받아 공기(工期)를 같은 해 4. 15. 착공하여 같은 해 5. 15. 완성·인도하기로 하는 내용의 계약을 체결하였다. 甲은 약정대로 같은 해 5. 15. 주택의 리모델링을 완성하여 이를 乙에게 인도하였는데, 乙은 창틀 공사가 시공불량으로 보수공사가 필요하다고 하면서 위 보수를 지급하려고 하지 않는다. 甲은 乙에게 보수 1,000만 원과 지연손해금의 지급을 구하는 소를 제기하였다.

도급은 당사자 일방(수급인)이 일정한 일을 완성할 것을 약정하고, 상대방(도급인)이 그 일의 결과에 대하여 보수를 지급할 것을 약정함으로써 성립하는 낙성·유상·쌍무계약이다(민법 664조). 여기서는 수급인(甲)의 도급인(乙)에 대한 보수지급청구에 관하여 살펴보기로 한다.

한편, 도급인의 수급인에 대한 지체상금(손해배상)의 청구는 수급인의 채무불이행을 전제로 한다. 따라서 그 의무불이행은 수급인의 귀책사유로 인한 것이어야 하나, 도급인이 수급인의 귀책사유를 증명할 필요는 없고, 오히려 수급인이 면책을 위하여 자신에게 귀책사유가 없음을 증명하여야 한다(민법 390조 단서).

1. 소 송 물

도급인(乙)은 일의 완성에 대하여 수급인(甲)에게 보수를 지급하여야 하는데, 보수지급청구소송의 소송물은 甲의 乙에 대한 도급계약에 기한 보수지급청구권이다.

그리고 지연손해금의 지급까지 구하는 경우에 그 소송물은 이행지체에 기한 손해금지급청구권이 된다.

2. 청구취지

청구취지는 다음과 같다.

> 피고는 원고에게 10,000,000원 및 이에 대하여 2020. 5. 16.부터 다 갚는 날까지 연 6%의 비율에 의한 금원을 지급하라.

보수지급청구권은 일의 완성·인도와 동시에 지체가 된다고 풀이하므로 인도일 다음날이 지연손해금의 기산일이 된다.

그리고 위 사례에서 수급인 甲은 건물 내장 수리를 업으로 하는데,위 도급계약은 甲으로서는 그 영업을 위하여 하는 상행위가 되어(상법 46조, 47조 참조) 甲은 상사법정이율 연 6%의 비율에 의한 지연손해금을 청구할 수 있다(상법 54조).

3. 청구원인

요건사실은 다음과 같다.

❶ 도급계약의 성립
❷ 일의 완성

민법 665조는 보수채권의 변제기에 대하여 **후급을 원칙**으로 하고 있어 일의 완성은 선이행의무가 되므로 수급인이 보수를 청구하기 위하여는 일의 완성을 주장할 필요가 있다.

또한 위 665조에 의하면, 완성된 목적물의 인도가 필요한 경우에는 목적물의 인도와 보수의 지급은 동시이행의 관계에 있는데, 수급인인 원고가 지연손해금은 빼고 보수 원금만의 지급을 구하는 경우는 도급인인 피고가 항변으로 동시이행의 항변권을 행사한 때에 비로소 수급인인 원고는 **재항변**으로서 완성된 목적물의 인도를 주장하면 충분하다.

나아가 지연손해금을 청구하는 경우에는 위 요건사실에 더하여 다음을 요건사실로 주장하여야 한다.

❸ 수급인이 완성된 목적물을 도급인에게 인도한 것

위 민법 665조에 의하면, 완성된 목적물의 인도가 필요한 경우에는 목적물의 인도와 보수의 지급은 동시이행의 관계에 있다. 완성된 목적물의 인도를 받은 도급인은 위 인도를 받은 때부터 보수지급채무에 대한 지체가 생기게 된다. 완성된 목적물의 인도가 필요한 경우에 보수의 지급은 인도일 다음날을 기산일로 하여 지연손해금이 발생하므로 위 ③ 요건사실이 필요하다.

❹ 손해의 발생과 그 금액

위 ④ 손해의 발생과 그 금액에 관하여는 금전채무의 이행지체의 경우로, 특약이 없더라도 당연히 법정이율의 비율에 의한 지연손해금을 청구할 수 있다.

4. 예상되는 항변

가. 하자보수청구와의 동시이행

완성된 목적물 또는 완성 전의 성취된 부분에 하자가 있는 때에는 도급인은 수급인에 대하여 상당한 기간을 정하여 그 하자의 보수(補修)를 청구할 수 있다(민법 667조 1항 본문). 수급인의 보수(報酬)지급청구권과 도급인의 하자보수(補修)청구권은 동시이행관계에 있다(민법 667조 3항, 536조).

하자보수청구권과 그것에 갈음하는 손해배상청구권을 선택할 수 있으므로 이 가운데 하자보수청구권을 선택한 것을 분명히 주장·증명하여야 한다.

그 요건사실은 다음과 같다.

❶ 완성된 목적물에 하자가 있는 것
❷ 도급인이 수급인에게 손해배상을 대신하여 하자보수를 청구하는 취지의 의사표시를 한 것
❸ 하자의 보수가 이루어지기까지 도급대금(보수)의 지급을 거절한다는 취지의 권리 주장

이에 대한 **재항변**은 다음과 같다.

민법 667조 1항 단서는 하자가 중요하지 않거나 그 보수에 과다한 비용을 요할 때에 그 하자의 보수(補修)를 청구할 수 없다고 규정하고 있는데, 이는 하자보수(補修)청구에 대한 **재항변**이 된다.

❶ 하자가 중요하지 않은 것
❷ 하자의 보수에 과다한 비용을 요하는 것

보수가 불가능하다는 것도 **재항변**이 된다.

나. 하자보수를 대신하는 손해배상채무와의 동시이행

도급인은 하자의 보수에 갈음하여 손해배상을 청구할 수 있다(민법 667조 2항). 동시이행의 관계에 있다(민법 536조).

또한 도급인은 이 손해배상청구권으로 보수(報酬)채권과 대등액에서 상계를 할 수 있다.

상계

📖 피고는 원고를 상대로 이 사건 공사계약에 따른 공사대금 청구소송(이하 '선행소송'이라 한다)을 제기하였다. 원고는 선행소송의 제1심에서 하자보수에 갈음한 손해배상채권을 자동채권으로 하는 상계 항변을 하였으나, 선행소송의 제1심은 하자의 존재 여부 등에 관한 증명이 부족하다는 이유로 원고의 상계 항변을 배척하고 피고 전부승소 판결을 선고하였다. 원고는 피고를 상대로 이 사건 공사의 하자보수에 갈음한 손해배상을 청구하는 이 사건 소를 별도로 제기한 후 선행소송 항소심 제2차 변론기일에서 위 상계 항변을 철회하였다.

이러한 사실관계를 법리에 비추어 살펴보면, 이미 선행소송에서 하자보수에 갈음한 손해배상채권을 자동채권으로 하는 상계 항변을 하였더라도 원고가 선행소송계속 중 위 자동채권과 같은 채권에 기하여 이 사건 소를 별도로 제기하는 것 역시 허용된다. 또한 원고가 선행소송의 제1심에서 상계 항변에 관한 본안판단을 받은 다음 그 항소심에서 상계 항변을 철회하였더라도 이로 인하여 하자보수에 갈음한 손해배상채권을 소구할 수 없게 되는 것도 아니다.

따라서 이 사건 소의 제기는 259조가 금지하는 중복된 소제기에 해당하거나 267조 2항의 재소금지 규정에 반하는 것은 아니다(대법원 2022. 2. 17. 선고 2021다275741 판결).

다. 하자보수와 함께 하는 손해배상채무와 동시이행

도급인은 하자의 보수와 함께 함께 손해배상을 청구할 수 있다(민법 667조 2항). 동시이행의 관계에 있다(민법 536조).

라. 도급인에 의한 해제

청구원인인 일이 완성되었는데, 그 뒤의 해제로서는 목적물이 건물, 그 밖의 토지의 공작물 이외인 경우에 도급인에 의한 담보책임해제(민법 668조)가 인정될 뿐이다. 완성된 목적물이 건물 기타 토지의 공작물인 경우에는 아무리 중대한 하자가 있더라도 해제할 수 없다.

5. 일부청구

가령, 甲은 乙에 대하여 변제기를 2018. 4. 1.로 하는 1억 원의 공사대금채권을 가지고 있는데, 변제기가 도래한 이후에도 乙이 위 대금을 지급하지 않자, 甲은 2021. 3. 2. 7천만 원의 지급을 구하는 소를 제기하였다고 하자.

만약 1개의 채권의 수량적 일부에 대하여 판결을 구하는 것을 **명시**하여 청구하면, 그 부분만이 소송물이 된다고 본다.

가령, 제1심 소송계속 중 甲은 나머지 3천만 원의 지급도 구하려고, 2021. 5. 3.에 청구취지확장신청서를 제출하였는데, 甲이 추가로 청구한 3천만 원은 이미 소멸시효가 완성되었다고 乙이 주장(항변)하자(일부중단설), 이에 대하여 甲은 7천만 원의 공사대금지급청구의 소를 제기함으로써 채권 전부에 대한 소멸시효는 중단되었다고 주장(재항변)하였다고 하자(전부중단설). 이는 일부청구에 있어서 잔액 부분에 **시효중단의 효력**이 발생할 것인가가 쟁점이 되는데, 판례·학설은 다양한 논의를 전개하고 있다. **판례**는 한 개의 채권 중 일부에 관하여만 판결을 구한다는 취지를 명백히 하여 소를 제기한 뒤, 청구취지를 확장한 부분의 소멸시효가 처음 소제기 시에 전부중단되는지 여부에 대하여 장차 청구금액을 확장할 뜻을 표시하고 해당 소송이 종료될 때까지 실제로 **청구금액을 확장**한 경우에는 소 제기 당시부터 **채권 전부가 소멸시효중단**의 효력이 생긴다고 본다(대법원 1992. 4. 10. 선고 91다43695 판결 등).

그리고 가령, 7천만 원의 공사대금지급청구에 대해서 제1심 법원은 청구를 전부인용하는 판결을 선고하였는데, 甲이 1억 원의 공사대금 전부를 지급받기 위해서 제1심 판결에 대해 항소하는 것은 적법한가도 문제된다. 이는 **항소의 이익**과 관련된다. 항소의 이익은, 제1심에서 구한 본안판결의 신청내용과 법원이 내린 판결내용(판결주문)을 비교하여 그 전부 또는 일부가 인정되지 않는 경우에 항소의 이익을 인정한다. 그리하여 불이익한지 여부는 원칙적으로 판결주문을 표준으로 판단하므로 전부승소한 당사자에게는 원칙적으로 항소의 이익은 없지만, 예외적으로 일부청구에 있어서 잔액청구가 기판력 등으로 차단되는 경우와 같이 뒤에 별소에서 청구를 할 수 없는 경우에는 전부승소한 판결에 대하여도 소의 변경을 위한 **항소의 이익**을 인정한다. **판례**도 가분채권에 대한 이행청구의 소를 제기하면서 그것이 나머지 부분을 유보하고 일부만 청구하는 것이라는 취지를 명시하지 아니한 경우에는 그 확정판결의 기판력은 나머지 부분에까지 미치는 것이어서 별소로써 나머지 부분에 관하여 다시 청구할 수는 없으므로, 일부청구에 관하여 전부 승소한 채권자는 나머지 부분에 관하여 청구를 확장하기 위한 항소가 허용되지 아니한다면 나머지 부분을 소구할 기회를 상실하는 불이익을 입게 되고, 따라서 이러한 경우에는 예외적으로 전부 승소한 판결에 대해서도 나머지 부분에 관하여 청구를 확장하기 위한 항소의 이익을 인정함이 상당하다고 본다(대법원 1997. 10. 24. 선고 96다12276 판결).

6. 판결로 확정된 지연손해금에 대한 지연손해금

> 甲은 乙에게 상행위로 인하여 발생한 일의 완성에 대한 보수 1,000만 원과 지연손해금의 지급을 구하는 소를 제기하여, 乙은 甲에게 1,000만 원 및 이에 대하여 2020. 5. 16.부터 2022. 5. 2.까지는 연 6%, 그 다음날부터 다 갚는 날까지는 연 12%의 각 비율로 계산한 돈을 지급하라는 판결이 확정되었다. 甲은 2023. 1. 2. 丙에게 자신이 乙에 대하여 가지는 위 확정판결에 기한 채권(1,000만 원과 그에 대한 지연손해금) 중 원금을 제외하고 당시까지 발생한 지연손해금의 일부인 100만 원의 채권을 양도하였다. 판결로 확정된 지연손해금에 대하여 다시 지연손해금을 구할 수 있는가?

지연손해금은 금전채무의 이행지체에 따른 손해배상으로서 기한이 없는 채무에 해당하므로, 확정된 지연손해금에 대하여 채권자가 이행청구를 하면 채무자는 그에 대한 지체책임을 부담하게 된다. 판결에 의해 권리의 실체적인 내용이 바뀌는 것은 아니므로, 이행판결이 확정된 지연손해금의 경우에도 채권자의 이행청구에 의해 지체책임이 생긴다(대법원 2022. 3. 11. 선고 2021다232331 판결).

따라서 상행위로 인한 원본채권 및 그에 대한 지연손해금 지급을 명하는 이행판결이 확정된 경우에 확정판결에서 지급을 명한 지연손해금도 **상행위**로 인한 채권이므로, 지연손해금에 대한 채권자의 이행청구에 의해 채무자가 지체책임을 지는 경우에 그 지연손해금에 대하여는 상법 54조에 정한 **상사법정이율인 연 6%의 비율을 적용**하여야 할 것이다. 민법에 정한 연 5%의 비율에 따라 지연손해금을 지급할 의무가 있다고 보는 것은 잘못이다(대법원 2022. 12. 1. 선고 2022다258248 판결).

실전 쟁점 1 〈보수지급청구와 담보책임〉

丙 회사와 甲 등은 건물신축에 관한 도급계약을 체결하였다. 신축건물에 입주한 후 甲 등은 건물의 외벽에 균열이 생겼을 뿐만 아니라 발코니가 수평으로 시공되지 않은 점을 발견하였는데, 그러한 하자를 보수함에는 5억 원의 추가비용이 소요되는 반면, 그 하자로 인한 건물가치의 감소분은 1억 원 상당인 상황이다. 한편, 위 소에서 甲 등은 D로부터 양수한, 丙에 대한 공사자재대금채권 3억 원으로 상계한다는 주장을 하였으나, 1심 판결이 선고되기 전에 丙이 소를 취하하였다. 그런데 D의 丙에 대한 채권에는 양도금지특약이 붙어 있었다. 이러한 상태에서 丙이 선급금을 제외한 보수 9억 원의 지급을 구하는 경우의 법률관계를 당사자들의 주장 및 그에 기초한 법원의 판단의 관점에서 검토하시오. 【2011년 법무부 모의시험】

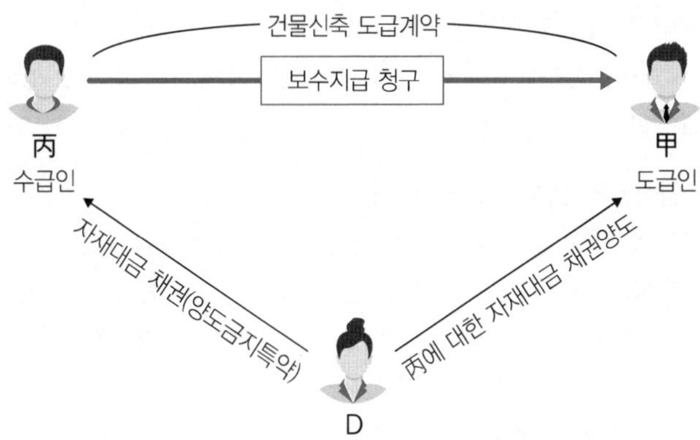

(1) 청구원인

청구원인으로 도급계약의 성립, 일의 완성을 주장하여야 한다. 다만, 건물의 인도가 청구원인사실인지 여부에 관하여 견해가 나뉜다.

(2) 수급인의 담보책임

(가) 민법 667조 1항 단서가 적용되는가

수급인의 담보책임은 하자의 보수(補修)를 주된 내용으로 하지만, 하자가 중요하지 않고 동시에 과다한 비용을 요한다면 보수에 갈음하는 손해배상을 구할 수 있다(민법 667조 1항, 2항). 그런데 설문에서 하자의 보수에 소용되는 비용은 5억 원이고, 하자로 인한 건물가치의 감소분은 1억 원인바, 양자의 비율을 어떻게 평가하느냐에 따라 담보책임의 내용이 달라질 수 있다.

(나) 손해배상채권과의 상계

도급인의 하자보수(補修)청구권 및 손해배상청구권과 수급인의 보수(報酬)지급청구권은 동시이행관계에 있는바(민법 667조 3항), 동시이행관계가 성립하는 범위는 손해에 상당하는 액의 범위 내라고 할 것이다. 그런데 보수(補修)에 갈음하는 손해배상을 구하는 경우에 도급인 甲 등은 손해배상채권을 자동채권으로 하고 丙의 보수(報酬)지급청구권을 수동채권으로 하여 상계를 할 수 있고, 이것이 통상적일 것이다.

(3) 상계항변과 소의 취하

(가) 양도금지특약

양도금지특약에 의하여 채권은 그 양도성을 상실하지만, 선의의 제3자에게 대항할 수 없다(민법 449조 2항). 그런데 판례는 양수인이 특약에 대하여 선의이지만 중대한 과실이 있는 경우에 채권을 취득할 수 없다고 한다(대법원 1996. 6. 28. 선고 96다18281 판결). 따라서 설문에서 채권양수인 甲 등이 선의이고 중대한 과실이 없는지에 따라 결론이 달라진다.

(나) 소송상 형성권의 행사와 소의 취하

丙이 제기한 소에서 甲 등이 상계의 항변을 한 뒤, 소가 취하되었는데, 소송상 형성권의 행사의 사법상의 효과에 관하여 병존설, 양성설, 소송행위설 및 신병존설 등 다양한 견해가 주장되지만, 판례는 해제의 의사표시와 관련하여 **병존설**의 입장이다(대법원 1982. 5. 11. 선고 80다916 판결).

그런데 위 판례의 태도가 상계권의 소송상 행사와 관련하여서도 적절한지에 대하여 결론을 달리할 수 있으므로 결론이 아니라 추론과정을 중시하여야 할 것이다.

실전 쟁점 2 〈지체상금과 공사대금〉

원고(도급인)가 2019. 3. 8. 피고(수급인)와 사이의 공사도급계약에 기한 지체상금(손해배상)의 지급을 구하는 이 사건 본소를 제기하고, 그 소송 진행과정에서 피고가 원고를 상대로 기성고 비율에 따른 공사대금의 지급을 구하는 반소를 제기하였다.

본소의 청구취지 - 피고(반소원고, 이하 '피고'라 한다)는 원고(반소피고, 이하 '원고'라 한다)에게 76,583,000원을 지급하라.

반소의 청구취지 - 원고는 피고에게 30,000,000원과 이에 대하여 이 사건 반소장 부본 송달일부터 이 사건 판결 선고일까지는 연 5%, 그 다음날부터 다 갚는 날까지는 연 12%의 각 비율에 의한 금원을 지급하라.

도급에 있어서 지체상금(손해배상)의 청구는 수급인의 채무불이행을 전제로 한다. 따라서 그 의무불이행은 수급인의 귀책사유로 인한 것이어야 하나, 도급인이 수급인의 귀책사유를 증명할 필요는 없고, 오히려 수급인이 면책을 위하여 자신에게 귀책사유가 없음을 증명하여야 한다(민법 390조 단서).

한편, 기성고 비율에 따른 공사대금의 지급을 구하는 소송에 있어서 청구원인은, ① 도급계약의 성립, ② 일을 일부 완성한 사실이라는 것은 이미 설명하였다.

반소의 심리는 본소와 함께 진행한다.

실전 쟁점 3

甲은 거주하는 주택의 리모델링을 乙에게 도급을 주었다. 甲은 공사에 하자가 있다고 하여 도급계약을 해제하는 의사표시를 하였다. 그 뒤, 甲은 乙을 상대로 손해금 710만 원 및 이미 지급을 마친 대금 250만 원의 합계 960만 원 가운데 380만 원의 지급을 구한다고 명시하여 소를 제기하였다. 乙은 공사의 하자의 존재를 다투는 것과 동시에 받지 못한 공사대금 190만 원에 의한 예비적 상계의 항변을 주장하였다.

제1심 법원은 하자의 존재 및 甲에 의한 도급계약 해제를 유효하다고 인정한 뒤에, 甲의 손해금을 150만 원(甲이 이미 지급을 마친 대금 250만 원에 대하여는 甲·乙 사이에 다툼이 없었다), 乙이 받지 못한 대금액을 100만 원으로 인정하고, 乙의 예비적 상계의 항변의 일부를 받아들여 300만 원의 지급을 명하는 일부인용 판결을 하였다.

이 제1심 판결에 대하여 乙이 항소를 제기하였다(한편, 甲으로부터 항소도 부대항소도 없었다).

항소심에서 乙은 새롭게 490만 원의 손해배상채권을 자동채권으로 하는 예비적 상계의 항변을 추가로 주장하였다. 심리한 결과, 항소심 법원은 甲의 손해금에 대하여는 240만 원(甲이 이미 지급을 마친 대금 250만 원에 대하여는 제1심과 마찬가지로 甲·乙 사이에 다툼이 없었다), 乙이 받지 못한 대금액에 대하여는 제1심과 마찬가지로 100만 원, 항소심에서 乙로부터 상계에 제공된 손해배상채권에 대하여는 60만 원이라고 인정하기에 이르렀다.

이 경우에 항소심 법원은 어떠한 판결을 할 것인가에 대하여 검토하시오.

가. 일부청구와 상계

과실상계에 있어서 이론적 대립이 상계의 항변에 있어서도 마찬가지로 존재한다. 특정한 채권 가운데 일부가 소송상 소구되고 있는 일부청구에 있어서 상계의 항변이 이유 있는 경우에 외측설에 따라서 우선 당해 채권의 전액을 확정하고 그 금액으로부터 자동채권의 금액을 공제한 잔존액을 산정한 뒤에 원고가 청구하는 일부청구액이 잔존액의 범위 내인 경우에는 그대로 인정하고, 잔존액을 넘는 경우에는 그 잔존액의 한도에서 이를 인용하여야 할 것이다. 판례도 이와 같이 풀이하는 것이 일부청구를 하는 당사자의 통상적인 의사라고 본다(대법원 1984. 3. 27. 선고 83다323, 83다카1037 판결).

이에 대하여 과실상계의 경우와 달리, 상계의 항변의 경우는 상대방으로부터의 상계를 예정하여 자기의 청구액에 대하여 일부청구소송을 하는 경우는 현실적으로 없으므로 과실상계의 경우와 마찬가지로 볼 것은 아니라는 입장도 있을 수 있다.

나. 불이익변경금지의 원칙

외측설을 전제로, 380만 원을 일부청구하였다.

제1심에서는 400만 원(甲의 채권총액) - 100만 원(乙의 자동채권액)=300만 원의 일부인용을 하였다.

만약, 이 제1심 판결이 그대로 확정된다면, 기판력은 甲의 300만 원 채권의 존재, 80만 원 채권의 부존재, 乙의 채권에 대하여는 80만 원(상계액 100만 원 가운데 20만 원은 甲의 청구의 외측에 있으므로 기판력은 생기지 않는다)의 부존재의 각 판단에 대하여 생기게 된다.

마찬가지로 항소심에서 인정 결과에 대한 외측설을 적용하면 다음과 같다.

490만 원(항소심에서 인정된 甲의 채권총액) - [100만 원(제1심에서 인정된 乙의 자동채권액)+60만 원(항소심에서 인정된 乙의 자동채권액)]=330만 원의 일부인용이 되는데, 이는 제1심에서 인용된 금액보다 크게 되므로 불이익변경금지의 원칙에 저촉되게 된다(甲은 항소도 부대항소도 하지 않은 경우). 따라서 항소심으로서는 제1심 판결을 유지하여야 하고, 항소기각판결을 하여야 할 것이다.

그러나 항소심에서 인정 결과를 전제로 기판력이 생기는 범위는 甲의 330만 원의 채권의 존재, 50만 원의 채권의 부존재, 乙의 채권에 대한 50만 원의 부존재(상계액 160만 원 가운데 110만 원은 甲의 청구의 외측에 있으므로 기판력은 생기지 않는다)의 각 판단에 대한 것이 된다. 여기서 불이익변경에 해당하는지 여부는 기판력 있는 판단을 비교하는 것인바, 항소심에서 甲에게 인정되는 부분은 어느 것도 제1심에서의 판단보다 甲에게 유리한 내용이 되므로 불이익변경금지의 원칙에 저촉되지만(甲은 항소도 부대항소도 하지 않은 경우), 乙의 채권에 대한 판단에 대하여는 항소심에서의 판단 쪽이 乙에게 유리한 내용이 되고 있다.

그렇다면, 외측설의 입장에서도 항소심 법원은 제1심 판결을 취소한 뒤에, 불이익변경금지의 원칙의 적용에 의하여, 甲의 청구를 제1심 판결과 같이 300만 원의 한도에서 인용하고, 그 나머지의 청구를 기각하여야 할 것이다. 제1심 판결을 유지하는 항소 기각과의 차이는 乙의 50만 원의 반대채권의 부존재의 판단에 대한 기판력이 생기는 점에서 다르게 된다.

제2부
기본적 소송유형

제5장
인도청구

제 5 장
인도청구

제 1 강 부동산[토지]인도청구

부동산인도청구의 경우에, ① **소유권에 기한 물권적 청구권**(반환청구권)으로서의 인도청구(민법 213조 참조) 이외에 부동산의 점유자 사이에 임대차관계가 있는 경우에는 ② **임대차계약의 종료에 기한 목적물반환청구권**으로서의 인도청구의 경우가 있을 수 있다(이에 대하여는 별도 설명).

소유자인 임대인은 그 어느 쪽을 소송물로 할 수 있고, 법원은 소장의 기재나 석명권의 행사에 의하여 당사자의 의사가 명확한 쪽을 따르면 된다.

여기서는 소유권에 기한 반환청구권(물권적 청구권의 하나)으로서 토지인도청구의 경우를 살펴보기로 한다.

한편, **매매계약에 기한 목적물인도청구**는 별도로 설명한 바 있다.

1. 소 송 물

소유권과 같은 물권에 기한 청구라도 이행소송에서는 **이행청구권**이 소송물이 되고, 물권 그 자체가 소송물이 되지는 않는다.

따라서 소유권에 기한 청구라도 「소유권」 그 자체가 소송물이 되는 것이 아니라, 「소유권에 기한 물권적 청구권」(반환청구권)이 소송물이 된다.

가령, 소유권에 기한 토지인도청구를 인용한 확정판결은 그 이유에서 소유권의 존재를 확인하고 있는 경우라도 소유권의 존부에 대하여 기판력이 생기지 않는다는 것을 주의하라(216조 1항).

물권적 청구권의 3유형

- **반환청구권**(민법 213조) - 점유 침탈 - 인도청구권
- **방해제거(방해배제)청구권**(민법 214조) - 점유 침탈 이외 - 등기청구권 - 가령 자신이 소유자임에도 다른 사람이 원인무효의 소유권등기를 하였을 때에는 그것은 무효이지만 그 등기가 있음으로 말미암아 소유자는 그 처분에 방해를 받는 점에서 그 등기의 말소를 청구할 수 있고, 이것은 소유권에 기한 방해배제청구권에 기하는 것이다.
- **방해예방청구권**(민법 214조) - 방해가 생길 우려

소송물의 이론적 측면에서, 참고로 **일분지설**(一分肢說=신소송물이론)에 따르면 청구취지만으로 소송물이 토지의 인도를 구하는 법적 지위라는 것을 특정할 수 있으므로 그 밖에 청구의 원인을 적는 것이 필수적인 것은 아니다.

그러나 구소송물이론에 따르면 소유권에 기한 물권적 청구권으로서 토지인도청구인가, 임대차계약의 종료에 기한 목적물반환청구권으로서 토지인도청구인가에 따라서 소송물이 다르게 되므로 청구의 원인에서 그 어느 쪽인가를 분명하게 하여야 한다.

2. 청구취지

통상, 청구취지의 기재례는 다음과 같다.

> 피고는 원고에게 서울 동작구 흑석로 100 대 500㎡를 인도하라.

목적물의 특정을 위한 표시는, 토지대장상 표시에 따라 지번, 지목(地目), 면적을 표시하여야 한다.

토지대장과 등기부상의 표시가 상이한 경우에는 토지대장을 기준으로 하되(의사의 진술을 명하는 경우와 구별), 괄호를 이용하여 그 안에 등기부상 표시를 병기한다.

청구의 개수는 침해되는 소유권의 개수에 의하여 정하여진다. 목적물의 필지수가 많은 경우에는 별지 목록을 이용하면 편리하다. 그 기재례는 다음과 같다.

피고는 원고에게 별지 목록 기재 각 토지를 인도하라.

목 록
1. 서울 동작구 흑석로 100 대 500㎡
2. 서울 서초구 사평대로 200 잡종지 400㎡
3. 서울 용산구 이촌로 300 도로 200㎡. 끝.

관련 청구로 흔히 건물철거라든지 퇴거청구가 수반되고, 또한 부대청구로 임대료 상당 손해금을 청구하는 경우도 있는데, 이에 대하여는 후술한다.

3. 청구원인

청구원인의 요건사실은 다음과 같다.

❶ 원고의 목적물 소유

- 이는 소유권의 귀속 그 자체가 아니라, 원고가 소유권을 취득한 구체적 사실을 의미한다.
- 목적물이 부동산인 경우에는 원고는 이에 관한 소유권이전등기를 마친 사실을 증명함으로써 **등기의 추정력**을 이용하여 자신의 소유사실을 추정받을 수 있

다. 이 경우에, 이는 **법률상의 추정**이므로 등기원인의 무효를 주장하며 원고의 소유사실을 다투는 것은 피고가 주장·증명하여야 할 **항변**사유에 해당한다.

- 원고가 목적물이 자신의 소유임을 주장하고 피고가 이를 시인하는 경우, 이를 소유권의 내용을 이루는 사실에 대한 진술로 보아 자백으로서의 효력을 인정한다. 즉, 예외적으로 **권리자백**이 인정된다. **판례**도 피고가 원고 주장의 소유권을 인정하는 진술은 그 소전제가 되는 소유권의 내용을 이루는 사실에 대한 진술로 볼 수 있으므로 이는 재판상 자백이라 할 것이라고 한다(대법원 1989. 5. 9. 선고 87다카749 판결).

등기를 갖추지 않은 부동산 매수인은 소유자가 아니므로 점유자에게 반환청구권을 행사할 수 없으며, 점유자에 대한 매도인의 반환청구권을 대위행사할 수 있을 뿐이다. 한편, 명의신탁의 경우에 대외적 소유자인 명의수탁자만이 부동산의 반환청구권을 가진다.

그리고 매매계약이 적법하게 해제되면 그 계약의 이행으로 변동이 되었던 물권은 당연히 그 계약이 없었던 상태로 복귀하는 것이므로 매도인으로부터 매수인에게 넘어갔던 소유권은 **당연히 복귀**하여 매도인이 그 소유권자라고 할 것이다.

❷ 피고의 목적물 점유

- 피고의 점유사실은 원고의 소유권을 현실적으로 방해하는 직접 점유사실을 의미한다. 따라서 제3자에게 목적물을 임대한 간접점유자를 상대로 그 인도청구를 하는 것은 주장 자체로 이유 없게 된다.
- 불법점유자라 하여도 그 물건을 다른 사람에게 인도하여 현실적으로 점유를 하고 있지 않은 이상, 그 자를 상대로 한 인도청구는 부당하다(대법원 1999. 7. 9. 선고 98다9045 판결).

이러한 사안에서 원고는 피고가 불법적으로 목적물을 점유하고 있다고 주장하는 경우가 있는데, 이론적으로는 그러할 필요가 없다.

후술하듯이 피고에게 목적물을 점유할 정당한 권원이 없는 사실은 청구원인의 요건사실이 아니고, 반대로 「피고에게 점유권원이 있는 사실」이 피고의 **항변사유**가 된다(민법 213조 단서 참조).

4. 예상되는 항변

가. 소유권상실의 항변

원고가 목적물의 소유권을 상실하면, 소송물인 반환청구권으로서의 인도청구권의 근거가 상실되는 것이고, 이는 권리소멸사유에 해당하므로 이 소유권을 상실하였다는 주장을 소유권상실의 항변이라고 한다.

여기서 원고의 목적물의 소유 여부를 판단하는 기준시점은 사실심 변론종결 시이다.

나. 점유권원의 항변

목적물을 점유하고 있는 사실이 있으면, 그 물건에 대하여 행사하는 본권을 적법하게 보유하는 것이 **추정**되므로(민법 200조) 피고에게 점유권원이 없는 것에 대하여는, (점유자인 피고의 본권에 상당하는 점유권원을 부정하는) 원고에게 그 주장·증명책임을 부담시키는 것이 타당하다고 생각할 수 있다. 그러나 이러한 입장에 의하면, 원고는 피고의 여러 가지 점유권원의 가능성을 전부 부정하지 못할 경우에 증명에 성공하지 못하므로 이른바 「악마의 증명」을 원고에게 강제하는 것이 된다. 따라서 당사자의 공평의 관점에서 「피고에게 점유권원이 있는 사실」이 피고가 증명할 **항변**이 된다.

① 부동산을 매수하여 인도받아 점유하고 있는 매수인은 등기부상 아직 소유자로 등기 명의가 없다고 하더라도 그 권리의 범위 내에서 그 점유 중인 부동산에 대하여 법률상 또는 사실상 이를 점유하고 처분할 권한이 있으므로 오직 그 등기 명의를 넘겨줄 의무만 지고 있는 매도인은 그 등기 명의가 매도인 자신에게 남아 있다는 사실만으로 매수인의 점유를 불법점유라고 볼 수 없기 때문에 매도인의 인도청구에 대하여 매수인의 해당 부동산을 매수

하였다는 주장은 유효한 **항변**이 된다.

② 그리고 지상권, 전세권, 유치권과 같이 점유를 권리내용을 하는 **제한물권**, 임차권과 같이 물건을 점유하는 것을 내용으로 하는 **채권적 권리**는 점유권원이 된다. 가령 피고는 원고와 사이에 임대차계약이 성립되었다는 사실을 **항변**으로 내세울 수 있고, 이에 대하여 원고는 임대차 종료를 가지고 **재항변**할 수 있다.

뿐만 아니라 점유자로 하여금 자신의 인도의무이행을 거절할 권능이 생기게 하는 **동시이행항변권**도 점유권원에 해당한다.

③ 또한 취득시효가 완성됨으로써 소유자에 대하여 이전등기청구권을 가지게 된 경우, 목적물의 인도를 거부할 수 있는 점유권원이 되므로 피고는 해당 부동산을 20년간 점유한 사실을 주장하여 취득시효완성의 항변을 할 수 있다(점유취득시효에 대하여 자세히는 별도로 설명).

이에 대하여 원고로서는 취득시효의 중단이나 피고의 시효이익의 포기를 가지고 **재항변**을 할 수 있다.

5. 부대청구 - 손해금청구

소유권에 기한 부동산(토지)의 인도를 구하는 사안에서 원고로서는 부대청구로 불법점유에 의하여 토지의 사용수익이 방해되었으므로 피고에게 부동산(토지)인도 이외에 부대청구로 임대료 상당 손해금을 청구하는 것이 보통이다.

가. 청구취지

부동산인도와 위 임대료 상당 손해금의 부대청구를 병합하는 경우에 청구취지를 다음과 같이 한 문장으로 이어서 쓰는 것이 편하다. 이때 임대료 상당 손해금의 시기, 종기, 산출비율 등을 정확히 명시하여야 한다.

피고는 원고에게 별지 목록 기재 토지를 인도하고, 2020. OO. OO.부터 위 토지의 인도 완료일까지 월 200만 원의 비율에 의한 금원을 지급하라.

'…원의 비율에 의한 금원' 이외에 최근에는 '…원의 비율로 계산한 돈'이라고도 적는다.

변론종결 시로부터 인도 완료일까지의 부분은 **장래의 이행을 청구하는 소**가 되므로 '미리 청구할 필요가 있어야' 하는 것이 그 요건이 되지만(251조) 이미 발생한 부분에 대해서 인도가 경우에는 통상 장래 발생할 부분에 대하여도 미리 청구할 필요가 있다고 풀이한다.

우리나라 법원이 재판권을 행사할 수 있는지 여부

📖 구체적 사건을 재판에 의하여 처리하는 국가권력을 재판권이라고 하고, 그 가운데 민사소송을 처리하는 권능을 민사재판권이라고 부른다. 외국국가에 대한 국가면제 내지는 주권면제에 있어서 **절대적 면제주의**의 입장에 대하여, 외국국가의 행위 자체의 성질에 따라 사법적 행위에 있어서는 국내 민사재판권에 복종하여야 하고, 주권적 행위에 한하여 면제된다는 **상대적(제한적) 면제주의**가 일반적 입장이다(대법원 1998. 12. 17. 선고 97다39216 전원합의체 판결). 가령, 몽골대사관과 같은 외교공관 건물이 자신의 토지를 침범하였음을 이유로 계쟁 **토지의 인도** 및 **차임 상당 부당이득반환**을 청구한 경우에 부동산은 영토주권의 객체로, 부동산 점유 주체가 외국이라는 이유만으로 부동산소재지 국가 법원의 재판권에서 당연히 면제된다고 보기 어렵지만, 외국이 부동산을 공관지역으로 점유하는 것과 관련하여 해당 국가를 피고로 하여 제기된 소송이 외교공관의 직무 수행을 방해할 우려가 있는 때에는 그에 대한 우리나라 법원의 재판권 행사가 제한된다. 계쟁 토지의 **인도청구** 부분에 대하여는 우리나라 법원의 **재판권이 없지만, 부당이득반환청구** 부분에 대하여는 그에 근거한 판결이 외교공관의 직무 수행과 직접적인 관련성이 있다고 보기 어려우므로 우리나라 법원의 **재판권이 있다**고 본다(대법원 2023. 4. 27. 선고 2019다247903 판결).

나. 청구원인

(1) 이론 구성

부대청구의 소송물을 ① 소유권 침해의 **불법행위에 기한 손해배상청구권**으로 구성할 수도 있으나, 불법행위는 점유침해의 위법성이 필요하다는 점에서, 가령 상대방으로부터 유치권이나 동시이행의 항변권이 주장되는 경우에는 점유의 위법성이 조각되므로 이러한 때에는 소유권침해의 불법행위에 기한 손해배상청구권보다는 ② 부동산의 점유에 의한 부당이득에 대한 그 **이득반환청구권**으로 소송물을 구성하는 것이 유용하게 된다(한편, 양쪽 소송물이 달라, 가령 부당이득반환청구소송에서 패소하였더라도 이후 다시 불법행위에 기한 손해배상청구의 소를 제기함에 있어서 기판력이 생기지 않는다. 대법원 1991. 3. 27. 선고 91다650, 667 판결 참조).

(2) 소유권 침해의 불법행위에 기한 손해배상청구권

우선, 소송물을 소유권 침해의 불법행위에 기한 손해배상청구권으로 구성하는 경우의 요건사실은 다음과 같다.

❶ 위법행위
- 침해행위는 부동산의 사용수익을 피고가 일정한 기간 동안 방해한 것으로, 즉 피고의 점유계속이다.
- 어느 기간 중의 점유계속에 대해서는 민법 198조에 의해 추정되므로 원고는 그 기간의 시작에 있어서의 점유와 종기에 있어서의 점유(장래의 청구도 하는 경우에는 변론종결 시에 있어서의 점유)를 주장·증명하면 충분하다. 다만, 실무상은 이러한 추정을 사용한 적시를 하지 않고, 그 기간의 개시시부터 피고가 점유하고 있는 것을 적시하는 것이 통상이다.

❷ 위 ①에 대한 피고의 고의 또는 과실
- 그런데 실무상 ①과 ③ 이외의 사실은 적시하지 않는 경우가 흔하다.

❸ 손해발생과 그 액수
- 보통 손해액으로서는 차임 상당액이 주장된다.

❹ 위 ①과 ③의 인과관계

(3) 법률상의 원인 없이 이득하였음을 이유로 한 부당이득반환청구

한편, 소송물을 법률상의 원인 없이 이득하였음을 이유로 한 부당이득반환청구에 있어서 청구원인은 다음과 같다.

❶ 원고의 손실

- 원고의 손실(손해)이라 함은 목적물에 대하여 가지는 사용·수익권이 침해당한 것을 말한다.

❷ 피고의 이득

- 여기서 '이득'이라 함은 실질적인 이익을 의미하므로, 임차인이 임대차계약관계가 소멸된 이후에도 임차목적물을 계속 점유하기는 하였으나, 이를 본래의 임대차계약상의 목적에 따라 사용·수익하지 아니하여 실질적인 이득을 얻은 바 없는 경우에는 그로 인하여 임대인에게 손해가 발생하였다 하더라도 임차인의 부당이득반환의무는 성립되지 않는다(대법원 1998. 5. 29. 선고 98다6497 판결).
- 그러나 타인 소유의 토지 위에 권한 없이 건물을 소유하고 있는 자는 그 자체로써 특별한 사정이 없는 한 법률상 원인 없이 타인의 재산으로 인하여 토지의 차임에 상당하는 이익을 얻고 이로 인하여 타인에게 동액 상당의 손해를 주고 있다고 보아야 하므로(대법원 1998. 5. 8. 선고 98다2389 판결 등 참조) 이러한 경우에는 피고의 지상 건물 소유사실 이외에 별도의 토지의 사용·수익사실을 증명할 필요는 없다.

❸ 위 ①, ②의 인과관계

- 손해와 이득 사이의 인과관계의 의미로 판례는 이른바 '사회관념상 인과관계'론을 취하고 있다. X의 손실이 Y의 이익으로 돌아간다고 '사회관념'상 인정되는 한 부당이득의 성립요건으로서 필요한 인과관계의 존재를 폭넓게 인정하고 있다.
- 여기서 손해 및 이득사실이 인정되면, 인과관계는 사실상 추정되므로 별도로 인과관계의 증명이 필요하지 않다.

? (견해의 대립) 법률상 원인의 흠결

- 한편, 이에 대한 증명책임이 누구에게 있는가에 대하여 **청구원인설**과 **항변설**의 대립이 있다.

이하에서는 부대청구의 소송물을 부당이득반환청구로 설명한다.

다. 반환 범위

부대청구의 소송물을 부당이득반환청구로 본다면, 통상 점유사용으로 인한 부당이득액은 차임 상당액이므로 감정에 의하여 인정되는 **차임 상당액**의 반환을 구할 수 있다. 물론 당사자 사이에 약정차임이 있는 경우에는 그 사실을 주장·증명하여 약정차임 상당액의 반환을 구할 수 있다.

한편, 일반적인 부당이득반환의 경우에 **선의**의 수익자는 받은 이익이 현존한 한도 내에서 반환할 의무가 있고(민법 748조 1항), **악의**의 수익자는 그 받은 이익에 이자를 붙여 반환하고 손해가 있으면 이를 배상할 의무가 있다(동조 2항).

라. 부당이득반환의무의 종기

실무상은 부대청구로서 불법점유개시 시로부터 그 부동산의 인도 완료일까지의 손해금을 청구함이 통상이다.

이 경우에 변론종결 시로부터 인도 완료일까지의 부분(변론종결 뒤의 손해금)은 장래의 이행을 청구하는 소가 되므로 **'미리 청구할 필요가 있어야'** 하는 것이 그 요건이 되지만(251조) 이미 발생한 부분에 대해서 이행이 없는 경우에는 통상 장래 발생할 부분에 대하여도 미리 청구할 필요가 있다고 풀이한다.

다만, 피고가 원고에게 목적물을 인도하지 아니하더라도, 인도하는 날 이전에 그 사용·수익을 종료할 수도 있는 예외적인 경우에는 피고의 의무불이행사유가 인도하는 날까지 존속한다는 것을 변론종결 당시에 확정적으로 예정할 수 없으므로 이러한 경우에는 인도하는 날까지 이행할 것을 명하는 판결을 할 수 없고, 목적물의 사용·수익 종료일을 종기로 삼아야 한다(대법원 2002. 6. 14. 선고 2000다37517 판결).

마. 정기금판결과 변경의 소

토지인도시까지 계속적으로 발생할 장래의 임료 상당 손해금 또는 부당이득금의 지급을 명한 확정판결 뒤에 사정의 변동으로 그 배상금이 지나치게 과소하게, 또는 과대하게 되는 경우가 있을 수 있는데, 이러한 현저한 사태가 발생하여도 확정판결의 기판력에 의하여 이에 대하여 불복할 수 없다는 것은 타당하지 않다고 볼 수 있다.

그리하여 정기금의 지급을 명한 판결이 확정된 뒤에 **그 액수산정의 기초가 된 사정이 현저하게 바뀜으로써 당사자 사이의 형평을 크게 침해할 특별한 사정**이 생긴 때에는 그 판결의 당사자는 장차 지급할 정기금 액수를 바꾸어 달라는 소를 제기할 수 있다(252조).

사안에 따라 다르겠지만, 토지의 공시지가가 약 2.2배 상승하고 ㎡당 연임료가 약 2.9배 상승한 것만으로는 위와 같은 특별한 사정에 해당하지 않는다고 한다.

6. 관련 청구 - 건물철거 및 토지인도청구

토지와 건물은 별개 독립한 부동산이다. 그래서 토지상에 건물을 소유하여 토지를 점유하고 있는 사람에 대하여 토지소유자가 토지를 인도받기 위해서는 그 전제로 지상건물의 철거를 구하여야 한다. 건물에 대하여는 철거, 분묘에 대하여는 굴이(掘移), 수목에 대하여는 수거(收去), 그 밖의 비정착물에 대하여는 취거(取去) 등과 같이 물건의 성상에 적합한 제거행위에 해당하는 개념을 사용한다.

물론 토지상의 건물철거를 구하지 않은 채, 토지인도만 구하더라도 그 청구가 인용될 수 있겠지만, 토지인도를 명하는 판결의 효력이 건물철거에 미치지 않으므로 따로 건물철거의 집행권원을 얻기 전에는 토지의 인도집행을 할 수 없다. 인도는 강제집행에 있어서 현상 그대로의 점유이전을 의미하므로 지상건물의 철거와 같이 현상의 변경을 수반하는 점유이전의 집행을 위해서는 반드시 그 점에 관한 별도의 집행권원이 필요하다. 그리하여 흔히 건물철거 및 토지인도청구의 소가 제기된다.

한편, 점유보조자의 경우와 달리, 건물의 임차인과 같이 독립하여 건물을 점유하는 지위에 있는 사람은 건물의 점유를 통하여 해당 토지를 점유하고 있다고 할 것이므로 그 사람에 대하여는 토지로부터의 퇴거를 청구할 필요가 있다.

7. 지분권에 기한 인도청구의 경우

공유물의 지분권에 기한 물권적 청구권의 행사는 보존행위로서 지분권자 각자가 가능하므로(민법 265조 2문) 지분권자라도 단독으로 점유자를 상대로 해당 목적물 전부의 인도청구를 할 수 있고, 이 경우에 그 목적물의 공유자인 사실을 주장·증명하면 된다.

한편, 공유자 사이에 공유물을 사용·수익할 구체적인 방법을 정하는 것은 공유물의 관리에 관한 사항으로서 공유자의 지분의 과반수로써 결정하여야 할 것이고, 과반수 지분의 공유자는 다른 공유자와 사이에 미리 공유물의 관리방법에 관한 협의가 없었다 하더라도 공유물의 관리에 관한 사항을 단독으로 결정할 수 있으므로 과반수 지분의 공유자로부터 사용·수익을 허락받은 점유자에 대하여 소수 지분의 공유자는 그 점유자가 사용·수익하는 건물의 철거나 퇴거 등 점유배제를 구할 수 없다(대법원 2002. 5. 14. 선고 2002다9738 판결).

8. 변론종결 뒤의 승계인

기판력이 누구와 누구 사이에서 작용하는가 하는 문제를 기판력의 **주관적 범위**(인적 한계)라고 하는데, 기판력은 소송의 대립당사자 사이에만 생기는 것을 원칙으로 한다(218조 1항).

기판력은 당사자 사이에만 생기는 것을 원칙으로 하지만, 예외적으로 변론종결 뒤(변론 없이 한 판결의 경우에는 판결을 선고한 뒤)에 소송물인 권리관계에 대한 지위를 당사자(前主)로부터 승계한 제3자는 전주(前主)와 상대방 당사자 사이에 내려진 판결의 기판력을 받는다(218조 1항). 제3자를 어떻게든 구속하지 않으면 패소 당사자가 그 소송물인 권리관계를 제3자에게 처분하는 것에 의하여 소송에 따른 해결의 결과를 간단히 헛되게 할 수 있어서 판결의 실효성이 없어지므로 이것을 확보하려는 점이 그 취지이다. 소송계속의 사실이나 전소판결의 존재에 대하여 승계인이 될 제3자의 지·부지(知·不知)는 문제되지 않는다.

그런데 여기서 승계의 시기, 승계의 대상 및 승계인에 대하여 확장되는 기판력의 범위 등이 해석상 문제되고 있다.

기판력 확장의 정당화 근거 및 기판력의 확장을 받는 승계인의 절차보장을 어떻게 확보할 것인가 하는 점 등이 논의되고 있다.

9. 민사집행

부동산 등의 인도집행은 유체물의 인도를 목적으로 하는 **비금전채권에 기초한 강제집행**이다. 물건에 대한 현실적 지배를 채권자에게 가지게 하려는 것을 목적으로 한다. 금전채권에 기한 강제집행으로 행하여지는 유체물인도청구권 등에 대한 집행과 구별하여야 한다.

물건을 인도하는 의무는 목적물의 점유의 사실적 이전을 목적으로 하는 '주는 채무'이고, 직접강제에 의하여 그 채무 자체를 강제적으로 실현시킬 수 있다. 즉, 부동산인도 등의 집행은 **집행관**이 채무자의 부동산에 대한 점유를 빼앗아 채권자에게 인도하는 방법으로 한다(민사집행법 258조 1항). 집행관이 직접 실력으로 부동산 등에 대한 채무자의 점유를 배제하고 채권자에게 그 점유를 취득하게 한다. 목적물에 대한 채무자의 점유가 인정되지 않으면 집행은 불능이 된다. 인도의 목적물을 채무자 아닌 제3자가 점유하고 있는 때에는 원칙적으로는 집행을 할 수 없는데, 물론 그러한 제3자가 변론종결 뒤의 승계인인 경우는 집행을 할 수 있고, 그 제3자는 강제집행에 있어서 채무자이므로 별개이다.

만약, 집행권원의 집행력이 미치지 않는 제3자의 점유로 인한 집행불능을 막기 위하여 점유하고 있는 제3자가 목적물을 채무자에게 인도할 의무가 있는 경우라면, 집행법원이 채무자의 제3자에 대한 인도청구권을 압류하여, 그 청구권의 행사를 채권자에게 허용하는 취지의 명령을 발하는 방법에 의하여 인도집행을 행한다. 즉, 채무자의 인도청구권을 채권자가 넘겨받을 수 있게 하였다(민사집행법 259조).

실전 쟁점

甲은 乙이 점유하는 토지에 대하여 소유권에 기한 인도를 청구하였다. 이 소송에서 乙은 해당 토지는 甲으로부터 매수한 A로부터 전매(轉賣)를 받아서 자기가 소유권을 취득하였다고 주장하고, 甲은 A·乙 사이의 매매는 착오에 의하여 취소되었다고 주장하며 각각 이 점에 대한 증거신청을 하였다. 그리하여 법원은 A·乙 사이의 매매 및 그 착오에 대하여 증거조사를 하기로 하였다. 법원의 조치에 대하여 그 적부를 논하시오.

증거조사를 하여야 하는 사실은 무엇인가, 어떠한 순서로 증거조사를 하여야 하는가를 검토하여야 한다. 이 경우에 그 기준이 되는 것은 "각각의 소송에 있어서 주요사실은 무엇인가" 하는 것이다. 증거조사는 상대방에 의하여 다투어지는 당사자의 사실상 주장, 당사자의 법률상 주장을 이유 있게 하는 주요사실 및 이것을 인정하기 위하여 필요한 간접사실에 대하여 행할 필요가 있으며, 그것으로 충분하다.

소유권에 기한 토지인도청구에서는 원고에게 소유권이 있는 것, 피고가 그것을 점유하고 있는 것이 주요사실(=요건사실)이다.

위 예에서는 乙이 ① 어느 시점에서 甲이 소유권을 가지고 있었던 것을 인정하고, ② 그 뒤 그 토지가 A에게 매각되고, 그 밖에 ③ 자기가 A로부터 전매받아 소유권을 취득하였다고 주장하고 있다. ①은 甲의 소유권의 취득을 자백(권리자백)한 것이고, ②는 甲의 소유권상실사유(권리소멸사실)의 주장이다. 그렇다면 위 예의 주요사실에 비추어 이 소송에서 심리하여야 하는 것은 단 하나 현재 甲에게 소유권이 있는지 여부(① 및 ②)뿐이며, 乙에게 그것이 있는지 여부(③)는 심리할 필요가 없는 것이다(그리고 乙이 점유하고 있는 사실에 대하여는 이미 乙은 다투지 않고 있다). 즉, 토지가 甲으로부터 A에게 매각되었다고 한다면, 그것으로(그 소유권을 甲 이외의 누가 취득하였는지에 관계없이) 甲의 청구는 기각되는 것이 되고, 토지가 A에게 매각되지 않았다면(乙이 그 이상의 다른 주장을 하지 않고 있는 사안에서는), 甲의 청구가 인용되어야 하는 것이다. 어느 쪽이든, 위 예에서 우선 인정되어야 하는 사실(요증사실)은 甲·A 사이의 매매의 유무이고(매매가 있었다는(권리소멸사실) 증명책임은 乙에게 있다), A로부터 乙에게 전매되었다든가, 그 매매에 내용상의 착오가 있다는 사실은 이 소송에서는 굳이 인정할 필요가 없는 사항(불요증사실)이다. 따라서 이 점에 대하여 우선 증거조사를 하는 것은 헛수고에 해당하므로 부적법하다(다만, 乙이 반소로 소유권확인을 청구한다면 위 사실이 주요사실이 되는 것은 말할 필요도 없다).

제 5 장
인도청구

제 2 강 건물철거청구

토지와 건물은 별개 독립한 부동산이다. 그래서 토지상에 건물을 소유하여 토지를 점유하고 있는 사람에 대하여 토지소유자가 토지를 인도받기 위해서는 그 전제로 지상건물의 철거를 구하여야 한다.

물론 건물철거를 구하지 않은 채, 토지인도만 구하더라도 그 청구가 인용될 수 있겠지만, 토지인도를 명하는 판결의 효력이 건물철거에 미치지 않으므로 따로 건물철거의 집행권원을 얻기 전에는 토지의 인도집행을 할 수 없다(인도는 강제집행에 있어서 현상 그대로의 점유이전을 의미하므로 지상건물의 철거와 같이 현상의 변경을 수반하는 점유이전의 집행을 위해서는 반드시 그 점에 관한 별도의 집행권원이 필요하다). 그리하여 흔히 건물철거 및 토지인도청구의 소가 제기된다.

1. 소 송 물

위 건물철거소송에 있어서 소송물은 철거청구권, 즉 토지 **소유권에 기한 방해배제**(제거)**청구권**이다.

상대방이 철거를 구하는 지상 건물의 소유자라든가 점유자라는 주장은 소송물과 관계없이 철거청구권의 행사를 이유 있게 하기 위한 공격방어방법에 불과하다(대법원 1985. 3. 26. 선고 84다카2001 판결). 따라서 가령 전소가 그 지상 건물의 철거를 구한 것이었다면 비록 피고가 지상 건물의 **점유자**임을 이유로 한 것이었다 하더라도 그 전소와 피고가 건물의 **소유자**임을 전제로 그 철거를 구하는 있는 후소는 다같이 **토지소유권에 기한 방해배제청구권**을 **소송물**로 하는 것이어서 동일한 소에 해당한다고 보아야 할 것이다.

한편, 미등기건물이 양도된 경우에 누구를 상대로 그 건물의 철거를 구하여야 하는가가 문제된다. 건물철거는 그 소유권의 종국적 처분에 해당하는 사실행위이므로 원칙으로는 그 소유자에게만 그 철거처분권이 있으나 미등기건물을 그 소유권의 원시취득자로부터 양도받아 점유 중에 있는 자는 비록 소유권취득등기를 하지 못하였다고 하더라도 그 권리의 범위 내에서는 점유중인 건물을 법률상 또는 사실상 처분할 수 있는 지위에 있으므로 그 건물의 존재로 불법점유를 당하고 있는 토지소유자는 위와 같은 건물점유자에게 그 철거를 구할 수 있다고 본다(대법원 1989. 2. 14. 선고 87다카3073 판결).

건물퇴거청구

📖 한편, 건물을 철거하기 위하여 점유자를 쫒아내는 경우와 같이 점유자의 점유를 배제함으로써 충분하고 토지소유자가 굳이 그 건물의 점유를 취득할 필요가 없는 때에는 퇴거를 구한다.

퇴거란, 건물 점유자의 점유를 풀어 그 건물로부터 점유자를 쫒아내고 아울러 그 건물 내에 있는 점유자의 살림 등 물품을 반출하는 것을 의미한다. 인도와 비슷하나, 점유의 해제만으로 집행이 종료하고 점유의 이전까지 나아가지 아니한다는 점에서 구별된다.

그 전형적 예로서는, 지상건물 소유자 이외의 제3자가 지상건물을 점유하고 있는 경우에는(가령 乙이 소유하고 있는 건물을 丙에게 임대하고 있는 경우) 지상건물에 대한 점유사용으로 인하여 대지인 토지의 소유권이 방해되고 있는 것이므로 토지소유자는 지상건물 소유자를 상대로 철거청구를 함에 있어서 아울러 그 점유자를 상대로 방해배제로서 건물퇴거를 청구할 수 있다.

이 경우에 변론종결 당시 **건물을 점유하고 있는 사실이 요건사실**이 된다. 그리고 이는 건물점유자가 건물소유자로부터의 임차인으로서 그 건물임차권이 이른바 대항력을 가진다고 해서 달라지지 않는다(대법원 2010. 8. 19. 선고 2010다43801 판결).

한편, 건물의 소유자가 아닌, 단순한 점유자가 그 대지인 토지를 점유하고 있는가에 대하여는 **점유설**과 **비점유설**의 대립이 있는데, 현재의 실무는 비점유설이다. 즉, 건물의 소유자가 아닌, 단순한 점유자에 대하여는 대지 인도의 주문을 내지 않고 있다(대법원 2003. 11. 13. 선고 2002다57935 판결).

따라서 건물의 소유자가 아닌, 단순한 점유자에게는 대지 점유를 전제로 한 토지의 사용·수익의 부당이득반환의무는 성립될 수 없다.

그런데 건물철거의무에는 퇴거의무도 포함된 것으로 보므로 그 의무자에게 철거를 구하면서 별도로 퇴거를 구할 필요는 없다. 즉, 건물의 소유자가 그 건물의 소유를 통하여 타인 소유의 토지를 점유하고 있다고 하더라도 그 토지소유자로서는 그 건물의 철거와 그 대지 부분의 인도를 청구할 수 있을 뿐, 건물소유자에게 그 건물에서 퇴거할 것을 청구할 수는 없다(대법원 1999. 7. 9. 선고 98다57457, 57464 판결). 이러한 법리는 건물이 공유관계에 있는 경우에 공유자에 대해서도 마찬가지로 적용된다(대법원 2022. 6. 30. 선고 2021다276256 판결).

2. 청구취지

청구취지는 다음과 같다.

> 원고에게,
> 피고 乙은 별지 제1목록 기재 건물에서 퇴거하고,
> 피고 丙은 위 건물을 철거하고, 별지 제2목록 기재 토지를 인도하라.

건물에서 퇴거하는 것이, 건물을 철거하는 전제가 되므로 기재 순서를 위와 같이 한 것이다.

3. 청구원인

건물철거의 경우에 요건사실은 다음과 같다.

❶ 원고의 토지 소유
- 목적물 소유권 취득사실 증명 또는 등기의 법률상 권리추정
- 소유권에 관하여는 압축진술로서 자백 성립 가능(권리자백)

❷ 피고의 지상건물 소유
- 지상건물 소유사실을 증명하면, 대지 점유사실까지 증명하는 것이 됨(건물 소유를 통하여 토지 점유)
- 한편, 지상건물을 소유하는 피고에게 정당한 점유권원이 있다는 사실이 항변사실이고, 피고에게 점유권원이 없다는 사실이 청구원인의 요건사실이 아니라는 것에 주의

건물퇴거의 경우에 요건사실은 다음과 같다.

❶ 원고의 토지 소유
❷ 피고의 제3자 소유 건물 점유

건물퇴거의 경우의 요건사실은 「② 피고의 제3자 소유 건물 점유」인데, 이는 「② 피고의 지상건물 소유」가 요건사실인 건물철거의 경우와 다르다.

4. 예상되는 항변

가. 법정지상권

토지인도청구에서 설명한 예상되는 항변은 여기의 건물철거소송에서도 항변이 되는 것은 물론이다.

그 밖에 특히 건물철거청구에서 흔히 주장되는 「점유할 정당한 권원이 있다」는 '점유권원의 항변'의 예 가운데 하나로 법정지상권을 생각할 수 있다.

법정지상권이란 동일인에 속하던 토지와 그 지상물이 나중에 그 소유자를 달리하게 된 경우에 지상물 소유자를 위하여 법에 의하여 인정되는 지상권을 말한다. 법률의 규정에 의한 물권의 취득이므로 등기 없이 그 효력이 생긴다(민법 187조).

그 밖에 판례에 의하여 **관습법상의 법정지상권**이 인정되고 있다.

하여튼 법정지상권 가운데 민법 366조 **저당물이 경매**로 인하여 토지와 그 지상건물이 다른 소유자에게 속한 경우에 발생하는 법정지상권은 다음의 사실을 주장·증명하여야 한다.

❶ 저당권설정 당시 토지상에 건물이 존재한 사실

- 건물 없는 토지에 대하여 저당권이 설정된 후 저당권설정자가 그 위에 건물을 건축한 경우에는 인정되지 않는다(대법원 1993. 6. 25. 선고 92다20330 판결).
- 토지에 관하여 저당권이 설정될 당시 토지 소유자에 의하여 그 지상에 건물을 건축 중이었던 경우 그것이 사회관념상 독립된 건물로 볼 수 있는 정도에 이르지 않았다 하더라도 건물의 규모, 종류가 외형상 예상할 수 있는 정도까지 건축이 진전되어 있었고, 그 후 경매절차에서 매수인이 매각대금을 다 낸 때까지 최소한의 기둥과 지붕 그리고 주벽이 이루어지는 등 독립된 부동산으로서 건물의 요건을 갖추어야 인정된다(대법원 2004. 2. 13. 선고 2003다29043 판결).

❷ 저당권설정 당시 토지와 건물의 소유자가 동일한 사실

- 미등기건물을 그 대지와 함께 매수한 사람이 그 대지에 관하여만 소유권이전등기를 넘겨받고 건물에 대하여는 그 등기를 이전 받지 못하고 있다가, 대지에 대하여 저당권을 설정하고 그 저당권의 실행으로 대지가 경매되어 다른 사람의 소유로 된 경우에는, 그 저당권의 설정 당시에 이미 대지와 건물이 각각 다른 사람의 소유에 속하고 있었으므로 법정지상권이 성립될 여지가 없다(대법원 2002. 6. 20. 선고 2002다9660 전원합의체 판결).

❸ 토지나 건물에 설정된 저당권의 실행으로 토지 및 건물의 소유권이 각 분리된 사실

- 건물공유자의 1인이 그 건물의 부지인 토지를 단독으로 소유하면서 그 토지에 관하여만 저당권을 설정하였다가 위 저당권에 의한 경매로 인하여 토지의 소유자가 달라진 경우에도, 위 토지 소유자는 자기뿐만 아니라 다른 건물공유자들을 위하여도 위 토지의 이용을 인정하고 있었다고 할 것인 점, 저당권자로서도 저당권 설정 당시 법정지상권의 부담을 예상할 수 있었으므로 불측의 손해를 입는 것이 아닌 점, 건물의 철거로 인한 사회경제적 손실을 방지할 공익상의 필요성도 인정되는 점 등에 비추어 위 건물공유자들은 민법 366조에 의하여 토지 전부에 관하여 건물의 존속을 위한 법정지상권을 취득한다고 봄이 상당하다(대법원 2011. 1. 13. 선고 2010다67159 판결).

민법 366조는 가치권과 이용권의 조절을 위한 공익상의 이유로 지상권의 설정을 강제하는 것이므로 저당권설정 당사자 사이의 특약으로 법정지상권을 배제하는 약정을 하더라도 그 특약은 효력이 없다(대법원 1988. 10. 25. 선고 87다카1564 판결). 따라서 이러한 특약을 가지고 재항변하는 것은 유효하지 않다.

나. 관습법상 법정지상권

판례에 의하여 인정되는 **관습법상 법정지상권**이 있다.

토지와 그 지상의 건물이 동일인에게 속하였다가 매매 기타 원인으로 각각 그 소유자를 달리하게 된 경우에 그 건물을 철거한다는 특약이 없으면 건물 소유자로 하여금 토지를 계속 사용하게 하려는 것이 당사자의 의사라고 보아 관습법에 의하여 건물 소유자에 인정되는 지상권을 말한다.

관습법상 법정지상권의 요건사실은 다음과 같다.

❶ 토지와 건물이 동일인의 소유에 속하였던 사실

- 처분될 당시에 토지와 그 지상건물이 동일인의 소유에 속하였으면 족하고, 원시적으로 동일인의 소유였을 필요는 없다(대법원 1995. 7. 28. 선고 95다

9075, 9082 판결).

- 소유권이 강제경매로 인하여 그 절차상 매수인에게 이전된 경우, 건물 소유를 위한 관습상 법정지상권의 성립 요건인 '토지와 그 지상 건물이 동일인 소유에 속하였는지'를 판단하는 기준 시기는 압류 또는 가압류의 효력 발생 시이다. 경매의 목적이 된 부동산에 대하여 가압류가 있고 그것이 본압류로 이행되어 경매절차가 진행된 경우에는, 애초 가압류가 효력을 발생하는 때를 기준으로 동일인에 속하였는지를 판단하여야 한다(대법원 2012. 10. 18. 선고 2010다52140 전원합의체 판결).
- 저당권이 설정되어 있다가 그 후 강제경매로 인하여 그 저당권이 소멸하는 경우에는, 그 저당권 설정 당시를 기준으로 토지와 그 지상 건물이 동일인에게 속하였는지에 따라 관습상 법정지상권의 성립 여부를 판단하여야 한다(대법원 2013. 4. 11. 선고 2009다62059 판결).

❷ 매매 그 밖의 적법한 원인(증여, 강제경매 등)으로 소유자가 달라진 사실

이에 대하여 원고는 피고가 대지상의 건물만을 매수하면서 대지 소유자와 사이에 건물소유를 위한 임대차계약을 체결한 사실이나 건물을 철거하기로 합의한 사실등을 주장하며 **재항변**할 수 있다.

다. 신의성실의 원칙, 권리남용

신의성실의 원칙 내지는 권리남용 여부가 자주 문제된다.

신의성실의 원칙에 반하는 것 또는 권리남용은 강행규정에 위배되는 것이므로 당사자의 주장이 없더라도 법원은 직권으로 판단할 수 있으므로(대법원 1995. 12. 22. 선고 94다42129 판결) 엄격한 의미에서는 주장책임이 적용되는 공격방어방법이라고 할 수 없으나, 그렇다고 하여 당사자의 주장이 있음에도 법원이 이에 대하여 판단을 하지 않아도 무방한 것은 아니므로 당사자가 이러한 사유를 들어 항변하고 있는 이상, 이를 독립한 공격방어방법으로 취급하여야 할 것이다.

가령, 법정지상권을 취득할 지위에 있는 자에 대하여 대지소유자가 소유권에 기하여 건물철거를 구함은 지상권의 부담을 용인하고 그 설정등기절차를 이행할 의무 있는 사람이 그 권리자를 상대로 한 청구라 할 것이어서 신의성실의 원칙상 허용될 수 없다(대법원 1985. 4. 9. 선고 84다카1131, 1132 전원합의체 판결).

5. 부대청구 - 손해금청구

소유권에 기한 토지의 인도를 구하는 사안에서 원고로서는 불법점유에 의하여 토지의 사용수익이 방해되었으므로 피고에게 건물철거 및 토지인도 이외에 부대청구로 임대료 상당 손해금을 청구하는 것이 보통이다.

임대료 상당 손해금의 부대청구를 병합하는 경우에 청구취지를 다음과 같이 한 문장으로 이어서 쓰는 것이 편하다. 이때 임대료 상당 손해금의 시기, 종기, 산출비율 등을 정확히 명시하여야 한다.

> 피고는 원고에게 별지 목록 기재 토지를 인도하고, 2020. OO. OO.부터 위 토지의 인도 완료일까지 월 200만 원의 비율에 의한 금원을 지급하라.

> 피고는 원고에게 별지 목록 2항 기재 건물을 철거하고, 같은 목록 제1항 기재 토지를 인도하고, 2020. OO. OO.부터 같은 목록 제1항 기재 토지의 인도 완료일까지 월 200만 원의 비율에 의한 금원을 지급하라.

제 5 장
인도청구

제 3 강 건물인도청구

건물의 경우에도 점유의 이전을 의미하는 용어로 토지와 마찬가지로 「인도」를 사용한다. 종전에는 건물과 같이 그 점유를 이전하기 위하여 집행 목적물 내에서 채무자가 점유하던 동산을 그 밖으로 반출함으로써 채권자가 그 완전한 점유를 취득할 수 있는 경우에는 **인도**와 구별하여 「**명도**」라는 용어를 사용하였으나, 현행 민사집행법 258조 1항은 「명도」라는 개념을 따로 인정하지 않고, 인도의 개념에 포함시키고 있다.

건물을 토지와는 별개의 부동산으로 취급하는데, 소송물과 청구원인은 앞의 토지인도청구와 마찬가지로 생각하면 된다. 점유권원의 항변 등 예상되는 항변도 마찬가지로 생각하면 된다.

건물인도를 청구하는 원인으로는 여러 가지가 있다. 가령, ① 건물의 소유권에 기한 건물인도청구(민법 213조 참조) 이외에 임대차계약에 있어서 임대기간의 만료에 기한 건물인도나 차임을 지급하지 않은 채무불이행에 의한 임대차계약의 해지에 기한 건물인도 등과 같이 ② 임대차계약의 종료에 기한 청구가 있다.

임대인이 건물의 소유자인 경우에는 위 ①, ②의 청구권을 모두 주장할 수 있다.

임대차 관계가 없는 건물의 점유자에게 건물의 인도를 청구하는 경우에는 원고로서는 위 ① 소유권에 기한 건물인도청구권을 주장할 필요가 있다. 반면, 원고가 될 사람이 건물의 소유권을 가지지 않은 경우에는 위 ① 주장을 할 수 없으나, 소유자의 소유권을 대위하여 행사하는 것에 의하여 건물의 점유자에게 건물의 인도를 청구할 수 있다.

임대차계약과 관련된 건물인도청구는 별도로 설명하기로 하고, 여기에서는 소유권에 기한 건물인도청구에 대하여 살펴보기로 하자.

1. 소 송 물

소유권과 같은 물권에 기한 청구라도 이행소송에서는 이행청구권이 소송물이 되며, 물권 그 자체, 즉 「소유권」 그 자체가 소송물이 되지 않고, 「**소유권에 기한 물권적 청구권**」(반환청구권)이 소송물이 된다(민법 213조 참조).

2. 청구취지

건물인도청구를 위한 소장의 청구취지를 작성함에는 우선 인도를 청구하는 건물의 특정을 정확히 할 필요가 있다. 등기부상의 표시에 따라 대지의 지번, 건물의 구조(OO조 OO지붕), 층수(단층, 2층 등), 용도(주택, 창고, 영업소 등), 건축면적(OO㎡)으로 특정한다. 승소판결을 받더라도 강제집행을 할 수 없어 승소판결이 쓸모없게 되어 다시 판결을 받아야 할 지 모르기 때문이다. 건물이 등기되어 있는 경우에는 등기의 내용대로 물건 목록을 작성하는 것이 원칙인데, 등기부상 표시와 현황이 다른 때에는 현황에 따라 표시하고 등기부상의 표시는 괄호 안에 병기하는 것이 관례이다. 그 기재례는 다음과 같다.

> 피고는 원고에게 서울 동작구 흑석로 100 지상 벽돌조 기와지붕 지하 1층 지상 2층 주택 지하 1층 90㎡, 지상 1층 120㎡, 2층 100㎡(등기부상 표시: 같은 지상 시멘트 벽돌조 기와지붕 단층 주택 1동 98㎡)를 인도하라.

한편, 목적물이 여러 동이거나 건물 표시가 너무 길어(아파트 또는 고층건물의 경우) 청구취지에서 이를 기재하는 것이 불편한 때에는 **별지 목록**을 이용하는 것이 편리하다.

건물인도청구소송에 차임 상당의 손해금의 지급청구 등의 금전지급청구가 병합되어 부대청구되는 경우가 보통이다. 이러한 경우의 청구취지의 기재례는 다음과 같다.

> 피고는 원고에게 별지 목록 기재 건물을 인도하고, 2020. 1. 1.부터 위 건물의 인도 완료일까지 월 100만 원의 비율에 의한 금원을 지급하라.

3. 청구원인

청구원인의 요건사실은 앞에서 언급한 토지인도청구와 마찬가지이다.

> ❶ 원고의 건물 소유
> ❷ 피고의 건물 점유

4. 예상되는 항변

가령, 유치권과 같이 점유를 권리 내용으로 하는 제한물권, 임차권과 같이 그 목적물을 점유하는 것을 내용으로 하는 채권적 권리 등 「피고에게 점유권원이 있는 사실」이 피고가 증명할 **항변**이 된다. 피고의 점유권원의 항변에 대하여 원고는 그 권원의 소멸원인을 **재항변**으로 주장·증명할 수 있다.

가. 점유권원이 유치권

가령, 점유할 정당한 권원이 있다는 유치권 항변의 요건사실은 다음과 같다.

❶ 해당 물건에 관하여 생긴 채권의 발생원인사실
- 해당 물건이 채무자의 소유가 아니라도 무방하다.
- 물건에 관하여 생긴 채권은 채권이 물건의 반환청구권과 동일한 법률관계 또는 생활관계에 의해 발생한 경우를 말한다.
- 유치권은 해당 물건에 관하여 생긴 채권이 변제기에 있는 경우에 성립하는 것이므로 아직 변제기에 이르지 아니한 채권에 기하여 유치권을 행사할 수는 없다.
- 변제기의 약정, 변제기의 도래가 위 채권의 발생에서 나타난다.
- 피담보채권이 금전채권인 경우에는 채권액을 주장·증명하여야 한다(상환이행의 관계).

❷ 피고가 위 물건을 점유하고 있는 사실
- 채권발생시에 해당 물건을 점유하고 있을 필요는 없다.
- 점유가 불법행위로 인한 경우에는 유치권이 성립하지 않는데, 이러한 주장은 조문의 형식이나(민법 320조 1항이 원칙이고, 2항이 예외이다) 점유가 선의·평온·공연으로 추정되는 것(민법 197조 1항)으로부터재항변이 된다. 즉, 점유가 불법행위로 개시되었다는 것은 상대방인 물건의 반환청구자에게 증명책임이 있다.

❸ 유치권을 행사한다는 권리 주장
- 이행지체의 주장에 대하여 유치권의 존재를 주장하는 경우와 같이 유치권의 존재의 주장만으로 충분한 경우에는 위 ③은 필요하지 않지만, 그 밖의 경우에는 유치권을 행사한다는 권리주장이 필요하다.

나. 점유권원이 임차권

가령, 점유권원이 임차권의 경우의 요건사실은 다음과 같다.

❶ 임대차계약의 성립
❷ 위 ①에 기한 인도
- 임대차계약이 성립하였더라도 그 점유가 불법침탈에 의한 것이어서는 안 되므로 위와 같이 임대차계약에 기한 인도에 의하여 점유가 정당한 것을 주장하여야 한다.

원고의 대리인을 통하여 건물을 임차하여 점유할 권원이 있다는 피고의 항변에 대하여 이를 배척하는 판단의 기재례는 다음과 같다.

피고는 원고의 대리인인 A로부터 위 건물을 임차하였으므로 이를 점유할 권원이 있다고 항변하므로 살피건대, … (증거)에 의하면, 원고의 사촌동생인 A가 2020. 5. 20. 원고의 대리인임을 자칭하여 피고와 사이에 위 건물을 … (계약내용)으로 정하여 임대하는 계약을 체결한 사실을 인정할 수 있으나, 나아가 당시 A에게 원고를 대리할 권한이 있었음을 인정할 만한 증거가 없으므로 피고의 위 항변은 이유 없다.

5. 당사자적격

건물인도청구소송에서 피고가 될 자는 건물의 점유자인데, 보통 임차인이 건물을 점유하고 있지만, 반드시 그런 것만은 아니다. 경우에 따라 전차인이나 불법점유자를 피고로 할 경우도 있게 된다. 불법점유를 이유로 하는 인도청구의 경우에는 현실적으로 불법점유를 하고 있는 자만을 상대로 청구를 하여야 한다.

건물인도청구소송에서 피고가 자기는 점유하고 있지 않으므로 피고적격이 없다는 본안전 항변에 대하여 법원이 이를 배척하는 판단의 기재례는 다음과 같다.

피고는, 자신이 이 사건 건물을 점유하고 있지 아니하므로 원고가 피고를 상대로 위 건물의 인도를 구하는 이 사건 소는 피고적격이 없는 자를 상대로 한 부적법한 소라고 항변하나, 이행의 소에서는 원고에 의하여 이행의무자로 주장된 자가 피고적격을 가지는 것이므로 피고의 위 항변은 이유 없다.

6. 점유이전금지가처분의 필요성

건물인도를 둘러싼 분쟁을 해결하기 위해서 건물인도청구소송을 제기하는 경우에 주의하여야 할 점으로 점유 주체의 판별, 즉 소를 제기하기 전에 건물의 점유 상태를 조사할 필요가 있다. 건물인도청구소송은 점유자를 상대방(피고)으로 제기하는 것인데, 소제기에 있어서 채권자는 함부로 건물 내부에 들어갈 수 있는 것은 아니므로 바깥에서 살펴 점유자를 판단하여야 하고, 그 사람을 점유자(피고)로 소를 제기할 수밖에 없다. 이 점에서 점유자를 정확하게 포착하지 못할 위험이 있다.

나아가 당초의 점유자가 소송 도중에 바뀔 위험도 있다. 변론종결 뒤의 승계인에 대하여는 기판력이 미치므로(민사소송법 218조 1항) 승계집행문부여절차(민사집행법 31조)를 밟아 승계인에게 집행을 할 수 있지만, 변론종결 전에 계쟁 건물의 점유가 제3자에게 이전하였음에도 불구하고 소송인수(민사소송법 82조)가 이루어지지 않고 판결에 이른 경우에는 판결의 효력이 점유자에게 미치지 않으므로 인도집행을 할 수 없다. 인용판결을 받더라도 판결에 표시된 점유자(피고)가 인도집행절차에서 해당 건물을 점유하고 있지 않다고 인정되면 집행은 불능이 된다. 그리하여 바뀐 나중의 점유자에게 판결의 효력을 미치기 위해서는 소를 제기하기 전에 **점유이전금지가처분**을 받아 집행하는 것에 의하여 점유자를 법률상 고정(항정)시킬 필요가 있다.

점유이전금지가처분은 물건의 인도청구권을 보전하기 위하여 목적물의 점유상태의 변동을 저지하여 현상을 고정하는 것을 목적으로 하는 가처분으로서 다툼의 대상에 관한 가처분에 속한다. 점유이전금지가처분명령을 받아

두면, 그 후에 채무자가 제3채무자에게 점유를 이전한 경우에 점유를 이전받은 제3자는 가처분권자에게 대항할 수 없다. 당사자가 항정(고정)되므로 가처분권자는 채무자를 상대로 한 건물인도청구소송에서 승소한 후 이를 집행권원으로 하여(이는 가처분 자체의 효력이 아님) 제3자에 대하여 승계집행문을 받아(민사집행법 31조) 제3자에 대하여 인도집행을 할 수 있다.

점유이전금지가처분명령의 기본적 유형으로, 집행관 보관·채무자 사용형은 다음과 같다.

1. 채무자는 별지 목록 기재 부동산에 대한 점유를 풀고 이를 채권자가 위임하는 집행관에게 인도하여야 한다.
2. 집행관은 현상을 변경하지 아니할 조건으로 하여 채무자에게 이를 사용하게 하여야 한다.
3. 채무자는 그 점유를 타인에게 이전하거나 또는 점유명의를 변경하여서는 아니 된다.
4. 집행관은 위 명령의 취지를 적당한 방법으로 공시하여야 한다.

위 유형은 집행관 보관·채무자 사용형의 원칙적 형태인데, 예외적으로 집행관 보관·채권자 사용형의 점유이전금지의 가처분도 있을 수 있으며, 이는 보전단계에서 채권자의 권리행사를 인정하는 것과 같아져 실질적으로는 임시의 지위를 정하는 가처분(민사집행법 300조 2항)인 인도단행가처분과 동일한 것이 된다.

실전 쟁점

甲은 자신이 소유하는 A건물을 乙이 불법적으로 점유하고 있다고 주장하여 乙에 대하여 A건물의 인도를 구하는 소를 제기하였다. 이에 대하여 乙은 A건물은 이미 부수었고 현재 있는 건물은 그 터에 신축된 B건물이며, 그 소유권은 자신에게 있다고 주장하였다. 그리하여 甲은 만약 乙의 주장이 옳다면, B건물의 부지인 C토지의 소유권에 기하여 乙에 대하여 B건물을 철거하고 C토지를 인도하라는 것을 구하고자 한다. 甲은 어떠한 절차를 취할 수 있는가?

건물을 소유하고 있다는 점에 대한 乙의 **적극부인**에 따라 甲이 소의 변경을 하고자 한다. 소의 변경에 있어서, 추가적·예비적 병합의 소의 변경이 **청구의 기초의 동일성**이라는 요건을 충족하게 되는지 여부가 쟁점이다.

제 5 장
인도청구

제 4 강 동산인도청구

甲이 乙에게 소유권에 기한 카메라의 반환을 구하는 소를 제기하였다.

여기에서는 소유권에 기한 동산인도청구에 관하여 설명하고, 매매계약에 기한 목적물인도청구는 이미 별도로 설명한 바 있으므로 해당 부분을 참조하라.

1. 소 송 물

소유권에 기한 동산인도청구소송의 소송물은 **소유권에 기한 반환청구권**(물권적 청구권)으로서(민법 213조 참조) 「동산인도청구권」이고, 「소유권」 그 자체가 소송물이 되지 않는다.

즉, 동산인도청구소송은 다른 사람의 점유에 의한 침해로부터 회복을 구하는 것이므로 소유권에 기한 반환청구권이 소송물이다.

2. 청구취지

청구취지를 기재함에 있어서 동산의 소재지와 외형상의 특징(기계와 같은 경우에는 제작연도, 제작업체 등이 각자(刻字)되어 있을 때에는 그에 따른다) 등을 구체적으로 명시하여 청구취지만에 의하여 그 물건을 특정할 수 있도록 적어야 한다.

기재례는 다음과 같다.

피고는 원고에게 별지 목록 기재 각 물건을 인도하라.

3. 청구원인

원고가 청구권의 발생을 근거 짓기 위한 요건사실은 다음과 같다.

❶ 원고가 그 동산을 소유하고 있는 것
❷ 피고가 그 동산을 점유하고 있는 것

피고에게 동산을 점유할 정당한 권원이 **없는 사실**은 청구원인의 **요건사실이 아니고**, 반대로 피고에게 점유권원이 **있는 사실**이 피고의 **항변사유**가 된다(민법 213조 단서 참조).

4. 예상되는 항변

가. 소유권상실의 항변 – 선의취득

소유권에 기한 동산의 인도청구에 대한 소유권상실의 **항변**으로 선의취득이 주장되는 경우가 있다. 선의취득은 거래의 안전을 위한 동산에 특유한 제도이다(민법 249조). 평온, 공연하게 동산을 양수한 사람이 선의이며 과실 없이 그 동산을 점유한 경우에는 양도인이 정당한 소유자가 아닌 때에도 즉시 그 동산의 소유권을 취득한다.

선의취득에 있어서 선의, 평온, 공연은 추정(민사소송법상의 개념으로서는 엄밀한 의미에서 추정이 아닌, 잠정진실로 위치 짓는다)을 받는다(민법 197조 1항). 따라서 이를 다투는 상대방이 선의, 평온 공연한 점유가 아님을 증명하여야 한다. 즉, 상대방이 **재항변**사실로서, 강폭, 은비 또는 악의의 사실을 주장·증명하게 된다.

그러나 무과실은 추정을 받지 않는다(다만, 학설은 무과실로 추정된다는 입장이 다수설이다). 그러면 무과실의 증명책임은 누구에게 있는가. 선의취득을 주장하는 자가 무과실의 증명책임을 진다는 것이 확고한 판례의 입장이다(대법원 1999. 1. 26. 97다48906 판결; 대법원 1995. 11. 14. 95다20416 판결 등).

결국 선의취득의 요건사실은 다음과 같다.

❶ 거래행위
❷ 위 거래행위에 의한 인도
- 간이인도에 의해서도 가능
- 반환청구권의 양도에 의해서도 가능

❸ 무과실
- 양도인의 처분권자로서의 지위에 관하여 판단함에 있어 거래상 요구되는 주의의무
- 법 200조 추정에 의하여, 양수인은 무과실로 추정된다는 입장도 있음

민법 249조가 규정하는 **선의 무과실의 기준시점**은 물권행위가 완성되는 때인 것이므로 물권적 합의가 동산의 인도보다 먼저 행하여지면 인도된 때를, 인도가 물권적 합의보다 먼저 행하여지면 물권적 합의가 이루어진 때를 기준으로 하여야 한다(대법원 1991. 3. 22. 선고 91다70 판결).

나. 유치권의 항변

피고는 해당 점유물을 위한 유익비 등의 지출로 인한(민법 203조 2항 등) 유치권의 항변을 할 수 있다(민법 320조).

5. 부대청구 - 손해금청구

소유권에 기한 동산의 인도를 구하는 사안에서 원고로서는 불법점유에 의하여 해당 동산의 사용수익이 방해되었으므로 피고에게 동산의 인도 이외에 부대청구로 임대료 상당 손해금을 병합하여 청구하는 경우가 있다.

통상은 부대청구를 소유권 침해의 불법행위에 기한 손해배상청구권으로 구성한다. 그런데 불법행위로 구성하면, 점유침해의 위법성이 필요하게 되는데, 상대방으로부터 유치권이나 동시이행의 항변권이 주장되는 경우에는 점유침해의 위법성은 조각되므로 그러한 경우에는 부대청구를 동산의 점유에 의한 부당이득에 기한 이득반환청구권으로 구성하게 된다.

6. 집행이 주효(奏效)하지 않을(집행불능) 경우를 대비한 대상청구

원고가 물건의 인도를 청구하면서 변론종결 뒤의 집행불능을 염려하여 대상(代償)청구권에 관하여도 미리 이행판결을 구하는 경우가 있다.

대상청구는 인도청구의 목적물이 멸실하는 등에 의하여 강제집행시에 집행이 주효하지 않을 경우를 대비하여 미리 목적물의 시가 상당액의 금전의 지급을 청구하는 것을 말한다. 대상청구의 소송물은 소유권침해의 불법행위에 기한 손해배상청구권이다(민법 750조). 소유권침해의 불법행위에 기한 손해배상청구권이 발생하는 것은 변론종결 뒤의 집행이 주효하지 않게 된 시점이므로 대상청구의 소는 장래이행의 소가 된다. 장래이행의 소의 소송요건인 「미리 청구할 필요가 있는 경우」(251조)는 대상청구의 경우에는 유형적으로 충족되고 있는 것으로 풀이한다.

현재이행의 소인 「동산인도청구의 소」와 장래의 이행의 소인 「대상청구의 소」는 논리상 양립할 수 있고, 양쪽 청구가 모두 인용되어야 비로소 원고의 목적을 달성할 수 있는 성질이므로(물건인도청구가 인용되는 경우에 대상청구에 대하여도 별도의 주문을 내야 한다) 양자의 관계는 「단순병합」의 관계가 된다(물건인도청구가 기각될 것을 조건으로 대상청구에 대하여 심판을 구하는 예비적 병합이 아니다). 양쪽의 청구 모두를 인용하는 판결을 선고할 수도 있다.

대상청구를 병합하는 경우에 청구의 취지에 「피고는 원고에게 OOO원을 지급하라」는 취지의 기재를 추가한다.

대상청구를 병합하는 경우의 요건사실은 다음과 같다.

❶ 원고가 그 동산을 소유하고 있는 사실
❷ 피고가 그 동산을 점유하고 있는 사실
❸ 변론종결 시의 목적물의 시가

민사집행법 41조 2항이 이러한 집행권원의 집행방법(다른 의무의 집행이 불가능한 때에 그에 갈음하여 집행할 수 있다는 것을 내용으로 하는 집행권원의 집행은 채권자가 그 집행이 불가능하다는 것을 증명하여야만 개시할 수 있다)을 규정하고 있다. 본래의 청구에 있어서 집행불능인 사실에 대한 심사가 보충적으로 필요하게 되지만, 집행불능인지 여부는 집행기관이 쉽게 판단할 수 있으므로 이를 집행문부여의 요건으로 하지 않고, **집행개시의 요건**으로 한 것이다.

한편, 특정물의 인도를 구하면서 변론종결 전에 피고가 그 물건을 매도하거나 훼손·멸실시켜, **변론종결 시 현재 이행불능**이 될 것을 염려하여 대상청구로서 그 전보배상을 구하는 경우에는 인도청구가 변론종결 시점에서 이행불능임을 이유로 기각될 것에 대비하여 그 청구에 전보배상을 구한 것이므로 이는 단순병합이 아니라, **예비적 병합**에 속한다. 불특정물에 대해서는 이행불능의 문제가 생기지 않으므로 이러한 예비적 병합은 보통 특정물에 한하여 생긴다.

따라서 법원으로서는 먼저 제1차적 청구인 물건인도청구를 심리하여 변론종결 당시를 기준으로 그 이행이 가능하다고 판단하여 청구를 인용할 경우에 제2차적 청구인 전보배상에 관하여는 판단할 필요가 없으나, 만일 변론종결 전에 이미 이행불능에 이르렀음이 판명되면 제1차적 청구인 물건인도청구를 기각하고, 제2차적 청구인 전보배상에 대하여 심리·판단하여야 한다.

7. 독립당사자참가

가령, 甲·乙·丙 3자 사이에 카메라 소유권의 귀속을 둘러싼 다툼이 있는데, 이미 甲이 乙에게 소유권에 기한 카메라의 반환을 구하는 소를 제기하여 소송이 계속되고 있다고 하자. 여기서 丙이 카메라의 소유권을 주장하기 위해서는 위 甲·乙 사이의 소송과 관계없이 丙이 乙에게 카메라의 반환을 구하는 소를 제기하거나, 또는 필요하다면 甲을 피고로 하여 카메라의 소유권확인의 소를 제기하는 것도 당연히 생각할 수 있다. 그런데 이렇게 통상의 이면(二面)소송방식으로 처리한다면, 심리의 중복에 의한 당사자나 법원의 부담 증대는 물론이고 여러 사람 사이의 실체관계에 적합한 모순 없는 처리가 반드시 보장되지 않는다. 그런고로 이미 甲·乙 사이에 소송이 계속 중이므로 丙이 이 소송에 참가하여 자기의 소유권을 주장하여 甲·乙·丙 3자 사이에서 통일적인 분쟁의 해결이 도모된다면 그보다 더 좋은 일은 없을 것이다. 민사소송법 79조가 이러한 경우를 위하여 독립당사자참가를 마련하고 있다. 참가신청은 참가의 취지와 이유를 밝혀 참가하고자 하는 소송이 계속된 법원에 제기하여야 한다(79조 2항, 72조 1항).

8. 민사집행

동산인도청구의 집행은 집행관이 채무자로부터 목적동산을 빼앗아 채권자에게 인도하는 직접강제의 방법으로 행한다(민사집행법 257조). 금전채권에 기한 강제집행으로 인도청구권을 압류하는 경우(민사집행법 243조)와 구별하여야 한다.

집행기관은 집행관이다. 채권자는 집행관에게 집행을 위임하여 집행관이 집행한다. 실력행사에 의한 직접강제의 방법이 적절하므로 집행관이 집행기관이 된다.

실전 쟁점 1

A는, 자기가 소유하는 업무용 비디오카메라 1대를 B에게 도둑맞았다. 그 뒤, 이 비디오카메라는 인터넷 사이트에서 중고전자제품 판매를 하는 업자 C에게 넘겨져, D가 이것을 C로부터 선의·무과실로 300만 원에 구입하였다. 이상과 같은 사안에 있어서, 이하의 각 질문에 답하시오.

(1) A는, 이 비디오카메라가 자기의 소유물인 것을 이유로, D를 피고로 하여 법원에 비디오카메라의 반환을 구하는 소를 제기하였다. 소의 제기는 도난 시점으로부터 2년 이내였다. 이 경우, A·D 사이의 법률관계는 어떻게 되는가.
(2) 위 경우에 소장의 청구원인의 내용 및 생각할 수 있는 답변서의 내용, 그리고 그에 대한 A의 재반론의 내용을 각각 검토하라.
(3) A는, 위 소송에서, 비디오카메라의 반환 외에, D에게 본건 비디오카메라의 사용이익 내지 임대료상당 손해금의 지급을 구하고자 한다. 이러한 청구는 인정되는가.
(4) 가령, 소제기 이전에, D가 A로부터의 요청에 응하여, 비디오카메라를 반환하였던 경우, D가 다시 A에게 300만 원의 반환을 청구할 수 있는가.

사안에서 절취 당한 비디오카메라에 대해서 선의취득(민법 249조)이 성립할 여지가 있다. 그러나 비디오카메라가 도품이므로 민법 250조의 적용이 있고, A는 도난한 날로부터 2년간은, 점유자 D에 대해서, 그 비디오카메라의 반환을 청구할 수 있다. 더욱이 D는 이 도품을 중고전자제품 판매업자 C로부터 선의로 구입하였고, 점유자가, 도품을 "… 공개시장에서 또는 동 종류의 물건을 판매하는 상인에게서 선의로 매수한 때"에 해당하는 것이므로, 민법 251조에 의해 점유자 D는 대가의 변상이 이루어지지 않는

한, A의 반환청구를 거절할 수 있다. 사안은 이와 같은 선의취득의 특칙인 민법 250조, 251조의 해석·적용을 알아보기 위한 것이다.

가. 소유권의 귀속

반환청구가 가능한 기간 내의 도품의 소유권의 귀속에 관하여, 원소유자 귀속설과 취득자 귀속설의 다툼이 있다. 원소유자 귀속설에서는 회복청구가 가능한 2년간, 소유권은 원소유자에게 있다고 본다. 이에 대하여, 취득자 귀속설은 민법 249조에 의하여 점유자는 즉시 소유권을 취득하고, 250조의 회복청구에 의하여 선의취득 이전의 법률관계가 부활한다고 본다. 다수설은 **취득자 귀속설**이다.

나. 청구원인에 대하여

사안에서, A는 소유권에 기한 동산반환청구의 소를 제기하고 있다. 소송물은 소유권에 기한 반환청구권으로서의 동산인도청구권 1개이다. 이 경우에 A는, 청구원인으로서, ① 스스로가 해당 동산(업무용 비디오카메라)을 소유하고 있는 것, ② D가 해당 동산을 점유하고 있는 것을 소송에서 주장하여야 한다.

여기서 ①과 관련하여, D로서도 비디오카메라가 본래 A의 소유였던 것은 다투지 않을 것으로 생각된다. A 소유를 전제로 하여, 그 후, D는 스스로 선의취득한 것을 소송에서 방어방법(피고의 주장)의 중심에 놓을 것이라고 생각되기 때문이다. 이 경우에, A는 소유하고 있는 것을 주장하면 충분하고, 또 이 점에 대하여 D의 자백(권리자백)이 성립한다. 그러나 엄밀하게는 「소유」라는 개념은 사실문제가 아니고, 법적 평가를 수반하는 문제이다. 소유권의 귀속에 관하여는 본래 그 취득을 기초짓는 원인사실(매수 등의 사실)을 주징하는 것이 요긴사실적으로 필요하다. 그러나 D도 이것을 다투지 않는 경우에는, 위와 같이 당사자의 주장이 정리된다.

만약, 소유권의 취득을 기초짓는 원인사실, 가령 A가 대리점에서 비디오카메라를 구입한 사실을 엄밀하게 요구하게 되면, 그 전제로서, A에게 비디오카메라를 판 대리점이 다시 소유권을 가지고 있던 것을 기초 짓는 사실(대리점도 도매업자로부터 구입한 사실) 그리고 그 전자의 소유권취득을 기초 짓는 사실(도매업자가 제조업자로부터 구입한 사실) 등을 차례로 주장·증명하지 않으면 안 되게 된다. 그러나 이는 대단히 어려운 작업이며, 본래의 쟁점이 아닌 것에 많은 노력을 기울이는 불합리하고 비현실적인 취급이 된다. 그래서 당사자 사이에 다툼이 없는 경우에는 소유의 주장과 그에 대한 권리자백이라는 형식으로 소유권의 유무를 해결한다.

다음으로 ②와 관련하여, 반환청구가 인정되기 위해서는 현재의 시점(소송에서는 변론종결 시)에서, D가 점유하고 있는 사실이 필요하다.

다. 선의취득의 요건사실

A의 주장에 대하여, D는 동산의 선의취득의 사실을 항변으로서 주장한다. D가 선의취득에 의하여 비디오카메라의 소유권을 취득하면, 그에 따라 A는 소유권을 상실하므로 A의 청구는 기각된다. 선의취득은 소유권상실의 항변의 일종이 된다.

민법상으로 선의취득의 요건은, 동산일 것, 전자(양도인)가 무권리일 것(무권리자로부터의 취득일 것), 거래행위에 의한 취득일 것, 취득 시에 공연, 평온, 선의, 무과실이었을 것, 점유를 취득한 것이다. 이 요건에 대해서, 이를 요건사실적으로 정리하여, 항변과 재항변으로 나누면, 다음과 같다. 피고 D가 주장·증명하여야 하는 항변사실은, ① D가 C와 사이에서 해당 동산(비디오카메라)의 판매계약을 체결한 것(거래행위), ② C가 ① 계약에 기하여 해당 동산(비디오카메라)을 D에게 인도한 것(점유취득의 사실), ③ 무과실뿐이다. 이에 대하여, 원고 A가 재항변사실로서 강폭, 은비 또는 악의의 사실을 주장하게 된다. 왜냐하면 민법 197조 1항에서 점유자의 평온, 공연, 선의는 추정되므로 D가 적극적으로 이를 주장·증명할 필요는 없고, 오히려 A가 D의 강폭, 은비 또는 악의인 사실을 주장·증명하여야 한다.

라. 민법 250조의 요건사실 및 251조의 요건사실

나아가 사안의 경우에, A는 재항변사실로서 민법 250조의 특칙의 존재를 주장할 수 있다. 이에 대하여 D는 재재항변사실로서 민법 251조의 주장을 할 여지가 있다. A가 비디오카메라를 도난당한 사실이 재항변사실이 되고, D가 그 동산을 경매나 공개시장 또는 동종류의 물건을 판매하는 상인에게서 선의로 매수한 사실이 재재항변사실이 된다.

위 규정의 해석으로서는, 절도 또는 강도에 의해 점유자의 의사에 반하여 점유를 박탈당한 물건이 250조의 「도품」이다. 또 「공개시장」이란 공설·사설을 불문하고, 널리 일반공중을 상대로 하는 보통의 가게를 포함한다. 그리고 「동종류의 물건을 판매하는 상인」이란, 가게를 가지지 않고 동종류의 물건 판매하는 상인, 즉 주로 행상인을 의미한다. 인터넷상에서 널리 판매를 하는 경우에는, 물리적인 의미에서의 가게는 갖고 있지 않다고 하더라도, 인터넷이라는 가상공간상에서 가게를 가진다고 볼 수 있으므로 「공개시장」에 해당한다고 이해하여야 할 것이다. 행상인과 같은 단발적·상대적인 거래행위와는 성질이 다르며, 오히려 일반공중을 상대로 하는 가게판매와 마찬가지의 성질을 가진다고 하여야 한다.

마. 질문 (3)에 대하여

도품의 점유자가 민법 251조에 기하여 위 도품의 인도를 거절할 수 있는 경우에, 점유자는 도품 등의 사용수익권을 가지는지 여부, 또는 도품을 점유하는 중의 이득은 누구에게 귀속하는 것인가 등이 문제된다.

취득자 귀속설의 입장에서는, 대가변상의 제공이 있기까지 취득자는 소유권을 가지고 있는 것이므로, 그동안의 물건의 사용은 소유권에 기한 것으로, D에게 부당이득이 발생하는 일은 없다.

바. 질문 (4)에 대하여

민법 251조의 조문의 체제만을 생각하면, 동조는 취득자에게 인도를 거절할 수 있는 항변권을 인정하는 것만의 규정이라고 생각할 수도 있다. 그러나 이러한 입장은 점유자에게 가혹하고 점유자의 보호라는 251조의 입법취지에 반한다. 이 입장에서는, 도품이라며 순순히 이것을 원소유자에게 반환한 사람이 대가의 변상을 받지 못하고 오히려 어디까지나 반환을 거절한 사람이 변상을 받게 되는 불균형이 생긴다. 오히려 민법 251조는 점유자의 대가변상청구권을 인정한 규정이라고 이해하여야 한다. 판례도 위 규정은 선의취득자에게 그가 지급한 대가의 변상을 받을 때까지는 그 물건의 반환청구를 거부할 수 있는 항변권만을 인정한 것이 아니고, 피해자가 그 물건의 반환을 청구하거나 어떠한 원인으로 반환을 받은 경우에는 그 대가변상의 청구권이 있다는 취지라고 보고 있다(대법원 1972. 5. 23. 선고 72다115 판결). 결국, D는 A에게 비디오카메라를 반환한 뒤에도 300만 원의 대가의 변상을 청구할 수 있다 할 것이다.

실전 쟁점 2

〈사실〉

(1) X주식회사(이하 「X사」라 한다)는 기계를 제조하여 판매하는 사업을 영위하는 회사이다. X사가 제조하는 기계의 중, 금속가공기계는, 25의 기종이 있고, 각각의 기종에 1개의 품번이 붙여져 있어서 그 품번은 PS101부터 PS125까지이다.

Y주식회사(이하 「Y사」라 한다)는, 칼이나 포크 등 금속제의 식기를 제조하는 사업을 영위하는 회사이다. Y사가 제조하는 상품의 중에도 합금을 소재로 하는 컵은 특징적인 디자인과 독특한 촉감이 호평을 얻고 있는 인기 상품이다.

A주식회사(이하 「A사」라 한다)는 물품을 판매하는 사업을 영위하는 회사이다. A사는 종래, Y사에게 물품을 납입해 온 실적이 있다.

(2) Y사는 수년 만에 주력상품인 컵을 제조하기 위하여 사용하는 금속가공기계를 교체하기로 결정하고, 이를 A사로부터 조달하는 방침을 세우고, Y사의 임원인 B가 그 실행을 담당하기로 하였다. B는 지금까지 A사와의 절충에 임해왔던 종업원의 C에 대해 A사와의 교섭에 있어서는 Y사의 주력상품의 제조에 사용하는 고액의 기계 조달이므로 모든 일에 대해서 신중을 기할 것을 지시하였다.

(3) C는 A사의 담당자와 상담한 바, X사 제조의 품번 PS112이라는 번호로 특정되는 기종의 금속가공기계를 조달하는 것이 적절하다고 생각하기에 이르렀다. C의 의향을 안 A사의 담당자는, X사에 문의하여 품번 PS112의 기계의 재고가 있는 것을 확인하였다.

(4) 이렇게 하여 Y·A의 양 회사 사이에 교섭이 진행된 결과, Y사는 2008. 2. 1. A사와 X사 제조의 품번 PS112의 금속가공기계 1대(신품)를 대금 1억 500만 원으로 매수하는 취지의 계약을 체결하였다. 매매대금은 우선 그중 2,000만 원을 계약체결 시에, 그리고 잔금의 8,500만 원은 엔은 목적물의 인도를 받은 때에 각각 지급하는 것으로 하였다. 그리고 Y사는 같은 날 A사에 대금의 일부로서 2,000만 원을 지급하였다.

그리고 A사는 위 매매계약을 체결할 때에 품번 PS112의 기계를 X사로부터 조만간 매매에 의하여 조달할 것을 Y사에게 전하였다.

(5) A사의 담당자는 Y사와의 매매계약이 체결된 2008. 2. 1.의 저녁 시각, 다시 X사의 담당자에게 전화하여 Y사에 전매할 예정이라는 것을 알린 후, X사로부터 X사 제조의 품번 PS112의 금속가공기계 1대(신품)를 구입함에 있어서의 계약조건을 협의하였다. 이 계약조건 중에는 A·X 사이의 매매대금액을 8,400만 원으로 하

는 것, 계약금 1,000만 원은 은행계좌이체를 하고, 잔금 7,400만 원에 대해서는 A사가 지급을 위하여 약속어음 1장을 발행하여 교부하는 것, 인도의 시기 및 장소 외에, 주문서의 비고란 ①, ②(① 본건 기계의 소유권은 폐사가 대금을 완제하기까지 귀사에 유보되고, 대금 완제 시에 이전하는 것으로 합니다. ② 폐사가 위 대금의 일부라도 지급하지 않는 경우, 귀사는 최고 없이 곧바로 계약을 해제할 수 있는 것으로 합니다)의 내용의 조건이 포함되어 있었다. 계약조건의 협의가 마쳐진 후, A사의 담당자는 X사의 담당자에게 「이후 발주권한이 있는 상사의 결재를 얻어 정식으로 주문서를 보내드리겠습니다. 잘 부탁드립니다.」라고 말하였다. A사의 담당자는 발주권한이 있는 상사에 대해 Y사에 매도하는 품번 PS112의 기계를 X사로부터 조달하기 위한 협의가 완료된 것을 보고하고, 그 상사의 결재를 얻은 후, 다음의 주문서를 작성하고 이를 X사의 담당자에게 송부하였다. 이 주문서의 기재는 담당자 사이의 위 협의 내용을 반영하는 것이었는데, 품명란에는 PS112가 아닌, PS122로 품번의 오기가 있었다. (주문서 생략)

(6) 이 주문서를 받은 X사의 담당자는 수주를 결정할 권한이 있는 상사에 대해 A사의 담당자와 협의한 계약조건으로 품번 PS112의 기계의 판매를 수주하고 싶다고 설명하고 그 결재를 얻은 후, 2008. 2. 7. 위 <사실> (5) 기재의 주문서와 동일 내용의 주문요청서를 A사에 송부하였다. 그리고 이 주문요청서에 있어서도 「(1) 품명 폐사제(弊社製)의 금속가공기계(품번 PS122)」라고 기재하였다. 같은 달 8일 이를 수취한 A사의 담당자는 확실히 주문요청서를 수취하였다는 취지를 X사에 연락하였다(이하 이 X·A 사이의 매매계약을 「본건 매매계약」이라 한다). 그리고 A사는, X사에 대하여 같은 달 12일, 대금의 일부로서 1,000만 원을 X사의 은행예금계좌에 입금하였다.

(7) X사의 납품작업을 담당하는 종업원은 주문요청서의 사본을 참조하면서 납품의 준비를 진행시켜, 2008. 2. 15. 오전에 A사와의 약정에 의하여 직접 Y사의 공장에 품번 PS122의 기계 1대를 반입하고자 하였다. 그러나 Y사 측은 조달하고자 한 것은 품번 PS112의 기계라는 것을 지적하였고, 이 때문에 X사의 위 종업원은 X사의 수주사무담당자와 연락을 취한바, Y사의 지적대로인 것을 확인하였다.

그래서 일단 반입을 중지하고 다시 같은 날 오후에 품번 PS112의 기계 1대를 Y사의 공장으로 운반하였다(이하 이 1대의 기계를 「동산 甲」이라 한다). Y사의 담당자가 틀림없이 동산 甲이 품번 PS112의 기계라는 것을 확인하고, 동산 甲은 지체 없이 같은 날 Y사의 공장에 반입되었다.

그래서 같은 날, Y사는 A사에 대해 매매의 잔대금 8,500만 원을 지급하였다 또한 A사는 X사에게 지급기일을 2008. 4. 30.로 하는 A사 발행의 액면금 7,400만원의 약속어음을 교부하였다.

(8) 동산 甲의 거래를 담당한 A사의 담당자는 2008. 2. 20. Y사를 방문하여 반입의 과정에 기존이 잘못된 것에 용서를 구하고 그럼에도 불구하고 일련의 거래가 무사히 종료된 것에 대한 감사하였다. 응접하게 된 C는 거래를 신중히 진행시킬 것을 요청하였다. 위 <사실> (2) 기재의 B의 지시를 검토하여 X·A 사이의 대금결제에 대해서 특히 트러블이 발생하지 않은가 등을 질의하였다. 이에 대하여 A사의 담당자는 대금의 일부가 이미 지급되어 있는 것 및 잔대금의 지급을 위하여 2008. 4. 30.을 지급기일로 하는 A사 발행의 약속어음을 교부하였다는 것을 설명하였는데, 대금이 완제되기까지 X사가 동산 甲의 소유권을 유보하고 있는 것은 알리지 않았다. C는 이 설명을 일단 납득하고, 직접 X사에게 거래경과를 조회하지는 않았다.

(9) 그 후, A사는 2008. 4. 30.에 위 약속어음에 관한 어음금의 지급을 하지 않았고, 그 무렵에 사실상 도산하였다. 그래서 X사는 A사에게, 위 <사실> (5) 기재의 주문서의 비고란 ②의 특약에 근거하여 2008. 5. 2. 도달의 서면에 의하여, 본건 매매계약을 해제하는 취지의 의사표시를 하고, 또한 Y사에 대하여 같은 해 5. 7. 도달의 서면에 의해 동산 甲의 반환을 청구하였다. 그러나 Y사가 이에 응하지 않으므로 X사는 Y사에 대해 소유권에 기한 동산 甲의 반환을 청구하는 소를 제기하였다(이하 이 소송을 「본건 소송」이라 한다).

질문 [1] 생략

질문 [2] (1) X사의 Y사에 대한 본건 소송에서, Y사가 자기의 선의취득에 의해 X사가 동산 甲의 소유권을 상실하였다는 것을 주장하려고 할 때에, 「A사가 2008. 2. 1. Y사와 사이에, 위 <사실> (4) 기재의 매매계약을 체결한 것」이외에 다음의 사실 ① 및 사실 ②를 주장·증명할 필요가 있다고 생각하는가. 각각 이유를 붙여 설명하라.

① A사가, Y사에게, 2008. 2. 15. 위 <사실> (4) 기재의 매매계약에 기하여 동산 甲을 인도한 것.

② Y사가, ①의 인도를 받은 때에, A사가 X사에게 대금 전액을 변제하지 않은 사실을 알지 못했던 것.

(2) 본건 소송에서 Y사가 하는 선의취득의 주장에 대하여, X사로부터 그에 대한 반론으로 「Y사는, A사에게 동산 甲의 소유권이 있다고 믿은 것에 대해서 과실이 있다」는 주장이 있은 경우에, Y사의 과실의 유

무를 인정 판단한 뒤, 다음의 사실 ③ 및 사실 ④는 어떻게 평가되는가. 각각 이유를 붙여 설명하라.

③ 위 <사실> (4) 기재와 같이, Y사가, A사가 X사와 매매에 의하여 목적물을 조달하는 것을 알고 있었던 것.

④ 위 <사실> (8) 기재와 같이, Y사가, 본건 매매계약의 잔대금이 2008. 4. 30.을 지급기일로 하는 약속어음으로 지급된 것을 알고 있었던 것.

질문 [3] X사는 본건 소송에서, Y사에게, 동산 甲의 사용료 상당액의 지급도 함께 청구하고자 한다. X사는 어떠한 법적 근거에 기하여 언제부터의 사용료 상당액의 청구를 할 수 있는가, 생각할 수 있는 법적 근거를 하나 나타내어 그 법적 근거의 성립 이유 및 언제부터 청구를 할 수 있는가의 이유를 들어 설명하라. 【일본 2009년 신사법시험】

X사가 A사에게 금속가공기계 1대를 소유권유보특약부로 매도하고, A사가 이를 Y사에 전매하고, X로부터 Y사에 직접 납품되었는데, A사의 X사에 대한 대금채무가 이행되지 않아 X사가 A사와의 매매계약을 해제한 뒤, Y사에게 목적물의 반환을 구하여 제소한 사안이다.

동산에 특유한 것으로, 거래의 안전을 위한 선의취득의 제도가 있는데(민법 249조), 선의취득에 있어서 선의, 평온, 공연은 추정을 받는다(민법 197조 1항). 따라서 이를 다투는 상대방이 선의, 평온 공연한 점유가 아님을 증명하여야 한다. 그러나 무과실은 추정을 받지 않는다. 선의취득을 주장하는 자가 무과실의 증명책임을 진다(대법원 1999. 1. 26. 97다48906 판결; 대법원 1995. 11. 14. 95다20416 판결 등).

질문 [2]는 Y사에 의한 위 기계의 선의취득의 요건에 관한 문제이다. (1) ①은, 「A사와 Y사 사이의 매매계약에 기한 인도가 있은 것」이라는 사실을 Y사가 주장·증명할 필요가 있는지 여부를 묻는 것이다. 거래행위에 기한 점유취득의 요건에 대하여 그 의의(점유취득의 의의, 그것이 거래행위에 「기한」 것이라는 의미)를 살펴보아야 한다. 또한 이 사실은 종류물의 특정에도 관계한다. (1) ②는, 「Y사가, 인도를 받은 때에, A사가 X사에게 대금 전액을 변제하지 않은 사실을 알지 못했던 것」이라는 사실을 Y사가 주장·증명할 필요가 있는지 여부를 묻는 것이다. 여기서는 선의취득의 요건인 「선의」 또는 「무과실」에 관한 일반적 논술보다도 위 사실이 선의취득의 요건인 「선의」와 다른 것이라는 것을 정확히 지적한 뒤, 그 평가를 할 것이 요구된다. (2) ③ 및 ④는, 선의취득에 있어서 과실의 평가에 관한 문제인데, 각각의 성격은 다르다. (2) ③은, 구체적 사실이 과실의 인정 판단에 작동하는가 여부, 그 이유는 무엇인가의 설명이 요구되며, 사실의 분석 및 평가에 관계하는 것이다. 한편, (2) ④는, 과실의 유무의 판단이 점유취득 시에 이루어져야 한다는 이론적 성격을 갖는 것이다. 이상과 같이 질문 [2]는 요건사실의 기본적 지식을 확인하는 것뿐만 아니라, 실체법상의 이론적 문제의 검토 및 구체적 사실의 신중한 분석과 평가가 요구되는 다면적 성격을 가지는 문제이다.

질문 [3]은 X사가 Y사에게 인도된 기계의 반환과 함께 그 사용료 상당액도 청구하고자 하는 경우에, 그 법적 근거를 하나 나타낸 뒤, 언제부터 청구할 수 있는가의 설명을 요구하고 있다. 법적 근거(부당이득반환청구, 악의의 점유자의 과실반환의무, 불법행위에 기한 손해배상청구권이 검토될 수 있다)와 언제부터 청구할 수 있는가(인도 시, 해제 시, 반환청구 시, 반환청구소송 제기시를 생각할 수 있다)와의 조합과 이유가 정합적으로 나타나야 하고, 그 전제로 소유권유보매매의 법적 구성 및 거기에서 매수인 또는 전득자의 사용권한에 관한 분석이 있어야 한다. 이 문제는 타인의 물건을 권한 없이 사용하는 경우의 청산관계 및 소유권유보매매에서 매도인과 전득자의 관계라는 민법상의 중요 문제에 관한 기본적 이해와 구체적 사실을 법적 관점에서 평가하여 구성하는 능력을 묻는 것이다.

실전 쟁점 3

甲 및 乙의 주장에 기하여 다음 질문에 답하라.

(1) 甲의 소송대리인으로서 乙에게 소를 제기하는 경우에 주된 청구의 소송물을 적어라.
(2) 위 소송에서 소장에 적어야 할 청구의 취지(종된 청구는 생략)를 적으시오.
(3) 위 소송에서 별지 기재의 甲의 주장을 전제로 甲의 소송대리인으로 乙에게 주장하여야 할 주된 청구의 청구원인사실을 적어라(요건사실에 따라 정리).
(4) 위 소송에서 위 (3) 주된 청구의 청구원인사실에 대한 乙의 소송대리인으로서 하여야 할 乙의 인부를 적어라. 이 경우에 「1은 인정한다」, 「2는 부인한다」와 같이 위 (3)에 번호를 붙여 요건사실마다 정리하여 인부를 적어라.
(5) 위 소송에서 주된 청구에 관하여 乙의 소송대리인으로 주장할 항변의 요건사실을 적어라(항변이 여러 개인 경우에 항변마다 나누어 정리).
(6) 위 소송에서 乙이 甲의 주장 ②의 위임장을 서증으로 신청하였다. 甲의 소송대리인이 甲 본인에게 이를 확인한 바, 본건 위임장을 작성한 자는 자신이고, 그 서명은 스스로 한 것이라고 인정하였는데, 본건 위임장에서 '매각처의 선정 그 밖의 행위에 대한 대리권을 부여한다'는 것은 미술상에게 본건 그림의 매각의 매개 등을 위임하는 계약을 체결하는 것만을 인정하는 취지이고, 본건 그림 매매 자체의 대리권의 부여를 포함하는 것은 아니라고 하였다. 이 경우에 甲의 소송대리인으로서는 본건 위임장에 대한 서증의 신청에 대하여 어떠한 인부를 하고, 어떠한 입증활동을 하여야 하는가.

[甲의 주장] ① 이전에 나는 절친한 유명한 화가인 丙에게 부탁하여 풍경화를 그려 받은 적이 있다. 나는 그 그림(이하 본건 그림이라고 한다)을 애지중지하여 내가 경영하는 회사의 응접실에 걸어 놓았다. 한편, 위 회사는 부친으로부터 물려받은 회사인데, 오래 동안 경영상황은 그다지 좋지 못하여 매달 자금조달에 어려움을 겪고 있다.

② 이러한 상황에서, 2020. 7. 1. 거래처인 丁 주식회사의 사장인 戊와 나는 응접실에서 丁 주식회사에 대한 채무의 변제기가 7월 말로 쫓기고 있는데, 2개월 정도 변제유예를 원한다고 말하였다. 戊는 지금까지도 여러 차례 협조하여 왔지만, 그 이상은 힘들다는 이야기만 하였다. 이야기를 하면서 戊는 갑자기 응접실의 벽

에 걸린 본건 그림을 보고 "좋은 그림이다. 변제의 유예를 원한다면 그 전에 자기가 할 수 있는 것은 잘 처리하여야 하지 않겠는가. 그림으로 무엇인가를 할 수 있지 않은가"라고 말하였다. 나는 이를 듣고, 정말 당황하였다. 본건 그림은 절친한 사람이 호의로 그려준 것이다. 내가 망설이니까, 戊는 "나는 당신도 알다시피 그림의 수집이 취미이고, 미술상에게도 얼굴이 알려져 있으니 나에게 맡겨두게. 당신에게 나쁘게 하지 않을 테니 우선 어느 정도 가격에 팔 것인가를 알아보겠다. 가격이 맘에 안 들면 그만두면 되니까"라고 말하였다. 거기까지 말하니 거절하기 어려워 "그럼 그러지요."라고 대답한 바, 戊는 "그렇다면 일단 위임장을 받아 두는 것이 좋을 것 같은데. 이러한 내용으로 …"라고 말하였다. 책상 위에 놓아둔 종이에 펜으로 내용을 손으로 써 내려갔다. B는 '위임장'이라는 표제를 적고, 나아가 그 밑에 "나는 戊에게 丙의「OO」그림의 매매에 관한 대리권을 부여한다."라고 적었다. 나는 이러한 표현이라면, 매매 그 자체를 맡긴 것이라고 보일 것 같아 불안을 느꼈으므로 "이는 미술상의 매개 등을 부탁하는 것이므로 실제 파는 것 등은 내가 결정하는 것이요."라고 물어본 바, "물론이요. 이 그림을 마음대로 판다면 당신도 화낼 것이므로 당신이 최종적으로 결정하시오. 조금 고칠까."라고 말하면서 '매매에 관한'이라는 부분을 두 줄로 지우고, 그 밑에 '매매처의 선정 그 밖의 행위에 대한'으로 적었다. 나는 이 정도면 소개된 매각처를 보고 거절할 수 있고, 만에 하나 정말로 좋은 매각처가 있으면 팔 수도 있다고 생각하면서 "알았습니다."라고 대답하였다. 그리고 즉시 컴퓨터로 그 내용대로의 서면을 작성하여 여기다 내 이름을 서명한 뒤, 戊에게 그 위임장(이하 본건 위임장)을 교부하였다. 戊는 본건 위임장을 받아 본건 그림과 함께 가지고 갔다.

③ 그 뒤, 2020. 8. 22. 내가 걸어가고 있는데, 乙이 운영하는 화랑의 쇼윈도우에 본건 그림이 장식되어 있는 것을 우연히 보았다. 나는, 戊는 乙에게 본건 그림의 판매의 매개를 맡겼는가 생각하고, 전부터 모르던 사람은 아니었기 때문에 乙의 화랑에 들어갔다. 그랬더니 내 얼굴을 본 乙이 웃으면서 "이번은 고마웠습니다."라고 말하므로 "아직, 매각처는 찾지 못하고 있습니다."라고 대답하였다. 乙은 이상하다는 표정을 띄며, "아닙니다. 내가 이 그림을 샀습니다. 적당한 사람에게 매각하여야 하겠다고 생각하면서 우선 화랑에 장식 삼아 배치한 것입니다."라고 말하였다. 나는 매우 놀라, "무슨 소리인가요. 나는 이 그림의 매각은 받아들일 수 없어요. 본래 나와 계약한 것은 아니지요. 무엇인가 잘못이 있어요."라고 말하였다. 그랬더니 乙은 "어떤지는 모르겠습니다만, 戊가 대리로 매매계약을 체결하였습니다. 위임장도 보았습니다. 3일 전에 매매계약도 체결하였고, 오늘 매매대금을

戊에게 지급하였습니다."라고 말하였다. 그래서 乙로부터 본건 그림의 매매계약서를 보여 달라고 하여 살펴본 바, 확실히 戊가 나를 대리하여 2020. 8. 19.에 본건 그림을 대금 1,000만 원에 판다는 내용이었다. 나는 즉시 그 매매계약서를 복사하여 그날 밤에 戊를 찾아갔다. 그랬더니 戊는 "무슨 말을 하는거요. 몇 군데 미술상을 접촉하였더니 1,000만 원은 파격적으로 좋은 가격이다. 이 가격으로 팔았다면 감사하여야 하지 않은가. 이 1,000만 원에 대하여는 아직 변제 받지 못한 내 채권과 상계하는 것으로 생각하여 지금 당신 회사에 전화를 하려던 참이다."라고 말하였다. 나는 "아무리 1,000만 원이라도 나에게 말하지 않고 판 것은 너무한 것 아닌가요. 파는 것까지 부탁할 생각은 아니었는데요."라고 말하니, 戊는 문제될 것 없다는 표정으로 "나는 2,300백만 원 정도라면 당신의 승낙을 받을 필요가 있다고 생각하여 당신과 이야기 하였겠지만, 1,000만 원이라면 팔아도 된다고 생각하였는데. 어쨌든 1,000만 원에 팔았으므로 감사할 일 아닌가."라고 말하였다.

④ 나로서는 어쨌든 본건 그림을 돌려받고 싶다. 乙은 "나도 제대로 산 이상, 쉽게 돌려줄 수 없다. 이미 이 그림을 사고 싶다는 사람도 나타났다. 만약 어쩔 수 없다면 1,300만 원을 받는다면 돌려 주겠다."고 말하였다. 그러나 나에게는 아무런 잘못도 없다. 오히려 乙은 나에게 확인하면 戊에게 본건 그림을 매각할 권한이 없다는 것을 곧 알 수 있었음에도 나에게 아무것도 물어보지 않고, 나는 戊로부터 1,000만 원을 받지도 않았고, 상계 처리도 하지 않았으므로 戊에게 준 1,000만 원은 乙이 戊로부터 돌려받으면 된다. 확실히 본건 그림의 매매는 그림의 매매로서는 그렇게 고액의 거래도 아니라고 생각한다, 그러나 그것은 별도의 문제이다. 나로서는 제발 본건 그림을 돌려받기를 원한다.

[乙의 주장] ① 甲이 말하였듯이, 2020. 8. 19.까지 본건 그림을 甲이 소유하고 있었던 것은 맞는 말이다. 그러나 나는 그 날, 본건 그림을 甲으로부터 구입하였으므로 본건 그림의 현재의 소유자는 나다. 甲이 본건 그림을 반환받고자 하여, 나도 솔직히 말해 곤혹스럽다.

② 나는 본건 그림의 매매에 대한 대리권이 戊에게 부여된 것은 본건 위임장을 보고 확인한 뒤, 戊와 사이에 2020. 8. 19.에 본건 그림의 매매계약을 체결한 것이다. 지금 와서 매매에 대하여 대리권을 주지 않았거나 그럴 생각이 아니었다고 말하여도 소용없다. 실은 2018년경에 甲은 戊에게 골동품 매각의 대리를 부탁한 적도 있고, 나에게도 당시 매매 이야기가 있었다. 甲과 戊는 이전부터 그러한 관계이었으므로 이번에도 매각의 대리를 戊에게 부탁한 것이 맞다고 본다. 아마 본건 그림이 1,300만 원 정도에 팔릴 수 있다는 이야기를 어디선가 듣고 후회하는 것이

아닌가. 또한 적어도 甲이 戊에게 본건 그림의 매각을 위해 미술상과 매개계약을 체결하는 것은 위임한 것이다. 오히려 나야말로 피해자이다. 본래 甲과 戊 사이에서는 구체적인 대리권의 범위에 인식의 불일치가 있는 것으로 그것은 甲과 戊 사이에서 해결할 문제이고, 나를 중간에 끼워 넣을 것이 아니라고 생각한다.

③ 실은 본건 그림에 대해 이미 여러 명의 고객으로부터 관심이 표명되었고, 지금 말하였듯이 1,300만 원 정도로 팔릴 가능성도 있다. 나로서는 장사꾼이므로 이와 같은 금액으로 산다고 한다면, 甲에게 돌려줄 수 있지만, 그렇지 않다면, 본건 그림을 甲에게 돌려줄 수 없다. 또한 2020. 10. 3. 戊의 회사의 공장이 불이 나 전부 타버리는 사고가 생겼다. 그 뒤, 戊와 연락도 되기 어렵고, 戊는 파산한다는 이야기도 들리는 상황이다.

④ 甲으로서는 본건 그림이야말로 중요할지 모르지만, 1,000만 원 정도의 그림의 매매 등은 자주 있는 일이고, 특히 고액의 거래도 아니다. 이 건에 더 이상 머리 쓰기 싫다.

---

(1) 소송물은 소유권에 기한 반환청구권으로서 동산인도청구권이다.

(2) 피고는 원고에게 본건 그림을 인도하라.

(3) ① 甲은 본건 그림을 소유하고 있다. ② 乙은 본건 그림을 점유하고 있다.

(4) 소유권상실의 항변 - ① 유권대리에 의한 매매, ② 표현대리에 의한 매매

(5) 문서의 성립은 인정한다. 甲은 본건 위임장을 스스로 작성하고 서명한 것을 인정하기 때문이다. 이에 의해, 본건 위임장의 형식적 증거력은 다투지 않으므로 본건 위임장의 실질적 증거력을 다투게 된다. 甲은 본건 위임장의 증명대상인 甲의 戊에 대한 본건 그림의 매매계약에 대한 대리권 수여의 사실을 인정하지 않고, 본건 위임장에 적힌 「매각처의 선정 그 밖의 행위에 대한 대리권을 부여」라는 문언이 본건 그림의 매매계약에 대한 대리권수여를 의미하지 않는 것을 분명히 하기 위해 본건 위임장의 초안이었던 손으로 쓴 메모를 서증으로 제출하는 등의 반증을 하게 된다.

제2부 기본적 소송유형

제6장 등기청구

제 2 부 기본적 소송유형

제 6 장 등기청구

제 1 강 매매를 원인으로 한 소유권이전등기청구

민사소송에서, 부동산 소유권 관련 소송이 중요한 위치를 차지하고 있는데, 그 가운데 특히 등기청구소송도 중요하다.

여기서는 매매를 원인으로 한 소유권이전등기청구, 가령 甲(매수인)이 乙(매도인)로부터 부동산을 매수하였다고 주장하여 乙에게 그 소유권이전등기청구를 하는 경우에 대하여 검토하기로 한다.

우선, 등기청구권에 대하여 약간 언급하기로 한다. 권리에 관한 등기는 허위등기를 방지하기 위하여 등기법상의 권리자와 의무자의 **공동신청**에 의하는 것이 원칙이다(부동산등기법 23조 1항). 여기서 등기의무자가 등기신청에 협력하지 않는 경우에 등기권리자에게 등기의무자에 대하여 등기신청에 협력하여 줄 것을 구하는 실체법상의 청구권이 인정된다. 이를 **등기청구권**이라고 한다. 그런데 등기청구권과 등기를 신청할 수 있는 절차법상의 권리인 **등기신청권**과는 구별하여야 한다.

등기에 관한 의사의 진술을 명하는 경우

📖 「부동산등기법」은 이른바 공동신청주의를 택하고 있으므로(부동산등기법 23조 1항), 등기권리자와 등기의무자가 공동으로 등기를 신청함이 원칙이나, 등기신청의 의사표시를 명하는 판결 등의 확정으로 의사표시가 된 것으로 간주하기 때문에 이때 판결에서 승소한 등기권리자가 검인된 확정판결정본을 첨부하여 단독으로 등기를 신청한다(부동산등기법 23조 4항, 부동산등기 특별조치법 3조 2항 참조). 따라서 등기권리자가 등기의무자에 대하여 등기신청에 관한 협력을 구하고 이를 거부한 때에는 등기신청의 의사표시를 명하는 판결을 받아 단독으로 등기신청을 하는 것이 통상적이다.

1. 소 송 물

이 경우에 소송물은 **매매계약에 기한 채권적 청구권**이라는 입장이 일반적이다.

이에 대하여 물권행위의 **독자성을 부인하는 입장**에서는 채권행위에서 발생하는 채권적 청구권이라고 보지만, 물권행위의 **독자성을 인정하는 입장**에서는 그럼에도 불구하고 여전히 채권적 청구권이라고 보는 견해, 물권적 합의에서 발생하는 채권적 청구권이라는 견해, 물권적 합의에서 발생하는 물권적 청구권이라는 견해, 물권적 기대권의 효력에서 발생하는 물권적 청구권이라는 견해 등이 있다.

한편, 소유권이전등기청구에서 가령 매매와 시효취득 등과 같이 등기원인을 달리하는 경우에 그것은 단순히 공격방어방법의 차이에 불과한 것이 아니고, 등기원인별로 별개의 소송물로 인정된다(시효취득을 원인으로 한 소유권이전등기청구에 대하여는 별도 설명).

2. 청구취지

청구취지는 다음과 같다.

본래 등기는 등기권리자와 등기의무자의 공동신청에 의하는 것이 원칙인데(부동산등기법 23조 1항), 판결(등기의무자에게 등기에 관한 의사의 진술을 명한 판결)에 기한 등기는 승소한 등기권리자 또는 등기의무자의 단독신청에 의해서도 할 수 있다.

등기권리자(원고)가 승소한 경우에 판결은 피고(등기의무자)의 **등기신청의사의 진술에 갈음**하는 기능을 하는 것이고, 따라서 표현을 「… 등기절차를 이행하라」고 명하는 형식을 취한다. 물론 「원고와 공동으로 등기신청의사의 진술」을 하도록 하는 것이 구체적이라 하겠으나, 실무에서는 보다 추상적으로 「… 등기절차를 이행」하도록 하는 형식을 사용한다.

원고의 승소판결은 피고의 등기신청의사의 진술에 갈음하는 동시에 등기원인을 증명하는 신청정보의 기능을 하여 원고 단독으로 등기신청을 할 수 있다.

1. 피고는 원고에게 별지 목록 기재 부동산에 관하여 2020. O. O. 매매를 원인으로 한 소유권이전등기절차를 이행하라.
2. 소송비용은 피고가 부담한다.

1. 피고들은 원고에게 서울 동작구 흑석로 123 대 300㎡ 중 각 2분의 1 지분에 관하여 각 2020. O. O. 매매를 원인으로 한 소유권이전등기절차를 각 이행하라.
2. 소송비용은 피고들이 부담한다.

한편, 매매예약완결을 원인으로 한 소유권이전등기청구의 청구취지 기재례는 다음과 같다.

1. 피고는 원고에게 별지 목록 기재 부동산에 관하여 서울중앙지방법원 OO등기소 2020. 3. 25. 접수 제1234호로 마친 가등기에 기하여 2020. 4. 15. 매매예약완결을 원인으로 한 소유권이전의 본등기절차를 이행하라.
2. 소송비용은 피고가 부담한다.

일정한 의사의 진술을 명하는 판결이 확정되면, 그 의사의 진술이 있는 것으로 본다(민사집행법 263조 1항). 따라서 간접강제 등에 의한 강제집행절차는 필요하지 않고, 의사진술의 간주는 판결이 확정됨으로써 비로소 효력이 생긴다. 이러한 의사의 진술을 명하는 판결에는 가집행선고가 붙지 않으므로 **가집행선고를 신청하지 않는다.**

한편, 매도인이 잔금까지 다 받았음에도 불구하고 매수인이 부동산 소유권이전등기를 받아 가지 않는 경우와 같이 등기권리자가 등기를 하여가지 아니함에 따라 (세금 납부 등의) 불이익을 받게 될 염려가 있는 등기의무자는 등기권리지를 상대로 판결을 받아 단독으로 등기를 신청할 수 있다. 이 경우에 청구취지는 다음과 같다.

> 피고는 원고로부터 별지 목록 기재 부동산에 관하여 2023. 11. 20. 매매를 원인으로 한 소유권이전등기신청절차를 인수(또는 수취)하라.

3. 청구원인

매매계약의 체결만으로 매수인의 소유권이전등기청구권이 발생하므로 매수인은 매매계약의 체결사실만을 주장·증명하면 된다.

> **甲(매수인)과 乙(매도인)이 매매계약을 체결한 것**
> - 이 약정에 의하여 매수인의 재산권이전청구권(—과 매도인의 매매대금지급청구권—)이 발생하고, 또 바로 그 이행을 청구할 수 있다.

매수인이 매도인에게 대금을 지급하였다는 사실은 굳이 주장·증명할 필요는 없다.

또한 매매계약 체결 시에 매도인이 목적물을 소유하였던 것이나 매도인 명의의 등기가 존재한 것은 청구원인이 되지 않는다.

한편, 반대 당사자인 매도인(乙)이 매수인(甲)에게 대금지급청구를 하는 경우에도 위 소유권이전등기청구와 마찬가지로 청구원인으로 매매계약의 체결사실만을 주장·증명하면 되는 것은 물론이다.

4. 대리에 의한 매매계약의 체결

가령, 甲이 乙의 대리인인 丙으로부터 A 부동산을 매수하기로 하는 매매계약을 체결하였는데, 乙이 丙에게 A 부동산의 매도에 관한 대리권을 수여한 사실이 없다고 주장한다고 하자.

매수인 甲이 乙에 대하여 A 부동산에 관한 소유권이전등기절차의 이행을 구하기 위해서는 乙이 丙에게 대리권을 수여한 사실을 甲이 증명하여야 한다. 따라서 위 丙에게 대리권을 수여한 사실이 없다는 乙의 주장은 **부인**에 해당하게 된다. 이에 대하여 乙이 무권대리 항변을 한다는 취지로 잘못 이해하는 경우가 흔히 있는데, 주의하여야 한다.

이는 등기의 추정력에 의하여 증명책임이 전환된 다음의 경우와 혼동하지 말아야 한다. 즉, 위와 같은 사례에서 丙이 乙의 대리인임을 자처하여 (가령, 다른 용도로 소지하고 있던 乙의 인감증명서, 인감도장 등을 이용하여) 甲에게 A 부동산을 매도하고, 나아가 甲에게 이전등기까지 마쳐주었는데, 乙이 甲에 대하여 A 부동산에 관한 소유권이전등기의 말소를 구하면서, A 부동산 매도에 관한 대리권을 丙에게 수여한 사실이 없다고 주장하는 경우에는 丙에게 A 부동산의 매도에 관한 대리권이 없다는 사실을 乙이 증명하여야 한다. 왜냐하면, 이 경우에는 甲에게의 이전등기가 적법하게 마쳐진 것으로 추정되고, 이러한 **등기의 추정력**은 법률상 추정에 해당하여 대리권이 없다는 사실의 증명책임을 乙에게 **전환**시키기 때문이다.

5. 예상되는 항변

가. 동시이행의 항변

甲이 청구원인으로 甲·乙 사이의 매매계약을 주장한 경우에, 乙은 대금지급과의 동시이행의 항변을 할 수 있다. 이는 권리항변에 해당하고, 이미 청구원인 단계에서 매매계약의 체결사실이 인정되어 있는 경우라면, 반대의무의 발생사실을 별도로 주장·증명할 필요는 없고, 동시이행항변권을 행사한다는 의사표시만 하면 된다.

가압류등기 등이 있는 부동산의 매매계약에 있어서는 매도인의 소유권이전등기의무와 아울러 가압류등기의 말소의무도 매수인의 대금지급의무와 동시이행 관계에 있다고 할 것이다(대법원 2000. 11. 28. 선고 2000다8533 판결).

법원이 동시이행의 항변을 인정하는 때에는 상환이행판결을 하게 되는데, 상환이행판결의 기재례는 다음과 같다.

> 피고는 원고로부터 OOO원을 지급받음과 동시에(또는 상환으로) 원고에게 … 2020. OO. OO. 매매를 원인으로 한 소유권이전등기절차를 이행하라.

참고로 보면, 상환이행판결이 내려진 경우에 강제집행을 하려고 하는 때에는 위와 같이 **의사진술을 할 의무**에 대하여는 '반대의무의 이행 또는 그 제공을 하였다는 것'이 **집행문 부여의 요건**이 된다(민사집행법 263조 2항). 그 판결이 확정된 뒤에 채권자가 그 반대의무를 이행한 사실을 증명하고 집행문을 받았을 때에 의사표시의 효력이 생기기 때문이다. 반면, **일반 상환이행판결**의 경우라면 '반대의무의 이행 또는 그 제공을 하였다는 것'이 **집행개시요건**이 된다는 점을 주의하라(민사집행법 41조 1항).

매수인이 선이행의무인 중도금 지급의무를 불이행한 상태에서 잔대금 지급기일이 도래하여 매도인의 소유권이전등기의무와 동시이행관계에 놓인 경우, 그 이후의 중도금에 대한 지체책임 여부(소극)

🕮 매수인의 중도금지급의무는 선이행의무인데, 매수인이 선이행의무 있는 중도금을 지급하지 않았다 하더라도 계약이 해제되지 않은 상태에서 잔대금 지급기일이 도래하여 그 때까지 중도금과 잔대금이 지급되지 아니하고 잔대금과 동시이행관계에 있는 매도인의 소유권이전등기 소요서류가 제공된 바 없이 그 기일이 도과하였다면, 특별한 사정이 없는 한 매수인의 중도금 및 잔대금의 지급과 매도인의 소유권이전등기 소요서류의 제공은 동시이행관계에 있다 할 것이어서 그 때부터는 매수인은 중도금을 지급하지 아니한 데 대한 이행지체의 책임을 지지 아니한다(대법원 1998. 3. 13. 선고 97다54604, 54611 판결). 그렇다면 매수인인 원고가 선이행의무 있는 중도금지급의무를 이행하지 않았다 하더라도 계약이 해제되지 않은 상태에서 잔대금지급일이 도래하여 그 때까지 중도금과 잔대금이 지급되지 아니하고 잔대금과 동시이행관계에 있는 매도인인 피고의 소유권이전등기 소요서류가 제공된 바 없이 그 기일이 도과한데다가 달리 위 특약이 중도금 지급을 소유권이전등기 소요서류의 제공보다 항상 선이행관계에 있는 것으로 하는 약정으로 인정되지 아니하는 경우, 원고의 위 중도금 및 잔대금의 지급과 피고의 소유권이전등기 소요서류의 제공은 여전히 동시이행관계에 있다 할 것이고, 따라서 피고에 의한 계약해제는 자신의 소유권이전등기 소요서류 제공의무를 이행제공하여 당시 동시이행관계에 있었던 원고의 중도금 지급의무를 이행지체에 빠뜨림 없이 이루어진 것으로서 부적법하다(대법원 2002. 3. 29. 선고 2000다577 판결).

나. 통정허위표시 등

그 밖에도 항변으로서, 가령 그 매매계약의 **통정허위표시무효**라든지 **법정해제, 약정해제** 등을 주장·증명할 수 있다(앞의 매매계약 관련 청구의 예상되는 항변 부분 참조).

통정허위표시의 요건사실은 다음과 같다.

❶ 표시내용에 대응하는 효과의사가 표의자에게 없었던 것
❷ 양쪽 당사자가, 위 ①의 의사가 있는 듯이 가장하는 합의를 한 것

다. 채무불이행(이행지체)을 이유로 한 해제 및 (예비적) 대금지급과의 동시이행항변

Y(피고의 주장)

X(원고)와 이 사건 매매계약을 체결한 것은 인정한다. 나는, 이 사건 매매계약의 약정에 따라 2005. 6. 15. X에게 이 사건 부동산의 소유권이전등기절차에 필요한 서류를 준비하여 A 법무사의 사무실에 갔다. 그런데 X로부터 아무런 연락도 없고, X는 그 자리에는 나타나지 않았다. 나중에 들은 바로는, X는 당일 매매대금을 준비할 수 없었다고 한다. 그래서 나는 X에게, 같은 해 7. 1.자 내용증명우편으로 매매대금 2억 원을 우편이 도착한 뒤 2주 이내에 지급할 것과 함께 이 기간 내에 X가 대금을 지급하지 않는 경우에는 이 사건 매매계약을 해제한다고 통지하고, 이 내용증명우편은 같은 달 3일에 X에게 도달되었다. 그럼에도 불구하고, X는 위 최고기간 내에 대금의 지급을 하지 않았으므로 이 사건 매매계약은 유효하게 해제된 것이다. 더욱이 X는, 같은 달 10일에 나의 집에서 대금 2억 원을 변제하였다고 주장하고 있으나, 그 같은 사실은 없다. 따라서 이 사건 매매계약은 유효하게 해제되었고, 가령 그렇지 않다고 하더라도, 나는 대금 2억 원을 지급받지 않았으므로 이 사건 부동산의 소유권이전등기절차를 하여 줄 수 없다. 따라서 X의 소유권이전등기절차의 이행에 응할 수 없다.

위 사안에서 X의 매매를 원인으로 한 소유권이전등기청구의 청구원인은, 매매계약의 체결이며, 이에 대한 Y의 항변으로서, ① 채무불이행(이행지체)을 이유로 한 해제의 주장과 ② (예비적) 대금지급과의 동시이행의 주장을 하고 있고, 나아가 원고의 재항변으로서 (해제에 앞선) 변제(채무의 이행)의 주장이 있다.

우선, Y는 X와 이 사건 매매계약을 체결한 것은 인정하고 있다(자백).

이를 전제로, 채무불이행 해제의 요건사실은, ① Y가 X에게 상당기간을 정하여 대금지급의 최고를 함과 동시에, 상당기간이 경과한 때에는 계약을 해제한다는 의사표시(정지기한부 해제의 의사표시)를 한 것, ② 최고 후 상당기간이 경과한 것, ③ Y가 최고 전(前)에 재산권 이전(移轉)에 대해서 이행의 제공을 한 것이다.

다음, Y는, Y의 소유권이전등기의무는 X의 대금지급의무와 동시이행의 관계에 있다고 주장하여 동시이행의 항변을 하고 있다. 동시이행의 항변은, 앞서 살펴본 바와 같이 권리항변이어서 이를 행사할 필요가 있다, 이를 행사하면, 권리행사저지의 항변이 된다. 동시이행의 항변의 요건사실은, X가 채무를 이행할 때까지 Y는 자신의 채무의 이행을 거절한다는 권리주장뿐이다.

한편, X는 해제 전(최고기간 내)에 매매대금으로서 2억 원을 지급하였다고 (해제에 앞서서) 변제(채무의 이행)를 주장하고 있다. 위 사안에서, 변제는 해제권의 발생장애사유이며, 동시이행의 항변권의 소멸사유가 되므로, 채무불이행(이행지체)를 이유로 한 해제 및 동시이행의 항변에 대한 재항변이 된다. 이에 대하여 Y는 대금을 지급받지 못하였다고 변제의 사실을 부인하고 있다.

라. 특약에 의한 자동해제

자동해제의 특약(실권약관 내지는 당연해제의 특약)은 채무자에게 불리한 결과가 되므로 신의성실에 따라 특약의 내용을 엄격하게 해석하여야 한다.

판례도 다음과 같이 부동산 매매계약의 매수인이 잔대금지급을 이행하지 않는 경우에 자동해제하기로 한 특약이 있더라도 이는 매수인의 이행지체를 전제로 하는 것이라고 해석한다(대법원 1998. 6. 12. 선고 98다505 판결 등). 특별한 사정이 없는 한, 매수인의 잔대금 지급의무와 매도인의 소유권이전등기의무는 **동시이행의 관계**에 있으므로 매도인이 잔대금 지급기일에 소유권이전등기에 필요한 서류를 준비하여 매수인에게 알리는 등 **이행의 제공**을 하여 매수인으로 하여금 **이행지체**에 빠지게 하였을 때에 비로소 자동적으로 매매계약이 해제된다고 보아야 하고 매수인이 그 약정 기한을 도과하였더라도 이행지체에 빠진 것이 아니라면 대금 미지급으로 계약이 자동해제된 것으로 볼 수 없다.

원고(매수인)가 이 사건 부동산 매매계약의 잔대금 지급기일인 1996. 4. 30.까지 잔대금을 지급하지 않아 그 지급기일을 같은 해 5. 13.까지 연기하여 주면서 그 때까지 잔대금을 지급하지 않으면 별도의 통지 없이 매매계약이 해제되는 것으로 하기로 약정하였는데, 원고(매수인)가 결국 같은 해 5. 13.까지 잔대금 지급 채무를 불이행함으로써 이 사건 매매계약은 적법히 해제되었다는 피고(매도인)의 주장에 대하여,

원고가 연기된 지급기일까지 잔대금을 피고에게 지급하지 못한 사실은 인정되나, 이 사건 부동산 매매에 관하여 원고가 피고로부터 부동산매도용 인감증명서, 등기권리증, 위임장 등 소유권이전등기신청에 필요한 일체의 서류를 제공받음이 없이 위 잔대금을 같은 해 5. 13.까지 무조건적으로 지급하기로 약정하였다고 볼 아무런 증거가 없으므로 원고의 잔대금 지급의무와 피고의 소유권이전 등기서류의 제공의무는 서로 동시이행의 관계에 있다고 할 것인데, 피고 제출의 전 증거에 의하더라도 피고는 당초의 잔대금 지급기일인 같은 해 4. 30.에는 위와 같은 서류를 전혀 준비하지 않았고, 그 후 다시 정한 잔대금 지급기일인 같은 해 5. 13.에도 매수인란이 공란으로 된 자신의 인감증명서와 주민등록등본만을 준비하고 있었을 뿐 달리 원고에게 부동산의 소유권이전등기절차를 이행할 서류들을 준비하고 있었음을 인정할 증거가 없으므로 피고가 자신의 의무이행의 제공을 하지 아니한 이상 단지 잔대금 지급기일이 도과되었다는 이유만으로는 위 계약의 해제사유가 발생한 것으로 볼 수 없다.

마. 소멸시효

채권적 청구권인 등기청구권도 소멸시효의 대상이 되는데, 소멸시효 항변과 시효중단의 재항변에 대한 예와 그 판단은 다음과 같다.

피고는, 원고의 소유권이전등기청구권이 매매계약일부터 10년 동안 행사되지 아니하여 소멸시효 기간이 도과하였으므로 소멸하였다고 주장한다. 이에 대하여 원고는, 피고가 이 사건 가처분을 다투지 아니하였으므로 소유권이전등기의무를 인정하였다면서 가처분으로 소멸시효가 중단된다는 취지로 주장한다.

… 살피건대, 이 사건 매매계약일이 1996. 12. 20.임은 앞서 본 바이고, 원고가 그로부터 10년이 도과한 2010. 1. 21. 이 사건 소를 제기한 사실은 기록상 명백하

다. 그러나 한편, 매매계약일로부터 10년이 도과하기 이전에 이 사건 가처분결정을 받아 집행한 사실은 앞서 본 바이고,그 가처분결정의 효력은 피고의 가처분취소신청으로 취소되기 전까지 유지되었는바, 이 사건 가처분이 취소되었다 하더라도 이 사건 가처분으로 인한 효력이 소급하여 소멸하는 것은 아니므로(대법원 2008. 2. 14. 선고 2007다17222 판결 등 참조), 이 사건 매매계약에 따른 소유권이전등기청구권의 소멸시효는 중단되었다. 결국, 피고의 이 부분 주장은 받아들이지 아니한다.

한편, 시효제도의 존재이유에 비추어 보아 부동산 매수인이 그 목적물을 인도받아서 이를 사용수익하고 있는 경우에는 그 매수인을 권리 위에 잠자는 것으로 볼 수도 없고 또 매도인 명의로 등기가 남아 있는 상태와 매수인이 인도받아 이를 사용수익하고 있는 상태를 비교하면 매도인 명의로 잔존하고 있는 등기를 보호하기 보다는 매수인의 사용수익 상태를 더욱 보호하여야 할 것이므로 그 매수인의 등기청구권은 다른 채권과는 달리 소멸시효에 걸리지 않는다고 해석함이 타당하다(대법원 1976. 11. 6. 선고 76다148 전원합의체 판결). 즉, 매수인이 목적물을 인도받아 점유하는 경우에는 등기청구권은 소멸시효가 진행하지 않는다.

6. 채권자대위소송 - 대위에 의한 말소등기청구

X가 Y로부터 부동산을 매수하여 소유권이전등기청구권을 가지고 있는데, 등기를 마치지 않은 사이에 Z가 정당한 원인 없이 Z 자기 앞으로 등기를 마친 경우에 채권자대위권에 의한 말소등기를 청구하는 X의 Z에 대한 채권자대위소송은 Y를 이행 상대방(다만, 이행 상대방으로 X도 가능)으로 한다(아래 기재례 가. 참조). 통상 채무자의 책임재산을 보전하기 위한 채권자대위소송이 일반적이지만, 위와 같은 경우는 채무자의 무자력을 요건으로 하지 않는다(자세히는 후술).

아울러 X는 Y에 대한 자신의 등기청구권에 기하여 Y를 상대로 매매를 원인으로 한 소유권이전등기절차를 이행하라는 청구를 위 채권자대위소송에 병합하여 공동소송으로 할 수 있다(아래 기재례 나. 참조).

이 경우의 청구취지의 기재례는 다음과 같다.

별지 목록 기재 부동산에 관하여,
가. 피고 Z는 피고 Y에게 전주지방법원 2005. 5. 15. 접수 제2569호로 마친 소유권이전등기의 말소등기절차를 이행하고,
나. 피고 Y는 원고에게 2005. 1. 10. 매매를 원인으로 한 소유권이전등기절차를 이행하라.

7. 기판력의 주관적 범위 - 변론종결 뒤의 승계인

전소의 소송물이 채권적 청구권인 (가령 교환계약을 이유로 한) 소유권이전등기청구권일 때에는 전소의 변론종결 후에 전소의 피고인 채무자로부터 소유권이전등기를 경료받은 자는 전소의 기판력이 미치는 변론종결 후의 제3자에 해당한다고 할 수 없다(대법원 1993. 2. 12. 선고 92다25151 판결).

8. 의사표시의무의 집행 - 판결에 의한 등기

권리에 관한 등기는 허위등기를 방지하기 위하여 「부동산등기법」은 등기법상의 권리자와 의무자의 공동신청에 의하는 것이 원칙이다(부동산등기법 23조 1항). 이른바 **공동신청주의**를 택하고 있으므로 등기권리자와 등기의무자가 공동으로 등기를 신청함이 원칙이나, 판결에 기한 등기는 승소한 등기권리자 또는 등기의무자의 단독신청에 의해서도 할 수 있도록 하고 있다. 따라서 등기권리자가 등기의무자에 대하여 등기신청에 관한 협력을 구하고 이를 거부한 때에는 등기신청의 의사표시를 명하는 판결을 받아 단독으로 등기신청을 하는 것이 통상적이다. 등기신청의 의사표시를 명하는 판결 등의 확정으로 의사표시가 된 것으로 간주하기 때문에 이때 판결에서 승소한 등기권

리자가 검인된 확정판결정본을 첨부하여 단독으로 등기를 신청한다(부동산등기법 23조 4항, 부동산등기 특별조치법 3조 2항 참조).

의사표시(Willenserklärung)를 구하는 청구는 부대체적 작위채무를 구하는 것이고, 따라서 직접강제의 방법으로 집행할 수 없고, 한편 간접강제의 방법으로 집행을 할 수 있지만, 이는 대단히 우회적이다. 그래서 「민법」 389조 2항 전단의 '법률행위를 목적으로 한 때에는 채무자의 의사표시에 갈음할 재판을 청구'할 수 있다는 규정을 이어받아 민사집행법 263조 1항은 채무자가 권리관계의 성립을 인낙한 때에는 그 조서로, 의사의 진술을 명한 판결이 확정된 때에는 그 판결로 권리관계의 성립을 인낙하거나 **의사를 진술한 것으로 본다**고 규정하고 있다. 전자의 권리관계의 성립을 인낙하는 것도 의사표시의 일종이다.

의사의 진술을 명한 판결이 확정되면, 그것으로 집행이 끝나고, 채권자는 곧바로 만족을 얻는 것이므로 별도의 집행절차가 요구되지 않고, 집행에는 집행문의 부여나 현실의 집행처분 및 집행기관의 관여가 필요하지 않다.

다만, 조건부 의사표시의무를 집행할 때에는 집행문을 받아야 하므로(민사집행법 263조 2항) 그러하지 않다. 그 취지는 위 경우에 단순한 의사표시의무의 경우와 마찬가지로 집행권원의 확정 또는 성립 시에 의사표시간주의 효과가 생긴다고 한다면, 그 조건 등이 성취되지 않은 채 의사표시간주의 효과가 생길 수 있으므로 민사집행법 30조와 32조의 규정에 의하여 집행문을 내어준 때에 의사표시간주의 효과가 생기도록 함으로써 채무자의 이익을 보호하기 위한 것이다.

의사표시의무가 동시이행관계에 걸린 경우에도 조건 등의 경우와 마찬가지로 취급하여 **집행문 부여**의 요건으로 한다. 앞에서 보았듯이 이 경우에 별도의 집행절차가 존재하지 않으므로, 이를 일반적 청구의 집행권원과 같이 집행개시요건(민사집행법 41조 1항)에 불과하다고 본다면, 그 요건을 조사할 집행기관이 존재하지 않으므로 집행문을 받도록 하여 집행문부여기관으로 하여금 반대의무의 이행을 조사하게 하여 반대의무의 제공이 명확하여진 때에 의사표시 간주의 효과가 생기도록 한 것이다. 즉, 집행문을 받으면 집행절차는 그대로 종료하고, 채권자는 이를 가지고 등기를 신청하면 된다.

실전 쟁점 1 〈소송고지와 보조참가〉

甲은 乙이 소유하였던 부동산을 매수한 것을 이유로 그 부동산의 소유권이전등기를 구하는 소를 乙에 대하여 제기하였고, 乙은 매도의 사실에 대하여 다투고, 甲은 乙의 대리인 丙으로부터 본건 부동산을 유효하게 매수한 것, 예비적으로 丙의 표현대리를 주장하면서, 甲은 丙에게 소송고지를 하였다고 하자.

만약, 丙이 甲에게 보조참가를 하고 자기의 대리권을 주장하였지만, 결국 대리권이 부정되고, 甲 패소의 판결이 확정되었다면 나중에 甲이 「무권대리인」 丙에 대하여 손해배상청구를 할 때에 丙은 이제 자신의 대리권의 존재를 주장할 수 없다(피고지자가 보조참가하면 이른바 참가적 효력이 미치게 되는데, 이 효력은 77조에 따른 보조참가의 효력이지, 여기서의 소송고지의 효력은 아닌 것에 주의).

한편, 가령 피고지자 丙이 소송절차에 참가하지 않았던 경우에는 소송고지 그 자체의 효과로서 77조 참가적 효력의 규정을 적용한다(86조).

실전 쟁점 2 〈소송대리인의 화해권한〉

甲은 X토지를 소유하고 있는 乙과 X토지에 관한 매매계약을 체결하고 잔금까지 지급하였으나, 매도인인 乙이 이전등기를 마쳐 주지 않자 A변호사를 소송대리인으로 선임하여 乙을 상대로 소유권이전등기청구의 소를 제기하였다. 甲은 A변호사에게 소송위임을 하면서 '소의 취하, 화해, 청구의 포기·인낙'에 관한 특별수권을 하였다. 소송 중에 A변호사는 乙이 甲에게 소유권이전등기를 마쳐 주지 못한 이유가 X토지의 일부를 도로로 사용하고 있는데 甲이 소유권을 취득한 후 그 도로를 없애버리면 곤란해지기 때문이라는 점을 파악하고, 乙과 X토지 전체의 5%에 해당하는 도로 부분을 분할하여 그 부분을 제외한 나머지 부분에 대하여 甲에게 소유권이전등기를 마쳐 주는 내용으로 소송상 화해를 하였다. 이에 대하여 甲은 준재심의 소를 제기하면서 자신이 A변호사에게 화해에 관한 권한은 부여하였으나, X토지 전체의 5%를 처분할 수 있는 권한을 준 것은 아니라고 주장하였다. 甲의 주장이 타당한지 판단하고 근거를 서술하시오. 【2023년 제12회 변호사시험】

소송대리인이 가지는 대리권의 범위에 있어서 화해에 대하여는 본인의 의사를 존중하기 위하여 특별수권이 있어야 한다(90조 2항). 사안에서도 특별한 권한을 따로 받았다. 여기서 소송대리인인 변호사의 화해권한의 범위가 어디까지인가의 쟁점이 논하여진다.

판례는 소송상 화해에 관한 특별수권이 되어 있다면 특별한 사정이 없는 한, 그러한 소송행위에 대한 수권만이 아니라 그러한 소송행위의 전제가 되는 당해 소송물인 권리의 처분이나 포기에 대한 권한도 수여되어 있다고 봄이 상당하다고 본다(대법원 1994. 3. 8. 선고 93다52105 판결; 대법원 2000. 1. 31.자 99마6205 결정).

제 6 장
등기청구

제 2 강 시효취득을 원인으로 한 소유권이전등기청구

부동산취득시효에는 20년간 소유의 의사로 평온·공연하게 부동산을 점유한 자가 등기를 함으로써 그 소유권을 취득하는 「**점유취득시효**」와 부동산의 소유자로 등기된 자가 10년간 소유의 의사로 평온·공연하게 선의·무과실로 부동산을 점유한 때에 소유권을 취득하는 「**등기부취득시효**」가 있다(민법 245조). 점유의 계속을 요건으로 하는 법정의 물권의 취득사유이다.

보통 부동산을 취득하는 계약의 유효성이 주장되고, 그 다음 2차적 기능으로 취득시효가 주장되는 경우가 일반적이다.

관련하여 여기서는 점유취득시효를 원인으로 한 소유권이전등기청구를 중심으로 살펴보기로 한다. 부동산에 있어서 등기는 점유 이상의 의미를 가진다.

분쟁의 특징

🕮 시효취득에 기한 소유권이전등기청구의 사례에는 몇 가지 분쟁 유형이 있다.

하나는 인접 토지와 사이의 **경계분쟁**이 있는 경우이다. 경계확정소송에서자기가 주장하는 경계선보다도 자기 소유지 옆 측선이 진짜 경계선이 되는 경우를 대비하여 그 계쟁 부분에 대하여 시효취득을 주장하여 소유권확인이나 소유권이전등기를 구하는 사례가 있을 수 있다. 이러한 경우에 정말로 해당 계쟁 부분을 점유하여 온 것이 인정되는지 여부가 중심적 문제가 되는 경우가 상당히 많다.

다음으로 매매 등의 법률행위에 기하여 토지의 점유를 하여 왔는데, 그 법률행위가 무효 등의 이유로 소유권의 취득이 인정되지 않는 경우에 **시효에 의한 소유권의 취득**을 주장하는 경우도 있다. 다만, 임대차나 사용대차에 기하여 점유를 개시한 경우에는 소유의 의사를 가진 점유라고 할 수 없으므로 시효취득은 성립하지 않는다. 특히 친족 사이에 시효취득이 다투어지는 경우에는 자주점유로 인정되는지 여부가 중심적 쟁점이 되는 경우가 상당히 많다.

1. 소 송 물

소송물은 「점유취득시효 완성을 원인으로 한 소유권이전등기청구권」의 존부이다. 시효취득은 법률의 규정에 의한 물권의 취득이지만, 등기를 요하지 않는다는 187조의 적용을 배제하고 있으므로 등기함으로써 그 소유권을 취득하는데, 이 경우의 등기청구권은 민법 245조 1항에 따른 **채권적 청구권**이라고 본다(대법원 1995. 12. 5. 선고 95다24241 판결 등).

소유권이전등기청구에서 가령 매매와 시효취득 등과 같이 등기원인을 달리하는 경우에(매매를 원인으로 한 소유권이전등기청구에 대하여는 별도 설명) 그것은 단순히 공격방어방법의 차이에 불과한 것이 아니고, 등기원인별로 별개의 소송물로 인정된다(대법원 1996. 8. 23. 선고 94다49922 판결).

가령, 등기청구권의 발생원인을 처음에는 매매로 하였다가 뒤에 취득시효의 완성을 선택적으로 추가하는 것은 단순한 공격방어방법의 차이가 아니라, 별개의 소송물을 추가시킨 것이므로 소의 추가적 변경에 해당한다(대법원 1997. 4. 11. 선고 96다50520 판결).

한편, 시효취득을 원인으로 한 소유권이전등기청구에서 가령 대물변제를 받았다는 주장과, 증여를 받았다는 주장은 모두 부동산을 소유의 의사로 점유한 것인지를 판단하는 기준이 되는 권원의 성질에 관한 주장으로 이는 공격방어방법의 차이에 불과하다(대법원 1994. 4. 15. 선고 93다60120 판결).

청구취지는 같더라도 청구원인이 다를 때에는 기판력에 저촉되지 않지만, 단지 공격방어방법이 다른 것이라면 기판력에 저촉된다.

2. 청구취지

청구취지는 다음과 같다.

> 피고는 원고에게 별지 목록 기재 부동산에 관하여 2020. O. O. 취득시효완성을 원인으로 한 소유권이전등기절차를이행하라.

3. 청구원인

민법 245조 1항은 점유취득시효의 요건으로서, ① 소유의 의사로, ② 평온, 공연하게, ③ 부동산을, ④ 20년간 점유하고, ⑤ 등기한 것을 규정하고 있다.

한편, 민법 197조 1항이 점유자는 소유의 의사로 선의, 평온 및 공연하게 점유한 것으로 무조건적으로 추정하고 있다.

민법 197조 1항이 민법 245조의 취득시효의 규정과 연결되면, 결과적으로 민법 245조 1항은 「해당 부동산을 20년간 점유한 자는 그 소유권을 취득한다. 다만, 소유의 의사로 평온, 공연하게 점유하지 않은 경우에는 그러하지 아니하다」와 마찬가지가 된다. 본문은 권리발생사실로서, 단서는 권리장애사실로서 규정할 수 있다.

가령, 점유자의 소유의 의사가 추정을 받으므로 스스로 소유의 의사를 증명할 책임은 없고, 오히려 그 점유자의 점유가 소유의 의사가 없는 점유임을 주장하여 점유자의 취득시효의 성립을 부정하는 자에게 그 증명책임이 있다(대법원 1997. 8. 21. 선고 95다28625 전원합의체 판결). 즉, 소유의 의사가 없었다고 주장하는 상대방이 그 사실을 증명하여 위 추정을 복멸할 필요가 있다.

그리고 위에서 말하는 평온한 점유란 점유자가 그 점유를 취득 또는 보유하는 데 법률상 용인될 수 없는 강포행위를 쓰지 아니하는 점유이고, 공연한 점유란 은비의 점유가 아닌 점유를 말하는 것이므로 그 점유가 불법이라고 주장하는 자로부터 이의를 받은 사실이 있거나 점유물의 소유권을 둘러싸고 당사자 사이에 법률상 분쟁이 있었다 하더라도 그러한 사실만으로는 곧 그 점유의 평온·공연성이 상실된다고 할 수 없다(대법원 1992. 4. 24. 선고 92다6983 판결).

이렇게 민법 197조 1항에 의하여 추정사실(소유의 의사, 평온, 공연)에 대한 증명책임의 전환을 초래하게 되어, 시효취득을 주장하기 위해서는 해당 부동산을 20년간 점유한 사실만 주장·증명하면 된다.

결국, 점유취득시효의 요건사실(청구원인사실)은 다음과 같이 된다.

❶ 어느 시점에 점유한 것

- 원고는 원칙적으로 점유기간의 기산점을 임의로 선택할 수 없고(고정시설), 현실적으로 점유를 개시한 시점을 확정하여 그 때로부터 20년의 기간을 기산하여야 한다.
- 한편, 점유기간의 산정기준이 되는 점유개시의 시기는 취득시효의 요건사실인 점유기간을 판단하는 데 간접적이고 수단적인 구실을 하는 **간접사실**에 불과하므로 이에 대한 자백은 법원이나 당사자를 구속하지 않는다.

❷ 위 ①로부터 20년 경과한 시점에서 점유하고 있는 것

그리하여 청구원인을 다음과 같이 적으면 안 된다.

× **소유의 의사로 선의, 평온, 공연하게** × 2000. 7. 1. 이 사건 토지의 점유를 개시한 이래 2020. 7. 1.까지 그 점유를 계속한 사실

아래와 같이 적어야 한다.

○ 2000. 7. 1. 이 사건 토지의 점유를 개시한 이래 2020. 7. 1.까지 그 점유를 계속한 사실

그런데 위 요건사실 ② 20년간의 점유계속에 대해서는 전후 양시의 점유로부터 전 기간의 점유의 계속을 추정하는 민법 198조가 있다. 입법자는 전후 양시의 점유라는 사실이 증명된 때에는 법률요건사실인 점유계속사실이 증명된 것으로 한 것인데, 다음과 같이 적는다.

2000. 7. 1. 및 2020. 7. 1. 두 시점에 각 이 사건 토지를 점유한 사실

상대방은 점유계속을 다투는 경우에는 그 사이의 점유계속의 부존재를 주장·증명하는 것에 의하여 위 추정을 복멸할 필요가 있다.

등기부취득시효

📖 한편, 민법 245조 2항은 부동산의 소유자로 등기한 자가 10년간 소유의 의사로 평온·공연하게 선의이며 과실 없이(등기부취득시효에서의 선의·무과실은 등기에 관한 것이 아니고 점유 취득에 관한 것에 주의) 그 부동산을 점유한 때에는 소유권을 취득하는 등기부취득시효를 규정하고 있다.

그 요건으로는 점유취득시효의 요건인 평온·공연한 자주점유에 더하여 점유자의 '선의·무과실'이 요구되고 있다.

선의는 민법 197조에서 추정하고 있지만, 무과실을 추정하는 규정은 없다.

따라서 등기부취득시효를 주장하는 자가 무과실에 대한 증명책임을 진다. 가령 매도인이 등기부상의 소유명의자와 동일인인 경우에는 등기부나 다른 사정에 의하여 매도인의 소유권을 의심할 수 있는 여지가 엿보인다면 몰라도 그렇지 않은 경우에는 등기부의 기재가 유효한 것으로 믿고 매수한 사람에게 과실이 있다고 할 수 없다(대법원 1994. 6. 28. 선고 94다7829 판결).

4. 예상되는 항변

가. 타주점유

앞에서 본 것처럼, 점유자에게 소유의 의사가 추정되므로 이 점에 대하여 취득시효의 성립을 다투는 피고는 **항변**으로 원고에게 「소유의 의사가 없는 것」을 주장·증명하여 위 추정을 복멸하여야 한다.

여기서 점유자의 점유가 소유의 의사 있는 자주점유인지 아니면 소유의 의사 없는 타주점유인지의 여부는 점유자의 내심의 의사에 의하여 결정되는 것이 아니라, 점유취득의 원인이 된 권원의 성질이나 점유와 관계가 있는 모든 사정에 의하여 외형적·객관적으로 결정되어야 한다.

자주점유의 요건인 소유의 의사라고 함은 타인의 소유권을 배제하여자기의 소유물처럼 배타적 지배를 행사하는 의사를 말하므로 ① 지상권·전세권·임차권등과 같은 전형적인 타주점유의 권원에 의하여 점유함이 증명된 경우(**타주점유권원**)는 물론이거니와 이러한 전형적인 타주점유의 권원에 의한 점유가 아니라도 ② 타인의 소유권을 배제하여 자기의 소유물처럼 배타적 지배를 행사하는 의사를 가지고 점유하는 것으로 볼 수 없는 객관적 사정(**타주점유사정**)이 인정되는 때에도 자주점유의 **추정은 번복**된다.

따라서 ① 점유자가 성질상 소유의 의사가 없는 것으로 보이는 권원에 바탕을 두고 점유를 취득한 사실이 증명되었거나(**타주점유권원**), ② 점유자가 타인의 소유권을 배제하여 자기의 소유물처럼 배타적 지배를 행사하는 의사를 가지고 점유하는 것으로 볼 수 없는 객관적 사정(**타주점유사정**), 즉 점유자가 진정한 소유자라면 통상 취하지 아니할 태도를 나타내거나 소유자라면 당연히 취하였을 것으로 보이는 행동을 취하지 아니한 경우 등 외형적·객관적으로 보아 점유자가 타인의 소유권을 배척하고 점유할 의사를 갖고 있지 아니하였던 것이라고 볼 만한 사정이 증명되면 위 추정은 깨어진다(대법원 1997. 8. 21. 선고 95다28625 전원합의체 판결).

그런데 가령 점유자가 취득시효기간이 경과한 후에 상대방에게 토지의 매수를 제의한 일이 있다고 하여도 일반적으로 점유자는 취득시효가 완성된 후에도 소유권자와의 분쟁을 간편히 해결하기 위하여 매수를 시도하는 사례가 허다함에 비추어 이와 같은 매수 제의를 하였다는 사실을 가지고는 위 점유자의 점유를 타주점유라고 볼 수 없다(대법원 1997. 4. 11. 선고 96다50520 판결).

그리고 가령 지상 건물과 함께 그 대지를 매수 취득하여 점유를 개시함에 있어서 매수인이 인접 토지와의 경계선을 정확하게 확인하여 보지 아니하여 착오로 인접 토지의 일부를 그가 매수 취득한 대지에 속하는 것으로 믿고 위 인접 토지의 일부를 현실적으로 인도받아 점유하여 왔다면 특별한 사정이 없는 한 인접 토지에 대한 점유 역시 소유의 의사가 있는 자주점유라고 보아야 할 것이고, 한편 매매 대상 건물 부지의 면적이 등기부상의 면적을 상당히 초과하는 경우에는 특별한 사정이 없는 한 계약 당사자들이 이러한 사실을 알고 있었다고 보는 것이 상당하며, 이러한 경우에는 매도인이 그 초과 부분에 대한 소유권을 취득하여 이전하여 주기로 약정하는 등의 특별한 사정이 없는 한, 그 초과 부분은 단순한 점용권의 매매로 보아야 하고 따라서 그 점유는 권원의 성질상 타주점유에 해당한다 할 것이다(대법원 1999. 6. 25. 선고 99다5866, 5873 판결).

나. 시효중단

시효취득을 원인으로 한 소유권이전등기청구권은 **채권적 청구권**이므로 소멸시효의 대상이 된다.

그리고 소멸시효의 중단에 관한 규정은 취득시효에 대하여도 적용된다(민법 247조 2항). 그런데 민법 168조 2호는 소멸시효 중단사유로 **'압류 또는 가압류, 가처분'**을 규정하고 있지만, 점유로 인한 부동산소유권의 시효취득에 있어 취득시효의 중단사유는 종래의 점유상태의 계속을 파괴하는 것으로 인정될 수 있는 사유이어야 하는데, 위 '압류 또는 가압류'는 금전채권의 강제집행을 위한 수단이거나 그 보전수단에 불과하여 취득시효기간의 완성 전에 부동산에 압류 또는 가압류 조치가 이루어졌다고 하더라도 이로써 종래의 점유상태의 계속이 파괴되었다고는 할 수 없으므로 이는 **취득시효의 중단사유가 될 수 없다**(대법원 2019. 4. 3. 선고 2018다296878 판결).

취득시효의 중단에 관한 **증명책임**은 시효완성을 다투는 상대방에게 있다.

취득시효의 중단사유가 되는 **재판상 청구**에는 시효취득의 대상인 목적물의 인도 내지는 소유권존부 확인이나 소유권에 관한 등기청구소송은 말할 것도 없고, 소유권침해의 경우에 그 소유권을 기초로 하는 방해배제 및 손해배상 혹은 부당이득반환청구소송도 이에 포함된다(대법원 1997. 4. 25. 선고 96다46484 판결). 다만, 점유자가 소유자를 상대로 소유권이전등기청구소송을 제기하면서 그 청구원인으로 '취득시효완성'이 아닌 '매매'를 주장함에 대하여, 소유자가 이에 응소하여 원고 청구기각의 판결을 구하면서 원고의 주장사실을 부인하는 경우에는, 이는 원고 주장의 매매 사실을 부인하여 원고에게 그 매매로 인한 소유권이전등기청구권이 없음을 주장함에 불과한 것이고 소유자가 자신의 소유권을 적극적으로 주장한 것이라 볼 수 없으므로 시효중단사유의 하나인 재판상의 청구에 해당한다고 할 수 없다(대법원 1997. 12. 12. 선고 97다30288 판결).

중단사유로서의 **최고**가 인정된 예로는, 토지 소유자 측과 점유자 사이에 경계의 시비가 있었고, 그로 인하여 토지 소유자 측이 점유자를 상대로 상해, 재물손괴 등으로 고소까지 한 경우(대법원 1989. 11. 28. 선고 87다273, 274, 87다카1772, 1773 판결), 토지 소유자가 점유자에게 토지를 인도하여 줄 것을 통지한 경우(대법원 1992. 6. 23. 선고 92다12698, 12704 판결) 등을 들 수 있다.

그런데 이러한 중단사유의 존재는 시효취득을 주장하는 자가 소를 제기한 경우의 항변으로서는 실제로 생각하기 어려울 것이다. 오히려 다음과 같이 점유의 계속이 끊어졌다는 점을 들 수 있다.

다. 점유계속의 부존재

앞에서 본 것처럼, 위 요건사실 ② 20년간의 점유계속에 대해서는 전후 양시의 점유로부터 전 기간의 점유의 계속을 추정하는 민법 198조가 있어서 전후 양시의 점유라는 사실이 증명된 때에는 법률요건사실인 점유계속사실이 증명된 것이 된다. 상대방은 점유계속을 다투는 경우에는 그 사이의 점유계속의 부존재를 주장·증명하는 것에 의하여 위 추정을 복멸할 필요가 있다. 점유가 끊어졌다(중단 또는 상실되었다)는 사실은 **항변**사유가 된다.

라. 취득시효가 완성된 경우의 점유상실로 인한 시효소멸

시효취득을 원인으로 한 소유권이전등기청구권은 채권적 청구권으로 소멸시효의 대상이 되지만, 해당 부동산에 대한 점유가 계속되는 한, 위 등기청구권은 시효로 소멸하지 않고, 그 후 점유를 상실하였다고 하더라도 이를 시효이익의 포기로 볼 수 있는 경우가 아닌 한, 이미 취득한 소유권이전등기청구권은 바로 소멸되는 것은 아니다.

그런데 **취득시효가 완성된 점유자가 점유를 상실**한 경우에 취득시효 완성으로 인한 소유권이전**등기청구권의 소멸시효**는 이와 별개의 문제로서, 그 점유자가 점유를 상실한 때로부터 10년간 등기청구권을 행사하지 아니하면 소멸시효가 완성한다(대법원 1996. 3. 8. 선고 95다34866, 34873 판결 등).

마. 시효완성 뒤의 소유 명의 변경

취득시효가 완성되면, 점유자는 완성 당시의 소유명의자에 대하여 채권적인 소유권이전등기청구권을 가지게 될 뿐이다. 따라서 시효완성 뒤에 그에 따른 소유권이전등기를 마치기 전에 제3자 명의로 소유권이전등기가 마쳐지면, 그 소유권이전등기가 당연무효가 아닌 한, 소유명의자의 소유권이전등기의무가 이행불능이 된다. 시효완성 후의 제3취득자에 대하여는 시효취득을 주장할 수 없다. 따라서 피고로서는 이러한 사유를 들어 **항변**할 수 있다.

취득시효 완성 후 제3자 앞으로 경료된 소유권이전등기가 원인무효인 경우, 점유자가 시효취득을 주장할 수 있는지 여부(적극) 및 제3자가 취득시효 완성 당시 소유자의 상속인인 경우 직접 제3자에 대하여 취득시효 완성을 원인으로 한 소유권이전등기를 구할 수 있는지 여부(적극)

🕮 취득시효가 완성된 후 점유자가 그 등기를 하기 전에 제3자가 소유권이전등기를 경료한 경우에는 점유자는 그 제3자에 대하여는 시효취득을 주장할 수 없는 것이 원칙이기는 하지만, 이는 어디까지나 그제3자 명의의 등기가 적법 유효함을 전제로 하는 것으로서 위

제3자 명의의 등기가 원인무효인 경우에는 점유자는 취득시효 완성 당시의 소유자를 대위하여 위 제3자 앞으로 경료된 원인무효인 등기의 말소를 구함과 아울러 위 소유자에게 취득시효 완성을 원인으로 한 소유권이전등기를 구할 수 있고, 또 위 제3자가 취득시효 완성 당시의 소유자의 상속인인 경우에는 그 상속분에 한하여는 위 제3자에 대하여 직접 취득시효 완성을 원인으로 한 소유권이전등기를 구할 수 있다(대법원 2002. 3. 15. 선고 2001다77352, 77369 판결).

바. 시효이익의 포기

시효이익의 포기는 시효완성에 따른 이익을 받지 않겠다는 일방적 행위이다. 포기는 상대방에 대한 의사표시로써 한다. 포기가 유효하려면 포기하는 자가 시효완성의 사실을 알고서 한 것이어야 한다. 시효이익을 포기하면 취득시효의 완성을 주장하지 못하고, 포기한 때로부터 시효가 새로 진행한다.

요건사실은 다음과 같다.

❶ 시효이익을 포기한다는 의사표시를 한 것
❷ 위 ①의 때에 시효의 완성을 알고 있던 것

5. 독립당사자참가

독립당사자참가는 다른 사람 사이의 소송계속 중에 제3자가 그 양쪽 또는 한쪽에 대하여 청구를 내세우면서 새롭게 독립한 당사자로 소송절차에 가입하는 제도를 말한다(79조). 참가의 이유는 79조 1항 전단의 「소송목적의 전부나 일부가 자기의 권리라고 주장하는」 권리주장참가와 후단의 「소송결과에 따라 권리가 침해된다고 주장하는」 사해방지참가의 두 가지이다. 이 가운데 아래와 같은 권리주장참가는 제3자가 당사자로 소송에 참가하여 세 당사자 사이에 서로 대립하는 권리 또는 법률관계를 하나의 판결로 서로 모순 없이 일시에 해결하려는 것이다. 모순 없이 일시에 해결하려는 것이므로 원·피고 사이에 다투고 있는 권리관계가 참가인에게 귀속하여서 그 때문에 참가인의 청구가 참가하려는 소송에서의 원·피고 사이의 청구와 논리적으로 양립할 수 없는 경우이어야 한다.

가령, 원고가 토지에 대한 점유취득시효가 완성되었음을 이유로 피고를 상대로 소유권이전등기를 구하는 본소에 대하여, 그 소유권의 귀속을 다투는 원고와 피고를 상대로 그 토지가 자신의 소유라는 확인을 구함과 아울러 원고에게 그 토지 중 원고가 점유하고 있는 부분의 인도를 구하는 독립당사자참가를 한 경우, 원고의 본소 청구와 참가인의 청구는 그 주장 자체에서 **서로 양립할 수 없는 관계**에 있어 그들 사이의 분쟁을 1개의 판결로 모순 없이 일시에 해결할 경우에 해당하므로 독립당사자참가로서의 요건을 갖춘 적법한 것이다(대법원 1997. 9. 12. 선고 95다25886, 25893, 25909 판결).

실전 쟁점

아래의 [사실관계 및 소송진행 경과]와 [심리결과] 및 당사자의 주장 내용에 기초하여 원고 丙의 피고 甲, 乙을 상대로 한 각 청구에 관해 아래 [답안의 양식]에 따라 목차를 구성하여 기술하시오. 【2021년 제10회 변호사시험】

※ 오로지 당사자 사이에 실제로 주장된 내용에 한정하여 변론주의 원칙에 따라 판단하고, 청구의 병합과 변경 및 서면의 송달이 모두 적법하게 이루어졌고, 기타 소송 진행 절차상의 하자는 없는 것으로 간주하며, 그 적법성에 관하여 검토하지 말 것.

[답안의 양식]

1. 피고 乙에 대한 청구의 인용 여부

가. 소의 적법성에 대한 판단

- 결론
- 판단의 근거

나. 본안에 대한 판단
- 결론
- 판단의 근거

2. 피고 甲에 대한 청구의 인용 여부

가. 주위적 청구 관련 소의 적법성 판단
- 결론
- 판단의 근거

나. 매매에 기한 소유권이전등기청구의 당부
- 결론
- 판단의 근거

다. 점유취득시효 완성에 기한 소유권이전등기청구의 당부
- 결론
- 판단의 근거

[사실관계 및 소송진행 경과]

- 甲은 X토지의 소유자이며 현재 그 등기명의를 유지하고 있다.
- 乙은 1998. 5. 5. 丙에게 위 토지를 5,000만 원에 매도하고 같은 날 그 점유를 이전해 주었다.
  ※ 위 매매계약 체결 과정에서 乙은 丙에게 'X토지를 1978. 3. 3. 甲으로부터 매수하였는데 편의상 소유권이전등기를 하지 않았다'고 말하였다.
- 2018. 3. 4. 丙은 甲과 乙을 상대로 X토지에 관하여 아래와 같이 병합하여 소를 제기하였다.
  1) 乙 상대의 청구: 丙에게 1998. 5. 5.자 매매계약을 원인으로 한 소유권이전등기절차를 이행하라는 청구
  2) 甲 상대의 청구
     ① 주위적 청구: 乙을 대위하여, 乙에게 1978. 3. 3.자 매매계약을 원인으로 한 소유권이전등기절차를 이행하라는 청구
     ② 예비적 청구: 丙에게 20년간의 점유에 따른 점유취득시효 완성을 원인으로 한 소유권이전등기절차를 이행하라는 청구
- 2018. 3. 20. 甲은 답변서를 제출하였다.
  ※ 위 답변서에는 '甲이 乙에게 X토지를 매도한 사실이 없고, 위 토지가 甲의 소유라면서 丙의 청구를 모두 기각해 달라'는 취지의 내용이 기재되어 있음
- 2018. 5. 7. 丙은 '청구취지 및 청구원인 변경신청서'를 제출하였다.

※ 위 변경신청서의 내용: '점유개시일을 1998. 5. 5.로 하여 20년이 경과한 날 점유취득시효가 완성되었다'는 것으로 甲에 대한 점유취득시효 관련 청구취지와 청구원인을 구체화

- 제1회 변론기일(2018. 5. 10.): 甲, 乙, 丙 각 출석 / 이하 소송행위의 내용(진술 등)
  1) 丙은 소장 및 2018. 5. 7.자 청구취지 및 청구원인 변경신청서를 각 진술
  2) 甲은 2018. 3. 20.자 답변서를 진술
  3) 乙은 다음과 같이 진술
     가) 1998. 5. 5.에 丙과 X토지에 관하여 매매계약을 체결한 사실을 인정한다.
     나) 설사 丙이 자신(乙)을 상대로 제기한 이 사건 소에서 승소하더라도 자신이 甲을 상대로 위 토지에 관하여 소유권이전등기절차의 이행을 구할 권리가 없어 판결이 나더라도 丙 명의로의 순차적인 소유권이전등기가 마쳐지는 것이 현실적으로 불가능하므로 자신을 상대로 제기된 소는 소의 이익이 없어 부적법하다.
  4) 법원

     乙에 대하여 순차적인 이전등기가 현실적으로 불가능함을 이유로 소가 부적법하다는 주장의 취지에 대하여 석명한바, 乙은 소의 이익을 부정하는 취지일 뿐, 이행불능의 항변까지 하는 취지는 아니라고 답변
- 제2회 변론기일(2018. 8. 8.): 甲, 丙 각 출석, 乙 불출석 / 이하 소송행위의 내용(진술 등)
  1) 甲의 진술
     가) 丙과 乙 사이의 1998. 5. 5.자 매매계약에 기한 丙의 소유권이전등기청구권이 그 행사할 수 있는 날로부터 10년이 경과하여 시효완성으로 소멸하여 피보전채권이 존재하지 않으므로 채권자대위소송에 해당하는 주위적 청구는 부적법하다.
     나) 이 사건 소송에서의 적극적인 권리주장으로 인하여 답변서 제출일인 2018. 3. 20.에丙의 점유취득시효의 진행이 중단되었다.
  2) 丙의 진술
     가) (甲의 위 소멸시효 주장에 대하여) X토지를 점유하여 왔으므로 소유권이전등기청구권의 소멸시효가 진행하지 않았다.
     나) 설사 적극적인 권리주장으로 취득시효가 중단된다 하더라도 甲의 답변서 진술일인 2018. 5. 10.에 비로소 중단의 효력이 생기는데, 그 이전에 이미 취득시효가 완성하였다.
  3) 변론종결

[심리결과]

• 법원은 다음과 같은 심증을 형성하였다.
  ① 甲이 주장하는 바와 같이 甲과 乙 사이에 X토지에 관하여 매매계약이 체결된 사실이 없다.
  ② 丙은 1998. 5. 5.부터 위 토지의 점유를 시작하여 현재까지 점유 중이다.
  ③ 乙의 위 토지에 대한 점유사실은 증명되지 아니하였다.
  ④ 다른 당사자가 주장한 내용을 원용한 당사자는 없다.

제 6 장
등기청구

제 3 강 소유권에 기한 소유권이전등기말소등기청구

내가 소유하는 X토지에 나로부터 乙에게의 증여를 원인으로 하는 乙 명의의 소유권이전등기가 마쳐져 있다. 乙이 마음대로 등기한 것이므로 나는 乙에 대하여 소유권에 기하여 위 등기의 말소를 구하고자 한다.

실체적 법률관계에 합치하지 않는 무효의 소유권이전등기가 경료된 경우에 진정한 소유권자가 다른 사람 명의로 마쳐진 소유권이전등기가 원인무효임을 주장하여 그 말소를 구하는 경우이다. 소유권에 기한 방해배제(제거)청구로서 무효인 소유권이전등기의 말소를 구할 수 있다.

1. 소 송 물

등기소송의 대표적인 유형인 소유권에 기한 소유권이전등기말소등기청구소송의 소송물은 「소유권이전등기의 말소등기청구권」으로, 이는 소유권에 기한 **물권적 청구권**으로서의 방해배제(제거)청구권(민법 214조)의 성질을 갖는

다. 타인 명의의 소유권이전등기의 존재에 의하여 자기의 소유권이 침해되고 있는 것에 기한 등기청구소송이기 때문이다.

말소등기청구소송의 경우에 소송물의 동일성 식별표준이 되는 청구의 원인, 즉 말소등기청구권의 발생원인은 당해 「등기원인의 무효」에 국한되는 것이며(대법원 1993. 6. 29. 선고 93다11050 판결), 가령 등기원인의 무효를 뒷받침하는 개개의 사유인 무권대리, 불공정한 법률행위 등은 독립된 공격방어방법에 불과하여 별개의 청구원인을 구성하는 것은 아니다.

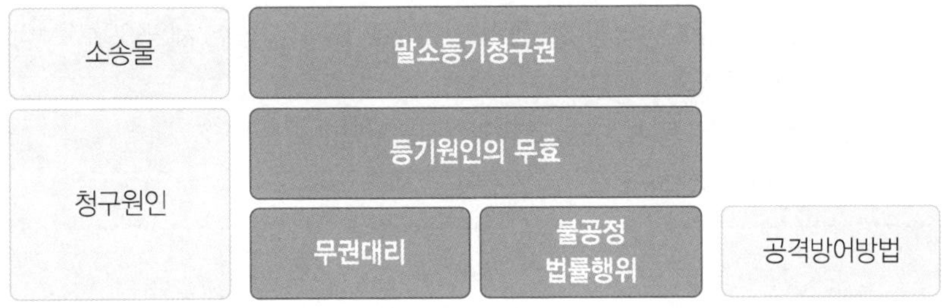

2. 청구취지

소유권에 기한 소유권이전등기말소청구소송의 청구취지의 기재례는 다음과 같다.

> 피고는 원고에게 별지목록 기재 부동산에 관하여 서울동부지방법원 강동등기소 2020. 4. 16. 접수 제11078호로 마친 소유권이전등기절차의 말소절차를 이행하라.

말소 대상 등기는 관할등기소, 접수연월일, 접수번호, 등기종류로 특정하여 적는다. 그러나 그 밖에 등기원인, 내용까지 적지는 않으므로 등기원인까지 적지 않도록 주의하라. "피고는 원고에게 별지목록 기재 부동산에 관하여 ***2020. 2. 6. 매매를 원인으로 한*** 서울동부지방법원 강동등기소 2020. 4. 16.

접수 제11078호로 마친 소유권이전등기절차의 말소절차를 이행하라"와 같이 적으면 안 된다.

또한 가령 甲(원고) → 乙 → 丙으로 순차로 소유권이전등기가 경료된 경우에 있어서 등기원인이 원인무효에 의하여 소급적으로 실효하였다는 것을 이유로 甲(원고)이 등기의 말소를 구하는 때에 순차로 경료된 여러 등기의 말소등기의 청구취지의 기재례는 다음과 같다.

1. 원고에게, 별지목록 기재 부동산에 관하여,
   가. 피고 乙은 전주지방법원 OO등기소 2020. 5. 15. 접수 제2569호로 마친 소유권이전등기의,
   나. 피고 丙은 같은 등기소 … 소유권이전등기의

각 말소등기절차를 이행하라.

여러 등기의 말소등기의 상대방은 항상 甲(원고)이 되며, 직전 등기명의자를 상대방으로 하면 안 된다. 그리고 순차 경료된 이전등기의 말소등기청구소송은 권리관계의 합일적인 확정을 필요로 하는 필수적 공동소송이 아니라, **통상공동소송**이다(대법원 1991. 4. 12. 선고 90다9872 판결).

3. 청구원인

요건사실은 다음과 같다.

❶ 원고의 소유
❷ 피고의 소유권이전등기 경료
❸ 등기의 원인무효

위 ①과 관련하여, 원고가 부동산의 소유권에 기한 물권적 방해배제청

구권 행사의 일환으로서 계쟁 부동산에 관하여 피고 명의로 마쳐진 소유권 이전등기의 말소를 구하려면 먼저 원고에게 그 말소를 청구할 수 있는 권원이 있음을 적극적으로 주장·증명하여야 한다. 원고는 자신의 소유사실로, 이미 자기 앞으로 소유권을 표상하는 등기가 되어 있었거나 법률의 규정에 의하여 소유권을 취득한 사실을 주장·증명하여야 한다. 가령, 상속의 경우에는 피상속인의 소유권등기사실 및 원고의 상속사실을 주장·증명할 수도 있다.

한편, 원고의 소유권취득시점과 피고의 등기 시점 사이에 제3자에 의한 소유권이전등기가 경료되어 있는 경우에는 피고가 등기를 경료하기 전에 이미 원고가 소유권을 상실한 것으로 법률상 추정되므로 원고로서는 제3자 명의의 소유권이전등기의 무효까지 주장·증명하여야만 원고의 소유사실을 완전하게 주장·증명하는 것이 된다.

위 ②와 관련하여, 원고는 소유권에 대한 방해로서 피고 명의의 소유권 이전등기의 존재를 주장·증명할 필요가 있다. 참고로 보면, 말소등기청구에 병합하여 소유권에 기하여 토지의 인도를 구하는 경우의 청구원인의 요건사실은 피고가 현재 해당 사건의 토지를 점유하고 있는 사실을 추가로 적어야 한다(이 부분은 후술).

위 ③과 관련하여, 일단 피고 명의의 등기가 경료된 이상, 등기는 적법하게 이루어진 것으로 **법률상 추정**되므로 원인무효임을 이유로 등기의 말소를 구하는 원고는 그 반대사실, 즉 등기원인의 무효사실(가령 무권대리) 또는 등기절차의 위법사실(가령 위조서류)까지 주장·증명하여야 한다.

부동산에 관하여 소유권이전등기가 경료되어 있는 경우에는 그 등기명의자는 제3자에게 대하여서뿐만 아니라 그 전 소유자에 대하여서도 적법한 등기원인에 의하여 소유권을 취득한 것으로 추정된다(대법원 1992. 4. 24. 선고 91다26379, 26386 판결). 소유권이전등기가 전 등기명의인의 직접적인 처분행위에 의한 것이 아니라 제3자가 그 처분행위에 개입된 경우에 현 등기명의인이 그 제3자가 전 등기명의인의 대리인이라고 주장하더라도 현 소유명의인의 등기가 적법히 이루어진 것으로 추정되므로, 그 등기가 원인무효임을 이유로 그 말소를 청구하는 전 소유명의인으로서는 그 반대사실 즉, 그 제3자에게 전 소유명의인을 대리할 권한이 없었다던가, 또는 제3자가 전 소유명의인의 등기서류를 위조하였다는 등의 무효사실에 대한 증명책임을 진다(대법원 1997. 4. 8. 선고 97다416 판결).

4. 예상되는 항변

예상되는 항변은 다음과 같다.

가. 원고 명의 등기의 원인무효

원고가 자신 명의로 소유권이전등기를 경료한 사실을 증명함으로써 계쟁 부동산이 자신의 소유로 법률상 추정을 받는 경우에, 이에 대하여 피고로서는 원고 명의의 소유권이전등기가 원인무효임을 주장·증명함으로써 위와 같은 추정을 번복시킬 수 있다.

만일, 원고에게 소유권이전등기의 말소를 청구할 수 있는 권원이 있음이 인정되지 않는다면 설사 피고 명의의 소유권이전등기가 말소되어야 할 무효의 등기라고 하더라도 원고의 청구를 인용할 수는 없다 할 것이고, 이러한 법리는 피고 명의의 소유권이전등기가 원고 명의의 소유권이전등기로부터 전전하여 경료된 것으로서 선행하는 원고 명의의 소유권이전등기의 유효함을 전제로 하여야만 그 효력을 주장할 수 있는 경우라 하여 달리 볼 것은 아니다(대법원 2005. 9. 28. 선고 2004다50044 판결).

나. 원고의 후발적 소유권 상실

피고가 등기를 경료한 이후에 원고가 후발적으로 해당 부동산에 대한 소유권을 상실한 경우에 원고의 청구는 배척되게 된다. 가령, 선등기명의자의 소유권이전등기가 원인무효라고 하더라도 그 이후의 최종 등기명의자가 등기부시효취득의 항변을 제출하여 법원에서 그것이 받아들여진 경우, 그 전의 등기명의자들이 최종 등기명의자의 시효취득 사실을 원용하여 원소유자의 소유권 상실을 주장하고 있다면 원소유자의 소유권에 기한 등기말소청구는 배척될 수밖에 없다. 피고로서는 자신의 등기가 원인무효라고 하더라도 그 이후의 최종 등기명의자가 등기부취득시효의 항변을 제출하여 법원에서 그것이 받아들여진 사실을 주장·증명하여 원고의 청구를 배척할 수 있다(대법원 1995. 3. 3. 선고 94다7348 판결).

다. 등기부상 등기원인이 유효

피고는 원고가 주장하는 등기원인의 무효사실과 양립하는 별개의 사유를 들어 등기원인의 유효를 주장할 수 있다.

가령, **무권대리인**으로부터 피고가 매수한 것이라며 원고가 그 등기원인의 무효를 주장할 경우에는 피고로서는 민법 126조의 권한을 넘은 **표현대리**에 해당한다는 항변이나, 원고가 그 **매매계약을 추인**하였다고 항변할 수 있다.

또한 가령, 원고가 **이행지체를 이유로 매매계약을 해제**하였다고 주장하면서 피고 명의의 등기말소를 구하는 경우에, 이에 대하여 피고로서는 해제의 의사표시가 도달하기 전에 **채무내용에 좇은 이행**을 하였다거나 해제권의 행사가 신의성실의 원칙에 위배된다는 등의 사실을 주장하며 항변할 수 있다.

라. 실체적 권리관계 부합

그 예로는 점유취득시효가 완성되었다는 주장을 하는 경우를 들 수 있다.

5. 피고적격

이행의 소에서 당사자적격은 소송물인 이행청구권이 자신에게 있음을 주장하는 사람에게 있는 것이고, 실제로 이행청구권이 존재하는지 여부는 본안심리를 거쳐서 판명되어야 할 사항이나, 예외적으로 등기말소절차이행을 구하는 소에 있어서는 등기의무자, 즉 등기부상의 형식상 그 등기에 의하여 권리를 상실하거나 기타 불이익을 받을 사람(등기명의인이거나 그 포괄승계인)가 아닌 사람을 상대로 한 등기의 말소절차이행을 구하는 소는 당사자적격이 없는 자를 상대로 한 부적법한 소이다(대법원 1994. 2. 25. 선고 93다39225 판결).

6. 등기상 이해관계 있는 제3자의 말소승낙의 의사표시 청구

말소등기를 신청하는 경우 등에 있어서 등기상 이해관계 있는 제3자가 있는 때에는 그의 승낙이 있어야 하는데(부동산등기법 57조 1항), 가령 원인무효인 소유권이전등기 명의인을 채무자로 한 가압류등기와 그에 터 잡은 경매신청기입등기가 경료된 경우, 그 부동산의 소유자는 원인무효인 소유권이전등기의 말소를 위하여 이해관계에 있는 제3자인 가압류채권자를 상대로 하여 원인무효 등기의 말소에 대한 승낙을 청구할 수 있고, 그 승낙이나 이에 갈음하는 재판이 있으면 등기공무원은 신청에 따른 원인무효 등기를 말소하면서 직권으로 가압류등기와 경매신청기입등기를 말소한다.

이렇게 등기상 이해관계 있는 제3자에 대하여 (제3자가 자기 명의의 등기를 말소하는 것에 대한 승낙이 아니라, 그 등기가 기초하고 있는 명의의) 소유권이전등기가 말소된다는 점에 대하여 승낙의 의사표시를 구하는 소에 있어서 그 소송물은 소유권에 기한 방해배제청구권으로서의 승낙청구권이다. 제3자가 승낙하지 않으면 말소등기를 할 수 없어 그 태도가 소유권을 침해하게 되기 때문이다.

청구취지는 다음과 같이 적는다.

> 피고는 원고에게 전주지방법원 OO등기소 2020. 5. 15. 접수 제2569호로 마친 소유권이전등기의 말소등기에 대하여 승낙의 의사표시를 하라.

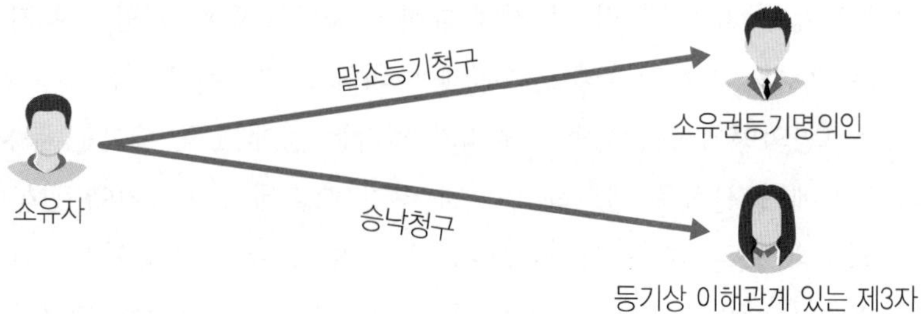

등기의무자에 대하여 등기의 말소를 구하는 소송과 등기상 이해관계 있는 제3자에 대하여 그 등기의 말소에 대한 승낙을 구하는 소송은 별개의 소송이고, 이를 병합하여 제기하는 경우에 이는 통상의 공동소송에 해당한다.

이 경우의 청구취지는 다음과 같이 적는다.

> 원고에게, 피고 乙은 별지목록 기재 부동산에 관하여 전주지방법원 OO등기소 2020. 5. 15. 접수 제2569호로 마친 소유권이전등기의 말소등기절차를 이행하고, 피고 丙은 위 소유권이전등기의 말소등기에 대하여 승낙의 의사표시를 하라.

등기상 이해관계 있는 제3자인지 여부는 말소등기에 의하여 등기의 형식상으로 보아 일반적으로 손해를 입을 염려가 있는지 여부에 의하여 판단된다. 따라서 실질적으로는 손해를 입을 염려가 있더라도 그러한 염려를 등기의 형식상 알 수 없는 자는 이해관계 있는 제3자가 되지 못한다. 이에 대하여 등기의 형식상 일반적으로 손해를 입을 염려가 있다고 인정되는 이상, 비록 그 권리가 실체법상 제3자에게 대항할 수 있어서 실질적, 구체적으로 손해를 입을 염려가 없더라도 이해관계 있는 제3자에 해당한다.

등기상 이해관계 있는 제3자의 승낙서 등을 첨부하지 않은 채 말소등기가 이루어진 경우에 그 말소등기는 제3자에 대한 관계에서는 무효이고, 다만 제3자에게 그 말소등기에 관하여 실체법상 승낙의무가 있는 때에는 승낙서 등을 첨부하지 않았더라도 그 말소등기는 실체적 법률관계에 부합하므로 제3자에 대한 관계에 있어서도 유효하다(대법원 1996. 8. 20. 선고 94다58988 판결).

이러한 제3자가 해당 말소등기에 대하여 승낙을 하여야 할 의무가 있는지 여부는 오로지 실체법상의 권리관계에 의하여 결정된다. 즉, 말소원인이 기존의 등기명의인에게 실체법상 권리가 없다는 점에 있을 때에는 부동산등기법이 등기에 공신력을 인정하고 있지 않기 때문에 말소등기에 관하여 등기상 이해관계 있는 자 역시 실체법상 무권리자로서 말소등기가 되더라도 아무런 손해가 발생할 우려가 없을 것이므로 이러한 자는 승낙의무를 부담하게 될 것이다. 그러나 말소대상인 등기의 명의인이 실체법상 무권리자라 하더라도 제3자가 가령 민법 108조 2항의 통정허위표시의 무효에 있어서 선의의 제3자와 같이 실체법상 무권리자가 아닌 경우에는 그러한 승낙의무를 부담하지 않는다.

그런데 제3자가 선의의 제3자 보호규정 등에 의하여 보호받는 자로 그의 승낙을 받을 수 없다면, 이 때에는 진정명의회복을 위한 소유권이전등기를 구하여 선의의 제3자의 제한물권 등 등기는 그대로 유지한 채, 소유 명의만 회복하여 권리를 실현하는 방식을 택하면 된다.

한편, 등기상 이해관계 있는 제3자가 가령 (근)저당권인 경우에 실무상으로는 제3자에게 승낙의 의사표시를 구하는 것이 아니라, 곧바로 제3자 명의의 (근)저당권설정등기의 말소등기를 구하는 소를 제기하는 것이 관례이다. 현행법상 등기에 공신력이 없는 관계로 무효인 제3자의 (근)저당권설정등기가 소유자의 소유권을 방해하고 있는 것이므로 제3자에게 (근)저당권설정등기의 말소등기를 구하는 소의 근거로 물권적 방해배제청구권을 들고 있다.

위에서 보았듯이 이해관계 있는 제3자의 등기가 가압류등기인 경우에는 채권자의 신청에 의한 법원의 재판에 터 잡아 촉탁에 의하여 가압류등기가 이루어진 경우이므로 가압류의 기초가 된 소유권이전등기가 원인무효라고 하여 가압류등기가 당연히 무효가 되는 것은 아니고, 이러한 경우에는 가압류권자를 상대로 소유권이전등기말소에 대한 승낙을 구하여야 하지, 가압류등기 자체의 말소를 구하여서는 안 된다.

7. 채권자대위소송 - 대위에 의한 말소등기청구

甲이 乙로부터 부동산을 매수하여 소유권이전등기청구권을 가지고 있는데, 등기를 마치지 않은 사이에 丙이 정당한 원인 없이 丙 자기 앞으로 등기를 마친 경우에 채권자대위권에 의한 말소등기를 청구하는 甲의 丙에 대한 채권자대위소송은 乙을 이행 상대방(다만, 이행 상대방으로 甲도 가능)으로 한다(아래 기재례 가. 참조). 통상 채무자의 책임재산을 보전하기 위한 채권자대위소송이 일반적이지만, 위와 같은 경우는 채무자의 무자력을 요건으로 하지 않는다(자세히는 후술).

아울러 甲은 乙에 대한 자신의 등기청구권에 기하여 乙을 상대로 매매를 원인으로 한 소유권이전등기절차를 이행하라는 청구를 위 채권자대위소송에 병합하여 (통상의) 공동소송으로 할 수 있다(아래 기재례 1. 나. 참조).

이 경우의 청구취지의 기재례는 다음과 같다.

1. 별지 목록 기재 부동산에 관하여,
   가. 피고 丙은 피고 乙에게 전주지방법원 2020. 5. 15. 접수 제2569호로 마친 소유권이전등기의 말소등기절차를 이행하고,
   나. 피고 乙은 원고에게 2020. 1. 10. 매매를 원인으로 한 소유권이전등기절차를 이행하라.

실전 쟁점

甲으로부터 乙에게 토지의 소유권이전등기가 경료되었지만, 甲은 乙에 대하여 위 등기는 통정허위표시로 무효라고 말소등기청구의 소를 제기하고 승소하여 그 판결은 확정되었다. 그런데 선의의 丙이 사실심 변론종결 뒤에 乙로부터 위 토지를 매수하고, 이전등기가 乙로부터 丙에게 경료되었다. 甲은 丙에 대하여 위 승소 판결에 기하여 판결의 효력을 미칠 수 있는가?

변론종결 뒤(변론 없이 한 판결의 경우에는 판결을 선고한 뒤)에 소송물인 권리관계에 대한 지위를 당사자(前主)로부터 승계한 제3자는 전주와 상대방 당사자 사이에 내려진 판결의 기판력을 받는다(218조 1항).

사안과 같이 통정허위표시에 기한 이전등기말소청구소송의 변론종결 뒤에 소유권을 양수한 제3자가 종전 소송 상대방의 자기에 대한 이전등기말소청구에 대하여 상대방의 소유권상실을 뒷받침하기 위한 항변으로 민법 108조 2항에 기한 선의의 제3자라는 취지의 주장을 할 때에 그 사람을 민사소송법 218조 1항의 승계인으로 취급할 것인지 여부의 문제이다.

이와 관련하여 실질설과 형식설의 2가지 견해가 있다.

가. 실 질 설

제3자에게 고유의 실체법적 지위가 인정되는 경우에 그 제3자는 전주(前主)의 상대방으로부터의 청구를 거절할 수 있는 이상, 승계인은 아니고, 제3자에게 고유의 실체법적 지위가 인정될 수 없는 경우에 제3자는 승계인이 된다(전주의 상대방에게 제3자를 상대로 집행문부여의 소 등과 같은 집행관계소송을 제기할 책임이 있다).

판례는 실질설을 취한다. 원고가 매매에 기한 소유권이전등기청구소송에서 승소의 확정판결을 받았다 하여도 자기 앞으로 등기를 마치기 전이면 제3자에게 자기 소유권을 대항할 수 없음을 들어 이 경우에 제3자는 승계인이 아니라고 판시하였다(대법원 1980. 11. 25. 선고 80다2217 판결). 그런데 이 사안은 구소송물이론에 따라 소송물이 채권적 청구권이므로 승계인에게 기판력이 확장되지 않는다고 설명할 수도 있다.

나. 형 식 설

제3자의 고유한 실체법적 지위와는 무관계하게 전래성(傳來性)이 인정된다면, 제3자는 당연히 승계인이 되고 기판력의 확장을 받는다. 다만, 후소에 있어서 선의의 제3자라든지 선의취득자라는 등의 고유한 공격방어방법을 제출하는 것이 기판력으로 방해되는 것은 아니다. 기판력은 확장되지만, 고유한 공격방어방법이 집행단계에서 제출된다면 집행을 할 수 없게 되므로 기판력의 확장과 집행력의 확장은 일치하지 않고 어긋나게 된다(집행문부여에 대한 이의의 소 등과 같은 집행관계소송을 제기할 책임이 승계인에게 있다). 형식설에서는 고유한 실체법적 지위를 승계 개념으로부터 분리하여 이를 실체법적 질서의 문제로 본다.

다. 검 토

민사소송법 218조 2항은 당사자가 변론을 종결할 때(변론 없이 한 판결의 경우에는 판결을 선고할 때)까지 승계사실을 진술하지 아니한 때에는 변론종결 뒤에 승계한 것으로 추정한다고 규정하고 있다. 이 규정의 취지는 결국 승계가 있으면 소송과정에서 그 사실이 밝혀지지 않는 한, 일단 변론종결 뒤 승계가 있는 것으로 추정하여 기판력을 미치게 한 다음, 승계인으로 하여금 뒤에 그 추정을 깨뜨리게 한다는 입장으로, 이는 형식설에 부합된다고 할 것이므로 학설의 대부분은 형식설에 찬성한다.

제 6 장 등기청구

제 4 강 진정명의회복을 원인으로 한 소유권이전등기청구

[甲의 주장] 나는 경주 출신으로, 부산 시내에 토지를 소유하고 있었다. 이 토지는 내가 할아버지로부터 무상으로 받은 것이었다. 고등학교 졸업 무렵 진로 문제로 부모와 의견 대립이 생겼고, 나는 고향을 떠나 서울 시내의 원룸에서 살고 있었는데, 18살 어느 날, 부산에서 乙이라는 친척이 와서 「네가 가지고 있는 토지를 2천만 원에 팔았으면 좋겠다」라고 말하였다. 당시, 나는 생활이 궁핍하였기 때문에 기뻐하며 乙의 이야기를 받아들여, 乙이 말하는 대로 매매계약서에 서명날인하고, 등기에 필요한 서류를 乙에게 주었다. 매매대금 2천만 원은 받았지만, 취미생활비용과 유흥비로 써 버려 현재는 남은 돈이 없다. 그리고 몇 년이 지나, 현재 나는 아르바이트를 하며 생활하고 있는데, 집에서 나에게 「너, 그 토지 어떻게 하였느냐. 丙이라는 사람이 주차장으로 쓰고 있다. 토지를 제대로 하여 놓아라」라고 말하였다. 토지를 팔 때, 부모의 동의서가 필요하였는데, 집에 직접 말하기 어렵다고 하였더니, 乙이 집에 어떻게 잘 말하여 동의를 받아 처리한 것 같았는데, 집에서는 결국 토지의 매매에 동의하지 않았다고 한다. 내 자신이 판 토지이지만, 되돌릴 방법이 없는가. 또한 내가 판 토지는 나로부터 乙에게 소유권이전등기가 행하여진 뒤, 乙로부터 丙에게 소유권이전등기가 이루어져, 현재 丙이 주차장으로 사용하고 있다.

[丙의 주장] 나는 부산에 사는 사람으로, 주차장 용지를 찾고 있었는데, 우연히 乙이 소유하고 있는 토지를 팔려고 한다는 것을 알고, 乙로부터 3천만 원에 사서 소유권이전등기와 인도를 받아 현재 주차장으로 사용하고 있다. 이번에 乙의 전 소유자라고 하는 甲이 나에게 '등기를 원상태로 돌려달라', '토지를 반환하여 달라'는 요구를 하고 있는데, 나는 완전히 선의의 제3자이기 때문에 그러한 요구에 응할 수 없다.

실체적 법률관계에 합치하지 않는 무효의 소유권이전등기가 경료된 경우에 진정한 소유권자는 소유권에 기한 방해배제(제거)청구로서 무효인 소유권이전등기의 말소를 구할 수 있는데, 이러한 말소등기의 방법에 의하지 않고, 종래 등기원인을 진정한 소유명의회복으로 하여 무효인 현재의 등기명의인으로부터 진정한 소유권자 앞으로 바로 소유권이전등기를 받음으로써 소유권을 회복하는 것이 가능한지에 대하여 논의가 있어 왔다.

등기는 현재의 권리관계만이 아니라 물권의 변동과정도 공시하는 것이 바람직하다는 점에서 이론적으로는 부정설의 논거도 일리가 있으나, 가령 乙의 기망행위에 속은 甲이 乙에게 부동산을 증여하고 이를 원인으로 한 소유권이전등기를 경료하여 주고, 이어서 乙은 다시 선의의 丙에게 근저당권설정등기를 경료하여 준 경우에 비록 그 후 甲이 사기를 이유로 증여행위를 취소하더라도, 이를 선의인 丙에게 대항할 수 없어(민법 110조 3항) 결국 등기상 이해관계인인 丙의 승낙을 얻지 못하여 乙 명의의 소유권이전등기를 말소할 수 없게 되는데, 이러한 경우에는 말소등기에 갈음하여 乙로부터 직접 진정한 소유권자인 甲에게 丙의 **근저당권의 부담을 안은 채** 소유권이전등기를 경료하도록 할 실제상의 필요가 있다.

진정명의회복을 원인으로 한 소유권이전등기청구의 허부에 관하여, 부정설을 취한 판례도 있었으나, 대법원 1990. 11. 27. 선고 89다카12398 전원합의체 판결이 위 판결을 폐기하고, 진정한 등기명의회복을 원인으로 한 소유권이전등기를 인정한 이래, **판례**는 **긍정설**을 취하고 있다.

1. 소 송 물

진정한 등기명의의 회복을 위한 소유권이전등기청구는 이미 자기 앞으로 소유권을 표상하는 등기가 되어 있었거나 법률에 의하여 소유권을 취득한 사람이 진정한 등기명의를 회복하기 위한 방법으로 현재의 등기명의인을 상대로 그 등기의 말소를 구하는 것에 갈음하여 허용되는 것인다.

말소등기에 갈음하여 허용되는 진정명의회복을 원인으로 한 소유권이전등기청구권과 무효등기의 말소청구권은 어느 것이나 진정한 소유자의 등기명의를 회복하기 위한 것으로서 실질적으로 그 목적이 동일하고, 두 청구권 모두 소유권에 기한 **방해배제청구권**으로서 그 법적 근거와 성질이 동일하므로, 비록 전자는 이전등기, 후자는 말소등기의 형식을 취하고 있다고 하더라도 그 소송물은 실질상 동일한 것으로 보아야 한다(대법원 2001. 9. 20. 선고 99다37894 전원합의체 판결).

2. 청구취지

기재례는 다음과 같다. 진정명의의 회복을 원인으로 하여 등기절차의 이행을 구할 경우에는 등기원인일자를 적지 않는다.

> 피고는 원고에게 별지 목록 기재 토지에 관하여 진정명의회복을 원인으로 한 소유권이전등기절차를 이행하라.

3. 청구원인

요건사실은 앞에서 살펴 본 소유권에 기한 소유권이전등기말소등기청구와 마찬가지이다.

❶ 원고의 소유
❷ 피고의 소유권이전등기 경료
❸ 등기의 원인무효

위 ①과 관련하여, 소유가 여러 명의 **공유**인 경우에 공유자의 1인은 공유물에 관한 보존행위로서 그 등기 전부의 말소를 구할 수 있으나, 원인무효의 등기가 특정 공유자의 지분에만 한정하여 마쳐진 경우에는 그로 인하여 지분을 침해받게 된 특정 공유자를 제외한 나머지 공유자는 공유물의 보존행위로서 위 등기의 말소를 구할 수는 없다(대법원 2023. 12. 7. 선고 2023다273206 판결).

위 ③과 관련하여, 일단 피고 명의의 등기가 경료된 이상, 등기는 적법하게 이루어진 것으로 법률상 추정되므로 원인무효임을 이유로 등기의 말소를 구하는 원고는 그 반대사실, 즉 등기원인의 무효사실(가령, 무권대리, 강박을 이유로 한 취소) 또는 등기절차의 위법사실(가령, 위조서류)까지 주장·증명하여야 한다. 후술 실전 쟁점을 참조하라.

4. 예상되는 항변

진정명의회복을 원인으로 한 소유권이전등기청구에서 예상되는 항변은 소유권이전등기말소청구에서 설명한 것과 마찬가지이다.

그 밖에 원고가 소유권이전등기말소청구소송에서 패소확정판결을 받았다면, 그 기판력은 그 뒤 제기된 진정명의회복을 원인으로 한 소유권이전등기청구소송에도 미치므로(위 전원합의체 판결) 피고로서는 진정명의회복을 원인으로 한 소유권이전등기청구소송이 **기판력에 저촉된다는 주장**을 할 수 있다. 다만, 이러한 주장은 후술하듯이 직권조사사항인 기판력의 저촉여부에 관한 법원의 심리를 촉구하는 의미만을 가질 뿐 항변으로 보기 어렵다. 법원의 심리를 촉구하는 의미만을 가질 뿐 항변은 아니므로 법원이 이에 대한 판단을 하지 않았다 하더라도 판단유탈의 위법을 범하고 있는 것이 아니다.

5. 사안의 분석

甲은 이 사건 토지의 원래 소유자인데, 甲으로 乙, 乙로부터 丙에게 소유권이전등기가 경료되었고, 점유도 甲으로부터 乙, 乙로부터 丙에게 이전되었다. 甲으로부터 乙에게 소유권이 이전된 원인은 甲·乙 사이의 매매계약이며, 乙로부터 丙에게 소유권이 이전된 원인은 乙·丙 사이의 매매계약이다.

이러한 사안에서, 甲의 입장에서, 甲이 丙으로부터 등기부상의 소유명의와 점유를 회복하는 방법이 무엇인가 생각하면 다음과 같다.

甲·乙 사이의 매매계약 당시 甲은 미성년자였으며, 친권자의 동의를 얻지 않았다. 민법 5조 1항 본문은 「미성년자가 법률행위를 함에는 법정대리인의 동의를 얻어야 한다」고 규정하고 있고, 동조 2항은 「전항의 규정에 위반한 행위는 취소할 수 있다」고 규정하고 있으므로 甲은 매매의 의사표시를 취소할 수 있고, 甲의 乙에 대한 매매의 의사표시가 취소되어 무효가 되면, 甲·乙 사이의 매매계약은 (의사표시의 합치가 없었던 것이 되어) 무효가 되고(민법 141조 본문), 乙은 소유권을 취득하지 못하게 된다. 그 결과, 乙이 소유권을 가지고 있지 않은 이상, 가령 乙·丙 사이의 매매계약이 유효하게 체결되었다고 하더라도 丙은 소유권을 취득할 수 없다(丙이 乙의 등기를 신뢰하여 매수하였다 하더라도 등기를 신뢰한 자를 보호하는 제도는 없기 때문에 丙은 보호될 수 없다. 이를 등기에는 '공신력이 없다'라고 한다). 결국, 丙의 등기부상의 소유 명의에 법률상의 근거가 없으며, 점유에 대해서도 점유권원이 없게 된다.

甲은 乙과 丙을 공동피고로서 각각의 소유권이전등기의 말소등기절차를 구하는 것도 가능하지만, 다음과 같이 丙만을 피고로서 등기명의의 회복을 구하는 쪽이 간단하다.

가. 청구취지

1. 피고는 원고에게 별지 목록 기재 토지에 관하여 진정명의회복을 원인으로 한 소유권이전등기절차를 이행하라.
2. 피고는 원고에게 위 토지를 인도하라.

이 경우에는 등기원인일자를 적지 않는다.

나. 청구원인

다음과 같이 적는다.

> ① 이 사건 토지는 원래 원고 할아버지의 소유이었는데, 원고가 증여받아 소유권을 취득하였다.
> ② 피고는 이 사건 토지에 대하여 등기부상 소유명의를 가지고 있다.
> ③ 피고는 이 사건 토지를 점유하고 있다.
> ④ 따라서 원고는 피고에게 이 사건 토지의 소유권에 기하여 진정한 등기명의의 회복을 원인으로 하는 소유권이전등기절차 및 이 사건 토지의 인도를 구한다.

또는 다음과 같이 적는다.

> ① 이 사건 토지는 원래 원고 할아버지의 소유이었는데, 원고가 증여받아 소유권을 취득하였다.
> ② 원고는 0000. 0. 0. 소외 乙에게 이 사건 토지를 2,000만 원에 팔았다.
> ③ 그러나 당시 원고는 18세의 미성년자였으므로 원고는 乙에게 0000. 0. 0. 매매의 의사표시를 취소하였다.
> ④ 피고는 이 사건 토지에 대하여 등기부상 소유명의를 가지고 있다.
> ⑤ 피고는 이 사건 토지를 점유하고 있다
> ⑥ 따라서 원고는 피고에게 이 사건 토지의 소유권에 기하여 진정한 등기명의의 회복을 원인으로 하는 소유권이전등기절차 및 이 사건 토지의 인도를 구한다.

위 ② 부분은 본래는 피고가 주장하여야 할 항변이며, ③은 그에 대해서 원고가 반론할 재항변이다.

그러나 피고가 항변으로서 ②를 주장할 것이 확실하며, 또한 원고가 이것을 인정한 뒤에 ③의 재항변을 주장하는 것도 확실히 예상되므로 이것들을 청구원인으로 앞서서 적는 것이다. 이러한 방식이 더욱 실무적이라고 할 수 있다.

다. 피고의 답변 및 항변

(1) 청구의 취지에 대한 답변

> 1. 원고의 청구를 기각한다.
> 2. 소송비용은 원고가 부담한다.
> 라는 판결을 구합니다.

(2) 청구원인에 대한 답변

청구원인 ① 내지 ⑤는 인정하고, ⑥은 다툰다.

(3) 항 변

㈎ 선의의 제3자

피고의 항변으로 무엇이 있을 수 있는가. 「선의의 제3자」라는 항변은 가능한 것인가. 일반적으로 「선의의 제3자」라는 말을 자주 사용하는데, 선의의 제3자를 보호하는 법률의 규정이 존재하지 않는 경우에는 의미가 없는 주장이며, 법원에서 통하지 않는다.

민법 5조 2항에 근거한 의사표시의 취소에 대해서 민법은 선의의 제3자를 보호하는 규정을 두고 있지 않으며, 민법은 선의의 제3자를 희생해서라도 제한능력자(이 사안에서는 미성년자)를 보호한다는 태도를 취하고 있는 것이다(가령 사기, 강박에 의하여 의사표시를 한 경우의 취소에 대해서는 민법 110조 3항에서 선의의 제3자를 보호하는 규정을 두고 있다).

그 밖에 항변으로, 일단 다음과 같은 주장을 할 수 있는가를 검토할 수 있을 것이다.

㈏ 제한능력자의 속임수

제한능력자가 법률행위를 하면서 속임수로써 자기를 능력자로 믿게 한 경우에까지 제한능력자를 보호할 수는 없으므로 그 행위를 취소할 수 없도록 하였다(민법 17조 1항). 미성년자가 속임수로써 법정대리인의 동의가 있는 것으로 믿게 한 경우도 마찬가지이다(동조 2항).

속임수에 의하여 상대방이 제한능력자를 능력자로 믿거나 법정대리인의 동의가 있는 것으로 믿었어야 한다.

㈐ 추인 또는 법정추인

취소할 수 있는 법률행위는 추인할 수 있다. 추인은 취소권의 포기라고 할 수 있으므로 법률행위의 취소권자가 할 수 있다(민법 143조 1항). 추인은 취소의 원인이 소멸한 뒤에 하여야 한다.

그리고 취소할 수 있는 법률행위에 관하여 ① 취소의 원인이 종료한 후, 즉 추인할 수 있는 후에, 가령 ② 당사자 사이에 전부나 일부의 이행과 같은 일정한 사유가 있으면, 당연히 추인한 것으로 본다. 이를 **법정추인**이라고 한다(민법 145조).

법정추인에 의하여 매매계약의 의사표시를 취소할 수 없다는 항변의 요건사실은 다음과 같다.

❶ 취소의 원인이 종료한 후
❷ 전부나 일부의 이행과 같은 일정한 사유

㈑ 취소권의 제척기간

취소권은 추인할 수 있는 날부터 3년 내에, 법률행위를 한 날부터 10년 내에 행사하여야 한다(민법 146조).이는 소멸시효가 아니라 제척기간이다.

甲이 乙에게 매매의 의사표시를 취소한 결과, 乙은 甲에게 지급한 매매대금의 반환을 청구할 수 있는가.

甲이 乙에게 매매의 의사표시를 취소한 결과, 甲·乙 사이의 매매계약은(의사표시의 합의가 없는 것이 되어) 무효가 되는데, 乙은 매매대금으로서 2천만 원을 甲에게 지급하고 있으므로 甲은 법률상 원인 없이 乙의 손실 하에 이득을 얻고 있는 것이 되어, 민법 741조 및 748조 2항의 부당이득반환청구권의 행사로서 乙은 甲으로부터 2천만 원 전액의 반환을 받을 수 있을 것 같다. 그러나 여기에서도 제한능력자 보호 규정이 작동하여, 乙의 청구는 제한된다. 즉, 민법 141조는 「취소할 수 있는 법률행위는 처음부터 무효인 것으로 본다. 그러나 무능력자는 그 행위로 인하여 받은 이익이 현존하는 한도에서 상환할 책임이 있다」고 규정하고 있기 때문이다.

甲은 乙에게 실제로 이익을 얻은 한도('현존이익'이라고 한다)밖에 반환의무를 부담하지 않는다. 이 사건에서는 매매대금으로서 수령한 2천만 원을 「취미생활비용과 유흥비로 써 버려 현재는 남은 돈이 없습니다」라고 하고 있으므로 A에게는 현존이익이 없고, 한 푼도 반환하지 않아도 된다.

6. 관련 소송법적 쟁점

위 소송에서 丙(피고)이 자기를 보조시키기 위하여 乙에게 취할 수 있는 민사소송법상의 수단은 무엇인가.

甲으로부터 소를 제기 당한 丙으로서는 甲과 乙 사이에서 어떠한 상황이 있었는가에 대하여 정보가 없는 것이 보통이다. 또한 丙은 甲과의 소송에서 패소하여 모처럼 취득하게 된 토지를 되돌려 주어야 하는 때에는 乙과의 매매계약을 해제하여 乙에 대하여 매매대금의 반환을 구할 수 있으므로(민법 570조) 乙을 자신과 甲 사이의 소송에 끌어들여 자기를 보조하게 할 수 있다면 좋을 것이다. 乙도 丙으로부터 별도로 소송을 당하는 일이 없도록 丙을 위해서 유효한 소송활동을 하여줄 수도 있다.

그래서 丙은 소송의 당사자가 아닌 乙에 대하여 자기를 돕도록 하기 위하여 **소송고지**를 하여(민사소송법 84조) 소송에 乙을 보조참가시킬 수 있다(민사소송법 71조).

> 위 소송에서 피고 丙이 패소한 경우에 乙에게 청구할 수 있는 것은 무엇인가.

피고 丙은 乙로부터 이 사건 토지를 매수하였음에도 불구하고 소유권을 취득할 수 없게 되었다. 결국, 乙·丙 사이의 매매계약은 매도인이 아닌, 다른 사람 甲의 소유에 속하는 부동산을 매매의 목적물로 한 것이 된다(민법 569조의 타인의 권리의 매매). 이러한 경우에도 乙·丙 사이의 매매계약 자체는 유효하며, 乙은 이 사건 토지를 甲으로부터 취득하여 丙에게 이전하여야 할 채무를 부담하는 것인데(민법 570조), 그것이 불가능하다. 따라서 매수인 丙은 민법 570조에 기하여 乙·丙 사이의 매매계약을 해제하여, 지급한 매매대금 3천만 원의 반환을 乙에게 구할 수 있다.

실전 쟁점 1

> 원고는 원고의 이 사건 증여의 의사표시가 비상계엄 하에서 계엄사령부 합동수사본부 수사관들에 의하여 저질러진 불법감금과 구타 등으로 인한 극심한 강박상태에서 이루어진 것이어서 무효이거나, 그렇지 않다고 하더라도 강박에 의한 것으로서 원고가 1980. 11.경 원호청장에게 진정서를, 1981. 5.경 대통령에게 탄원서를 각 제출하여 그 의사표시를 취소하였으므로 피고 명의의 소유권이전등기는 원인무효가 되었다고 주장하면서, 피고를 상대로 진정명의회복을 원인으로 한 소유권이전등기를 구하였다.

가. 소 송 물

소유권에 기한 방해배제청구권이 소송물이다.

나. 청구취지

위 사례에서 청구취지는 다음과 같다. 진정명의의 회복을 원인으로 하여 등기절차의 이행을 구할 경우에는 등기원인일자를 적지 않는다.

> 피고 대한민국은 원고에게 별지목록 1 내지 28 기재 각 부동산에 관하여 진정한 등기명의의 회복을 원인으로 하는 각 소유권이전등기절차를 이행하라.

다. 청구원인

위 사례에서 원고는 등기의 원인무효로 다음과 같이 주장하고 있다.

(1) 무효 - 의사결정능력이 박탈되어 무효

우선, 원고의 이 사건 증여의 의사표시가 비상계엄 하에서 계엄사령부 합동수사본부 수사관들에 의하여 저질러진 불법감금과 구타 등으로 인한 극심한 강박상태에서 이루어진 것이어서 무효이다.

> 살피건대, 앞에서 본 바와 같이 원고가 1980. 7. 16. 피고 대한민국에 대하여 별치목록 기재 각 부동산을 증여한다는 의사표시를 하게 된 것은 합동수사본부 소속 수사관들에 의하여 적법절차에 의하지 아니하고 강제연행되어 불법으로 구금된 상태에서 수사관들의 폭행과 협박에 못이겨 이루어진 것으로서 하자 있는 의사표시라고 할 수 있으나, 한편 강박에 의한 의사표시가 무효가 되기 위하여는 그 강박의 정도가 극심하여 의사표시자의 의사결정의 자유가 완전히 박탈되는 정도에 이르러야 할 것인데, 원고가 별지목록 기재 각 부동산에 관하여 증여의 의사표시를 하게 된 동기와 배경, 당시의 정황 등에 비추어 볼 때 그 강박의 정도가 의사결정의 자유를 완전히 박탈할 정도에 이르렀다고 보기에는 부족하고 달리 이를 인정할 만한 증거가 없으므로 원고의 위 주장은 이유 없다.

(2) 취소 - 강박을 이유로 의사표시를 취소

그렇지 않다고 하더라도 강박에 의한 것으로서 원고가 1980. 11.경 원호청장에게 진정서를, 1981. 5.경 대통령에게 탄원서를 각 제출하여 그 의사표시를 취소하였으므로 피고 명의의 소유권이전등기는 원인무효가 되었다.

강박을 이유로 하는 취소(민법 110조)의 요건사실은 다음과 같다.

❶ 강박행위
❷ 강박자의 고의
❸ 강박에 의하여 표의자가 외포에 빠진 것
❹ 외포에 의하여 의사표시가 이루어진 것(인과관계)
❺ 취소의 의사표시

한편, 취소와 달리, 의사무능력, 불공정한 법률행위(민법 104조), 허위표시(민법 108조 1항) 등과 같은 무효의 경우에는 그 주장이 필요하지 않고, 법률행위는 당연히 처음부터 그 효력이 없다.

갑 제34호증, 갑 제35호증, 갑 제38호증의 1 내지 5의 각 기재에 변론의 전취지를 종합하면 원고는 소외 장OO, 안OO와 함께 1980. 11.경 원호처장에게 자신들이 합동수사본부에서 수사를 받을 당시 이 사건 분조합에 대한 권리 및 개인 재산을 국가에 헌납한다는 의사표시를 하게 된 것은 합동수사본부가 원호처의 그릇된 유권해석에 따라 이 사건 분조합을 국가기관으로 잘못 본 데서 연유한 것으로서 그 결과 수사당국이 자신들에게 부당하게 공금횡령의 책임을 지우고 그 의사에 반하여 자신들의 이 사건 분조합에 대한 권리 및 개인 재산을 강제로 박탈하였다고 주장하면서 이 사건 분조합의 성격과 운영규약, 조합재산의 내역 등을 소개하며 원상회복을 구하는 취지의 진정서(여기에는 이 사건 분조합 운영위원들의 합의에 의하여 이 사건 분조합의 자금으로 별지 목록 기재 각 부동산을 매입한 후 편의상 원고 앞으로 소유권이전등기를 경료하였으며 위 합동수사본부에서 조사를 받기 전 이 사건 분조합원 공동명의로의 지분이전등기절차를 진행중이었다는 내용이 포함되어 있다)를 제출하였고, 1981. 5.경에는 전두환 대통령에게 당시의 이 사건 분조합원들과 공동으로 위와 같은 취지의 탄원서를 제출한 사실, 주무부서인 원호처는 위 진정서 및 탄원서에 대하여 합동수사본부에서 수사종결된 사항으로서 원고를 비롯한 조합원들이 임의로 자신의 조합재산에 대한 지분권을 포기하고 개인 재산을 국가에 헌납하였으므로 진정내용을 받아들일 수 없다는 취지의 회신을 보낸 사실을 인정할 수 있고 반증 없다.

그렇다면 원고가 별지목록 기재 각 부동산에 관하여 증여의 의사표시를 하게 된 동기와 배경, 당시 신군부에 의하여 전국적으로 비상계엄이 선포되어 있었고, 계엄이 해제된 이후에도 여전히 신군부가 집권하면서 권력을 유지하였던 정황 등에 비추어 볼 때 위 진정서 및 탄원서의 내용에는 원고의 위 증여의 의사표시가 본인의 자유의사에 기인한 것이 아니라 수사기관의 강박에 의한 것이고 따라서 이를 취소한다는 취지가 포함되어있다고 보아야 할 것이다.

따라서 원고의 위 1980. 7. 16.자 별지목록 기재 각 부동산에 관한 증여의 의사표시는 위 진정서 및 탄원서의 제출로써 적법하게 취소되었다 할 것이므로 그 증여를 원인으로 1980. 8. 20. 피고 대한민국 앞으로 경료된 위 각 소유권이전등기는 원인무효의 등기라 할 것이고, 이에 터잡아 순차 경료된 피고들 보조참가인, 피고 대한민국, 제주도 명의의 위 각 소유권이전등기 역시 특별한 사정이 없는 한 무효의 등기라고 할 것이다.

라. 항변 - 법정추인

위 사례에서 법정추인에 의하여(민법 145조) 증여의 의사표시를 취소할 수 없다는 피고의 항변이 있었다.

그 요건사실은 다음과 같다.

❶ 취소의 원인이 종료한 후
❷ 전부나 일부의 이행과 같은 일정한 사유

취소할 수 있는 법률행위에 관하여 ① 취소의 원인이 종료한 후, 즉 추인할 수 있는 후에, 가령 ② 당사자 사이에 전부나 일부의 이행과 같은 일정한 사유가 있으면, 당연히 추인한 것으로 본다. 이를 법정추인이라고 한다.

피고는, 원고가 비록 합동수사본부 수사관들로부터 조사를 받을 당시 강박으로 인하여 위 증여의 의사표시를 하였다고 하더라도 1980. 7. 23. 석방됨으로써 위와 같은 강박으로 인한 외포상태에서 벗어난 상황에서 같은 해 8. 20. 별지목록 기재 각 부동산에 관하여 피고 대한민국 앞으로 소유권이전등기를 경료해 주었으므로 강박에 의한 것임을 이유로 위 증여의 의사표시를 취소할 수 없다는 취지의 주장을 한다.

그러나, 1980년경 실시된 비상계엄하의 합동수사단 수사관 등의 강박에 의하여 국가에 대하여 재산양도의 의사표시를 한 사람에 대한 강박의 상태가 종료된 시점은 전국적으로 실시된 비상계엄이 해제되어 헌정질서가 회복된 1981. 1. 21. 이후라고 봄이 상당하므로 원고는 이때 비로소 강박으로 인한 외포상태에서 벗어났다고 보아야 할 뿐만 아니라 위 합동수사단 소속 수사관들은 원고를 석방하기에 앞서 원고의 가족으로부터 위 증여절차에 사용할 목적으로 원고의 인감도장과 인감증명서를 제출받았고, 이에 기하여 피고 대한민국 명의의 위 소유권이전등기가 경료되었던 등기과정에 비추어 볼 때 피고들의 위 주장은 받아들이기 어렵다.

마. 선의의 제3자라는 항변

위 사례에서 제주도는 공공사업의 시행을 위하여 피고 대한민국으로부터 별지목록 기재 부동산 중 일부를 협의매수한 후 소유권이전등기를 경료받았다는 추가된 사실에 의하여 원고는 제주도에 대하여 협의매수한 부동산에 관하여(**위 피고 대한민국에 대한 이전등기청구의 대상이 된 부동산과 별도의 부동산**) 진정한 소유명의회복을 원인으로 하는 각 소유권이전등기절차를 이행하라는 청구를 하였다.

이에 대하여 제주도는 선의의 제3자라는 항변을 하였다. 즉, 강박에 의한 위 증여의 의사표시는 이를 기초로 하여 새로운 이해관계를 맺은 제3자에게 대항하지 못한다는 것이다(민법 110조 3항).

여기서 선의의 주장·증명책임은 취소효를 다투는 측이 부담한다. 즉, 제3자의 선의는 추정되므로 위 취소로써 제3자에게 대항하기 위해서는 흠 있는 의사표시를 한 사람이 제3자의 악의를 증명하여야 한다.

피고 제주도는, 자신은 공공사업의 시행을 위하여 피고 대한민국으로부터 별지목록 기재 부동산 중 일부를 협의매수한 후 소유권이전등기를 경료받았으므로 강박에 의한 위 증여의 의사표시를 기초로 하여 새로운 이해관계를 맺은 제3자에 해당하여 원고가 위 증여의 의사표시의 취소로써 대항할 수 없다고 항변한다.

살피건대, 을 제2호증의 1 내지 5, 을 제3호증의 1, 2의 각 기재에 변론의 전취지를 종합하면 피고 제주도는 1993. 12. 31. 별지목록 기재 29, 30, 31 부동산을 도로용지로 사용하기 위하여 공공용지의 취득 및 손실보상에 관한 특례법에 따라 피고 대한민국으로부터 위 각 부동산을 합계 금 36,154,350원에 협의매수한 후 앞서 본 바와 같이 이를 원인으로 각 소유권이전등기를 경료한 사실을 인정할 수 있고 반증 없으며 특별한 사정이 없는 한 피고 제주도는 위 증여의 의사표시가 강박에 의하여 이루어졌다는 점에 관하여 선의로 추정된다.

따라서 원고는 위 증여의 의사표시의 취소로써 선의의 제3자인 피고 제주도에게 대항할 수 없다.

실전 쟁점 2

甲이 소유하고 있는 부동산이 가장매매계약에 의하여 乙에게 양도되고, 이 부동산이 다시 乙로부터 丙에게 양도되었다. 소유권 등기도 甲 → 乙 → 丙으로 순차 이전하였다. 甲은 丙에게, 甲·乙 사이의 위 매매는 통정허위표시로 무효라고 하여, 소유권에 기하여 등기명의를 자기에게 이전하도록 청구하는 소를 제기한 경우를 살펴보자.

민법은 통정허위표시에 관한 일반적 규정으로서 108조를 두고 있다. 동조는 1항에서 상대방과 통정한 허위표시를 무효라고 규정하고 있다.

계약이 무효이면 그 효력이 생기지 않으므로 계약내용에 따른 권리·의무는 발생하지 않는다.

무효사유가 있는 법률행위에 따라 이미 급부가 행하여진 경우에는 그 급부는 법률상 원인 없이 급부된 부당이득으로 반환되어야 한다(민법 741조).

가. 소 송 물

소송물은 소유권에 기한 방해해제청구권으로서 소유권이전등기청구권 1개가 된다.

나. 청구원인

여기서 위 甲·乙 사이의 매매계약이 통정허위표시인 것을 주장하기 위한 요건사실은 다음과 같다.

❶ 표시내용에 대응하는 효과의사가 표의자에게 없었던 것
❷ 양쪽 당사자가, 위 ①의 의사가 있는 듯이 가장하는 합의를 한 것

다. 선의의 제3자

한편, 민법 108조 2항에서 통정허위표시의 무효는 **선의의 제3자에게 대하여 대항하지 못한다**고 규정하고 있다.

일반적으로 제3자라고 하면, 당사자와 그 포괄승계인 이외의 사람 모두를 가리킨다. 그러나 여기에서 말하는 제3자는 위와 같은 사람 가운데에서 허위표시행위를 기초로 하여 **새로운 이해관계를 맺은 사람**만을 의미한다. 왜냐하면 위 규정은 허위표시임을 알지 못하여 그것이 유효하다고 믿고 거래한 제3자를 보호하기 위하여 둔 것이기 때문이다.

통정허위표시로 무효라는 주장에 대하여, 민법 108조 2항에 의한 보호를 받으려는 사람은 자기가 이른바 제3자에 해당한다는 것을 주장·증명하여야 한다.

나아가 제3자가 자기가 선의인 것까지 주장·증명하여야 하는지 여부에 대하여, 민법 108조 2항의 규정 형식상, 제3자에게 선의의 주장·증명책임이 있다는 견해도 있으나, 제3자의 악의를 주장하는 사람이 이를 증명하여야 한다는 입장이 **통설**이다. **판례**도, 제3자는 특별한 사정이 없는 한 선의로 추정할 것이므로, 제3자가 악의라는 사실에 관한 주장·입증책임은 그 허위표시의 무효를 주장하는 사람에게 있다고 판시하였다(대법원 1970. 9. 29. 선고 70다466 판결; 대법원 2006. 3. 10. 선고 2002다1321 판결 등).

제3자가 보호되기 위하여서는 선의이면 충분하고, **무과실은 요건이 아니라 할 것**이다. 즉, 선의 여부만 문제된다(대법원 2006. 3. 10. 선고 2002다1321 판결 등).

제 6 장
등기청구

제 5 강 저당권설정등기말소등기청구

저당권은 채권의 담보로 채무자나 제3자가 제공한 물건으로부터 우선변제를 받을 수 있는 담보물권이다(민법 356조). 채무자가 보통 저당권설정자가 되지만. 제3자일 수도 있다. 같은 담보물권인 질권에서는 질권자가 담보물을 점유하는 데 반하여, 저당권에서는 점유의 이전 없이, 즉 설정자(채무자나 제3자)가 종전대로 목적물을 점유하여 사용·수익하고 저당권자는 목적물의 교환가치만을 갖는 점에서 질권과 다르다.

저당권은 저당권설정에 관한 당사자 사이의 합의인 저당권설정계약과 목적물(부동산)에 저당권등기를 함으로써 성립한다(민법 186조). 저당권의 설정은 법률행위로 인한 부동산물권의 변동이므로 등기하여야 효력이 생기기 때문이다.

저당권은 피담보채권의 소멸과 같이 물권 일반에 공통된 소멸원인 및 담보물권에 공통된 소멸원인 등에 의하여 소멸한다. 피담보재권이 소멸하면 저당권은 부종성으로 인하여 그 말소등기 없이도 당연히 소멸한다(민법 369조). 그런데 피담보채무의 변제와 저당권설정등기의 말소는 동시이행관계에 있지 않다. 채무담보를 위하여 근저당권설정등기, 가등기 등이 경료되어 있는 경우 그 채무의 변제의무는 그 등기의 말소의무보다 선행된다(대법원 1991. 4. 12. 선고 90다9872 판결).

1. 소 송 물

원래의 (근)저당권설정계약에는 피담보채무가 소멸하면 저당권설정등기를 말소하여 주기로 하는 내용의 합의가 포함되어 있다고 볼 수 있으므로 소유권에 기한 저당권설정등기말소등기청구와는 별개로 저당권설정자는 위 **저당권설정계약에 기하여** 저당권설정등기의 말소를 구할 수 있다. 이러한 저당권설정계약에 따른 말소등기청구소송의 소송물은 **채권적 말소등기청구권**이다.

한편, 소유자가 **소유권에 기하여** (근)저당권설정등기의 말소등기절차의 이행을 구하는 경우, 소송물은 소유권에 기한 **방해배제청구권**으로서의 「저당권설정등기말소등기청구권」이다.

2. 청구취지

말소등기절차의 이행을 구하는 경우에는 원칙적으로 목적 부동산, 말소의 대상인 등기의 관할등기소, 접수연월일, 접수번호, 등기의 종류를 순서대로 명시하면 된다. 이것으로 충분하고, 그 밖에 등기의 원인이나 등기의 내용까지 청구취지에 표시할 필요는 없다(이 점에서 소유권이전등기청구와 다르고, 소유권이전등기말소등기청구와 마찬가지이다).

가령, 등기원인이 본래부터 무효인 경우에 있어서 원인무효등기의 말소등기를 구하는 경우(주로 소유권에 기한 물권적 방해배제청구)에는 다음과 같이 말소의 원인을 청구취지에 적지 않는다.

> 피고는 원고에게 별지 목록 기재 부동산에 관하여 서울동부지방법원 강동등기소 2020. 3. 6. 접수 제7945호로 마친 근저당권설정등기의 말소등기절차를 이행하라.

그런데 나아가, 가령 변제, 설정계약의 해지로 인한 (근)저당권의 소멸 등과 같이 유효하던 저당권설정등기가 **후발적으로 실효사유**에 의하여 장래에 향하여 실효됨을 원인으로 말소등기를 구하는 경우(주로 저당권설정계약에 기한 채권적 청구)에는 다음과 같이 **그 소멸사유를 말소의 원인으로 청구취지에 적어야 한다**(이 경우에는 등기원인도 실체적 원인관계에 부합하도록 표시될 필요가 있다).

> 피고는 원고에게 별지 목록 기재 부동산에 관하여 서울동부지방법원 강동등기소 2020. 3. 6. 접수 제7945호로 마친 저당권설정등기에 대하여 2021. 1. 5. 변제 / 해지를 원인으로 한 말소등기절차를 이행하라.

한편, 원고가 피담보채무의 변제의무를 시인하면서 피고에 대하여 근저당권설정등기의 말소를 구하는 **장래이행청구**의 청구취지의 기재례는 다음과 같다.

변제의무를 **선이행**하여야 비로소 발생하는 장래이행청구를 구하는 것이다. 선이행청구는 어느 때나 허용되는 것은 아니며, 먼저 자기 의무를 이행하여도 상대방의 채무이행을 기대할 수 없는 사정과 같은 「미리 청구할 필요」가 있는 경우에 한하여 허용된다(251조). 피고의 의무보다 먼저 이행되어야 할 내용을 명시하여야 하는데, 그 관계에 있음을 분명하게 하기 위하여 "지급받은 다음" 등의 표현을 사용하여야 한다.

> 피고는 원고로부터 50,000,000원을 **지급받은 다음** 원고에게 별지 목록 기재 부동산에 관하여 서울동부지방법원 강동등기소 2020. 3. 6. 접수 제7945호로 마친 근저당권설정등기의 말소등기절차를 이행하라.

그리고 주의할 것은, 등기절차의 이행을 명하는 판결은 확정되어야만 의사의 진술이 있는 것으로 간주되기 때문에 재산권의 청구에 관한 판결이지만 성질상 주문에 가집행선고를 부칠 수 없다는 점이다.

3. 청구원인

근저당권설정계약에 따른 근저당권설정등기말소등기청구소송의 요건사실은 다음과 같다.

❶ 원·피고 사이의 근저당권설정계약의 체결
- 근저당권설정계약에 기하여 근저당권설정등기의 말소를 구하는 것이므로 원·피고 사이에 근저당권설정계약을 체결한 사실이 요건사실이 된다.

❷ 피고의 근저당권설정등기 경료
- 근저당권 설정등기가 경료된 것은, 대상 목적물의 등기사항증명서 「을구」에 나타나므로 이를 서증으로 제출하면 된다.

❸ 근저당권의 소멸
- 근저당권의 소멸원인으로 변제, 상계, 공탁 등과 같이 피담보채무가 후발적으로 소멸한 경우뿐만 아니라, 피담보채무를 발생시키는 법률행위가 성립하지 않았거나 무효, 취소된 경우와 같이 원시적으로 발생하지 않은 경우도 포함한다(다만, 근저당권설정계약에 따른 근저당권설정등기말소등기청구의 경우에는 변제 등과 같은 전자의 사유가 일반적임).
- 가령, 피담보채무의 부존재를 원인으로 한 근저당권설정등기의 말소청구와 함께 사기에 의한 의사표시취소를 원인으로 한 근저당권설정등기의 말소청구를 한 경우는 각 그 청구원인을 달리하는 별개의 독립된 소송물로서 선택적 병합관계에 있다고 볼 것이고, 동일한 소송물로서 그 공격방법만을 달리하는 것은 아니다(대법원 1986. 9. 23. 선고 85다353 판결).
- 근저당권설정등기가 경료되어 있는 경우에 피담보채무의 변제의무는 그 등기의 말소의무보다 선행되는 것이다.

근저당권설정계약에 따른 근저당권설정등기말소등기청구소송의 경우에는 목적물이 원고의 소유인 사실은 요건사실이 아니다. 위 ① 근저당권설정계약의 체결이 이를 대체한다.

위 ③과 관련, 근저당권에 의하여 담보되는 채무는 기본계약이 존속하는 동안 부단히 증감하므로 피담보채무의 소멸을 판단하기 위한 전제로 그러한 상태를 종료시키는 **피담보채무의 확정**이라는 과정이 필요한데, 일반적으로 기본계약에 결산기가 정하여져 있으면 그 결산기의 도래 시에, 그 결산기가 없는 경우에는 피담보채무의 확정방법에 관한 다른 약정이 있으면 그에 따르되, 이러한 약정이 없는 경우라면 근저당권설정자가 언제든지 해지의 의사표시를 함으로써 피담보채무를 확정시킬 수 있다. 한편 특정채무에 있어서는 실무적으로 피담보채무의 확정을 요구하지 않고 있다.

한편 위와 달리, **소유권에 기한 근저당권설정등기말소등기청구소송**의 요건사실은 다음과 같다.

❶ 목적 부동산이 원고의 소유
❷ 피고의 근저당권설정등기 경료
❸ 근저당권의 소멸

이는 근저당권설정등기의 존재에 의하여 자기의 소유권이 침해되고 있는 것에 기한 등기청구소송으로, 이미 설명하였듯이, 소송물은 **소유권에 기한 방해배제청구권**으로, 근저당설정계약에 기한 채권적 청구권인 근저당권설정등기말소등기청구와 다르다(따라서 실무상 청구 서로 사이에 기판력이 미치지 않는다고 본다).

여기서 근저당설정계약의 체결사실은 더 이상 요건사실이 아니고, 위 ① 목적 부동산이 원고의 소유인 사실이 이를 대체하게 된다.

위 ②는 피고 명의의 등기의 존재를 나타내는 요건사실이다. 근저당권설정등기가 경료된 경우에는 그 등기는 적법·유효한 것으로 추정을 받는다. 등기사항증명서를 이용하여 등기원인, 채무자, 채권액, 이자, 지연손해금의 약정 등 근저당권설정등기의 표시내용을 구체적으로 주장·증명하게 된다.

위 ③과 관련, 피담보채무가 확정되어 근저당권이 소멸한 경우도 있지만, 근저당권설정계약 자체가 무효, 취소되거나 근저당권설정등기가 원인무효의 소유권이전등기에 터 잡고 있는 경우도 있을 수 있는데, 이 경우에는 근저당권설정계약의 무효, 취소사실 또는 근저당권설정등기가 원인무효의 소유권이전등기에 터 잡고 있는 사실 등이 피담보채무의 확정 및 근저당권의 소멸사실을 대체하게 된다. 원고는 가령 근저당권설정계약서에 찍힌 인영이 원고의 인감도장과 동일하지만, 원고는 인감도장을 날인한 사실이 없다 등과 같이(이 부분은 서증의 형식적 증거력 등 참조), 근저당권설정등기가 원인무효의 등기로서 말소되어야 한다는 주장을 펼치게 된다.

4. 예상되는 항변

예상되는 공격방어방법은, 위 ③ 청구원인사실인 근저당권의 소멸과 관련하여 피담보채무의 소멸을 둘러싼 공격방어방법이 중요하다.

가령, **첫째** 원고가 소멸원인으로 변제를 주장함에 대하여, 피고는 그 변제금이 원고의 다른 채무에 충당되었다고 항변할 수 있고, **둘째** 원고가 피고에 대한 채권으로 피담보채권과 대등액에 상계하였다고 주장함에 대하여, 피고는 원고의 자동채권에 동시이행항변권이 붙어 있는 사실을 주장하며 성질상 상계가 허용되지 않는다고 항변할 수 있고, **셋째** 원고가 피담보채무의 시효소멸을 주장함에 대하여, 피고는 소멸시효의 중단사유를 들어 항변할 수 있다.

가. 변제충당

원고(변제자)가 근저당권의 소멸원인으로 변제를 주장함에 대하여, 피고(변제수령자)는 변제충당과 관련된 반박(여기서는 항변)을 할 수 있다.

변제충당의 요건사실은 다음과 같다.

❶ 별개의 동종 채무를 부담하고 있는 사실
- 이에 대하여 상대방(여기서는 원고)은 동종 채무의 발생원인이 무효사유에 해당하는 것, 변제하여 이미 소멸한 것 등을 반박할 수 있다.

❷ 지급한 급부가 총 채무를 소멸시키기에 부족한 사실
❸ 제공한 급부의 전부 또는 일부가 합의충당, 지정충당, 법정충당 등의 방식에 의하여 다른 채무에 충당된 사실

위 ①, ②의 요건사실이 증명되면, 일단 변제충당의 문제가 생기는데, 원·피고는 각자 스스로 변제충당되었다고 주장하는 채무가 법정변제충당의 순위에서 앞서 있다는 점이나 그 채무의 변제에 충당하기로 합의하였다거나 지정하였다는 점 등 각자에게 유리한 변제충당사실을 주장·증명하여야 한다.

(1) 당사자의 합의에 의한 충당

변제충당의 지정은 상대방에 대한 의사표시로서 하여야 하는 것이기는 하나, 변제충당에 관한 민법 476조 내지 479조의 규정은 임의규정이므로 변제자(채무자)와 변제수령자(채권자)는 약정에 의하여 위 각 규정을 배제하고 제공된 급부를 어느 채무에 어떠한 방법으로 충당할 것인가를 결정할 수 있고, 이와 같이 채권자와 채무자 사이에 미리 변제충당에 관한 약정이 있으며, 그 약정 내용이, 변제가 채권자에 대한 모든 채무를 소멸시키기에 부족한 경우 채권자(변제수령자)가 적당하다고 인정하는 순서와 방법에 의하여 충당하기로 한 것이라면, 채권자가 위 약정에 터 잡아 스스로 적당하다고 인정하는 순서와 방법에 좇아 변제충당을 한 이상 채무자에 대한 의사표시와 관계없이 그 충당의 효력이 있다.

변제자(채무자)와 변제수령자(채권자)는 변제로 소멸한 채무에 관한 보증인 등 이해관계 있는 제3자의 이익을 해하지 않는 이상 이미 급부를 마친 뒤에도 기존의 충당방법을 배제하고 제공된 급부를 어느 채무에 어떤 방법으로 다시 충당할 것인가를 약정할 수 있다(대법원 2013. 9. 12. 선고 2012다118044, 118051 판결).

(2) 지정에 의한 충당

변제자는 변제 당시 채무를 지정하여 그 변제에 충당할 수 있다(민법 476조 1항). 변제자에 의한 지정이 없으면, 변제수령자가 급부 수령시 채무를 지정하여 그 변제에 충당할 수 있지만(동조 2항 본문), 변제수령자의 지정에 대하여 변제자가 즉시 이의를 제기하면 변제수령자에 의한 지정은 효력이 없다(동조 동항 단서).

여기서 변제수령자의 변제충당의 항변에 대하여 변제자가 이의하였다는 주장은 **재항변**이 된다.

이러한 지정에 의한 변제충당은 상대방에 대한 의사표시로 한다(민법 476조 3항).

(3) 법정충당

지정충당의 주장이 없을 경우에는 법정충당의 방식에 의한다.

변제기에 있는 채무와 변제기에 있지 않은 채무가 있으면, 전자의 변제에 충당한다(민법 477조 1항). 채무전부의 이행기가 도래하였거나 도래하지 아니한 때에는 채무자에게 변제이익이 많은 채무의 변제에 충당한다(동조 2항).

법정충당의 순서를 정함에 있어 기준이 되는 이행기나 변제이익에 관한 사항 등은 구체적 사실로서 자백의 대상이 될 수 있으나, 법정충당의 순서 자체는 법률 규정의 적용에 의하여 정하여지는 법률상의 효과여서 그에 관한 진술이 비록 그 진술자에게 불리하더라도 이를 자백이라고 볼 수 없다(대법원 1998. 7. 10. 선고 98다6763 판결).

(4) 위 사안에서의 변제충당에 관한 판단

위 사안에서 변제충당에 관한 판단의 기재례는 다음과 같다,

1. 청구원인에 관한 판단
… 이 사건 차용금 채무의 원리금이 2007. 11. 5. 현재 140,000,000원{원금 100,000,000원+2006. 3. 6.부터 2007. 11. 5.까지 20개월 동안의 월 2%의

약정이율에 의한 이자 또는 지연손해금 40,000,000원(100,000,000원×0.02x 20개월)}임은 계산상 명백하므로 특별한 사정이 없는 한 이 사건 근저당권의 피담보채무는 소멸하였다고 할 것이니, Y는 X에게 이 사건 근저당권설정등기에 대하여 위 변제를 원인으로 한 말소등기절차를 이행할 의무가 있다.

2. 항변등에 관한 판단
   1) Y는 … 먼저 충당되었다고 항변한다.
   2) X가 … 지정에 대하여 이의한 사실을 인정할 수 있으므로 Y의 지정충당은 효력이 없다 할 것이니 이 점을 지적하는 X의 재항변은 이유 있고, Y의 위 항변 중 지정충당에 관한 부분은 이유 없다.
   3) 이 사건 지급금은 법정변제충당의 순서에 따라 충당되어야 할 것이다.
   4) 변제자가 약속어음을 발행한 이 사건 차용금 채무가 변제이익이 더 많은 채무에 해당한다고 할 것이어서 민법 477조 2호에 따라 이 사건 지급금은 이 사건 차용금 채무의 변제에 우선충당되어야 할 것이나, 다만, 위와 같이 충당하는 경우에도 이자 채무 등 부수적 채무가 딸린 복수의 채무의 법정충당의 경우, 변제충당에 관한 규정인 민법 479조 1항이 우선 적용되므로 결국 이 사건 지급금은 민법 479조, 477조 2호, 3호에 따라 이 사건 차용금의 이자 또는 지연손해금 채무, 선행 차용금의 이자 또는 지연손해금 채무, 이 사건 차용금의 원본채무, 선행 차용금의 원본 채무의 순서로 각 그 변제에 충당되어야 할 것인 바, 이 사건 지급금은 이 사건 차용금에 대한 위 대여일인 2006. 6. 3.부터 지급일인 2007. 11. 5.까지 20개월 동안의 월2%의 약정이율에 의한 이자 또는 지연손해금 40,000,000원(10,000,000원×0.02×20개월)과 선행 차용금 중 잔존 원본 채무 40,000,000원에 대한 이자가 변제된 기간의 다음날인 2006. 5. 6.부터 지급일인 2007. 11. 5.까지 18개월 동안의 월 2%의 약정이율에 의한 이자 또는 지연손해금 14,400,000원(40,000,000×0.02×18개월)의 각 채무 변제에 순차로 먼저 충당되고, 나머지 85,600,000원{140,000,000원-(40,000,000월+14,400,000원)}이 이 사건 차용금의 원본 채무의 변제에 충당된다 할 것이니 결국 Y의 위 항변은 위 인정 범위 내에서 이유 있다.

나. 상계에 있어서 자동채권에 동시이행항변권이 붙어 있는 경우

원고가 피고에 대한 채권으로 피담보채권과 대등액에 상계하였다고 주장함에 대하여, 피고는 원고의 **자동채권에 동시이행항변권이 붙어 있는 사실**을 주장하며 성질상 상계가 허용되지 않는다고 항변할 수 있다.

한편, 피담보채무의 변제와 저당권설정등기의 말소는 동시이행의 관계에 있지 않고, 피담보채무의 변제가 선이행되어야 한다.

다. 시효중단

저당권 자체는 피담보채권과 독립하여 소멸시효에 걸리지 않지만, 피담보채권이 시효의 완성으로 소멸하면 저당권도 소멸한다(민법 369조). 원고가 피담보채무의 시효소멸을 주장함에 대하여, 피고는 **소멸시효의 중단사유**를 들어 항변할 수 있다.

5. 피고적격

가령, 甲이 乙에게 채무자 甲, 근저당권자 乙로 하는 근저당권을 설정하여 준 뒤, 피담보채권이 乙로부터 丙에게 양도되어 乙로부터 丙 앞으로 근저당권이전등기(근저당권이전의 부기등기)가 경료되었다고 하자.

이 경우에 말소등기청구의 피고적격은 누구에게 있는가. 나아가 근저당권 이전의 부기등기에 대하여 그 말소를 구할 소의 이익이 있는가.

근저당권의 양도에 따른 부기등기는 기존의 근저당권설정등기에 의한 **권리의 승계를 등기부상 명시**하는 것뿐으로 그 등기에 의하여 새로운 권리가 생기는 것이 아닌 만큼 근저당권설정등기의 말소등기청구는 **양수인만을 상대로 하면 충분**하고, 양도인은 그 말소등기에 있어서 피고적격이 없다(대법원 1995. 5. 26. 선고 95다7550 판결).

그리고 근저당권이전의 부기등기는 기존의 주등기인 근저당권설정등기에 종속되어 주등기와 일체를 이루는 것이어서 피담보채무가 소멸되었거나 부존재하는 경우, 주등기인 근저당권설정등기의 말소만 구하면 되고, **그 부기 등기는 별도로 말소를 구하지 않더라도 주등기의 말소에 따라 직권으로 말소** 되는 것이므로 그 말소를 구할 **소의 이익이 없다**(대법원 2000. 4. 11. 선고 2000다5640 판결).

[을 구] (소유권 이외의 권리에 관한 사항)				
순위번호	등기목적	접수	등기원인	권리자 및 기타사항
1	근저당권설정	2010년 6월 10일 제2345호	2010년 6월 10일 설정계약	채권최고액 금 650,000,000원 채무자 이헌상 670715-1925566 서울 서초구 서초동 1707호 고려아파트 10동 1707호 근저당권자 김일동 491000-1052653 서울 서초구 반포동 123 반포아파트 102동 807호 공동담보 건물 서울 강서구 염창동 56-4 지상
1-1	1번 근저당권 이전	2010년 7월 20일 제3456호	2010년 7월 10일 제3456호	근저당권자 은상진 621105-1321528 서울 동작구 흑석동 321 동작아파트 1002동 506호

6. 선이행판결

선이행청구에 따른 선이행판결이 아니라, 원고가 무조건의 이행을 청구한 경우에 법원이 선이행판결을 할 수 있는가 하는 점도 처분권주의와 관련하여 문제된다.

가령, 원고가 피담보채무 전액을 변제하였다고 주장하면서 근저당권설정등기에 대한 말소등기절차의 이행을 청구하였으나, 피담보채무의 범위나 그 시효소멸 여부 등에 관한 다툼으로 그 변제한 금액이 채무 전액을 소멸시키는 데 미치지 못하고 잔존채무가 있는 것으로 밝혀진 경우에는, 원고의 청구 중에는 확정된 잔존채무를 변제하고 그 다음에 위 등기의 말소를 구한다는 취지까지 포함되어 있는 것으로 해석함이 상당할 것이며, 이는 장래이행의 소로서 미리 청구할 이익도 있다 할 것이다(대법원 1987. 10. 13. 선고 86다카

2275 판결; 대법원 1990. 7. 10. 선고 90다카6825, 6832 판결 등 참조).

이러한 경우에 원고의 반대의 의사표시가 없는 한, 원고의 청구를 전부 기각할 것이 아니라, 원고의 나머지 채무의 지급을 조건으로 한 선이행판결을 한다.

이 경우에 판결 주문에 "원고의 나머지 청구를 기각한다"는 취지를 표시하여야 한다.

위와 같이 원고가 피고에게 일정한 의무를 선이행할 것을 조건으로 피고에 대하여 이행을 명하는 판결을 선이행판결이라고 한다. 선이행판결은 선이행이 있어야 비로소 발생하는 장래이행청구권을 대상으로 하기 때문에 장래이행판결의 일종이다.

이러한 선이행판결은 원칙적으로 선이행청구에 대하여 행하는 판결로서 어느 때나 허용되는 것은 아니며, 먼저 자기 의무를 이행하여도 상대방의 채무이행을 기대할 수 없는 사정과 같은 「미리 청구할 필요」가 있는 경우에(251조) 한하여 허용된다.

이 경우에, 판결 주문에서는 원고의 선이행의무의 내용을 명시하고 그것이 피고의 의무보다 먼저 이행되어야 하는 관계에 있음을 분명히 나타낸다.

기재례는 다음과 같다.

… 피담보채무의 전액 변제로 인하여 이 사건 근저당권이 소멸하였다는 원고의 주장은 이유 없으나, 원고는 만일 피담보채무가 일부 남아 있다면, 그 잔존 채무의 변제를 조건으로 이 사건 근저당권설정등기의 말소를 구한다는 취지의 의사표시를 하고 있고, 잔존 채무의 범위에 관하여 Y가 다투고 있는 이상, 장래이행의 소로써 근저당권설정등기의 말소를 미리 청구할 필요가 있다고 할 것이므로 Y는 X로부터 위 피담보채무의 잔존 채무 14,400,000원 및 이에 대한 이 사건 지급금 지급 다음날인 2020. 11. 6.부터 다 갚는 날까지 월 2%의 이율에 의한 지연손해금을 지급받은 다음 X에게 이 사건 근저당권설정등기의 말소등기절차를 이행할 의무가 있다.

7. 재소금지

원고가 제1심에서 사기에 의한 의사표시취소를 원인으로 한 근저당권설정등기의 말소청구와 함께 피담보채무의 부존재를 원인으로 한 근저당권설정등기의 말소청구를 하였다가 청구기각의 본안판결을 받은 후 항소심에서 위 기망을 원인으로 한 말소청구부분만을 유지하고 피담보채무의 부존재를 원인으로 한 말소청구는 철회하여 적법히 취하한 후 다시 같은 청구를 추가한 경우에 항소심 변론종결시까지 제출된 주장과 증거를 종합해 보면, 사기에 의한 의사표시의 취소를 원인으로 한 근저당권설정등기말소 주장은 이를 인정할 증거가 없고, 피담보채무 부존재를 원인으로 한 근저당권설정등기말소 주장은 인정된다. 이러한 경우에 항소심 법원은 어떠한 판결을 선고하여야 하는가? 【2022년 법전협 3차 모의시험】

본안에 대한 종국판결이 있은 뒤에 소를 취하한 사람은 같은 소를 제기하지 못한다(267조 2항). 위 청구들은 각 그 청구원인을 달리하는 별개의 독립된 소송물로서 선택적 병합관계에 있다고 볼 것이고 동일한 소송물로서 그 공격방법만을 달리하는 것은 아니므로 위 피담보채무의 부존재를 원인으로 한 말소청구는 종국판결인 제1심판결의 선고 후 취하되었다가 다시 제기된 것이어서 재소금지의 원칙에 어긋나는 부적법한 소라 할 것이므로 주문에서 이 부분 소를 각하하는 판결을 하여야 한다(대법원 1986. 9. 23. 선고 85다353 판결).

제2부
기본적 소송유형

제7장
채권의 양도 · 채무의 인수

제 2 부 기 본 적 소 송 유 형

제 7 장 채권의 양도·채무의 인수

제 1 강 양수채권청구

[甲의 주장] 나는 乙로부터, ① 어느 지방의 오래된 집에 살던 丙이 노후화된 자택건물을 새로 지으려고 계획하고, 건물 부지에 있는 창고의 정리를 하던 중에, 감정서가 있는 그림(이하 '이 사건 그림'이라고 한다)을 발견한 것, ② 그림에 흥미가 없던 丙이 그림을 수집하고 있던 낚시친구 乙에게 이 사건 그림을 보여준바, 족히 2억 원 넘는 가격이 나가는 명화라는 것이 판명된 것, ③ 丙은 자택의 재건축 비용에 쓰려고 마음먹고, 이 사건 그림을 乙에게 사지 않겠느냐고 말한 것에 대하여, 乙은 현금을 당장은 준비할 수 없으니 대금의 지급을 정기예금의 만기일 후에 지급하면 어떻겠냐고 말한 것, ④ 결국, 丙과 乙은 2020. 2. 1. 대금의 지급을 같은 해 6. 30.로 하기로 하여 乙이 이 사건 그림을 대금 2억 원에 산다는 취지의 합의를 하고, 丙은 같은 해 2. 1. 이 사건 그림을 乙에게 인도한 것 등에 대하여 이야기를 들었다.

그 뒤, 丙은 丙이 경영하는 회사의 자금 마련의 필요에서 2020. 4. 1. 乙에 대한 이 사건 그림의 매매대금채권(이하 '이 사건 채권'이라고 한다)을 나에게 양도하여, 나는 그 대금으로 2억 원을 丙에게 지급하였다.

2020. 6. 중순경, 乙에게 내가 丙으로부터 이 사건 채권을 양수받은 것, 같은 해 6. 30.의 지급기일에는 나에게 이 사건 그림의 대금 2억 원을 지급하도록 전화로 전하였다. 그러나 乙은 이를 丁에게 지급하여야 한다는 등을 주장하고, 위 지

급기일이 지났어도 2억 원을 지급하지 않는다. 그러므로 乙에게 이 사건 채권 2억 원을 지급받기를 원한다.

丙이 이 사건 채권을 丁에게 양도하였다는 취지의 내용증명우편이 乙에게 도달한 것을 나는 모른다. 丙과 나와의 신뢰관계에 비추어 丙이 丁에게도 이 사건 채권을 양도한 것은 있을 수 없는 일이다. 乙이 이 사건 그림의 대금을 丁에게 지급할 작정인 것과 乙과 丁이 2020. 5.에 한 대화의 내용은 나는 모른다. 乙의 그 밖의 주장은 앞뒤가 맞지 않는다고 생각한다.

[乙의 주장] 丙은 2020. 4. 1. 丁에게 甲이 청구한 것과 같은 매매대금채권을 대금 2억 원에 양도하였다. 丙은 같은 날 그 취지를 적은 내용증명우편을 나에게도 발송하여, 이 우편은 다음날에 나에게 도달되었다. 이 통지가 있었기에 나는 같은 해 6. 30. 丁에게 이 사건 그림의 대금을 지급하려고 마음먹고 있었다. 같은 해 5월 경. 친구인 丁과 낚시를 간 때에 丁으로부터 "6월에는 대금을 잘 부탁한다"는 말을 듣고, 나는 "틀림없이 지급하겠다"는 대답을 하였던 것도 그 때문이다.

이상과 같이 丙으로부터 나에게 이 사건 채권을 甲에게 양도하였다는 연락은 없었고, 나는 丙으로부터 이 사건 채권을 丁에게 양도하였다는 연락을 받았기에 내가 甲에게 이 사건 채권에 대해서 변제할 이유는 없다고 생각한다. 만일, 甲이 같은 해 4. 1.에 丙으로부터 이 사건 채권을 양수하였다고 하더라도 丙이 丁에게 양도한 것의 통지에 의하여 丁이 이 사건 채권을 취득하였기 때문에 甲은 이 사건 채권의 채권자가 아니다.

甲이 말하는 경위에서 내가 丙으로부터 이 사건 그림을 사서 인도를 받은 것은 틀림없다. 그러나 甲이 丙으로부터 어떤 경위로 이 사건 채권을 양수하였는가를 나는 알지 못한다. 나는 丙으로부터 산 이 사건 그림의 대금을 甲에게 지급하여야 한다고는 꿈에도 생각하지 못하였고, 이번에 甲으로부터 소장을 받고 비로소 그 일을 알았다. 2020. 5. 중순경 甲으로부터 나에게 전화가 걸려 왔던 것은 인정하지만, 그 내용은 丙이 경영하는 회사의 자금 마련이 쉽지 않다는 내용으로, 甲이 이 사건 채권을 양수하였다는 이야기는 아니고, 더더욱 그 채권의 지급을 바란다는 내용은 아니었다.

채권양도는 채권의 동일성을 변경하지 않고 귀속 주체를 변경하는 것을 내용으로 한다(민법 449조 이하). 채권양도에는 가령 채권을 금전을 받고 매각하는 채권의 매매, 변제의 수단으로 채권을 양도하는 것, 금전채무의 담보 등의 목적이 깔려 있다.

채권양도는 채권의 이전을 내용으로 하는 양도인과 양수인 사이의 계약으로서. 채무자는 계약의 당사자가 아니다. 채무자의 동의는 필요 없다.

연혁적으로 채권은 원래 그 주체가 변경될 때, 그 동일성을 지속하는 것은 아니라고 관념화된 바 있었다. 그러나 경제발달에 따라 채권은 채권자나 채무자가 누구냐 하는 것과 별개로, 1개의 객관적인 급부를 내용으로 하는 재산이라고 생각한 결과, 채권자·채무자의 변경 자체는 채무의 동일성을 잃게 하는 것은 아니라고 관념화되었다.

채권양도에서 채권의 동일성이 없어지지 않는다고 한 것은 그 채권에 따르는 각종 우선권이나 담보성, 그 채권에 따르는 권리가 소멸하지 않고 그대로 새로운 채권자에게 이전하고, 채무자가 가지고 있던 여러 항변권도 그대로 존속하여 새로운 채권자에게도 대항할 수 있는 효과를 인정하기 위한 구성이라고 할 수 있다.

1. 소 송 물

제3자로부터 채권을 양수한 원고가, 채무자를 피고로 하여, 해당 채권의 채권자로, 그 급부의 실현을 구하는 소송이므로 그 소송물은 해당 **양수채권의 목적인 급부를 구하는 청구권**이다.

위 사안에서는, 丙과 乙 사이에 체결된 매매계약에 기한 대금채권을 甲이 丙으로부터 양수한 것으로, 甲이 乙에게 양수채권을 청구하는 경우의 소송물은 「丙·乙 사이의 매매계약에 기한 대금지급청구권」이다.

이에 대하여 「甲의 乙에 대한, 丙·乙 사이의 매매계약에 기한 매매대금청구권」으로 하는 입장도 있을 수 있다. 이 입장은 권리 자체가 동일하다고 하더라도 권리의 귀속주체가 다르다면, 소송물이 다르다는 것이다.

양수인이 채권의 귀속주체가 된 경로, 원인은 소송물을 특정하기 위한 요소가 되지 않는다.

2. 청구취지

기재례는 다음과 같다.

피고는 원고에게 2억 원 및 이에 대한 … 금원을 지급하라.

위 청구에 부대하여 (위 사례에서 이행기의 다음 날인 2020. 7. 1.부터 발생하는) 지연손금의 지급을 청구할 수 있는 것은 물론이다.

3. 청구원인

❶ 양수채권의 발생원인사실

- 가령 양수채권이 매매대금채권인 경우에는 해당 매매계약체결사실을 주장하여야 한다.
- 장래 발생할 채권의 양도도 인정된다.

❷ 위 ① 채권의 취득원인사실

- 채권양도는 일정한 원인행위에 기하여 이루어진다. 양수채권의 취득원인사실을 **채권양도의 원인인 채권계약의 성립**으로 보는 입장이다(원인행위설).
- 이에 대하여 이를 **처분행위인 채권양도의 성립**이라고 보는 입장도 있다(처분행위설). 채권양도는 채권의 이전을 종국적으로 가져오는 법률행위(계약)로서 처분행위에 속한다고 보는 것이다. 즉, 채권은 양도인으로부터 양수인에게 직접 이전되고 이행의 문제를 남기지 않기 때문에 의무부담행위가 아니라 처분행위이고, 그리하여 물권의 변동을 가져오는 물권적 합의에 준하여 이를 '준물권계약'이라고 부른다.
- 재판실무는 처분행위설과 같이 처리하는 것이 많다고 한다.

❸ 채무자에 대한 대항요건

- 실무상, 위 ①, ②의 청구원인만으로는 주장 자체가 실당한(이유 없음) 것이 되고, 이를 피하기 위하여 대항요건의 구비를 **청구원인**으로 주장·증명하여

야 한다. 이와 관련하여, 양수인의 채무자에 대한 대항요건인(민법 450조 1항 참조), 양도인의 채무자에 대한 채권양도통지 사실 또는 채무자의 승낙 사실은 양수인에게 증명책임이 있다(대법원 1990. 11. 27. 선고 90다카27662 판결).

- 그런데 후술하듯이 이러한 대항요건을 **항변으로 보는 입장**도 있다.

4. 예상되는 항변

가. 양도금지특약의 항변

채권은 원칙적으로 양도성이 있지만(민법 449조 1항 본문), 당사자가 반대의 의사표시를 한 경우에는 그 양도가 허락되지 않는다(동조 2항 본문). 채권은 양도성을 상실하고, 특약에 위반하여 양도한 경우에도 채권 이전의 효과가 생기지 않는다.

양도금지특약의 사실이 피고가 주장·증명할 **항변**이 된다(반면, 전부명령의 경우는 금지특약이 있는 채권이라도 압류 및 전부명령에 따라 이전될 수 있다).

그러나 양도 반대의 의사표시로 선의의 제3자에게 대항하지 못한다(민법 449조 2항 단서).

채권의 성질이 양도를 허용하지 않는 경우에도 양도가 무효가 되므로 피고가 주장·증명할 **항변**이 된다.

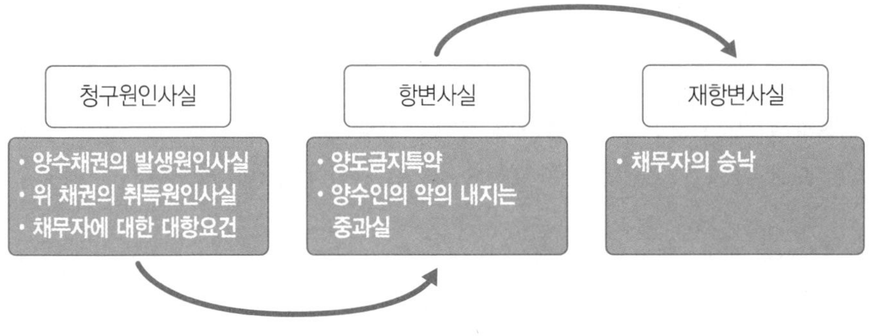

(1) 양수인의 악의 내지 중과실

그런데 위 민법 449조 2항 단서가 양도금지의 특약은 선의의 제3자에게 대항할 수 없다고만 규정하고 있어서 그 문언상 제3자의 과실의 유무를 문제 삼고 있지 않다.

그렇지만 제3자의 **중대한 과실**은 악의와 같이 취급되어야 하므로, 양도금지 특약의 존재를 알지 못하고 채권을 양수한 경우에 그 알지 못함에 중대한 과실이 있는 때에는 악의의 양수인과 마찬가지로 양도에 의한 채권을 취득할 수 없다고 해석하는 것이 상당하다(대법원 1996. 6. 28. 선고 96다18281 판결). 즉, 양도금지 특약의 존재를 **알고 있는** 양수인이나 그 특약의 존재를 알지 못함에 **중대한 과실**이 있는 양수인에게 그 특약으로써 대항할 수 있다 할 것이다. 여기서 말하는 '중과실'이란 통상인에게 요구되는 정도의 상당한 주의를 하지 않더라도 약간의 주의를 한다면 손쉽게 그 특약의 존재를 알 수 있음에도 불구하고 그러한 주의조차 기울이지 아니하여 특약의 존재를 알지 못한 것을 말한다.

그런데 민법 449조 2항 조문상으로는 양도금지특약의 존재만이 **항변**이 되고, 양수인의 선의 또는 중과실이 **재항변**이 되는 것처럼 보이지만, **판례**는 제3자의 악의 내지 중과실은 양도금지의 특약으로 양수인에게 대항하려는 자가 이를 주장·증명하여야 한다고 하여(대법원 2010. 5. 13. 선고 2010다8310 판결) 피고의 **항변**으로 분배하여 자유로운 양도를 부정하는 측에게 주장·증명책임을 지우고 있다.

양도금지특약의 항변의 요건사실은 다음과 같다.

❶ 양도금지특약이 체결된 것
❷ 채권을 양수하였을 때, 위 ①을 알고 있었던 것
❸ 또는 위 ①을 몰랐던 것에 대하여 중대한 과실이 있었던 것

(2) 채무자의 승낙의 재항변

양도금지특약은 채무자의 이익을 보호하기 위한 것이기 때문에 이러한 특약이 체결된 경우라도, 채무자가 양도를 승낙한 때에는 특약에 의한 양도 제한은 해소되어 채권양도는 유효한 것이 된다. 따라서 채무자가 양도금지특약의 **항변**을 주장함에 대하여, 양수인은 **재항변**으로서 채무자가 채권양도에 대해 승낙의 의사표시를 한 것을 주장·증명할 수 있다.

이 승낙은 양도인, 양수인 어느 쪽에 하더라도 무방하고, 승낙의 시기는 채권양도의 전후를 묻지 않는다.

사후승낙의 경우에, 무효인 채권양도행위가 추인되어 유효하게 되나, 다른 약정이 없는 한, 소급효가 인정되지 않고, 양도의 효과는 승낙시부터 발생한다(대법원 2009. 10. 29. 선고 2009다47685 판결).

나. 채무자 대항요건의 항변

지명채권의 양도는 양도인이(양수인도 양도인으로부터 채권양도통지 권한을 위임받아 대리인으로서 그 통지를 할 수 있다) 채무자에게 통지하거나(민사소송법의 송달에서와 같은 엄격함은 요구되지 않는다) 채무자가 승낙하지 아니하면 채무자에게 대항하지 못한다(민법 450조 1항).

「대항하지 못한다」라는 채무자 대항요건은, 채권의 양수인이 채무자에게 채권을 행사하기 위한 적극적 요건이(대항요건의 구비를 청구원인으로 보는 앞의 대법원 1990. 11. 27. 선고 90다카27662 판결 참조) 아니고, 채무자가 대항요건의 항변을 행사한다는 권리주장을 한 경우에 대항요건구비의 주장·증명책임이 양수인에게 생긴다고 보는 **권리항변설**의 입장도 있다. 양도인이 채무자에게 양도의 통지를 하거나 채무자가 승낙하지 않는 한, 채무자는 양수인을 채권자로 인정하지 않는다는 취지의 권리주장을 할 수 있는데, 이를 권리항변으로 본다.

위 사안에서, 乙이 甲이 채무자 대항요건을 구비할 때까지, 변제를 거절한다는 주장을 하고 있는데(丙으로부터 아무런 연락이 없었다고 하면서 甲이 채무자 대항요건을 구비하고 있지 않으므로 그 불비를 주장하여 甲의 청구를 거절하고 있는 것), 이 주장은 채권의 양수자인 甲이 채무자 대항요건을 구비하지 않으면, 채무자 乙은 甲의 청구를 거절할 수 있다는 실체법상의 법률관계를 지적하는 것이며, 결국 이는 청구원인에 의하여 그 이유가 터 잡은 (양수)채권의 행사를 저지하고자 하는 것이므로 항변(권리항변)으로서 기능한다고 한다.

이렇게 보는 **권리항변설**은 실질적으로 재판실무의 입장인 **부인설**(채무자가 대항요건의 흠결을 이유로 채권양도를 부인한 경우에 양수인에게 대항요건구비의 주장·증명책임이 생긴다고 보는 입장)과 마찬가지 내용이므로 그렇게 복잡한 구성을 펼칠 필요가 없다는 비판이 있을 수 있지만, **생각건대** 채무자로서는 양수인의 청구에 대하여 지급을 거절할 수 있는 점에 주된 의미가 있는 것이지, 통지 또는 승낙이 없다면 채권 이전의 효과가 발생하지 않는다고 보는 것은 아니므로 위 **권리항변설**의 입장이 타당하다고 본다.

위와 같은 채무자의 항변에 대하여, 양수인은 **재항변**으로 채무자에 대한 대항요건을 구비한 것을 주장·증명할 수 있다(물론, 실무상으로는 대항요건의 구비를 청구원인으로 보는 앞의 대법원 1990. 11. 27. 선고 90다카27662 판결 참조).

한편, 위와 같은 권리항변에서 더 나아가, 채무자 대항요건을 구비하지 않는 점에 대해서 채무자가 주장·증명책임을 부담하여야 한다는 **항변설**도 있을 수 있다.

양수인이 양도인을 상대로 채무자에 대한 대항요건인 통지를 채무자에게 하도록 소구하는 경우의 청구취지

📖 그 기재례는 다음과 같다.

> 피고는 소외 丙(771111-1234321, 주소: 서울 동작구 흑석로 123)에게 별지 목록 기재 채권을 2020. 4. 1. 원고에게 양도하였다는 취지의 통지를 하라.

그런데 채권양도의 통지와 같이 의사진술의 상대방이 원고가 아닌, 제3자인 경우에는 판결의 확정만으로 양도통지의 효력이 생기는 것이 아니라, 판결확정 뒤, 원고가 스스로 위 판결과 그 확정증명을 제3자인 채무자에게 송부 또는 제시함으로써 비로소 양도통지의 효력이 생긴다.

다. 양도인에 대하여 생긴 사유의 항변

(1) 통 지

채무자는 채권양도의 통지를 받은 때까지 양도인에 대하여 생긴 사유로써 양수인에게도 대항할 수 있다(민법 451조 2항). 채권양도의 효과는 채권의 동일성이 변경됨이 없이 채권주체를 변경시키는 것이므로 채권양도에 부착된 항변사유는 양도 뒤에도 그대로 존속하는 것이고, 이는 채권양도에 관여하지 않은 채무자를 보호하려는 취지이다.

가령 채무자가 양도인에게 양도채권을 변제한 경우에 변제에 의한 채권소멸의 효과를 양수인에게도 대항할 수 있고, 채무자는 양도인에 대하여 생긴 상계, 동시이행의 항변권 등의 사유를 항변으로 주장·증명할 수 있다.

또한 해당 채권에 취소 또는 해제원인이 있었지만, 취소 또는 해제를 하지 않은 경우에 채무자는 양도통지 뒤라도 취소 또는 해제를 할 수 있다.

한편, 가령 임대인이 임대차보증금반환청구채권의 양도통지를 받은 뒤에는 임대인과 임차인 사이에 임대차계약의 갱신이나 계약기간 연장에 관하여 명시적 또는 묵시적 합의가 있더라도 그 합의의 효과는 보증금반환채권의 양수인에 대하여는 미칠 수 없다(대법원 1989. 4. 25. 선고 88다카4253, 4260 판결).

위 민법 451조 2항의 취지로부터 양도인에게 대항할 수 있는 사유만이 본 **항변**의 요건사실이 되고, '해당 사유에 앞서 채무자대항요건이 구비된 것'이 **재항변**이 된다. 즉, '통지를 받은 때까지' 부분은 양수인의 **재항변**이라 할 것이다.

(2) 승 낙

채무자가 채권양도에 대한 (통상의) 승낙을 하였더라도 그 승낙을 한 때까지 양도인에 대하여 생긴 사유를(변제, 상계 등) 양수인에게 대항할 수 있다(민법 451조 1항 본문의 반대해석). 이는 위 민법 451조 2항과 마찬가지로 채권양도에 관여하지 않은 채무자를 보호하려는 취지이다.

(가) 변제 등에 앞선 승낙

반면, 이는 채무자의 승낙 등 채무자대항요건의 구비 뒤에 채무자가 양도인에게 변제 등을 하였더라도 그 효과를 양수인에게 대항할 수 없다는 것을 의미한다. 가령 채무자는 양도를 승낙한 후에 취득한 양도인에 대한 채권으로써 양수인에 대하여 상계로써 대항하지 못한다(대법원 1984. 9. 11. 선고 83다카2288 판결).

따라서 양수인은 **재항변**으로, 가령 변제 등에 앞서 채무자가 채권양도를 승낙한 사실 등을 주장·증명할 수 있다.

(나) 이의를 보류하지 않은 승낙

채무자가 이의를 보류하지 않고 승낙을 한 경우에는 양도인에게 대항할 수 있는 사유로써(변제 등) 양수인에게 대항할 수 없게 된다(민법 451조 1항 본문). 이 취지는 채무자가 이의를 보류하지 않고 승낙을 하면 양수인이 양도인에 대하여 생긴 변제 등의 사유가 존재하지 않는다는 신뢰를 하기 때문에 해당 신뢰를 보호하여 거래의 안전을 도모하고자 하는 점에 있다. 따라서 양수인은 **재항변**으로, 가령 변제 뒤에 채권양도에 대하여 이의를 보류하지 않고 승낙한 사실 등을 주장·증명할 수 있다.

이에 대하여 채무자는 **재재항변**으로 양수인이 양도인에 대한 변제 등을 알았다든가(악의), 알지 못한 것에 대하여 (중)과실이 있다는 것의 평가근거사실을 주장·증명할 수 있다. 이 경우에는 위 신뢰보호의 필요성은 없기 때문이다.

라. 제3자 대항요건의 항변

지명채권의 양도는 민법 450조 1항의 통지 또는 승낙을 **확정일자 있는 증서**에 의하지 아니하면, 채무자 이외의 제3자에게 대항할 수 없다(민법 450조 2항).

이와 같이 확정일자 있는 증서에 의한 통지 또는 승낙에 의하여 채권의 이중양도의 우열이 정하여지면, 채무자는 제3자 대항요건을 구비한 사람만을 채권자로 인정하여 그 사람에게 변제하여야 한다.

위 사안에서, 채무자 乙은 해당 채권이 제3자 丁에게 이중으로 양도된 것을 지적하고, 양수인 甲이 제3자 대항요건을 구비할 때까지 변제를 거절한다는 주장을 하고 있다. 이러한 주장은 채권의 이중양도가 있은 경우에 각 양수인은 제3자 대항요건을 구비하지 않는 한, 서로 우선할 수 없다는 실체법상의 법률관계를 지적하는 것으로, 제3자 대항요건의 흠결을 주장할 정당한 이익을 가지는 채무자 乙이 그 점을 지적하여 채권의 행사를 저지하는 것이므로 **항변**으로서 기능한다.

이렇게 채권을 이중으로 양수한 제3자가 있는 경우에 채권의 양수인으로부터 양수금 청구를 받은 채무자가 양수인이 제3자 대항요건을 구비하지 않은 것을 주장하여 변제를 거절하기 위하여 주장·증명하여야 하는 요건사실은 다음과 같다.

❶ 제3자의 해당 채권의 취득원인사실
❷ 위 ①에 의한 채권양도에 관한 채권자의 채무자에 대한 통지 또는 채무자의 승낙
❸ 제3자 대항요건의 흠결을 주장하여 지급을 거절한다는 권리주장

채권을 이중으로 양수한 제3자가 있는 것을 근거 짓기 위해서, 위 ① 제3자의 해당 채권의 취득원인사실, ② 위 ①에 의한 채권양도에 관한 채권자의 채무자에 대한 통지 또는 채무자의 승낙의 각 사실이 필요하다. ① 이외에 ②가 필요한 이유는 채권양도가 있더라도 그 양수인이 채무자 대항요건

을 구비하고 있지 않다면, 채무자는 해당 양수인을 채권자로서 취급할 필요가 없기 때문이다.

이렇게 채무자는 제3자 대항요건의 흠결을 주장함에 있어서 정당한 이익을 가진다는 것을 근거지으면 된다.

더하여 양수인과 제3자가 대항관계에 있음을 지적하거나 양수인이 제3자 대항요건을 구비하지 않은 것을 주장·증명할 필요는 없다(주장·증명책임의 부담의 공평이라는 관점에서). 다만, 위 ③ 제3자 대항요건의 흠결을 주장하여 지급을 거절한다는 권리주장은 하여야 한다.

나아가 위 사안에서는 제3자 대항요건 구비에 의한 甲의 채권의 상실도 주장되고 있다. 즉, 해당 채권이 이중으로 양도되어 제3자 丁이 제3자 대항요건을 구비한 결과, 丁이 확정적으로 해당 채권을 취득하고, 甲은 채권자가 아니므로 甲에게의 변제를 거절한다는 주장을 하고 있다. 이 주장은 채권의 이중양도가 있은 경우에 제3자 대항요건을 구비한 자가 확정적으로 채권을 취득하고, 甲은 채권의 취득이 부정되는 실체법상의 법률관계를 지적하고, 甲은 채권자가 아니어서 청구원인에 의하여 그 이유가 터 잡은 채권의 甲에게의 귀속을 부정하는 것이므로 **항변**으로서 기능한다.

위 항변에 대하여 양수인 甲은 제3자 대항요건 구비의 **재항변**을 할 수 있다.

위 재항변에 대하여 채무자 乙은 **재재항변**으로 '丁의 제3자 대항요건의 구비 시점이 甲의 제3자 대항요건 구비 시점에 앞서는' 사실을 주장·증명하여야 한다(채권이 이중으로 양도된 경우의 양수인 서로 사이의 우열은 통지 또는 승낙에 붙여진 확정일자의 선후에 의하여 결정할 것이 아니라, 채권양도에 대한 채무자의 인식, 즉 확정일자 있는 양도통지가 채무자에게 도달한 일시 또는 확정일자 있는 승낙의 일시의 선후에 의하여 결정하여야 할 것이다). 그런데 甲이 제3자 대항요건의 구비를 시간적으로 주장하는 것이반적이므로 이에 의하여 그 우선 관계가 재항변의 주장으로 사실상 나타난다.

5. 절차법적 쟁점

가. 채권양도와 채권(가)압류결정 사이의 우열

채권이 이중으로 양도된 경우의 양수인 상호간의 우열은 통지 또는 승낙에 붙여진 확정일자의 선후에 의하여 결정할 것이 아니라, 채권양도에 대한 채무자의 인식, 즉 **확정일자 있는 양도통지가 채무자에게 도달한 일시 또는 확정일자 있는 승낙의 일시의 선후**에 의하여 결정하여야 할 것이고, 이러한 법리는 채권양수인과 동일 채권에 대하여 가압류명령을 집행한 자 사이의 우열을 결정하는 경우에 있어서도 마찬가지이므로, 확정일자 있는 채권양도 통지와 가압류결정 정본의 제3채무자(채권양도의 경우는 채무자)에 대한 **도달의 선후**에 의하여 그 우열을 결정하여야 한다(대법원 1994. 4. 26. 선고 93다24223 전원합의체 판결).

나. 관할합의의 주관적 범위

관할의 합의는(29조) 합의 당사자 사이에서만 그 효력이 미치고, 그 밖의 제3자에게 그 효력이 미치지 않는 것이 원칙이다.

그런데 위 당사자에는 상속인과 같은 일반승계인 이외에 대금채권을 양수한 자와 같이 소송물을 이루는 권리관계의 특정승계인에 대하여 그 권리관계가 당사자 사이에서 그 내용을 자유로이 정할 수 있는 것이면(가령 기명채권), 양수인은 변경된 내용의 권리관계를 승계한 것으로 보아 관할합의의 효력이 미친다(대법원 2006. 3. 2.자 2005마902 결정). 관할합의는 소송법상의 것이기는 하나, 실체적으로는 그 권리관계에 부착하는 권리행사의 조건으로서 그 권리관계에 불가분적으로 부착된 실체적 이해의 변경이라 할 수 있기 때문이다.

실전 쟁점

〈공통된 기초사실〉

甲과 乙은 2010. 3. 1. 甲이 乙에게 나대지인 X 토지를 매매대금 3억 원에 매도하되, 계약금 3,000만 원은 계약 당일 지급받고, 중도금 1억 원은 2010. 3. 31.까지 지급받되 미지급 시 그 다음날부터 월 1%의 비율에 의한 지연손해금을 가산하여 지급받으며, 잔대금 1억 7,000만 원은 2010. 9. 30. 소유권이전등기에 필요한 서류의 교부와 동시에 지급받기로 하는 내용의 매매계약(이하 '이 사건 매매계약'이라 한다)을 체결하고, 그에 따라 같은 날 乙로부터 계약금 3,000만 원을 지급받았다.

〈추가된 사실관계〉

- 甲은 2010. 3. 10. 丙에게 이 사건 매매계약의 내용을 설명하면서 위 중도금 1억 원 및 그에 대한 지연손해금 채권을 양도하였고, 乙은 같은 날 위 채권양도에 대하여 이의를 유보하지 아니한 채 승낙을 하였다.
- 한편 乙은 丁에 대한 서울고등법원 2009나22967호 약정금 청구사건의 집행력 있는 조정조서 정본에 기초하여 2010. 4. 20. 서울중앙지방법원 2010타채5036호로 丁의 甲에 대한 1억 5,000만 원의 대여금 채권(변제기는 2010. 2. 28.임)에 대하여 채권압류 및 전부명령을 받았고, 그 명령은 2010. 5. 20. 甲에게 송달되어 그 무렵 확정되었다.
- 戊는 乙에 대한 5억 원의 대여금 채권을 보전하기 위하여 2010. 7. 15. 乙의 甲에 대한 X 토지에 관한 위 매매를 원인으로 한 소유권이전등기청구권을 가압류하였고, 그 가압류 결정은 2010. 7. 22. 甲에게 송달되었다.

〈소송의 경과〉

- 甲과 丙은 2011. 2. 10. 乙을 상대로, '乙은 甲에게 위 잔대금 1억 7,000만 원 및 이에 대한 이 사건 소장부본 송달일 다음날부터 다 갚는 날까지 연 20%의 비율에 의한 소송촉진 등에 관한 특례법에 정해진 지연손해금을, 乙은 丙에게 위 양수금 1억 원 및 이에 대한 2010. 4. 1.부터 이 사건 소장부본 송달일까지는 월 1%의 비율에 의한 약정 지연손해금을, 그 다음날부터 다 갚는 날까지는 연 20%의 비율에 의한 위 특례법상의 지연손해금을 각 지급하라'는 내용의 소를 제기하였다.
- 그러자 乙은 제1차 변론기일(2011. 6. 20.)에서, 甲으로부터 X 토지에 관한 소

유권이전등기를 넘겨받기 전에는 丙의 청구에 응할 의무가 없고, 가사 그렇지 않다 하더라도 乙은 위 전부명령에 의하여 甲에 대하여 1억 5,000만 원의 채권을 취득하였으므로 이를 자동채권으로 하여 丙의 위 양수금 채권과 대등액에서 상계하면 丙의 채권은 소멸하였다고 주장하였다.

- 이에 대하여 丙은, 중도금의 지급은 잔대금의 지급의무와는 달리 선이행 의무이고, 또한 乙이 위 채권양도에 관하여 이의 유보 없는 승낙을 하였기 때문에 甲에 대한 동시이행의 항변권을 원용할 수 없을 뿐 아니라, 甲에 대한 위 전부금 채권으로 丙의 위 양수금 채권과는 상계할 수 없다고 주장하였다.
- 乙은 다시, 丙이 이 사건 매매계약의 내용을 알고 있었고, 乙로서는 위 채권양도 당시에는 전부금 채권을 취득하지 아니하였기 때문에 이의 유보 없는 승낙을 하였으나, 그 후 취득한 전부금 채권의 변제기가 수동채권의 변제기보다 먼저 도래할 뿐만 아니라, 현재 양 채권 모두 변제기가 도래하여 상계적상에 있으므로 상계할 수 있다고 반박하였다.
- 그 후 乙은 甲에게 잔대금 1억 7,000만 원을 지급할 테니 X 토지에 관한 소유권이전등기절차를 이행해 달라고 요구하였으나 甲이 이를 거절하자, 2011. 7. 25. 甲을 피공탁자로 하여 위 잔대금 1억 7,000만 원을 변제공탁한 다음, 같은 날 甲을 상대로 X 토지에 관하여 위 매매를 원인으로 한 소유권이전등기절차의 이행을 구하는 반소를 제기하였다.
- 甲은 제2차 변론기일(2011. 8. 1.)에서, 戊가 乙의 甲에 대한 위 소유권이전등기청구권에 관하여 가압류하였으므로 乙의 반소청구에 응할 수 없다고 주장하는 한편, 乙에 대한 잔대금지급 청구의 소를 취하하였고, 乙은 甲의 소취하에 대하여 동의하였다.
- 심리 결과, 위 사실관계의 내용 및 당사자의 주장사실은 모두 사실로 입증되었고, 이 사건과 관련하여 위에서 주장된 내용 이외에는 특별한 주장과 입증이 없는 상태에서 2011. 8. 1. 변론이 종결되고, 2011. 8. 16.이 판결 선고기일로 지정되었다.

〈문제〉

소송의 경과에서 제기된 당사자들의 주장 내용을 토대로, 丙의 乙에 대한 청구 및 乙의 甲에 대한 반소청구에 대한 각 결론[청구전부인용, 청구일부인용(일부 인용되는 경우 그 구체적인 금액 또는 내용을 기재할 것), 청구기각]을 그 논거와 함께 서술하시오. 【2012년 제1회 변호사시험 일부】

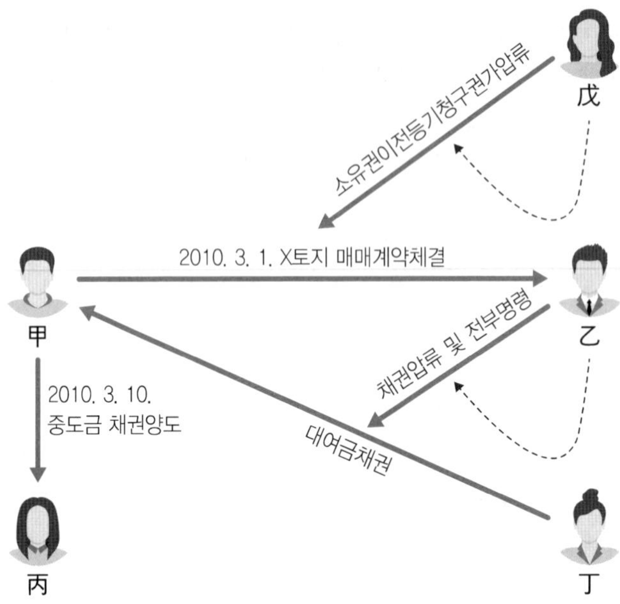

- 매수인이 선이행의무 있는 중도금을 지급하지 않았다 하더라도 계약이 해제되지 않은 상태에서 잔대금 지급기일이 도래하여 그 때까지 중도금과 잔대금이 지급되지 아니하고 잔대금과 동시이행관계에 있는 매도인의 소유권이전등기 소요서류가 제공된 바 없이 그 기일이 도과하였다면, 특별한 사정이 없는 한 매수인의 중도금 및 잔대금의 지급과 매도인의 소유권이전등기 소요서류의 제공은 동시이행관계에 있다 할 것이어서 그 때부터는 매수인은 중도금을 지급하지 아니한 데 대한 이행지체의 책임을 지지 아니한다(대법원 1998. 3. 13. 선고 97다54604, 54611 판결).
- 채무자는 채권양도를 승낙한 후에 취득한 양도인에 대한 채권으로써 양수인에 대하여 상계로써 대항하지 못한다(대법원 1984. 9. 11. 선고 83다카2288 판결).
- 채권양도에 있어서 채무자가 양도인에게 이의를 보류하지 아니하고 승낙을 하였다는 사정이 없거나 또는 이의를 보류하지 아니하고 승낙을 하였더라도 양수인이 악의 또는 중과실의 경우에 해당하는 한, 채무자의 승낙 당시까지 양도인에 대하여 생긴 사유로써 양수인에게 대항할 수 있다고 할 것인데, 승낙 당시 이미 상계를 할 수 있는 원인이 있었던 경우에는 아직 상계적상에 있지 아니하였다 하더라도 그 후에 상계적상이 생기면 채무자는 양수인에 대하여 상계로 대항할 수 있다(대법원 1999. 8. 20. 선고 99다18039 판결).
- 소유권이전등기를 명하는 판결의 경우에는 가압류의 해제를 조건으로 하지 않는 한 법원은 이를 인용하여서는 안 된다(대법원 1999. 2. 9. 선고 98다42615 판결).

제 7 장 채권의 양도 · 채무의 인수

제 2 강 인수금청구

甲은 乙을 상대로 乙이 2020. 5. 22. 丙의 甲에 대한 차용금채무 3억 원을 중첩적으로 인수하여 같은 해 11. 30.까지 이를 甲에게 지급하기로 약정하였다고 주장하면서 3억 원의 지급을 구하는 소를 제기하였다.

채무인수는 채무의 동일성을 유지하면서 채무가 채무자로부터 제3자(인수인)에게 이전되는 것으로 계약에 의하여 이루어진다. 낙성·불요식의 계약이다.

채권자와 인수인이 계약을 체결한 경우에는 그 성립시에 효력이 생기고(민법 453조 1항 본문), **채무자와 인수인**이 계약을 체결한 경우에는 채권자의 승낙을 조건으로 하여 그 성립시에 소급하여 효력이 생긴다(민법 454조 1항, 457조 본문). 물론 채권자, 채무자, 인수인 3자가 채무인수의 합의를 할 수 있는 것은 당연하다.

채무인수는 병존적(중첩적) 채무인수와 면책적(免責的) 채무인수가 있다.

병존적(중첩적) 채무인수는 기존의 채무관계는 그대로 유지하면서 제3자가 채무자로 들어와 종래의 채무자와 더불어 동일한 내용의 채무를 부담하는 것이다.

면책적 채무인수는 채무가 동일성을 유지하면서 종래의 채무자로부터 제3자인 인수인에게 이전하는 것을 목적으로 하는 계약을 말한다. 이에 의하여 인수인이 종래의 채무자에 대신하여 새로 채무자로 채무관계에 들어와서 종래의 채무자와 동일한 채무를 부담하고, 동시에 종래의 채무자는 채무를 면한다. 민법이 정하는 채무인수는 이러한 면책적 채무인수이다(민법 453조 1항 본문). 이를 통하여 채권자가 인수인에게 채무의 이행을 청구할 권리를 가진다.

1. 청구취지

채무인수에 의하여 채무는 그 동일성을 유지하면서 채무자로부터 인수인에게 이전되므로 채권자는 인수인에게 해당 채권을 행사할 수 있다.

기재례는 다음과 같다.

> 피고는 원고에게 3억 원을 지급하라.

2. 청구원인

인수인의 채무가 발생하는 요건사실은 다음과 같다.

❶ 해당 채무의 발생원인사실

- 해당 채무가 유효하게 성립·존속하여야 한다.
- 조건부·기한부 채무도 인수의 대상이 되고, 장래의 채무도 인수를 할 수 있다.

❷ 채무인수의 합의

- 채무인수는 특별한 사정이 없는 한, 병존적(중첩적) 채무인수로 풀이되므로

(대법원 2002. 9. 24. 선고 2002다36228 판결) 병존적(중첩적) 채무인수인 것을 주장·증명할 필요는 없다.
- 따라서 채무인수가 행하여진 것만을 주장·증명하면 충분하다.

❸ 채권자에 의한 위 ②의 이익을 향수한다는 의사표시 (위 ②가 채무자와 인수인 사이에서 이루어진 경우)
- 채권자가 해당 채권에 기하여 인수인에게 이행을 청구한 경우는 그 청구 자체가 수익의 의사표시에 해당한다.

결국 기재례는 다음과 같다.

> 원고는 2020. 5. 22. 피고와의 사이에 본건 채무를 인수한다는 취지의 합의를 하였다.

3. 예상되는 항변

가. 해당 채무인수의 합의가 채무자의 의사에 어긋나는 것

(면책적 채무인수의 합의가 채권자와 인수인 사이에서 이루어진 경우)

다만, 이 주장은 채무자가 하는 것은 어쨌든 인수인이 하는 것은 신의칙상 허용되지 않는다고 할 것이다.

나. 원 채무의 발생장애·소멸사유

한편, 채권자와 인수인 사이의 합의에 의한 채무인수의 경우는 원칙적으로 원 채무의 무효·취소의 영향을 받지 않으므로 원 채무가 유효인 것을 인수의 조건 내지 내용으로 한 것도 요건사실이 된다.

다. 채무인수 뒤에 채무자에게 생긴 절대적 효력사유

병존적 채무인수에 의하여 채무자의 채무와 인수인의 채무는 특별한 사정이 없는 한 연대채무가 되므로 위 사유는 항변이 된다.

이에 대하여 원칙적으로 부진정 연대채무로 되는데, ① 채무자가 인수계약의 당사자인 경우 또는 ② 채무자의 위탁에 의하여 인수가 이루어진 경우에 한하여 연대채무가 된다고 한다는 입장에서는 연대채무에 고유한 절대적 효력사유를 주장하는 경우는 ① 또는 ②가 요건사실에 더하여진다.

4. 면책적 채무인수의 항변

채권자로부터 청구를 받은 채무자가 면책적 채무인수에 의하여 자기가 채무자가 아니게 되었다는 항변을 제출하는 것이다.

❶ 면책적 채무인수의 합의
❷ 위 ①에 대하여 채권자의 승낙 (위 ①이 채무자와 인수인 사이에서 이루어진 경우)

제3부
특수한 소송유형

제1장
책임재산의 보전

제 3 부 특수한 소송유형

제 1 장

책임재산의 보전

제 1 강 채권자대위소송

甲은 乙에 대하여 이미 변제기가 도래하고 있는 3억 원의 대여금채권을 가지고 있다고 주장하고 있다. 한편, 乙은 丙에 대하여 매매대금채권을 가지고 있고, 乙은 이 채권 이외에는 달리 값나가는 자산을 가지고 있지 않다. 甲은 乙을 대위하여 丙에 대하여 乙의 丙에 대한 매매대금채권의 지급을 구하는 소를 제기하였다.

채권자가 자기의 채권을 보전하기 위하여 채무자의 권리를 행사할 수 있는데(민법 404조), 이를 채권자대위권이라고 한다. 채무자가 스스로 권리를 행사하지 않는데도 채권자가 채무자를 대위하여 채무자의 권리를 행사할 수 있으려면 그러한 채무자의 권리를 행사함으로써 채권자의 권리를 보전해야 할 필요성이 있어야 한다. 채권자가 보전하려는 권리와 대위하여 행사하려는 채무자의 권리가 밀접하게 관련되어 있고 채권자가 채무자의 권리를 대위하여 행사하지 않으면 자기 채권의 완전한 만족을 얻을 수 없게 될 위험이 있어 채무자의 권리를 대위하여 행사하는 것이 자기 채권의 현실적 이행을 유효·적절하게 확보하기 위하여 필요한 경우에는 채권자대위권의 행사가 채무자의 자유로운 재산관리행위에 대한 부당한 간섭이 된다는 등의 특별한 사정이 없는 한 채권자는 채무자의 권리를 대위하여 행사할 수 있어야 한다(대법원 2014. 12. 11. 선고 2013다71784 판결).

채권자대위권은 반드시 재판상 행사할 것이 그 요건은 아니지만, 재판상 행사함이 보통이다.

한편, 채권자는 채무자를 상대로 자신의 채권을 직접 행사하는 청구와 제3채무자를 상대로 자신의 채권을 피보전채권으로 하여 채무자의 채권을 대위행사하는 청구를 병합하여 공동소송으로 할 수 있다.

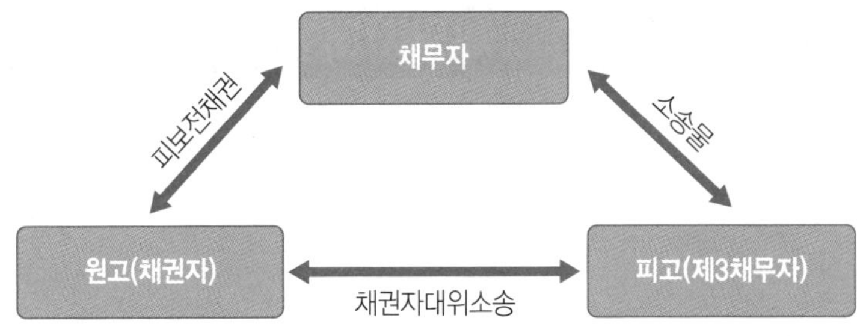

1. 법적 성질

재판상 행사하는 경우에 채권자대위소송의 소송법적 성질(구조) 내지는 채권자의 소송상 지위에 대하여 다툼이 있으나, 일반적으로 제3자의 소송담당(특히 **법정소송담당**)으로 포착한다.

채권자대위소송에서는 소장의 원고란의 기재에 있어서 소송담당관계를 표시하지 않고, 단순히 채권자대위권을 행사하는 채권자를 기재하면 된다(반면, 파산자 ☆☆☆ 주식회사의 파산관재인 OOO와 같이 파산관재인이나 선정당사자 등은 소송담당의 근거가 되는 법적 지위를 표시하는 것이 일반적이다).

2. 소 송 물

채권자대위소송의 법적 성질을 **법정소송담당**으로 포착하면, 채권자대위권의 기초가 되는 채권자의 채무자에 채권(피보전채권)의 존재는 당사자적격의 기초가 되기 위한 요건이고, 반면 채권자대위소송의 소송물은 채무자의 제3채무자에 대한 OO권(피대위권리로 가령 매매대금채권)이다.

3. 청구취지

위 사례에서 청구취지는 다음과 같다.

> 피고는 원고에게 3억 원 및 이에 대한 이 사건 소장부본 송달일 다음날부터 다 갚는 날까지 연 12%의 비율에 의한 금원을 지급하라.

채권자대위소송에 있어서, 피고(제3채무자)로 하여금 채무자에게 이행할 것을 청구하여야 하고, 직접 원고에게 이행할 것을 청구하지는 못하는 것이 원칙이다. 다만, 금전의 지급 또는 물건의 인도를 목적으로 하는 채권과 같이 변제의 수령을 요하는 경우에 피고로 하여금 채무자가 아닌, 원고 자신에게 직접 이행(변제)할 것을 청구할 수 있다(한편, 전용형의 등기청구의 경우에는 별도로 설명). 이를 인정하지 않으면 수령을 거절한 채무자가 있는 경우에 실효성을 결여하기 때문이라고 한다.

채권자대위권의 사실상의 우선변제효

본래 채권자는 제3채무자부터 위 금원을 수령한 뒤(추심한 금원은 채무자의 것이지만), 채무자에 대하여 같은 금액을 지급할 채무를 부담하는데, 이 채무를 채권자가 채무자에 대하여 가지는 채권을 자동채권으로 하여 **상계**하는 것에 의하여 사실상 우선변제를 받는 것과 동일한 결과가 된다. 집행권원 없이(이 점이 강제집행과 다르다) 제3자로부터 추심한 금전을 가지고 채권자는 직접 자기 채권의 만족을 받을 수 있다.

4. 청구원인

청구원인은 다음과 같다.

❶ 피보전채권의 발생원인사실

- 피보전채권이 피대위권리보다 먼저 성립할 필요는 없다.
- 피보전채권의 존재 여부는 법원의 직권조사사항이다.
- 채권자대위소송에 있어서 채권자의 지위를 법정소송담당으로 포착한다면, 피보전채권은 대위원인을 구성하여 소송담당자로서의 당사자적격을 뒷받침하고 있다고 볼 수 있다. 따라서 피보전채권이 존재하지 않는 경우에는 채권자는 소송담당에 있어서 애초부터 당사자적격을 가지지 못하는 것이 되어 본안의 심리에 들어갈 필요도 없이 그 채권자대위소송은 부적법 각하를 면치 못하게 된다(대법원 1994. 6. 24. 선고 94다14339 판결).

❷ 보전의 필요성

- 채권자가 채무자의 권리를 행사함으로써 채권자의 권리를 보전해야 할 필요성이 있어야 한다. 보전의 필요성(한편, 전용형의 경우는 채무자의 무자력 요건은 불필요)은 소송요건으로 작동한다.
- 채권자가 이를 주장·증명하게 하는 것은 가혹하여, 「자력이 있는 것」을 **항변으로 보고자 하는 입장**도 있지만, 일반적으로 채무자의 무자력에 대한 증명책임은 채권자가 부담한다.
- 채무자의 무자력을 요건으로 하는 것이 통상이지만, 임대차보증금반환채권을 양수한 채권자가 그 이행을 청구하기 위하여 임차인의 가옥인도가 선이행되어야 할 필요가 있어서 그 인도를 구하는 경우에는 그 채권의 보전과 채무자인 임대인의 자력 유무는 관계가 없는 일이므로 금전채권의 보전을 위한 채권자대위권 행사이지만, 무자력을 요건으로 한다고 할 수 없다(대법원 1989. 4. 25. 선고 88다카4253, 4260 판결).

❸ 피대위권리의 발생원인사실

- 채권자대위권에 의하여 행사할 수 있는 권리는 청구권에 한정되지 않고, 형성권도 그 대상이 될 수 있다.
- 채권자대위권과 채권자취소권도 대위의 목적이 될 수 있다.
- 권리자 자신이 권리를 행사할 것인지 여부를 결정하여야 하는 일신전속권의 경우에는 대위의 목적이 될 수 없다(민법 404조 1항 단서).
- 재심의 소제기는 대위권의 목적이 될 수 없다(대법원 2012. 12. 27. 선고 2012다75239 판결).
- 임대인의 임대차계약해지권은 오로지 임대인의 의사에 행사의 자유가 맡겨져 있는 행사상의 일신전속권에 해당하는 것으로 보기 어렵다(대법원 2007. 5. 10. 선고 2006다82700, 82717 판결).
- 공유물분할청구권은 형성권으로서 재산권의 일종으로 채권자대위권의 목적이 될 수 있다. 그런데 채권자가 공유물분할청구권을 대위행사하는 것은, 책임재산의 보전과 직접적인 관련이 없어 채권의 현실적 이행을 유효·적절하게 확보하기 위하여 필요하다고 보기 어렵고 채무자의 자유로운 재산관리행위에 대한 부당한 간섭이 되므로 보전의 필요성을 인정할 수 없다. 극히 예외적인 경우가 아니라면 금전채권자는 부동산에 관한 공유물분할청구권을 대위행사할 수 없다고 보아야 한다(대법원 2020. 5. 21. 선고 2018다879 전원합의체 판결).

위 ①, ②는 당사자적격을 기초 짓는 사실로, 소송요건에 해당한다.

그 밖의 피보전채권의 변제기 도래와 피대위권리를 채무자 스스로 행사하지 않은 것에 대하여는 청구원인이지 여부에 대하여 다툼이 있다(후술).

그리고 위 ③은 실체법적인 요건사실이다.

5. 예상되는 항변

채권자대위소송에서 예상되는 항변은 다음과 같다.

- **피보전채권에 기한의 약정이 있는 것(본안전의 주장)**
- **피보전채권의 장애, 소멸, 저지사유(본안전의 주장)**
- **피대위권리를 채무자가 스스로 행사한 것**
- **피대위권리의 장애, 소멸, 저지사유**
- **채무자가 해당 권리를 처분**

가. 피보전채권에 기한의 약정이 있는 것(본안전의 주장)

피보전채권의 이행기가 도래하지 않은 경우에 채권자대위권을 인정하면 채무자의 기한의 이익을 빼앗는 것이 되므로 원칙적으로 피보전채권은 이행기가 도래하여야 한다(민법 404조 2항 본문). 그런데 피보전채권이 이행기에 있는 것은 대위권의 근거사유(발생원인사실)이지, 대위권 행사의 저지사유가 아니므로 채권자가 주장·증명하여야 할 청구원인사실로 보는 입장도 있으나, 제3채무자가 피보전채권이 이행기에 있지 않다는 것을 주장·증명하여야하는 것으로 보는 입장이 증명책임의 분배로서 타당하다고 생각한다.

이행기한의 약정은 법률행위에 기한 채권의 행사를 저지하는 항변이다(본안전의 주장).

여기서 기한이 도래하였다는 것이 재항변이 된다.

한편, 재판상 대위와 보전행위의 경우는(민법 404조 2항 본문 단서) 그 예외인데, 재판상 대위의 허가나 대위행위가 보전행위라는 것은 재항변이 된다.

나. 피보전채권의 장애, 소멸, 저지사유(본안전의 주장)

피보전채권의 소멸사실 등은 항변이 된다(본안전의 주장).

그런데 제3채무자는 채무자가 채권자에게 주장할 수 있는 사유를 원용할 수 있는 것이 아니고(대법원 1995. 5. 12. 선고 93다59502 판결), 가령 피보전채권의 소멸시효의 원용은 권리자인 채무자의 의사에 맡겨야 하므로 제3채무자는 이를 행사할 수 없다(대법원 2004. 2. 12. 선고 2001다10151 판결).

채권자가 채권자대위소송을 제기하는 한편 채무자를 상대로 피보전채권의 이행청구소송을 함께 제기하였는데, 채무자가 그 소송절차에서 소멸시효

완성의 항변을 원용한 경우, 이러한 사유가 현출된 채권자대위소송에서 피보전채권의 소멸시효 완성 여부를 심리·판단하여야 하는지 여부에 대하여는 적극적으로 본다(대법원 2008. 1. 31. 선고 2007다64471 판결[미간행]).

다. 피대위권리를 채무자가 행사한 것

채무자가 스스로 그의 권리의 행사에 착수한 이상, 그 행사가 부적절하거나 결과적으로 채권자에게 불리하더라도 채권자는 대위권을 행사할 수 없다. 채무자가 그 권리를 행사하고 있음에도 불구하고 채권자의 대위권행사를 허용하는 것은 채무자에 대한 부당한 간섭이 된다. 따라서 대위권의 행사는 채무자가 스스로 권리를 행사하지 않는 경우에 한하여 허용된다.

이미 채무자가 권리를 재판상 행사하였을 때에는 설사 패소의 본안판결을 받았더라도 채권자는 채무자를 대위하여 채무자의 권리를 행사할 당사자 적격이 없다(대법원 1992. 11. 10. 선고 92다30016 판결).

채무자가 소송상으로 권리를 행사하고 있는 경우에 가령 채권자가 대위소송을 제기하는 것은 중복된 소제기의 금지에 걸린다. 이 경우에 채권자로서는 채무자의 소송에 보조참가를 하면 된다(다만, 보조참가 여부에 대하여 추가적 논의의 여지가 있다).

그러면 채무자의 권리불행사의 사실은 청구원인인가, 아니면 항변이 되는가. 채권자대위권은 채권의 일반적인 효력으로서 포착될 수 있는 제도이므로 채무자의 행위에 의하여 발생하거나 소멸하거나 하는 것이 아니고, 채권자대위권 자체는 발생하고 있지만, 채무자 스스로 그 권리를 행사하는 장면에서는 채권자의 채권자대위권의 행사가 저해되는것이라고 생각된다. 따라서 채무자가 피대위권리를 이미 행사한 것이 **항변**이 되는 것이고, 피대위권리를 채무자 스스로 행사하지 않은 것이 청구원인이 되는 것은 아니다.

라. 피대위권리의 장애, 소멸, 저지사유

채권자는 채무자의 제3채무자에 대한 권리를 행사하는 것이므로 제3채무자는 채무자에 대하여 가지는 일체의 항변으로 채권자에게 대항할 수 있는 것은 당연하다. 가령 피대위권리의 변제, 상계, 동시이행의 항변권 등을 주장할 수 있고, 이는 **항변**이 된다.

이에 대하여 채권자는 자기의 독자의 사정에 기한 재항변을 제출할 수 있는지 여부가 문제되는데, 제출할 수 없다고 볼 것이다(채무자 자신이 주장할 수 있는 것에 한한다).

한편, 제3채무자는 채무자와 사이의 피대위권리의 확정판결을 가지고 그 기판력을 주장할 수 있다.

마. 채무자가 해당 권리를 처분

채권자가 채권자대위권에 의하여 보전행위 이외의 채무자의 권리를 대위행사하는 경우에는 이를 채무자에게 통지하여야 한다(민법 405조 1항). 채권자로부터 대위권 행사의 통지를 받은 후에는 채무자가 대위행사된 권리를 처분하더라도 이로써 채권자에게 대항할 수 없다(동조 2항). 규정의 취지는 채권자가 채무자에게 대위권 행사사실을 통지하거나 채무자가 채권자의 대위권 행사사실을 안 후에 채무자에게 대위의 목적인 권리의 양도나 포기 등 처분행위를 허용할 경우에 채권자에 의한 대위권행사를 방해하는 것이 되므로 이를 금지하는 데에 있다. 그런데 채무자가 자신의 채무불이행을 이유로 매매계약이 해제되도록 한 것을 두고 위 405조 2항에서 말하는 '처분'에 해당한다고 할 수 없다.

가령 채무자에 의한 채무의 면제가 있었다는 것이 **항변**이 되고, 채무의 면제 전에 채무자에게 대위의 통지가 있었다는 것 또는 채무자가 해당 대위권 행사의 착수를 안 것이 **재항변**이 된다.

실전 쟁점

(1) 앞의 채권자대위소송에서, 심리한 결과, 甲의 乙에 대한 대여금채권(피보전채권)의 성립이 인정될 수 없는 경우에 법원은 어떠한 판결을 하여야 하는가?
(2) 만약, 丙이 甲·乙 사이의 대여금채권의 성립을 자백하였다면, 법원이 이에 구속되는가?
(3) 위 소송계속 중에 乙이 丙에 대하여 같은 매매대금채권(피대위채권)의 지급을 구하는 소를 제기하는 것은 허용되는가?
(4) 심리한 결과, 乙의 丙에 대한 매매대금채권의 성립이 인정되지 못하여 甲 청구기각판결이 선고되었는데, 판결의 효력은 乙에게 미치는가?

채권자의 소송상 지위를 어떻게 볼 것인가에 따라 민사소송에서 중복된 소제기의 금지, 재소금지, 기판력의 주관적 범위, 채무자의 참가 등 여러 가지 쟁점이 문제되고 있다.

제 1 장
책임재산의 보전

제 2 강 전용된 채권자대위소송

채무자의 책임재산을 보전하기 위한 채권자대위소송이 일반적이지만, 실무상 채무자의 책임재산의 보전이 아니라(즉, 무자력을 요건으로 하지 않고), 가령, 甲 소유의 부동산이 乙을 거쳐 丙에게 순차로 매도되었으나(甲 → 乙 → 丙), 등기 명의는 아직 甲에게 남아 있는 경우에 丙은 자기의 乙에 대한 등기청구권을 보전하기 위하여 乙의 甲에 대한 등기청구권을 재판상 대위행사하는 경우를 제도의 전용(轉用)으로 인정하고 있다. 특정채권을 보전하는 것은 채무자의 무자력과는 상관없는 문제이기 때문이다.

1. 소 송 물

이렇게 전용된 채권자대위소송의 경우에 그 소송물은 乙의 甲에 대한 이전등기청구권이다.

그런데 위와 같은 채권자대위권은 반드시 순차 매도 또는 임대차에 있어 소유권이전등기청구권이나 인도청구권 등의 보전을 위한 경우에만 한하여 인정되는 것은 아니며, 피보전채권이 건물철거청구권과 같은 물권적 청구권에 대하여도 인정될 수 있다(대법원 2007. 5. 10. 선고 2006다82700, 82717 판결).

2. 대위에 의한 소유권이전등기청구

채권자대위권을 재판상 행사하여 등기절차의 이행을 구하는 경우에는 채무자(위 사례의 경우 乙)를 이행 상대방으로 하여야 한다(판례).

피대위자인 채무자가 피고로 되지 아니한 경우이므로 괄호 속에 그의 주소와 주민등록번호 등을 표시하도록 한다. 채무자는 당사자에 준하여 특정되어야 할 필요성이 있기 때문이다.

위 경우의 청구취지의 기재례는 다음과 같다.

> 피고는 소외 乙(550505-1111111, 주소: 서울 동작구 흑석동 111)에게 별지 목록 기재 부동산에 관하여 2005. 3. 31. 매매를 원인으로 한 소유권이전등기절차를 이행하라.

아울러 위 경우에 채권자인 원고는 자신의 등기청구권에 기하여 채무자(위 사례의 경우 乙)를 상대로 매매를 원인으로 한 소유권이전등기절차를 이행하라는 청구를 위 채권자대위소송에 **병합**할 수 있다(통상의 공동소송).

이 경우에는 피대위자인 채무자(위 사례의 경우 乙)도 공동으로 피고가 되므로(통상의 공동소송) 청구취지에서 괄호 속에 그의 주소와 주민등록번호 등을 표시할 필요가 없다. 가령, 甲 소유의 부동산이 乙, 丙을 거쳐 원고에게 순차로 매도된 경우에(甲 → 乙 → 丙 → 원고) 원고가 丙을 대위하여 乙에게, 다시 乙을 대위하여 甲에게 이전등기를 구함과 아울러 원고 자신의 등기청구권에 기하여 丙을 상대로 이전등기를 구하는 청구(아래 1. 다. 丙에 대한 부분)를 병합하여 공동소송으로 한 사건의 청구취지는 다음과 같다.

> 1. 별지 목록 기재 부동산에 관하여,
>   가. 피고 甲은 피고 乙에게 2005. 3. 31. 매매를 원인으로 한,
>   나. 피고 乙은 피고 丙에게 2005. 4. 4. 매매를 원인으로 한,
>   다. 피고 丙은 원고에게 2005. 8. 31. 매매를 원인으로 한
> 각 소유권이전등기절차를 이행하라.

3. 대위에 의한 말소등기청구

한편, 채권자대위권을 행사하여 말소등기를 청구하는 경우에 가령 甲이 乙로부터 부동산을 매수하여 소유권이전등기청구권을 가지고 있는데, 등기를 마치지 않은 사이에 丙이 정당한 원인 없이 丙 자기 앞으로 등기를 마친 후, 그로부터 丁, 戊로 등기가 순차 이전된 경우(乙 → 丙 → 丁 → 戊)의 청구취지의 기재례는 다음과 같다. 乙을 이행 상대방으로 한다(아래 1. 가. 부분. 다만 이행상대방은 원고 甲도 가능).

아울러 원고 甲 자신의 청구권에 기하여 乙을 상대로 이전등기를 구하는 청구(아래 1. 나. 부분)를 위 청구에 **병합**하여 **공동소송**으로 한 경우이다.

> 1. 별지 목록 기재 부동산에 관하여,
>   가. 피고 乙에게,
>   (1) 피고 丙은 전주지방법원 2005. 5. 15. 접수 제2569호로 마친 소유권이전등기의,
>   (2) 피고 丁은 같은 법원 … 소유권이전등기의
>   (3) 피고 戊는 같은 법원 … 소유권이전등기의
>   각 말소등기절차를 이행하고,
>   나. 피고 乙은 원고에게 2005. 1. 10. 매매를 원인으로 한 소유권이전등기절차를 이행하라.

실전 쟁점

甲은 2021. 1. 15. 乙에게 甲 소유의 X토지를 매매대금 3억 원으로 정하여 매도하면서 계약금 3천만 원은 계약 당일, 잔금 2억 7천만 원은 2021. 3. 15. 지급받기로 하였고, 같은 날 계약금을 지급받았다. 乙은 잔금지급기일 전 X토지의 등기부를 열람하던 중 X토지에 관하여 丙의 명의로 소유권이전등기가 마쳐져 있음을 확인하고, 甲에게 위 丙 명의의 소유권이전등기를 말소하여 줄 것을 요구하였다. 甲이 이에 응하지 아니하자 乙은 잔금을 모두 지급한 뒤 2021. 7. 1. 甲에 대한 소유권이전등기청구권을 보전하기 위하여 甲을 대위하여 丙을 상대로 X토지에 관한 소유권이전등기말소청구의 소를 제기하였다. 이 사건 소송에서 乙은 甲을 증인으로 신청하였고, 2022. 1. 12. 증인으로 출석한 甲은 丙의 소유권이전등기가 서류 위조 등으로 인하여 원인무효라는 취지로 증언하였다. 이 사건 소송의 제1심 계속 중인 2022. 3. 12. 乙이 사망하였고, 상속인으로는 丁, 戊, 己가 있다. 丁, 戊, 己는 모두 이 사건 소송을 적법하게 수계하였다. (이하 각각 독립적 사실관계)

(1) 丁은 이 사건 소송을 계속 진행하는 것에 부담을 느껴 소송계속 중인 2022. 5. 11. 소를 취하하였고 丙은 이에 동의하였다. 丁의 소취하가 유효한지 판단하고 근거를 서술하시오.

(2) 이 사건 소송의 제1심은 심리를 진행한 뒤 丁, 戊, 己의 청구를 모두 기각하는 판결을 선고하였고, 이에 대하여 丁만이 항소를 제기하였다. 그러자 항소심은 丁만을 항소인으로 보아 소송을 진행한 다음 항소기각판결을 선고하였다. 丁만을 항소인으로 본 항소심 법원의 판단이 타당한지를 근거와 함께 서술하시오. 【2023년 제12회 변호사시험】

채무자가 채권자대위권에 의한 소송이 제기된 것을 알았을 경우에는 그 확정판결의 효력은 채무자에게도 미친다. 이 경우에 각 채권자대위권에 기하여 공동하여 채무자의 권리를 행사하는 다수의 채권자들은 **유사필수적 공동소송관계**에 있다 할 것이다(대법원 1991. 12. 27. 선고 91다23486 판결).

고유필수적 공동소송에서는 원고들 일부의 소 취하 또는 피고들 일부에 대한 소 취하는 특별한 사정이 없는 한 그 효력이 생기지 않는다(대법원 2007. 8. 24. 선고 2006다40980 판결).

제1장
책임재산의 보전

제3강 사해행위취소소송(채권자취소소송)

사해행위취소권 또는 채권자취소권이란, 채무자가 채권자를 해함을 알면서 자기의 일반재산을 감소시키는 법률행위를 한 경우에 채권자가 그 법률행위를 취소하고 재산을 원상으로 회복하는 것을 내용으로 하는 권리를 말하는데, 이를 법원에 청구할 수 있다(민법 406조 1항). 이렇게 사해행위취소권은 재판상으로만 행사할 수 있고(사해행위취소소송 내지는 채권자취소소송), 소송 밖에서 의사표시에 의할 수 없는 것은 물론 항변을 제출하는 방법에 의할 수도 없다. 다만, 사해행위취소권은 재판상 행사하지 않으면 안 된다고 하더라도, 소송상의 권리가 아니라 실체법상의 권리이다.

사해행위취소소송은 사해행위의 취소(형성소송)와 원상회복(이행소송)이 결합된 형태로 나타난다(법적 성격에 대한 이해의 차이는 소송유형, 소송물, 취소권 행사의 상대방 및 방법 등에 영향을 준다). 원상회복만을 청구하여서는 안 되고, 사해행위의 취소도 함께 소구하여야 한다. 다만, 채권자가 사해행위의 취소만을 먼저 청구한 다음, 원상회복을 나중에 청구할 수 있으며, 이 경우 사해행위의 취소청구가 민법 406조 2항에 정하여진 기간 안에 제기되었다면, 원상회복의 청구는 그 기간이 지난 뒤에도 할 수 있다(대법원 2001. 9. 4. 선고 2001다14108 판결).

1. 소 송 물

사해행위취소소송의 소송물은 **원물반환**의 경우에는 사해행위취소권에 기한 (예를 들어 증여계약, 매매계약의) 취소권 및 (예를 들어 소유권이전등기의) 말소청구권이다. 사해행위의 취소와 재산의 반환청구가 결합하여 1개의 사해행위취소권이 되고, 소송물은 사해행위취소권 그 자체로 소송물의 개수도 1개가 된다(일본의 학설).

한편, **가액배상**의 경우에는 사해행위취소권에 기한 (증여계약, 매매계약의) 취소권 및 부당이득반환청구권이다. 이 경우에는 사해행위취소 부분은 사해행위취소권이고, 배상청구 부분은 부당이득반환청구권이므로 소송물의 개수는 2개가 된다(일본의 학설). 그런데 취소를 구하는 법률행위(예를 들어 증여, 매매 등)가 다르면, 소송물도 다르게 된다.

취소의 범위는 책임재산의 보전을 위하여 필요하고 충분한 범위 내로 한정되므로 원칙적으로 취소채권자의 피보전채권액을 초과하여 사해행위취소권을 행사할 수 없다.

한편, 채권자가 사해행위의 취소를 청구하면서 그 보전하고자 하는 채권, 즉 피보전채권을 추가하거나 교환하는 것은, 단지 그 사해행위취소권을 이유 있게 하는 공격방법에 관한 주장을 변경하는 것일 뿐이지 소송물 또는 청구 자체를 변경하는 것이 아니므로 소의 변경이라 할 수 없다(대법원 2003. 5. 27. 선고 2001다13532 판결).

2. 피고적격

사해행위취소소송의 상대방(피고)은 수익자 또는 전득자이고, 채무자는 피고적격이 없다. 즉, 채권자가 채권자취소권을 행사하려면 사해행위로 인하여 이익을 받은 자나 전득한 자를 상대로 그 법률행위의 취소를 청구하는 소송을 제기하여야 되는 것으로서 채무자를 상대로 그 소송을 제기할 수는 없다(대법원 2004. 8. 30. 선고 2004다21923 판결). 채무자를 상대로 한 채권자취소 소송은 부적법하다.

가령, ① 채무자에게 구상금의 지급을 명하고, ② 채무자와 수익자(전득자)사이의 매매계약은 사해행위에 해당하여 이를 취소하고, 그 원상회복으로 소유권이전등기의 말소등기절차를 이행하라는 채권자(원고) 승소판결에 대하여 채무자가 자기에게 구상금의 지급을 명한 ① 부분에 대하여는 불복하지 않고, ② 부분에 대하여만 불복하여 항소를 제기하였는데, 항소심이 채무자의 항소를 각하하지 않고, 본안에 들어가 판단하여 항소기각의 판결을 선고한 사안에서, ② 부분에 대하여 채무자는 피고로 된 것이 아니어서 채무자에게는 ② 부분의 제1심 판결에 대하여 불복하여 항소를 제기할 수 있는 당사자적격이 없다 할 것이므로 항소를 각하하지 않고 본안에 들어가 항소기각의 판결을 선고한 항소심의 판단은 위법하다고 보았다(대법원 2009. 1. 15. 선고 2008다72394 판결: 원심을 파기하되, 대법원이 직접 재판하기에 충분하므로 자판하기로 하여 채무자의 항소를 각하).

3. 관할 관련 의무이행지

재산권에 관한 소를 제기하는 경우에는 의무이행지의 법원에 제기할 수 있다(8조). 그런데 매매계약을 사해행위로서 취소하고 소유권이전등기의 말소등기절차의 이행을 구하는 사해행위취소의 소에 있어서, 부동산등기의 신청에 협조할 의무의 이행지는 성질상 등기지의 특별재판적에 관한 민사소송법 21조에 규정된 '등기할 공공기관이 있는 곳'이라고 할 것이므로, 사해행위취소에 따른 원상회복으로서의 소유권이전등기 말소등기의무의 이행지는 그 등기관서 소재지라고 볼 것이다(대법원 2002. 5. 10.자 2002마1156 결정).

4. 청구취지

가령, 청구취지의 기재례는 다음과 같다.

1. 피고와 소외 A 사이에 별지 목록 기재 부동산에 관하여 2012. 5. 1. 체결된 근저당권설정계약을 취소한다.
2. 피고는 A에게 별지 목록 기재 부동산에 관하여 서울동부지방법원 2012. 5. 1. 접수 제23456호로 마친 근저당권설정등기의 말소등기절차를 이행하라.

5. 청구원인

요건사실은 다음과 같다.

❶ 피보전채권의 발생원인사실

- 소유권이전등기청구권과 같은 특정물채권은 피보전채권이 될 수 없다(이 점은 채권자대위권과 다르다).
- 채권자의 채권에 대하여 물상담보권 등 우선변제권이 확보되어 있다면 그 범위 내에서는 채무자의 재산처분행위가 있다 하더라도 채권자를 해하지 아니하므로 사해행위가 성립되지 않고, 해당 채무액이 담보부동산의 가액 및 채권최고액을 초과하는 경우 그 담보물로부터 우선변제받을 액을 공제한 나머지 채권액에 대하여만 채권자취소권이 인정된다.
- 피보전채권의 성립이 인정되지 않으면 청구기각이 된다.
- 피보전채권과 관련, 채권자취소권에 의하여 보호될 수 있는 채권은 원칙적으로 사해행위라고 볼 수 있는 행위가 행하여지기 전에 발생된 것임을 요하나, 그 사해행위 당시에 이미 채권 성립의 기초가 되는 법률관계가 발생되어 있고, 가까운 장래에 그 법률관계에 기하여 채권이 성립되리라는 점에 대한 고도의 개연성이 있으며, 실제로 가까운 장래에 그 개연성이 현실화되어 채권이 성립된 경우에는, 그 채권도 채권자취소권의 피보전채권이 될 수

있다(대법원 1999. 4. 27. 선고 98다56690 판결).

- 채권자의 채권이 사해행위 이전에 성립한 이상 사해행위 이후에 양도되었다고 하더라도 양수인은 채권자취소권을 행사할 수 있으며, 채권 양수일에 채권자취소권의 피보전채권이 새로이 발생되었다고 할 수 없다(대법원 2012. 2. 9. 선고 2011다77146 판결).

❷ 채무자의 사해행위

- 채무자가 수익자와 사이에서 행한 법률행위이어야 하고, 수익자나 전득자가 행한 법률행위는 그 대상이 되지 않는다. 만약 이를 대상으로 하면 소의 이익이 없어 소는 부적법 각하된다.
- 사해행위는 그 자체 유효하여야 하나, 경우에 따라 통정허위표시도 채권자취소권 행사의 대상이 된다.
- 염가의 매각은 당연히 사해행위가 되나 적정가격에 의한 매각은 원칙적으로 사해행위가 되지 않는다. 다만, 채무자가 채권자 중 한 사람과 통모하여 그 채권자만 우선적으로 채권의 만족을 얻도록 할 의도로 매각한 사실을 증명하거나, 매각의 대상이 유일한 재산인 부동산인 사실을 증명하면 매각가격의 적정성 여부에 상관없이 사해행위에 해당하게 된다.
- 이미 채무초과상태에 빠져 있는 채무자가 그의 유일한 재산인 부동산을 채권자들 중 1인에게 채권담보로 제공하는 행위는 다른 특별한 사정이 없는 한 다른 채권자들에 대한 관계에서 사해행위가 된다(대법원 2006. 4. 14. 선고 2006다5710 판결).
- 상속포기는 사해행위취소의 대상이 아니다.
- 상속재산 분할협의도 대상이 된다. 그 취소 범위는 구체적인 상속분에 미달하는 부분이다.
- 이혼 시의 재산분할이 민법 839조의2 2항의 규정 취지에 반하여 상당하다고 할 수 없을 정도로 과대하고, 재산분할을 구실로 이루어진 재산처분이라고 인정할 만한 특별한 사정이 없는 한 사해행위로서 채권자취소권의 대상이 되지 않는다.

❸ 채무자의 사해의사

- 사해의사에 있어서, 채무자가 악의라는 점에 대하여는 그 취소를 주장하는 채권자에게 증명책임이 있다. 반면, 수익자 또는 전득자가 악의라는 점에 관하여는 채권자에게 증명책임이 있는 것이 아니라, 수익자 또는 전득자 자신에게 선의라는 사실을 증명할 책임이 있다(대법원 2010. 2. 25. 선고 2007다

28819, 28826 판결 등).

- 채무자의 사해의사를 판단함에 있어 사해행위 당시의 사정을 기준으로 하여야 할 것임은 물론이나, 사해행위라고 주장되는 행위 이후의 채무자의 변제노력과 채권자의 태도 등도 사해의사의 유무를 판단함에 있어 다른 사정과 더불어 간접사실로 삼을 수도 있다(대법원 2003. 12. 12. 선고 2001다57884 판결).
- 채무자가 유일한 재산인 부동산을 매각하여 소비하기 쉬운 금전으로 바꾸는 경우에는 채무자의 사해의사는 추정된다(대법원 2009. 5. 14. 선고 2008다84458 판결).

6. 예상되는 항변

가능한 공격방어방법은 다음과 같다.

가. 본안전 항변 – 제척기간 도과

채권자취소권의 행사는 이미 효력이 발생한 법률관계를 일정한 범위에서 뒤집는 것이므로 그 행사의 기간을 제한할 필요가 있다. 그리하여 사해행위취소소송은 채권자가 **취소원인을 안 날**로부터 1년, **법률행위가 있은 날**로부터 5년 내에 제기하여야 한다(민법 406조 2항). 위 기간은 **제척기간**이다.

제척기간 도과 주장은 **본안전 항변**에 해당한다. 제척기간의 도과에 관한 증명책임은 채권자취소소송의 상대방에게 있다(대법원 2009. 3. 26. 선고 2007다63102 판결).

제척기간의 기산점인 채권자가 "취소원인을 안 날"이라 함은 채무자가 채권자를 해함을 알면서 사해행위를 하였다는 사실을 알게 된 날을 의미한다. 단순히 채무자가 재산의 처분행위를 한 사실을 아는 것만으로는 부족하고, 구체적인 사해행위의 존재를 알고 나아가 채무자에게 사해의 의사가 있었다는 사실까지 알 것을 요하나, 나아가 채권자가 수익자나 전득자의 악의까지 알아야 하는 것은 아니다(대법원 2005. 6. 9. 선고 2004다17535 판결).

전득자에 대한 관계에서 위 제척기간

📖 채권자가 전득자를 상대로 채권자취소권을 행사하기 위해서는, 위 제척기간 안에 채무자와 수익자 사이의 사해행위의 취소를 소송상 공격방법의 주장이 아닌 법원에 소를 제기하는 방법으로 청구하여야 하는 것이고, 비록 채권자가 수익자를 상대로 사해행위의 취소를 구하는 소를 이미 제기하여 채무자와 수익자 사이의 법률행위를 취소하는 내용의 판결을 선고받아 확정되었더라도 그 판결의 효력은 그 소송의 피고가 아닌 전득자에게는 미칠 수 없는 것이므로, 채권자가 그 소송과는 별도로 전득자에 대하여 채권자취소권을 행사하여 원상회복을 구하기 위해서는 위 제척기간 안에 전득자에 대한 관계에 있어서 채무자와 수익자 사이의 사해행위를 취소하는 청구를 하지 않으면 안 된다(대법원 2005. 6. 9. 선고 2004다17535 판결).

나. 피고의 선의

가령, 증여 시에 그 증여에 의하여 채무자의 행위가 채권자(원고)를 해하는 것을 알지 못하였다는 식으로 수익자 또는 전득자(피고)는 자신의 선의를 항변할 수 있는데, 수익자 또는 전득자는 채무자의 행위가 일반채권자를 해한다는 것을 알지 못한 사실을 주장·증명하여야 한다(대법원 1998. 2. 13. 선고 97다6711 판결; 대법원 2010. 2. 25. 선고 2007다28819, 28826 판결). 이때에 사해행위 당시 수익자가 선의였음을 인정함에 있어서는 객관적이고도 납득할 만한 증거자료 등에 의하여야 하고, 채무자의 일방적인 진술이나 제3자의 추측에 불과한 진술 등에만 터 잡아 그 사해행위 당시 수익자가 선의였다고 선뜻 단정하여서는 안 된다(대법원 2006. 7. 4. 선고 2004다61280 판결). 수익자의 선의에 과실이 있는지 여부는 문제되지 아니 한다(대법원 2007. 11. 29. 선고 2007다52430 판결).

다. 채무자가 자력을 회복한 것

처분행위 당시에는 채권자를 해하는 것이었다고 하더라도 그 후 채무자가 자력을 회복하여 사해행위취소권을 행사하는 사실심의 변론종결 시에는 채권자를 해하지 않게 된 경우에는 책임재산 보전의 필요성이 없어지게 되어 채권자취소권이 소멸하는 것으로 보아야 할 것이나, 그러한 사정변경이 있다는 사실은 채권자취소소송의 **상대방**이 증명하여야 한다(대법원 2007. 11. 29. 선고 2007다54849 판결).

라. 피보전채권의 소멸시효

사해행위취소소송의 상대방이 된 사해행위의 수익자는, 사해행위가 취소되면 사해행위에 의하여 얻은 이익을 상실하고 사해행위취소권을 행사하는 채권자의 채권이 소멸하면 그와 같은 이익의 상실을 면하는 지위에 있으므로, 그 채권의 소멸에 의하여 직접 이익을 받는 자에 해당하는 것으로 보아야 한다(대법원 2007. 11. 29. 선고 2007다54849 판결). 따라서 수익자는 피보전채권이 시효소멸되었다는 항변을 할 수 있다.

7. 채권자취소권의 행사범위

가. 피보전채권 범위 내

취소의 범위는 책임재산의 보전을 위하여 필요하고 충분한 범위 내로 한정되므로, 원칙적으로 취소채권자의 피보전채권액을 초과하여 취소권을 행사할 수 없다(상대적 무효설의 입장). 따라서 목적물이 가분이라면 피보전채권의 보전에 필요한 한도에서 취소할 수 있다.

나. 피보전채권액의 산정 시기

사해행위 시를 기준으로 하므로 사해행위 이후 새로 발생한 채권액은 포함되지 아니하나, 사해행위 이후 변론종결 시까지 발생한 이자나 지연손해금은 원본채권에서 파생된 채권으로서 채권액에 포함된다(대법원 2002. 4. 12. 선고 2000다63912 판결).

다. 목적물이 불가분인 경우

(1) 사해행위의 목적물이 여러 개인 경우에 사해행위 전부를 취소하지 않더라도 채권자의 채권을 보전하는 데에 지장이 없다면 피보전채권액 범위 내의 목적물을 특정하여 그에 관한 처분행위만을 취소하여야 하며, 목적물이 가분인 경우에는 피보전채권액 범위 내로 취소가 제한된다.

(2) 채권자는 목적물이 불가분인 사실을 주장·증명함으로써 자신의 채권액을 넘어서 불가분한 목적물 전체에 대하여 취소권을 행사할 수 있다. 이 경우에 목적물의 불가분성은 반드시 물리적 또는 법률적인 것이 아니라 사회경제적 단일성과 거래의 실정을 고려하여 결정되는 것이므로, 소유자가 동일한 대지와 그 지상건물은 사해행위취소소송에 있어서 불가분의 관계에 있다고 보아야 할 것이다.

8. 원상회복의 방법

가. 원물반환의 원칙

사해행위의 취소에 따른 원상회복은 원칙적으로 그 목적물 자체의 반환에 의하여야 한다. 사해행위의 내용이 채무면제와 같이 재산의 급여가 수반되지 아니하는 단독행위인 때에는 사해행위의 취소를 구함으로써 충분하고 별도로 재산반환청구를 할 여지가 없으나, 재산의 급여가 수반된다면, 목적물이 동산인 경우에는 당해 동산을 소유, 점유하고 있는 수익자 또는 전득자를 상대로 인도청구를 하고, 목적물이 부동산 또는 이에 준하는 권리인 경우에는 수익자 또는 전득자 명의로 이전된 등기 등의 말소를 구하여야 한다.

사해행위 후 제3자가 목적물에 관하여 저당권 등의 권리를 취득한 경우에는 원물반환 대신 그 가액 상당의 배상을 구할 수 있으나, 채권자 스스로 위험이나 불이익을 감수하면서 원물반환을 구하는 것도 가능하므로, 그 경우 채권자는 수익자 명의의 등기의 말소를 구하거나 수익자를 상대로 채무자 앞으로 직접 소유권이전등기절차의 이행을 구할 수 있다(대법원 2001. 2. 9. 선고 2000다57139 판결). 이 경우에 채권자가 일단 원물반환 청구를 하여 승소판결이 확정되었다면, 그 후 어떠한 사유로 원물반환의 목적을 달성할 수 없게 되었다고 하더라도 다시 원상회복청구권을 행사하여 가액배상을 청구할 수는 없으므로 그 청구는 권리보호의 이익이 없어 허용되지 않는다(대법원 2006. 12. 7. 선고 2004다54978 판결).

한편, 부동산이 사해행위로 이전된 경우에 사해행위인 계약 전부의 취소와 부동산 자체의 반환을 구하는 청구취지 속에는 일부취소를 하여야 할 경우에 그 일부취소와 가액배상을 구하는 취지도 포함되어 있다고 볼 수 있으므로 청구취지의 변경이 없더라도 바로 가액반환을 명할 수 있다(대법원 2001. 6. 12. 선고 99다20612 판결).

나. 예외적 가액배상의 허용

원상회복이 불가능하거나 현저히 곤란한 경우에는 예외적으로 가액배상이 허용된다. 예를 들어 저당권이 설정된 부동산이 사해행위로 양도된 후 그 저당권이 소멸한 경우에는 공평의 원칙상 가액배상만이 가능한데, 이 경우 원고로서는 ① 당해 부동산에 저당권이 설정되어 있었던 사실, ② 저당권이 설정된 상태에서 사해행위로 부동산의 권리가 이전된 사실, ③ 그 이후 그 저당권설정등기가 말소된 사실을 주장·증명하여야 한다.

사해행위취소의 요건사실 이외에 원상회복방법에 관한 사실을 별도로 주장·증명할 필요가 없는 원물반환을 구하는 경우와 달리, 가액배상을 구할 경우에는 원고가 사해행위취소의 요건사실 외에 원상회복방법에 관한 사실을 별도로 주장·증명하여야 할 것이다.

한편, 원물반환으로 저당권설정등기의 말소를 구하여 승소판결이 확정되었는데, 그 후 해당 부동산이 관련 경매사건에서 담보권 실행을 위한 경매절차를 통하여 제3자에게 매각된 사안에서, 채권자는 대상청구권의 행사로서 수익자가 말소될 저당권설정등기에 기하여 지급받은 배당금의 반환을 청구할 수 있다고 본다(대법원 2012. 6. 28. 선고 2010다71431 판결).

다. 가액배상의 범위

가령, 저당권이 설정되어 있는 부동산에 관하여 사해행위가 이루어진 경우에 그 사해행위는 부동산의 가액에서 저당권의 피담보채권액을 공제한 잔액의 범위 내에서만 성립한다고 보아야 하므로, 사해행위 후 변제 등에 의하여 저당권설정등기가 말소된 경우, 사해행위를 취소하여 그 부동산 자체의 회복을 명하는 것은 당초 일반 채권자들의 공동담보로 되어 있지 아니하던 부분까지 회복을 명하는 것이 되어 공평에 반하는 결과가 되므로, 그 부동산의 가액에서 저당권의 피담보채무액을 공제한 잔액의 한도에서 사해행위를 취소하고 그 가액의 배상을 구할 수 있을 뿐이고, 그와 같은 가액 산정은 사실심 변론종결 시를 기준으로 하여야 한다(대법원 2001. 12. 27. 선고 2001다33734 판결).

9. 사해행위취소권의 효과 - 이른바 상대적 취소

앞에서 보았듯이, 채권자가 채권자취소권을 행사하려면 사해행위로 인하여 이익을 받은 자나 전득한 자를 상대로 그 법률행위의 취소를 청구하는 소송을 제기하여야 되는 것으로서 채무자를 상대로 그 소송을 제기할 수는 없고, 채권자가 전득자를 상대로 하여 사해행위의 취소와 함께 책임재산의 회복을 구하는 사해행위취소의 소를 제기한 경우에 그 취소의 효과는 채권자와 전득자 사이의 상대적인 관계에서만 생기는 것이고 채무자 또는 채무자와 수익자 사이의 법률관계에는 미치지 않는 것이므로, 이 경우 취소의 대상이 되는 사해행위는 채무자와 수익자 사이에서 행하여진 법률행위에 국한되고, 수익자와 전득자 사이의 법률행위는 취소의 대상이 되지 않는다고 할 것이다(대법원 2004. 8. 30. 선고 2004다21923 판결 등).

10. 사해행위취소와 사해방지참가

甲은 乙에 대하여 대물변제약정을 청구원인으로 하여 乙 소유의 이 사건 건물에 관한 소유권이전등기를 청구하고 있고, 丙은 이 사건 약정이 사해행위에 해당한다는 이유로 甲에 대하여 사해행위취소를 청구하며 독립당사자참가신청을 한 사안에서, 판례는 다음과 같은 논거로 丙의 참가신청은 사해방지참가의 목적을 달성할 수 없으므로 부적법하다고 보았다(대법원 2014. 6. 12. 선고 2012다47548 판결).

독립당사자참가 중 민사소송법 79조 1항 후단의 사해방지참가는 본소의 원고와 피고가 당해 소송을 통하여 참가인을 해할 의사를 가지고 있다고 객관적으로 인정되고 그 소송의 결과 참가인의 권리 또는 법률상 지위가 침해될 우려가 있다고 인정되는 경우에 그 제3자가 사해소송의 결과로 선고·확정될 사해판결을 방지하기 위하여 그 사해소송에 참가하는 것이다.

한편, 채권자가 사해행위의 취소와 함께 수익자 또는 전득자로부터 책임재산의 회복을 명하는 사해행위취소의 판결을 받은 경우에 그 취소의 효과는 채권자와 수익자 또는 전득자 사이에만 미치므로, 수익자 또는 전득자가 채권자에 대하여 사해행위의 취소로 인한 원상회복 의무를 부담하게 될 뿐, 채권자와 채무자 사이에서 그 취소로 인한 법률관계가 형성되거나 취소의 효력이 소급하여 채무자의 책임재산으로 복구되는 것은 아니다.

이러한 사해행위취소의 상대적 효력에 의하면, 위 사안에서, 독립당사자참가인인 丙의 청구가 그대로 받아들여진다 하더라도 甲과 乙 피고 사이의 법률관계에는 아무런 영향이 없고, 따라서 그러한 참가신청은 사해방지참가의 목적을 달성할 수 없으므로 부적법하다.

11. 본소 청구에 대하여 본소 청구를 다투면서 사해행위의 취소 및 원상회복을 구하는 반소의 제기

원고가 매매계약 등 법률행위에 기하여 소유권을 취득하였음을 전제로 피고를 상대로 일정한 청구를 할 때, 피고는 원고의 소유권 취득의 원인이 된 법률행위가 사해행위로서 취소되어야 한다고 다투면서, 동시에 반소로써 그 소유권 취득의 원인이 된 법률행위가 사해행위임을 이유로 법률행위의 취소와 원상회복으로 원고의 소유권이전등기의 말소절차 등의 이행을 구하는 것도 가능하다. 위와 같이 원고의 본소 청구에 대하여 피고가 본소 청구를 다투면서 사해행위의 취소 및 원상회복을 구하는 반소를 적법하게 제기한 경우, 사해행위의 취소 여부는 반소의 청구원인임과 동시에 본소 청구에 대한 방어방법이자, 본소 청구 인용 여부의 선결문제가 될 수 있다. 그 경우 법원이 반소 청구가 이유 있다고 판단하여, 사해행위의 취소 및 원상회복을 명하는 판결을 선고하는 경우, 비록 반소 청구에 대한 판결이 확정되지 않았다고 하더라도, 원고의 소유권 취득의 원인이 된 법률행위가 취소되었음을 전제로 원고의 본소 청구를 심리하여 판단할 수 있다고 봄이 타당하다. 그때에는 반소 사해행위취소 판결의 확정을 기다리지 않고, 반소 사해행위취소 판결을 이유로 원고의 본소 청구를 기각할 수 있다. 본소와 반소가 같은 소송절차 내에서 함께 심리, 판단되는 이상, 반소 사해행위취소 판결의 확정 여부가 본소 청구 판단 시 불확실한 상황이라고 보기 어렵고, 그로 인해 원고에게 소송상 지나친 부담을 지운다거나, 원고의 소송상 지위가 불안정해진다고 볼 수도 없다. 오히려 이로써 반소 사해행위취소소송의 심리를 무위로 만들지 않고, 소송경제를 도모하며, 본소 청구에 대한 판결과 반소 청구에 대한 판결의 모순 저촉을 피할 수 있다(대법원 2019. 3. 14. 선고 2018다277785, 277792 판결).

실전 쟁점 1

〈공통된 사실관계〉

- 甲과 甲의 동생인 A는 2010. 9.경 甲이 제공한 매수자금으로 A를 매수인, B를 매도인으로 하여 B 소유의 X 부동산에 대한 매매계약을 체결하고 A 명의로 소유권이전등기를 경료하기로 하는 명의신탁약정을 체결하였다.
- A와 B는 2010. 10. 12. X 부동산에 관한 매매계약을 체결하고 A 명의로 소유권이전등기를 마쳤다. B는 甲과 A 사이의 명의신탁약정에 대하여는 전혀 알지 못하였다.
- 甲은 A가 X 부동산을 매수한 이래 현재까지 X 부동산을 무상으로 사무실로 사용하고 있으며, 2010. 12.경 X 부동산을 개량하기 위하여 5,000만 원 상당의 유익비를 지출하였다.
- 한편, A는 2011. 6. 3. C로부터 금 2억 원을 변제기 2012. 6. 3.로 정하여 차용하면서 甲이 모르게 X 부동산에 C 명의로 근저당권(채권최고액 2억 5,000만 원)을 설정해 주었다.

〈변형된 사실관계〉

- A는 2011. 8. 1. 자신의 사업 자금을 조달하기 위하여, 丁으로부터 2억 원을 빌렸다.
- 그러나, A의 사업은 경기침체로 인하여 더 어려워졌고, 결국, 평소 A의 재무 상황을 잘 파악하고 있는 丙에게 "내가 급히 사업자금이 필요하여 나의 유일한 재산인 X 부동산을 급하게 매각해야 하니까, 매수해 달라"라고 요청하여, 이를 승낙한 丙에게 2011. 9. 1. X 부동산을 당시 시가인 5억 원에 매도하고, 같은 날 丙은 자기 명의로 소유권이전등기까지 마쳤다.
- 2012. 6. 3. 丙은 X 부동산에 이미 설정되어 있던 근저당권의 피담보채무 전액 2억 원을 C에게 변제하고 근저당권을 말소하였다.
- 그 이후, 丙은 2012. 7. 1. A가 D 은행으로부터 1억 원을 대출받을 때 X 부동산을 담보로 제공하고 D 은행 명의로 채권최고액 1억 5,000만 원의 근저당권설정등기를 경료했다.
- 丁은 A가 X 부동산을 丙에게 매도한 사실을 2012. 9. 15.에 비로소 알게 되었고, 2012. 10. 1. 丙을 상대로 '1. 피고와 소외 A 사이에 X 부동산에 관하여 2011. 9. 1.에 체결된 매매계약을 2억 원의 범위 내에서 취소한다. 2. 피고는 원고에게 2억 원 및 이에 대하여 판결 확정 다음날부터 다 갚는 날까지 연 5%의 비율에 의한 돈을 지급하라'라는 소를 제기하였다.

- 丁의 청구에 대해서 丙은 ① 丙이 X 부동산의 소유권을 취득한 날부터 1년이 경과한 후 丁이 소를 제기하였으므로 丁의 청구는 부적법하고, ② X 부동산을 시가 5억 원에 매매하였기 때문에 A의 책임재산에 변동이 없으므로 사해행위가 성립할 수 없으며, ③ 丙이 아직 등기부상 소유자이므로 원물반환을 청구할 수 있을 뿐이며 가액반환을 청구할 수는 없고, ④ 설사 백보를 양보하여 사해행위가 성립하더라도, C에게 이미 설정된 근저당권의 채권최고액 2억 5,000만 원 및 丙이 D 은행에 대하여 물상보증인으로서 설정한 근저당권의 채권최고액 1억 5,000만 원을 모두 공제한 후 가액배상을 해야 한다고 항변한다.
- 법원의 심리 결과, A는 2011. 9. 1.부터 변론종결 시까지 채무초과상태였다. 또한, 2012년 부동산경기 침체 때문에 변론종결 당시 X 부동산의 시가는 3억 5,000만 원이며, C의 피담보채권액은 2억 원으로 근저당권 설정 당시부터 丙이 변제할 때까지 변동이 없다고 밝혀졌다.

〈문제〉

丙에 대한 丁의 청구에 대한 결론[각하, 청구전부인용, 청구일부인용(일부 인용되는 경우 그 구체적인 금액 또는 내용을 기재할 것), 청구기각]을 그 논거와 함께 서술하시오. 【2013년 제2회 변호사시험】

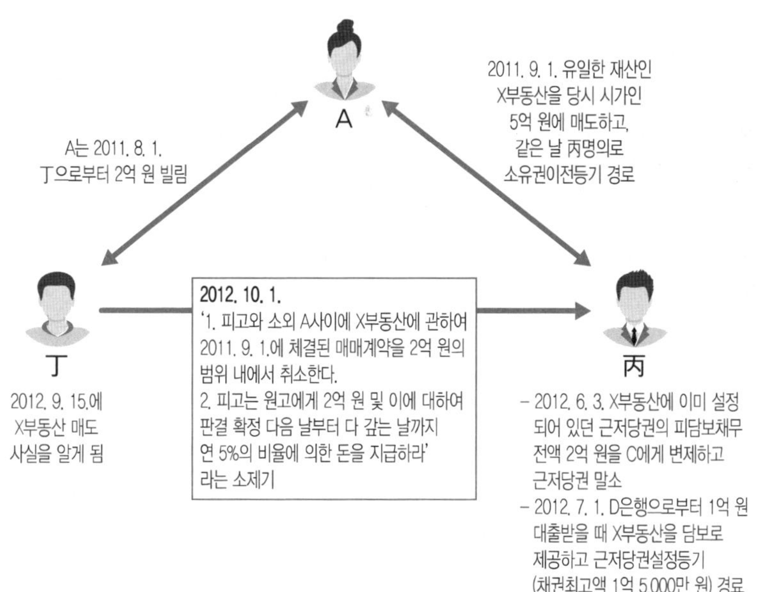

실전 쟁점 2

대부업자 甲은 2013. 5. 21. 乙에게 2억 원을 변제기 2014. 5. 20.로 정하여 대여하였다. 乙은 2018. 5. 1. 채무초과 상태에서 丙에게 자신의 Y토지를 매도하고 같은 날 소유권이전등기를 마쳐 주었다. Y토지에는 2013. 2. 1. 근저당권자 丁, 채권최고액 5천만 원의 근저당권설정등기, 2018. 3. 1. 乙의 채권자 戊, 청구금액 3천만 원의 가압류등기가 각 마쳐져 있었다. 丙이 Y토지의 소유권을 이전받은 후에 丁에 대한 피담보채무 전액 5천만 원과 戊의 가압류 청구금액 3천만 원을 각 변제함으로써 丁 명의의 근저당권설정등기와 戊 명의의 가압류등기가 모두 말소되었다. 한편 2019. 1. 1. 이를 알게 된 甲은 2019. 3. 1. 丙을 상대로 乙과 丙 간의 위 매매계약을 사해행위로 전부 취소하고 원상회복으로 Y토지에 관하여 丙 명의로 된 소유권이전등기의 말소를 구하는 소를 제기하였다. 丙은 위 소송에서 ① 자신이 사해행위 사실에 대해 선의이고, ② 설령 위 매매계약이 사해행위로서 취소된다 하더라도 甲이 매매계약의 전부취소 및 원물반환을 구하는 것은 부당하다는 취지로 항변하였으나, 甲은 변론종결 시까지 종전의 청구취지를 그대로 유지하였다. 법원의 심리 결과, 甲의 주장사실 중 수익자인 丙의 악의 여부를 제외한 사해행위의 실체적 요건이 모두 인정되었고, 丙의 악의 여부는 증명되지 않았으며, 사해행위 당시와 사실심 변론종결 당시 Y토지의 가액은 1억 원임이 확인된 경우, 법원은 어떠한 판단을 하여야 하는지 결론(소 각하 / 청구 기각 / 청구 인용 / 청구 일부 인용, 일부 인용 시 인용 범위를 특정할 것)과 논거를 기재하시오. (대여금채권의 이자 내지 지연손해금은 고려하지 말 것) 【2022년 제11회 변호사시험】

사해행위의 성립 및 사해행위의 취소 및 원상회복의 범위가 문제된다. 甲이 매매계약을 전부 취소하고, 丙 명의의 소유권이전등기의 말소를 구하는 종전의 청구취지 그대로 유지할 경우에도 법원은 5천만 원의 범위 내에서 매매계약을 취소하고, 5천만 원의 지급을 명하여야 한다.

제3부
특수한 소송유형

제2장
형식적 형성소송

제 2 장
형식적 형성소송

제 1 강 토지경계확정소송

甲은 X토지를 소유하고 그 토지에 집을 짓고 살고 있다. 乙은 X토지에 인접한 Y토지의 소유자이다. 甲은 위 집을 헐고 원룸을 신축하여 임대할 계획을 세우고 乙에게 건축에 대한 양해를 구하고자 하였다. 그런데 이전부터 경계선이 이상하다고 생각하고 있었던 乙은 甲에게 경계선을 확실히 하지 않는다면 위 원룸건축계획을 문제삼겠다고 응답하였다. 그래서 甲으로서는 X토지와 Y토지의 경계를 분명히 하기를 원한다. 이 경우에 누구에게 어떠한 청구를 하여야 하는가.

토지경계확정의 소는 서로 인접하는 **토지의 경계가 사실상 불분명하여 다툼이 있는 경우**에 (물론 경계의 잘못을 문제 삼을 때에는 실제로 공법상의 존재인 경계 그 자체가 잘못된 것이 아니라, 단지 경계와 다른 점유를 하여 온 사실을 그렇게 표현한 것에 지나지 않은 경우가 많지만) 법원의 판결로 그것을 정하여 달라는 것을 구하는 소이다.

토지경계확정의 소에 대하여 명문으로 아무런 규정도 두고 있지 않지만, 학설·판례는 이러한 소를 허용하고 있다.

토지는 인위적으로 구획된 일정범위의 지면에 사회관념상 정당한 이익이 있는 범위 내에서의 상하를 포함하는 것으로서, 어떤 토지가 지적공부상

1필의 토지로 등록되면 그 경계는 지적공부상의 등록, 즉 지적도상의 경계에 의하여 특정되는 것이므로 이러한 의미에서 **토지의 경계는 공적으로 설정 인증된 것이고, 단순히 사적관계에 있어서의 소유권의 한계선과는 그 본질을 달리하는 것**으로서, 경계확정소송의 대상이 되는 '경계'란 공적으로 설정 인증된 지번과 지번과의 경계선을 가리키는 것이고, 사적인 소유권의 경계선을 가리키는 것은 아니다(대법원 1997. 7. 8. 선고 96다36517 판결).

1. 소의 성격

가. 형식적 형성소송

경계확정소송은 「경계가 어딘지 알지 못하는 때에 경계확정은 법원이 행한다」는 방식을 취하고 있다.

즉, **비송사건**이지만, 소송절차를 거쳐 판결에 의하여 경계를 **형성**하여야 하는 **쟁송적** 비송사건으로 **형식적 형성소송**이라는 것이 현재의 **통설·판례**이다.

형식적 형성소송의 특징을 다음과 같이 분석할 수 있다.

(1) 비송사건성

토지를 구획하는 경계가 불분명한 경우에 이 경계를 분명하게 확정하는 것은 공익적 요청이 강한 것인데, 이 의미에서 법원도 객관적인 경계를 발견할 수 없는 때에는 어느 정도 재량에 의하여 경계를 확정할 수밖에 없다. 재량에 맡겨져 있다는 점으로부터 비송사건의 성격을 가진다고 할 수 있다.

(2) 절차로서의 쟁송성

경계가 불분명하므로 소가 제기된 것이므로 대립 당사자 사이의 쟁송적 성격이 강하고, 그 때문에 법원은 소송사건으로서 취급하고 있다.

(3) 형성의 소의 성격

판결에 의하여 경계선을 창설하는 점에서 형성판결로 볼 수 있고, 형성의 소의 성격이 인정된다.

나. 확인소송

위 형식적 형성소송설에 대하여 **확인소송설**(소유권확인소송)도 유력하게 주장되고 있다.

경계에 다툼이 있는 경우, 그 이면에는 서로 인접(相隣)하는 토지소유자 사이에 경계 주변의 토지소유권의 범위에 다툼이 있는 것이 보통이다. 그 다툼은 경계가 불분명한 것이 원인이므로 경계가 분명하게 되면 분쟁은 수습되게 된다. 경계는 토지소유권의 한계로서 의미를 가지는 것에 머무르고 경계 그 자체로서는 독립한 존재를 인정할 수 없다. 따라서 토지경계확정의 소는 토지소유권의 범위에 관한 확인소송에 속한다는 것이다.

다. 소 결

공법상의 토지의 경계는 소유권과는 별개의 법률관계이고, 독자적으로 확정할 필요가 있으므로 소유권확인소송과는 다른 소송유형으로 이해하여야 한다.

이하에서는 통설·판례인 형식적 형성소송설에 따라서 설명한다.

이러한 입장에서는 경계확정은 소유권에 기한 토지인도청구소송의 선결관계가 되는 것은 아니므로 이를 중간확인소송(264조)으로 하는 것도 허용되지 않는다.

참고로 형식적 형성소송으로 분류되어 온 것에는 공유물분할의 소(민법 269조), 부(父)를 정하는 소(민법 845조)등이 있다.

경계확정의 소 및 공유물분할의 소의 공통된 특징

공통점은 형식적 형성소송이라는 점으로 모아지는데, 이는 구체적으로 보면 다음과 같다. ① 실질은 비송사건이다. ② 그러나 절차는 소송절차에 따른다. ③ 판결에 의하여 무엇인가의 형성이 있게 된다. ④ 청구의 취지는 공유물을 분할하여 달라, 경계를 확정하여 달라는 것으로 충분하고, 당사자가 구체적 신청을 하더라도 법원은 여기에 구속되지 않는다(**처분권주의의 부적용**). 즉, 원고가 특정한 경계선을 나타내더라도, 법원은 그 경계선을 넘은 경계선을 정하는 것도 허용되고, 항소심에서 **불이익변경금지의 원칙도 타당하지 않다.** ⑤ 법률관계를 기초지우는 요건사실이 존재하지 않은 이상, 그것에 대한 **진위불명**도 있을 수 없으므로 법원은 **청구기각판결을 할 수 없고**, 재량(직권)에 기하여 무엇인가의 경계선을 정하여야 한다.

2. 청구취지

청구취지의 기재례는 다음과 같다.

원고 소유의 서울 동작구 흑석로 111의 1 대 100㎡와 피고 소유의 같은 번지의 2 대 200㎡의 경계는 별지도면 표시 A, B점을 연결한 직선으로 확정한다.

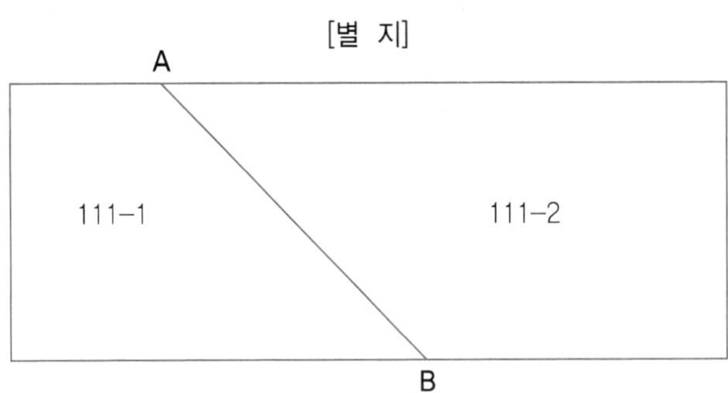

당사자가 특정한 경계선을 구하여 신청하여도 법원은 이에 구속되지 않는다. 즉, 민사소송법 203조의 처분권주의의 적용이 없다. 그리하여 이론적

으로 보면, 특정한 경계선을 주장할 필요 없이 "몇 번지의 토지와 몇 번지의 토지의 경계확정을 구한다"라는 것으로 충분하나, 실무적으로는 위와 같이 자기가 주장하는 특정한 경계선을 청구의 취지에 적는 것이 통상적이다.

3. 청구원인

청구원인으로 아래 사실을 주장하면 된다. 실제 경계확정소송은 요건사실이나 실체상의 형성요건(형성원인 또는 형성권)의 어느 것도 존재하지 않는다.

❶ 양쪽 토지가 인접하고 있는 것
❷ 그 경계가 불분명한 것

경계확정의 소는 인접한 토지의 경계가 사실상 불분명하여 다툼이 있는 경우 재판으로 그 경계를 확정해 줄 것을 구하는 소로서, 토지소유권의 범위의 확인을 목적으로 하는 소와는 달리, 인접한 토지의 경계가 불분명하여 그 소유자들 사이에 다툼이 있다는 것만으로 권리보호이익이 인정된다(대법원 1993. 11. 23. 선고 93다41792, 41808 판결 참조).

경계확정소송의 대상이 되는 '경계'란 지적공부상 공적으로 설정 인증된 지번과 지번과의 경계선을 가리키는 것이다. 다만, 어떤 토지가 지적공부에 1필의 토지로 등록되면 그 토지의 경계는 다른 특별한 사정이 없는 한, 이 등록으로써 특정되지만, 지적도를 작성함에 있어 **기점을 잘못 선택하는 등의 기술적인 착오**로 말미암아 지적도상의 경계가 진실한 경계선과 다르게 잘못 작성되었다는 등의 **특별한 사정이 있는 경우에는 그 토지의 경계는 지적도에 의하지 않고 실제의 경계에 의하여 확정**하여야 한다(대법원 1996. 4. 23. 선고 95다54761 판결).

따라서 '**인접한 토지의 경계가 사실상 불분명하여 다툼이 있는 경우**'에는 지적도를 작성하면서 기점을 잘못 선택하는 등 기술적인 착오로 지적도상 경계가 진실한 경계선과 다르게 잘못 작성되었다고 인접토지 소유자 사이에 다툼이 있는 경우를 포함한다(대법원 2021. 8. 19. 선고 2018다207830 판결).

경계선을 증명하기 위하여 경계감정측량(경계복원측량)을 한다. 지적도나 임야도상의 경계를 현실의 지표상에 복원하기 위하여 실시하는 지적측량이 경계복원측량이다.

지적도상의 경계를 현실의 실지에 복원하기 위하여 행하는 경계복원측량은 **등록할 당시의 측량방법과 동일한 방법**으로 하여야 하는 것이므로(지적법 시행령 45조), 위 경계복원측량을 함에 있어서는 첫째 등록당시의 측량방법에 따르고, 둘째 측량 당시의 기초점을 기준으로 하여야 할 것이다(대법원 1994. 1. 14. 선고 92다13295 판결). 따라서 비록 등록 당시의 측량방법이나 기술이 발전되지 못하여 정확성이 없었다고 하더라도, 경계복원측량을 함에 있어서는 등록 당시의 측량방법에 의하여야 하는 것이지, 보다 정밀한 측량방법이 있다 하여 그 방법에 의하여 측량할 수는 없다 할 것이다(대법원 1994. 2. 8. 선고 92다47359 판결).

4. 취득시효 주장 - 항변(× ?)

경계확정소송에서 가령 계쟁 부분에 대한 **취득시효의 항변**이 주장되는 경우가 있다.

경계확정소송의 성격에 대하여 **형식적 형성소송설**에서는 토지경계확정의 소는 토지소유권의 범위 확인을 목적으로 하는 것이 아니라고 본다. 따라서 취득시효의 주장은 본래 본건과는 무관하다고 할 것이다. 취득시효의 항변은 여기에서는 **본안의 항변이 될 수 없다**(본안전 항변으로 보면 무방). 무관하다는 의미는, 가령 토지의 일부를 시효취득하였다고 하여도 이것에 의하여 공법상 지번의 각 토지의 경계가 이동하는 것은 아니라는 것이다.

법원은 이 부분에 관한 당사자의 주장·증명을 다룰 수가 없다. 따라서 심증의 결과를 판결에 반영하여서는 안 된다. 가령 피고가 토지 일부의 시효취득을 주장하려면, 피고는 원고를 상대로 별도로 해당 토지에 대하여 소유권확인의 소를 제기하여야 한다(별소 이외에 반소도 생각하여 볼 수 있다).

즉, 경계계확정의 소는 그 토지에 관한 소유권의 범위나 실체상 권리의 확인을 목적으로 하는 것은 아니므로 토지 일부를 시효취득하였는지의 여부는 토지경계확정소송에서 심리할 대상이 되지 못한다(대법원 1993. 10. 8. 선고 92다44503 판결).

그런데 경계확정소송의 성격에 대하여 **확인소송설**에서는 토지경계확정소송에 소유권확인청구가 포함되어 있기 때문에 토지경계확정소송에서 원고가 주장하는 범위까지 자기 소유권의 효력이 미치는지 여부의 확인이 중요하고 의미가 있다. 따라서 확인소송설에서는 원고가 특정한 경계선을 주장한 경우에 법원은 이에 구속되며, 법원은 원고 주장의 당부에 대하여만 판단하여야 하고(처분권주의의 적용), 피고의 시효취득의 주장도 당연히 **항변으로서 의미**를 가진다.

5. 절 차

가. 소송목적의 값

소송목적의 값(=소가)이라 함은 소송물 즉 원고가 소로 달성하려는 목적이 갖는 경제적 이익을 화폐단위로 평가한 금액이다. 이는 사물관할을 정하는 기준이 되고, 또한 소장 등을 제출할 때에 납부할 인지액을 정하는 기준이 된다.

경계확정소송에서는 다툼이 있는 범위의 토지 부분의 가액을 소송목적의 값(소가)으로 한다(민사소송 등 인지규칙 12조 8호). 이에 대하여 소제기 당시에 원고의 주장만으로 '다툼 있는 토지의 범위'를 결정할 수 없으므로 무조건 양 토지의 가액을 합산한 액을 소송목적의 값으로 보아야 한다는 입장이 있을 수 있다.

나. 관 할

특정한 사건에 대하여 어느 법원이 재판권을 행사하는가에 대한 분장(分掌) 관계의 정함을 관할이라고 한다.

토지관할에 대하여는 민사소송법 20조(부동산의 있는 곳의 특별재판적)이 인정될 수 있을 것이다.

사물관할이라 함은 제1심 소송사건을 그 경중을 기준으로 단독판사와 합의부의 어느 쪽에 분담시킬 것인가의 정함을 말한다. **사물관할**에 대하여는 원고가 구체적인 경계선을 특정하여 주장하는 경우는 계쟁지의 범위가 정하여지므로 이에 따라 그 다툼이 있는 범위의 토지 부분의 가액을 소송목적의 값(소가)으로 하여(민사소송 등 인지규칙 12조 8호) 사물관할이 정하여진다고 할 것이다.

다. 당사자적격

인접하는 토지의 소유자가 원고, 피고로서의 적격을 가진다(당사자적격). 원고 또는 피고가 당사자적격을 결하는 경우에는 경계확정의 소가 부적법 각하되게 된다.

토지의 차지권자(借地權者)는 당사자적격을 가지지 않는다고 풀이한다.

한편, 인접 토지의 한편 또는 양편이 여러 명의 **공유에 속하는 경우**의 **공동소송의 형태**가 문제된다.

인접하는 토지의 한편 또는 양편이 여러 사람의 공유에 속하는 경우에, **학설**은 고유필수적 공동소송이라는 견해(이시윤)와 이 경우는 소유권확인청구와 달리 공유자 가운데 1인이 청구한다고 해서 그의 지분에 한해서 경계가 정해진다는 일은 있을 수 없고, 그 소송에서 당사자가 되지 않은 공유자는 그 판결의 효력을 받으므로 유사필수적 공동소송으로 보는 견해(호문혁)가 있다.

판례는 토지의 경계는 토지 소유권의 범위와 한계를 정하는 중요한 사항으로서, 그 경계와 관련되는 인접 토지의 소유자 전원 사이에서 합일적으로 확정될 필요가 있으므로 그 경계의 확정을 구하는 소송은 관련된 공유자 전원이 공동하여서만 제소하고 상대방도 관련된 공유자 전원이 공동으로서만 제소될 것을 요건으로 하는 **고유필수적 공동소송**이라고 본다(대법원 2001. 6. 26. 선고 2000다24207 판결).

생각건대, 토지의 경계는 토지의 소유권과 밀접한 관계를 가지는 것이고, 인접 토지의 소유자 모두 사이에서 합일확정될 필요가 있으므로 인접 토지가 여러 사람의 공유에 속하는 경우에 고유필수적 공동소송이라고 보아야 한다.

소제기를 거부하는 사람이 있는 경우

📖 위와 같이 **고유필수적 공동소송**으로 공유자 모두가 원고가 되어야 하는 경우에 만약 소제기를 거부하는 사람이 있다면, 그 사람을 빼고 나머지 사람만이 제기한 경계확정의 소는 당사자적격이 인정되지 않으므로 그러한 경계확정소송은 부적법한데, 그렇다면 나머지 사람은 실질적으로 경계확정소송에 의한 구제를 받을 수 없게 되는 문제점이 있다는 점이다. 필수적 공동소송인 가운데 일부가 누락된 경우에는 원고의 신청에 따라 누락된 사람을 추가하는 제도가 있으나(68조), 다만 원고의 추가는 추가될 사람의 동의를 받아야만 하는데, 공동소송인 가운데 1명이 소제기를 거부하고 있는 경우에 문제가 된다. 다음 3가지 검토방안을 생각할 수 있다.

① **재정소송담당제도** - 제소하는 당사자의 신청에 의하여 제소 당사자를 담당자로 하는 소송담당을 인정하는 수권결정제도(재정소송담당)을 신설하는 방안을 생각할 수 있다. 수권결정의 요건은 공동제소의 곤란성 및 승소의 가능성을 소명하도록 하여야 할 것이다.

② **참가명령제도** - 제소를 거부하는 때에 그 나머지 공동원고가 될 사람은 소를 제기하는 것과 함께 법원에 제소를 거부하는 사람에 대하여 공동원고로 소송에 참가할 것을 명하는 신청을 하여 그 명령이 발령된 경우에는 해당 소송의 판결의 효력은 참가할 것을 명하였음에도 불구하고 참가하지 않은 자에 대하여도 미친다고 하는 방안도 생각할 수 있다.

③ **비동조자를 피고로 하는 방법** - 제소를 거부하는 때에 그 나머지 사람이 소를 제기하면서 인접하는 토지의 소유자와 함께 제소를 거부한 비동조자를 피고로 하여 소를 제기하는 것도 생각할 수 있다. 공유자 전원이 원고 또는 피고의 어느 한쪽의 입장에서 당사자로서 소송에 관여하는 것으로 충분하고, 이렇게 보더라도 소송절차에 지장을 초래하는 것은 없다고 할 것이다.

사견으로는 위 ③방안인, 인접하는 토지의 소유자와 함께 제소를 거부한 비동조자를 피고로 하여 소를 제기하는 방식에 찬성한다. 법원이 당사자가 주장하지 않은 경계선을 확정하더라도 이는 203조 처분권주의에 어긋나지 않는다는 소송의 특질로부터 공유자 모두가 공동보조를 취할 것까지 필요한 것은 아니고, 공유자는 원고 또는 피고 어느 한쪽의 입장에서 당사자로 소송에 관여하면 충분하고, 이렇게 풀이하여도 소송절차에 지장을 초래하는 것은 아닐 것이기 때문이다.

라. 소의 이익

경계확정의 소는 토지소유권의 범위의 확인을 목적으로 하는 소와는 달리, 인접한 토지의 경계가 불분명하여 그 소유자들 사이에 다툼이 있다는 것만으로 권리보호이익이 인정된다(대법원 1993. 11. 23. 선고 93다41792, 41808 판결 참조).

경계확정의 소 심리 도중에 진실한 경계에 관한 당사자의 주장이 일치하게 된 경우 그 소는 권리보호의 이익이 없어 부적법한지 여부(소극)

📖 소송 도중에 당사자 쌍방이 경계에 관하여 합의를 도출하여 냈다고 하더라도 법원은 그 합의에 구속되지 아니하고 진실한 경계를 확정하여야 하는 것이므로 진실한 경계에 관하여 당사자의 주장이 일치하게 되었다는 사실만으로 경계확정의 소가 권리보호의 이익이 없어 부적법하다고 할 수 없다(대법원 1996. 4. 23. 선고 95다54761 판결). 형식적 형성소송설의 입장을 분명히 한 것으로 평가할 수 있다.

가령, 지적도상 경계가 진실한 경계선과 다르게 **잘못 작성되었음을 이유로** 원고가 인접토지 소유자인 피고들과 이를 다투기 위하여 경계확정의 소를 제기한 경우도 **권리보호이익이 인정**되므로 법원은 본안심리에 들어가 당사자 쌍방이 주장하는 경계선에 구속되지 않고 스스로 진실하다고 인정되는 바에 따라 그 경계를 확정하여야 한다(대법원 2021. 8. 19. 선고 2018다207830 판결).

한편, 지적도에 의하여 **명확한 공법상의 경계가 설정되어 있는 경우**에 현실적으로 상대방이 그 경계를 침범하였다는 이유로 그 침범 대지의 인도를 구하는 외에 별도로 그 경계의 확인을 구하는 것은 적법한 토지경계확정소송이 될 수 없고 또 소의 이익도 없어 부적법하다(대법원 1991. 4. 9. 선고 90다12649 판결).

6. 판 결

법원은 점유의 현황, 공부상 면적, 공도, 경계목이나 경계석, 검증, 증인의 증언이나 감정인의 감정의 결과를 종합하여 원래의 경계선을 발견하고(위에서 살핀 처분권주의의 무시의 의미), 만약 발견할 수 없는 경우에는 합리적인 자연경계를 직권으로 정한다(위에서 살핀 재량의 의미). 또한 토지소유자를 표시할 필요도 없다.

법원으로서는 지적도상의 경계가 현실의 어느 부분에 해당하는지를 명확하게 표시할 필요가 있고, 당사자 쌍방이 주장하는 경계선에 기속되지 아니하고 스스로 진실하다고 인정하는 바에 따라 경계를 확정하여야 한다(대법원 1993. 11. 23. 선고 93다41792, 41808 판결).

판결의 주문에 경계선을 구체적으로 정확하게 표시하여야 한다.

판결에 있어서 **청구기각의 주문은 없다**. 특별한 사정이 없는 한 원고가 주장하는 경계가 인정되지 않더라도 청구의 전부 또는 일부를 기각할 수 없다(대법원 2021. 8. 19. 선고 2018다207830 판결). 확실한 경계를 인정할 수 없는 진위불명이라도 증명책임의 원칙을 적용하여 청구기각판결을 하면 안 된다. 법원은 당사자 쌍방이 주장하는 경계선에 구속되지 않고 스스로 진실하다고 인정되는 바에 따라 그 경계를 확정하여야 한다.

원고가 주장한 경계보다 원고에게 불리한 경계로 확정되는 경우에도 판결의 주문에 나머지 청구를 기각한다는 취지를 적지 않는다.

당사자가 신청한 경계선을 넘은 경계선을 정하는 것도 허용된다. 즉, 민사소송법 203조 처분권주의의 적용이 없다.

그리고 경계확정소송은 구체적 청구권이 인정되지 않으므로 청구의 포기·인낙을 할 수 없고, 또한 화해를 할 수 없다는 점에서, 처분권주의의 적용이 없게 된다. 경계는 공익적 요소가 강한 것이므로 합의에 의하여 경계가 이동한다든지 하면 안 되기 때문이다.

제1심 판결이 일정한 선을 경계로 정한 것에 대하여 불복항소한 경우, 항소법원은 정당하다고 생각하는 선을 경계로 정할 수 있으므로, 그 결과 항소인에게 불리하고 부대항소를 하지 않은 피항소인에게 유리하게 되어도 어쩔 수 없다는 것이 **통설**이다. 즉, 불이익변경금지원칙의 적용이 없다.

판결이 확정된다면, 형성판결이라는 점에서 제3자에 대한 효력이 인정된다.

7. 객관적 병합

경계확정소송은 그 본질이 비송이라고 하더라도 민사소송의 형식으로 처리되므로 소유권확인청구 또는 건물철거, 토지인도 청구와 병합하여 소를 제기할 수 있다(253조).

그런데 여기서 경계확정소송과 소유권확인청구를 **예비적으로 병합**할 수 있는지 여부가 문제될 수 있다. 서로 논리적으로 양립 가능하므로 진정한 의미에서의 예비적 병합이라고 할 수 없지만, 논리적으로 양립 가능한 청구라고 하더라도 실무상 당사자가 심판의 순위를 붙여 청구를 할 합리적 필요성이 있는 경우에는 당사자가 붙인 순위에 따라 청구를 심리하여야 하므로 부진정 예비적 병합으로 볼 수 있을 것이다.

건물의 경계가 토지경계확정의 소의 대상이 될 수 있는지 여부(소극)

📖 건물은 일정한 면적, 공간의 이용을 위하여 지상, 지하에 건설된 구조물을 말하는 것으로서, 건물의 개수는 토지와 달리 공부상의 등록에 의하여 결정되는 것이 아니라 사회통념 또는 거래관념에 따라 물리적 구조, 거래 또는 이용의 목적물로서 관찰한 건물의 상태 등 객관적 사정과 건축한 자 또는 소유자의 의사 등 주관적 사정을 참작하여 결정되는 것이고, 그 경계 또한 사회통념상 독립한 건물로 인정되는 건물 사이의 현실의 경계에 의하여 특정되는 것이므로, 이러한 의미에서 건물의 경계는 공적으로 설정 인증된 것이 아니고 단순히 사적관계에 있어서의 소유권의 한계선에 불과함을 알 수 있고, 따라서 사적 자치의 영역에 속하는 건물 소유권의 범위를 확정하기 위하여는 소유권확인소송에 의하여야 할 것이고, 공법상 경계를 확정하는 경계확정소송에 의할 수는 없다(대법원 1997. 7. 8. 선고 96다36517 판결).

지적공부의 경계의 정정

📖 어떤 토지가 지적공부에 1필지의 토지로 등록되면 토지의 소재, 지번, 지목, 지적 및 경계는 다른 특별한 사정이 없는 한 이 등록으로써 특정되고 소유권의 범위는 현실의 경계와 관계없이 공부의 경계에 의하여 확정되는 것이 원칙이지만, 지적도를 작성하면서 기점을 잘못 선택하는 등 기술적인 착오로 말미암아 지적도의 경계선이 진실한 경계선과 다르게 작성되었다는 등과 같은 특별한 사정이 있는 경우에는 토지의 경계는 실제의 경계에 의하여야 한다. 이러한 특별한 사정이 있는 경우에, 실제의 경계에 따른 토지 부분의 소유권이 자신에게 있어 지적공부에 등록된 경계에 잘못이 있음을 주장하는 사람은 지적소관청에 인접 토지 소유자의 승낙서 또는 이에 대항할 수 있는 확정판결서 정본을 제출하여 지적공부의 경계에 대한 정정을 신청할 수 있다. 여기서 인접 토지 소유자에 대항할 수 있는 '확정판결'은 지적공부를 기준으로 하여 그 지번에 해당하는 토지를 특정하고 소유자로서 인접 토지 소유자를 상대로 그에 관한 소유권의 범위나 경계를 확정하는 내용이 담긴 판결을 말하며, 경계확정의 판결, 공유물분할의 판결, 지상물 철거 및 토지인도의 판결, 소유권확인의 판결 및 경계변경 정정신청에 대한 승낙 의사의 진술을 명하는 판결 등이 포함될 수 있다(대법원 2016. 5. 24. 선고 2012다87898 판결).

실전 쟁점

X는 자기가 소유하는 토지(甲地)와 인접하는 Y 소유의 토지(乙地)의 경계가 확실하지 않아 말썽이 생기므로 Y를 피고로 하는 경계확정의 소를 제기하였다.

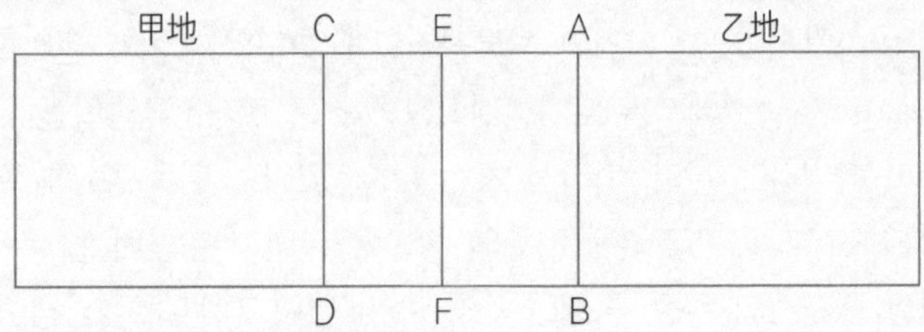

(1) 甲地와 乙地의 경계선에 있어서 X는 도면 AB를 연결하는 선이라고 주장하는 데 대하여, Y는 도면 CD를 연결하는 선이라고 주장한다. 법원은 증거조사결과, 경계는 EF를 연결하는 선이라는 심증을 얻은 경우에 어떠한 판결을 하여야 하는가?

(2) 위 설문 (1)에 있어서 Y는 가정적으로 ABFDCEA의 각 점을 순차로 연결한 직선으로 둘러싸인 부분을 시효취득하였다고 주장한다. 법원은 증거조사결과, 시효취득사실을 인정할 수 있다는 심증을 얻은 경우에 어떠한 판결을 하여야 하는가?

(3) 甲地는 선친으로부터 X가 상속받은 것인데, 가령, 상속인으로 X 이외에 X−2, X−3가 공동상속한 토지인 경우에 X가 단독으로 위와 같은 경계확정의 소를 제기할 수 있는가?

(4) 경계확정소송에서 원고가 일정선의 신청을 하는 것이 필요하지 않다고 하는데,

(가) 그렇다면 피고가 청구의 인낙이나 자백을 한 경우의 처리에 곤란한 경우는 없는가?

(나) 그렇다면 상소의 이익은 무엇을 기준으로 인정되는가?

경계확정소송의 유형을 둘러싸고 기본적 이해를 묻는 문제이다. 경계확정소송의 기능과 특수성을 잘 이해하고 있어야 한다.

사안 (1), (2)를 보면, 원고가 신청한 것과 법원이 심증을 얻은 것 사이에 차이가 생기고 있다. 이 경우에 법원은 어느 범위·정도까지 본안에 관한 판단을 할 수 있는가를 묻는 것이다(203조의 신청사항과 판결사항의 사정(射程)범위). 이에 답하기 위한 전제로 경계확정소송의 성질론(소송유형)을 검토할 필요가 있다.

경계확정소송의 성질에 대하여 형식적 형성소송설에 따라서 사안 (1)을 보면, 원고 X가 주장하는 경계선(A점과 B점을 연결하는 직선)과 다른 진정한 경계선이 있다는 심증이 있으면 법원은 심증을 형성한 선(E점과 F점을 연결하는 직선)을 경계선으로서 판단하더라도 무방하다. 그러한 판결이 처분권주의에 어긋나지 않게 된다.

또한 형식적 형성소송설에서는 토지경계확정의 소는 토지소유권의 범위 확인을 목적으로 하는 것이 아니라고 본다. 따라서 사안 (2)에 있어서 취득시효의 주장은 본래 본건과는 무관하다고 할 것이다. 취득시효의 항변은 본안의 항변이 될 수 없다. 법원은 이 부분에 관한 당사자의 주장·증명을 다룰 수가 없다. 따라서 심증의 결과를 판결에 반영하여서는 안 된다. 무관하다는 의미는, 가령 토지의 일부를 시효취득하였다고 하여도 이것에 의하여 공법상 지번의 각 토지의 경계가 이동하는 것은 아니라는 점에 있다. 피고 Y가 토지 일부의 시효취득을 주장하려면, 피고는 원고를 상대로 별도로 해당 토지에 대한 소유권확인의 소를 제기하여야 한다(별소 이외에 반소도 생각하여 볼 수 있다).

사안 (3)은 토지가 여러 명의 공유에 속하는 경우에 공유자 각자가 단독으로 경계확

정의 소를 제기할 수 있는가를 묻는 것이다. 판례는 고유필수적 공동소송이라고 본다. 공동상속인 모두가 원고가 되어야 하므로 X가 단독으로 제기한 경계확정의 소는 당사자적격이 인정되지 않으므로 부적법하다.

제 2 장
형식적 형성소송

제 2 강 공유물분할소송

공유자는 다른 공유자에 대하여 공유물의 분할을 청구할 수 있다(민법 268조 1항).

공유물분할의 소는 공유물의 분할의 방법에 대하여 공유자 사이에 협의가 이루어지지 않기 때문에 재판에 의한 분할을 구하는 소이다(민법 269조 1항).

법원은 현물분할을 원칙으로 하지만, 이것이 불가능한 경우나 분할에 의하여 현저히 가격을 손상시킬 우려가 있는 때에는 그 물건을 경매하여 그 대금을 분할한다(민법 동조 2항).

1. 소의 성격

공유물분할의 소는 다툼이 있는 권리관계를 확정하는 것을 목적으로 하는 것이 아니며, 법원은 구체적인 사정에 따라 **재량**에 의하여 타당한 방법으로 공유물을 분할(내지는 대금분할)하는 것이므로 그 재판은 법규에 기한 판단이라기보다는 오히려 합목적적인 재량처분의 성질을 지니고 있다. 다만, 위와 같이 **비송사건**의 범주에 넣을 수 있어도, 이 소에 관하여 비송사건절차법은 아무런 규정도 두고 있지 않으므로 민사소송법이 정하는 소송절차에 따르게 된다.

이 소는 통상의 형성소송과 같이 형성요건(형성원인 또는 형성권)이 법정되어 있는 것은 아니지만, 공유자 사이의 기존의 권리관계를 폐기하고, 장래의 권리관계를 창설(=**형성**)하는 판결을 구하는 것이다.

또한 공유자가 가지고 있는 분할청구권(민법 268조 1항)이라는 형성권을 기초로 하는 것이므로, **형성의 소**라는 성격도 있다.

따라서 공유물분할의 소는 한편으로는 본질적으로 비송사건의 성격을 가지면서 다른 한편으로는 판결에 의하여 공유자 사이의 권리관계의 창설을 구하는 점에서 **형식적 형성소송**으로 불린다.

한편, 공유물분할의 소의 성질을 비송이 아닌 통상의 민사소송으로 보는 입장도 있는데, 소송으로 본다면 그 소송물은 공유지분권에 기한 민법 269조 1항의 공유물분할청구권이라고 할 수 있다.

지분의 주장

공유물의 지분권에 기한 물권적 청구권의 행사는 보존행위로서 지분권자 각자가 할 수 있다(민법 265조 2문).

다른 공유자에 대하여 지분의 확인을 구하는 경우에 각 공유자는 자기의 지분을 부인하거나 다투는 사람만을 상대로 하여 단독으로 지분확인의 소를 제기할 수 있다.

공유물이 다른 공유자의 단독명의로 등기되어 있는 경우에 각 공유자는 다른 공유자에 대하여 지분의 이전등기나 말소등기를 청구할 수 있다.

2. 청구취지

공유물분할의 소에 있어서 청구의 취지는 원칙적으로 "공유물의 분할을 구한다"는 것으로 충분하다.

실무상으로는 아래와 같이 분할방법을 구체적으로 특정하여 신청하고 있다.

> 별지 목록 기재 토지를, 별지 도면 표시 ㄱ, ㄴ, ㄷ, ㄹ, ㄱ의 각 점을 순차로 연결한 선내 (가)부분 100㎡은 원고의 소유로, 같은 도면 표시 ㄴ, ㅁ, ㅂ, ㄷ, ㄴ의 각 점을 순차로 연결한 선내 (나)부분 100㎡은 피고의 소유로 분할한다.

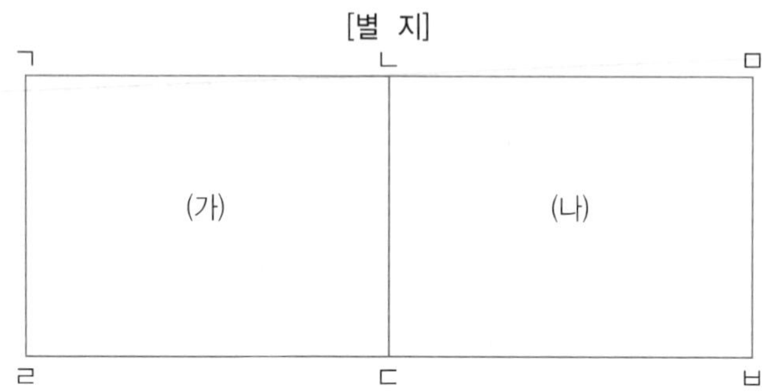

당사자가 구체적인 분할방법을 구하여 신청하여도 **법원은 이에 구속되지 않고**, 자유재량에 의하여 분할방법을 정할 수 있다. 즉, 민사소송법 203조의 처분권주의의 적용이 없다.

그러나 당사자가 구체적인 분할방법을 구하고 있을 때는 법원은 이것을 참고자료로 할 수 있다.

3. 청구원인

청구원인으로 원고가 실체상 권리로 분할청구권을 가지는 것, 공유자 사이에 협의가 이루어지지 않은 것 등을 주장하면 된다.

> ❶ 원고가 해당 공유물의 공유자인 것
>
> • 공유물분할청구권은 공유관계에서 수반되는 형성권으로서 공유자의 일반재산을 구성하는 재산권의 일종이다. 공유물분할청구권의 행사가 오로지 공유자의 자유로운 의사에 맡겨져 있어 공유자 본인만 행사할 수 있는 권리라고 볼 수는 없다. 따라서 공유물분할청구권도 **채권자대위권의 목적이 될 수 있다.**

그런데 채권자가 자신의 금전채권을 보전하기 위하여 **채무자를 대위하여 부동산에 관한 공유물분할청구권을 행사하는 것**은, 책임재산의 보전과 직접적인 관련이 없어 채권의 현실적 이행을 유효·적절하게 확보하기 위하여 필요하다고 보기 어렵고 채무자의 자유로운 재산관리행위에 대한 부당한 간섭이 되므로 보전의 필요성을 인정할 수 없다. 또한 특정 분할 방법을 전제하고 있지 않은 공유물분할청구권의 성격 등에 비추어 볼 때 그 대위행사를 허용하면 여러 법적 문제들이 발생한다. 따라서 극히 예외적인 경우가 아니라면 금전채권자는 부동산에 관한 공유물분할청구권을 대위행사할 수 없다고 보아야 한다(대법원 2020. 5. 21. 선고 2018다879 전원합의체 판결).

- 구분소유적 공유관계는 등기명의인 사이에 상호명의신탁관계에 있는데, 이 경우에 공유물분할청구를 할 수 없다. 명의신탁해지를 원인으로 한 지분이전등기청구를 하여야 한다.

❷ 피고가 해당 공유물의 공유자인 것

- 공유물분할의 소는 분할을 청구하는 공유자가 원고가 되어 다른 공유자 전부를 공동피고로 하여야 하는 고유필수적 공동소송이다.

❸ 공유자 사이에 분할 방법의 협의가 이루어지지 않은 것

- 소송계속중에 협의분할이 이루어진 경우에는 소의 이익이 없다(대법원 1995. 1. 12. 선고 94다30348, 30355 판결).
- 위와 같이 소의 이익을 잃게 되는 것이나, 다만 공유물분할의 소와 관계된 실체법상의 권리관계, 즉 지분에 관한 권리관계는 당사자가 자유롭게 처분할 수 있는 것이므로, 공유물분할의 소송 계속 중 당사자들 사이에 공유물분할의 협의가 성립할 가능성이 있는 경우에는 수소법원이 조정회부결정을 하고 직접 또는 조정전담판사나 조정위원회로 하여금 당사자들 사이에 조정이 성립하게 함으로써 해당 분쟁을 종결지을 수 있음은 물론이다(대법원 2013. 11. 21. 선고 2011두1917 전원합의체 판결).
- 공유자 사이에 이미 분할에 관한 협의가 성립된 경우에는 일부 공유자가 분할에 따른 이전등기에 협조하지 않거나 분할에 관하여 다툼이 있더라도 그 분할된 부분에 대한 소유권이전등기를 청구하든가 소유권확인을 구함은 별문제이나 또다시 소로써 그 분할을 청구하거나 이미 제기한 공유물분할의 소를 유지함은 허용되지 않는다(대법원 1995. 1. 12. 선고 94다30348, 30355 판결).

4. 분할금지의 주장 - 항변(× ?)

분할금지의 주장, 즉 분할하지 않기로 한 약정이 있다는(민법 268조 1항 단서) 주장은, 소의 성격을 **형식적 형성소송설**로 보면 소송요건을 구비하지 않았다는 주장으로 **본안전 항변**이 된다(본안의 항변이 아니다). 그런데 유력설에 의하면 이 주장은 소송물인 분할청구권의 행사를 저지하는 것으로 **실체상의 항변**이 된다. 한편, 분할하지 않기로 하는 약정의 기간은 5년을 넘을 수 없는데(민법 268조 1항 단서), 그 기간의 경과가 **재항변**이 된다.

5. 절 차

가. 관 할

사람, 법인 등의 보통재판적(3조, 5조) 외에 **특별재판적으로 부동산이 있는 곳**의 법원(11조, 20조) 등이 토지관할로 인정될 수 있다.

공유물분할소송은 형성의 소이므로 의무이행지의 특별재판적(8조)은 인정될 수 없으므로 가령 원고가 자신의 주소에 따라(부동산 있는 곳이 아닌 경우로) 소를 제기한 경우는 관할위반이 될 수 있다.

나. 당사자적격

공유물분할의 소는 분할을 청구하는 공유자가 원고가 되어 다른 공유자 전부를 공동피고로 하여야 하는 **고유필수적 공동소송**이다.

공동소송인 중 1인에 소송요건의 흠이 있으면 전 소송이 부적법하게 된다.

가령, 소송계속 중 변론종결일 전에 공유자 중 1인인 원고의 공유지분의 일부가 A에게 이전된 경우에 변론종결 시까지 민사소송법 81조에서 정한 승계참가나 82조에서 정한 소송인수 등의 방식으로 그 일부 지분권을 이전받은 A가 소송의 당사자가 되었어야 함에도 그렇지 못하였다면 결국 **당사자**

적격의 흠으로 소송 전부가 부적법하게 된다(대법원 2014. 1. 29. 선고 2013다78556 판결).

6. 판 결

법원은 토지의 형상, 교통의 편리 등 **여러 사정을 고려**하여 구체적으로 분할하여 판결주문을 선고하면 된다.

공유물분할의 소는 형성의 소로서 공유자 상호간의 지분의 교환 또는 매매를 통하여 공유의 객체를 단독 소유권의 대상으로 하여 그 객체에 대한 공유관계를 해소하는 것을 말하므로, 법원은 공유물분할을 청구하는 자가 구하는 방법에 구애받지 아니하고 **자유로운 재량에 따라** 공유관계나 그 객체인 물건의 제반 상황에 따라 공유자의 지분 비율에 따른 합리적인 분할을 하면 되는 것이다(대법원 2004. 10. 14. 선고 2004다30583 판결).

청구기각의 주문은 있을 수 없다. 긍정의 판단이 청구인용, 부정의 판단이 청구기각이라는 형태의 통상의 소송유형과 딱 들어맞지 않는다.

법원은 현물로 분할하는 것이 원칙이고, 현물로 분할할 수 없거나 현물로 분할을 하게 되면 현저히 그 가액이 감손될 염려가 있는 때에 비로소 물건의 경매를 명하여 대금분할을 할 수 있는 것이므로, 위와 같은 사정이 없는 한 법원은 각 공유자의 지분비율에 따라 공유물을 현물 그대로 수개의 물건으로 분할하고 분할된 물건에 대하여 각 공유자의 단독소유권을 인정하는 판결을 하여야 한다(대법원 1993. 12. 7. 선고 93다27819 판결; 대법원 1997. 9. 9. 선고 97다18219 판결).

여러 사람이 공유하는 물건을 현물분할하는 경우에는 분할청구자의 지분 한도 안에서 현물분할을 하고 분할을 원하지 않는 나머지 공유자는 공유로 남게 하는 방법도 허용되나, 그렇다고 하더라도 공유물분할을 청구한 공유자의 지분 한도 안에서는 공유물을 현물 또는 경매·분할함으로써 공유관계를 해소하고 단독소유권을 인정하여야지, 분할청구자들이 그들 사이의 공유관계의 유지를 원하고 있지 아니한데도 분할청구자들과 상대방 사이의 공유관계만 해소한 채 분할청구자들을 여전히 공유로 남기는 방식으로 현물분할을 하는 것은 허용될 수 없다(대법원 2015. 7. 23. 선고 2014다88888 판결).

경매에 의한 대금분할의 방법으로 공유물분할을 구하는 사건

🕮 재판에 의하여 공유물을 분할하는 경우에 법원은 현물로 분할하는 것이 원칙이므로, 불가피하게 경매분할을 할 수밖에 없는 요건에 관한 객관적·구체적인 심리 없이 단순히 공유자들 사이에 분할의 방법에 관하여 의사가 합치하고 있지 않다는 등의 주관적·추상적인 사정을 들어 함부로 경매분할을 명하는 것은 허용될 수 없다(대법원 2009. 9. 10. 선고 2009다40219, 40226 판결, 대법원 2020. 12. 10. 선고 2018다248350 판결 등 참조). 특히 공동상속을 원인으로 하는 공유관계처럼 공유자들 사이에 긴밀한 유대관계가 있어서 이들 사이에 공유물 사용에 관한 명시적 또는 묵시적 합의가 있었고, 공유자 전부 또는 일부가 분할의 목적이 된 공유토지나 그 지상 건물에서 거주·생활하는 등 공유물 점유·사용의 형태를 보더라도 이러한 합의를 충분히 추단할 수 있는 사안에서, 그러한 공유자 일부의 지분을 경매 등으로 취득한 사람이 공유물 점유·사용에 관한 기존의 명시적·묵시적 합의를 무시하고 경매분할의 방법으로 분할할 것을 주장한다면 법원으로서는 기존 공유자들의 합의에 의한 점유·사용관계를 해치지 않고 공유물을 분할할 수 있는 방법을 우선적으로 강구하여야 한다. 따라서 이러한 경우 법원이 경매분할을 선택하기 위해서는 현물로 분할할 수 없거나 현물로 분할하게 되면 그 가액이 현저히 감손될 염려가 있다는 사정이 분명하게 드러나야 하고, 현물분할을 위한 금전적 조정에 어려움이 있다고 하여 경매분할을 명하는 것에는 매우 신중하여야 한다(대법원 2023. 6. 29. 선고 2020다260025 판결).

판결이 확정되면 당연히 분할의 효과가 생긴다. **등기와는 상관없이 새로운 소유관계가 창설**(형성)된다(실무는 민법 187조에 의하여 등기가 필요하지 않다고 본다).

공유물을 분할하는 판결에 의한 등기는 등기권리자 또는 등기의무자가 단독으로 신청한다(부동산등기법 23조 4항).

공유물분할의 소송절차 또는 조정절차에서 공유자 사이에 공유토지에 관한 현물분할의 협의가 성립하여 조정이 성립한 경우, 물권변동의 효력 발생 시기

🕮 공유물분할의 소송절차 또는 조정절차에서 공유자 사이에 공유토지에 관한 현물분할의

협의가 성립하여 그 합의사항을 조서에 기재함으로써 조정이 성립하였다고 하더라도, 그와 같은 사정만으로 재판에 의한 공유물분할의 경우와 마찬가지로 그 즉시 공유관계가 소멸하고 각 공유자에게 그 협의에 따른 새로운 법률관계가 창설되는 것은 아니라고 할 것이고, 공유자들이 협의한 바에 따라 토지의 **분필절차를 마친 후 각 단독소유로 하기로 한 부분에 관하여 다른 공유자의 공유지분을 이전받아 등기를 마침으로써 비로소** 그 부분에 대한 대세적 권리로서의 소유권을 취득하게 된다고 보아야 할 것이다(대법원 2013. 11. 21. 선고 2011두1917 전원합의체 판결).

7. 상 소

공유물분할의 소는 공유물분할의 소는 분할을 청구하는 공유자가 원고가 되어 다른 공유자 전부를 공동피고로 하여야 하는 **고유필수적 공동소송**인데(공동소송인 일부에 대하여만 판결하거나 남은 공동소송인에 대해 추가판결하는 것이 허용되지 않는다), 따라서 공동소송인 중 일부가 제기한 상소는 다른 공동소송인에게도 그 효력이 미치는 것이므로 공동소송인 **전원에 대한 관계에서 판결의 확정이 차단**되고, 그 소송은 전체로서 상소심에 이심되며, 상소심 판결의 효력은 상소를 하지 아니한 공동소송인에게 미치므로 상소심으로서는 **공동소송인 전원**에 대하여 **심리·판단**하여야 한다(대법원 2003. 12. 12. 선고 2003다44615, 44622 판결). 그리고 공유물분할 판결은 공유자 전원에 대하여 상소기간이 만료되기 전에는 확정되지 않고, 일부 공유자에 대하여 상소기간이 만료되었다고 하더라도 그 공유자에 대한 판결 부분이 **분리·확정되는 것은 아니다**(대법원 2017. 9. 21. 선고 2017다233931 판결).

8. 가 처 분

부동산의 공유자는 공유물분할청구의 소를 본안으로 제기하기에 앞서 장래에 그 판결이 확정됨으로써 취득할 부동산의 전부 또는 특정 부분에 대한 소유권 등의 권리를 **피보전권리**로 하여 다른 공유자의 공유지분에 대한

처분금지가처분도 할 수 있다. 가처분의 피보전권리는 가처분 신청 당시 확정적으로 발생한 것이어야 하는 것은 아니고 이미 그 발생의 기초가 존재하는 한 장래에 발생할 권리도 가처분의 피보전권리가 될 수 있다(대법원 2013. 6. 14.자 2013마396 결정 등).

9. 형식적 경매

공유물분할에 있어서 해당 물건의 **경매를 명하여** 대금분할을 할 수 있는데, 이 경우는 담보권 실행을 위한 경매의 예에 따라 실시한다(민사집행법 274조 1항). 이 경매는 목적물의 가치적 변환만을 목적으로 하는 것이다.

한편, 공유물분할을 위한 경매도 강제경매나 담보권 실행을 위한 경매와 마찬가지로 목적부동산 위의 부담을 소멸시키는 것을 법정매각조건으로 하여 실시된다고 봄이 상당하다. 다만, 집행법원은 필요한 경우 위와 같은 법정매각조건과는 달리 목적부동산 위의 부담을 소멸시키지 않고 매수인으로 하여금 인수하도록 할 수 있으나, 이 때에는 매각조건 변경결정을 하여 이를 고지하여야 한다(대법원 2009. 10. 29. 선고 2006다37908 판결).

10. 상속재산분할과 공유물분할

공유는 공동출자자에 의한 매수 등과 같이 공유자의 의사에 기하여 생기는 경우도 있으나, 당사자의 의사에 기하지 않은 사정에 의하여도 생긴다. 많은 경우는 **공동상속**에 의하여 생긴 공유관계이다.

그런데 현행법상 공유관계를 해소하는 방법으로는 위에서 본 민법 269조 1항에 의한 일반적 공유물분할소송절차 외에 **상속**으로 인한 공유관계의 해소를 위하여는 민법 1013조 2항 소정의 **상속재산분할심판절차**가 따로 마련되어 있다. 상속재산의 공유관계는 분할을 통하여 각 상속인의 단독소유로 될 때까지 상속재산의 현상을 그대로 유지하기 위한 잠정적 성격을 갖는 공유라는 측면에서 일반적 공유관계와는 그 성질이 다르고, 그 분할의 법리 또한 일반적 공유물분할과는 다르다. 이 상속재산분할은 '마'류 **가사비송사건**으로 **가사소송법**이 정한 바에 따라 상속재산의 분할절차로써 **가정법원**의 **심판**에 의하여 이를 정하여야 하고(가사소송법 2조 1항 2호 나목), 일반적 공유물분할소송과 같이 통상의 법원이 통상의 소송절차에 의하여 판결로 정하는 것은 아니다. 따라서 가령 공동상속인 사이에 상속재산분할협의가 이루어지지 아니하거나 그 협의 자체를 할 수 없는 상태에서 상속재산에 관하여 재산상속을 원인으로 하여 상속인들의 공유로 소유권이전등기가 마쳐졌더라도, 그 상속재산의 분할은 가정법원의 **심판**에 의하여 이를 정하여야 하고, 공유물분할소송과 같이 통상의 법원의 소송절차에 의하여 **판결**로 정하여서는 안 된다. 즉, 해당 목적물이 상속재산인 경우에 그 공유관계의 해소는 가정법원의 심판에 의한 상속재산분할절차를 거쳐야 하고, 상속재산분할절차가 끝나 「상속재산성」을 상실하여 물권법상의 공유가 된 뒤에야 비로소 공유물분할청구를 할 수 있다.

공동상속인이 상속재산의 분할에 관하여 공동상속인 사이에 협의가 성립되지 아니하거나 협의할 수 없는 경우, 상속재산에 속하는 개별 재산에 관하여 민법 268조의 규정에 따라 공유물분할청구의 소를 제기할 수 있는지 여부(소극)

📖 원고는 부동산의 분할에 관하여 공동상속인 사이에 협의가 성립되는 등 상속재산분할절차가 마쳐졌다는 점에 관한 주장을 한 적이 없다. 그렇다면 원심은 원고의 이 사건 청구가 상속재산인 이 사건 각 부동산의 분할에 관하여 공동상속인 사이에 협의가 성립되지 아니하거나 협의할 수 없는 경우에 해당함을 이유로 민법 1013조 2항에 따른 상속재산분할을 청구하는 것인지, 공동상속인 사이에 이 사건 각 부동산을 공유로 하기로 하는 상속재산분할협의가 성립되는 등 상속재산분할절차가 마쳐져 그들 사이의 공유관계가 물권법상의 공유라고 주장하면서 민법 268조에 따른 공유물분할을 청구하는 것인지 등에 관하여 석명권을 행사하고, 원고의 이 사건 청구가 민법 1013조 2항에 따른 상속재산분할청구로 인정되는 경우 이 사건 청구에 관하여 본안판단을 한 제1심판결을 취소하고 사건을 피고들의 보통재판적이 있는 곳의 가정법원에 이송하였어야 하며, 민법 268조에 따른 공유물분할청구로 인정되는 경우 공동상속인 사이에 이 사건 각 부동산에 관한 상속재산분할절차가 마쳐졌는지 여부 등에 관하여 심리하였어야 한다(대법원 2015. 8. 13. 선고 2015다18367 판결).

실전 쟁점

A토지의 공유자인 甲·乙·丙 사이에 A토지의 분할에 관한 협의가 이루어지지 않자, 甲은 乙·丙을 상대로 법원에 A토지의 분할을 청구하였다.

(1) 소장을 제출한 뒤 甲, 乙, 丙 외에 丁도 원래부터 A토지의 공유자임이 판명되었다. 이 경우에 甲이 취할 수 있는 가장 적합한 조치는 무엇인가?
(2) 甲이 현물분할을 청구하는 경우에 법원은 청구취지의 변경이 없이도 경매분할을 명하는 판결을 할 수 있는가?
(3) 제1심 판결에 대하여 乙만 항소한 경우에 나머지 피고들에 대한 제1심 판결은 확정되는가? 【2002년 사법시험】

甲, 乙, 丙, 丁은 A 토지를 공동소유하고 있다. 甲은 乙, 丙, 丁을 피고로 하여 공유물분할청구의 소를 제기하였다. 제1심 법원은 甲에게 유리한 내용의 판결을 하였다. 그러자 공동 피고 乙, 丙, 丁 중에서 피고 丙, 丁만이 항소하고, 乙은 항소하지 않았다. 항소심 법원은 원고 甲과 피고 丙, 丁만을 당사자로 취급하여, 원고와 피고 丙, 丁에 대하여 변론준비기일과 변론기일을 통지하고 심리를 진행한 다음, 원·피고들에 대하여 선고기일을 통지하고 판결을 선고하였다.

(1) 甲이 제기한 공유물분할청구의 소의 소송법상 특성을 논하시오.
(2) 위 항소심 법원의 심판은 적법한지 논하시오. 【2007년 변리사시험】

丙, 丁, 戊는 자신들의 X토지에 관한 매매대금 채무를 모두 변제한 다음 X토지를 공유하고 있었는데, 丙은 개인적인 사정상 공유관계를 해소하고자 한다.

(1) 丁은 X토지에 대한 공유물분할에 동의하였는데 戊가 공유물분할에 동의하지 않자, 丙은 戊만을 피고로 삼아 공유물분할을 구하는 소를 제기하였다.
    (가) 이 사건 소는 적법한가?
    (나) 만약 부적법하다면 丙과 丁이 각자 그 사유를 해소할 수 있는 방법은 무엇인가?
(2) (위 가의 설문과 별개로) 丁, 戊 모두 丙의 공유물분할 요청에 응하지 않자, 丙은 丁, 戊를 상대로 공유물분할을 구하는 소를 제기하였다.

(가) 丙은 청구취지에서 X토지를 수평으로 3등분하는 방법으로 분할을 구하였는데 법원이 丙의 청구와 달리 수직으로 3등분하는 방법으로 분할을 명하는 판결을 선고할 수 있는가?

(나) 생략【2014년 사법시험】

甲, 乙, 丙은 이 사건 토지의 공유자인데, 분할에 관한 협의가 이루어지지 않았다.

(1) 甲은 법원에 乙, 丙을 상대로 이 사건 토지는 현물분할이 가능하다고 소장 청구취지 기재와 같은 현물분할을 구하는 공유물분할청구의 소를 제기하였으나, 법원은 (청구취지의 변경이 없음에도) 이 사건 토지가 현물로 분할하는 것이 불가능하거나 현물로 분할할 경우 현저히 그 가액이 감손될 우려가 있는 경우에 해당한다고 보아 이 사건 토지를 경매에 부쳐 그 대금에서 경매비용을 공제한 나머지 금액을 공유자들의 지분 비율대로 분배하는 방법으로 분할하라는 판결을 할 수 있는가?

(2) 한편, 항소심 계속 중 甲 앞으로 등기된 지분 중 일부가 A에게 이전등기가 경료되었으나, 항소심 변론종결일 이전에 甲으로부터 일부 지분이전등기를 경료받은 A가 승계참가나 소송인수 등의 방식으로 당해 소송의 당사자가 된 적은 없다. 위 공유물분할청구의 소는 적법한가?

제3부
특수한 소송유형

제3장
확인소송

제 3 장
확인소송

제 1 강 소유권확인소송

토지·건물의 소유권을 둘러싼 분쟁을 해결하기 위한 수단으로는 토지·건물의 인도청구소송, 등기청구소송 이외에 단적으로 소유권의 소재(所在) 자체를 직접 확정하는 것을 구하는 소유권확인청구소송이 있다.

가령 친족·가족 사이에서 토지·건물의 구입자에 대하여 다툼이 있거나, 피상속인의 재산에 대하여 상속인과 수유자·수증자 사이에서 유언·증여의 효력이 다투어지거나 인접 토지의 소유자 사이에서 소유하는 토지의 범위가 다투어지거나(한편, 경계확정의 소에 대하여는 별도로 설명) 건물의 수급인과 도급인 사이에서 대금이 지급되지 못하고 있는 와중에 건물의 소유권의 귀속에 대하여 다툼이 있는 경우에 소유권 귀속의 확인을 구하는 소가 제기된다.

소유권확인청구소송은 확인대상인 권리관계가 자신에게 귀속하는 것의 확인을 구하는 적극적 확인의 소이다(한편, 소극적 확인의 소의 대표적인 것으로는 채무부존재확인소송이 있는데, 별도로 설명).

1. 소의 이익

이행소송과 달리, 확인소송에서는 확인의 대상이 될 수 있는 것은 형식적으로 무한정이다. 그리하여 판결에 의한 해결의 필요성이 있는 분쟁인가의 **소의 이익**이 중요하게 된다. 이는 직권조사사항이다.

소유권과 같이 서로 충돌하는 권리의 귀속이나 범위가 다투어지고 있는 경우에는 통상 소유권의 확인판결을 얻는 것에 의하여 직접적이고 실효적인 해결을 할 수 있으므로 **확인의 이익**이 인정될 수 있다.

물론 소유권확인소송에서 승소한 뒤, 이를 가지고 인도나 등기를 구하더라도 상대방이 임의로 이행을 하지 않으면, 확인소송의 승소판결로는 강제집행을 할 수 없다. 그러나 확인소송은 기본 관계로부터 파생하는 가능성 있는 다른 여러 분쟁을 예방하는 기능을 기대할 수 있으므로 인도청구소송이나 등기청구소송을 할 수 있는 경우라도 확인의 이익을 인정할 수 있다. 물론 인도청구소송이나 등기청구소송을 하는 것에 의하여 다툼을 해결할 수 있다면, 그것이 가장 간결한 것이므로 굳이 확인소송을 할 필요는 없다.

미등기토지의 소유권확인

- 토지대장이나 임야대장상 소유자로 등록되어 있는 자가 있는 경우에는 그 명의자를 상대로 소유권확인판결을 받아 소유권보존등기를 할 수 있으므로 국가를 상대로 소유권확인을 구할 이익이 없으나, 그 **등록명의자가 없거나 등록명의자가 누구인지 알 수 없는 경우** 또는 국가가 등록명의자인 제3자의 소유관계를 다투면서 국가의 소유임을 주장하는 경우에는 국가를 상대로 소유권확인을 구할 이익이 있다(대법원 1995. 7. 25. 선고 95다14817 판결 등 참조).
- 원고는 소외인을 대위하여 피고 국가를 상대로 이 사건 미등기임야가 피고 소외인 소유임의 확인을 구하고, 공동피고 소외인을 상대로 소유권이전등기절차의 이행을 구하는 내용의 이 사건 소를 제기하였는데, **인적 사항의 기재가 없어서 대장상 소유자로 기재된 소외인을 특정할 수 없어** '이 사건 임야가 소외인의 소유임을 확인한다'는 내용의 확정판결을 받더라도 그에 따른 소유권보존등기를 마칠 수 없으므로, 결국 국가를 상대로 한 이 사건 소는 그 소유권확인을 구할 법률상 이익이 없는 경우에도 해당한다(대법원 2021. 7. 21. 선고 2020다300893 판결).

소유권이전등기가 원인무효라는 이유로 그 등기의 말소를 구하는 소송을 제기하였다가 청구기각의 판결을 선고받아 확정된 경우, 기판력의 범위와 소유권의 확인을 구할 법률상 이익이 있는지 여부(적극) 및 그 소유권확인 청구의 소제기가 신의칙에 위반되는지 여부(소극)

🕮 확정판결의 기판력은 소송물로 주장된 법률관계의 존부에 관한 판단의 결론에만 미치고 그 전제가 되는 법률관계의 존부에까지 미치는 것은 아니므로, 계쟁 부동산에 관한 피고 명의의 소유권이전등기가 원인무효라는 이유로 원고가 피고를 상대로 그 등기의 말소를 구하는 소송을 제기하였다가 청구기각의 판결을 선고받아 확정되었다고 하더라도, 그 확정판결의 기판력은 소송물로 주장된 말소등기청구권이나 이전등기청구권의 존부에만 미치는 것이지 그 기본이 된 소유권 자체의 존부에는 미치지 아니하고, 따라서 원고가 비록 위 확정판결의 기판력으로 인하여 계쟁 부동산에 관한 등기부상의 소유 명의를 회복할 방법은 없게 되었다고 하더라도 그 소유권이 원고에게 없음이 확정된 것은 아닐 뿐만 아니라, 등기부상 소유자로 등기되어 있지 않다고 하여 소유권을 행사하는 것이 전혀 불가능한 것도 아닌 이상, 원고로서는 그의 소유권을 부인하는 피고에 대하여 계쟁 부동산이 원고의 소유라는 확인을 구할 법률상 이익이 있으며, 이러한 법률상의 이익이 있는 이상에는 특별한 사정이 없는 한 소유권확인 청구의 소제기 자체가 신의칙에 반하는 것이라고 단정할 수 없는 것이다(대법원 2002. 9. 24. 선고 2002다11847 판결).

2. 소 송 물

토지·건물의 소유권확인청구소송의 소송물은 「토지·건물의 소유권」이다.

소유권의 취득원인으로 매매계약, 취득시효 등이 주장되더라도 소송물은 소유권의 존부이므로 소유권취득원인은 공격방어방법의 하나의 주장에 지나지 않고, 따라서 소유권의 취득원인마다 소유권확인청구소송의 소송물이 다른 것이 아니다.

3. 청구취지

청구취지의 기재례는 다음과 같다. 확인의 대상이 된 목적물을 특정하여 표시하여야 한다.

'피고는 별지 목록 기재 부동산이 원고의 소유임을 확인하라'와 같이 피고에 대하여 확인을 명하는 형태를 취하는 것은 잘못이다.

> 원고와 피고 사이에서 별지 목록 기재 부동산이 원고의 소유임을 확인한다.

4. 청구원인

가령 토지의 소유권확인소송의 요건사실로, 원고는 다음과 같은 사실을 주장·증명하여야 한다.

> ① **계쟁 토지에 대하여 소유권을 가지고 있을 것**
> - 가령 매매계약을 소유권취득원인으로 하는 경우에는 전주(前主)가 이 사건 토지를 소유하였던 사실, 원고가 전주와 이 사건 토지의 매매계약을 체결한 사실과 이에 기한 소유권이전등기를 주장·증명하여야 한다.
> - 현재 또는 과거의 일정 시점에서 원고 또는 그 전주(前主) 등의 소유에 대하여 권리자백이 성립하는 경우에는 원고는 원고 또는 그 전주 등의 소유권취득원인이 되는 구체적 사실을 주장·증명할 필요가 없다.
>
> ② **피고가 원고의 소유권을 다투고 있는 것**

5. 예상되는 항변

가령, 계쟁 토지에 피고의 건물 등이 존재하는 경우에는 피고가 계쟁 토지의 취득시효를 항변으로 주장할 수 있을 것이다.

6. 판 결

가령, 인용판결의 결론의 기재례는 다음과 같다.

> … 그렇다면, 이 사건 부동산은 원고의 소유임이 분명하고 피고가 …임을 들어 이를 다투고 있는 이상 원고로서는 그 확인을 구할 이익이 있다 할 것이므로 원고의 이 사건 청구는 이유 있어 인용하고…

7. 토지경계확정소송과의 구별

가령, 인접 토지의 소유자 사이에 토지 소유권의 범위가 문제되는 경우에 토지의 경계확정소송을 할 수 있는데, 이에 대하여는 따로 설명한다.

소유권확인소송의 경우에 원고는 계쟁 토지가 자기 소유에 속하는 것의 증명책임을 지고, 증명할 수 없으면 청구기각이 된다. 이에 대하여 토지경계확정소송의 경우에 법원은 청구기각의 판결을 할 수 없으므로 반드시 타당한 경계선이 확정되게 된다.

실전 쟁점

甲은 乙에 대하여 「별지 목록 기재 건물이 원고의 소유임을 확인한다」고 청구취지에 적어 확인의 소를 제기하였지만, 청구의 원인란에는 소유권의 취득원인사실을 적지 않았다. 이 소장에 대하여 재판장은 어떻게 대처하여야 하는가?

원고가 甲으로부터 그 소유의 미등기 건물을 매수하였으나 등기를 마치지 못하고 있던 중, 乙과 丙이 공모하여 위조한 관계서류를 이용하여 위 건물에 관하여 丙 명의로 소유권보존등기를 마쳤고, 이어 丁 명의로 소유권이전등기가 마쳐지자, 원고는 甲을 상대로 하여서는 위 건물에 관하여 매매를 원인으로 한 소유권이전등기절차를, 甲을 대위하여, 乙과 丙을 상대로 하여서는 위 소유권보존등기의 말소등기절차를, 丁을 상대로 하여서는 위 소유권이전등기의 말소등기절차를 각 이행할 것을 구하는 한편, 비록 국가가 위 건물의 소유권에 관하여 특별히 다투지는 않지만 위 소유권보존등기를 말소한 다음 새로이 소유권보존등기를 마치기 위해서는 소유권확인판결이 필요하다는 이유로 국가를 상대로 하여 위 건물이 甲의 소유임의 확인을 구하는 소를 제기하였다. 위 사안을 토대로 다음 질문에 대한 결론 및 근거를 간략히 기재하시오.

(1) 원고의 위 소 중 소각하 판결을 하여야 할 부분은 어느 것인지 설명하시오.

(2) 丁에게 위 소유권이전등기의 말소등기절차를 이행할 것을 명하는 판결이 선고되어 확정되었으나 아직 그 말소등기가 실행되지 않은 상태에서, 위 건물에 관하여 己 명의의 소유권이전등기와 庚 명의의 근저당권설정등기가 순차로 마쳐져서, 원고가 己, 庚을 상대로 하여 위 소유권이전등기 내지 근저당권설정등기의 각 말소등기절차를 이행할 것을 구하는 새로운 소를 제기하였다고 할 때, 법원은 이에 대하여 어떠한 판결을 선고하여야 하는지 설명하시오. 【2009년 법무사시험 일부】

- 이행의 소에서 당사자적격은 소송물인 이행청구권이 자신에게 있음을 주장하는 자에게 있는 것이고, 실제로 이행청구권이 존재하는지 여부는 본안심리를 거쳐서 판명되어야 할 사항이다. 그러나 예외적으로 등기말소절차이행을 구하는 소에 있어서는 등기의무자, 즉 등기부상의 형식상 그 등기에 의하여 권리를 상실하거나 기타 불이익을 받을 자(등기명의인이거나 그 포괄승계인)가 아닌 자를 상대로 한 등기의 말소절

차이행을 구하는 소는 당사자적격이 없는 자를 상대로 한 부적법한 소이다(대법원 1994. 2. 25. 선고 93다39225 판결).

- 확인의 소는 분쟁 당사자 사이에 현재의 권리 또는 법률관계에 관하여 즉시 확정할 이익이 있는 경우에 허용되는 것이므로, 소유권을 다투고 있지 않은 국가를 상대로 소유권확인을 구하기 위하여는 그 판결을 받음으로써 원고의 법률상 지위의 불안을 제거함에 실효성이 있다고 할 수 있는 특별한 사정이 있어야 할 것인바, 건물의 경우 가옥대장이나 건축물관리대장의 비치·관리업무는 당해 지방자치단체의 고유사무로서 국가사무라고 할 수도 없는 데다가 당해 건물의 소유권에 관하여 국가가 이를 특별히 다투고 있지도 아니하다면, 국가는 그 소유권 귀속에 관한 직접 분쟁의 당사자가 아니어서 이를 확인해 주어야 할 지위에 있지 않으므로, 국가를 상대로 미등기 건물의 소유권 확인을 구하는 것은 그 확인의 이익이 없어 부적법하다(대법원 1999. 5. 28. 선고 99다2188 판결).

제 3 장
확인소송

제 2 강 채무부존재확인소송

甲은, 2020. 8. 1. 乙로부터 2억 원을, 변제기를 2020. 12. 31.로 하여 빌렸는바, 약속대로 변제기일에 변제하였다. 그러나 최근 乙이 위 대여금에 대하여 아직도 변제를 받지 못하였다고 내용증명우편으로 그 지급을 재촉하여 왔다. 그래서 甲은 乙에게 위 대여금채무가 존재하지 않는 것의 확인을 구하는 소를 제기하였다.

채무부존재확인소송은 대여금, 보증채무, 물품대금채무, 손해배상채무 등의 존재나 금액 등에 다툼이 있는 경우에 채무자 측에서 그 채무의 전부 또는 일부의 부존재를 공권적으로 판단받는 것에 의하여 그 사람의 법적 지위의 불안을 제거하는 것을 목적으로 하는 소송이다.

현재의 민사소송에서 압도적 다수는 이행소송이고, 확인소송 가운데 여러 유형에서도 일반적 분야의 대다수는 「적극적」 확인소송이다. 가령 소유권확인소송과 같이 어느 물건이 어느 사람에게 귀속하고 있는 것의 확인을 구하는 소송 등의 경우이다. 이에 대하여 권리 등이 존재하지 않는 것의 확인을 구하는 「소극적」 확인소송이 현재의 재판실무에 차지하는 비율은 반드시 크다고 할 수 없을 것이다.

채무부존재확인소송은 채무자가 채권자에 대하여 채권자가 말하는 채무는 존재하지 않는다는 주장을 하여 그 확인을 구하는 소송인데, 그 기능이나 특질은 다음과 같다.

① 권리(청구권)·법률관계의 불명확을 둘러싸고 생기는 다툼이 악화되어 이행의 소 내지는 확정이행판결의 집행력에 기한 강제집행으로 나갈 수밖에 없는 상태가 되는 것을 방지하고, 기본적 권리·법률관계를 분명히 하는 것에 의하여 기본적 권리로부터 발생하는 여러 가지의 청구권에 기한 다양한 이행소송이 뒤따르는 것을 방지한다. 이를 **분쟁예방적 기능**이라고 한다.

② 채무자 측에서 선제공격을 하여 채권자의 청구로부터 채무자를 해방하는 기능을 가진다. 즉, 상대방인 채권자가 특정한 청구권 또는 법률관계에 기하여 권리주장을 하는 것이 예측되지만, 한편 적극적으로는 소의 제기를 하는 것에는 이르지 않은 때에 해당 채무의 부존재를 주장하여 확인을 구하는 **선제공격적 특질**을 가진다.

③ 채무부존재확인소송의 피고가 된 채권자(내지는 자칭 채권자)는 일반적 응소의무를 부담하게 되고(=응소강제), 자기의 채권의 존재를 주장·증명하지 않으면 안 된다(객관적 의미에서의 증명책임에 대하여는 당사자의 역할이 교체되더라도 영향을 받지 않고, 채권자로부터 이행의 소가 제기된 경우와 변화가 없다). 실체법상으로도 권리의 행사는 권리자의 자유임에도 불구하고 채무부존재확인소송에서 실질상 채권의 행사가 강제되는 셈이다. 본래 처분권주의하에서 어떠한 시점에 이행의 소를 제기할 것인가는 채권자의 자유이다. 이 의미에서는 처분권주의가 제한되고, 채권자는 스스로 이행의 소를 제기한 것과 마찬가지의 결과가 된다. 채권자는 응소에 있어서 채권의 존재를 주장·증명하여야 한다는 채무부존재확인소송의 구조로부터 당사자 사이에 다툼이 있는 법률관계의 존부에 있어서 소송에 의한 결말을 채권자에게 재촉하는 **제소강제적 기능**을 한다. 결국 채무부존재확인소송은 실질적으로 이행소송의 반대형상(形相)이라는 것은 이를 의미한다.

1. 소 송 물

소송물은 「존부의 확인을 구하는 실체법상의 권리 또는 법률관계」이다. 위 사안에서는 「甲의 乙에 대한 2억 원의 금전소비대차채무의 존부」가 소송물이다.

채무부존재확인소송은 일반적으로 채권자가 채무자에 대하여 이행소송을 하는 것에 대하여, 채무자가 스스로 소를 제기하여 채무가 존재하지 않는 것의 확인을 구하는 것으로, 이행소송을 뒤집은 것이라고 할 수 있으므로 (원인과 피고가 이행소송과 거꾸로 됨) 소송물은 이행소송과 다르지 않다.

금전채무와 같이 그 금액이 문제되는 소송에서는 금액 등의 확인을 수반하지 않고서 채권, 채무의 존부만을 확인하는 것만으로 분쟁이 해결되는 것은 극히 드물 것이다. 금액을 명시하지 않았다면 소송물이 특정되었다고 볼 수 없다. 그런데 채무부존재확인소송에 있어서도 위 일반적인 경우와 마찬가지라고 결론을 내리는 데 있어서는 좀 더 검토할 필요가 있다. 즉, 채무부존재확인소송에 있어서는 소송물의 특정이 완화되어, 금액의 명시가 반드시 요구되지 않는다. 왜냐하면 채무자 측에서 금액을 산정하는 것이 곤란하기 때문이다.

2. 청구취지

다음과 같이 청구취지를 기재하여 소송물을 특정하면 무방하다.

> 원고의 피고에 대한 2020. 8. 1. 금전소비대차계약에 기한 채무는 존재하지 아니함을 확인한다.

그런데 계약으로부터 발생하는 금전채권의 부존재확인을 구하는 경우에는, 그 발생원인(합의의 일시, 내용)을 청구의 취지에 표시하여 대상이 되는 법률관계를 특정하는 것 외에 원칙적으로 법률관계로부터 생기는 금전채권의 금액을 구체적으로 명시할 필요가 있다. 왜냐하면, 대체로 금전채권은 양적인 것이며 금액이 없는 채권은 생각하기 어렵고, 금액을 특정할 수 없으면 채권 자체를 양적으로 특정할 수 없게 되기 때문이다.

그리하여 다음과 같이 청구취지를 기재한다.

원고의 피고에 대한 2020. 8. 1. 금전소비대차계약에 기한 원금 2억 원 및 이에 대한 이자채무는 존재하지 아니함을 확인한다.

나아가 甲이 乙을 상대로 그 일부인 5천만 원의 채무를 제외한 채무의 부존재를 구하는 경우에는 다음과 같이 적는다. 이 경우의 소송물은 대여금채무 중 1억 5천만 원 부분이다.

원고와 피고 사이의 2020. 8. 1. 금전소비대차계약에 기한 원고의 피고에 대한 원금 2억 원의 반환채무가 5천만 원을 넘어서는 존재하지 않는 것을 확인한다.

한편, 계약으로부터 발생하는 금전채권의 부존재확인을 구하는 경우와 달리, **불법행위 손해배상채무의 부존재확인을 구하는 경우**에는 소송물의 특정이 완화되기도 한다. 가령 손해배상채무의 한도액을 명시하지 않았지만, 그 청구원인사실만으로 채무를 분명히 하여 그 부존재확인을 구하는 경우에 소송물의 특정 그 자체 문제에서는 특정되어 있다고 보아야 할 것이다. 이 경우에 「청구의 원인」 가운데 채무의 발생원인으로서 일정한 불법행위가 주장되고 있다면, 채권자인 피고로서는 어떤 범위의 채권, 채무관계인가를 확실하게 알 수 있어서 채권자의 절차보장을 해치는 것이 아니고, 또 법원으로서도 피고의 변론을 통하여 자연히 심판의 대상범위를 분명하게 할 수 있기 때문이다.

하여튼 불법행위 손해배상채무의 부존재확인청구의 경우에도 다음과 같이 소송물을 특정한다.

> 2021. 2. 24. 10:30경 서울 용산구 원효로 4가 118 소재 원효대교 진입로 구검문소 앞에서 피고 운전의 구리 나 1xxx호 이륜자동차가 고장으로 정차중인 소외 A 운전의 서울 3스9xxx호 승용차에 충돌하여 피고가 상해를 입은 사고와 관련하여 원고의 피고에 대한 손해배상채무는 존재하지 아니함을 확인한다.

3. 청구원인

채무부존재확인소송에서는, 청구의 취지에 의하여 청구가 특정되므로 청구의 특정을 위한 별도의 청구원인은 기재할 필요가 없다.

오히려 피고가 소송물인 권리의 근거규정(발생요건사실)에 대하여 주장·증명책임을 진다(대법원 1998. 3. 13. 선고 97다45259 판결). 따라서 채무자인 원고로서는 청구원인으로, 「권리 또는 법률관계의 유무·범위 등에 대하여 당사자 사이에 다툼이 있는 것」, 즉 원고는 피고가 해당 권리를 가진다고 주장하고 있는 것을 주장·증명하면 충분하다.

청구원인의 기재례는 다음과 같다.

> **❶ 피고는 원고에 대하여 별지채권목록기재의 채권을 가진다고 주장하는 등 다툼이 있다.**
> - 권리 또는 법률관계에 대하여 당사자 사이에 다툼이 있다는 확인의 이익의 기초가 되는 사실(이 사실은 소송물을 기초짓는 것은 아님)
>
> **❷ 따라서 원고는 위 채무가 존재하지 않는 것의 확인을 구한다.**
> - 소송물인 특정한 채무가 존재하지 않는다는 법률상의 주장

4. 관 할

가. 사물관할

사물관할은 제1심 소송사건을 그 경중(대소·특질)을 기준으로 지방법원(및 지원)의 단독판사와 합의부의 어느 쪽에 분담시킬 것인가의 정함을 말한다.

원칙적으로 채무부존재를 다투는 금액, 즉 소송목적의 값이 5억 원을 넘지 않으면 단독판사의 관할, 5억 원을 넘으면 합의부의 관할이다.

그런데 **자동차손해배상보장법**에서 정한 자동차 등의 운행 및 근로자의 **업무상재해**로 인한 손해배상에 관한 채무부존재확인사건은 다투는 금액과 관계없이 **단독판사**가 관할한다(민사 및 가사소송의 사물관할에 관한 규칙 2조 3항).

나. 토지관할

금전채권에 있어서는 채권자의 현재의 주소가 이행의 장소이므로(민법 467조 2항) 채권자의 주소지가 의무이행지로 관할이 생기고(민사소송법 8조 후단), 또한 가령 교통사고 사안에서는 불법행위지에 관할이 생긴다(민사소송법 18조 1항),

이렇게 이행소송과 마찬가지로 생각하면 되나, 한편 채무부존재확인소송의 경우에는 원고와 피고의 관계가 이행소송의 경우와 거꾸로 되므로 주의할 점이 있다. 즉, 통상의 이행소송의 경우에는 지급을 구하는 채권자(원고)의 주소지의 법원에 의무이행지로 관할이 생기지만(위 민사소송법 8조 후단), 채무부존재확인소송의 경우에는 이행소송의 경우와 달리, 기본적으로 채무부존재를 주장하는 원고(채무자)의 주소지에는 관할이 생기지 않게 된다.

5. 확인의 이익

본래 처분권주의하에서 어떠한 시점에 소를 제기할 것인가는 채권자의 자유인데, 채무자로부터의 채무부존재확인소송에서 이러한 의미에서의 처분권주의가 제한되는 것을 가급적으로 방지하기 위하여 채무부존재확인소송에 있어서 확인의 이익의 판단에 대하여는 **엄격성**이 요구된다.

즉, 독립한 소에 의하여 채무부존재의 확인을 구할 정도의 「**쟁송의 성숙성**」이 존재하여야 확인의 이익이 있다. 채무가 존재하는지 또는 잔존채무액이 얼마인지에 관하여 당사자 사이에 다툼이 있는 경우에 원고의 법적 지위에 불안·위험이 있는 것이고, 가령 원고와 피고 모두 채무가 소멸하여 없다는 점에 대하여는 다툼이 없고, 다만 원고는 채무가 변제 또는 소멸시효 완성으로 소멸하였다는 입장인 반면, 피고는 경개계약에 따라 기존 채무가 소멸하였다는 입장이라면, 채무부존재확인을 구할 확인의 이익이 없다(대법원 2023. 6. 29. 선고 2021다277525 판결).

피고(채권자)가 채권의 존재를 주장(비속어로 「오바」하는 것)하는 것에 의하여 원고(채무자)의 법적 지위가 위협·위험에 빠지게 되는 것을 구체적으로 나타내야 한다. 가령, 채무자가 채권자의 증명활동의 준비부족을 틈타서 소를 제기하였다고 판단되면, 법원은 확인의 이익이 없는 것으로 소를 각하하여야 할 것이다.

다만, 이와 관련하여 **판례**는 보험계약의 당사자 사이에 계약상 채무의 존부나 범위에 관하여 다툼이 있는 사안에서 그로 인한 법적 불안을 제거하기 위하여 보험회사는 먼저 보험수익자를 상대로 소극적 확인의 소를 제기할 확인의 이익이 있다고 본다(아래 대법원 2021. 6. 17. 선고 2018다257958, 257965 전원합의체 판결). 이 전원합의체 판결에서의 **반대의견**은 소극적 확인의 소에서 확인의 이익이 인정되는지 여부를 판단할 때에는 확인의 이익의 공적인 기능이나 소극적 확인의 소가 채권자에게 미치는 영향 등도 고려해야 하므로, 모든 계약 관계에서 계약 당사자들 사이에 다툼이 있다는 사정만으로 항상 채무자가 소극적 확인의 소를 제기할 수 있는 확인의 이익이 인정될 수 있는 것은 아니라고 한다.

채무부존재확인소송에 대하여 그 채무의 이행을 구하는 반소가 제기된 경우에 채무부존재확인의 본소의 소의 이익이 소멸되는지 여부

📖 본소가 그 뒤에 상대방이 제기한 채무의 이행을 구하는 반소로 인하여 소송요건에 흠이 생겨 다시 부적법하게 되는 것은 아니므로 본소는 확인의 이익이 소멸되어 부적법하게

된다고 볼 수 없다고 본다(대법원 1999. 6. 8. 선고 99다17401, 17418 판결; 대법원 2010. 7. 15. 선고 2010다2428, 2435 판결).

이에 대하여 소의 이익의 존부는 사실심 변론종결 시를 기준으로 판단하여야 하는 바, 채무부존재확인의 본소의 목적은 그 채무의 이행을 구하는 반소에 대한 기각을 구하는 방어로써 충분히 달성할 수 있으므로 본소는 확인의 이익이 없어 부적법하다고 보는 입장도 있다.

이행의 소에 대하여 해당 채권에 관한 채무부존재확인의 반소를 제기하는 경우에 반소청구가 적법한지 여부

📖 반소청구에 본소청구의 기각을 구하는 것 이상의 적극적 내용이 포함되어 있지 않다면 반소청구로서의 이익이 없고, 그 청구의 내용이 실질적으로 본소청구의 기각을 구하는 데 그치는 것이므로 반소청구는 부적법하다(대법원 2007. 4. 13. 선고 2005다40709, 40716 판결).

보험회사가 보험수익자와 보험금 지급책임의 존부나 범위에 관하여 다툼이 있다는 사정만으로 채무부존재확인을 구할 확인의 이익이 인정되는지 여부

📖 대법원 2021. 6. 17. 선고 2018다257958, 257965 전원합의체 판결

[**다수의견**] 확인의 소에서는 권리보호요건으로서 확인의 이익이 있어야 하고 확인의 이익은 원고의 권리 또는 법률상의 지위에 현존하는 불안·위험이 있고 그 불안·위험을 제거하는 데 피고를 상대로 확인판결을 받는 것이 가장 유효적절한 수단일 때에만 인정된다고 할 것이므로 원고의 권리 또는 법률관계를 다툼으로써 원고의 법률상 지위에 불안·위험을 초래할 염려가 있다면 확인의 이익이 있다. 그러므로 보험계약의 당사자 사이에 계약상 채무의 존부나 범위에 관하여 다툼이 있는 경우 그로 인한 법적 불안을 제거하기 위하여 보험회사는 먼저 보험수익자를 상대로 소극적 확인의 소를 제기할 확인의 이익이 있다고 할 것이다.

[**반대의견**] 소극적 확인의 소에서 확인의 이익이 인정되는지 여부를 판단할 때에는 확인의 이익의 공적인 기능이나 소극적 확인의 소가 채권자에게 미치는 영향 등도 고려해야 하므로, 모든 계약 관계에서 계약 당사자들 사이에 다툼이 있다는 사정만으로 항상 채무자가 소극적 확인의 소를 제기할 수 있는 확인의 이익이 인정될 수 있는 것은 아니다.

보험의 공공성, 보험업에 대한 특별한 규제, 보험계약의 내용 및 그에 따른 당사자의 지위 등을 위 법리에 비추어 보면, 보험계약자나 피보험자, 보험수익자 등(이하 '보험계약자

등'이라 한다)이 단순히 보험회사를 상대로 보험사고 여부나 보험금의 범위에 관하여 다툰다는 사정만으로는 보험회사의 법적 지위에 현존하는 불안·위험이 있다고 볼 수 없을 뿐만 아니라, 보험회사가 이와 같은 사유만으로 보험계약자 등을 상대로 제기한 소극적 확인의 소는 특별한 사정이 없는 한 국가적·공익적 측면에서 형평에 반하는 소송제도의 이용에 해당하여 확인의 이익이 결여된 것으로 보아야 한다.

결국 보험계약자 등이 보험금 **지급책임의 존부나 범위에 관하여 다툰다는 사정만으로는 확인의 이익이 인정될 수 없고**, 그 외에 추가로 보험금 지급책임의 존부나 범위를 즉시 확정할 이익이 있다고 볼만한 **'특별한 사정'이 있는 경우에만 비로소 확인의 이익이 인정되어** 소극적 확인의 소를 제기할 수 있다. 이때 '특별한 사정'은 예를 들어 보험계약자 등이 보험계약이나 관계 법령에서 정한 범위를 벗어나 사회적으로 상당성이 없는 방법으로 보험금 지급을 요구함으로써 보험계약에서 예정하지 않았던 불안이나 위험이 보험회사에 발생하는 등의 사정이 있는 경우에 인정될 수 있다. 또한 보험계약의 체결이나 보험금 청구가 보험사기에 해당하여 보험회사가 범죄나 불법행위의 피해자가 되거나 될 우려가 있다고 볼만한 사정이 있는 경우에도 보험계약에서 예정하지 않았던 불안이나 위험이 보험회사에 발생한 경우에 해당하여 '특별한 사정'이 인정될 수 있다.

6. 예상되는 항변

피고가 권리근거규정에 대하여 주장·증명책임을 부담하므로 해당 채무의 발생요건사실이 **항변**이 되고, 이에 대하여 원고가 권리장애, 권리소멸, 권리저지의 **재항변**을 제출하는 형식이 된다.

항변 이하의 공격방어방법은 채권자가 적극적으로 이행청구를 하는 경우와 다르지 않다. 이행소송이라면 청구원인으로 주장되는 사실이 항변으로 주장되고, 항변으로 주장되는 사실이 재항변으로 주장되는 것과 같이 관련된다.

사안에서 대여금이 채무발생원인이 되는데, 乙(피고)은 대여금청구의 청구원인사실 가운데 변제기의 도래까지는 주장·증명할 필요가 없다(대여금청구의 청구원인 참조). 변제기의 도래는 대여금청구 시의 요건사실이고, 채권발생의 요건사실은 아니기 때문이다. 이 항변에 대하여 甲(원고)은 **재항변**으로 변제의 요건사실을 주장할 것이다.

한편, 실무상 조기에 쟁점을 분명히 하기 위해서(본래 소송물을 특정함에 있어서 청구원인에 의한 보충이 필요한 것은 아니지만) 해당 채무가 부존재한다는 이유(가령 돈을 빌리지 않았다든지, 이미 변제하였다 등)를 원고가 미리 소장의 단계에서 주장하는 경우가 많다. 원고가 해당 채무의 발생요건을 인정한 다음, 이미 변제하였다는 것과 같이 그 소멸사유를 주장하는 경우에, 이는 항변의 선행자백 및 재항변의 선행주장으로 보아야 하는데, 실무상 청구원인으로 이를 일체적으로 기재하기도 한다.

7. 판 결

가. 「대여금채무는 OOO원을 초과하여 존재하지 않는 것을 확인한다」는 식의 채무부존재확인소송의 판결

가령 2억 원을 차용한 채무자 甲은 1억 원은 변제하였는데, 채권자 乙은 변제를 다투며 아직 2억 원의 대여금채권이 있다고 주장한다고 하자. 그래서 채무자가 채권자를 상대로 대여금채무는 1억 원을 초과하여서는 존재하지 아니함을 확인한다는 소를 제기한 경우에 법원이 채무가 1억 5천만 원이라는 심증을 얻은 때에 어떠한 판결을 선고하여야 하는가. 법원은 잔액채무로서 1억 5천만 원이 있다는 심증을 얻고 있는 바, 원고로서는 자인하고 있는 현존 채무액인 1억 원을 넘고 있더라도 그 액이 1억 5천만 원이라면, 이때 그 금액으로 채무액을 둘러싼 분쟁에 종지부를 찍고 싶을 것이다. 따라서 「1억 5천만 원을 초과하여 존재하지 않는 것을 확인한다. 원고의 나머지 청구를 기각한다」라는 일부인용판결(원고의 신청을 1억 원의 채무부존재확인이라고 해석한다면 5천만 원에 대하여 청구인용, 5천만 원에 대하여 청구기각판결)을 하는 것은 원고의 신청의 양적 범위에 속하므로 처분권주의에 위반되지 않고 허용된다고 할 것이다. 다툼이 있는 채무관계의 현존액에 대하여 무엇인가의 확정력이 생기지 않는 청구기각판결을 하더라도 이는 당사자 사이에 분쟁의 근본적 해결을 가져올 수 없을 뿐만 아니라 오히려 액수를 둘러싼 분쟁을 유발하는 것이 될 수밖에 없으므로 오히려 원고의 의사로서는 그 소송에서 액수를 둘러싼 분쟁을 근본적으로 해결하는 것을 원하고 있다고 볼 것이다. 따라서 특별한 사정(원고의 예상을 훨씬 초과하는 잔존채무가 인정되는 경우)이 없는 한, 가령 원고가 주장하는 부분과 달라도 잔존채무의 금액을 확정하는 것이 오히려 원고의 의사에 합치하는 것이라고 할 수 있다.

나. 「소송촉진 등에 관한 특례법」 3조의 법정이율이 적용되는지 여부

「소송촉진 등에 관한 특례법」(이하 '소송촉진법'이라 한다) 3조는 금전채권자의 소제기 후에도 상당한 이유 없이 채무를 이행하지 아니하는 채무자에게 지연이자에 관하여 불이익을 가함으로써 채무불이행상태의 유지 및 소송의 불필요한 지연을 막고자 하는 것을 그 중요한 취지로 한다(대법원 2010. 9. 30. 선고 2010다50922 판결 참조). 또한 소송촉진법 3조의 문언상으로도 "금전채무의 전부 또는 일부의 이행을 명하는 판결을 선고할 경우"에 금전채무 불이행으로 인한 손해배상액 산정의 기준이 되는 법정이율에 관하여 정하고 있다(또한 같은 조 2항도 "채무자에게 그 이행의무가 있음을 선언하는 사실심 판결이 선고"되는 것을 전제로 하여 규정한다).

따라서 금전채무에 관하여 채무자가 채권자를 상대로 채무부존재확인소송을 제기하였을 뿐 이에 대한 **채권자의 이행소송이 없는 경우**에는, 사실심의 심리 결과 채무의 존재가 일부 인정되어 이에 대한 확인판결을 선고하더라도 이는 금전채무의 전부 또는 일부의 이행을 명하는 판결을 선고한 것은 아니므로, 이 경우 지연손해금 산정에 대하여 소송촉진법 3조의 법정이율을 적용할 수 없다(대법원 2021. 6. 3. 선고 2018다276768 판결).

실전 쟁점 1

乙은 甲회사와 사이에 자신의 남편을 피보험자로 하여, 상해사망 시 2억 원이 지급되는 보험계약을 체결하였다. 보험계약 체결 당시 남편의 직업은 정당인이었으나, 남편은 보험계약 후 청소업체에 취업하였고, 건물 외벽청소를 위하여 기중기를 타고 올라가던 중 줄이 끊어져 추락하는 사고로 사망하였다. 그런데 약관에서 위험증가의 경우에 계약자가 통지의무를 게을리하면 변경 전 요율의 변경 후 요율에 대한 비율로 보험금을 삭감하여 지급하도록 정하고 있다. 위험의 변경을 알리지 않았음을 이유로 甲은 삭감된 보험금만을 지급할 의무가 있다고 주장하며 보험금 수익자(유일한 상속인)인 乙을 상대로 보험금 지급채무는 1억 원(삭감한 뒤 지급할 금액임)을 초과하여서는 존재하지 아니함을 확인한다는 일부채무부존재확인의 소를 제기하였다.

가. 소 송 물

보험금 지급채무의 경우, 소송물은 보험계약과 보험사고를 통하여 특정된다.

나. 청구원인

(1) 채권의 발생원인

이미 언급하였듯이 보험금 채권의 성립은 피고가 증명하여야 한다. 다만, 위 사안에서는 보험사고 등에 대하여 다툼이 없어 보인다.

(2) 보험금의 삭감 - 위험 변경·증가의 통지의무 위반

보험기간중에 보험계약자 또는 피보험자가 사고발생의 위험이 현저하게 변경 또는 증가된 사실을 안 때에는 지체 없이 보험자에게 통지하여야 한다(상법 652조 1항). 통지의무를 게을리한 경우에 보험자는 보험료 증액을 청구하거나 계약을 해지할 수 있고(동조 2항), 나아가 이 사건 약관에 의하면 보험금의 삭감이 가능하다.

통지의무의 대상으로 규정된 '사고발생의 위험이 현저하게 변경 또는 증가된 사실'이란 그 변경 또는 증가된 위험이 보험계약의 체결 당시에 존재하고 있었다면 보험자가 보험계약을 체결하지 않았거나 적어도 그 보험료로는 보험을 인수하지 않았을 것으로 인정되는 사실을 말한다(대법원 1998. 11. 27. 선고 98다32564 판결).

사안에서 이 부분은 그다지 다툼이 없어 보이므로 통지의무 위반이 인정될 것이다.

다. 항 변

(1) 약관의 명시·설명 의무

보험계약자는 보험자가 중요한 사항에 대하여 명시·설명하지 않은 경우에 1월 내에 계약을 취소할 수 있으며(상법 638조의3), 명시·설명의무에 위반하여 보험계약을 체결한 경우에 보험자는 그 약관의 내용을 보험계약의 내용으로 주장할 수 없다(약관의 규제에 관한 법률 3조 4항). 다만, 이미 잘 알고 있는 사항, 거래상 일반적이고 공통된 것이어서 별도의 설명 없이도 보험계약자가 충분히 예상할 수 있었던 사항, 이미 법령에 정하여진 것을 되풀이하거나 부연하는 정도에 불과한 사항 등에 대해서는 보험자에게 명시·설명의무가 인정되지 않는다. 그 의무 이행에 대한 증명책임은 보험계약의 성립을 주장하는 보험자에게 있다.

사안에서 이 사건 약관은 상법에 정한 사항을 되풀이하거나 부연하는 정도에 불과하여 명시·설명의무가 있는 것은 아니라 할 것이다.

(2) 해지권 행사기간

위험 변경·증가의 통지의무 해태로 인한 해지권 행사기간은 그 사실을 안 때로부터 1월이다(상법 652조 1항). 통지의무를 해태한 경우에 변경 전 요율의 변경 후 요율에 대한 비율로 보험금을 삭감하여 지급하는 것은 실질적으로 삭감 부분에 관하여 보험계약을 해지하는 것이므로, 해지기간 등에 관한 규정이 여전히 적용된다 할 것이다(대법원 2003. 6. 10. 선고 2002다63312 판결 참조).

사안에서 乙이 보험금을 청구할 당시 사고내용을 알렸고, 그에 의하면 남편의 직업이나 직종이 변경된 사정도 포함되어 있으므로, 그로부터 1월 내에 甲이 삭감통지를 하지 아니한 이상, 甲은 보험금 삭감을 주장할 수 없다 할 것이다.

> … 乙은 2020. 10. 30. 甲에게 이 사건 보험계약에 따른 보험금을 청구할 당시 부안경찰서장이 발행한 사건사고사실확인원과 사망진단서를 첨부하였다. 사건사고사실확인원에는 망인이 도서관 청소작업을 위해 기중기를 타고 올라가던 중 기중기가 끊어져 바닥에 추락, 사망하였다는 내용이 기재되어 있었고, 이를 접수한 甲의 보험금청구 접수증에도 같은 내용이 기재되었다.
>
> 이에 의하면, 乙은 甲에게 보험금을 청구하면서 '위험변경' 사실을 충분히 알렸고, 이에 따라 甲으로서도 乙로부터 보험금청구를 받은 2020. 10. 30.에 망인이 기중기를 타고 오르내리며 도서관 청소를 하는 일에 종사하고 있었다는 사실을 알게 되었다고 보아야 한다.
>
> 그런데 甲이 그때로부터 1개월 내에 위 사유를 들어 이 사건 보험계약을 해지

하거나 보험금을 감액하여 지급하겠다는 취지의 통지를 하였음을 인정할 증거가 없다. 삭감된 보험금만을 지급할 의무가 있다는 내용의 이 사건 소가 제기된 것은 2021. 12. 24.로서 해지권 행사기간인 1개월이 지난 후임이 명백하다. 따라서 해지기간이 지났다는 乙의 항변은 이유 있다.

라. 결 론

甲은 乙에게 이 사건 사고로 인한 보험금으로 2억 원을 지급할 의무가 있다. 따라서 甲의 乙에 대한 이 사건 보험금 지급채무는 위 금원을 초과하여서는 존재하지 아니하므로 甲의 이 사건 청구는 위 인정 범위 내에서 이유 있다(위 7. 가. 참조).

마. 판결의 주문

위 사건에서 주문은 다음과 같이 될 것이다.

1. … 원고의 피고에 대한 보험금 지급채무는 2억 원을 초과하여서는 존재하지 아니함을 확인한다.
2. 원고의 나머지 청구를 기각한다.
3. 소송비용 중 50%는 원고가, 나머지 50%는 피고가 부담한다.

실전 쟁점 2

Y는 자신 소유의 자동차에 대하여 X보험회사와 사이에 보험계약을 체결하였다. 계약의 약관에는 "당 회사는 충돌, 접촉, 추락, 화재, 폭발, 도난, 홍수, 태풍 그 밖의 우연한 사고에 의해 피보험자동차에 생긴 손해에 대하여는 피보험자동차의 소유자에게 보험금을 지급한다"는 취지의 조항과 "보험계약자, 피보험자 등의 고의에 의하여 생긴 손해에 대하여는 보험금을 지급하지 않는다"는 취지의 조항이 있다. Y는 자동차가 호수에 수몰된 바, X에게 보험금의 지급을 청구하였다. 그런데 X는 이 사고는 Y의 고의에 의하여 일어난 사고로 보아 보험금의 지급에 응하지 않았다. 그 뒤, X는 Y를 상대로 보험금지급채무의 부존재확인의 소(①소송)를 제기하였다. 이상을 전제로 다음 각 질문에 대하여 검토하시오.

(1) ①소송의 계속 중, Y는 X에게 보험금의 지급을 구하는 별소(②소송)를 다른 법원에 제기하였다. ①소송과 ②소송은 어떻게 취급될 것인가.
(2) ①소송의 계속 중, Y는 X에게 보험금의 지급을 구하는 반소(③소송)를 제기하였다. ①소송 및 ③소송은 어떻게 취급될 것인가.

여기서는 ①소송의 계속 중, 반소(③소송)가 제기된 경우에 ①소송이 확인의 이익이 있는지 여부를 검토한다.

가. 판 례

소송요건을 구비하여 적법하게 제기된 본소가 그 후에 상대방이 제기한 반소로 인하여 소송요건에 흠결이 생겨 다시 부적법하게 되는 것은 아니므로, 원고가 피고에 대하여 손해배상채무의 부존재확인을 구할 이익이 있어 본소로 그 확인을 구하였다면, 피고가 그 후에 그 손해배상채무의 이행을 구하는 반소를 제기하였다 하더라도 그러한 사정만으로 본소청구에 대한 확인의 이익이 소멸하여 본소가 부적법하게 된다고 볼 수는 없다. 판례도 이러한 입장이다(대법원 2010. 7. 15. 선고 2010다2428, 2435 판결; 대법원 1999. 6. 8. 선고 99다17401, 17418 판결).

나. 학 설

당사자 사이에 다툼이 있는 어떤 청구권이나 법률관계의 존부에 있어서 소송에 의한 결론을 채권자에게 촉구하는 채무부존재확인소송의 제소강제적 기능이 채권자의 반소에 의하여 이행의 소의 제기라는 형태로 현실화된 경우에는 본소인 채무부존재확인 소송은 그 당초의 기능상의 목적을 다한 것으로 보아야 한다. 그리고 채무부존재확인의 본소가 사실심에 계속 중일 때 피고가 이행의 소를 반소로 제기한 경우에 반소청구를 기각하는 판결의 기판력은 원칙적으로 본소의 원고가 채무부존재확인소송에 의하여 달성하려는 목적과 동일하다. 이와 같이 채무부존재확인소송이 제기되고 피고가 사실심 계속 중에 반소를 제기하면 채무의 부존재를 구하는 확인소송은 더 이상 유지할 이익이 없게 된다(이와 같은 해석론이 대륙법계인 독일과 일본의 통설과 판례의 입장이다). 또한 이러한 소송운영이 소송경제에도 부합한다.

제3부
특수한 소송유형

제4장
생활방해 금지(=유지)청구소송

제 4 장
생활방해 금지(=유지)청구소송

Y(한국도로공사)는 한국도로공사법에 따라 설립되어 존속하고 있는 정부투자기관으로서 건설교통부가 관장하는 고속도로에 관한 업무를 건설교통부장관으로부터 위임받아 수행하고 있는 자로 부평-신월 간 경인고속도로의 설치, 관리자이고, 별지 원고 목록 기재 X는 부평-신월 간 경인고속도로에 인접하여 있는 명보빌라, 현대빌라, 창조빌라 등(이하 '명보빌라 등'이라고 한다.)의 거주자들이다.

X(305명)는 Y가 경인고속도로를 관리함에 있어 그 도로변에 실질적인 방음효과를 얻을 수 있는 방음벽을 설치하거나, 차량의 통행을 적정하게 통제한다거나 하여 주변에 거주하는 X에 대하여 소음 등에 대한 적절한 조치를 취하여야 할 의무가 있음에도 이를 이행하지 않아 X가 손해를 입었으므로 Y는 민법 제758조 또는 민법 제750조에 의한 손해를 배상할 책임이 있다고 주장한다.

또한, X는 경인고속도로에서 발생하는 소음 등으로 인하여 사회 통념상 일반적으로 수인할 정도를 넘는 피해를 입었으므로 소유권 또는 점유권에 기하여 그 방해의 제거나 예방을 위하여 Y에게 도로변 소음 환경기준 65dB(A) 이상 유입되지 않도록 할 것을 주장한다.

민사상의 환경소송(공해소송 등을 포함)은 이미 발생한 손해에 대한 배상을 구하는 **손해배상청구소송**과 현재 계속되고 있는 피해 상태의 해소 내지는 이후 발생할 우려가 있는 피해의 방지를 구하는 **금지**(=유지=留止)**청구소

송으로 대별되는데, 이러한 생활방해 사건에서는 건강피해 등 금전으로 회복하기 어려운 손해가 문제가 되는 경우가 많고, 또한 손해배상에 의하여 이익침해의 원인이 제거되는 것이 아니므로 손해배상에 의한 해결로는 충분하지 않고, 원인이 되고 있는 행위의 금지가 필요하다.

소음에 의하여 피해(생활방해)를 입은 경우에 피해자가 그 피해의 구제로 가해자에 대하여 손해배상을 청구하는 것이 허용되는 것은 물론이나, 이는 과거의 피해에 대한 사후적 구제방법에 불과하다. 침해가 현재도 계속되는 경우나 앞으로도 침해의 우려가 있는 경우에는 손해배상만으로 피해자에게 충분히 실효적인 구제방법이라고 할 수 없는 측면이 있다. 현재 계속되고 있는 피해 상태의 해소 또는 이후 생길 우려가 있는 피해의 방지를 구할 필요가 있다. 따라서 피해자로서는 유효한 구제방법으로 소음이 유입되지 않도록 하라는 유지(=금지)청구를 할 수 있다. 유지청구는 환경피해의 방지를 위한 작위(일정한 공해방지공사 또는 제해시설을 설치하라) 또는 부작위(일정 기준 이상의 소음, 매연 따위를 배출하여서는 안 된다)를 구하는 형태가 될 것이다.

사안에서 우선, 원고는 피고에게 민법 제758조 또는 민법 제750조에 의한 손해배상을 청구하고 있다. 민법 758조 **공작물책임**에 기한 손해배상청구와 민법 750조 **일반불법행위책임**에 기한 손해배상청구는 동일한 손해배상청구의 근거로 공작물책임과 일반불법행위책임이 각각 주장되는 것으로, 결과적으로 어느 한쪽이 인정되면 손해배상으로 충분하므로 양자는 **선택적 병합**의 관계에 있다(즉, 한쪽의 청구가 인정되는 것이 다른 청구의 해제조건이 되고 있다). 민법 758조에 의한 공작물책임에 기한 손해배상청구에 있어서 공작물의 점유자의 책임에 대한 요건사실 등에 대하여는 별도로 설명한다.

현재 침해상태가 계속하고 있는 경우에는 동일한 사안에 손해배상청구와 금지(=유지)가 동시에 행하여지는 경우도 적지 않은데, 위 사안도 **손해배상청구를 하면서 유지**(=금지)**청구를 동시**에 하는 경우이다.

손해배상청구는 불법행위법적으로 구성하면서, 2원적으로 유지(=금지)청구는 별도로 법적 근거나 법적 구성을 한다(**이원설**). 금지(=유지)의 법적 근거나 법적 구성은 후술한다.

장래의 계속적 불법행위에 대한 손해배상청구

📖 과거의 피해에 대한 손해배상청구 이외에 장래에도 계속될 것이 예상되는 계속적 불법행위에 대하여 피해자가 미리 장래의 손해배상을 청구하는 것도 검토할 수 있다. 민사소송법 251조는 미리 청구할 필요성이 있는 경우에 한하여 장래이행의 소를 허용하고 있다.

그런데 일반적으로 장래의 이행을 명하는 판결을 하기 위해서는 채무의 이행기가 장래에 도래하는 것뿐만 아니라 채무불이행사유가 그때까지 계속하여 존재한다는 것을 변론종결 당시에 확정적으로 예정할 수 있어야 한다(대법원 1991. 6. 28. 선고 90다카25277 판결 참조). 가령 인근에 있는 공항의 소음에 의하여 피해를 당하고 있다는 이유로 변론종결 시 뒤에도 불법행위가 계속되는 것이 예상된다고 하여 미리 변론종결 시 이후 부분의 손해배상을 청구한 사안에서(이른바 오사카국제공항사건), 일본 最高裁 昭和 56년 12월 16일 판결은 청구권으로서 적격을 가지지 않는다고 보았다.

생각건대, 이 경우에 ① 「청구적격」의 성립 여부, ② 장래에 있어서 위법한 침해행위의 계속에 대한 인정에 있어서 불확정요소를 어떻게 평가할 것인가, ③ 본래 불법행위에 있어서 원칙적으로 성립요건의 증명책임은 피해자 측에 있는 바, 만약 이 경우에 불확정요소를 유보하고 이행판결을 할 수 있다고 하면, 오히려 피고가 나중에 청구이의의 소를 제기하여 그 가운데 자기가 불확정요소의 발생·불발생을 주장·증명하지 않으면 안 되는 것인지, 피고에게 이러한 부담을 부과하는 것이 당사자 사이의 공평의 관점에서 합리적이라고 말할 수 있는지 여부 등의 관점에서 고찰하여야 할 것이다.

1. 금지(유지)청구의 개념

금지(=유지)는 일정한 침해행위의 중지 또는 예방을 위하여 그 침해를 유발한 상대방에게 일정한 작위 또는 부작위를 청구하는 것을 말한다. 물론, 유지라는 구제가 필요하게 된 상황에서 그 본체를 이루는 것은 후자의 부작위 청구이다.

가령, 특허법 126조(권리침해에 대한 금지청구권 등) 1항은 “특허권자 또는 전용실시권자는 자기의 권리를 침해한 자 또는 침해할 우려가 있는 자에 대하여 그 침해의 금지 또는 예방을 청구할 수 있다”고 규정하면서 조문 제목에서 「금지청구권」이라는 용어를 사용하고 있다. 나아가 특별히 법조문에서

「유지청구권」이라는 용어를 사용하는 예로는, 상법상 일반적 유지청구권(상법 402조) 이외에 신주발행유지청구권(상법 424조) 등에 불과하다. 이는 원래 영미법상에서 인정되는 법원의 금지명령(injunction)을 본받은 것이다. 법조문상으로는 「유지청구」라는 용어보다는 일반적으로 「금지청구」라는 용어를 많이 사용하는 것으로 보인다.

2. 청구취지

청구취지는 다음과 같이 적는다. 1. 부분은 과거의 피해에 대한 손해배상청구이고, 2. 부분이 유지청구이다.

1. 피고는 원고들에게 각 별지 목록 기재 청구금액과 같은 금액 및 이에 대하여 2020. 2. 15.부터 이 사건 소장 부본 송달일까지는 연 5%의, 그 다음날부터 다 갚는 날까지는 연12%의 각 비율에 의한 금원을 지급하라.
2. 피고는 부평-신월 간 경인고속도로로부터 발생하는 소음이 원고들의 주택을 기준으로 65dB(A) 이상 유입되지 않도록 하라.

청구취지의 특정과 관련하여 **추상적 유지청구**의 허용 여부가 문제된다.

유지를 청구함에 있어서 피해의 방지를 위한 **작위**로, ① 침해행위 자체의 금지·제한－차의 통행량 규제, 차선의 축소, 야간의 주행규제, 대형트럭의 주행규제 등을 생각할 수 있고, ② 침해결과의 제거－녹지대의 설치, 가옥에 방음장치의 부착 요구 등의 구체적 행위를 청구하는 것을 생각할 수 있는데, 이 경우의 집행 가능성에는 특별히 문제가 없다.

그런데 '소음이 ○○dB 이상 유입되지 않도록 하라", '○○dB 이상의 소음을 발생시켜서는 아니 된다'는 **추상적 유지청구**는 강제집행과 관련하여 그 적법성이 문제된다. 추상적 유지청구에 대하여 작위·부작위가 내용적으로 특정되지 않아 법원의 심리범위가 불명확하고, 피고의 행위에 위축적인 효과를 가져와 행동의 자유를 부당하게 제한하고, 구체적 침해배제조치가 특정되지 않아 집행기관은 집행을 할 수 없는 것 등을 문제 삼아 그 적법 여부를 중심으로 논의가 전개되고 있다.

이에 대하여 앞의 처음에 나오는 사례의 대법원 2007. 6. 15. 선고 2004다37904, 37911 판결이 「고속도로로부터 발생하는 소음이 피해 주민들 주택을 기준으로 일정 한도를 초과하여 유입되지 않도록 하라는 취지의 유지청구는 소음발생원을 특정하여 일정한 종류의 생활방해를 일정 한도 이상 미치게 하는 것을 금지하는 것으로 청구가 특정되지 않은 것이라고 할 수 없고, 이러한 내용의 판결이 확정될 경우 민사집행법 261조 1항에 따라 간접강제의 방법으로 집행을 할 수 있으므로, 이러한 청구가 내용이 특정되지 않거나 강제집행이 불가능하여 부적법하다고 볼 수는 없다」고 판시하여 처음으로 추상적 유지청구의 적법성에 관하여 언급하였다.

생각건대 소음 피해에 있어서는 소음의 원인이 피고의 영역에 있으므로 대책에 대하여도 피고의 정책적 판단에 맡기는 것이 적당하다. 원고(피해자)는 통상 과학적 지식이 부족하고, 유효한 방지조치를 잘 알지 못하는 것에 대하여, 피고는 방지조치를 취하기 위한 자료나 정보를 많이 파악하고 있다. 방지 결과를 실현하기 위한 수단, 방법에 대하여 피해자 측에게 구체적인 특정을 요구하는 것은 정확한 과학지식 및 정보를 갖지 못한 일반인인 원고(피해자) 측에서 대단히 곤란하다. 한편, 가해자(피고) 측은 피해자(원고) 측에 비하여 정확한 정보를 용이하게 취득할 수 있는 능력을 가지고 있다. 또한 원고는 방지 결과에만 이해관계를 가지는 것에 지나지 않지만, 피고는 취할 조치의 선택에 가장 이해관계를 가진다. 판결절차에 있어서 추상적 유지청구를 허용하여야 할 것이다.

3. 법적 근거

환경소송 등에 있어서 금지(=유지)청구는 민법에 특별한 명문의 근거가 없으므로 원고가 소송에서 주장하는 근거 그 자체의 적부에 대하여 다툼이 적지 않다.

금지(=유지)청구를 할 수 있는 법적 근거에 대한 학설로는, ① 물권의 침해로서 물권적 청구권 또는 민법 217조의 상린권을 근거를 하는 **물권설**, ② 인격권의 침해로 보자는 **인격권설**, ③ 환경권의 침해로 보자는 **환경권설**, ④ **불법행위설** 등이 논의가 있다.

물권법적으로 구성하는 입장이 종래의 전통적 견해이었으나, 최근에는 인격권을 근거로 하는 입장(인격권설)이 나타나고 있다.

그러나 인격권의 침해를 주장하는 것만으로 즉시 금지가 인정되는 것은 아니며, 가해자·피해자의 여러 사정을 비교형량하여 가해행위의 위법성의 유무를 판단하여 가해행위가 수인한도를 넘은 경우에 비로소 금지를 인정하는 것으로 되어 있다(**수인한도론**).

4. 수인한도론

환경소송에서 위법성과 관련하여 수인한도(受忍限度)가 문제된다.

학설과 판례는 생활방해에 대한 위법성 판단의 기준으로 수인한도론을 널리 채택하고 있다. 인간의 활동은 불가피하게 이웃 거주자에게 영향을 끼치게 된다. 따라서 이웃 거주자에게 영향을 끼치게 된다는 이유만으로 그 활동을 위법하다고 판단하고 이를 금지하면 인간의 활동은 위축되고 재산권 행사는 벽에 부닥치게 될 것이다. 따라서 이웃에게 영향을 주는 활동 중에서 옥석을 고르는 작업이 필요하게 되는데, 그와 같은 위법성 판단의 기준으로 이른바 수인한도론이 널리 인정되고 있다.

수인한도론에 따르면, 문제의 행위로 인한 피해가 사회생활에서 일반적으로 용인될 수 있는 범위 내의 것인 때에는 위법성이 없는 것으로 보고, 그러한 범위를 넘는 경우에 한하여 위법성이 있는 것으로 판단하게 된다.

그런데 수인한도 초과 여부에 대한 판단은 논리적으로 다음의 두 가지 단계로 구성되어 있다. 제1단계는 문제의 환경침해가 위법한지 여부에 대한 판단이고, 제2단계는 문제의 방해가 유지청구를 인용할 정도로 위법한지 아니면 손해배상만으로도 족한 위법성인지에 대한 판단, 즉 위법성의 정도에 대한 판단이다.

손해배상청구에 있어서와 마찬가지로 유지청구를 하기 위하여는 침해가 수인한도를 넘을 것이 요구된다. 유지청구를 인정하기 위한 전제로서의 위법성의 요건을 단순히 손해배상을 인정하기 위한 위법성의 요건보다 훨씬 더 엄격하게 해석한다. 유지청구에는 손해배상청구 보다 높은 위법성이 요구된다는 입장(위법성단계설)이 유력하다.리하여 유지청구는 손해배상에 비하여 제한적으로 인용되고 있다.

앞의 처음에 나오는 사례의 대법원 2007. 6. 15. 선고 2004다37904, 37911 판결에서 이에 대한 판단은 다음과 같다.

위에서 인정한 바와 같이 별지 목록 2 기재 X는 Y가 관리하는 경인고속도로의 소음으로 인하여 사회통념상 수인한도를 넘어 소음피해를 입고 있는 사실을 인정할 수 있다.

따라서, Y는 경인고속도로의 관리자로서 특별한 사정이 없는 한 별지 목록 2 기재 X에 대하여 경인고속도로로부터 발생한 소음이 X의 주택을 기준으로 65dB(A) 이상 유입되게 하여서는 아니 될 의무가 있다.

구체적으로는 부천시 오정구 명보빌라 앞에 설치되어 있는 길이 144m 높이 4.5m 방음벽에 흡음형방음벽(알루미늄)을 추가 설치하여 높이를 13m로 보강함이 상당하다(Y는 13m 방음벽을 설치할 경우 방음벽 기초 옹벽을 모두 철거하고 기초를 재시공하여야 하므로 공사기간 6개월에 경인고속도로 2개 차선을 점용하여야 하므로 경인고속도로 통행 차량 소통에 큰 지장을 준다고 주장하였으나 을 27, 28, 29의 각 기재에 의하면 경인고속도로와 명보빌라 등 사이에 폭 8.7m의 도로가 방음벽을 사이에 두고 경인고속도로와 접하여 있고, 13m 방음벽을 설치할 경우 이 도로상 방음벽 외부에 13m 방음벽을 지지할 수 있는 콘크리트를 추가 타설하여 콘크리트 중량에 의하여 13m 방음벽을 지지할 수 있어 방음벽 기초 옹벽을 모두 철거한 후 기초를 재시공하지 않아도 되므로 경인고속도로 통행 차량 소통에 큰 지장을 주지 않고도 공사가 가능하다고 보이고, 변론에 현출된 자료들에 의하면 13m 방음벽을 설치하는 이외에 X의 주택을 기준으로 65dB(A) 이상 소음이 유입되지 않도록 할 수 있는 방법이 없다).

5. 청구원인

다음의 사항을 적어야 한다.

❶ 청구권원(청구권의 근거)
- 물권의 침해로서 물권적 청구권

❷ 가해자의 행위에 의한 소음의 발생

❸ 피해의 발생
- 수인한도를 넘는 피해의 발생이 필요

❹ 소음에 관한 관련 기준의 제시
- 관련 법령의 규제기준

6. 집행방법

가령, "일정한 설계도대로 소음방지벽을 설치하라"고 하는 구체적 작위를 명하는 판결이라면, 그 주문이 집행 가능하다는 점에는 아무런 문제가 없다. 반면, 추상적 유지청구에 있어서 추상적 작위명령 또는 추상적 부작위명령이 내려진 경우에는 그 집행방법이 문제가 된다.

민사집행법 261조 1항에서 채무의 성질이 **간접강제**를 할 수 있는 경우에 간접강제를 명하는 결정을 한다고 규정하고 있다. 추상적 유지판결은 원칙적으로 간접강제에 의할 것이다. 간접강제는 채무불이행에 대한 제재를 고지함으로써 그 제재를 면하기 위하여 채무를 이행하도록 동기를 부여하는 것을 목적으로 하는 집행방법이다.

7. 가 처 분

유지청구를 하더라도 그 판결확정에 이르기까지는 상당한 기간이 필요하므로 잠정적 조치로서 가처분명령(민사집행법 300조 2항)에 의한 금지도 인정되고 있다.

만약 고속도로 건설공사 중이라면 소음피해방지를 목적으로 한 고속도로 건설공사금지의 가처분을 생각할 수 있다(아래 이른바 도롱뇽 사건 참조).

공사금지가처분은 가처분 가운데 성질상 **임시의 지위를 정하기 위한 가처분**이다. 당사자 사이에 현재 다툼이 있는 권리 또는 법률관계가 존재하고 그에 대한 확정판결이 있기까지 현상의 진행을 그대로 방치한다면 권리자가 현저한 손해를 입거나 급박한 위험에 처하는 등 소송의 목적을 달성하기 어려운 경우에 그로 인한 위험을 방지하기 위해 잠정적으로 권리 또는 법률관계에 관하여 임시의 지위를 정하는 보전처분이다.

실전 쟁점 1

앞의 처음에 나오는 사례는 대법원 2007. 6. 15. 선고 2004다37904, 37911 판결의 사안을 각색한 것이다.

가. 추상적 유지청구의 적법성

Y가 관리하는 부평-신월 간 경인고속도로(이하 '이 사건 고속도로'라 한다)로부터 발생하는 소음이 X주택을 기준으로 일정 한도를 초과하여 유입되지 않도록 하라는 취지의 유지청구는, 소음발생원을 특정하여 일정한 종류의 생활방해를 일정 한도 이상 미치게 하는 것을 금지하는 것으로 청구가 특정되지 않은 것이라고 할 수 없고, 이러한 내용의 판결이 확정될 경우 민사집행법 261조 1항에 따라 간접강제의 방법으로 집행을 할 수 있으므로, 이러한 청구가 내용이 특정되지 않거나 강제집행이 불가능하여 부적법하다고 볼 수는 없다.

원심이 같은 취지에서 X의 청구 중 유지청구 부분을 적법하다고 본 것은 정당하고, 거기에 상고이유로 주장하는 바와 같은 청구의 특정, 집행방법과 관련한 청구의 적법성 판단에 관한 법리오해의 위법은 없다.

나. 유지청구의 청구권원

건물의 소유자 또는 점유자가 인근의 소음으로 인하여 정온하고 쾌적한 일상생활을 영유할 수 있는 생활이익이 침해되고 그 침해가 사회통념상 수인한도를 넘어서는 경우에 건물의 소유자 또는 점유자는 그 소유권 또는 점유권에 기하여 소음피해의 제거나 예방을 위한 유지청구를 할 수 있다(대법원 1999. 7. 27. 선고 98다47528 판결 참조).

원심이 같은 취지에서 이 사건 명보빌라, 현대빌라, 창조빌라(이하 '이 사건 빌라'라 한다)의 소유자 또는 점유자인 X가 소유권 또는 점유권에 기한 물권적 청구권의 행사로 Y를 상대로 이 사건 고속도로로부터 발생하는 소음이 일정 한도를 초과하여 유입되지 않도록 하라는 취지의 유지청구를 할 수 있다고 판단한 것은 적법하고, 거기에 상고이유로 주장하는 바와 같이 환경침해로 인한 유지청구의 청구권원과 관련한 법리오해의 위법이 있다고 할 수 없다.

다. 수인한도

인근 고속도로에서 유입되는 소음으로 인하여 입은 환경 등 생활이익의 침해를 이유로 일정 한도를 초과하는 소음이 유입되지 않도록 하라는 내용의 유지청구 소송에서 그 침해가 사회통념상 일반적으로 수인할 정도를 넘어서는지의 여부는 피해의 성질 및 정도, 피해이익의 공공성, 가해행위의 태양, 가해행위의 공공성, 가해자의 방지조치 또는 손해회피의 가능성, 인·허가 관계 등 공법상 기준에의 적합 여부, 지역성, 토지이용의 선후관계 등 모든 사정을 종합적으로 고려하여 판단하여야 한다(대법원 1997. 7. 22. 선고 96다56153 판결, 대법원 2003. 11. 14. 선고 2003다27108 판결 등 참조).

또한, 민법 제758조 소정의 '공작물의 설치 또는 보존의 하자'라 함은 공작물이 그 용도에 따라 갖추어야 할 안전성을 갖추지 못한 상태에 있음을 말하고, 안전성을 갖추지 못한 상태, 즉 타인에게 위해를 끼칠 위험성이 있는 상태라 함은 당해 공작물을 구성하는 물적 시설 그 자체에 있는 물리적·외형적 흠결이나 불비로 인하여 그 이용자에게 위해를 끼칠 위험성이 있는 경우뿐만 아니라, 그 공작물이 이용됨에 있어 그 이용상태 및 정도가 일정한 한도를 초과하여 제3자에게 사회통념상 수인할 것이 기대되는 한도를 넘는 피해를 입히는 경우까지 포함된다고 보아야 하고, 이 경우 제3자의 수인한도의 기준을 결정함에 있어서는 일반적으로 침해되는 권리나 이익의 성질과 침해의 정도뿐만 아니라 침해행위가 갖는 공공성의 내용과 정도, 그 지역환경의 특수성, 공법적인 규제에 의하여 확보하려는 환경기준, 침해를 방지 또는 경감시키거나 손해를 회피할 방안의 유무 및 그 난이 정도 등 여러 사정을 종합적으로 고려하여 구체적 사건에 따라 개별적으로 결정하여야 한다(대법원 2005. 1. 27. 선고 2003다49566 판결 참조).

원심이 적법하게 인정한 사실 및 기록에 의하면, 이 사건 고속도로의 8차선 확장공사는 1992. 7. 14.경 완료되고, 이 사건 빌라는 1992. 11. 말경 준공된 것이어서 X가 입주하기 전에 고속도로의 확장공사가 완료된 것이기는 하나, Y는 이 사건 고속도로의 8차선 확장 공사에 착공한 후 준공이 되기 1년 전 무렵 그 소유였던 이 사건 빌라 부지를 이 사건 빌라의 건축주에게 매도하여 그 지상에 이 사건 빌라가 신축되었고, 위 확장 공사의 준공 전에 이 사건 빌라의 건축공사가 시작되었으므로, 이 사건 부지의 매도인으로서 이 사건 빌라의 주민들에게 소음 피해가 가지 않도록 이 사건 빌라의 높이 및 구조 등을 고려한 방음벽을 설치할 수 있었던 것으로 보이는 점, X의 거주지는 일반주거지역으로 환경정책기본법 제10조, 같은 법 시행령 제2조에 의하면, 도로변 지역에 있는 일반주거지역의 소음 환경기준은 낮에 65㏈, 밤에 55㏈을 초과하지 않도록 규정하고 있는 점, 이 사건 빌라 거주자들에 대한 이 사건 고속도로의 소음 피해가 본격적으로 문제된 것은 1997. 8.경부터인데, Y는 이 사건 고속도로의 통행차량으로 인한 소음 공해를 방지하기 위하여 확장공사 당시 높이 4.5m의 방음벽을 설치하고, 2001. 8. 5.경에는 통행차량의 과속 방지를 위한 무인속도측정기를 설치하고, 2001. 10.경에는 도로평탄화를 위한 내유동성 포장을 하였으나, 소음·진동공정시험방법(환경부고시 제2003-221호, 2003. 12. 31.) 제5장 제1절 1의 (3)항에서 규정하는 바와 같이 이 사건 빌라 각 세대의 외부 소음도를 측정한 결과, X주거지의 1일 평균 소음도는 66㏈에서 78㏈까지 나타나고 있는 점, 부천시는 이 사건 빌라 주민들의 민원에 따라 이 사건 지역을 소음·진동규제법 제28조 소정의 교통소음·진동규제지역으로 지정하여 같은 법 제30조, 제31조에 따라 지방경찰청장에게 요청하여 통행 차량에 대한 속도 제한, 우회 등의 조치를 하거나, 방음시설에 관한 조치를 취하고자 하였으나, Y가 차량운행 등을 규제할 경우 교통소통에 지장이 발생한다는 등의 이유로 이를 반대하여 교통소음·진동규제지역으로 지정하지 못한 점, Y는 기존 방음벽의 옹벽을 이용하여 보강할 수 있는 최대 높이인 7.5m 높이의 방음벽의 설치를 주장하나, 이 사건 빌라의 최고층인 4층의 높이가 12m 정도됨에 따라, 소음 피해가 가장 심한 4층 주택의 소음도를 감소하기 위하여는 13m 높이로 방음벽을 보강할 것이 요청되고, 그 공사비용은 7.5m로 보강할 경우에는 5억 원 정도, 13m로 보강할 경우에는 12억 원 정도가 소요되는 점을 알 수 있다.

이러한 인정 사실을 위 법리에 비추어 살펴보면, Y가 관리하는 이 사건 고속도로의 공공적 기능, Y가 이 사건 고속도로를 설치, 관리함에 있어서 소음 피해를 줄이기 위한 노력을 경주한 면이 있다고 하더라도, Y가 이 사건 고속도로의 확장공사 착공 후 이 사건 빌라 부지를 매도하여 이 사건 빌라가 신축되었다는 사정을 고려한다면, 이 사건 빌라의 각 주택의 소음과 관련하여 환경정책기본법상 소음환경기준인 65㏈ 이상의 소음이 발생하는 경우에는 사회생활상 통상의 수인한도를 넘는 것으로서 위법하다고 할 것이고, 이러한 사실관계하에서는 X가 이 사건 고속도로의 확장공사 이후 입주하였다는 사정만으로 X의 피고에 대한 유지청구가 신의칙에 반하여 허용될 수 없는 경우라고 볼 수도 없다.

따라서 원심이 1일 평균 소음이 65㏈ 이상인 주택에 거주하는 X의 유지청구 및 손해배상청구에 대하여 이 사건 고속도로를 설치·관리하는 Y는 그 설치·관리상의 하자로 인한 손해배상책임 및 이 사건 고속도로에서 유입되는 소음이 65㏈을 넘지 않도록 해야 할 책임이 있다고 판단한 것은 정당하고, 거기에 상고이유에서 주장하는 바와 같이 소음피해로 인한 수인한도에 관한 법리오해 및 유지청구와 관련한 신의칙 위반 여부의 판단에 관한 법리오해 등의 위법이 있다고 할 수 없다.

실전 쟁점 2

(1) 신청인 도롱뇽은 천성산 일원에 서식하고 있는 도롱뇽목 도롱뇽과에 속하는 양서류이며, 신청인 도롱뇽의 친구들(이하 '신청인 단체'라고 한다)은 '천성산을 비롯한 모든 자연환경과 생태계 보존운동을 통해 더 이상의 자연파괴를 막는 한편, 생명을 중시하는 생각을 폭넓게 전파하여 환경운동·생명운동에 이바지함을 목적'으로 설립된 비법인사단으로 2004. 2. 20. 현재 그 회원이 약 23만 명에 이른다.

한편, 한국고속철도건설공단은 경부고속철도(이하 '고속철도'라고만 한다) 건설사업을 위하여 한국고속철도건설공단법에 따라 1992. 3. 9. 설립된 공단인데, 피신청인은 철도산업발전기본법 및 한국철도시설공단법에 따라 2003. 12. 31. 설립등기를 마치고 위 고속철도 사업에 관한 한국고속철도건설공단의 자산과 권리를 포괄적으로 승계하였다(이하 한국고속철도건설공단과 피신청인을 모두 '피신청인'으로 통칭한다).

(2) 2003. 10. 15. 서울－부산 경부고속철도의 구간 중 13공구 안에 시행될 원효터널공사의 착공금지를 구하는 가처분을 신청하였다.

가. 쟁 점

대법원 2006. 2. 6.자 2004마1148, 1149 결정의 사안으로, 경부고속철도 천성산터널의 공사(착공)금지가처분사건이다.

당사자표시가 다음과 같았는데, 자연물인 '도롱뇽' 또는 그를 포함한 자연 그 자체에 대하여 당사자능력을 인정할 수 있는지 여부 등이 문제되었다.

보전소송에서 당사자라 함은 자기의 이름으로 보전명령 또는 그 집행명령을 신청하거나 이를 받는 자를 말한다. 보전소송에 있어서는 일반의 민사판결절차와는 달리 당사자를 '원고', '피고'라고 부르지 아니하고 보전처분의 신청인을 '채권자', 그 상대방을 '채무자'라고 부른다. 보전소송에서도 당사자가 되기 위해서는 당사자능력이 있어야 하고 유효한 소송행위를 하기 위해서는 소송능력이 있어야 함은 일반민사소송에서와 같다. 당사자능력의 유무를 가리는 기준은 본안소송에서의 그것과 동일하다.

신청인
1. 도롱뇽
2. 도롱뇽의 친구들
   대표자 조경O(법명: 지율), 박영O, 손정O

한편, 이 사건 터널이 통과하는 천성산(千聖山)에 있는 전통사찰인 내원사와 미타암(이하 '신청인 사찰들'이라고 한다)은 이 사건 터널이 자신들의 소유지 내지는 경내지를 통과하고 있음을 전제로 이 사건 터널의 착공금지를 구하는 가처분을 신청하였고(2003카합959), 항소심에서 위 사건(2003카합982)과 병합되었다.

(1) 신청인 측 주장

현행법 하에서도 **자연의 권리소송** 이론에 따라 신청인 도롱뇽이 당사자능력이 있으며, 신청인 도롱뇽으로 대표되는 천성산 일원의 자연 자체를 보호하기 위하여 제기된 이 사건 소송에서는 자연의 파괴와 직접적인 관련성을 가진 특정 이해관계인뿐만 아니라, 신청인 단체와 같은 환경보호단체나 간접적인 관련성을 가진 자에게도 그 자연 내지 자연물의 가치를 대변하고, 환경을 보호하기 위하여 소송을 제기할 수 있는 자격이 폭넓게 부여되어야 한다고 주장하면서, 이 사건 터널의 착공금지를 구한다.

(2) 피신청인 측 주장

이에 대하여 피신청인은 신청인 도롱뇽과 신청인 단체에 대한 본안전 항변으로, 신청인 도롱뇽은 소송을 제기할 수 있는 당사자능력이 없으며, 신청인 단체는 소송을 제기할 정당한 이익인 당사자적격이 없어 이 사건 신청은 부적법 각하되어야 한다고 주장한다.

나아가, 피신청인은 본안에 관하여는 신청인들의 주장은 이유 없어 기각되어야 한다고 주장한다.

나. 사건의 경과

(1) 울산지방법원 2004. 4. 8.자 2003카합982 결정

신청취지

피신청인은 서울-부산 경부고속철도의 구간 중 13공구 안에 시행될 원효터널 공사(13.5km) 및 기타 이에 부수된 공작물의 설치 등 일체의 공사를 착공하여서는 아니 된다.

'도롱뇽'의 당사자능력에 대한 판단

민사상의 가처분은 그 가처분에 의해 보전될 권리관계가 존재하여야 하고, 그 권리관계는 민사소송에 의하여 보호를 받을 자격이 있어야 하는 것인바, 우리 민사소송법 제51조는 당사자능력에 관하여 민법과 그 밖의 법률에 따르도록 정하고 있고, 같은 법 제52조는 대표자나 관리인이 있는 경우 법인 아닌 사단이나 재단에 대하여도 소송상의 당사자능력을 인정하고 있으나, 자연물인 도롱뇽 또는 그를 포함한 자연 그 자체에 대하여는 현행법의 해석상 그 당사자능력을 인정할 만한 근거를 찾을 수 없다. 그렇다면 신청인 '도롱뇽'의 이 사건 가처분 신청은 부적법하다.

'도롱뇽의 친구들'의 신청에 대한 판단

신청인 단체의 주장에 따르면, 자신은 "천성산을 비롯한 모든 자연환경과 생태계 보존운동을 통해 더 이상의 자연파괴를 막는 한편, 생명을 중시하는 생각을 폭 넓게 전파하여 환경운동·생명운동에 이바지함을 그 목적으로 하는 단체"로서, 위 터널의 공사로 인한 도롱뇽의 생존환경 및 천성산의 자연환경이 파괴되는 것을 막기 위하여 헌법상의 환경권 내지 "인간은 자연의 파괴로부터 자연 및 자연물을 방위하여야 한다"라는 의미의 '자연 방위권'을 그 피보전권리로 삼아 신청취지와 같은 가처분을 구하게 되었다는 것이다.

1. 본안전 항변에 대한 판단 – 피신청인은, 신청인 단체의 위 주장이 자신의 권리나 이익이 침해되었음을 내세우는 취지가 아닐 뿐더러, 신청인 단체가 그 피보전권리로 삼은 이른바 '자연 방위권'이라는 것은 우리 법제상 인정되지 않는 권리라고 할 것이므로, 이 사건 가처분 신청은 부적법하다고 주장하므로 살피건대, 소송요건의 흠결이 있거나 또는 가처분으로서 구하는 신청취지 그 자체가 법률상 허용될 수 없는 경우와는 달리, 피신청인이 지적하는 그러한 사정들은 본안에서 피보전권리의 유무로 판단되어야 할 사항이므로, 피신청인의 위 주장은 이유 없다.

2. 본안에 대한 판단 – 살피건대, 민사상의 가처분은 그 가처분에 의해 보전될 권

리관계가 존재하여야 하고, 그 권리관계는 민사소송에 의하여 보호를 받을 자격이 있어야 하는 것이며, 민사소송은 사법(私法)상의 권리에 대한 침해의 구제 및 이를 통한 사법질서(私法秩序)의 유지를 그 목적으로 하는 것인바, ① 신청인 단체가 이 사건 가처분 신청의 **피보전권리**로 삼은 헌법상의 환경권에 관하여 보건대, 헌법 제35조 제1항은 환경권을 기본권의 하나로서 승인하고 있으며, 사법의 해석 및 적용에 있어서도 이러한 기본권이 충분히 보장되도록 배려하여야 하나, 헌법상의 기본권으로서 환경권에 관한 위 규정만으로는 그 보호대상인 환경의 내용과 범위, 권리의 주체가 되는 권리자의 범위 등이 명확하지 못하여 이 규정이 개개의 국민에게 직접 구체적인 사법상의 권리를 부여한 것이라고 보기는 어렵고, 환경의 보전이라는 이념과 국토와 산업의 개발에 대한 공익상의 요청 및 경제활동의 자유 그리고 환경의 보전을 통한 국민의 복리 증진과 개발을 통한 인근 지역 주민들의 이익이나 국가적 편익의 증대 사이에는 그 서 있는 위치와 보는 관점에 따라 다양한 시각들이 존재할 수 있는 탓에 상호 대립하는 법익들 중 어느 것을 우선시킬 것이며, 이를 어떻게 조정하고 조화시킬 것인가 하는 문제는 기본적으로 국민을 대표하는 국회에서 법률에 의해 결정하여야 할 성질의 것이므로, 헌법 제35조 제2항은 "환경권의 내용과 행사에 관하여는 법률로 정한다"고 규정하고 있는 것이고, 따라서 사법상의 권리로서 환경권이 인정되려면 그에 관한 명문의 법률 규정이 있거나 관계 법령의 규정취지나 조리에 비추어 권리의 주체, 대상, 내용, 행사방법 등이 구체적으로 정립될 수 있어야 하는 것인바(대법원 1995. 5. 23.자 94마2218 결정 등 참조), 신청인 단체가 내세우는 환경권의 취지는 현행의 사법체계 아래서 인정되는 생활이익 내지 상린관계에 터잡은 사법적 구제를 초과하는 의미임이 그 주장에 비추어 명백하므로 그에 기하여는 피신청인에 대하여 민사상의 가처분으로 이 사건 터널공사의 착공금지를 구할 수 없는 것이고, ② 신청인 단체가 내세운 '**자연 방위권**' 또한, 비록 자연이 인간의 생존과 존재의 기반이고, 인간의 편익에 봉사하거나 인간에 의하여 개척되고 극복되어야 하는 존재가 아니라 그 자체로서 고유의 가치를 가지며, 자연의 파괴라는 것이 회복 불가능한 면이 있는 까닭에 자연 또는 그 자연의 일부로서 우리 인간은 자연의 파괴로부터 자연을 방위하여야 할 권리·의무가 있다는 신청인 단체의 주장에 경청하여야 할 바 있다 하더라도, 그 주장과 같은 내용의 '자연 방위권'으로부터 직접 신청인 단체에게 피신청인에 대하여 민사상의 가처분으로 이 사건 터널 공사의 착공금지를 구할 수 있는 구체적인 사법상의 권리가 생긴다고 보기 어려우며, 가사 신청인 단체의 주장처럼 위 천성산에 꼬리치레도롱뇽을 비롯한 희귀한 동·식물들이 많이 서식하고 있고, 우리 나라 최고(最古)·최다(最多)의 중·고층 습

원지역이 위치하고 있으며, 그 계곡과 풍광 내지 상수원 보호의 필요성이 있음에도 불구하고, 피신청인이 이 사건 터널 공사계획을 수립하고 이를 진행함에 있어 이러한 사정에 대한 고려와 단층 등 주변의 지질 현황과 관련한 터널의 안전성에 대한 검토를 소홀히 한 내용상의 하자가 있거나, 환경영향평가 또는 법률이 정하는 제반의 협의 및 수용절차를 일부 미비한 절차상의 하자가 있다 하더라도 그러한 하자가 존재한다는 점만으로 바로, 환경단체의 하나인 신청인 단체에게 위와 같은 가처분을 구할 사법상의 권리가 생긴다고 할 수도 없고, 달리 신청인 단체의 어떠한 사법상 권리가 침해되었음에 대한 주장과 소명이 없다. 그렇다면 신청인 단체의 이 사건 가처분 신청은 그 피보전권리에 대한 소명이 부족하다 할 것이므로, 보전의 필요성 여부에 대하여는 더 나아가 판단할 필요 없이 이유 없다.

결론

'도롱뇽'에 대해서는 당사자능력이 없다는 이유로 신청을 각하

'도롱뇽의 친구들'에 대해서는 피보전권리로 주장하는 '자연방위권' 등으로부터 직접적·구체적인 사법상의 권리가 생긴다고 볼 수 없다는 이유로 신청을 기각

주문

1. 신청인 '도롱뇽'의 신청을 각하한다.
2. 신청인 '도롱뇽의 친구들'의 신청을 기각한다.
3. 신청비용은 신청인 '도롱뇽의 친구들'의 부담으로 한다.

(2) 항 고 심

신청인들은 외국의 사례와 환경보호를 위한 현실적 필요를 주된 근거로 하여 신청인 도롱뇽의 당사자능력을 주장하고 있다. 실제로 미국 판결례상 그러한 사례가 몇 건 발견되기도 한다. 그러나 신청인들의 주장과는 달리 미국에서도 자연물의 당사자적격(standing; A party's right to make a legal claim or seek judicial enforcement of a duty or right)이 재판의 쟁점으로 되어 정면으로 인정된 사례는 없는 것으로 보이며, 보통법으로 상징되는 불문법주의, 판례법주의를 채택하고 있는 미국의 사례는 법체계와 그 구체적 내용, 법문화의 역사가 근본적으로 우리 나라의 그것과는 상이하여 바로 원용하기에 적절하지 않다. 우리 나라와 법률제도와 체계가 가장 유사한 일본의 경우에도 자연의 권리소송으로 여러 건의 소가 제기되었으나 그 당사자능력이 인정된 사례가 없다{특히 1995년 2월 가고시마 지방재판소에 제기된 골프장 건설을 위한 산지개발허가를 다툰 아마미노쿠로우사기(아마미 야생토끼)소송이 유명한데 그 소송 역

시 2001. 1. 22. 위 법원에서 소가 각하되었다}. 신청인들의 주장과 같이 자연의 권리 보호를 위한 소송이 현실적으로 필요성이 있다면, 미국과 같이 객관소송에 가까운 시민소송제도를 입법적으로 도입하는 것이 바람직하다고 할 것이며, 그 필요성만으로는 성문법률도 없고, 관습법으로 통용되고 있지도 않은 이상 성문법주의 하의 우리 나라에서 입법부가 아닌 법원이 당사자능력에 관한 새로운 법을 창설할 수는 없다고 할 것이다. 또한, 신청인 도롱뇽에게 당사자능력을 인정하려고 해도 천성산에는 수많은 늪지와 계곡, 동·식물이 존재하고 있고, 서식하고 있는 도롱뇽의 개체수도 많은데, 천성산 자체가 아닌 도롱뇽은 도롱뇽 자신의 이익을 대변할 수 있을 뿐 그 자연 자체를 대표할 수 있다는 근거도 없거니와 이 소송을 제기하고 있는 도롱뇽이 천성산 도롱뇽 전부를 대표할 수 있다고 볼 근거도 없고(도롱뇽 아닌 다른 동·식물이나 늪지나 강 등이 자신의 이익을 주장하며 도롱뇽의 대표성을 부인하거나 다른 도롱뇽이 이 사건 도롱뇽의 대표성을 부인한다면 피신청인으로서는 끝없는 소송사태에 직면하게 될 것이다), 그렇다고 신청인 단체가 도롱뇽을 대표할 수 있다는 법적 근거 또한 전혀 없다. 따라서, 신청인들의 주장은 입법론으로는 몰라도 현행법상 타당한 주장이 될 수 없다.

결국 항고심 법원은 신청인들의 항고는 이유 없어 이를 모두 기각하였다.

한편, 이 사건 터널이 통과하는 천성산(千聖山)에 있는 전통사찰인 내원사와 미타암(이하 '신청인 사찰들'이라고 한다)은 이 사건 터널이 자신들의 소유지 내지는 경내지를 통과하고 있음을 전제로 환경이익의 부당침해방지권·인격권 내지는 소유권에 기한 방해배제청구권을 그 피보전권리로 삼아 이 사건 터널의 착공금지가처분을 신청하였는데, 기각되었고(울산지방법원 2004. 4. 8.자 2003카합959 결정), 항고심에서 위 사건과 병합되었다.

(3) 재항고심 – 대법원 2006. 6. 2.자 2004마1148, 1149 결정

재항고를 모두 기각하였다.

신청인 도롱뇽의 당사자능력에 관하여

당사자능력에 관한 법리오해 등의 위법이 없다.

나머지 신청인들의 피보전권리로서의 환경권 및 자연방위권에 관하여

… 원심이 같은 취지에서 신청인 내원사, 미타암의 신청 중 환경권이나 자연방위권을 피보전권리로 하는 부분 및 신청인 도롱뇽의 친구들의 신청(위 신청인은 천성산을 비롯한 자연환경과 생태계의 보존운동 등을 목적으로 설립된 법인 아닌 사단으로서 헌법상 환경권 또는 자연방위권만을 이 사건 신청의 피보전권리로서 주장하고 있다)에 대하여는 피보전권리를 인정할 수 없다는 취지로 판단한 것은 정당하고,

환경권 및 그에 기초한 자연방위권의 권리성, 신청인 도롱뇽의 친구들의 당사자적격이나 위 신청인이 보유하는 법률상 보호되어야 할 가치 등에 관한 법리오해 등의 위법이 없다.

신청인 내원사, 미타암의 나머지 재항고이유에 관하여

신청인 내원사, 미타암은 천성산에 소재하는 전통사찰로서 천성산을 관통하는 길이 13.5㎞의 원효터널이 통과하는 인금에 위치하고 있으며 터널공사 구간 중 일부 토지의 소유권을 보유하는바, 이에 근거하여 그들의 환경적 이익에 대한 침해의 배제 또는 예방으로서 이 사건 터널의 착공금지를 구한다.

… 위 신청인들의 이 부분 신청을 기각한 원심의 조치는 결과적으로 정당하고 통합 영향평가법 등 관련 법령들의 해석 및 환경이익의 침해에 관한 법리를 오해하여 원심결정에 영향을 미친 위법은 없다.

제3부
특수한 소송유형

제5장
정기금판결과 변경의 소

제 5 장
정기금판결과 변경의 소

甲은 자신의 토지를 부당하게 점유하고 있는 것을 이유로 乙에게 토지인도를 구하는 것과 함께 토지인도 시에 이르기까지 임대료 상당액인 월 30만 원의 부당이득금을 구하는 소를 제기하였고, 결국 甲이 승소하여 토지인도와 함께 그 인도에 이르기까지 기간에 대하여 월 금 30만 원의 임대료 상당액의 금원의 지급을 구하는 판결이 내려지고, 이 판결은 확정되었는데, 그 뒤, 이 토지 부근의 개발사업이 진행하여 현재의 임대료는 월 300만 원이 되었다면, 금액을 월 300만 원으로 바꾸어 달라는 소를 甲은 乙에게 제기할 수 있는가.

정기금의 지급을 명한 판결이 확정된 뒤에 그 액수산정의 기초가 된 사정이 현저하게 바뀜으로써 당사자 사이의 형평을 크게 침해할 특별한 사정이 생긴 때에는 그 판결의 당사자는 장차 지급할 정기금 액수를 바꾸어 달라는 소를 제기할 수 있다(252조). 그 액수산정의 기초가 되었던 사정이 당초의 예상과 달리 현저하게 변경된 경우에도 그 판결을 그대로 유지하여야 한다면 매우 불합리한 결과가 나오게 되는 경우가 적지 않다고 할 것이다.

가령 신체장애로 말미암은 손해배상으로 장래의 치료비나 일실수입의 정기금배상을 명한 경우, 당연히 이는 후유장애의 정도를 특정할 수 있는 상태라는 것을 그 전제로 하지만, 정기금배상을 명한 판결의 확정 뒤에 상당한 기간이 경과하는 동안에 예외적으로 그 후유장애의 정도가 **자연히 줄거나 반대로 악화**될 수 있고, 의학 그 밖의 과학기술의 진보에 의하여 적절한 치료를 받는 것에 의하여 **후유장애가 제거되거나 대폭으로 줄 수 있다.**

이는 가령 토지인도 시까지 계속적으로 발생할 장래의 임료 상당 손해금 또는 부당이득금의 지급을 명한 확정판결 뒤에 사정의 변동으로 그 배상금이 지나치게 **과소하게, 또는 과대하게** 되는 경우에도 볼 수 있다.

이러한 현저한 사태가 발생하여도 확정판결의 기판력에 의하여 이에 대하여 불복할 수 없다는 것은 타당하지 않다고 할 수 있다.

그리하여 장래 이행기가 도래하는 부분에 대하여 그 판결의 기초가 되었던 사정이 현실적으로 발생한 사실관계와 현저하게 다른 경우에 재검토를 허용한다는 발상 하에 장차 지급할 정기금 액수를 바꾸어 달라는 소를 도입한 것이다.

정기금의 지급을 명한 판결에 있어서 변론종결 시에 이행기가 도래하지 않은 부분은 장래이행판결이다. 즉, 기판력의 표준시인 변론종결 시에 확정된 법률관계는 장래의 법률관계이다. 가령 정기금 액수산정의 기초가 된 후유장애, 임금수준, 물가, 임료 등의 사정은 확정판결의 변론종결 시에 있어서 통상 예상되는 그 뒤의 변화를 미리 예측하여 인정되고, 이에 터잡아 구체적 액수의 정기금의 지급이 명하여진다. 그러나 상당히 긴 기간이 경과하면서 기초사정이 미리 예측한 상황을 넘어서 크게 변동할 수 있다. 이러한 시간적 간격을 둘러싸고 정기금의 지급을 명한 판결은 통상의 이행의 소와 다른 특성이 있다.

위와 같은 사안에서 현저한 사정변경을 조건으로 하여 장차 지급할 정기금 액수를 바꾸어 달라는 변경의 소의 제기를 인정하는 것이 법리적으로 무리 없는 가장 적절한 해결책이 된다고 본 것이다.

토지 소유자가 임료 상당 부당이득의 반환을 구하는 장래이행의 소를 제기하여 승소판결이 확정된 후 임료가 상당하지 아니하게 되는 등 사정이 있는 경우 새로 부당이득반환을 청구할 수 있는지 여부

📖 2002년 개정 민사소송법이 위 규정을 신설하기 전에 기판력과 관련하여 확정된 장래이행판결(미리 청구할 필요가 있는 경우에(251조) 한하여 소의 이익이 있다)의 판단내용이 그 뒤 사정변경에 따라 상당하지 않다고 판단되기에 이른 경우에 판결내용을 현실에 맞추어 수정할 수 있는가에 대한 논의가 있었다. 장래이행판결은 표준시까지 예측되는 사정을 전제로 하여 판결을 한 것이라고 할 수 있어서, 이 의미에서 장래이행판결은 한편으로는 장래의 청구권의 발생의 기초가 되는 사정에 대하여 어느 정도의 변동은 참작하고 있다고 말할 수 있으므로 다소의 사정변경이 생긴 것을 이유로 판결내용을 수정하는 것은 소송절차에 의하여 확정된 권리관계에 대한 상대방의 신뢰를 뒤집는 것이 되나, 다른 한편으로는 판결에 의하여 확정된 권리관계를 절대시하여 장래의 수정 가능성을 부정하는 것은 장래이행판결에 내재하는 불확실성을 외면하는 것이 되므로 이 경우에 판결내용을 현실에 맞추어 수정할 수 있는 수단이 확보될 필요성이 있다는 것이었다. 이에 대하여 대법원 1993. 12. 21. 선고 92다46226 전원합의체 판결은 토지인도 시에 이르기까지 임대료 상당의 부당이득금의 지급을 명한 판결이 확정된 뒤, 사정변경에 따라 그 임대료가 9배 가까이 상승하여 판결이 상당하지 않다고 이른 경우에 그 차액을 추가청구할 수 있다고 판시한 바 있었다. 위 판례가 나온 뒤에 **2002년 개정 민사소송법**에서 장래이행판결의 모든 경우가 아닌, 정기적으로 이행기가 도래하는 회귀적 급부를 명하는 경우와 같은 판결에 한정되지만(정기금판결에서 확정된 법률관계는 변론종결 시의 그것만이 아니라, 각 이행기라는 장래의 법률관계이기도 하다), 가장 적절한 해결책으로 그 액수산정의 기초가 된 사정이 현저하게 바뀜으로써 당사자 사이의 형평을 크게 침해할 특별한 사정이 생긴 것을 조건으로 장차 지급할 정기금 액수에 대한 변경을 구하는 소를 제기하는 것을 인정하기에 이르렀다. 다만, 변경의 소 자체가 위 92다46226 전원합의체 판결과 같은 추가청구의 구제방법이나(액수에 대한 추가청구를 인정하는 것과 액수에 대한 변경을 인정하는 것은 다르다), 청구액이 예상에 반하여 감소한 경우에 표준시 뒤의 사정에 의한 청구권의 (부분적) 소멸로 말미암은 청구이의의 소를 일체 배제한다고는 볼 것인가에 대한 검토의 문제는 남는다. 명시적인 일부청구가 있었던 것과 동일하게 평가한 위 92다46226 전원합의체 판결의 설시를 그대로 따른 대법원 2011. 10. 13. 선고 2009다102452 판결도 있다.

1. 소의 성질

변경의 소는 정기적으로 이행기가 도래하는 **회귀적 급부**를 명하는 판결이 가지는 기판력을 일정한 범위에서 해제하는 소이다. 이 한도에서 변경의 소는 소송법상 **형성소송**이다.

그런데 이것만이 전부는 아니다. 변경된 상황에 대응하여 새로운 회귀적 급부를 명하는 의무가 집행력을 수반하여 확정될 필요가 있고, 새로운 이행판결이 행하여진다.

이렇게 **기판력의 배제와 새로운 이행의무의 확정**이라는 2가지 요소가 변경의 소의 특징이라고 할 수 있다.

2. 소 송 물

甲의 乙에 대한 확정판결 가운데 정기금 액수에 관한 판결변경권이다. 어떠한 사정의 변경이 주장되더라도 소송물은 1개이다.

3. 청구원인

가. 적용범위

변경을 구하는 소의 대상이 되는 판결은 정기금의 지급을 명한 판결이어야 한다(252조 1항). 정기금의 지급을 명한 판결은 확정 또는 불확정기간에 정기적으로(가령 1개월 경과 시마다) 이행기가 도래하는 회귀적 급부를 명하는 판결이다. 일시금의 지급을 명한 판결은 적용범위가 아니다.

회귀적 급부의 발생원인이 역사적인 **어느 시점에서 발생한 특정한 행위**이고(가령 교통사고나 의료과오와 같은 1회적 불법행위), 그 결과로 발생하는 의무가 회귀적으로 계속하는 경우(가령 신체장애에 의한 장래의 일실이익의 배상을 위한 정기금판결) 이외에 **침해행위 자체가 장래에 걸쳐서 계속**하고, 그 결과로 이행의무도 또한 장래에 걸쳐서 계속적으로 발생하는 경우(가령 건물인도에 이르기까지 매월 OO원씩의 임료 상당액의 지급을 명한 판결)도 그 적용범위로, 양자를 구별하지 않는다.

화해조서, 인낙조서 등 확정판결과 같은 효력을 가지는 조서(220조 참조) 등에도 위 변경의 소 규정의 **유추적용**이 있는지 여부에 대하여 긍정하는 입장이 일반적이다. 그런데 기판력이 긍정되는지 여부와 관련하여 화해조서, 인낙조서 등에 기판력을 긍정하지 않는 경우에는 위 규정을 유추적용할 필연성은 없다고 생각한다.

정기금배상 · 일시금배상

📖 가령, 교통사고에 기한 후유장해에 의한 일실이익은 중간이자를 공제하여 불법행위 시점의 가액으로 환산하여 전 손해를 일괄하여 지급하는 **일시금배상**이 일반적이지만, 피해자가 정기금에 의한 배상을 구하고 있는 경우에 상당하다고 인정되는 때에는 일실이익은 **정기금에 의한 배상**의 대상이 된다. 후유장애의 일실이익은 불법행위시부터 상당한 시간이 경과한 뒤에 순차적으로 현실화하는 성질의 것으로, 그 액수의 산정은 불확실, 불확정한 요소에 관한 개연성에 기한 장래 예측이나 의제하에서 행하여질 수밖에 없으므로 장래 그 산정의 기초가 된 후유장애의 정도, 임금 수준, 그 밖의 사정에 현저한 변경이 생겨 산정한 손해의 액수와 현실화한 손해의 액수 사이에 큰 차이가 생길 수도 있다는 점이 그 전제 내지 취지이다. 다만, 원고가 일시금배상 방식의 신청을 한 경우에 이러한 원고의 의사는 존중되는가, 아니면 제한되는가가 정기금배상에 있어서 처분권주의와 관련된다.

나. 대상이 되는 판결

확정판결이어야 한다. 미확정의 판결은 대상이 되지 않고, 상소로 불복하여야 한다.

액수산정에 관한 사정의 변경이 그 대상이고, 액수산정을 제외한 부분은 변경의 대상이 아니다. 전소의 변론종결 뒤에 생긴 실체권의 소멸사유(변제, 소멸시효 등)나 항변에 관한 사정의 변경은 청구이의의 소에 의하여야 한다.

그리고 손해배상판결만에 한정되는 것은 아니고, 손해배상뿐만 아니라 임금, 이자, 양육비 등을 정기금으로 지급을 명한 경우도 포함한다.

다. 액수산정의 기초가 된 사정이 현저하게 바뀜으로써 당사자 사이의 형평을 크게 침해할 특별한 사정이 생긴 때

(1) 액수산정의 기초가 된 사정은 가령 임금, 임료, 생활비 수준 등의 경제상황, 노동능력을 좌우하는 증상의 악화, 회복 등의 후유장애의 정도를 생각할 수 있다. 이러한 사정의 변경은 사실심의 변론종결 뒤에 생긴 것이어야 한다. 액수산정의 기초가 된 사정이 바뀌어야 하므로 가령 전소에서 문제되지 않거나 문제될 수 없었던 별개의 후유증이 사후에 발생하여 손해가 확대되어도 해당 판결의 변경을 구할 수 없고, 추가청구의 별소를 제기할 수 있는 한도에서 구제될 것이다.

(2) 단순히 종전 판결의 결론이 위법·부당하다는 등의 사정을 이유로 정기금 액수를 바꾸어 달라고 하는 것은 허용될 수 없다(대법원 2016. 3. 10. 선고 2015다243996 판결).

(3) 액수산정의 기초가 된 사정이 현저하게 바뀜으로써 종전의 판결이 인정한 액수를 유지하는 것이 당사자 사이에 형평을 깨뜨린다고 평가할 수 있을 정도의 큰 차이가 있는 등의 특별한 사정이 생긴 때에 변경의 소를 인정할 근거가 있다. 구체적으로 어떠한 경우가 이 요건을 충족하는가의 판단은 어려운 문제이다. 판례의 축적에 의하여 구체적 기준이 정립되어야 할 것인데, 사안에 따라 다르겠지만, 가령 토지의 공시지가가 약 2.2배 상승하고 ㎡당 연 임료가 약 2.9배 상승한 것만으로는 이에 해당하지 않는다고 한다(대법원 2009. 12. 24. 선고 2009다64215 판결).

(4) 이러한 요건의 존재에 대한 **증명책임**은 변경의 소의 원고에게(자기에게 유리한 변경을 구하는 사람) 있다.

(5) 한편, 변론종결 뒤에 생긴 실체권의 소멸사유(변제, 소멸시효 등)나 항변에 관한 사정의 변경은 변경의 소에 의할 것이 아니라, 청구이의의 소에 의하여야 한다.

4. 절 차

가. 소의 제기

소장에는 변경을 구하는 확정판결의 사본을 붙여야 한다(민사소송규칙 63조 3항). 변경의 대상이 되는 확정판결은 위 소에서 가장 기본이 되는 자료이므로 수소법원이 그 내용을 조기에 파악하여 실질적인 심리에 들어갈 필요가 있기 때문이다. 다만, 내용을 조기에 파악하고자 하는 것에 불과하므로 인증이 있는 등본이나 정본의 제출까지 요구하지는 않고, 사본을 붙이는 것으로 충분하도록 하였다.

나. 관할법원

관할법원은 **제1심 판결법원의 전속관할**이다(252조 2항). 전소판결이 항소심 판결이나 상고심 판결이라도 제1심 판결법원에 관할권이 있다. 확정판결에 대한 청구이의의 소도 제1심 법원의 관할이므로(민사집행법 44조 1항) 이것과 궤를 같이 하는 것이다.

다. 당 사 자

당사자가 될 수 있는 사람은 기판력의 주관적 범위에서와 마찬가지로, 원판결의 당사자 및 민사소송법 218조 1항에 의하여 그 판결의 효력이 미치는 승계인이다.

가령, 정기금판결의 손해배상에 있어서 피해자와 피보험자 사이의 확정판결의 기판력은 피해자와 보험자(즉, 보험회사) 사이의 후소에 미치지 않으므로 전소 판결의 피고가 아닌 보험자는 여기에서의 당사자가 될 수 없다.

가령, 토지의 전 소유자가 무단 점유자를 상대로 제기한 부당이득반환청구소송의 소송물은 채권적 청구권인 부당이득반환청구권이므로 위 소송의 변론종결 후에 토지의 소유권을 취득한 사람이 위 소송에서 확정된 정기금판결에 대하여 변경의 소를 제기하는 것은 부적법하다(대법원 2016. 6. 28. 선고 2014다31721 판결).

5. 판 결

정기금의 지급을 명한 판결에 의한 강제집행이 종료된 뒤에는 변경의 소는 권리보호의 이익이 없다.

그리고 위에서 살핀 요건은 본안요건으로 그 존재가 인정되지 않는 경우에는 청구기각판결을 하게 되나, 가령 **현저한 사정변경이 있다는 주장**은 변경의 소가 기판력에 저촉되지 않는다는 주장이므로 변경의 소의 **적법요건**으로 보아야 한다.

원고가 전소 판결의 감액을 주장하였지만, 오히려 법원은 증액하여야 하는 것으로 판단되는 경우에 청구를 기각하는 것에 그쳐야 한다.

전소에서 심판의 대상이 되었던 전부에 대하여 다시 심판을 하는 것이 아니다. 액수산정을 제외한 가령 인과관계의 존재, 과실상계와 같은 부분은 전소와 다른 판단을 할 수 없다.

그리고 인용하는 경우에 변경이 인정되는 한도는 **장차 지급할 정기금 액수**이다(252조 1항). 여기서 장차는 **변경의 소를 제기한 시점**, 즉 변경의 시점은 소제기시라고 볼 것이다(대법원 2009. 12. 24. 선고 2009다64215 판결 참조). 따라서 액수산정의 기초가 된 사정이 바뀐 뒤부터 변경을 구하는 소를 제기하기까지 사이의 정기금에 대하여는 그 변경이 허용되지 않는다(기판력 관련).

인용하는 경우에 전소판결을 반드시 취소할 필요는 없고, 항소심에서 변경판결을 하는 것처럼 전소판결을 증액 또는 감액으로 변경하는 주문을 내면 충분하다고 본다.

정기금 변경판결에도 **가집행선고**를 붙일 수 있다고 한다(호문혁).

6. 집행정지

형식적으로는 변경판결이 새로운 집행권원이 된다고 보므로 종전 집행권원인 전소판결에 의하여 개시되고 있는 집행절차의 효력이 문제될 수 있는데, 변경판결은 **실질적**으로는 전소판결을 포섭하는 것으로 전소판결에 의한 집행절차가 변경판결에 의하여 실효되는 것은 아니라고 풀이할 수 있다.

변경의 소를 제기하였다고 하여 종전 판결에 기한 강제집행이 정지되지 않는다.

정기금의 감액 등을 구하는 종전 정기금판결의 피고는 변경의 소를 제기한 경우에 확정판결의 **집행정지**를 받을 필요가 있다. 그리하여 변경의 소를 제기한 경우에는 재심 또는 상소의 추후보완신청으로 말미암은 집행정지에 관한 규정을 준용하여 강제집행을 정지할 수 있도록 하였다(501조). 집행정지신청은 서면으로 하여야 한다(민사소송규칙 144조).

제3부

특수한 소송유형

제6장

인지청구소송

제 6 장
인지청구소송

인지의 소는 혼인 외의 출생자가 그 혈연상의 아버지에 대하여 임의인지가 되지 않은 경우에 법률상의 부자관계를 형성하기 위하여 제기하는 소이다(민법 863조).

혼인 외의 출생자는 그 생부나 생모가 인지할 수 있는데(민법 855조 1항), 모자(母子)관계는 인지를 요하지 아니하고 법률상의 친자관계가 인정될 수 있지만,부자(父子)관계는 부(父)의 인지에 의하여서만 발생한다. 그런데 이러한 임의인지가 되지 않은 경우에 혼인 외의 출생자는 부 또는 모를 상대로 하여 인지청구의 소를 제기할 수 있다(민법 863조).

친자 등의 가사법률관계에 관한 절차의 특례를 규정하는 가사소송법이 있는데, 인지청구의 소는 **나류 가사소송사건으로 가정법원의 전속관할**한다.

인지에 의하여 혼인 외의 출생자와 부와의 친자관계는 **출생시로 소급**하여 발생하게 되나(민법 860조 본문), 제3자가 취득한 권리를 해하지 못한다(동조 단서). 인지의 소급효에 의하여 그 자는 부의 사망시에 상속권을 취득한 것으로 되므로 다른 공동상속인이 아직 상속재산을 처분하지 않은 때에는 민법 999조에 따른 상속회복청구권을 행사할 수 있고, 다른 공동상속인이 이미 상속재산을 분할·처분한 때에는 민법 1014조에 따라 상속분에 상당한 가액의 지급을 청구할 수 있다.

한편, 기아(棄兒)와 같은 특수한 경우를 제외하고는, 혼인의 생모자 관계는 분만하였다는 사실로써 명백한 것이며 생부의 혼인 외의 출생자에 대한 인지가 형성적인 것에 대하여 생모의 혼인 외의 출생자에 대한 인지는 확인적인 것인 점을 고려하면 혼인 외의 출생자와 생모간에는 그 생모의 인지나 출생신고를 기다리지 아니하고 자의 출생으로 당연히 법률상의 친족관계가 생긴다고 해석하는 것이 타당하다 할 것이다(대법원 1967. 10. 4. 선고 67다1791 판결 참조). 혼인 외의 출생자와 생모 사이에는 생모의 인지나 출생신고를 기다리지 아니하고 자의 출생으로 당연히 법률상의 친자관계가 생기고(대법원 1967. 10. 4. 선고 67다1791 판결 참조), 가족관계등록부의 기재나 법원의 친생자관계존재확인판결이 있어야만 이를 인정할 수 있는 것이 아니다(대법원 1992. 7. 10. 선고 92누3199 판결 참조).

1. 소의 성질

인지청구의 소는 누구를 상대로 소송을 하는가에 따라 그 성질을 달리 본다.

부에 대한 인지청구는 사실상의 친자관계의 존재를 확정하여 법률상의 부자관계를 형성할 것을 구하는 것으로서 **형성의 소**이고, 모에 대한 인지청구는 이미 분만에 의하여 당연히 발생되어 있는 법률상의 모자관계의 확인을 구하는 것으로서 **확인의 소**이다.

2. 조정전치주의

인지청구의 소는 **나류 가사소송사건**으로, 소를 제기하기 위해서는 우선 가정법원에 조정을 신청하여야 한다(가사소송법 50조 1항). 즉, **조정전치주의**를 채택하고 있다.

3. 소 송 물

소송물은 「인지청구권」이다.

4. 청구취지

청구취지는 다음과 같다.

원고는 피고의 친생자임을 인지한다.

이에 대하여 소송물을 자와 피고 사이에 자연적 혈연관계의 존재의 **확인을 구하는 신청**이라고 보아 청구취지를 「피고가 원고의 부인 것을 확인한다」는 판결을 구한다와 같이 적어야 한다는 입장도 있다.

5. 청구원인

요건사실은 다음과 같다.

❶ 자연혈연적 부자관계의 존재

- 혈연상의 친자관계라는 주요사실의 존재를 증명함에 있어서는, 부와 친모 사이의 정교관계의 존재 여부, 다른 남자와의 정교의 가능성이 존재하는지 여부, 부가 자를 자기의 자로 믿은 것을 추측하게 하는 언동이 존재하는지 여부, 부와 자 사이에 인류학적 검사나 혈액형검사 또는 유전자검사를 한 결과 친자관계를 배제하거나 긍정하는 요소가 있는지 여부 등 주요사실의 존재나 부존재를 추인시키는 간접사실을 통하여 경험칙에 의한 사실상의 추정에 의하여 주요사실을 추인하는 간접증명의 방법에 의할 수밖에 없다.

- 현재의 실무에서는 대부분 DNA 감정방법으로 생물학적 친자관계가 파악되고 있다. 문제는 피고가 감정에 응하지 않는 등에서 감정을 할 수 없는 경우이다(후술 수검명령제도 참조).

❷ 법률상 부자관계가 누구와의 관계에서도 없는 것

6. 항 변

장기간 경과 뒤의 제소라도 권리남용의 항변은 인정되지 않는다고 할 것이다(사후인지청구는 아래에서 설명).

그리고 인지청구권의 포기는 인정되지 않는다.

7. 절 차

가. 제소기간

부가 생존하는 동안에는 **기간의 제한 없이** 인지청구를 할 수 있다. 인지청구권의 포기가 인정되지 않기 때문에 권리실효의 법리가 적용될 여지가 없다.

그런데 부가 사망한 경우에 인지청구(사후인지청구)는 부의 사망을 안 날로부터 2년 내에 검사를 상대로 인지청구의 소를 제기하여야 한다(민법 864조).

제소기간이 도과한 경우에 소는 부적법하다. 법원은 변론 없이 소를 각하한다.

사후인지청구에서 제소기간을 제한한 취지

📖 혼인 외 출생자는 생부 또는 생모가 살아 있는 동안에는 제소기간의 제한 없이, 그리고 자신의 연령에 관계없이, 부 또는 모를 상대로 언제든지 인지청구의 소를 제기할 수 있는 것이고(민법 863조), 혼인 외 출생자가 부 또는 모와의 사이에 친자관계가 존재함을 아는 것은 그렇게 어렵지 않으므로, 사후인지청구의 제소기간을 정함에 있어 혼인 외 출생자가 부 또는 모와의 사이에 친자관계가 존재함을 알았는지 여부를 고려하지 아니하고 단순히

'사망한 사실을 안 날로부터 1년 내'라고 규정한 것은 혼인 외 출생자의 인지청구 자체가 현저히 곤란하게 되거나 사실상 불가능하게 되는 것은 아니다. 부 또는 모가 사망한 경우 인지청구의 제소기간을 너무 장기간으로 설정하는 것은 법률관계를 불안정하게 하여 다른 상속인들의 이익이나 공익을 위하여 바람직하지 않으므로 인지청구의 제소기간을 부 또는 모의 사망을 알게 된 때로부터 1년으로 제한하여 법률관계를 조속히 안정시키는 것은 혼인 외 출생자의 이익과 공동상속인 등 이해관계인의 이익을 조화시킨 것이다. 따라서 사후인지청구의 제소기간을 부 또는 모의 사망을 안 날로부터 1년 내로 규정한 것은 과잉금지원칙에 위배되지 아니하므로 인지청구를 하고자 하는 국민의 인간으로서의 존엄과 가치 그리고 행복을 추구하는 기본권을 침해하는 것은 아니다(헌법재판소 2001. 5. 31. 선고 98헌바9 전원재판부 결정). 이후 2005년 3월 31일 민법 개정시에 사후인지청구의 제소기간을 1년에서 2년으로 변경하였다.

인지청구의 소와 친생자관계부존재확인의 소(이하 '인지청구 등의 소'라고 한다)에서 제소기간을 둔 것은 친생자관계를 진실에 부합시키고자 하는 사람의 이익과 친생자관계의 신속한 확정을 통하여 법적 안정을 찾고자 하는 사람의 이익을 조화시킨다는 의미가 있는데, ① 당사자가 사망함과 동시에 상속이 개시되어 신분과 재산에 대한 새로운 법률관계가 형성되는데, 오랜 시간이 지난 후에 인지청구 등의 소를 허용하게 되면 상속에 따라 형성된 법률관계를 불안정하게 할 우려가 있는 점, ② 친생자관계의 존부에 관하여 알게 된 때를 제소기간의 시점으로 삼을 경우에는 사실상 이해관계인이 주장하는 시기가 제소기간의 기산점이 되어 제소기간을 두는 취지를 살리기 어렵게 되는 점 등을 고려할 때, 인지청구 등의 소에서 제소기간의 기산점이 되는 '사망을 안 날'은 사망이라는 객관적 사실을 아는 것을 의미하고, 사망자와 친생자관계에 있다는 사실까지 알아야 하는 것은 아니라고 해석함이 타당하다(대법원 2015. 2. 12. 선고 2014므4871 판결).

제소가 현실적으로 불가능한 경우의 제척기간의 기산점

📖 원고는 일제강점기인 1942.경 아버지인 망 이OO을 따라 만주로 건너가 그곳에서 지금껏 살아오다가 2006. 4. 5.에야 비로소 대한민국 국적을 취득한 사실이 인정되고 이러한 사정 하에서는 원고가 민법 864조에 따른 제소기간을 준수하여 대한민국 법원에 인지청구의 소를 제기하는 것은 현실적으로 불가능하다는 점을 고려하면, 이 사건에 있어서의 위 제척기간은 원고가 이 사건 인지청구의 소를 제기하는 것이 현실적으로 가능하게 된 시점인 원고가 대한민국 국적을 취득한 때로부터 2년 이내에 검사를 상대로 인지청구의 소를 제기할 수 있는 것으로 해석하는 것이 타당하다 할 것이다(대구지방법원 가정지원 2007. 10. 10. 선고 2007드단9087 판결[확정]).

나. 관 할

인지청구의 소는 상대방(상대방이 수인일 때에는 그중 1인)의 보통재판적 소재지, 상대방이 모두 사망한 때에는 그중 1인의 최후 주소지의 가정법원의 **전속관할**로 한다(가사소송법 26조 2항).

다. 당 사 자

(1) 원고는 자(子), 그 직계비속 또는 그 법정대리인이다(민법 863조). 법정대리인은 그 자격으로 원고적격이 있고, 자의 의사능력의 유무에도 불구하고 소를 제기할 수 있다.

한편, 친생추정을 받는 자(子)는 진실한 부에 대한 인지청구의 소를 제기할 수 없다. 이때에는 부 또는 모가 친생부인의 소를 제기하여(민법 847조) 친생부인의 판결이 확정된 후에야 자는 비로소 진실한 부에 대한 인지청구를 할 수 있다. 그런데 민법 844조의 친생추정을 받는 자는 친생부인의 소에 의하여 그 친생추정을 깨뜨리지 않고서는 다른 사람을 상대로 인지청구를 할 수 없으나, 가족관계등록부상의 부모의 혼인중의 자로 등재되어 있는 자라 하더라도 그의 생부모가 가족관계등록부상의 부모와 다른 사실이 객관적으로 명백한 경우에는 그 친생추정이 미치지 아니하므로 그와 같은 경우에는 곧바로 생부모를 상대로 인지청구를 할 수 있다(대법원 2000. 1. 28. 선고 99므1817 판결).

(2) 원고가 소제기 뒤에 사망 기타 사유(소송능력을 상실한 경우를 제외한다)로 소송절차를 속행할 수 없게 된 때에는 다른 제소권자는 소송절차를 승계할 수 있다(가사소송법 16조 1항). 승계신청은 승계 사유가 생긴 때부터 6개월 이내에 하여야 한다(동법 동조 2항). 이 기간 내에 승계신청이 없을 때에는 소가 취하된 것으로 본다(동법 동조 3항).

(3) 피고는 부(父)이다.

(4) 부가 사망한 경우에는 검사를 피고로 한다. 청구취지는 아래와 같이 적는다.

1. 원고는 망OOO의 자임을 인지한다.
2. 소송비용은 국고가 부담한다.

부가 사망한 경우에는 그 사망을 안 날로부터 2년 이내에 **검사를 상대**로 인지청구의 소를 제기하여야 하고, 생모가 혼인 외 출생자를 상대로 혼인 외 출생자와 사망한 부 사이의 **친생자관계존재확인을 구하는 소**는 허용될 수 없다(대법원 1997. 2. 14. 선고 96므738 판결 등 참조).

검사가 소송 당사자로서 패소한 경우 그 소송비용은 국고에서 부담한다(가사소송법 18조).

사후인지청구에서 검사의 소송상 지위

📖 인지의 결과 가장 직접적 이해관계에 있는 사람, 즉 친생자인 공동상속인이나 유족 등이 피고적격을 가여야 하는 것은 아닌가? 실체법상 권리의무의 주체에 갈음하여 제3자가 당사자적격을 가지는 경우를 제3자의 소송담당이라고 한다. 당사자는 어디까지나 제3자인 소송담당자이고, 권리의무의 주체는 표면에 나타나지 않으므로 대리와는 다르다(대리는 권리의무의 귀속주체가 당사자로 된다). 제3자의 소송담당은 크게 나누어 당사자가 당사자적격을 취득하는 원인에 대응하여 법률의 정함에 따라 제3자가 당사자가 되는 법정소송담당과 권리의무의 주체로부터의 권한의 수여(의사)에 따라 제3자가 당사자가 되는 임의적 소송담당으로 나뉜다. 子가 본래의 피고적격자인 父 사망 후에 인지청구를 하는 경우에 피고가 되는 검사와 같이(민법 864조) 신분관계사건에서 검사가 당사자가 되는데, 이는 **법정소송담당**의 예이다.

라. 참 가

원고의 모는 원고 측 또는 피고 측에 참가할 수 있다. 원고의 모는 **원고 측**에 보조참가하는 경우, 청구인용판결에 의하여 사망한 부와 원고의 부모관계에 서게 되므로 **공동소송적 보조참가인**의 지위를 취득한다. 한편, 반대로 **피고 측**에 보조참가하는 경우에는 상대방(子)과 사이의 법률관계가 판결의 기판력에 의하여 영향을 받지 않으므로 단순한 **보조참가인**에 머무른다.

한편, 부가 사망한 경우의 인지청구(사후인지청구)의 소에서 망 부의 모는 피고(검사)를 위하여 보조참가를 할 수 있다. 정확히는 공동소송적 보조참가라 할 것이다(78조).

마. 부자관계의 증명

인지청구의 소 등 실(實)친자관계소송은 가사소송의 하나로, 그 심리에는 **직권탐지주의**가 타당한데, 이러한 소송에서 친자관계의 존부의 증명이 중요한 문제가 된다.

가령 인지청구의 소에서는 원고가 피고의 자라는 사실(부자관계)이 증명되어야 한다. 이 부자관계의 존부를 판정하기 위한 감정방법으로 종래 주로 혈액형검사가 이용되었는데, 1990년대부터 이른바 DNA 감정방법이 이용되게 되었고, 2000년 이후에는 오히려 DNA 감정방법이 주류가 되었다. 종래의 혈액형검사에서는 혈액형상의 배척이 있으면 부자관계의 존재는 부정되지만, 혈액형이 일치하더라도 부자관계가 부정되지 않는다는 것이 판정됨에 그치지만, DNA 감정방법에 의한 경우는 부자관계의 존재에 대하여 거의 100%에 가까운 긍정 확률을 얻을 수 있다고 한다.

간접증명

🕮 자연혈연적 부자관계가 존재한다는 사실을 증명하기 위하여 원고는 ① 그의 모가 원고를 포태할 당시 피고와 성적 교섭이 있었다는 사실, ② 원·피고의 혈액형이 양자 사이에 부자관계로 인정됨에 어긋나지 않는다는 사실, ③ 얼굴 기타 신체상의 특징이 유사하다는 사실 등을 주장하고, 이에 대하여 피고 측은 원고가 자기의 아들이라는 사실을 부인하면서 원고의 모가 위 포태기간 전후를 통하여 다른 남자와 성적 관계를 맺었다는 사실을 주장한다고 할 때(최근에는 과학기술의 발달로 DNA 감정방법 등이 가장 유력한 간접증거가 되고 있다), 만약 원고의 위 ①, ②, ③의 주장(간접사실)이 증명된다면, 주요사실인 원·피고 사이의 부자관계가 일응 증명되고(간접증명), 따라서 이 경우에 피고는 원고의 위 ①, ②, ③ 주장(간접사실)과 양립할 수 있는 위 원고의 모가 위 포태기간 전후를 통하여 다른 남자와 성적 관계를 맺었다는 별개의 주장(이 주장은 이른바 부정의 항변 내지는 다수관계자의 항변이라고 부르지만, 그 법적 성질은 항변이 아니다)을 증명하여 위 일응

의 추정을 의심스럽게 할 수 있다(간접반증). 여기서 간접사실은 경험칙, 논리법칙의 도움을 빌려서 주요사실의 존부를 추인하는 데에 역할을 하는 사실을 말한다(징빙(徵憑)이라고도 하고, 그 전형적인 예가 알리바이이다). 주요사실이 증거에 의하여 직접적으로 인정될 수 없는 경우에는 주요사실을 추인시키는 1개 또는 여러 개의 간접사실을 증거에 의하여 증명하고, 그 간접사실로부터 주요사실을 인정하게 된다. 그 인정의 과정은 법관이 자유로운 판단으로 취사선택한 경험칙을 이용하여 행하는 것이고, 이것도 자유심증주의의 주요한 내용이다. 사실의 확정에 있어서 증거로부터 주요사실을 인정하거나 간접사실로부터 주요사실의 존재를 추인함에 있어서 경험법칙을 이용하지 않을 수 없다. 경험칙의 이용에 의하여 위와 같이 주요사실의 존재가 추인되는 것을 「사실상의 추정」이라고 하고, 특히 유형적·정형적으로 추인되는 경우를 「일응의 추정」이라고 부른다. 결국 사실상의 추정은 법관의 자유로운 심증의 틀 내에서의 경험칙의 하나의 작용이다. 민사소송의 심리에서 당사자는 소송물의 존부를 둘러싸고 각각 자기에게 유리한 주요사실을 주장하게 된다. 그리고 법원은 증거조사절차를 통하여 당사자가 주장한 주요사실의 존부를 결정하여야 한다. 이때에 주요사실의 존부를 직접 증명할 수 있는 증거(이를 직접증거라고 한다)가 있고, 또한 그것이 충분하게 신용할 수 있다면 법원은 그 증거로부터 주요사실의 존부를 인정하면 충분하다. 그러나 어느 사건에서도 항상 직접증거가 있다고는 할 수 없다. 이 경우에 당사자는 주요사실의 존부를 추인시키는 사실, 즉 간접사실을 주장하고, 증명하는 것에 의하여 주요사실의 존부를 증명하여 나가게 된다(간접증명). 법원도 간접사실을 가지고 주요사실의 존부를 인정하게 된다(소송에 있어서 사실인정은 1개 또는 여러 개의 간접사실로부터 추론의 단계를 거쳐 주요사실에 대한 판단에 도달하는 것이 보통).

감정촉탁

📖 감정에는 민사소송법 333조에 정하여진 일반적인 감정절차와, 민사소송법 341조에 정하여진 감정촉탁의 절차가 있다. 법원은 필요하다고 인정하는 경우에는 공공기관, 학교 그 밖에 상당한 설비가 있는 단체 또는 외국의 공공기관에 감정을 촉탁할 수 있다. 이 경우에는 선서에 관한 규정을 적용하지 아니한다(341조 1항). 감정촉탁에 의한 감정의 경우는 감정에 관한 민사소송법 333조 내지 340조의 규정 중 선서에 관한 규정이 적용되지 않는 외에는 일반적인 감정과 동일하다. 감정촉탁을 할 것인지는 법원이 직권으로 정할 사항이지 당사자의 신청 여하에 좌우될 사항이 아니다. 다만, 손해배상사건의 신체감정은 재감정을 포함하여 감정촉탁에 의하는 것이 보통이다. 감정촉탁서는 재판장 이름으로 작성 송부한다(139조 2항). 감정을 촉탁한 경우, 그 뒤에 제출된 감정서에 분명치 아니하거나 불비된 점이 있는 등 법원이 필요하다고 인정하면 감정을 한 단체 또는 외국의 공공기관이

지정한 사람으로 하여금 감정서를 설명하게 할 수 있다(341조 2항). 직접주의의 원칙상, 이러한 설명은 변론기일에 출석하여 함이 타당하겠으나, 소송경제상 적당치 못할 경우에는 변론기일에 출석시키지 아니하고 법정 외의 장소에서 설명하게 하여도 무방하다. 다만, 감정서의 설명을 하게 하는 때에는 당사자를 참여하게 하여야 하고(민사소송규칙 103조 1항), 그 설명의 요지를 조서에 적어(민사소송규칙 103조 2항) 감정서의 내용을 보충하는 자료가 되도록 하여야 한다. 감정촉탁을 하였는데도 장기간 회신이 없는 경우에 무한정 회신을 기다리는 것은 소송촉진의 측면에서 바람직하지 아니하므로 일정기간(가령, 촉탁서가 수탁기관에 도착한 날로부터 2개월)이 지나도록 회신이 없으면 독촉을 하는 등으로 소송촉진을 기하여야 할 것이다. 감정촉탁의 결과는 법관의 자유심증에 의한다.

수검명령제도

🕮 혈연관계에 따른 친생자관계 결정에 대한 강한 공익적 요청과 과학기술 발달로 인한 혈연관계의 과학적 증명 가능성을 감안하여 혈액형 또는 유전자 검사와 같은 과학적 증명방법의 실현을 확보할 필요가 있다. 이러한 필요성에 부응하여 가사소송법 29조는 수검명령제도를 두어 법원은 당사자 또는 관계인 사이의 혈족관계의 존부를 확정할 필요가 있는 경우에 다른 증거조사에 의하여 심증을 얻지 못한 때에는 검사를 받을 자의 건강과 인격의 존엄을 해하지 아니하는 범위 안에서, 당사자 또는 관계인에게 혈액채취에 의한 혈액형의 검사 등 유전인자의 검사 기타 상당하다고 인정되는 방법에 의한 검사를 받을 것을 명할 수 있도록 하고 있다. 다만, 수검명령을 실현하기 위한 방법으로 간접강제만을 인정하고 있다. 즉 정당한 이유 없이 수검명령을 위반하면, 우선 100만 원 이하의 과태료를 부과하고, 이러한 과태료의 제재를 받고도 정당한 이유 없이 다시 수검명령을 위반한 때에는 결정으로 30일의 범위 내에서 그 의무이행이 있을 때까지 위반자를 감치에 처할 수 있도록 하고 있다(가사소송법 67조). 수검명령을 할 때에는 위 제재(制裁)를 고지하여야 한다. 위 간접강제에 그치지 않고, 신체의 자유와 프라이버시의 침해가 문제되지만, 직접강제의 도입이 주장되고 있다.

바. 판결의 효력

혼인 또는 친자 등의 가사소송에서는 획일적 확정의 필요 및 법률관계의 안정의 요청 등을 고려하여 판결효의 확장 등의 특별규정을 두고 있다. 즉, 가사소송법 21조 1항은 가류 또는 나류 가사소송사건의 **청구를 인용한**

확정판결은 제3자에게도 효력이 있다고 규정하고 있는데, 인지청구의 소는 여기의 나류 가사소송사건이다.

한편, 인지청구소송은 **형성소송이므로 형성판결의 일반이론에 의해서도 판결의 대세적 효력**을 인정하는 데에는 별 문제가 없다.

인지의 소급효와 상속관계

📖 민법 860조는 인지의 **소급효**는 제3자가 이미 취득한 권리에 의하여 제한받는다는 취지를 규정하면서 민법 1014조는 상속개시 후의 인지 또는 재판의 확정에 의하여 공동상속인이 된 자는 그 상속분에 상응한 가액의 지급을 청구할 권리가 있다고 규정하여 860조 소정의 제3자의 범위를 제한하고 있는 취지에 비추어 볼 때, 혼인 외의 출생자가 부의 사망 후에 인지의 소에 의하여 친생자로 인지받은 경우 피인지자보다 후순위 상속인인 피상속인의 직계존속 또는 형제자매 등은 **피인지자의 출현과 함께 자신이 취득한 상속권을 소급하여 잃게 되는 것으로 보아야** 하고, 그것이 민법 860조 단서의 규정에 따라 인지의 소급효 제한에 의하여 보호받게 되는 제3자의 기득권에 포함된다고는 볼 수 없다(대법원 1993. 3. 12. 선고 92다48512 판결).

8. 가사소송의 심리

혼인 또는 친자 등의 가사법률관계에 관한 특별절차로 가사소송절차가 있다. 민사소송절차와 달리, 가사소송절차에 대하여는 가사소송법에서 진실발견의 요청에서 당사자의 사적 자치에 맡기는 것이 적당하지 않은 것 또는 획일적 확정의 필요가 있는 것 등을 고려하여 직권탐지주의의 규정 및 판결효의 확장 등의 특별규정을 두고 있다.

가. 직권주의

가사소송(행정소송도 마찬가지)에서 **직권탐지주의**가 전면적 또는 부분적으로 채택되어 있다. 가사소송에서는 판결의 효력이 제3자에게도 미치는 등 제3자에게 중대한 영향을 주므로 보다 객관적 진실에 따른 판결이 강하게 요청되는 것에 직권탐지주의의 채택의 근거가 있다. 직권탐지주의는 판결의 효력이 제3자에게도 미치고, 제3자에게 중대한 영향을 주므로 가능한 한 객관적 진실을 발견할 필요가 있고, 그 때문에 변론주의를 적용하는 것이 적당하지 않다고 여기는 경우에 채택된다.

직권탐지주의는 소송자료의 수집에 대하여 법원에게 주도권을 맡긴, 즉 소송자료의 수집을 법원의 권능과 책임으로 한 것을 말한다. 변론주의와는 다음과 같은 점에서 다르다. ① 법원은 당사자에 의하여 제출되지 않는 사실도 재판의 기초로 할 수 있다. ② 증거에 의한 사실의 확정의 필요 여부는 당사자의 태도에 의하여 좌우되지 않는다. 따라서 당사자의 자백은 법원에 대하여 구속력을 가지지 않는다. ③ 직권으로 증거조사를 할 수 있다. 그런데 직권탐지주의는 위와 같은 점에서 변론주의와 대립하는 데 그치고, 구술주의나 공개주의를 배척하는 것도 아니고 또한 처분권주의와 대립하는 것도 아니다(청구의 포기·인낙이나 소송상의 화해는 제한되지만, 후술하듯이 소의 취하는 인정된다).

가사소송법 17조는 가정법원이 가류 또는 나류 가사소송사건(인지청구의 소는 나류 가사소송사건)을 심리함에 있어서는 직권으로 사실조사 및 필요한 증거조사를 하여야 하며, 언제든지 당사자 또는 법정대리인을 신문할 수 있다고 규정하고 있다. 일반 민사소송과 달리, 혼인 또는 친자 등과 관련된 가사소송에서는 진실발견의 요청에서 당사자의 사적 자치에 맡기는 것이 적당하지 않은 점을 고려한 것이다.

인지청구의 소에서는 당사자의 증명이 충분하지 못한 때에는 직권으로도 사실조사 및 필요한 증거조사를 하여야 한다(대법원 2002. 6. 14. 선고 2001므1537 판결).

나. 이 송

본래 관할위반은 동종법원 사이의 관할위반의 문제이므로 이종(異種)법원 사이에는 관할위반에 따른 이송이 있을 수 없다는 견해도 있을 수 있지만, 이송제도의 취지에 비추어 이종법원 사이에서도 이송의 가능성을 긍정할 수 있다고 본다. 따라서 가사소송사건임에도 불구하고 일반 민사법원에 제소한 경우에는 가정법원으로의 이송을 긍정함이 타당하다.

다. 적시제출주의

적시제출주의는 변론주의가 적용되는 범위에 한정되며, 가사소송과 같은 직권탐지주의에 있어서는 그 **적용이 배제**된다. 이는 실체적 진실발견의 요청이 중시되기 때문이다.

라. 당사자의 행위에 의한 소송의 종료

소의 취하는 처분권주의의 발현이다. 소송종결의 권한을 당사자에게 맡긴 것이다. 다만, 실체법상의 권한의 처분을 의미하는 것은 아니기 때문에 가사소송과 같이 일반적으로 당사자가 자유로이 그 실체적 법률관계 자체를 처분할 수 없는 경우(직권탐지주의의 적용을 받는 경우)라도 소를 취하할 수 있다. 즉, 실체법상의 처분권한보다 넓게 처분권주의의 처분권한을 이해한다.

가사소송에 있어서는 가령 재소를 금지한다면 청구의 포기를 할 수 없는 소송에 대하여 청구의 포기를 인정하는 것과 마찬가지의 결과가 되므로 재소금지가 인정되지 않는다고 본다.

청구의 포기·인낙에 의하여 계쟁 권리의 처분과 마찬가지의 효과가 생기므로 그 대상은 당사자가 자유로이 처분할 수 있는 성질의 것이어야 한다(소의 취하와 구별). 혼인사건, 친자사건 등의 가사소송, 행정소송 등 직권탐지주의가 채택된 절차에 있어서는 청구의 포기·인낙의 여지는 없다.

화해는 다툼이 있는 권리의 처분도 포함하므로 그 대상이 되는 권리 또는 법률관계가 당사자가 자유롭게 처분할 수 있는 경우이어야 한다. 가사소송과 같이 직권탐지주의에 따르는 절차에 있어서는 원칙적으로 화해를 할 수 없다.

실전 쟁점 1

Y는 미혼의 성년남자 A(사고 당시 무직자였음)를 자신이 운행하던 승용차로 치어 A는 그 자리에서 사망하였다. 교통사고로 사망한 미혼의 성년남자 A의 父인 B는 A의 단독상속인으로서 가입한 종합보험회사인 Z와의 사이에 위 사고로 인하여 A가 입은 손해의 배상에 관하여 1억 원을 받고 나머지 손해배상청구권을 포기하기로 합의하고 위 금액을 수령하였다. 그러나 A와 교제하던 C는 A의 사망 전에 그와의 사이에 X를 낳은 상태였고, 생모 C가 미성년의 X를 대리하여 제기한 인지청구의 소에서 청구가 인용되어 확정되었다.

(1) X가 A의 사망에 관하여 Z에게 제기할 수 있는 소장을 작성하라.
(2) X의 청구에 대하여 예상되는 Z의 항변을 적은 답변서를 작성하라.
(3) Z의 항변에 대하여 법원은 어떻게 판단할 것인가. 【이창현 외 2인, 불법행위법 교재, 89면 이하】

가. 소장의 내용

(1) 인지는 소급효가 있다(민법 860조 본문). 인지의 소급효에 의하여 그 자는 부의 사망시에 상속권을 취득한 것으로 되므로 다른 공동상속인이 아직 상속재산을 처분하지 않은 때에는 민법 999조에 따른 상속회복청구권을 행사할 수 있고, 다른 공동상속인이 이미 상속재산을 분할·처분한 때에는 민법 1014조에 따라 상속분에 상당한 가액의 지급을 청구할 수 있다.
(2) X의 보험회사 Z에 대한 직접 청구권은 상법 724조 2항으로부터 나온다.
(3) 인지는 소급효가 있다(민법 860조 본문). 인지에 의하여 혼인 외의 출생자와 부와의 친자관계는 출생시로 소급하여 발생하게 되나, 제3자가 취득한 권리를 해하지 못한다(민법 860조 단서). 그런데 피인지자보다 후순위 상속인(사안에서 A의 父인 B)이 취득한 상속권은 민법 860조 단서의 제3자의 취득한 권리에 포함시킬 수 없다. 결국 X는 A의 단독상속인이 된다.
(4) X는 위자료의 지급을 청구할 수 있다(민법 752조).

나. 예상되는 항변

(1) 소각하 - **부제소특약**의 존재

(2) 채권의 준점유자에 대한 변제

채권의 **준점유자에 대한 변제**는(민법 470조) 변제자가 선의·무과실인 경우에 유효하고, 채무를 소멸시킨다. 채무소멸의 효과는 절대적이어서 채권자는 급부를 수령한 채권의 준점유자에 대하여 부당이득반환청구권 또는 불법행위에 기한 손해배상청구권을 가지는 반면, 변제자는 채권자에게 다시 변제를 하고 채권의 준점유자에 대하여 부당이득으로서 급부의 반환을 청구하지 못한다. 반면, 민법 470조의 준점유자에 변제의 요건을 충족하지 못한 경우에, 채무자는 채권자에 대하여 다시 변제하여야 하고, 채무자는 변제를 수령한 자에 대하여 부당이득반환청구권을 가지는데, 그 범위는 민법 748조에 의한다.

그 요건사실은 다음과 같다.

❶ 준점유자의 외관을 기초짓는 사실
- 채권의 표현상속인은 이에 해당
- 자칭대리인도 준점유자에 해당

❷ 변제자의 선의
❸ 위 ②에 있어서 무과실
❹ 채무의 본지에 따른 급부
❺ 위 ④가 해당 채무에 대하여 이루어진 것

다. 법원의 판단

① B가 위 인지판결의 확정 전에 피고와의 사이에 위 망인의 손해배상청구권을 승계취득하였음을 전제로 그 손해배상문제에 관한 합의를 하였다 하여도, 이는 상속권 없는 자가 한 상속재산에 관한 약정이어서 적법한 상속권자인 X에 대하여는 아무런 효력을 미칠 수 없는 것이고, 따라서 X는 위 합의약정에 불구하고 피고를 상대로 이 사건 손해배상청구권을 적법하게 행사할 수 있다고 보아야 할 것이다. 따라서 피고의 소각하 항변은 타당하지 않다.

② Y가 인지판결이 있기 전의 표현상속인인 B와의 합의에 기하여 합의금을 지급한 것에 대하여 과실을 인정하기 어렵다.

혼인 외의 자의 생부가 사망한 경우, 혼인 외의 출생자는 그가 인지청구의 소를 제기하였다고 하더라도 그 인지판결이 확정되기 전에는 상속인으로서의 권리를 행사할 수 없고, 그러한 인지판결이 확정되기 전의 정당한 상속인이 채무자에 대하여 소를 제기하고, 나아가 승소판결까지 받았다면, 채무자로서는 그 상속인이 장래 혼인 외의 자에 대한 인지판결이 확정됨으로 인하여 소급하여 상속인으로서의 지위를 상실하게 될 수 있음을 들어 그 권리행사를 거부할수 없으므로, 그러한 **표현상속인**에 대한 채무자의 변제는, 특별한 사정이 없는 한, 채무자가 표현상속인이 정당한 권리자라고 믿은 데에 과실이 있다 할수 없으므로, 채권의 준점유자에 대한 변제로서 적법하다(대법원 1995. 1. 24. 선고 93다32200 판결).

따라서 Y의 항변은 X의 손해배상청구권에 대하여 1억 원의 한도에서 타당하다고 할 것이다.

더 나아가 Y의 항변은 X의 고유의 **위자료청구권**에는 미치지 않는다고 할 것이다.

라. 결 론

X의 청구 중 A의 **손해배상청구권**에 대하여는 채권의 준점유자에 대한 변제의 항변에 따라 1억 원이 공제된 나머지 손해배상청구권이 인정되고, X의 **위자료청구권**에 대하여는 피고의 항변에 의하여 제한받지 않는다.

실전 쟁점 2 〈사후인지의 경우의 피인지자의 가액청구소송〉

상속개시 후의 인지 또는 재판의 확정에 의하여 공동상속인이 된 자가 상속재산의 분할을 청구할 경우에 다른 공동상속인이 이미 분할 기타 처분을 한 때에 그 상속분에 상당하는 가액의 지급을 청구하고자 한다.

상속개시 후의 인지 또는 재판의 확정에 의하여 공동상속인이 된 자가 상속재산의 분할을 청구할 경우에 다른 공동상속인이 이미 분할 기타 처분을 한 때에는 그 상속분에 상당한 가액의 지급을 청구할 권리가 있다(민법 1014조). 가령 피인지자 등에게 다시 상속재산분할청구를 인정할 경우에는 이미 마무리된 상속재산의 청산관계를 다시 무너뜨리고 다시 불필요한 절차를 반복하게 되는 측면이 있으므로 상속분에 상당하는 가액의 지급을 청구하도록 한 것이다.

상속개시 후에 인지되거나 재판이 확정되어 공동상속인이 된 자도 그 상속재산이 아직 분할되거나 처분되지 아니한 경우에는 당연히 다른 공동상속인과 함께 분할에 참여할 수 있을 것이나, 인지 이전에 다른 공동상속인이 이미 상속재산을 분할 내지 처분한 경우에는 인지의 소급효를 제한하는 민법 860조 단서가 적용되어 사후의 피인지자는 다른 공동상속인들의 분할 기타 처분의 효력을 부인하지 못하게 되는바, 민법 1014조는 그와 같은 경우에 피인지자가 다른 공동상속인에 대하여 그의 상속분에 상당한 가액의 지급을 청구할 수 있도록 하여 상속재산의 새로운 분할에 갈음하는 권리를 인정함으로써 피인지자의 이익과 기존의 권리관계를 합리적으로 조정하는 데 그 목적이 있는 것이다(대법원 2007. 7. 26. 선고 2006다83796 판결).

가. 소 송 물

민법 1014조에 의한 가액지급청구권이 소송물이다. 가액은 피인지자를 공동상속인으로 추가한 뒤에 새롭게 피인지자의 구체적 상속분을 도출하여 구한다.

민법 1014조의 가액청구권은 **상속회복청구권**의 일종이라고 본다(대법원 1993. 8. 24. 선고 93다12 판결).

나. 청구원인

요건사실은 다음과 같다.

❶ 원고가 사후인지자(피상속인 사망 후 인지 또는 인지의 재판을 받은 경우)인 것
- 아래 마. (1)을 참조하시오.

❷ 피고가 상속인인 것을 기초 짓는 피상속인과의 신분관계

❸ 피상속인의 상속재산이 존재한 것

❹ 피고가 위 ③의 상속재산의 분할 그 밖의 처분을 한 것
- 그 밖의 처분은 상속분의 양도 등이다.

❺ 원고의 구체적 상속분 상당의 가액
- 여기서의 가액은 다른 공동상속인이 상속재산을 실제 처분한 가액 또는 처분한 때의 시가가 아니라, 사실심 변론종결 시의 시가를 의미한다(대법원 1993. 8. 24. 선고 93다12 판결).

다. 예상되는 항변

예상되는 항변으로 **소멸시효**를 들 수 있다.

본 청구가 일종의 상속회복청구권의 성질을 가진다고 보므로 이에 이하면 상속권의 침해를 안 날부터 3년, 상속권의 침해행위가 있은 날부터 10년을 경과하면 상속분가액 상당지급청구권은 소멸한다고 할 것이다(민법 999조 2항).

라. 관 할

상속회복청구사건은 일반 민사사건으로 일반법원의 관할인 데 대하여, 이 가액지급청구는 가정법원의 전속관할로 정하고 다류 가사소송사건의 절차에 의하여 심리·재판하도록 하고 있다(가사소송규칙 2조 1항 2호).

마. 당 사 자

(1) 원 고

원고는 사후인지자(피상속인 사망 후 인지 또는 인지의 재판을 받은 경우)이다.

한편, 다툼이 있으나, 유언에 의하여 인지된 자는 상속개시 시에 상속인이 되므로 여기서 말하는 사후인지자에 포함되지 않는다. 다만, 유언서가 상속재산분할 뒤에 발견된 경우는 사후인지자에 해당한다고 볼 것이다.

그런데 **판례**는 다음과 같이 모자관계가 친생자관계존재확인판결의 확정으로 비로소 명백히 밝혀진 경우에는 민법 1014조의 '재판의 확정에 의하여 공동상속인이 된 자'에 해당하지 않는다고 보고 있다. 민법 1014조의 적용을 부정하였다. 이는 가액지급청구권을 행사할 수 있는 '재판의 확정에 의하여 공동상속인이 된 자'의 범위를 둘러싸고 그 '재판'이 무엇을 의미하는지 여부와 관련된다.

다른 공동상속인이 이미 상속재산을 분할 또는 처분한 이후에 모자관계가 친생자관계존재확인판결의 확정 등으로 비로소 명백히 밝혀진 경우

📖 혼인 외의 출생자와 생모 사이에는 생모의 인지나 출생신고를 기다리지 아니하고 자의 출생으로 당연히 법률상의 친자관계가 생기고, 가족관계등록부의 기재나 법원의 친생자관계존재확인판결이 있어야만 이를 인정할 수 있는 것이 아니다. 따라서 인지를 요하지 아니하는 모자관계에는 인지의 소급효 제한에 관한 민법 860조 단서가 적용 또는 유추적용되지 아니하며, 상속개시 후의 인지 또는 재판의 확정에 의하여 공동상속인이 된 자의 가액지급청구권을 규정한 민법 1014조를 근거로 자가 모의 다른 공동상속인이 한 상속재산에 대한 분할 또는 처분의 효력을 부인하지 못한다고 볼 수도 없다. 이는 비록 다른 공동상속인이 이미 상속재산을 분할 또는 처분한 이후에 모자관계가 친생자관계존재확인판결의 확정 등으로 비로소 명백히 밝혀졌다 하더라도 마찬가지이다(대법원 2018. 6. 19. 선고 2018다1049 판결).

(2) 피 고

피고는 다른 공동상속인이다. 각 공동소송인에게 개별로 청구할 수 있다.

인지 또는 재판의 확정으로 선순위상속인이 등장하기 전에 상속재산을 분할 또는 처분한 **후순위상속인**에 대해서는 다툼이 있으나, **다수설**은 민법 1014조의 적용 내지는 유추적용을 부정하여 가액지급청구를 할 수 없다고 본다.

제3부
특수한 소송유형

제7장
회사법상 소송

제 7 장
회사법상 소송

제 1 강 주주대표소송

Z은행이 H철강주식회사에게 신규여신을 제공할 때에 H철강주식회사는 제철소 건설을 위하여 외부에서 거액의 자금을 빌렸기 때문에 재무구조가 열악하였다. Z은행의 여신심사의견서에도 여신제공이 원칙적으로 금지되는 대상업체라고 기재되어 있었으므로 Z은행의 대표이사 Y(및 이사)는 자체 신용조사로 H철강주식회사가 상환능력이 미흡하다는 사정을 충분히 알 수 있었다. 따라서 신규대출을 삼가하였어야만 하였고, 대출을 하더라도 만약의 사태에 대비하여 확실한 담보를 취득하는 등 채권보전조치에 만전을 다하였어야 하였다. 결국 Z은행의 소수주주 X−1, X−2는 대표이사 Y를 상대로 주주대표소송으로 10억 원의 손해배상(선관주의의무 내지 충실의무 위반)의 지급을 구하는 소를 제기하였다. [대법원 2002. 3. 15. 선고 2000다9086 판결의 사안]

주주대표소송이란 주주 자신이 회사를 위하여 이사의 회사에 대한 책임을 추궁하는 소송을 말한다(상법 403조).

이사의 회사에 대한 책임은 본래 회사 자신이 추궁하여야 할 것이지만, 책임을 추궁 당할 이사와 다른 이사 사이의 특수한 관계 때문에 회사 자신이 적극적으로 이사의 책임을 추궁한다는 것은 기대하기 어렵다는 측면에서 주주대표소송이 인정되고 있다.

주주가 회사를 위하여 회사의 권리를 행사하여 이사의 책임을 추궁할 수 있는 대표소송을 인정함으로써 회사의 이익보호를 도모하면서도, 주주에 의한 그 남용을 방지하기 위하여 우리 상법에서는 **발행주식의 총수의 100분의 1 이상**의 주주에 한하여 이를 제기할 권리를 부여하고 있다. 한편, 상장회사는 6개월 전부터 계속하여 상장회사 **발행주식총수의 1만분의 1 이상**에 해당하는 주식을 보유하여야 주주대표소송을 할 수 있다(상법 542조의6 6항).

1. 소의 성질

주주대표소송은 주주가 타인인 회사의 이익을 위하여 스스로 원고가 되고, 이사 등을 피고로 하는 소를 제기할 수 있는 당사자적격이 부여된 것으로 그 법률상 성질은 **제3자의 소송담당**(법정소송담당)이라고 보는 입장이 일반적이다.

따라서 원고인 주주가 받는 판결의 효력은 원고의 승소·패소를 불문하고 권리의무의 주체인 회사에 미친다(즉, 회사는 민사소송법 218조 3항에 정한 다른 사람에 해당하므로 그 판결의 기판력이 회사에 미치게 된다).

2. 소 송 물

소송물은 상법 399조 1항에 기한 회사의 이사에 대한 손해배상청구권 등이다.

3. 청구취지

가령, 청구취지는 다음과 같이 적는다.

피고는 소외 Z 주식회사에게 1,000,000,000원 및 이에 대하여 이 사건 소장 부본의 송달일 다음날부터 다 갚는 날까지 연 12%의 비율에 의한 금원을 지급하라.

피고들은 연대하여 소외 Z 주식회사에게 1,000,000,000원 및 이에 대하여 이 사건 소장 부본의 송달일 다음날부터 다 갚는 날까지 연 12%의 비율에 의한 금원을 지급하라.

원고는 회사를 대표하여 소송을 수행하는 것이므로 피고가 원고에게 손해배상금을 지급하는 것이 아니라는 것을 주의하라.

4. 청구원인

요건사실은 다음과 같다.

❶ 원고가 100분의 1 이상의 주식을 가진 것
- 주주에 의한 남소를 방지하고자 함이다.
- 여러 주주가 함께 제소하기 위하여는 보유주식을 합산하여 주식보유요건을 갖추면 되고, 소제기 후에는 보유주식의 수가 그 요건에 **미달하게 되어도 무방하다.**
- 주주의 지위를 상실한 자는 원고적격을 잃는다.
- 이때 소를 제기한 주주의 보유주식이 제소 후 발행주식총수의 100분의 1 미만으로 감소한 경우에도 **발행주식을 전혀 보유하지 아니하게 된 경우를 제외**하고는 제소의 효력에 영향이 없다(상법 403조 5항).
- 상장회사는 특칙 – 6개월 전부터 계속하여 상장회사 발행주식총수의 1만분의 1 이상에 해당하는 주식을 보유하여야 한다.

❷ 회사에 이사의 책임을 추궁할 제소청구를 한 것
- 주주는 소를 제기하기 전에 먼저 회사에 대하여 소의 제기를 청구하여야 하는데, 이 청구는 이유를 기재한 서면(제소청구서)으로 하여야 한다(상법

403조 1항, 2항).

- 제소청구서에 기재되어야 하는 '이유'에는 권리귀속주체인 회사가 제소 여부를 판단할 수 있도록 책임추궁 대상 이사, 책임발생 원인사실에 관한 내용이 포함되어야 한다. 다만 주주가 언제나 회사의 업무 등에 대해 정확한 지식과 적절한 정보를 가지고 있다고 할 수는 없으므로, 제소청구서에 책임추궁 대상 이사의 성명이 기재되어 있지 않거나 책임발생 원인사실이 다소 개략적으로 기재되어 있더라도, 회사가 제소청구서에 기재된 내용, 이사회의사록 등 회사 보유 자료 등을 종합하여 책임추궁 대상 이사, 책임발생 원인사실을 구체적으로 특정할 수 있다면, 그 제소청구서는 상법 403조 2항에서 정한 요건을 충족하였다고 보아야 한다(대법원 2021. 5. 13. 선고 2019다291399 판결).
- 주주가 아예 상법 403조 2항에 따른 서면(제소청구서)을 제출하지 않은 채 대표소송을 제기하거나 제소청구서를 제출하였더라도 대표소송에서 제소청구서에 기재된 책임발생 원인사실과 전혀 무관한 사실관계를 기초로 청구를 하였다면 그 대표소송은 상법 403조 4항의 사유가 있다는 등의 특별한 사정이 없는 한 부적법하다. 반면 주주가 대표소송에서 주장한 이사의 손해배상 책임이 제소청구서에 적시된 것과 차이가 있더라도 제소청구서의 책임발생 원인사실을 기초로 하면서 법적 평가만을 달리한 것에 불과하다면 그 대표소송은 적법하다. 따라서 주주는 적법하게 제기된 대표소송 계속 중에 제소청구서의 책임발생 원인사실을 기초로 하면서 법적 평가만을 달리한 청구를 추가할 수도 있다(대법원 2021. 7. 15. 선고 2018다298744 판결).
- 제소청구를 하지 않은 채 본소를 제기한 경우에도 본소에 회사가 참가한다면 흠이 치유된다고 할 것이다.

❸ 위 ②로부터 30일 경과 후에 본소를 제기한 것

- 30일 내에 본소를 제기한 경우에도 그 뒤 회사가 제소청구에 기하여 소를 제기하지 않은 경우에는 30일이 경과하면 흠이 치유된다고 할 것이다.

❹ 이사 등의 임무해태로 회사에 손해가 발생한 것

- 임무해태 – (예) H철강이 당진 제철소 건설사업을 추진함에 있어 높은 부채 의존도, 열악한 재무구조, 부실한 사업계획 등으로 인하여 그 대출금 회수불능의 위험을 충분히 예측할 수 있었음에도 이에 대한 충분한 사전조사와 담보의 확보 없이 거액의 여신을 제공할 것을 결의하였고 더구나 은행장이었던 피고는 H철강의 회장으로부터 뇌물을 수수하고 그 대가로 계속하여 거액의 여신을 제공하게 함으로써 결국 H철강의 부도로 그 대출금의 회수불

능의 위험에 빠지게 하였는바, 이는 이사로서의 선관주의의무 내지 충실의무에 위반한 것이다.

- 손해발생 – (예) Z은행은 1993.11.4. – 1997.1.20. 사이에 H철강에 대하여 총 1조 853억 원을 대출하였으나 H철강이 1997.1.23. 부도되어 1997.1.28. 회사정리절차가 개시됨으로써 위 대출 금원을 회수하지 못하고 있다.

5. 예상되는 항변

가. 본안전 주장 – 원고적격 / 제소청구를 둘러싼 다툼

이는 주주대표소송 자체의 제소요건(상법 403조 1항 내지 5항 참조)을 충족하지 못하였다는 **본안전 주장**이다.

원고의 지분요건 등 원고적격, 제소 후 지분 전부 상실, 사전의 서면에 의한 제소청구 절차 요건 등을 갖추지 못한 경우이다.

주주대표소송을 제기한 주주 중 일부가 주식을 처분하는 등의 사유로 주식을 전혀 보유하지 아니하게 되어 주주의 지위를 상실하면, 특별한 사정이 없는 한 그 주주는 원고적격을 상실하여 그가 제기한 부분의 소는 부적법하게 되고, 이는 함께 대표소송을 제기한 다른 원고들이 주주의 지위를 유지하고 있다고 하여 달리 볼 것은 아니다(대법원 2013. 9. 12. 선고 2011다57869 판결).

나. 본안의 다툼 - 경영판단에 기한 적법절차를 거친 것

이는 주주대표소송 자체의 다툼이 아닌, 본안의 다툼이다.

앞에서 제시된 H철강 사안에서 피고들은 결과적으로 Z은행의 H철강의 대출금 회수불능으로 인한 손해에 대하여는 이를 인정하면서도 피고들이 Z은행의 경영자로서 은행을 위하여 최선이라는 판단하에 H철강에 대하여 여신을 제공한 것이므로 그 판단이 결과적으로 잘못된 것이었고 그로 인하여 Z은행에 손해를 입혔다고 하더라도 피고들에게 그 경영판단에 따른 책임을 지울 수는 없는 것이라고 다투었다.

6. 절 차

가. 소송목적의 값

주주대표소송의 소송목적의 값은 1억 원으로 한다(민사소송 등 인지법 2조 4항, 민사소송 등 인지규칙 15조 1항, 18조의2).

나. 관 할

관할은 회사 본점소재지의 지방법원의 **전속관할**이다(상법 403조 7항, 186조).

소송목적의 값이 5억 원을 초과하지 않지만, 지방법원(및 지원)의 **합의부**의 **사물관할**에 속한다(민사 및 가사소송의 사물관할에 관한 규칙 2조).

다. 증 거

주주대표소송에서 이사의 책임근거로 위법배당, 이익공여, 법령·정관 위반 등의 여러 유형이 있고, 그 소송의 대상이 되는 이사의 위법행위는 다양한데, 그 증거수집방법으로, 주주는 단독으로 주주총회의 의사록, 주주명부의 열람 또는 등사를 청구할 수 있고(상법 396조 1항), 발행주식의 총수의 100분의 3 이상에 해당하는 주식을 가진 주주는 이유를 붙인 서면으로 회계의 장부와 서류의 열람 또는 등사를 청구할 수 있다(상법 466조 1항).

그 밖의 방법으로 조사촉탁, 문서송부촉탁, 문서제출명령의 신청에 의하여 증거를 수집할 수 있다.

대출품의서의 문서제출명령

📖 가령, 위와 같은 주주대표소송중에 원고 주주는 법원에 위 대출의 위법성을 증명하기 위하여 은행이 소지하는 대출품의서(稟議書)에 대하여 그 제출을 구하는 문서제출명령의 신청을 하였다고 하자. 여기서 법원은 문서제출명령을 발할 수 있는가가 논의되고 있다.

상대방 또는 제3자가 가지고 있는 제출의무 있는 문서에 관하여 서증의 신청을 함에 있어서는 문서제출명령의 신청방식에 의한다(343조 후단). 2002년 개정 민사소송법 344

조 2항에서는 문서와 당사자 사이에 특별한 관계가 없는 경우에도 일정한 제외사유에 해당하지 않는 경우에는 문서를 가지고 있는 사람에게 문서를 제출하도록 문서제출의무를 확대하는 등 문서제출의무를 **일반의무화**하였다. 그런데 예외적으로 문서를 가지고 있는 사람의 이익보호라는 관점에서 오로지 자기가 이용하기 위하여 작성한 문서인 **자기사용문서**(=내부적 문서)는 문서제출의무가 부정되어 그 제출을 거부할 수 있다. 일반적 문서제출의무를 면제하는 개념으로 2002년 개정 민사소송법에서 이를 채택하였다.

자기사용문서는 오로지 내부의 이용에 제공할 목적으로 작성되어 외부에 개시되는 것이 예정되어 있지 않은 것인데, 그 제출에 의하여 문서를 가지고 있는 사람에게 무시 못할 불이익이 생길 우려가 있다. 자기사용문서는 종전에 법률관계문서의 해석에 있어서 문서제출의무의 범위가 넓어지는 것에 대하여, 이것을 다시 제한하기 위하여 이용된 개념이다(일기, 메모, 가계부 등과 같은 것은 공표를 목적으로 한 문서가 아니고, 또 거기에는 개인의 프라이버시에 관한 기재가 있기 때문에, 거기에 약간은 다른 사람의 법률관계에 관한 기재가 있어도 문서제출의무를 면제한다는 이론이다).

대출품의서의 개시에 의하여 은행 내부의 자유로운 의견표명·의사형성이 방해되므로 특별한 사정이 없는 한, 대출품의서는 문서제출의무가 부정되는 자기사용문서라고 생각한다(마찬가지 입장으로는 강현중). 이에 대하여 대출품의서의 문서제출의무를 부정함에 반대하는 입장도 있다(김용진).

라. 소송고지

소를 제기한 주주는 소를 제기한 후 지체 없이 회사에 대하여 그 소송의 고지를 하여야 한다(상법 404조 2항). 소송고지가 의무화된 경우이다. 이는 회사에게 소송참가의 기회를 주기 위함이다.

마. 참 가

(1) 회사의 원고 측에의 공동소송참가

앞에서 제시된 사례는 대법원 2002. 3. 15. 선고 2000다9086 판결의 사안이다.

(가) 제 1 심

제1심 원고들은 Z은행의 주식을 종전부터 소유하고 있던 소수주주들

(43명)및 제1심에서 공동소송참가를 한 소수주주들(14명)등 57명이었으며, 피고들은 제일은행의 전 은행장이었던 이○○, 신○○, 그리고 전 이사들인 이○○, 박○○ 등 4명이다.

위 경우는 처음에 주주 43명이 소를 제기한 뒤, 소송 도중에 판결의 효력을 받는 다른 주주 14명이 **공동소송참가**(83조)를 한 사례이다. 공동소송참가는 소송계속중 당사자 사이의 판결의 효력을 받는(소송의 목적이 당사자의 일방과 제3자에 대하여 합일적으로만 확정될 경우) 제3자가 원고 또는 피고의 공동소송인으로 소송에 참가하는 것을 말한다. ① 소송계속중일 것, ② 제3자가 당사자적격이 있을 것, ③ 소송의 목적이 당사자의 일방과 제3자에 대하여 합일적으로 확정될 경우일 것이 공동소송참가의 요건이다. 피참가인(처음에 소를 제기한 주주 43명)과 참가인(소송 도중에 참가한 다른 주주 14명)은 공동소송인이 되고, 그 관계는 **유사필수적 공동소송**으로 취급된다.

한편, 원고들이 소를 제기한 1997. 6. 3. 당시 Z은행의 자본금은 8,200억 원, 발행주식 총수는 1억 6,400만 주이었는데, 소송진행 중인 1998. 1. 31. 8.2:1의 비율로 감자(減資)가 이루어져 그 자본금은 1,000억 원, 발행주식 총수는 2,000만 주로 감소되었고, 같은 날 예금보험공사 및 정부에서 공적자금에 의한 증자(增資)를 단행하여 그 자본금은 1조 6,000억 원, 발행주식 총수는 3억 2,000만 주로 변경되었다.

그런데 원고들 및 제1심 공동소송참가인들은 제1심 변론종결 당시까지 총 10만 3,189주를 보유하여 증권거래법에 따른 대표소송 제소요건인 3만 2,000주(3억 2,000만 주 10,000분의 1)보다 많이 주식을 보유하여 당사자적격에는 아무런 문제가 없었다.

제1심에서는 원고들 및 제1심 공동소송참가인들이 전부 승소하였고, 이에 대하여 피고들이 항소를 하였다.

(나) 항 소 심

제1심 판결 선고 후에 Z은행은 금융산업의 구조개선에 관한 법률 10조 및 12조에 의하여 금융감독위원회로부터 자본금 감소명령을 받고, 이 사건 항소심 진행 중이던 1999. 6. 26. 이사회에서 '총 발행주식의 액면가 총액 1조

6,000억 원 중 정부와 예금보험공사가 보유한 주식 액면가 1조 5,000억 원은 1조 2,279억 103만 원을 감자하기 위하여 5,5127주를 1주로 병합하고, 나머지 일반주주들이 보유한 주식 액면가 1,000억 원 전부에 대하여는 이를 무상소각'하기로 결의하였다.

이어 1999. 7. 9. 위 이사회 결의에 따라 일반주주들인 원고들 및 제1심 공동소송참가인들의 보유 주식이 모두 무상소각됨으로써, 원고들 및 제1심 공동소송참가인들은 회사의 발행주식을 **전혀 보유하지 아니하게 되어** 이 사건 대표소송을 유지하기 위한 주주요건을 흠결하게 되었다.

그리하여 Z은행은 같은 해 7. 1. 제2심 법원에 제1심 원고들과 같은 청구취지로써 **공동참가신청**을 하였다(다만, 청구취지를 400억 원에서 10억 원으로 감축).

항소심에서는 결국 원고들 및 제1심 공동소송참가인들의 **소를 각하**하고, 원고들의 당사자참가인으로서 Z은행에게는 "피고들은 각자 참가인 Z은행에게 10억 원을 지급하라"는 승소판결을 하였다.

㈐ 상 고 심

항소심 판결에 대하여 피고들이 상고를 하였다. 상고이유는 다음과 같다.

> 위 참가는 공동소송적 보조참가라는 전제에서, 피참가인인 원고들 및 제1심 공동소송참가인의 이 사건 소가 당사자적격을 상실하여 부적법하게 된 이상, 원고 공동소송참가인(제일은행)의 이 사건 참가도 부적법하다.
>
> 그리고 항소심에서 공동소송참가를 한 것은 부적법하다.

상고심인 대법원 2002. 3. 15. 선고 2000다9086 판결에서 피고들의 상고를 기각하였다.

① 참가의 성격에 관한 법리오해 주장에 대하여

> 주주의 대표소송에 있어서 원고 주주가 원고로서 제대로 소송수행을 하지 못하거나 혹은 상대방이 된 이사와 결탁함으로써 회사의 권리보호에 미흡하여 회사의

이익이 침해될 염려가 있는 경우 그 판결의 효력을 받는 권리귀속주체인 회사가 이를 막거나 자신의 권리를 보호하기 위하여 소송수행권한을 가진 정당한 당사자로서 그 소송에 참가할 필요가 있으며, 회사가 대표소송에 당사자로서 참가하는 경우 소송경제가 도모될 뿐만 아니라 판결의 모순·저촉을 유발할 가능성도 없다는 사정과, 상법 404조 1항에서 특별히 참가에 관한 규정을 두어 주주의 대표소송의 특성을 살려 회사의 권익을 보호하려한 입법 취지를 함께 고려할 때, 상법 404조 1항에서 규정하고 있는 회사의 참가는 공동소송참가를 의미하는 것으로 해석함이 타당하고, 나아가 이러한 해석이 중복제소를 금지하고 있는 민사소송법 234조에 반하는 것도 아니라고 할 것이다.

따라서 피고들이 그 참가는 공동소송적 보조참가라는 전제에서 피참가인인 원고들 및 제1심 공동소송참가인(모두 주주들로서 원심에서 소 각하됨, 아래에서는 '원고들 및 제1심 소송참가인'이라 쓴다)의 이 사건 소가 당사자적격을 상실하여 부적법하게 된 이상, 원심 원고 공동소송참가인(피상고인, 아래에서는 '원고 공동소송참가인'이라 쓴다)의 이 사건 참가도 부적법하다고 한 항변을 원심이 배척한 것은 위와 같은 법리에 따른 것으로서 정당하고, 거기에는 원고 공동소송참가인의 참가의 성격에 관한 법리오해 등의 위법이 없다.

이에 대하여 회사의 공동소송참가는 중복소송이 아닐 수 없게 되며, 그렇다면 공동소송참가가 허용된다는 것은 잘못이고, 결국 공동소송적 보조참가로 봄이 옳다는 반대입장이 있다(이시윤). 그러나 **생각건대**, 위 경우는, 원고 주주의 청구와 회사의 청구가 함께 병합심리되기 때문에 중복된 소제기를 금지하는 취지에 어긋나지 않게 되므로 참가하는 회사에 대하여 당사자의 지위를 부정할 이유는 없고, 그리하여 판례와 같이 공동소송참가로 보는 것에 찬성한다.

② 원고 참가 요건에 관한 법리오해 주장에 대하여

기록에 의하니, 원고들 및 제1심 소송참가인들의 보유 주식이 모두 무상소각되어 대표소송에서의 당사자적격을 상실하게 된 것은 원고 공동소송참가인의참가신청 이후인 1999. 7. 9.인 사실을 알 수 있으므로, 비록 원고들이 원심 변론종결 시까지 대표소송상의 원고 주주요건을 유지하지 못하여 종국적으로 소가 각하되는 운명에 있다고 할지라도 원고 공동소송참가인의 참가 시점에서는 원고들이 적법

> 한 원고적격을 가지고 있었다고 할 것이어서 원고 공동소송참가인의 이 사건 참가는 적법하다고 할 것이고, 뿐만 아니라 원고들 및 제1심 소송참가인들의 이 사건 주주대표소송이 확정적으로 각하되기 전에는 여전히 그 소송계속 상태가 유지되고 있는 것이어서, 그 각하판결 선고 이전에 회사가 원고 공동소송참가를 신청한 이 사건에서 그 참가 당시 피참가소송의 계속이 없다거나 그로 인하여 참가가 부적법하게 된다고 볼 수는 없다.
>
> 나아가, 공동소송참가는 항소심에서도 할 수 있는 것이고(대법원 1962. 6. 7. 선고 62다144 판결 참조), 항소심절차에서 공동소송참가가 이루어진 이후에 피참가소가 소송요건의 흠결로 각하된다고 할지라도 소송의 목적이 당사자 일방과 제3자에 대하여 합일적으로 확정될 경우에 한하여 인정되는 공동소송참가의 특성에 비추어 볼 때, 심급이익 박탈의 문제는 발생하지 않는다고 볼 것이다.
>
> 같은 취지에서 원고 공동소송참가인이 항소심절차에서 이 사건 공동소송참가한 것을 적법하다고 본 원심의 처리는 정당하고, 거기에 공동소송참가 요건 등에 관한 법리오해의 위법이 없다.

(2) 회사가 피고 측에 보조참가를 할 수 있는지 여부

회사는 주주대표소송에 참가를 할 수 있다(상법 404조 1항).

한편, 회사가 원고에 대항하는 피고 측을 지원할 수 있는가 하는 문제와 관련하여(가령, Z은행은 대출의 과정에 있어서 피고 측의 의사결정이 적법하고 합리적이었다고 생각한다면), 회사가 피고 측에 보조참가(민사소송법 71조)를 할 수 있는가의 문제가 논의되고 있다.

우선, 주주대표소송에서 피고적격을 가지는 사람은 이사이고, 회사가 아니므로 공동소송참가도 할 수 없고, 또한 회사와 피고 이사 사이에 합일확정을 필요로 하는 것은 아니라는 점에서 회사의 피고 측에의 참가를 공동소송적 보조참가로 볼 수는 없고, 나아가 회사가 보조참가를 함에 있어서, 보조참가의 이익에 대하여 이는 회사의 사실상 이익에 불과한 것이고, 법률상 이해관계를 충족하지 못하므로 보조참가도 허용될 수 없다고 한다(김상균, "주주대표소송에서의 소송참가", 민사소송(Ⅳ), 238면 이하).

생각건대, 사안에서 대출이 위법하다는 것을 이유로 한 손해배상청구가 인정된다면, 그 이사회의 의사결정을 전제로 형성된 회사의 사법상 또는 공법상의 법적 지위·법적 이익에 영향을 미칠 우려가 있다. 그리고 회사가 자기 입장의 방어를 위하여 보조참가를 하면 소송자료가 풍부하게 되어 심리가 충실·적정화될 수 있다. 또한 피고 이사가 패소하는 것에 따른 회사의 이미지의 추락도 피할 수 있다. 따라서 회사는 특별한 사정이 없는 한, 이사의 승소를 보조하기 위한 보조참가의 이익을 인정할 수 있다(일본 最高裁判所 2001년(平成 13年) 1월 30일 결정 참조).

7. 주주대표소송의 종료

가. 화해 등

당사자는 법원의 허가를 얻지 않고 소의 취하, 청구의 포기·인낙, 화해를 할 수 없다(상법 403조 6항).

나. 판 결

주주대표소송은 법정소송담당인 주주에 의한 것으로 판결은 회사에게도 미치고(민사소송법 218조 3항), 그 결과 다른 주주에게도 효력이 미친다.

원고는 회사를 대표하여 소송을 수행하는 것이므로 피고가 원고에게 손해배상금을 지급하는 것이 아니라는 것을 주의하라. 즉, 판결 주문은 '피고는 회사에게 OOO원을 지급하라'와 같이 된다.

소를 제기한 주주가 승소한 때에는 그 주주는 회사에 대하여 소송비용 및 그 밖에 소송으로 인하여 지출한 비용중 상당한 금액의 지급을 청구할 수 있다(상법 405조 1항).

다. 집 행 력

주주대표소송의 판결에 원고인 당사자로 표시되는 자와 주문에서 급부수령권의 주체로 표시되는 자가 다르게 되므로 원고인 주주와 급부수령권의 주체인 회사 가운데 누구에게 집행력이 미친다고 볼 것인가가 문제되고 있다.

주주대표소송의 확정판결의 **집행력**은 확정판결의 당사자인 원고가 된 사람(주주)과 다른 사람(회사) 모두에게 미치므로(민사집행법 25조 참조) 주주대표소송의 **주주는 집행채권자**가 될 수 있다(대법원 2014. 2. 19.자 2013마2316 결정).

8. 재심의 소

주주대표소송에 있어서 원고와 피고인 이사의 공모로 인하여 소송의 목적인 회사의 권리를 **사해할 목적**으로써 판결을 하게 한 때에는 회사 또는 주주는 확정한 종국판결에 대하여 **재심의 소**를 제기할 수 있다(상법 406조 1항). 확정한 종국판결에는 사해적인 화해 또는 청구의 포기가 있은 경우를 포함한다.

이 재심의 소는 그 사유 및 제소권자에 있어서는 일반의 재심의 소와 다르지만, 그 밖의 점에서는 민사소송법의 일반 규정에 따른다.

9. 다중대표소송

2020년 상법 개정에 의하여 406조의2에서 모회사 발행주식총수의 100분의 1 이상에 해당하는 주식을 가진 주주는 자회사에 대하여 자회사 이사의 책임을 추궁할 소의 제기를 청구할 수 있다고 **다중대표소송**을 **도입**하였다.

종전의 판례는 다음과 같이 이중대표소송을 인정하지 않았다. 어느 한 회사가 다른 회사의 주식의 전부 또는 대부분을 소유하여 양자 간에 지배종속관계에 있고, 종속회사가 그 이사 등의 부정행위에 의하여 손해를 입었다고 하더라도, 지배회사와 종속회사는 상법상 별개의 법인격을 가진 회사이고, 대표소송의 제소자격은 책임추궁을 당하여야 하는 이사가 속한 당해 회사의 주주로 한정되어 있으므로, 종속회사의 주주가 아닌 지배회사의 주주는 상법 403조, 415조에 의하여 종속회사의 이사 등에 대하여 책임을 추궁하는 이른바 이중대표소송을 제기할 수 없다(대법원 2004. 9. 23. 선고 2003다49221 판결).

10. 파산절차

가. 주주대표소송 계속 중(대표소송 선행형) 회사의 파산선고

회사의 재산의 관리처분권은 파산관재인에게 속하게 되고, 주주는 본소를 제기할 수 없게 되므로 주주대표소송은 중단되고, 파산관재인이 이를 수계한다고 볼 것이다(일본 東京地決 2000년(平成12年) 1월 27일은 이러한 입장이다).

나. 파산절차가 진행 중(파산절차 선행형) 주주대표소송의 가부

판례는 다음과 같이 소극적이다. 회사에 대한 파산선고가 있으면 파산관재인이 당사자적격을 가진다고 할 것이고, 파산절차에 있어서 회사의 재산을 관리·처분하는 권리는 파산관재인에게 속하며, 파산관재인은 법원의 감독하에 선량한 관리자의 주의로써 그 직무를 수행할 책무를 부담하고 그러한 주의를 해태한 경우에는 이해관계인에 대하여 책임을 부담하게 되기 때문에 이사 또는 감사에 대한 책임을 추궁하는 소에 있어서도 이를 제기할 것인지의 여부는 파산관재인의 판단에 위임되어 있다고 해석하여야 할 것이고, 따라서 회사가 이사 또는 감사에 대한 책임추궁을 게을리 할 것을 예상하여 마련된 주주의 대표소송의 제도는 파산절차가 진행 중인 경우에는 그 적용이 없고, 주주가 파산관재인에 대하여 이사 또는 감사에 대한 책임을 추궁할 것을 청구하였는데 파산관재인이 이를 거부하였다고 하더라도 주주가 상법 403조, 415조에 근거하여 대표소송으로서 이사 또는 감사의 책임을 추궁하는 소를 제기할 수 없다고 보아야 할 것이며, 이러한 이치는 주주가 회사에 대하여 책임추궁의 소의 제기를 청구하였지만 회사가 소를 제기하지 않고 있는 사이에 회사에 대하여 파산선고가 있은 경우에도 마찬가지이다(대법원 2002. 7. 12. 선고 2001다2617 판결).

제 3 부 특 수 한 소 송 유 형

제 7 장
회사법상 소송

제 2 강 주주총회결의 취소소송

[사실관계]

① Y회사는 2018. 9. 12. 이사회를 열어, 2018. 11. 3. 임시주주총회를 개최하기로 결의하고(나중에 개최일자가 2018. 12. 10.로 변경되었다. 위 2018. 12. 10.자 임시주주총회를 '이 사건 주총'이라고 한다), 그 의안의 주요내용을 '제1호 의안: 이사 선임의 건, 제2호 의안: 사외이사 선임의 건, 제3호 의안: 감사선임의 건'으로 정하였으며, 이사, 사외이사, 감사 후보자는 그 대상자가 확정되면 추후 재공시하기로 하였다.

② 그 후 Y회사는 2018. 11. 21. 이사회를 개최하여, 이 사건 주총 의안의 주요내용에 '무상감자(감자비율 5:1) 승인의 건'을 추가하였고, A, B를 각 이사 후보자로, C를 사외이사 후보자로, D를 감사 후보자로 각 정하였으며, 위와 같은 내용의 주주총회소집통지서를 X 및 W(원고 공동소송참가인)를 포함한 주주들에게 발송하였다.

③ 2018. 12. 10. 열린 이 사건 주총에서 각 의안이 상정되었고, Y회사의 대표이사로서 이 사건 주총을 진행한 K는 Y회사의 의결권 있는 주식 수는 29,469,986주이고 그중 12,850,293주의 주식을 보유한 주주 42명(위임장 제출자 포함)이 출석하였는데, 자신의 주식과 위임받은 주식의 합계가 총 10,456,835표라고 주장하면서 10,456,835표의 찬성으로 위 각 안건이 통과되었음을 선언하였다(이하 '이 사

건 결의'라고 한다).
④ X와 W(이하 '원고 등'이라고 한다)는 Y회사의 주주이다.

[Y의 주장]
① X가 Y회사의 주주명부에 등재되어 있기는 하지만, 주식인수대금을 납입한 Z가 실제 주주이고 X는 Z에게 명의를 대여한 형식주주에 불과하므로 이 사건 소의 당사자적격이 없다.
② 이 사건 결의방법에 하자가 있다고 하더라도, 이는 경미한 하자일 뿐만 아니라 결의의 결과에 영향을 미치지 않는 하자이므로 이 사건 청구는 상법 379조에 의하여 기각되어야 한다.

상법이 정하고 있는 주주총회결의의 하자를 다투는 소송은 주주총회 결의취소의 소(상법 376조), 주주총회 결의무효확인의 소(상법 380조), 주주총회 결의부존재확인의 소(상법 380조), 주주총회 부당결의취소·변경의 소(상법 381조)가 있다.

각 소를 제기할 수 있는 요건은 다소 차이가 있는데, 경우에 따라서는 그 경계가 애매하기도 하다.

여기서는 주주총회의 소집절차 또는 결의방법이 법령 또는 정관에 위반하거나 현저하게 불공정한 때 또는 그 결의의 내용이 정관에 위반한 때의 주주총회결의의 취소소송에 대하여 살펴보기로 한다. 주주·이사 또는 감사는 결의의 날로부터 2월 내에 결의취소의 소를 제기할 수 있다(상법 376조 1항).

1. 소의 성질

주주총회 결의취소의 소는 일단 유효한 결의를 판결에 의하여 무효로 하는 것이므로 **형성의 소**라고 해석하는 입장이 일반적이다.

판결에 의하여 취소되지 않는 한, 해당 결의는 유효하다.

형성소송

📖 여러 이해관계인 사이에서 권리관계를 명확히 획일적으로 하고자 하는 경우나 법적 안정을 도모할 필요가 있는 경우에 법은 형성의 소로써 형성요건에 해당하는 사실을 주장시켜, 법원이 그 존재를 확정하여 판결에 의하여 비로소 권리 또는 법률관계의 변경·소멸을 하고자 한다. 이렇게 형성소송은 이행소송이나 확인소송과 달리 형성판결을 인정할 필요가 있는 경우에 특히 명문의 규정으로 인정한 것이며, 누가 누구를 상대로 제소할 것인가 하는 주체나 요건이 개별적으로 규정되어 있는 것이 원칙이다. 이러한 당사자적격이 있는 사람이 형성요건을 주장하면, 원칙적으로 소의 이익이 당연히 인정된다.

2. 청구취지

청구취지는 다음과 같이 적는다.

피고의 2000. 00. 00.자 주주총회에서 … 하는 취지의 결의를 취소한다.

3. 청구원인

청구원인의 요건사실은 다음과 같다.

청구원인에는 아래의 원고적격에 관한 사실을 적는다(원고가 이를 주장·증명하여야 한다).

❶ 주주총회 결의가 행하여진 것
❷ 위 ①로부터 2월 내에 본소를 제기한 것
- 위 ② 제소기간과 관련하여, 결의취소의 소는 결의의 날로부터 2월 내에 제기할 수 있는데, 이 기간은 제척기간으로 해석하며, 기간이 도과한 후 제기된 소는 부적법 각하된다.

- 한편, 주주총회 결의취소의 소와 달리, 주주총회 결의무효확인의 소 및 부존재확인의 소는 제소기간의 정함이 없다.

❸ 취소사유

- 총회의 소집절차가 법령 또는 정관에 위반하거나 현저하게 불공정한 때
- 총회의 결의방법이 법령 또는 정관에 위반하거나 현저하게 불공정한 때
- 총회의 결의의 내용이 정관에 위반한 때

가. 소집절차의 하자

가령 이사회의 총회 소집결의의 하자, 소집권한이 없는 자에 의한 소집, 통지상의 하자 등이 그것이다.

이사회의 결정 없이 주주총회의 소집되었다고 하더라도 외관상 이사회의 결정이 있었던 것과 같은 소집형식을 갖추어 소집 권한 있는 자가 적법한 소집절차를 밟은 이상, 이사회의 결정이 없었다는 사정은 주주총회결의부존재의 사유는 되지 않고, 주주총회결의취소의 사유가 된다(대법원 1980. 10. 27. 선고 79다1264 판결).

주주명부상의 주주가 실질주주가 아님을 회사가 알고 있었고 이를 용이하게 증명할 수 있었는데도 형식주주에게 소집통지를 하고 의결권을 행사하게 하였다면 취소의 사유가 된다(대법원 1998. 9. 8. 선고 96다45818 판결).

나. 결의방법의 하자

원칙적으로 주주총회 소집을 함에 있어서 회의의 목적 사항으로 한 것 이외에는 결의할 수 없으며 이에 위배된 결의는 결의취소의 사유다(대법원 1979. 3. 27. 선고 79다19 판결).

다. 결의내용의 정관 위반의 하자

결의내용의 정관 위반은 결의내용상의 하자로 실질적 하자인데, 종래 결의무효사유이었으나, 1995년 상법 개정 시 결의취소사유로 하였다.

이에 관한 특별한 판례는 아직 없으며 이론상 정관이 정하는 이사의 자격에 미달한 사람을 선임하는 결의, 정관이 정하는 정원을 초과하여 이사를 선임하는 결의, 이사에게 정관에서 정한 금액 이상의 보수를 지급하는 결의 등이 언급되고 있다.

4. 예상되는 항변

후술할 **재량기각의 주장**이 항변으로 예상될 수 있다.

5. 절 차

가. 소송목적의 값

소송목적의 값은 5천만 원으로 한다(민사소송 등 인지법 2조 4항, 민사소송 등 인지규칙 15조 2항, 18조의2).

나. 관 할

결의취소의 소는 피고 회사 본점 소재지의 지방법원 **전속관할**이다(상법 376조 2항, 186조).

소송목적의 값이 5억 원을 초과하지 않지만, 지방법원(및 지원)의 **합의부**의 **사물관할**에 속한다(민사 및 가사소송의 사물관할에 관한 규칙 2조).

다. 당 사 자

(1) 원고적격

결의취소의 소의 원고는 주주(1주 이상의 주식을 소유한 주주의 단독주주권), 이사, 감사로 한정된다. 주주총회의 결의와 이해관계가 가장 크고 또 충실한 소송수행을 기대할 수 있는 자에게 원고적격을 부여하고 있는 것이다.

여럿의 주주가 제기하는 결의취소의 소는 **유사필수적 공동소송**이다(후술 대법원 2021. 7. 22. 선고 2020다284977 전원합의체 판결 참조).

청구원인에는 원고적격에 관한 사실을 적는다(원고가 이를 주장·증명하여야 한다).

그런데 주주명부에 주주로 등재되어 있는 자는 그 회사의 주주로 추정되며 이를 번복하기 위하여는 그 주주권을 부인하는 측에 증명책임이 있다(대법원 2010. 3. 11. 선고 2007다51505 판결). 이와 관련된 본안전 항변에 대한 판단의 예는 다음과 같다.

피고는, 원고가 피고의 주주명부에 주주로 등재되어 있기는 하지만, 주식인수대금을 납입한 Z가 실제 주주이고 원고는 Z에게 명의를 대여한 형식주주에 불과하므로 주주총회결의의 취소를 구하는 이 사건 소의 당사자적격이 없다고 항변한다.

주주명부에 주주로 등재되어 있는 자는 그 회사의 주주로 추정되므로 주주명부상의 주주는 특별한 사정이 없는 한, 주주총회결의취소의 소를 적법하게 제기할 수 있다. 주주명부상의 주주임에도 불구하고 주주총회결의취소의 소를 적법하게 제기할 수 없다고 인정하기 위해서는 순전히 해당 주식의 인수과정에서 명의만을 대여해 준 것일 뿐 주주로서의 권리를 행사할 권한이 주어지지 않은 형식상의 주주에 지나지 않는다는 점이 증명되어야 한다. 그 증명은 주주명부상의 주주가 아닌 제3자가 주식인수대금을 납입하였다는 사정만으로 부족하고, 그 제3자와 주주명부상의 주주 사이의 내부관계, 주식인수와 주주명부 등재에 관한 경위 및 목적, 주주명부 등재 후 주주로서의 권리행사 내용 등을 종합하여 인정되어야 한다.

원고가 형식주주에 불과하다는 피고의 항변사실에 부합하는 증인 A의 증언은 이를 믿기 어렵고, 달리 이를 인정할 증거가 없다.

(2) 피고적격

피고는 회사가 된다. 가령, A를 이사로 선임하는 취지의 주주총회 결의는 회사의 의사표시이므로 그 결의의 취소소송에서는 회사 자체를 그리고 회사만을 피고로 하지 않으면 안 된다고 한다. 분쟁의 발본적 해결을 위하여 판결이 대세효(對世效)를 가져야 하므로 회사 자체를 피고로 할 필요가 있고 또 그것으로 충분하다고 한다.

판례도 주주총회결의취소(또는 결의무효) 판결은 대세적 효력이 있으므로 피고가 될 수 있는 사람은 그 성질상 회사로 한정된다고 보았다(대법원 1982. 9. 14. 선고 80다2425 전원합의체 판결).

회사의 대표자는 대표이사가 되는데 원고가 이사이면 감사가 회사를 대표한다(상법 394조 1항).

결의취소를 구하는 내용이 대표이사의 선임에 관한 것이라도 회사의 대표자는 기왕에 선임되어 대표이사로 등기된 자이다(대법원 1983. 3. 22. 선고 82다카1810 전원합의체 판결).

라. 제소기간

결의일로부터 2월 내에 소를 제기할 필요가 있다(상법 376조 1항).

다만, 주주총회 부존재확인의 소가 결의취소의 소의 제소 기간 내에 제기되어 있다면, 동일한 하자를 원인으로 하여 결의의 날로부터 2개월이 경과한 후 부존재확인의 소를 결의취소의 소로 변경하거나 추가한 경우에도 부존재확인의 소제기 시에 결의취소의 소가 제기된 것과 동일하게 취급하여 제소기간을 준수한 것으로 보아야 한다(대법원 2003. 7. 11. 선고 2001다45584 판결).

그리고 주주총회에서 여러 개의 안건이 상정되어 각기 결의가 행하여진 경우, 위 제소기간의 준수 여부는 각 안건에 대한 결의마다 별도로 판단되어야 한다. 가령, 여러 안건에 대한 결의 중 이사선임결의에 대하여 그 결의의 날로부터 2월 내에 결의무효확인의 소를 제기한 뒤, 위 주주총회에서 이루어진 정관변경결의 및 감사선임결의에 대하여 그 결의의 날로부터 2월이 지난 후 결의무효확인의 소를 각각 추가적으로 병합한 후, 위 각 결의에 대한 결의무효확인의 소를 결의취소의 소로 변경한 경우, 위 정관변경결의 및 감사선임결의 취소에 관한 부분은 위 각 결의무효확인의 소가 추가적으로 병합될 때에 결의취소의 소가 제기된 것으로 볼 수 있으나, 위 추가적 병합 당시 이미 2월의 제소기간이 도과되었으므로 부적법하다(앞의 2007다51505 판결).

6. 소송상의 특징

가. 담보제공

주주가 결의취소의 소를 제기한 때에는 법원은 회사의 청구에 의하여 상당한 담보를 제공할 것을 명할 수 있다. 담보제공은 남소를 방지하는 기능을 수행한다. 그러나 그 주주가 이사 또는 감사인 때에는 그러하지 아니하다(상법 377조 1항). 회사가 담보제공명령을 청구한 때에는 주주가 악의임을 소명하여야 한다(동조 2항, 176조 4항).

나. 소제기의 공고

결의취소의 소가 제기되면 회사를 지체 없이 그 사실을 공고하여야 한다(상법 376조 2항, 187조). 소제기 사실을 이해관계인에게 알려 피해의 확산을 막기 위함이다.

다. 필수적 변론병합

여러 개의 결의취소의 소가 제기된 때에는 법원은 이를 **병합심리**하여야 한다(상법 376조 2항, 188조).

라. 재량기각

법원은 결의의 내용, 회사의 현황과 제반사정을 고려하여 그 취소가 부적당하다고 인정한 때에는 그 청구를 기각할 수 있다(상법 379조). 이것은 결의의 절차에 하자가 있는 경우에 결의를 취소하여도 회사 또는 주주의 이익이 되지 않든가 이미 결의가 집행되었기 때문에 이를 취소하여도 아무런 효과가 없든가 하는 때에 결의를 취소함으로써 오히려 회사에 손해를 끼치거나 일반거래의 안전을 해치는 것을 막고 또 소의 제기로써 회사의 질서를 문란케 하는 것은 방지하려는 취지이다(대법원 1987. 9. 8. 선고 86다카2971 판결). 청구를 기각할 수 있는 예로는 극히 일부의 주주에게 소집통지를 하지 않은 경우, 극히 일부의 의결권 없는 자의 의결권행사가 있는 경우 등 하자가 결의의 효력에 영향을 미칠 수 없는 때, 결의를 취소할 경우 회사에게 생기는 불이익이 현저한 때가 있다.

마. 청구의 포기·인낙

청구인용판결에 대한 대세효가 인정되고 있는 것(상법 190조, 376조 2항 등)을 근거로 **청구의 포기는 허용**되나, **청구의 인낙은 허용되지 않는다**고 보는 입장이 일반적이다.

판례도 주주총회의 결의를 취소하는(부존재·무효를 확인하는 경우도 마찬가지) 판결이 확정되면 당사자 이외의 제3자에게도 그 효력이 미쳐 제3자도 이를 다툴 수 없게 되므로 청구의 인낙(그 결의의 부존재·무효를 확인하는 내용의 화해·조정)은 할 수 없고, 가사 이러한 내용의 청구인낙(또는 화해·조정)이 이루어졌다 하여도 그 인낙조서(또는 화해·조정조서)는 효력이 없다고 보았다(대법원 2004. 9. 24. 선고 2004다28047 판결).

7. 판결의 효력

편면적 대세효를 가진다.

가. 원고 승소판결의 경우

결의취소의 소에서 원고승소판결이 확정되면 판결은 제3자에 대하여도 그 효력이 있다(상법 376조 2항, 190조 본문). 회사법률관계는 다수의 이해관계인이 존재하고 주주총회결의가 무효라면 이들 법률관계를 획일적으로 처리할 필요가 있기 때문이다.

한편, 불소급효 규정(상법 190조 단서)을 준용하고 있지 않다. 즉, 소급효가 있다.

나. 원고 패소판결의 경우

원고가 패소하면 민사소송의 일반원칙에 따라 판결의 효력은 소송의 당사자에게만 미친다.

결의취소의 소를 제기한 사람이 악의 또는 중대한 과실이 있는 때에는 회사에 대하여 연대하여 손해를 배상할 책임이 있다(상법 376조 2항, 191조).

8. 여러 사람이 공동으로 제기한 경우에 필수적 공동소송 여부

주주총회 결의취소소송에 관한 것은 아니지만, 마찬가지 상법상 회사관계소송인 주주총회결의의 부존재 또는 무효 확인을 구하는 소는 **대법원 2021. 7. 22. 선고 2020다284977 전원합의체 판결**에서 민사소송법 67조가 적용되는 **필수적 공동소송에 해당**한다고 보았다.

편면적 대세효 있는 회사관계소송이 필수적 공동소송에 해당하는지 여부 (적극) - 대법원 2021. 7. 22. 선고 2020다284977 전원합의체 판결

📖 이 사건 소는 주주총회결의의 부존재 또는 무효 확인을 구하는 소로서, 상법 380조에 의해 준용되는 상법 190조 본문에 따라 청구를 인용하는 판결은 제3자에 대하여도 효력이 있다. 이러한 소를 여러 사람이 공동으로 제기한 경우 당사자 1인이 받은 승소 판결의 효력이 다른 공동소송인에게 미치므로 공동소송인 사이에 소송법상 합일 확정의 필요성이 인정되고, 상법상 회사관계소송에 관한 전속관할이나 병합심리 규정(상법 186조, 188조)도 당사자 간 합일확정을 전제로 하는 점 및 당사자의 의사와 소송경제 등을 함께 고려하면, 이는 민사소송법 67조가 적용되는 **필수적 공동소송**에 해당한다고 보았다.

이러한 위 전원합의체 판결의 다수의견에 대하여는, ① **편면적 대세효** 있는 회사관계소송은 실체법 또는 소송법상 합일확정의 필요가 인정되지 않고, ② 민사소송법 67조에 따라 소송자료와 소송 진행을 엄격히 통일시키고 당사자의 처분권이나 소송절차에 관한 권리를 제약할 필요가 없으며, ③ 상법의 전속관할이나 병합심리 규정은 소송경제상 중복심리를 피하기 위한 규정일 뿐 합일확정을 전제로 한 규정으로 볼 수 없다는 이유로 편면적 대세효 있는 회사관계소송은 **통상공동소송에 해당한다는 별개의견**이 있다.

9. 이사 등의 직무집행정지 등의 가처분

주식회사의 업무집행 내지 업무집행의 결정을 하는 이사(또는 대표이사)에 대해, 가령 이사의 선임결의에 하자가 있는 경우는 이사선임의 주주총회 결의의 취소 또는 부존재·무효확인의 소를 제기할 수 있는데, 한편 해당 소송에서 판결이 확정에 이르기까지는 일정한 기간이 소요된다. 그 사이에 해당 이사가 해당 주식회사의 업무집행 내지는 업무집행의 결정에 계속 관여하면, 해당 주식회사에 현저한 손해 또는 급박한 위험이 생길 우려가 있는 경우에는 해당 이사의 직무집행을 정지하고, 직무대행자에게 이를 하도록 할 필요가 있다. 직무집행정지 등 가처분은 이와 같은 장면에서 이용되는 임시의 지위를 정하는 가처분이다(민사집행법 300조 2항).

직무집행정지 등 가처분명령의 신청의 취지는 다음과 같다.

1. 본안판결의 확정에 이르기까지 채무자 회사의 이사 겸 대표이사 A, 이사 B 및 C의 각 직무의 집행을 정지한다.
2. 상기 직무집행정지의 기간 중, 대표이사 및 이사의 각 직무를 행하기 위해서 법원이 선임하는 자를 각각 직무대행자로 선임한다.

실전 쟁점

[1] 乙社가 주주총회를 개최하여 A를 이사로 선임한 바, 乙社의 주주 甲이 乙社를 상대방으로 주주총회의 소집절차가 법령에 위반되었다는 흠을 이유로 주주총회결의취소를 구하는 소를 제기하였다.

(1) 소송계속중에 A가 사임한 경우에 소의 이익이 인정되는가?
(2) A는 피고 乙社측의 공동소송인이 되기 위하여 공동소송참가의 신청을 하였다. 공동소송참가를 할 수 있는가?
(3) 다른 주주 丙이 주주총회의 소집절차에 법령위반의 흠이 없다고 주장하면

서 피고 乙社 측에 공동소송적 보조참가를 하였다. 그 뒤 乙社 측 패소의 제1심 판결에 있었다. 乙社는 항소를 포기하였으나, 丙이 乙社를 위하여 항소하였다. 항소는 적법한가?

[2] 자산 규모 500억 원의 상장회사인 삼문건설 주식회사("회사")의 이사회는 2010. 1. 2. 정관상 이사회 소집권자인 대표이사 甲(회사 발행주식의 10%를 소유하고 있다)이 아닌 다른 이사가 소집한 회의에서 甲을 대표이사직에서 해임하고 이사 A를 신임 대표이사로 선임하였다. 아울러 甲의 이사 해임의 건과 임기만료에 따른 신임 감사 선임의 건 등을 의안으로 한 정기주주총회를 2010. 2. 28. 소집하기로 결의하였다. 이 회의는 이사와 감사 전원이 참석하여 이의 없이 개최되었다. 이후 A는 주주들에게 주주총회의 소집을 통지하였다.

그런데 위 소집통지서에 기재된 감사 후보자가 주주총회일 하루 전에 교통사고로 사망하였다. 이에 회사는 다음 날 주주총회에서 의안을 수정하여 새로운 감사 후보자로 B를 추천하였다. 甲의 이사 해임의 건과 B의 신임 감사 선임의 건은 위 주주총회에서 결의되었다.

한편, 회사의 주주인 乙은 급한 사정으로 주주총회 참석이 어려워지자 丙에게 위임장 원본을 교부하여 의결권 행사를 위임하면서 이사 甲의 해임의 건에는 반대하고 그 외의 다른 안건에는 모두 찬성하도록 지시하였다. 그러나 丙은 이사 甲의 해임이 乙에게 이익이 된다고 판단하여 그에 찬성하였다.

다른 한편, 甲의 배우자인 丁은 戊에 대한 개인 채무의 변제에 갈음하여 2009. 12. 28. 戊에게 그가 소유하고 있던 회사 발행주식 전부를 양도하고, 주권 실물을 교부하였다. 그런데 회사는 戊가 명의개서를 청구하지 아니하였다는 이유로 戊의 주주총회 참석을 제지하였다.

(1) 甲은 다음 각 주주총회결의의 취소소송을 제기하고자 한다. 그 하자 여부를 논하시오.
  1) 甲의 이사 해임 결의
  2) B의 신임 감사 선임 결의
(2) 다음을 논하시오.
  1) 丁은 위 주주총회결의의 취소소송을 제기할 수 있는가?
  2) 戊는 위 주주총회결의의 취소소송을 제기할 수 있는가?
  3) 사안에서와는 달리, 회사가 戊를 주주로 인정하여 주주총회결의에 참여하게 할 수 있는가?

(3) 丙이 乙의 지시에 위반하여 甲의 이사 해임의 건에 찬성한 행위의 효력과 乙이 丙에 대하여 취할 수 있는 법적 조치는?

※ 상법 이외의 상사특별법은 고려 대상에서 제외【2011년 법무부 모의시험】

---

[2] (2) 1) 丁은 위 주주총회결의의 취소소송을 제기할 수 있는가?

① 쟁 점

주식양수인의 명의개서 미필 시 주식양도인의 소제기권이 쟁점이다.

② 주식양수인이 명의개서미필시 주식양도인의 권리행사의 효력

원칙적으로 주식양도 후 주식양도인은 주주가 아니다. 그러나 기명주식의 이전은 명의개서를 하지 아니하면 주식의 양수인은 회사에 대항하지 못한다(상법 337조 1항). 따라서 주식이 양도되었더라도 양수인이 명의개서를 하지 않고 있다면 회사와의 관계에서 양도인이 주주가 된다고 본다(대법원 1988. 6. 14. 선고 87다카2599, 2600 판결).

③ 명의개서 미필 양수인이 이후 소제기 전까지 명의개서한 경우

주주총회 결의취소의 소제기 시 제소기간이 경과하지 않아야 하므로 주식양수인이 주주총회결의 후 2개월 내 명의개서한 경우에 제소권 인정한다. 이 경우에 법원은 주식양도인이 한 주주총회결의 취소소송을 각하한다.

[2] (2) 2) 戊는 위 주주총회결의의 취소소송을 제기할 수 있는가?

① 쟁 점

명의개서와 관련한 원고적격의 문제이다.

② 명의개서 미필 주주의 원고적격

주주는 소제기 시에 주주명부상의 주주를 말하므로 명의개서 미필 주주의 제소권은 인정되지 않는다(대법원 1991. 5. 28. 선고 90다6774 판결). 주식양수인인 戊는 명의개서를 하지 않아 주주명부에 등재되어 있지 않으므로 명의개서를 하지 아니한 주식양수인은 제소권이 없다.

③ 회사의 부당거절 여부

회사가 부당하게 명의개서를 거절하거나 고의 또는 중대한 과실로 무권리자를 위하여 명의개서를 한 때에는 진정한 주주는 회사에 대하여 주주의 지위를 주장할 수 있으므로 주주총회 결의취소의 소를 제기할 수 있다. 부당하게 명의개서를 거절당한 주식 양수인은 자기에게 소집 통지를 하지 않고 개최된 주주총회에서 이루어진 결의의 효력을 다툴 수 있다(대법원 1993. 7. 13. 선고 92다40952 판결). 그런데 사안의 경우는 부당거절 및 회사의 고의 또는 중대한 과실로 회사가 명의개서를 하지 않은 사실은 적시되어 있지 않다. 부당거절이 있는 경우로 인정되기 어렵다.

④ 소제기 전까지 주식양수인이 명의개서한 경우

원고적격이 인정된다. 주주총회 결의취소의 소 제기권자로서 주주의 경우는 결의 당시의 주주임을 요하지 않는다. 제소 당시의 주주이면 충분하다(통설). 따라서 양수인이 뒤에 주주총회결의 후 2월 내 취소소송을 제기하기 전까지 명의개서한 경우는 결의취소의 소를 제기할 수 있다. 이 경우에 변론종결 시까지 주주의 지위를 유지하여야 한다.

제3부

특수한 소송유형

제8장

어음금청구소송

제 8 장
어음금청구소송

Y는 주식회사 S(이하 S라고만 한다)에게 아래 기재와 같이 4장의 약속어음(이하 위 각 약속어음 모두를 칭하여 이 사건 약속어음이라 한다)을 발행하여 교부하였고, S는 X에게 이 사건 약속어음을 배서·양도하여 현재 X가 이를 소지하고 있다.

그 후 X는 그 지급제시일자에 지급장소에서 위 약속어음을 각 지급제시하였으나 모두 예금부족으로 지급이 거절되었다.

순번	발행일자	액면(원)	지급기일	발행지·지급지	지급장소	지급제시일
1	2005.4.27.	18,000,000	2005.7.31.	서울시	제일은행	2005.8.1.
2	2005.5.4.	17,000,000	2005.7.31.	서울시	제일은행	2005.8.1.
3	2005.6.28.	70,000,000	2005.10.15.	서울시	제일은행	2005.12.28.
4	2005.6.28.	70,000,000	2005.10.15.	서울시	제일은행	2005.12.28.

Y의 주장 [1] 이 사건 약속어음을 S에게 발행한 것은 의정부시 가능동 OOO외 20필지 지상에 건축하는 A재건축아파트 신축공사와 관련한 것인데, A재건축조합이 Y를 대신하여 S에게 250,000,000원을 지급하고 Y의 나머지 채무 부분도 면책적으로 인수하였으므로, Y의 위 약속어음금 채무는 모두 소멸되었다.

Y의 주장 [2] 이 사건 약속어음 채무가 시효로 소멸하였다.

그런데 X가 이 사건 약속어음금 채권의 보전을 위하여 2008. 4.경 서울동부지방법원에 2008카단3217호로 Y의 A재건축조합에 대한 공사대금채권을 가압류하는 신청을 하여, 같은 달 11. 위 법원으로부터 같은 내용의 채권가압류결정을 받아 2008. 5. 6.경 위 결정이 확정된 바 있다.

한편, 이 사건 약속어음금청구의 소는 2009. 3. 25. 제기되었고, 2009. 11. 12. 변론이 종결되었고, 2009. 12. 3. 판결이 선고되었다.

어음금청구소송은 어음의 소지인이 발행인(또는 배서인, 보증인 등)에게 어음상의 권리를 행사하여 어음금의 지급을 구하는 소이다.

원칙적으로 어음상의 명의자가 어음행위(기명날인 또는 서명)를 하였거나, 대리인에 의하여 어음행위를 하여야 어음상 채무를 지게 된다. 예외적으로 표현대리(민법 125조, 126조, 129조), 무권대리 행위의 추인(민법 130조)등에 의하여 제3자의 법률행위의 효과가 어음상의 명의자에게 귀속될 수도 있다.

배서인에 대한 어음금청구도 있을 수 있으나, 우선 여기서는 발행인에 대한 어음금청구를 살펴본 뒤, 마지막에 배서인에 대한 청구를 살펴본다.

거래의 결제수단이 은행계좌이체 등의 경제적 변화에 따라 어음금청구소송의 사건수가 현저하게 줄고 있다.

1. 소 송 물

실체법상 어음채권과 어음을 발행하게 된 근거가 되는 이른바 원인채권은 별개의 것이므로 실무상으로는(구소송물이론) 어음금청구와 원인채권(가령 연대보증계약으로부터 발생하는 보증채무)은 별개이다.

청구의 변경

📖 가령 乙이 甲에 대한 보증채무의 지급을 위하여 약속어음을 발행하였는데, 이후 乙이 약속어음금을 지급하지 않자 甲은 乙을 상대로 약속어음금지급청구의 소를 제기하여 소송

계속 중 가령 어음법상의 시효와 관련하여 약속어음금의 지급청구를 원인관계에 의한 보증채무지급청구로 바꾼 경우에 소송물이론과 관련하여, 구소송물이론에 의하면 청구의 변경이 된다.

사안에서 어음금지급청구를 하다가 보증채무지급청구로 청구의 변경을 하면, 만약 보증채무지급청구의 소송목적의 값이 5억 원을 초과하는 경우에는 보증채무지급청구는 (어음금지급청구사건이 아니므로) 합의부의 사물관할에 속한다. 청구의 변경 전, 어음금지급청구는 단독판사 관할이나, 청구의 변경 후 보증채무지급청구는 합의부의 사물관할에 속하므로 사건은 합의부에 이송하여야 한다(34조 1항). 그런데 이때에 피고가 관할위반이라고 항변하지 아니하고 본안에 대하여 변론하면, 사물관할은 전속관할이 아니기 때문에 변론관할이 생긴다(30조). 따라서 관할위반이 되지 않는다.

기존 채무의 이행을 위하여 제3자 발행의 어음을 교부한 경우의 법률관계

📖 기존 채무의 이행에 관하여 채무자가 채권자에게 어음을 교부할 때의 당사자의 의사는 기존 원인채무의 '**지급에 갈음하여**', 즉 기존 원인채무를 소멸시키고 새로운 어음채무만을 존속시키려고 하는 경우와, 기존 원인채무를 존속시키면서 그에 대한 지급방법으로서 이른바 '**지급을 위하여**' 교부하는 경우 및 단지 기존 채무의 지급 담보의 목적으로 이루어지는 이른바 '**담보를 위하여**' 교부하는 경우로 나누어 볼 수 있는데, 당사자 사이에 특별한 의사표시가 없으면 어음의 교부가 있다고 하더라도 이는 기존 원인채무는 여전히 존속하고 단지 그 '지급을 위하여' 또는 그 '담보를 위하여' 교부된 것으로 추정할 것이며, 따라서 특별한 사정이 없는 한 기존의 원인채무는 소멸하지 아니하고 어음상의 채무와 병존한다고 보아야 할 것이고, 이 경우 어음상의 주채무자가 원인관계상의 채무자와 동일하지 아니한 때에는 제3자인 어음상의 주채무자에 의한 지급이 예정되고 있으므로 이는 '지급을 위하여' 교부된 것으로 추정하여야 한다(대법원 1996. 11. 8. 선고 95다25060 판결).

2. 청구취지

청구취지는 다음과 같이 이행할 채무의 종류, 법적 성질, 발생원인 등을 나타내지 않은 채, 무색투명한 추상적 표현을 사용하여야 한다.

피고는 원고에게 2억 5천만 원 및 이에 대한 이 사건 소장 부본 송달 다음날부터 다 갚는 날까지 연 12%의 비율에 의한 금원을 지급하라.

이자 및 지연손해금까지 청구하는 경우에는 청구취지를 다음과 같이 적는다.

어음법상 법정이자는 지급을 할 날 또는 이에 이은 제2거래일 내에 지급제시되었음을 전제로 만기일 당일부터 연 6%이다(어음법 5조 3항).

그리고 소장 부본이 송달된 날의 다음날부터 소송촉진 등에 관한 특례법 소정의 연 12%의 지연손해금이 발생한다.

피고는 원고에게 2억 5천만 원 및 이에 대한 2000. 00. 00부터 이 사건 소장 부본 송달일까지는 연 6%, 그 다음날부터 다 갚는 날까지는 연 12%의 각 비율에 의한 금원을 지급하라.

피고들은 합동하여 원고에게 2억 5천만 원 및 이에 대한 2000. 00. 00부터 이 사건 소장 부본 송달일까지는 연 6%, 그 다음날부터 다 갚는 날까지는 연 12%의 각 비율에 의한 금원을 지급하라.

여러 사람의 어음채무자의 채무는 합동채무이다(어음법 47조). 각 피고의 의무 사이에 중첩관계가 있음을, 즉 「**합동하여**」라는 문구를 부가하여 표시하여 주어야 한다. 합동채무는 어음·수표법상 인정되는 채무관계인데(수표법 43조), 연대채무와 비교하면 부담부분이 없으며, 채무자 중 1인이 변제하였을 경우에 그 자와 그 후자의 채무만 소멸하고(다만, 약속어음의 발행인, 환어음의 인수인 등 주채무자가 변제한 경우에는 모든 채무자의 채무가 소멸), 이행청구의 효력(가령 시효중단)이 상대적 효력만 있다는 점이 다르다.

3. 청구원인

약속어음금청구의 청구원인의 요건사실은 다음과 같다.

❶ 피고의 어음발행
❷ 원고에게 어음상의 권리가 귀속
❸ 원고의 어음 소지

가. 어음요건을 구비한 어음을 피고가 발행: 피고에게 어음상의 채무가 존재

증명책임의 분배에 관한 일반원칙에 따르면 권리를 주장하는 사람이 권리발생의 요건사실을 주장·증명하여야 하는 것이므로 어음의 소지인이 어음채무자에 대하여 어음상의 청구권을 행사하는 경우에도 어음채무발생의 근거가 되는 요건사실, 즉 그 어음채무자가 어음행위를 하였다는 점에 대하여는 어음소지인이 주장·증명하여야 하는 것이고, 그렇다면 어음상의 채무의 성립을 주장하는 사람(원고)은 상대방(피고)이 어음요건이 구비된 어음을 발행한 사실을 주장하고 증명할 책임이 있다.

그 증명방법에는 제한이 없으나, 통상 약속어음을 서증으로 제출하고, 그 서증의 진정성립을 증명하는 것이 일반적이다.

그런데 어음·수표는 엄격한 요식증권으로 반드시 기재하여야 할 사항이 법으로 규정되어 있다(어음법 1조 및 75조, 수표법 1조). 이러한 요건은, 어음의 효력에 본질적인 것이어서 필수 불가결한 것도 있고, 기재하지 않아도 되는 것도 있으며, 다른 기재에 의하여 보충될 수 있는 것도 있다. 국내어음의 경우 발행지는 필수적 어음 요건이 아니다(발행지의 기재가 없더라도 무효의 어음이 아니다). 지급장소는 어음요건이 아니라, 유익적 기재사항이며, 지급지의 기재가 없는 때에는 발행지 또는 발행지의 명칭에 부기한 지를 지급지로 본다(어음법 76조 3항, 4항). 어음요건에 흠결이 있는 경우에, 어음요건이 흠결되었다는 주장은 항변이 아니라, 부인에 해당하나, 어음요건이 흠결되었더라도 발행인인 피고에게 그 어음이 백지어음이 아니고 불완전어음으로서 무효라는 점(그 어음이 보충권을 줄 의사로 발행한 것이 아니라는 점)에 관한 증명책임이 있으므로 어음소지인으로서는 변론종결 시까지 어음요건을 보충하여 어음을 완성한 사실만 주장·증명하면 된다. 가령, 발행일의 기재가 없는 상태에서는 어음상의 권리가 적법하게 성립될 수 없으므로 사실심 변론종결일까지도 그 백지부분이 보충되지 아니한 경우에는 그 어음소지인은 발행인에 대하여 이행기에 도달된 약속어음금 채권을 가지고 있다고 볼 수 없다(대법원 1994. 9. 9. 선고 94다12098, 12104 판결).

또한 원고는 피고가 발행인으로서 기명·날인 또는 서명을 하였거나, 대리인에 의하여 발행행위를 한 사실을 증명하여야 하는데, 여기서 어음의 위조 등의 주장이 있으면, 이는 부인에 속하는 주장이고, 항변이 아니다. 그러므로 발행인 등 어음에 어음채무자로 기재되어 있는 피고가 자신의 기명날인 또는 서명이 위조되었다고 주장하는 경우에는 '어음요건을 구비한 어음'에 기명날인 또는 서명하여 어음행위를 하였다는 사실을 그 사람에 대하여 어음채무의 이행을 구하는 어음소지인(원고)이 주장·증명하여야 한다(대법원 1993. 8. 24. 선고 93다4151 전원합의체 판결; 대법원 1998. 2. 10. 선고 97다31113 판결).

그런데 어음면상 나타난 인영이 어음채무자의 것이라는 점이 인정되면, 그 인영이 어음채무자의 의사에 의하여 날인된 것으로 추정된다 할 것이나, 날인행위가 어음 채무자 이외의 사람에 의하여 이루어진 사실이 증명되면(즉, 위 추정이 깨지면), 원고는 실제 날인한 사람이 적법한 대리권을 가지고 있었는지에 관하여도 또한 증명하지 않으면 안 된다.

발행, 배서 등의 어음행위의 성립요건으로 어음증권의 작성 이외에 상대방에게 이를 교부하는 행위까지 필요한지 여부

🕮 이에 대하여는 ① **창조설**: 어음행위의 성립은 어음 작성행위 그 자체로서 충분하며 어음의 교부를 필요로 하지 않는다는 학설, ② **발행설**: 어음 증권을 작성하여야 함은 물론 제3자에게 교부하여 유통 상태에 둘 것을 요건으로 한다는 학설, ③ **교부계약설**: 어음행위

가 성립하기 위해서는 어음의 작성뿐만 아니라 수취인과 사이의 교부계약을 필요로 한다는 학설, ④ **권리외관설**: 교부계약설을 수정하여, 비록 교부계약이 없더라도 어음 증권을 작성한 자는 그것에 의하여 표시된 외관을 신뢰하고 어음을 취득한 선의의 제3자에 대하여 어음상의 채무를 부담한다는 학설 등의 대립이 있다.

어음행위도 법률행위의 일종인 이상 발행인이 어음 용지에 적은 의사표시가 상대방에게 도달하여야 약속어음의 발행행위가 성립된다고 할 것이고, 어음행위 자체는 수취인의 기명·날인 없이 일방적으로 성립한다는 측면에서 단독행위라고 볼 것이므로 원고는 피고의 교부계약체결사실을 주장·증명할 필요는 없지만, 피고의 어음교부사실은 주장·증명하여야 한다. 다만, 어음을 유통시킬 의사로 어음상에 발행인으로 기명날인하여 외관을 갖춘 어음을 작성한 자는 그 어음이 도난·분실 등으로 인하여 그의 의사에 의하지 아니하고 유통되었다고 하더라도, 배서가 연속되어 있는 그 어음을 외관을 신뢰하고 취득한 소지인에 대하여는 그 소지인이 악의 내지 중과실에 의하여 그 어음을 취득하였음을 주장·증명하지 아니하는 한 발행인으로서의 어음상의 채무를 부담하는 것이 판례(대법원 1999. 11. 26. 선고 99다34307 판결)의 입장이므로 원고는 '피고가 어음을 교부한 사실' 대신에 '어음을 작성할 당시 피고에게 어음을 유통시킬 의사가 있었던 사실'을 주장·증명하여도 된다.

나. 원고에게 어음상의 권리가 귀속

원고에게 어음상 권리가 귀속된 사실의 증명방법으로는 형식상 배서가 연속된 어음의 소지인임을 증명하는 방법과 배서의 연속이 중단된 경우에 그 부분의 실질적인 권리이전을 증명하는 방법 2가지가 있다. 배서의 형식적 연속에 의하여 그 권리를 증명하는 때에는 적법한 소지자로 법률상 추정되므로(어음법 16조 1항) 어음의 권리귀속은 어음면상의 배서의 연속으로 증명하는 것이 일반적이고 간편하다. 후자의 방법은 보통 형식상 배서의 연속이 끊어진 경우에 주장되는데, 이 경우 중단된 부분의 실질적인 권리이전관계만 주장·증명하면 충분하고, 나머지 부분은 계속 권리귀속 추정의 효력이 인정된다.

다. 원고의 어음 소지

어음은 제시증권이자, 상환증권이므로 그 권리를 행사하기 위하여는 원고가 이를 소지하여야 한다. 어음의 소지가 요건사실인가에 관하여 견해의 대립이 있으나, 이를 긍정하는 적극설이 통설 및 판례이다. 통상 원고가 약속어음을 서증으로 제출함으로써 간단히 이를 증명할 수 있다.

통상 어음금청구소송의 일반적인 구조는, 원고가 어음의 소지인임을 주장하면서 어음금의 지급을 구하고, 이에 대하여 피고는 인적 항변 또는 물적 항변(여기서 말하는 항변이란 소송법에서 말하는 항변, 즉 반대 규범의 요건사실을 주장하는 뜻으로 좁게 쓰이는 것이 아니다)을 하면서 다투는 형태로 되어 있다(수표의 경우도 수표에 관한 특칙이 있는 경우를 제외하고는 어음과 동일한 법리가 적용된다).

라. 지급제시사실의 요부 – 지연손해금 청구의 경우

발행인에게 만기일부터 지연손해금을 청구하기 위해서는 위 요건사실 이외에 지급제시기간 내에 적법하게 지급제시를 한 사실을 주장·증명하면 된다. 지급제시한 날짜, 지급거절 등의 사실은 요건사실이 아니다. 소장 부본의 송달로 지급제시를 할 수 있으므로 소장 부본 송달 다음날부터 지연손해금을 구하는 경우라면 별도의 지급제시사실을 주장·증명할 필요는 없다.

4. 사물관할

특정한 사건에 대하여 어느 법원이 재판권을 행사하는가에 대한 분장(分掌)관계의 정함을 관할이라고 한다.

그리고 관할 가운데, **사물관할**이라 함은 제1심 소송사건을 그 경중을 기준으로 단독판사와 합의부의 어느 쪽에 분담시킬 것인가의 정함을 말한다. 통상 소송목적의 값(=訴價)이 5억 원을 넘지 않으면 단독판사가 담당한다. 그러나 약속어음금청구는 청구금액과 상관없이, 가령 소송목적의 값이 5억 원을 넘더라도 **단독판사**의 사물관할이다(민사 및 가사소송의 사물관할에 관한 규칙 2조 단서 1호 참조). 어음, 수표는 유통증권으로 신속한 처리가 요구되며, 사안도 금액과 관계없이 단순한 것이 통상적이기 때문이다.

5. 예상되는 항변

가. 어음항변

(1) 인적 항변

어음채무자는 소지인의 전자에 대한 인적 관계에 기한 항변으로 소지인에게 대항하지 못함이 원칙이다. 즉, 직접 거래당사자 사이에서만 주장될 수 있는 인적 항변으로는 직접 거래당사자 이외의 자에 대하여는 주장할 수 없다(어음법 17조, 수표법 22조). 원인관계의 부존재·무효·취소·해제의 항변, 어음행위를 이루는 의사표시의 흠(사기, 강박 등)의 항변 등이 이에 해당하는데, 이 경우에는 해의(害意)의 사실, 즉 원고가 피고를 해할 것을 알고 어음을 취득한 사실까지 주장·증명하여야 이러한 인적 항변으로 대항할 수 있게 된다. 여기서 해의란, 단지 항변사유의 존재를 알거나 중대한 과실로 알지 못한 것만으로는 부족하고, 소지인의 어음취득으로 인해 항변이 절단되고, 그로 인하여 채무자가 손해를 입게 될 사정이 객관적으로 존재한다는 점까지 알았다는 의미이다.

위 사안에서 피고의 주장 [1]에 관한 법원의 판단은 다음과 같다.

> 피고의 위 주장은 이 사건 약속어음 발행의 원인이 된 채무의 소멸에 관한 주장으로서, 그 원인된 법률관계의 당사자가 아닌 원고에게 이를 주장하려면, 원고가 위 약속어음을 배서, 양도받을 당시에 피고와 S 사이에 위와 같은 원인관계가 있음을 알고 있었어야 한다. 그런데 원고가 위와 같은 사정을 알고서 이 사건 약속어음을 취득하였다는 사실을 인정할 아무런 증거가 없다. 따라서 피고는 이 사건 약속어음 발행의 원인이 된 채무가 소멸되었다는 점을 들어 원고에 대한 채무를 면할 수 없다.

(2) 물적 항변

물적 항변은 어음법 17조의 규정이 적용되지 않으므로 모든 어음채권자에 대하여 선악을 불문하고 대항할 수 있는 항변이다. 일반적으로 물적 항변으로는 어음상의 기재에 의한 항변(증권상의 항변)과 어음행위의 효력에 관한 항변(비증권상의 항변)으로 대별되고, 전자의 예로는 어음요건의 흠결, 만기의 미도래, 어음문면에 기재된 지급·상계·면제, 시효의 완성, 무담보 배서 등을 들 수 있고, 후자의 예로는 의사 무능력, 어음의 위조·변조, 공시최고에 의한 제권판결, 어음금액의 공탁에 의한 어음채무의 소멸, 강행법규 위반 등을 들 수 있다.

위 사안에서 피고의 주장 [2]에 관한 법원의 판단은 다음과 같다.

약속어음 발행인의 어음소지자에 대한 어음금지급채무의 소멸시효기간은 어음 만기의 날로부터 3년이다(어음법 제70조 제1항, 제77조 제1항 제8호 참조). 원고는 위 각 약속어음의 만기일로부터 3년이 경과한 2009. 3. 25. 이 사건 소를 제기하였다. 그렇지만, 원고는 이 사건 약속어음금 채권의 보전을 위하여 피고의 A재건축조합에 대한 공사대금채권에 대하여 가압류신청을 하여, 2008. 4. 11. 서울동부지방법원으로부터 채권가압류결정을 받았다. 그 무렵 위 가압류결정문이 피고에게 송달되었다. 이로써 피고의 이 사건 약속어음금 채무의 소멸시효는 그 기간이 완성되기 전인 2008. 4. 11.경 중단되었다. 피고의 위 소멸시효 항변은 받아들이지 않는다.

나. 백지어음에 관한 항변

(1) 백지보충권 남용

어음채무자는 소지인이 악의 또는 중과실로 인하여 어음을 취득한 경우에만 부당보충의 항변으로 대항할 수 있으므로(어음법 10조 단서) 피고가 백지어음이 부당 보충되었다고 항변하기 위해서는 부당 보충된 사실 이외에 원고가 악의 또는 중과실로 인하여 그 어음을 취득한 사실까지 주장·증명하여야 한다.

(2) 백지보충권의 시효소멸

피고는 원고가 스스로 어음상의 권리를 행사할 수 있는 때로부터 백지보충권의 소멸시효기간이 경과한 후 백지어음을 보충한 사실을 주장·증명하여 원고의 어음금청구에 대항할 수 있다. 백지보충권의 소멸시효는 만기가 백지인 어음의 경우, 그 어음발행의 원인관계에 비추어 어음상의 권리를 행사하는 것이 법률적으로 가능하게 된 때부터 **3년**이고, 발행일을 백지로 하여 발행된 수표의 경우는 그때로부터 **6개월**이다. 만기 이외의 어음요건이 백지인 경우, 그 백지보충권을 행사할 수 있는 시기는 특별한 사정이 없는 한 만기를 기준으로 한다. 즉, 만기의 기재가 있는 백지어음은 만기로부터 어음법상 소멸시효에 관한 규정(어음법 70조, 77조)이 적용되므로, 일정한 시기(만기+시효기간)까지 보충권이 행사되어야 함은 보통어음과 다를 바 없다. 다만 이러한 백지보충권 시효소멸의 항변은 인적 항변이므로 원고가 어음을 취득한 후, 원고 스스로 어음상의 권리를 행사할 수 있는 때로부터 새로이 소멸시효기간이 경과하기 전에 보충한 경우라면, 피고로서는 원고가 보충하기 전에 이미 백지보충권의 소멸시효기간이 도과한 사실 및 취득 당시 원고에게 악의·중과실이 있은 사실을 주장·증명하여야만 원고에게 대항할 수 있다.

만기가 기재된 백지 약속어음의 소지인이 그 백지 부분을 보충하지 않고 어음금을 청구한 경우 소멸시효 중단의 효력이 있는지 여부(적극) 및 이 경우 백지 보충권은 어음상의 청구권이 시효중단에 의하여 소멸하지 않고 존속하는 한 행사할 수 있는 것인지 여부(적극)

📖 대법원 2010. 5. 20. 선고 2009다48312 전원합의체 판결은 백지어음의 소지인이 어음요건의 일부를 오해하거나 그 흠결을 알지 못하는 등의 사유로 백지 부분을 보충하지 아니한채 어음금을 청구하더라도, 이는 완성될 어음에 기한 어음금청구와 동일한 경제적 급부를 목적으로 하는 실질적으로 동일한 법률관계에 관한 청구로서 어음상의 청구권을 실현하기 위한 수단이라고 봄이 상당하다. 그렇다면 만기는 기재되어 있으나 지급지, 지급을 받을 자 등과 같은 어음요건이 백지인 약속어음의 소지인이 그 백지 부분을 보충하지 않은 상태에서 어음금을 청구하는 것은 어음상의 청구권에 관하여 잠자는 자가 아님을 객관적으로 표명한 것이라고 할 수 있고 그 청구로써 어음상의 청구권에 관한 소멸시효는 중단된다고 할 것이다(대법원 1962. 1. 31. 선고 4294민상110, 111 판결 참조). 이 경우 백지에 대한 보충권은 그 행사에 의하여 어음상의 청구권을 완성시키는 것에 불과하여 그 보충권이 어음상의 청구권과 별개로 독립하여 시효에 의하여 소멸한다고 볼 것은 아니므로 어음상의 청구권이 시효중단에 의하여 소멸하지 않고 존속하고 있는 한 이를 행

사할 수 있다(위 대법원판결 참조). 이와 달리 지급을 받을 자 부분이 백지로 된 약속어음의 소지인은 그 백지 부분을 보충하지 않은 상태에서는 어음상의 청구권을 행사할 수 없으므로, 그 백지어음 소지인의 권리행사에 의한 소멸시효 중단의 효과는 전혀 생길 여지가 없다는 취지로 판단한 대법원 1962. 12. 20. 선고 62다680 판결은 이 판결에 배치되는 범위 내에서 이를 변경한다고 하였다.

백지어음 소지인이 어음금 청구소송의 사실심 변론종결일까지 백지 부분을 보충하지 않아 패소판결을 받고 그 판결이 확정된 경우, 백지보충권을 행사하여 완성한 어음에 기하여 전소의 피고를 상대로 다시 동일한 어음금을 청구할 수 있는지 여부(소극)

📖 약속어음의 소지인이 어음요건의 일부를 흠결한 이른바 백지어음에 기하여 어음금 청구소송을 제기하였다가 위 어음요건의 흠결을 이유로 청구기각의 판결을 받고, 위 판결이 확정된 후, 위 백지 부분을 보충하여 완성된 어음에 기하여 다시 전소의 피고에 대하여 어음금청구소송을 제기한 경우에 백지보충권행사의 주장은 특별한 사정이 없는 한, 전소 판결의 기판력에 의하여 차단되어 허용되지 않는다(대법원 2008. 11. 27. 선고 2008다59230 판결).

6. 배서인에 대한 청구

배서인에 대하여 어음금의 지급을 구하기 위해서는 소구요건을 구비하여야 한다. 즉, 원고로서는 제시기간 내에 어음을 지급제시 하였으나, 그 지급을 거절당한 사실(실질적 요건), 지급거절증서가 작성되었거나 지급거절증서의 작성이 면제된 사실(형식적 요건)을 주장·증명하여야 한다.

❶ 피고의 어음배서
❷ 어음상의 권리의 원고 귀속
❸ 적법한 지급제시 및 지급거절
❹ 지급거절증서의 작성·작성면제의 특약
❺ 원고의 어음 소지

실전 쟁점

김갑을(680208-1014567, 주소: 서울 서초구 반포동 1000 황금아파트 101동 202호, 전화번호: 678-4342, 전자우편: kgu@gdskk.com)은 서울 서초구 서초동 157 정의빌딩 410호에 사무실을 두고 단독으로 개업하고 있는 나송무 변호사를 찾아와 다음과 같이 분쟁 내용을 설명하면서 소장 작성을 의뢰하였다.

다 음

- 동대문 시장에서 "갑을스포츠"라는 상호로 스포츠용품 도매업을 하는 김갑을은 2020. 5. 7. 같은 시장에서 "럭셔리스포츠"라는 상호로 스포츠용품 소매업을 하는 이을병(700724-1037890, 주소: 서울 송파구 잠실동 1000-15 태양빌라 305호)과의 사이에, 2020. 6. 7.까지 이을병에게 농구공(제품번호: VS-1010) 5,000개를 개당 20,000원씩 총 대금 100,000,000원에 납품하고, 그 납품 완료 즉시 이을병으로부터 위 농구공 대금을 지급받기로 구두로 약정하였다.
- 이을병은 위 약정 당시 위 농구공 대금의 지급을 담보하기 위하여 김갑을에게, 박병무(581112-1098777, 주소: 서울 서초구 서초동 400 호수빌라 202호)가 2020. 3. 7. 최무기(600112-1087332, 주소: 서울 광진구 중곡동 200-150) 앞으로 발행한 별첨과 같은 약속어음(단, 발행일란은 백지였음)을 배서 양도하였다.
- 김갑을은 2020. 6. 7. 이을병에게 위 농구공 5,000개를 모두 납품한 다음 같은 날 위 어음의 지급장소에서 이를 지급제시하였으나, 예금부족을 이유로 그 지급이 거절되었다. 또한 김갑을은 같은 날 이을병에게도 위 약정에 따른 농구공 대금 지급을 요구하였으나, 이을병은 당장은 돈이 없다고 하면서 그 지급을 거절하였다.
- 김갑을은 2020. 6. 15. 자신의 사무실에서 위 어음의 발행인 박병무, 수취인 최무기를 함께 만난 자리에서 그들에게 위 어음을 제시하고 그 어음금 지급을 요구하였다. 그러나 박병무와 최무기는 위 어음의 발행일란이 백지로 되어 있어 어음상의 권리행사 요건을 갖추지 못하였다는 이유로 그 어음금 지급을 거절하였다. 이에 김갑을은 즉석에서 위 어음의 발행일란에 "2020. 3. 7."이라고 적어넣고 박병무와 최무기에게 다시 위 어음을 제시하며 그 어음금 지급을 요구하였다. 그러나 박병무와 최무기는 지급제시기간이 지난 후 위 어음의 백지 부분을 보충한 것은 자신들에게 효력이 없다고 주장하면서 그 어음금 지급을 거절하였다.

[별첨]

약속어음 표면: 어음요건 구비 여부

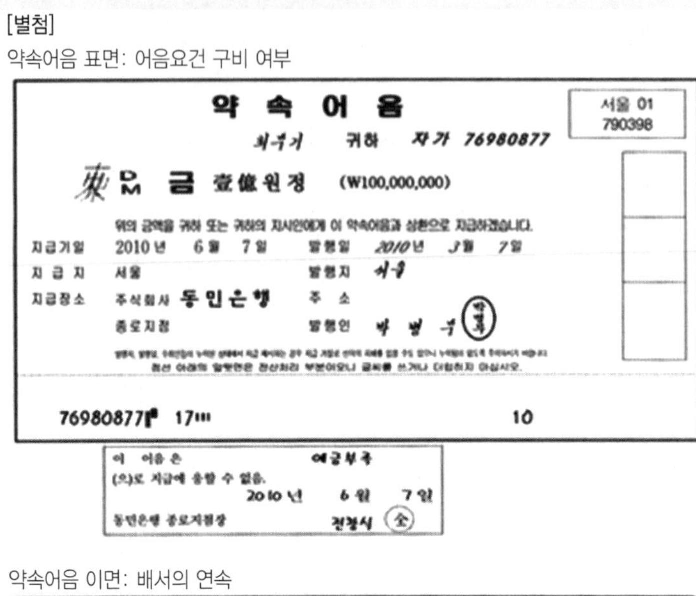

약 속 어 음

서울 01 790398

자가 76980877

금 壹億원정 (W100,000,000)

위의 금액을 귀하 또는 귀하의 지시인에게 이 약속어음과 상환으로 지급하겠습니다.

지급기일 2010년 6월 7일 발행일 2010년 3월 7일

지급지 서울 발행지 서울

지급장소 주식회사 동인은행 종로지점 주소

발행인

점선 아래의 앞뒷면은 전산처리 부분이오니 글씨를 쓰거나 더럽히지 마십시오.

76980877 17 10

이 어음은 예금부족(으)로 지급에 응할 수 없음.
2010년 6월 7일
동인은행 종로지점장

약속어음 이면: 배서의 연속

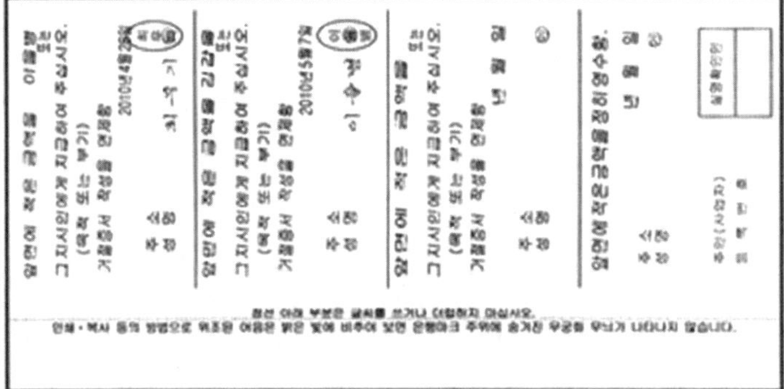

점선 아래 부분은 글씨를 쓰거나 더럽히지 마십시오.

〈유의사항〉

- 김갑을의 위 진술내용을 모두 진실한 것으로 보고 그 의사를 존중하여 2020. 10. 22.자로 김갑을에게 가장 유리하고 적법하며 승소가능성이 있는 내용으로 서울중앙지방법원에 접수할 소장을 작성하시오.
- 여러 명에 대하여 소를 제기할 필요가 있는 경우, 병합요건을 고려하지 말고 하나의 소장으로 작성하시오.
- 소장에는 당사자, 청구취지, 청구원인을 갖추어 기재하되, 청구원인은 요건사실 위주로 기재하고 불필요한 사실관계를 장황하게 기재하지 않도록 하시오. 【2010년 법무사시험】

소 장

원고 김갑을
서울 서초구 반포동 1000 황금아파트 101동 202호
소송대리인 변호사 나송무
서울 서초구 서초동 157 정의빌딩 410호

피고 1. 이을병
서울 송파구 잠실동 1000-15 태양빌라 305호
2. 박병무
서울 서초구 서초동 400 호수빌라 202호

어음금 등 청구의 소

청 구 취 지

1. 피고들은 각자 원고에게 100,000,000원 및 이에 대하여 피고 이을병은 2020. 6. 7.부터, 피고 박병무는 2020. 6. 16.부터 각 이 사건 소장 부분 송달일까지는 연 6%의, 그 다음날부터 다 갚는 날까지는 연 12%의 각 비율에 의한 금원을 지급하라.
2. 소송비용은 피고들이 부담한다.
3. 위 제1항은 가집행할 수 있다.

라는 판결을 구합니다.

- 발행인과 배서인의 어음관계상 책임은 '합동하여'라고 기재하는데, 위 경우는 배서인 이을병에게는 원인관계상의 책임을, 발행인 박병무에게는 어음법상의 책임을 구하는 사안이므로 그 중첩관계를 '각자'로 기재하는 것이 적당하다고 본다.
- 매매계약에서 매수인은 목적물의 인도를 받은 날(2020. 6. 7)로부터 대금의 이자를 지급하여야 한다(민법 587조 2문).
- 백지어음은 이를 보충하여 발행인에게 제시한 날(2020. 6. 15) 다음날부터 연 6%의 지연손해금이 발생한다.
- 소장 부본이 송달된 날의 다음날부터 소송촉진 등에 관한 특례법 소정의 연 12%의 지연손해금이 발생한다.
- 어음소지인은 발행인에 대하여 변론종결시까지 어음요건을 보충하여 어음을 완성한

사실만 주장·증명하면 된다. 사안에서 김갑을은 약속어음의 발행인인 박병무에게 사실심 변론종결시까지만 백지보충권을 행사하면 된다.

- 어음법 75조 소정의 법정기재사항인 약속어음 발행일란의 보충 없이 지급제시한 경우는 적법한 지급제시가 되지 못하여 소구권을 상실한다(대법원 1993. 11. 23. 선고 93다27765 판결). 따라서 김갑을은 사안에서 약속어음의 배서인인 이을병에 대한 소구권을 상실한다.
- 실체법상 어음채권과 어음을 발행하게 된 근거가 되는 소위 원인채권은 별개의 것이므로 실무상(구소송물이론)으로는 어음금청구와 원인채권(가령 물품대금채권)은 별개이다. 사안에서 농구공 매매대금의 담보를 위하여 어음이 교부된 것이다. 김갑을은 이을병에게 농구공 매매계약에 따른 물품대금청구를 할 수 있다.
- 소송물은 「매매계약에 기한 대금지급청구권」이다.
- 민법 563조를 보면, 매매는 당사자 한쪽(매도인)이 일정한 재산권을 상대방(매수인)에게 이전할 것을 약정하고 상대방은 이에 대한 대금을 지급할 것을 약정함으로써 그 효력이 생긴다고 규정하고 있다. 매매계약에 의해 매도인의 매매대금지급청구권(과 매수인의 목적물인도청구권)이 생기고, 또 바로 이행을 청구할 수 있다.
- 그리고 물품대금청구소송에 있어서, 실무상 매매대금 원금과 함께 부대청구로 목적물 인도 후의 이자 상당분의 금전의 지급을 구하는 경우가 흔하다. 그 법적 근거는, 민법 587조 2문의 매수인은 목적물의 인도를 받은 날로부터 대금의 이자를 지급하여야 한다는 규정이다(그러나 동조 단서에는 대금의 지급에 대하여 기한이 있는 때에는 그러하지 아니한다고 하고 있다). 여기서 상법 소정의 연 6%의 이율로 청구하기 위해서는 매매가 상행위이거나 당사자의 일방이 상인임을 표시하는 내용을 적어야 한다(상법 54조, 47조 참조).

제3부
특수한 소송유형

제9장
집행관계 소송

제 3 부 특수한 소송유형

제 9 장
집행관계 소송

제 1 강 청구이의의 소

甲은 2020. 12. 1. 乙에게 서울지방법원 2019나4124 판결에 기한 강제집행은 불허되어야 한다는 청구이의의 소를 제기하였다.

가령, 채무자가 확정된 패소판결에 따라 해당 채무의 변제를 하였음에도 불구하고 채권자가 해당 판결에 기하여 강제집행을 할 우려가 있는 경우에 채무자는 해당 판결의 집행력을 배제시켜 둘 필요가 있는데, 이러한 경우를 위하여 민사집행법은 청구에 관한 이의의 소를 두고 있다(민사집행법 44조). 즉, 변론이 종결된 뒤에 생긴 이유에 의하여 확정판결의 집행력을 장래에 향하여 배제하고, 이에 기하여 강제집행을 저지하고자 할 경우에 본소를 제기할 수 있다.

청구이의의 소는 집행개시 전이든 후이든 집행이 완결될 때까지는 어느 때라도 제기할 수 있다. 그러나 집행이 종료된 뒤에는 소의 이익이 없다.

이러한 청구이의의 소의 법적 성질에 대하여는 학설상 견해가 대립되어 있는데, 집행권원에 표시된 청구권과 현실의 권리관계에 불일치가 있는 경우에 채무자가 그 집행권원이 가지는 집행력의 배제를 구하는 **형성의 소**라고 보는 입장이 **통설·판례**이다(형성소송설).

확정판결 이외에 청구인낙조서, 조정조서, 확정된 지급명령, 집행증서 등 여러 가지 종류의 집행권원이 청구이의의 소의 대상이 된다. 다만, **가집행선고 있는 판결**에 대하여는 상소로 다툴 수 있으므로 판결이 확정된 뒤가 아니라면 본소를 제기할 수 없다. 또한 보전집행의 집행권원인 가압류·가처분 명령에 대하여는 별도로 이의나(민사집행법 283조, 301조) 사정변경에 따른 취소신청이(민사집행법 288조, 301조) 인정되므로 본소로 다툴 수 없다. **의사의 진술을 명하는 재판**도 반대의무의 이행과 같은 조건이 붙어있지 않는 한, 확정되면 그것으로 집행이 종료하기 때문에 본소의 대상이 되지 않는다.

이의사유는 집행권원에 표시된 청구권의 전부 또는 일부를 소멸케 하고, 영구적 또는 일시적으로 이를 실효케 하는 이유로서, 대부분은 적극적 이행소송에 있어서의 항변사유에 대응한다. 다만, 확정판결에 대하여는 그 이유가 변론이 종결된 뒤(무변론판결의 경우에는 판결이 선고된 뒤)에 생긴 것이어야 한다(민사집행법 44조 2항).

한편, **집행증서**와 같은 재판 이외의 집행권원에 대하여는 그 성립에 흠이 있는 경우에도 흠에 대한 이의를 주장할 수 있다(가령 집행증서의 작성이 사기·강박에 의한 경우).

그리고 확정판결과 달리, 확정된 지급명령, 이행권고결정 등은 이의사유의 발생시기에 제한이 없다. 가령 청구권이 지급명령의 성립 전에 이미 부존재하였거나 무효였다는 것도 이의사유가 될 수 있다.

1. 소 송 물

청구이의의 소의 소송물은 그 법적 성질과 연결된다.

형성소송설의 입장에서는 집행력의 배제를 구하는 포괄적인 **1개의 이의권**이 소송물이라 할 것이다. 따라서 이의사유가 여러 개 있더라도 소송물은 1개라고 보고, 이의사유는 공격방법에 지나지 않는다.

2. 관 할

집행권원이 확정판결인 경우에, 해당 소송의 제1심 판결법원의 **전속관할**이다(민사집행법 44조 1항). 확정판결상의 실체적 권리에 관한 다툼을 집행절차 밖에서 별도의 소송절차(즉, 청구이의의 소)에서 처리되도록 하는 한편, 이를 다툼의 대상이 된 판결의 제1심 판결법원이 관할하도록 하고 있다. 이는 **직분관할**로서 성질상 **전속관할**에 속한다.

판결 이외의 그 밖의 집행권원의 경우에는, 가령 집행증서(공정증서)에 대한 것은 채무자의 보통재판적이 있는 곳의 법원(민사집행법 59조 4항), 지급명령에 대한 것은 지급명령을 내린 지방법원이 관할한다(민사집행법 58조 4항).

3. 당 사 자

원고는 집행권원에 채무자로 표시된 자 및 그의 승계인 그 밖의 원인에 의하여 집행권원의 집행력이 확장되어 채무자 대신에 집행력을 받는 자이다(민사집행법 25조). 그리고 이러한 사람의 채권자도 채권자대위권에 기하여 청구이의의 소를 제기할 수 있다.

피고는 집행권원에 채권자로 표시된 자 및 그의 승계인 그 밖의 원인에 의하여 집행권원의 집행력의 확장의 효력을 받는 자이다. 집행문이나 승계집행문의 부여 여부를 묻지 않는다. 따라서 장차 승계집행문을 받는다면 집행을 할 수 있는 사람도 피고가 될 수 있다.

4. 청구취지

청구의 취지로서는, 특정한 집행권원을 들고, 그 집행권원에 기한 민사집행의 전부 또는 일부의 영구적 또는 연기적(일시적) 불허를 선언하는 판결을 구하게 된다.

구체적 청구취지의 기재례는 다음과 같다.

1. 피고의 원고에 대한 OO지방법원 2000가합451호 대여금사건의 집행력 있는 판결정본에 기한 강제집행은 이를 불허한다.
2. 소송비용은 피고가 부담한다.

라는 판결을 구합니다.

한편, 청구이의의 소의 제기는 강제집행을 계속 진행하는 데에는 영향을 미치지 않는다(집행정지의 효력이 없다).

다만, 당사자는 해당 강제집행의 집행정지 등의 잠정처분을 신청할 수 있다(민사집행법 46조 1항, 2항).

5. 청구원인

청구원인은 다음과 같다.

❶ 원고를 채무자로 하는 청구권에 대한 집행권원(확정판결)의 존재
❷ 변론종결 후의 위 ①의 청구권의 소멸, 저지사유

우선, ① 원고를 채무자로 하는 집행권원의 존재가 요건사실이 된다.

다음으로, 요건사실 ② 이의사유를 보면, 대부분은 이행소송에서의 항변사유에 해당한다.

이의사유로 청구권의 소멸사유(변제, 상계 등), 저지사유(지급기한의 연장 등)를 주장할 수 있고, 또한, 기판력이 없는 집행권원에 대하여는 그 성립의 흠(대리권의 흠, 통정허위표시 등)을 주장할 수 있다.

그 밖에 강제집행이 권리남용인 것도 이의사유가 되는데, 확정판결에 의한 권리라 하더라도 신의에 좇아 성실히 행사되어야 하고 그 판결에 기한 집행이 권리남용이 되는 경우에는 허용되지 않으므로 집행채무자는 청구이의의 소에 의하여 그 집행의 배제를 구할 수 있다(대법원 1997. 9. 12. 선고 96다4862 판결; 대법원 2001. 11. 13. 선고 99다32899 판결).

요건사실 ②에 있어서 집행권원이 확정판결의 경우에는 그 이유가 변론이 종결된 뒤(무변론판결의 경우에는 판결이 선고된 뒤)에 생긴 것에 한정된다(민사집행법 44조 2항).

청구원인의 기재례는 다음과 같이 적는다.

1. 피고의 원고에 대한 OO지방법원 2000가합451호 대여금사건의 판결이 2000. 00. 00. 확정되었습니다.
2. 원고는 2000. 00. 00. 피고에게 위 확정판결에 표시된 채무 전액을 변제하였습니다.
3. 그런데 피고가 돌연 귀원 소속 집행관에게 강제집행을 위임하여 원고 소유의 유체동산에 대하여 강제집행을 개시하였으므로 위 판결에 기한 강제집행의 불허를 구하기 위하여 이 사건 청구를 하는 것입니다.

6. 변론종결 뒤의 형성권의 행사

형성권이 변론종결 전에 발생하였지만, 변론종결 뒤에 이를 행사한 경우에 변론종결 뒤의 사유로 실권되는지, 즉 청구이의의 소로써 확정판결을 뒤집을 수 있는지 여부가 문제가 된다.

청구이의의 소에서 주장할 수 있는 이의사유는 판결이 확정된 전소의 사실심변론종결 이후에 발생한 사유이어야 하고, **계약해제**와 같은 형성권의 행사가 이의사유인 경우에 형성권의 요건사실이 전소의 사실심 변론종결 전에 이미 발생하고 있었고, 다만 그 형성권의 행사만 하지 않고 있었다면, 전소의 판결확정 후에 비로소 형성권을 행사하여 청구이의의 소의 이의사유로 주장하는 것은 전소의 기판력에 저촉되어 허용되지 않는다.

한편, **상계권**의 행사는 해제권의 행사와 다르다. 당사자 쌍방의 채무가 서로 상계적상에 있다 하더라도 그 자체만으로 상계로 인한 채무소멸의 효력이 생기는 것은 아니고, 상계의 의사표시를 기다려 비로소 상계로 인한 채무소멸의 효력이 생기는 것이므로, 채무자가 집행권원인 확정판결의 변론종결 전에 상대방에 대하여 상계적상에 있는 채권을 가지고 있었다 하더라도 집행권원인 확정판결의 변론종결 뒤에 이르러 비로소 상계의 의사표시를 한 때에는 '이의원인이 변론종결 뒤에 생긴 때'에 해당하는 것으로서, 당사자가 변론종결 전에 자동채권의 존재를 알았는가 몰랐는가에 관계없이 적법한 청구이의사유가 된다.

7. 한정승인과 이의사유

일반적인 채무이행소송에서는 채무의 존부를 중심으로 변론이 전개되고 책임의 존부는 심판의 대상으로 등장하지 않는데, 상속채무이행소송에 있어서도 통상의 소송에서처럼 채무의 존부에만 매달리다가 한정승인에 따른 책임제한의 주장을 소홀히 하기 쉽다. 그래서 책임제한의 문제는 현실적으로 강제집행의 단계에서 비로소 부각되는 경우가 드물지 않은데, **한정승인**의 경우가 이의사유가 되는지 여부에 대하여는 견해의 대립이 있다.

집행 단계에서 한정승인을 한 사실을 내세워 집행력의 배제를 주장할 수 있다고 할 것이다.

한편, 채무자가 **상속포기**를 하였으나, 변론종결 시까지 이를 주장하지 않은 경우의 기판력에 의한 실권효 제한의 법리는 채무의 상속에 따른 책임의 제한 여부만이 문제되는 한정승인과 달리 상속에 의한 채무의 존재 자체가 문제되어 그에 관한 확정판결의 주문에 당연히 기판력이 미치게 되는 상속포기의 경우에는 적용될 수 없다. 민사집행법 44조 2항에 의한 청구이의의 소는 그 이의사유가 변론종결 이후에 생긴 것이어야 하므로 위 상속포기의 사유는 위 확정판결의 변론종결 이전에 생긴 것이어서 적법한 청구이의의 사유가 되지 못한다(대법원 2009. 5. 28. 선고 2008다79876 판결).

8. 증명책임

확정된 지급명령에 대한 청구이의의 소에서 채권의 발생원인 사실에 대한 증명책임의 소재(=피고) 및 권리장애 또는 소멸사유 해당 사실에 대한 증명책임의 소재(=원고)

📖 확정된 지급명령의 경우에 그 지급명령의 청구원인이 된 청구권에 관하여 지급명령 발령 전에 생긴 불성립이나 무효 등의 사유를 그 지급명령에 관한 이의의 소에서 주장할 수 있고, 이러한 청구이의의 소에서 청구이의 사유에 관한 증명책임도 일반 민사소송에서의 증명책임 분배의 원칙에 따라야 한다. 따라서 확정된 지급명령에 대한 청구이의 소송에서 원고가 피고의 채권이 성립하지 아니하였음을 주장하는 경우에는 피고에게 채권의 발생원인 사실을 증명할 책임이 있고, 원고가 그 채권이 통정허위표시로서 무효라거나 변제에 의하여 소멸되었다는 등 권리 발생의 장애 또는 소멸사유에 해당하는 사실을 주장하는 경우에는 원고에게 그 사실을 증명할 책임이 있다. 원고의 통장에 입금된 이 사건 돈은 피고의 원고에 대한 대여금이 아니라 무상지원금이므로 이 사건 돈이 대여금임을 전제로 한 이 사건 지급명령에 기한 강제집행은 불허되어야 한다는 원고의 주장에 대하여, 이 사건 돈이 대여금이라는 취지에 부합하는 증거들을 배척하고 달리 피고의 원고에 대한 대여금채권이 있음을 인정할 증거가 없다는 이유로 이 사건 지급명령에 기한 강제집행을 불허한 사안에서 대여금채권의 존재에 관한 증명책임이 채권자인 피고에게 있다는 판단은 정당하다(대법원 2010. 6. 24. 선고 2010다12852 판결).

9. 예상되는 항변

집행권원에 표시된 채무자(청구이의소송의 원고)가 청구권에 대하여 이의하면, 일반 민사소송과 마찬가지로 권리의 발생원인사실의 주장·증명책임은 채권자(청구이의소송의 피고)에게 있다(청구이의소송과 채무부존재확인소송은 마찬가지 구조).

만약 해당 집행권원에 표시된 청구권이 존재한다면, 원고는 책임재산에 대한 집행의 가능성 내지는 위험성을 받아들여야 하는데, 따라서 피고는 항변으로 집행권원에 표시된 청구권이 발생한 것을 주장할 수 있고, 이에 대하여 원고는 청구권의 소멸, 저지사유 등의 이의사유를 재항변으로 주장할 수 있다.

그런데 집행권원이 확정판결인 경우에는 본래 항변사실인 청구권의 존재가 그 기판력에 의하여 분명한 것이 되므로 재항변사실인 청구권의 소멸, 저지사유 등도 미리 원고가 청구원인으로 주장·증명할 필요가 있다고 할 것이다.

10. 판 결

만약, 집행권원상의 청구권과 **동시이행관계**에 있는 반대의무의 존재가 인정되는 경우, 법원으로서는 본래의 집행권원에 기한 집행력의 전부를 배제하는 판결을 할 것이 아니라 집행청구권이 반대의무와 동시이행관계에 있음을 **초과하는 범위**에서 집행력의 일부 배제를 선언하는 판결을 하여야 한다(대법원 2013. 1. 10. 선고 2012다75123, 75130 판결).

한편, 법률관계의 변경·형성을 목적으로 하는 형성소송인 청구이의의 소는 집행권원이 가지는 집행력의 배제를 목적으로 하는 것으로서 그 판결이 확정되더라도 당해 집행권원의 원인이 된 실체법상 권리관계에 기판력이 미치지 않는다(대법원 2013. 5. 9. 선고 2012다108863 판결).

실전 쟁점

어느 날 갑자기 乙로부터 甲의 재산에 대한 압류가 있었다. 甲이 놀라 압류명령을 찬찬히 보니 1년 전에 자식인 丙이 乙로부터 1천만 원을 빌리면서 甲이 연대보증인이 된 내용의 집행증서가 작성된 듯한 상황을 알게 되었다. 그러나 자신은 전혀 기억이 나지 않으므로 丙에게 상황을 확인한바, 丙이 乙로부터 1천만 원을 빌린 사실과 그때에 丙은 마음대로 甲의 인감 등을 가져가 甲의 대리인으로 丙 자신의 채무를 甲이 연대보증하는 계약을 체결하고 그 연대보증채무에 대한 집행증서가 작성된 것이라고 한다. 그러나 丙은 1천만 원을 이미 乙에게 갚았다고 한다. 이 경우에 甲은 어떠한 법적 수단을 취할 수 있는가.

청구이의의 소를 제기하여 ① 집행증서가 무권대리이므로 무효인 것(집행권원 성립상의 흠), ② 실체법상으로도 무권대리이므로 연대보증계약이 성립하지 않은 것(청구권의 불성립), 나아가 설사 연대보증채무가 발생하였다고 하더라도 ③ 주채무의 변제에 의하여 소멸한 것(청구권의 소멸)을 주장하는 것 등을 생각할 수 있다.

이러한 주장은 청구이의소송에서 동시에 주장하지 않으면, 나중에 별도 청구이의의 소를 제기하여 주장할 수 없게 된다(44조 3항).

①과 ③은 재항변, ②는 항변의 부인이다.

다만, 乙이 丙과 乙 사이의 금전소비대차계약의 체결 및 甲(대리인 丙)과 乙 사이의 연대보증계약의 체결과 집행증서의 형식요건구비(甲의 丙에게의 대리권 수여 포함)를 항변으로 주장할 것이 분명하므로 甲은 어느 주장도 처음부터 재항변의 주장 및 항변의 선행부인을 하는 쪽이 좋을 것이다.

또한 甲으로부터 丙에게의 기본대리권의 수여 등이 있다면 ①의 주장에 대하여 乙로부터 표현대리가 주장될 것도 생각할 수 있다. 집행증서의 작성에 표현대리의 적용이 있는지 여부에 대하여 논의가 있는데, 판례는 집행수락의 의사표시는 공증인에 대한 채무자의 단독의 소송행위라고 보아, 이를 부정한다(대법원 1983. 2. 8. 선고 81다카621 판결).

제 9 장
집행관계 소송

제 2 강 추심의 소

추심의 소는 채권에 대한 집행의 환가절차의 하나로, 추심채권자가 제3채무자에게 해당 피압류채권에 관한 이행을 구하는 소이다.

추심명령이 있은 뒤, 제3채무자가 추심절차에 대하여 그 의무를 이행하지 아니할 때에는 채권자가 제3채무자를 상대로 추심의 소로 그 이행을 하게 할 수 있다(민사집행법 249조).

그 성질을 추심권에 의하여 이행을 구하는 권리(**고유적격설**)라고 보는 입장이 있는데, 제3자에 의한 **법정소송담당**으로 보는 입장이 일반적이다(채권자대위소송과 마찬가지).

추심명령

📖 추심명령이라 함은 채무자가 제3채무자에 대하여 가지고 있는 채권에 대하여 대위의 절차를(민법 404조) 거치지 않고 직접 집행채권자에게 추심할 권리를 부여하는 집행법원의 명령을 말한다(민사집행법 229조 2항). 추심명령은 압류채권자의 신청에 의하여 발령된다. 그 신청은 압류명령의 신청과 동시에 할 수도 있고, 추후에 신청할 수도 있다. 추심명령은 사법보좌관의 업무이다. 추심명령은 제3채무자에게 송달됨으로써 그 효력이 발생한다(민사집행법 229조 4항, 227조 3항).

이는 채권자에게 채무자의 제3채무자에 대한 피압류채권을 추심할 권능만을 부여하는 것으로서, 이로 인하여 채무자가 제3채무자에 대하여 가지는 채권이 채권자에게 이전되거나 귀속되는 것은 아니므로(전부명령과 차이) 채무자로서는 제3채무자에 대하여 피압류채권에 기하여 그 동시이행을 구하는 항변권을 상실하지 않는다(대법원 2001. 3. 9. 선고 2000다73490 판결).

채권자는 추심명령에 의하여 채무자가 제3채무자에 대하여 가지는 채권을 본인 명의로 직접 추심할 수 있다. 원칙적으로 추심권의 범위는 피압류채권의 전액에 미치고(민사집행법 232조 1항), 종된 권리인 이자 및 지연손해금에도 미친다. 채권자는 추심한 금전으로 다른 채권자가 없는 경우에는 자기의 변제에 충당하면 되나, 절차에 참가한 다른 채권자가 있는 경우에는 배당절차에 의하여 배당을 받게 된다.

1. 소 송 물

추심의 소의 성질과 관련되는데, 소송물은 피압류채권 그 자체라고 하는 입장이 일반적이다(법정소송담당설). 한편, 고유적격설에 의하면 추심권에 의한 이행을 구하는 권리가 소송물이 된다.

2. 관 할

추심의 소는 일반 민사소송법 규정에 의하여 관할법원에 제기하는 **민사소송**이다(238조 본문 참조).

그리하여 관할법원은 민사소송법의 일반원칙에 기하여 제3채무자의 보통재판적이 있는 곳을 관할하는 법원(2조) 또는 피압류채권에 따른 특별재판적이 있는 곳을 관할하는 법원이 된다.

3. 당사자적격

추심명령이 있으면, 제3채무자에 대한 이행의 소는 추심채권자만이 제기할 수 있고, 채무자는 피압류채권에 대한 이행소송을 제기할 당사자적격을 상실한다(대법원 2000. 4. 11. 선고 99다23888 판결).

채권자가 집행권원에 기하여 압류 및 추심명령을 받은 후 그 집행권원상의 채권을 양도하였다고 하더라도 그 채권의 양수인이 기존 집행권원에 대하여 승계집행문을 부여받지 않았다면, 집행채권자의 지위에서 압류채권을 추심할 수 있는 권능이 없고, 결국 당사자적격이 없으므로 추심의 소는 부적법 각하되어야 한다(대법원 2008. 8. 21. 선고 2008다32310 판결[미간행]).

추심의 소를 제기한 뒤에 추심권의 포기가 있으면 추심권능과 소송수행권이 모두 채무자에게 복귀한다.

추심채권자의 제3채무자에 대한 추심소송 계속 중에 채권압류 및 추심명령이 취소되어 추심채권자가 추심권능을 상실하게 되면 추심소송을 제기할 당사자적격도 상실한다.

채무자의 이행소송 계속 중에 추심채권자가 압류 및 추심명령 신청의 취하 등에 따라 추심권능을 상실하게 되면 채무자는 위 이행소송의 당사자적격을 회복한다. 이러한 사정은 직권조사사항으로서 당사자가 주장하지 않더라도 법원이 직권으로 조사하여 판단하여야 하고, 사실심 변론종결 이후에 당사자적격 등 소송요건이 흠결되거나 그 흠결이 치유된 경우 상고심에서도 이를 참작하여야 한다(대법원 2010. 11. 25. 선고 2010다64877 판결).

4. 청구취지

(집행)채무자의 제3채무자에 대한 이행소송의 경우와 마찬가지로, 그 기재례는 다음과 같다.

피고는 원고에게 2억 원 및 이에 대하여 2019. 3. 15.부터 다 갚는 날까지 연 12%의 비율에 의한 돈을 지급하라.

5. 청구원인

요건사실은 다음과 같다.

❶ 피압류채권(추심채권)의 존재

- 가령 예금채권의 추심을 구하는 소를 제기한 경우, 피압류채권이 압류금지채권에 해당하지 않는다는 점, 즉 채무자의 개인별 예금 잔액과 법 195조 3호에 의하여 압류하지 못한 금전의 합계액이 185만 원을 초과한다는 사실에 대한 증명책임은 원고(추심채권자)에게 있다.
- 전부금청구에서의 피전부채권과 달리, 피압류채권은 반드시 권면액이 있는 금전채권이어야 할 필요는 없다.
- 피고(제3채무자)는 집행채무자에 대하여 주장할 수 있는 주장을 압류채권자(추심채권자)에 대하여도 주장할 수 있다.

❷ 추심명령

- 추심명령에 대하여 피고(제3채무자)가 즉시항고를 하여 추심명령이 취소되었거나 추심채권자가 추심명령 신청을 취하하였다는 피고의 주장은 원고의 추심권한을 다투는 것이므로 본안전 항변이 된다.

❸ 제3채무자에게 송달

- 추심명령은 제3채무자에게 송달된 때에 효력이 발생하므로 전부금청구와 달리, 채무자에 대한 송달이나 추심명령의 확정은 추심금청구의 청구원인이 아니다.

한편, 엄격히 따지자면 ② 추심명령을 받은 사실과 ③ 그 추심명령이 제3채무자에게 송달된 사실은 추심의 소에 있어서 요건사실이라기보다는 원고적격이라는 소송요건에 관한 사실이라 할 것이나(인정되지 않으면 소가 각하된다), 실무상으로는 다른 요건사실과 함께 청구원인 가운데 적시하고 있다고 한다.

6. 예상되는 항변

집행채권의 부존재나 소멸은 집행채무자가 **청구이의의 소**로 다툴 것이지, 추심의 소에서 피고(제3채무자)가 이를 항변으로 주장하여 채무의 변제를 거절할 수 있는 것이 아니다(대법원 1994. 11. 11. 선고 94다34012 판결 등). 가령, 피고(제3채무자)가 집행채권의 부존재 등으로 인하여 추심명령이 무효라는 취지로 주장하면, 이를 **본안전 항변**으로 취급함이 상당하다고 한다.

예상되는 항변은 다음과 같다.

가. 피압류채권(추심채권)의 장애·저지·소멸사유

제3채무자는 채무자에 대하여 주장할 수 있는 실체법상의 모든 항변으로 추심채권자에게 대항할 수 있으므로 압류명령 송달 전에 채무자에게 변제하는 등으로 피압류채권(추심채권)을 소멸시켰다고 항변할 수 있다(한편, 압류명령 송달 뒤에는 채무자에게 변제하는 등의 행위를 할 수 없다).

(1) 변제 항변

제3채무자는 압류명령 송달 전에 채무자에게 변제하는 등으로 피압류채권(추심채권)을 소멸시켰다고 항변할 수 있다.

한편, 채무자에게의 변제와 달리, 정당한 추심채권자에게 변제하면 그 효력은 압류경합 관계에 있는 모든 채권자에게 미치므로 정당한 추심채권자에게 변제한 사실을 주장·증명하면, 그 변제 시점이 압류명령 송달 후이더라도 원고의 청구에 대항할 수 있다.

(2) 상계 항변

제3채무자는 압류명령을 송달받기 전에 취득한 채무자에 대한 채권으로 피압류채권(추심채권)과 상계할 수 있고, 이 경우에 상계의 의사표시는 추심채권자나 채무자의 어느 쪽에 대하여 하더라도 무방하다.

그런데 민법 498조는 "지급을 금지하는 명령을 받은 제3채무자는 그 후에 취득한 채권에 의한 상계로 그 명령을 신청한 채권자에게 대항하지 못한다"고 규정하고 있다. 그렇다면 제3채무자는 채권압류명령(채권가압류명령도 마찬가지)을 송달받기 전에 압류채무자에 대하여 취득한 반대채권이 있으면 무조건 상계로 채권자에게 대항할 수 있는가. 위 규정의 취지, 상계제도의 목적 및 기능, 채무자의 채권이 압류된 경우 관련 당사자들의 이익상황 등에 비추어 보면, 채권압류명령을 받은 제3채무자가 압류채무자에 대한 반대채권을 가지고 있는 경우에 상계로써 압류채권자에게 대항하기 위하여는, 압류의 효력 발생 당시에 대립하는 양 채권이 상계적상에 있거나, 그 당시 반대채권(자동채권)의 변제기가 도래하지 아니한 경우에는 그것이 피압류채권(수동채권)의 변제기와 동시에 또는 그보다 먼저 도래하여야 할 것이다(**변제기 선도래설** – 대법원 2012. 2. 16. 선고 2011다45521 전원합의체 판결).

한편, 금전채권에 대한 가압류로부터 본압류로 전이하는 압류 및 추심명령이 있는 때에는 제3채무자는 채권이 가압류되기 전에 압류채무자에게 대항할 수 있는 사유로써 압류채권자에게 대항할 수 있으므로, 제3채무자의 압류채무자에 대한 자동채권이 수동채권인 피압류채권과 동시이행의 관계에 있는 경우에는, 그 가압류명령이 제3채무자에게 송달되어 가압류의 효력이 생긴 후에 자동채권이 발생하였다고 하더라도 제3채무자는 동시이행의 항변권을 주장할 수 있고, 따라서 그 상계로써 압류채권자에게 대항할 수 있다. 이 경우에 자동채권 발생의 기초가 되는 원인은 수동채권이 가압류되기 전에 이미 성립하여 존재하고 있었으므로, 그 자동채권은 민법 498조 소정의 "지급을 금지하는 명령을 받은 제3채무자가 그 후에 취득한 채권"에 해당하지 아니한다(대법원 2001. 3. 27. 선고 2000다43819 판결).

(3) 채권양도의 경우

채권양도에 의한 피압류채권의 상실도 항변이 된다. 여기서 채권양도와 채권압류의 우열관계는 확정일자 있는 채권양도통지가 채무자에게 도달한 시점과 채권압류결정 정본이 제3채무자(채권양도의 경우의 채무자에 해당)에게 도달한 시점의 선후에 의한다. 가령 3채무자에게 채권양도사실을 통지하여 2020. 10. 21. 도달하였고, 한편 채권압류결정 정본은 그 다음 날인 2020.

10. 22. 제3채무자에게 송달되었다면, 압류명령은 효력이 없고 채권양수가 유효하다.

(4) 계약인수의 경우

계약 당사자로서의 지위 승계를 목적으로 하는 계약인수의 경우에는 양도인과 상대방 당사자 사이의 계약관계가 소멸하지만, 양도인이 계약관계에 기하여 가지던 권리의무가 동일성을 유지한 채 양수인에게 그대로 승계되는 것이므로 양도인의 제3채무자에 대한 채권이 압류된 후 채권의 발생원인인 계약의 당사자 지위를 이전하는 계약인수가 이루어진 경우에 양수인은 압류에 의하여 권리가 제한된 상태의 채권을 이전받게 되므로 제3채무자는 계약인수에 의하여 그와 양도인 사이의 계약관계가 소멸하였음을 내세워 압류채권자에 대항할 수 없다(대법원 2015. 5. 14. 선고 2012다41359 판결).

나. 추심권의 발생장애·소멸사유

(1) 압류명령의 무효

채권의 양도를 금지하는 법률의 규정이 강행법규에 해당하는 이상, 그러한 채권에 대한 압류명령은 강행법규에 위반되어 무효라고 할 것이어서 실체법상 효력을 발생하지 아니하므로, 제3채무자는 그러한 실체법상의 무효를 들어 항변할 수 있다(대법원 2014. 1. 23. 선고 2013다71180 판결).

(2) 집행채권의 양도

원고가 집행채권을 다른 제3자에게 양도한 경우에는 압류채권자로서의 지위도 이에 수반하여 양수인에게 이전하고, 원고는 추심권을 잃게 되므로 그러한 채권양도의 사실이 있다는 것은 피고의 항변이 된다.

추심의 소의 원고가 집행채권을 다른 제3자에게 양도한 경우에 양수인은 민사소송법 79조 독립당사자참가, 81조 참가승계, 82조 인수참가에 의하여 소송을 속행할 수 있다.

(3) 추심권과의 상계

추심채권자에 대하여 추심권과의 상계를 인정할지 여부가 문제된다. 경합채권자나 배당요구채권자가 없는 경우에는 인정된다고 볼 것이다.

7. 채무자에게의 소송고지·제3채무자의 참가명령의 신청

추심의 소를 제기한 때에는 채무자에게 소송고지를 하여야 한다(238조 본문). 다만, 채무자가 외국에 있거나 있는 곳이 분명하지 아니할 때에는 고지할 필요가 없다(동조 단서).

한편, 소를 제기당한 제3채무자는 집행력 있는 정본을 가진 모든 채권자를 공동소송인으로 원고 쪽에 참가하도록 명할 것을 첫 변론기일까지 신청할 수 있다(동조 3항). 제3채무자로서는 동일한 피압류채권에 대하여 어느 채권자로부터 추심소송을 막아내더라도 또 다른 채권자로부터 추심소송이 제기될 우려가 있기 때문이다. 위 참가명령을 받은 채권자에게는 그 참가 여부와 상관없이 추심의 소의 판결의 효력이 미친다(동조 4항).

8. 채무자가 제3채무자를 상대로 이미 피압류채권에 관하여 소를 제기한 경우

위에서 언급하였듯이, 추심명령이 있으면 채무자는 피압류채권에 대한 이행소송을 제기할 당사자적격을 상실한다(대법원 2000. 4. 11. 선고 99다23888 판결). 채무자가 이미 피압류채권에 관하여 소를 제기한 경우에는 채권자는 승계인으로 참가할 수 있다(81조, 82조. 다만, 상고심에 계속 중인 경우에는 승계인의 소송참가가 허용되지 않는다). 한편, 채무자가 이미 집행권원을 가지고 있는 때에는 채권자는 승계집행문을 부여받아 피압류채권에 대한 강제집행을 할 수 있다.

채무자가 제3채무자를 상대로 제기한 이행의 소가 법원에 계속되어 있는 경우에도 압류채권자는 제3채무자를 상대로 압류된 채권의 이행을 청구하는 추심의 소를 제기할 수 있고, 제3채무자를 상대로 압류채권자가 제기한 추심의 소는 채무자가 제기한 이행의 소에 대한 관계에서 259조가 금지하는 중복된 소제기에 해당하지 않는다(대법원 2013. 12. 18. 선고 2013다202120 전원합의체 판결).

9. 재소금지 원칙에 반하는지 여부

추심채권자가 제3채무자인 피고를 상대로 추심금 소송을 제기하였다가 항소심에서 소취하를 하였는데, 그 후 압류·추심명령을 받은 또다른 추심채권자인 원고가 다시 피고를 상대로 추심금 청구를 한 사건에서, 후소는 권리보호이익을 달리 하여 재소금지 원칙에 위반되지 않는다고 보았다(대법원 2021. 5. 7. 선고 2018다259213 판결).

10. 동일한 채권에 대하여 복수의 채권자가 압류·추심명령을 받은 경우

어느 한 채권자가 제기한 추심금소송에서 확정된 판결의 기판력이 변론종결일 이전에 압류·추심명령을 받았던 다른 추심채권자에게 미치는지 여부에 대하여 판례는 다른 추심채권자에게 미치지 않는다고 보았다. 그 이유는 다음과 같다.

① 확정판결의 기판력이 미치는 주관적 범위는 신분관계소송이나 회사관계소송과 같이 법률에 특별한 규정이 있는 경우를 제외하고는 원칙적으로 당사자, 변론을 종결한 뒤의 승계인 또는 그를 위하여 청구의 목적물을 소지한 사람과 다른 사람을 위하여 원고나 피고가 된 사람이 확정판결을 받은 경우의 그 다른 사람에 국한되고(218조 1항, 3항) 그 밖의 제3자에게는 미치지

않는다. 따라서 추심채권자들이 제기하는 추심금소송의 소송물이 채무자의 제3채무자에 대한 피압류채권의 존부로서 서로 같더라도 소송당사자가 다른 이상 그 확정판결의 기판력이 서로에게 미친다고 할 수 없다. ② 민사집행법 249조 3항, 4항은 추심의 소에서 소를 제기당한 제3채무자는 집행력 있는 정본을 가진 채권자를 공동소송인으로 원고 쪽에 참가하도록 명할 것을 첫 변론기일까지 신청할 수 있고, 그러한 참가명령을 받은 채권자가 소송에 참가하지 않더라도 그 소에 대한 재판의 효력이 미친다고 정한다. 위 규정 역시 참가명령을 받지 않은 채권자에게는 추심금소송의 확정판결의 효력이 미치지 않음을 전제로 참가명령을 통해 판결의 효력이 미치는 범위를 확장할 수 있도록 한 것이다. ③ 제3채무자는 추심의 소에서 다른 압류채권자에게 위와 같이 참가명령신청을 하거나 패소한 부분에 대해 변제 또는 집행공탁을 함으로써, 다른 채권자가 계속 자신을 상대로 소를 제기하는 것을 피할 수 있다. 따라서 어느 한 채권자가 제기한 추심금소송에서 확정된 판결의 효력이 다른 채권자에게 미치지 않는다고 해도 제3채무자에게 부당하지 않다 (대법원 2020. 10. 29. 선고 2016다35390 판결).

생각건대 판례는 유사한 구조인 채권자대위소송에서의 기판력과 추심금소송에서의 기판력을 반드시 같이 보고 있지 않다.

실전 쟁점

甲은 2015. 5. 10. 乙에게 8,000만 원을 이자는 월 2%, 변제기는 대여일로부터 1년 뒤인 2016. 5. 9.로 정하여 대여하면서 위 대여금의 이자는 매월 9일 지급받기로 하였다.

① 그 뒤, 甲에 대하여 확정판결에 기한 2,000만 원의 채권을 가지고 있던 丙이 위 채권을 집행채권으로 하여 2005. 8. 2. 채무자를 甲, 제3채무자를 乙로 하여 위 대여금 중 원금 2,000만 원 채권에 대하여 압류 및 추심명령을 받았고, 위 명령은 乙에게 2015. 8. 9.에 송달되었으나, 甲에게는 송달불능되었다.

② 한편, 甲의 채권자 丁은 2015. 9. 2. 甲에 대한 확정판결에 기한 3,000만 원의 채권을 집행채권으로 하여 위 대여금 중 원금 3,000만 원에 대하여 채권압류

및 전부명령을 받았고, 위 명령은 甲, 乙에게 모두 2015. 9. 9. 송달되었는데, 이에 대하여 즉시항고가 없었다.

③ 이후, 甲의 또 다른 채권자 戊가 2015. 10. 4. 甲에 대한 2,000만 원의 채권을 피보전채권으로 하여 위 대여금 중 원금 2,000만 원에 대하여 채권가압류신청을 하였고, 그 가압류결정이 2015. 10. 10. 乙에게 송달되었다.

그런데 乙이 변제기가 지나도록 위 대여원리금을 전혀 지급하지 아니하므로 甲은 乙을 상대로 「위 대여금 8,000만 원 및 이에 대한 2015. 5. 10.부터 다 갚는 날까지 월 2%의 비율에 의한 이자 및 지연손해금을 지급하라」는 소를 제기하였다. 이에 대하여 乙은 위 채권압류 및 추심명령과 채권압류 및 전부명령이 있었고, 채권가압류결정까지 송달받았으므로 甲의 청구에 응할 수 없거나 적어도 위 추심명령, 전부명령, 가압류결정이 내려진 부분에 대하여는 책임이 없다고 다투었다.

乙에 대한 소장부본 송달일은 2016. 6. 30. 변론종결일은 2017. 1. 15. 판결선고일은 2017. 1. 29.이다.

甲의 청구 중 각하, 인용, 기각되는 부분이 있으면 그 순서대로 이를 구체적으로 특정하고 그 논거를 설명하시오.

- **각하** 부분 : 2,000만 원 및 이에 대한 2015. 8. 10.부터 다 갚는 날까지 월 2%의 비율에 의한 금원지급청구

채권에 대한 압류 및 추심명령이 있으면 제3채무자에 대한 이행의 소는 추심채권자만이 제기할 수 있고 채무자는 피압류채권에 대한 이행소송을 제기할 당사자적격을 상실한다(대법원 2000. 4. 11. 선고 99다23888 판결). 이러한 사정은 직권조사사항으로서 당사자의 주장이 없더라도 법원이 이를 직권으로 조사하여 판단하여야 하고, 채무자는 당사자적격을 상실하였으므로 제3채무자에 대한 채무자의 이행의 소는 부적법하다(대법원 2004. 3. 26. 선고 2001다51510 판결).

한편, 압류 및 추심명령의 효력발생시기는 제3채무자에 대한 송달일이고(민사집행법 229조 4항, 227조 3항), 제3채무자 乙에게 송달된 이상, 채무자 甲에게 송달불능되었더라도 추심명령의 효력발생에는 아무런 지장이 없다.

- **기각** 부분 : 3,000만 원 및 2015. 9. 10.부터의 이자와 지연손해금

甲(원고)의 청구 중 각하 또는 인용되는 부분을 제외한 나머지 부분에 관하여는 원고의 청구를 기각하여야 한다.

전부명령이 있으면 피전부채권은 채무자로부터 집행채권자에게 이전하는데, 추심명령과 달리 전부명령의 경우에는 채무자(甲)가 자신이 이행청구권자라고 주장하는 이상, 채무자는 일단 원고적격을 가지고, 다만 실체법상의 청구권이 인정되지 않을 때에는 본안에서 청구가 기각될 뿐이다.

丁이 압류 및 전부명령을 받은 3,000만 원에 관하여는 그 금액 및 전부명령 송달 다음날인 2015. 9. 10.부터의 이자와 지연손해금에 대하여 기각 주문, 즉 원고의 나머지 청구를 기각한다는 주문을 내야 한다.

- **인용** 부분 : 3,600만 원 및 그 중 3,000만 원에 대한 2015. 9. 10.부터 다 갚는 날까지 월 2%의 비율에 의한 금원지급청구
  - → 8,000만 원에 대한 대여일인 2015. 5. 10.부터 추심명령이 제3채무자 乙에게 송달된 2015. 8. 9.까지 발생한 이자 : 480만 원(=80,000,000×2%×3개월)
  - → 위 8,000만 원에서 추심명령의 대상이 된 2,000만 원을 제외한 6,000만 원에 대한 추심명령 송달 다음날인 2015. 8. 10.부터 전부명령의 송달일인 2015. 9. 9.까지 발생한 이자 : 120만 원(=60,000,000원×2%×1개월)
  - → 위 6,000만 원에서 전부의 대상이 된 3,000만 원을 제외한 3,000만 원
  - → 위 합계 금액 3,600만 원(480만 원+120만 원+3,000만 원) 및 그 중 3,000만 원에 대한 2015. 9. 10.부터 다 갚는 날까지 월 2%의 비율에 의한 이자 및 지연손해금

한편, 금전채권이 가압류된 경우에도 가압류결정의 채무자는 제3채무자를 상대로 금원의 지급을 구하는 소를 제기할 수 있고, 이 경우에 법원은 단순 인용판결을 하여야 한다.

제 9 장
집행관계 소송

제 3 강 전부금청구소송

丙의 乙에 대한 매매대금 2억 원의 변제기는 2020. 6. 30.이다. 한편, 乙은 2020. 2. 1. 丙에게 2억 원을 무이자로 대여하고, 그 변제기를 2020. 7. 31.로 하였다. 그런데 丙의 채권자 甲이 丙을 채무자로, 乙을 제3채무자로 하여 2020. 4. 25. 위 매매대금에 대한 압류 및 전부명령을 받았고, 그 결정이 같은 달 4. 30. 乙에게 송달되었다. 이후 甲은 乙에게 2020. 8. 1. 위 전부금 2억 원 및 이에 대한 지연손해금의 지급을 구하고 있다. 乙은 丙에 대한 위 대여금채권으로 상계한다고 주장하였다. 乙은 상계로써 甲에게 대항할 수 있는가? 한편, 상계의 편의를 위하여 乙, 丙은 쌍방의 채권을 제3자에게 양도하는 것을 금지하는 내용의 양도금지특약을 체결한 사실이 있는데, 위 전부명령은 양도금지특약에 위배된 것으로 무효라는 乙의 주장은 타당한가?

전부명령이란 채무자가 제3채무자에 대하여 가지고 있는 압류된 채권(피압류채권)을 집행채권과 집행비용청구권의 변제에 갈음하여 압류채권자에게 이전하는 집행법원의 결정을 말한다(민사집행법 229조 3항 참조). 사법보좌관이 관장한다.

전부명령이 있게 되면, 피압류채권(피전부채권)은 집행채권액과 집행비용을 한도로 하여 동일성을 가진 채로 채무자로부터 집행채권자에게 이전하고, 집행채권은 피전부채권의 권면액(일정한 금액으로 표시된 금전채권의 명목액)의 범위 내에서 당연히 소멸한다. 채무소멸의 효과는 채권자가 압류명령신청 시에 명시한 집행채권의 변제를 위하여서만 생긴다. 전부명령이 적법하게 이루어져 확정된 이상, 피압류채권은 집행채권의 범위 내에서 당연히 집행채권자에게 이전하는 것이어서 그 집행채권이 이미 소멸하였거나 소멸할 가능성이 있다고 하더라도 전부명령의 효력에는 아무런 영향이 없다(대법원 1997. 10. 24. 선고 97다20410 판결).

다른 채권자가 배당요구를 할 수 없어 압류채권자가 독점으로 채무액을 변제 받을 수 있다는 것은 전부명령의 이점(利點)이나, 제3채무자가 변제능력이 없는 경우에는 채권을 변제 받을 수 없는 불이익이 있을 수 있다.

전부명령이 제3채무자에게 송달될 때까지 피압류채권에 관하여 다른 채권자가 압류·가압류 또는 배당요구를 한 경우에는 전부명령은 효력을 가지지 않는다(민사집행법 229조 5항). 이는 전부명령은 전부를 받은 채권자에게 독점적 만족을 주는 것이고, 채권자의 경합이 있는 경우에 그 가운데 1인의 채권자에게만 독점적 만족을 주는 것은 채권자평등의 원칙에 반하는 결과가 되기 때문이다.

전부명령에 의하여 피전부채권이 집행채권의 변제에 갈음하여 압류채권자에게 이전되어 집행절차는 종료하게 되는데, 이와 같은 권리이전효가 발생하였음에도 제3채무자가 집행채권자에게 임의로 변제하지 않으면 제3자에게 압류채권자는 **전부금청구의 소**를 제기하여야 한다. 추심의 소와(249조) 달리 명문의 규정이 없다.

1. 소 송 물

소송물은 채권압류 및 전부명령에 기한 전부금 청구권이다.

2. 청구취지

청구취지의 기재례는 다음과 같다.

피고는 원고에게 2억 원 및 이에 대한 이 사건 소장부본 송달 다음날부터 다 갚는 날까지 연 12%의 비율에 의한 금원을 지급하라.

3. 청구원인

요건사실은 다음과 같다.

❶ 피전부채권의 존재

- 피전부채권(피압류채권)은 압류적격이 있는 채권이어야 한다.
- 피전부채권은 금전채권이어야 한다.
- 피전부채권이 양도금지특약이 있는 채권이더라도 무방하다.
- 피전부채권이 아예 불성립 또는 부존재하였다면 전부명령은 무효이고, 변제의 효과는 발생하지 않는다(민사집행법 231조 단서).
- 원고는 피전부채권의 발생사실만 주장·증명하면 되고, 권리장애사실, 권리소멸사실(가령 취소, 시효소멸) 등의 부존재까지 주장·증명할 필요는 없다. 가령 피전부채권이 매매대금채권이면, 채무자가 제3채무자인 피고에게 매매목적물을 금 OOO원에 매도한 사실만 증명하면 된다.
- 피전부채권의 소멸 등 사실은 항변이 된다.

❷ 전부명령

- 전부명령이 적법하게 이루어져 확정된 이상, 집행채권의 부존재, 소멸은 전부명령의 효력에 영향이 없다. 유효한 항변이 되지 못한다. 이렇게 집행채권의 존부 등을 다툴 수 없는 것은 추심의 소와 마찬가지이다.

❸ 제3채무자에 대한 전부명령의 송달·확정

- 전부명령의 효력 발생을 위해서는 전부명령의 확정이 전제되므로 제3채무자에

게 전부명령이 송달된 사실뿐만 아니라 전부명령이 확정된 사실까지 요건사실이 된다.

- 확정된 전부명령에 의하여 전부채권자가 취득하는 채권은 전부명령이 제3채무자에게 송달된 시점으로 **소급**하여 전부명령의 실체적 효력이 발생한다(민사집행법 231조 본문).
- 전부명령의 확정의 전제로 즉시항고권자인 채무자에게 송달이 필요하다(민사집행법 229조 4항, 227조 2항).

4. 예상되는 항변

예상되는 방어방법은 다음과 같다.

가. 피전부채권에 관한 항변

(1) 피전부채권의 소멸

전부명령에 의하여 피전부채권(피압류채권)은 동일성을 유지한 채로 집행채무자로부터 집행채권자에게 이전하므로 제3채무자는 전부명령이 제3채무자에게 송달되기 전에(제3채무자에게 송달된 시점에 전부명령의 효력이 발생) 제3채무자가 이미 채무자에게 변제하였거나 채무자로부터 채무면제를 받는 등으로 피전부채권이 이미 소멸하였다고 주장할 수 있다(채권양도의 경우에 준하여 생각하면 된다).

(2) 상 계

전부명령은 압류명령을 전제로 발령되는 것이므로 제3채무자는 압류명령의 송달 뒤에 취득한 채권을 자동채권으로 하여 압류된 피전부채권과의 상계를 주장할 수 없다(민법 498조 지급금지채권을 수동채권으로 하는 상계의 금지 참조).

그렇다면 제3채무자는 압류명령이 있기 전에 압류채무자에 대하여 취득한 반대채권이 있으면 무조건 상계로 채권자에게 대항할 수 있는가.

제3채무자가 채무자에 대한 채권을 자동채권으로 하여 피전부채권과의 상계를 주장하기 위해서는 압류의 효력 발생 당시에 대립하는 양 채권이 상계적상에 있거나, 그 당시 반대채권(자동채권)의 변제기가 도래하지 않은 경우에는 그것이 피압류채권(수동채권)의 변제기와 동시에 또는 그보다 먼저 변제기에 도달하였다는 사실까지 증명하여야 한다(**변제기 선도래설** – 대법원 2012. 2. 16. 선고 2011다45521 전원합의체 판결). 판례의 입장에 따를 경우에 乙은 압류채권자인 甲에게 상계로써 대항할 수 없다.

그런데 위 판결에서 **반대의견**은, 반대채권과 피압류채권 모두 또는 그 중 어느 하나의 이행기가 아직 도래하지 아니하여 상계적상에 놓이지 아니하였더라도 그 이후 제3채무자가 피압류채권을 채무자에게 지급하지 아니하고 있는 동안에 반대채권과 피압류채권 모두의 이행기가 도래한 때에도 제3채무자는 반대채권으로써 상계할 수 있고, 이로써 지급을 금지하는 명령을 신청한 채권자에게 대항할 수 있다고 한다. 이러한 입장에 따르면, 乙의 반대채권은 압류 이전에 취득한 것으로써, 압류 뒤에 그 변제기가 도달하여 상계적상이 되면, 乙은 압류채권자인 甲에게 상계로써 대항할 수 있는데, 사안에서 甲은 2020. 8. 1. 乙에게 전부채권을 청구하였고, 이미 자동채권의 변제기인 2020. 7. 31.이 도달하였으므로 乙은 甲에게 상계로써 대항할 수 있다.

한편, 제3채무자의 채무자에 대한 자동채권이 수동채권인 피압류채권과 **동시이행의 관계**에 있는 경우에는, 자동채권이 발생한 기초가 되는 원인은 수동채권이 압류되기 전에 이미 성립하여 존재하고 있었던 것이므로 그 자동채권은 민법 제498조 소정의 '지급을 금지하는 명령을 받은 제3채무자가 그 후에 취득한 채권'에 해당하지 않는다고 봄이 상당하므로 압류명령이 제3채무자에게 송달되어 압류의 효력이 생긴 후에 자동채권이 발생하였다고 하더라도 제3채무자는 동시이행의 항변권을 주장할 수 있고, 따라서 그 채권에 의한 상계로 채권자에게 대항할 수 있다(대법원 1993. 9. 28. 선고 92다55794 판결).

(3) 공 제

가령, 임차보증금 반환채권에 대한 전부명령에 있어서 임차보증금 반환채권은 연체차임, 차임 상당의 부당이득채권, 손해배상채권 등 임차보증금으로 담보되는 임대인의 채권이 발생하는 것을 해제조건으로 하여 발생하는 것이므로 위 전부명령은 임대인의 연체차임 등의 채권을 공제한 잔액에 관하여서만 유효하다. 따라서 제3채무자인 임대인으로서는 연체차임 등의 발생사실을 주장·증명하여 해당 금액의 공제를 주장할 수 있다.

한편, 구 임차인이 임대인과 사이에 임대차보증금을 신 임차인의 채무의 담보로 하기로 약정하거나 신 임차인에 대하여 임대차보증금반환채권을 양도하기로 한 때에도 그 이전에 임대차보증금반환채권이 압류되어 있는 경우에는 위와 같은 합의나 양도의 효력은 압류채권자에게 대항할 수 없으므로 신 임차인이 차임지급을 연체하는 등 새로운 채무를 부담하게 되었다고 하여 그 연체차임 등을 구 임차인에게 반환할 임대차보증금에서 공제할 수는 없다(대법원 1998. 7. 14. 선고 96다17202 판결).

양도금지특약의 주장

📖 한편, 피전부채권이 양도금지특약이 있는 채권이더라도 전부명령에 의하여 전부되는 것에는 아무런 지장이 없고, 양도금지의 특약이 있는 사실에 관하여 압류채권자가 선의인가 악의인가는 전부명령의 효력에 영향이 없다(대법원 2002. 8. 27. 선고 2001다71699 판결).

사인 사이의 합의에 의하여 강제집행의 대상이 되는 책임재산을 제한하는 효력을 인정하는 것은 타당하지 않으므로 이러한 입장에 찬성한다.

사안에서 양도금지특약을 체결한 사실이 있더라도, 그 특약에 의하여 압류 및 전부명령의 효력이 방해받지 않는다. 압류 및 전부명령은 유효하다.

나. 전부명령에 관한 항변 - 압류의 경합

전부명령이 제3채무자에게 송달될 때까지 피압류채권에 관하여 다른 채권자가 압류(가압류 포함)를 한 경우에는 전부명령은 효력을 가지지 않으므로(민사집행법 229조 5항) 피고는 제3채무자인 자신에게 전부명령이 송달될 당시 압류(가압류 포함)의 경합이 있었다는 점을 주장·증명하여 전부명령의 효력을 다툴 수 있다.

그런데 같은 채권에 대하여 중복하여 압류가 되었더라도 그 효력이 그 채권의 일부에 국한되고, 이를 합산하여도 피압류채권의 채권액에 미치지 아니할 때에는 압류의 경합이 있다고 할 수 없으므로(가령 2억 원의 채권 가운데, 채권자 A가 1억 원을 압류한 뒤, 채권자 B가 6천만 원을 압류하고, 그 뒤에 채권자 C가 4천만 원을 압류한 경우에 각각 압류한 부분에서 채권을 전액 회수할 수 있으므로 A, B, C가 한 일부압류는 아직 경합이 생긴 것은 아니다. 대법원 2002. 7. 26. 선고 2001다68839 판결 등 참조) 같은 채권에 대하여 중복하여 압류가 된 경우에 피고는 총 압류액이 피압류채권의 채권액을 초과하는 사실까지 증명하여야 한다.

채권자대위소송이 제기되고 대위채권자가 채무자에게 대위권 행사사실을 통지하거나 채무자가 이를 알게 된 후 이루어진 피대위채권에 대한 전부명령의 효력(원칙적 무효)

🕮 민법 405조 2항에 따라 채무자는 피대위채권을 양도하거나 포기하는 등 채권자의 대위권 행사를 방해하는 처분행위를 할 수 없게 되고 이러한 효력은 제3채무자에게도 그대로 미치는데, 그럼에도 그 이후 대위채권자와 평등한 지위를 가지는 채무자의 다른 채권자가 피대위채권에 대하여 전부명령을 받는 것도 가능하다고 하면, 채권자대위소송의 제기가 채권자의 적법한 권리행사방법 중 하나이고 채무자에게 속한 채권을 추심한다는 점에서 추심소송과 공통점도 있음에도 그것이무익한 절차에 불과하게 될 뿐만 아니라, 대위채권자가 압류·가압류나 배당요구의 방법을 통하여 채권배당절차에 참여할 기회조차 가지지 못하게 한 채 전부명령을 받은 채권자가 대위채권자를 배제하고 전속적인 만족을 얻는 결과가 되어, 채권자대위권의 실질적 효과를 확보하고자 하는 민법 405조 2항의 취지에 반하게 되므로 위 경우는 민사집행법 229조 5항이 유추적용되어 피대위채권에 대한 전부명령은 우선권 있는 채권에 기초한 것이라는 등의 특별한 사정이 없는 한, 무효라고 보아야 한다(대법원 2016. 8. 29. 선고 2015다236547 판결).

실전 쟁점

A가 B에 대하여 가지는 1억 원의 대여금채권을 A가 C에게 2012. 2. 9.에 채권양도하고 A가 2012. 4. 9. B에게 내용증명 우편으로 채권양도통지를 하여 2012. 4. 11.에 위 내용증명 우편이 B에게 송달되었다. 위 대여금채권에 대하여 A의 채권자인 D가 제주지방법원에 채권가압류신청을 하여 위 법원이 2012. 3. 15. 채권자 D, 채무자 A, 제3채무자 B, 청구금액 5천만 원으로 된 채권가압류결정을 발한 다음 위 결정이 2012. 3. 17.에 B에게 송달되었다. C는 위 양수금채권 1억 원(지연손해금은 청구하지 아니한다)의 지급을 구하는 소송을 B를 상대로 2013. 1. 3.에 제기하였다. C가 위 양수금청구소송을 제기하기 전인 2012. 4. 2. 제주지방법원에서 채권자 D는 청구채권 원금 5천만 원과 이자 및 지연손해금 800만 원 등 합계 5,800만 원으로 하여 위 채권가압류결정에 기하여 본압류로 전이하는 채권압류 및 전부명령을 발령받아 그 결정은 2012. 4. 4.에 D, A, B에게 각 동시에 송달되었고, 위 채권압류 및 전부명령이 2012. 4. 12.에 확정되었다. ① 위 양수금소송에서 피고 B는 위 압류 및 전부명령으로 인하여 C는 원고적격이 없다고 주장하는데 이에 대하여 법원은 어떤 판단을 하여야 하는가. ② 위 양수금소송은 2013. 6. 10.에 변론종결되었고, D가 법원으로부터 받은 위 압류 및 전부명령은 유효하다. 위 양수금소송에서 법원은 어떠한 판결 주문(소송비용부담과 가집행 관련 주문은 제외한다)으로 선고하여야 하는가. 【2014년 변호사시험 참조】

---

① 전부명령은 채권 자체가 전부채권자에게 이전하는 효과가 발생하지만, 전부명령이 있더라도 양수금청구에서 양수인 C가 해당 부분 채권의 청구에 대한 원고적격이 없는 것은 아니다. C는 원고적격이 없다는 B의 주장은 이유 없다. ② D의 (채권가압류결정에 기하여 본압류로 전이하는) 채권압류 및 전부명령이 C의 채권양수보다 우선한다. C의 채권양도통지의 송달(2012. 4. 11)보다 B에 대한 가압류결정의 송달(2012. 3. 17)이 빠르기 때문이다. 그리고 전부명령이 확정된 경우에는 전부명령이 제3채무자에게 송달된 때에 소급하여 채무자가 집행채무를 변제한 것으로 본다(231조 본문). 소급하여 집행채권의 범위 안에서 당연히 전부채권자에게 이전하고 그와 동시에 채무자는 채무를 변제한 것으로 간주되므로, 원금과 이에 대한 변제일까지의 부대채권을 집행채권으로 하여 전부명령을 받은 경우에는 집행채권의 원금의 변제일은 전부명령이 제3채무자에게 송달된 때가 되어 결국 집행채권액은 원금과 제3채무자에 대한 전부명령 송달시까지의 부대채권액을 합한 금액(사안에서 5,800만 원)이 되므로 피압류채권은 그

금액 범위 안에서 전부채권자 D에게 이전한다. 따라서 5,800만 원 부분은 A로부터 D에게 이전하나(이 부분 청구기각), 나머지 4,200만 원의 C에게의 채권양도는 유효하다(이 부분은 청구인용).

제 9 장
집행관계 소송

제 4 강 자녀인도청구의 집행

甲은 乙과 이혼한 뒤, 친권자로서 자녀 丙(2세)을 키워 왔다. 그러나 이혼한 처인 乙의 부모 丁, 戊가 丙을 마음대로 데려갔다. 그래서 丙의 인도를 구하고자 한다. 나아가 '子(자녀)를 인도하라'는 판결 등이 있었음에도 인도를 거절한 경우에 丙의 인도청구의 집행을 어떠한 방법에 의하여야 하는가.

'子(자녀)를 인도하라'는 판결이나 심판, '子를 인도한다'는 조정조서나 화해조서 등을 집행권원으로 子의 인도를 실현하는 강제집행을 어떠한 방법에 의하여 할 것인가에 대하여 현행 민사집행법상 명문 규정을 결여하고 있다.

이와 관련하여 가사소송법에는 유아인도의무에 있어서 가정법원은 권리자의 신청에 의하여 **이행명령**을 할 수 있고(가사소송법 64조 1항 2호), 나아가 이행명령 불이행에 기한 과태료의 부과나 감치를 명할 수 있을 뿐이다(가사소송법 67조 1항, 68조 1항 2호). 물론 대법원의 '유아인도를 명하는 재판의 집행절차(재특 82-1)'에 관한 재판예규(제917-2호. 2003. 10. 1.부터 시행)에서 유아인도를 명하는 재판의 집행절차는 집행관이 **유체동산인도청구권의 집행절차**(민사집행법 257조)에 준하여 강제집행할 수 있다고 규율하고 있지만, 위 예규는 유아가 의사능력이 있는 경우에는 적용되지 않는다.

한편, 최근 국제결혼이 증가하면서 배우자 일방이 다른 배우자의 동의 없이 아동을 타국으로 탈취(고전적 유괴와 대비되는 개념으로 부모 일방 또는 후견인 등이 아동을 일방적으로 이동시키거나 또는 유치하는 행위)하는 사례가 증가하면서 우리나라가 2012. 12. 가입하고 2013. 3. 발효된 '국제적 아동탈취의 민사적 측면에 관한 협약'(Convention on the Civil Aspects of International Child Abduction)에 따른 아동반환에 관한 심판이 종종 나오고 있는데, 위 협약의 이행법률(법률 제11529호)에서 국제적으로 子의 반환의 강제집행에 관하여 명확한 규정을 두고 있지 않으므로 위 협약과도 관련하여 子의 인도의 강제집행에 관한 규율을 정비할 필요성이 커지고 있다.

1. 子(자녀)의 인도를 구하는 청구취지

피고들은 원고에게 A(등록기준지 OOO, 2020년 OO월 OO일생)을 인도하라.

2. 子(자녀)의 인도를 구하는 청구권의 성질

자녀(子)의 인도청구의 집행을 어떠한 방법에 의하여 행할 것인가에 대하여는 현행 민사집행법상 명문 규정을 결여하고 있으므로 子의 인도청구의 강제집행의 방법을 검토함에 있어서 우선 현행법의 해석론으로 子의 인도를 구하는 청구권의 성질에 대해 살펴보는 것이 필요하다.

子의 인도를 구하는 청구권의 성질에 대하여 **子의 인도청구권이**라고 보는 입장과 친권자·감호자에 의한 **친권·감호권의 행사에 대한 방해의 배제를 구하는 청구권**이라고 이해하는 입장이 있을 수 있다.

다만, 子의 인도를 구하는 청구권의 성질을 **후자**의 친권·감호권의 행사에 대한 방해의 배제를 구하는 청구권으로 포착하더라도 子의 인도를 명령

받은 채무자가 부담하는 구체적 의무 내용에 대해서는 ① 채권자가 子를 데려가는 것이나 子가 채권자 품으로 가는 것을 채무자가 방해하지 않는다는 부작위 의무뿐이라는 입장 외에 ② 이러한 부작위 의무에 더하여 채무자가 채권자에 대하여 '주는 채무'로 子를 인도할 의무를 진다는 입장이 있을 수 있다. 여기에서 ①의 입장은 물건의 인도청구권과의 유사성을 부정하려고 하는 것으로, 이에 따르면 그 권리의 실현은 부작위 채무에 관한 '적당한 처분'(민법 389조 3항, 민사집행법 260조 1항)을 이용하여 대체집행의 방법에 의해 이루어지게 되고, 한편 ②는 子의 인격 존중의 관점에서 子의 인도를 구하는 청구권의 성질은 물건의 인도청구권과는 다르지만, 기능적·실질적으로는 동산의 인도와 유사한 성질을 가지고 있다고 보는 입장이다.

물론 이렇게 子의 인도를 구하는 청구권의 성질로부터 그 집행방법을 연역적으로 이끌어 내는 것이 반드시 적절하지 않을 수 있다.

비금전집행

📖 민사집행법은 금전의 지급을 목적으로 하지 않는 청구권에 대한 강제집행(비금전집행. 동법 제2편 제3장)에 관하여, '주는 채무'는 직접강제의 방법으로(동법 제257조부터 제259조까지), 대체적 작위 의무와 같은 '하는 채무'는 대체집행의 방법으로(동법 제260조), 부대체적 작위·부작위 의무는 간접강제의 방법으로(동법 제261조) 청구권의 성질에 따른 다른 강제집행의 방법을 각각 마련하고 있다.

3. 가사소송법상 관련 규정

가. 유아인도에 관한 심판의 집행력

가사비송사건의 심판으로, 금전의 지급, 물건의 인도, 등기, 그 밖에 의무의 이행을 명하는 심판은 집행권원이 되는데(가사소송법 41조), 유아의 인도에 관한 심판에 가집행을 선고할 수 있는 점(가사소송법 42조 1항, 3항)에 비추어 유아의 인도의무도 위 집행권원에서의 '의무'에 포함된다고 본다.

그렇다면 의사능력이 없는 유아의 인도를 명하는 심판은 집행력을 가지고 그 인도집행을 할 수 있다. 한편 강제집행을 하려면 심판정본에 집행문을 부여받아야 한다(민사집행법 제28조).

나. 유아의 인도이행명령

유아의 인도의무에 관하여는 권리자의 신청에 의하여 이행명령을 할 수 있는데(가사소송법 64조 1항), 위 명령을 할 때에는 특별한 사정이 없으면 미리 당사자를 심문하고 그 의무를 이행하도록 권고하여야 하며, 다음과 같은 제재를 고지하여야 한다(동법 동조 2항).

정당한 이유 없는 그 불이행에 대하여는 직권으로 또는 권리자의 신청에 의하여 1,000만 원 이하의 과태료 제재를 부과할 수 있으며(가사소송법 67조 1항), 위 과태료 제재를 받고도 30일 이내에 정당한 이유 없이 그 의무를 이행하지 아니한 경우에는 권리자의 신청에 의하여 30일의 범위에서 그 의무를 이행할 때까지 의무자에게 감치를 명할 수 있다(가사소송법 68조 1항 2호).

이러한 이행명령은 그 불이행에 대한 제재에 비추어 민사집행법 261조 간접강제와도 유사한 점이 있어서 간접강제의 일종이라고 볼 수 있는데, 이에 대하여 어차피 채무자가 의무를 이행하지 않을 때에는 강제집행으로 바로 가면 될 것을, 이행명령을 하게 하는 것은 길을 우회하는 것은 아닌가라는 의문이 들 수 있지만, 가사사건의 특수성을 고려하여, 후견자적 지위에 있는 가정법원이 가급적 채무자의 자발적 이행을 촉구하기 위하여 기회를 주면서 동시에 의무 이행을 압박하는 것이라는 점에서 유아의 인도의무는 강제집행이 가능하다고 하여도 실제 집행에는 상당한 장애가 따르고, 또 이러한 집행을 가급적 하지 않는 것이 좋다는 것을 감안하면 이행명령이 의미가 있을 수 있다고 한다.

4. 실무의 대응

가. 이행명령의 활용

유아인도청구의 집행방법에 관하여 직접강제와 간접강제의 두 가지 집행이 모두 가능하나, 실무에서는 가사소송법상의 이행명령이 널리 활용되고 있고, 이 경우에 현실적으로 감치처분이 이루어지기보다는 이행명령 등을 준수하지 아니한 경우 감치될 수도 있다는 심리적 강제가 상당한 역할을 하고 있는 것으로 보인다고 한다.

나. 직접강제

대법원의 '유아인도를 명하는 재판의 집행절차'에 관한 재판예규는 **의사능력이 없는 유아**에 대하여는 집행관이 유체동산인도청구권의 집행절차(민사집행법 257조)에 준하여 강제집행할 수 있으나, 이 경우에 집행관은 수취과정에서 인도에 어긋남이 없도록 세심한 주의를 기울여야 한다고 규정하여 **직접강제설**을 취하고 있다.

스스로 **의사능력 있는 유아**에 대하여는 유아 본인이 인도당하는 것을 거부 내지는 반항하면 집행불능으로 될 수밖에 없고(위 재판예규 1항 단서), 집행관으로서도 그의 의사에 반하여 그 행동을 속박할 수 없으므로 채무자에 대하여 채권자의 인수를 방해하지 않을 부작위의무의 집행만을 인정하여야 한다고 보는 것이 일반적이라고 한다.

한편, 국제적 아동탈취의 민사적 측면에 관한 협약에 따른 아동반환에 관한 심판의 집행사건 가운데, 6세 아동이 반대한다는 이유로 인도집행을 거절한 집행관의 처분이 적법하다고 판단한 사례가 있고, 법률상 부부인 甲과 乙이 6세 정도의 자녀와 함께 일본에서 생활하다가 乙 혼자 한국에 입국하여 살면서 1달에 1회 정도 일본에서 甲과 丙을 만났는데, 乙이 일본에 갔다가 丙을 데리고 한국에 입국하여 함께 거주하고 있는 사안에서, 乙은 일본에 상거소지를 가지고 있는 丙을 한국으로 이동시킴으로써 丙의 공동양육자인 甲의 양육권을 침해하였으므로, 乙은 甲에게 丙을 반환할 의무가 있다고 한 사례 등이 있다. 관련하여 아동반환의 집행의 특수성을 고려한 절차 규정의 필요성이 대두되고 있다.

5. 검 토

모든 子가 아닌 유아에 한정되지만, 의사능력이 없는 유아의 인도청구권의 집행방법에 관하여는 **직접강제**가 허용된다고 하는 견해가 일반적이고, 이에 대하여는 유아의 인격도 존중되어야 한다는 취지에서 오히려 **간접강제**에 의하여야 한다는 견해도 있다.

이렇게 子의 인도청구의 집행방법을 둘러싼 견해의 대립은 子의 인도채무가 '주는 채무'인가, 아니면 '하는 채무'인가의 이론적 문제 및 인격에 대한 직접강제는 허용되어서는 안 된다는 정책적 문제가 전제되고 있다고 볼 수 있다.

직접강제를 인정하는 입장에서 보면, 子의 인도채무는 채무자의 관여 내지 인도가 가능한 '주는 채무'에 속하므로 직접강제가 가능하다고 할 것이다.

이에 대하여 간접강제를 인정하는 입장에서는 어디까지 子의 인도청구권은 친권·감호권에 기한 방해배제청구권으로, 부대체적 성질을 가지고 있는 것을 그 근거로 할 것이다.

개인적 의견으로는 子의 인도를 구하는 청구권의 성질은 부작위청구권이고, 원칙적으로 **대체집행**(민법 389조 3항, 민사집행법 260조)에 의하는 방법이 좋을 것이라고 생각한다.

제 3 부 특수한 소송유형

제 9 장 집행관계 소송

제 5 강 중재판정 집행결정신청

중재절차는 사적 분쟁을 당사자의 합의(중재합의)에 기하여 국가의 재판권을 배제하고 사인인 중재인이 행하는 판단(중재판정)에 의하여 해당 다툼을 해결함에 그 기본적 특색이 있다.

중재판정은 당사자 사이에 자주적으로 선택된 분쟁해결결과이므로 법원의 판결에 비하여 채무자가 임의로 이행할 비율이 높겠지만, 스스로 이행하지 않는 경우를 위하여 최종적으로 강제적 수단에 의한 중재판정의 실현절차가 있어야 한다. 중재판정은 일정한 요건을 충족한 한도에서 법원의 확정판결과 마찬가지 효력을 가지므로(중재법 35조 본문) 집행절차에서 그 자체 당연히 집행력도 인정되어 독립적으로 집행권원이 될 수 있을 것 같으나, 중재판정만으로 당연히 집행을 위한 국가의 강제력 발동으로까지 나갈 수 없다. 중재판정은 본래 사적 재판이므로 집행의 관계에서 법원의 판결과 동일한 취급이 이루어지고 있는 것은 아니고, 추후에 법원에 의하여 집행이 가능하다는 선언이 있어야 비로소 집행을 할 수 있도록 하고 있다.

이에 대하여 종래의 중재법에서는 '집행판결'에 의하도록 하였으나, 2016. 5. 29. 법률 제14176호로 개정된 중재법(2016. 11. 30. 시행. 이하 개정 중재법이라고 한다)에서는 절차의 간이화·신속화의 관점에서 중재판정에 대하여

'집행판결'이 아닌, '집행결정'으로 법원이 허가하여야 집행을 할 수 있도록 하였다(중재법 37조 2항). 판결절차에서 결정절차로 변경하였다.

중재판정에 기한 집행을 함에 있어서 집행결정을 구하는 신청을 하여 법원이 허가하여야 집행을 할 수 있다. 집행을 허가하기 위한 집행결정에 있어서 일정한 요건, 즉 집행거부사유(중재법 38조)를 신중하게 심사할 필요가 있는데, 중재법은 그 심사를 집행기관 내지는 집행문부여기관에게 맡기는 것은 적절하지 않다고 본 듯하고, 그리하여 독립한 절차를 두어 법원에게 집행거부사유의 유무에 대하여 판단시키고 있다. 그리고 그 절차로 판결절차와 결정절차 가운데 결정절차를 취한 것이다.

1. 집행결정의 성질

집행결정의 성질에 대하여 중재판정이 그 효력으로서 가지는 집행력을 확인하는 재판인가, 중재판정에 집행력을 부여하는 재판인가의 논의가 있지만, 집행결정은 중재판정에 대하여 창설적으로 집행력을 부여하는 **형성의 재판**이라는 입장이 일반적이다. 다만, 이러한 논의는 이론상의 문제이고, 어쨌든 민사집행의 개시에 앞서 집행결정이 필요하다는 점에서는 차이가 없다.

2. 집행결정의 대상

가. 중재판정

집행결정절차를 구할 수 있는 것은 중재판정에 대해서이다. 그런데 중재법 39조 1항은 국내 중재판정과 외국 중재판정을 구별하여, 「외국 중재판정의 승인 및 집행에 관한 협약」(The United Nations Convention on the Recognition and Enforcement of Foreign Arbitral Awards. 우리나라도 1973년에 가입. 약칭으로 UN협약 또는 뉴욕협약이라고 한다)을 적용받는 외국 중재판정의 승인 또는 집행은 같은 협약에 따라 한다고 규정하고 있다. 즉, 중재법에서는 뉴욕협약의 내용을 구체적으로 조문화하지 않은 채, 뉴욕협약을 그대로 인용하여 따르고 있다. 한편, 뉴욕협약 3조 1문은 각 체약국은 중재판정을 제4조에 규정한 조건하에서 구속력 있는 것으로 승인하고 그 판정이 원용될 영토의 절차 규칙에 따라서 그것을 집행하여야 한다고 규정하고 있고, 동조 제2문은 동 협약이 적용되는 중재판정의 승인 또는 집행에 있어서는 내국중재 판정의 승인 또는 집행에 있어서 부과하는 것보다 실질적으로 엄격한 조건이나 고액의 수수료 또는 과징금을 부과하여서는 안 된다고 규정하고 있다. 뉴욕협약을 적용받은 중재판정의 집행에 대하여 중재법은 국내 중재판정의 집행 시보다 과중한 조건을 부과하고 있지 않다. 뉴욕협약에서는 상세한 집행절차까지는 규정하고 있지 않은 바, 결국 뉴욕협약을 적용받는 중재판정을 우리나라에서 집행하는 경우에 우리 중재법의 집행결정제도와 민사집행법이 적용된다.

그런데 우리나라는 뉴욕협약을 가입하면서 상호주의와 상사유보를 선언하였으므로 뉴욕협약의 체약국을 중재지로 하는 외국 중재판정 가운데 우리 법상 상사관련 분쟁에 한하여 뉴욕협약을 적용하지만, 한편 뉴욕협약을 적용받지 아니하는 외국 중재판정의 승인 또는 집행에 관하여는 이원적으로 중재법 39조 2항에서「민사소송법」217조,「민사집행법」26조 1항 및 27조를 준용하는 규율을 하고 있다. 그렇다면 후자의 경우에는 외국법원의 확정재판 등과 마찬가지 취급을 하므로 이 경우의 외국 중재판정은 집행결정이 아닌, 집행판결로 그 집행을 허가하여야 집행을 할 수 있다고 보아야 하는데, 이 경우에도 중재법 37조를 우선시켜 집행결정에 의하여야 한다는 입장도 있다. 다만, 우리의 경우에 뉴욕협약을 적용받지 않는 예는 거의 찾아볼 수 없다고 한다.

나. 집행불능인 중재판정의 경우

현실적으로 집행불능인 중재판정에 대하여도 집행결정을 할 필요성이 있다고 할 것이다. 따라서 중재판정의 주문이 집행을 할 수 없을 정도로 특정되지 않았다고 하더라도 집행 가능 여부와는 상관없이 집행결정을 신청할 법률상 이익이 인정된다고 할 것이다.

다. 확인판결이나 형성판결에 준하는 중재판정

집행결정의 대상이 되는 중재판정은 원칙적으로 강제집행에 어울리는 특정한 이행을 명하는 중재판정이다. 가령, 채무부존재확인청구를 인용한 중재판정이나 형성판결에 준하는 중재판정의 경우는 승인의 대상이지 집행의 대상으로 보기는 어렵다. 승인결정은 그 대상이 반드시 강제집행이 가능한 내용의 중재판정에 한정될 필요가 없지만, 집행결정은 구체적 급부의 이행 등을 전제로 하고 있다고 볼 것이다.

라. 광의의 집행이 필요한 경우

집행결정에 의하여 부여된 집행력에는 이른바 광의의 집행도 포함되므로 가령 부동산등기절차의 이행을 명한 중재판정에 기하여 부동산등기를 신청하는 경우에 집행결정이 필요하다고 할 것이다.

마. 임시적 처분 및 잠정판정의 집행대상의 가부

일반적으로 집행결정의 대상이 되는 중재판정이라고 하면 해당 사안에 대한 최종적이며 확정된 판단을 의미하는데, 임시적 처분은 본안에 관한 것이 아니고 또한 최종적으로 확정된 것이 아니라는 점에서 집행결정의 대상이 될 수 있는지 여부가 문제된다. 개정 중재법 18조의7 1항에서 임시적 처분에 기초한 강제집행을 하려고 하는 당사자는 법원에 이를 집행할 수 있다는 결정을 구하는 신청을 할 수 있다고 하여 임시적 처분에 대한 집행결정에 관한 규정을 신설하였다.

아울러 잠정판정(Interim Award)에 대해서도 집행의 대상으로 하는 것을 충분히 생각할 수 있고 그러한 집행을 인정하는 것의 의미도 있다고 할 것이다. 위와 같이 중재법 개정으로 임시적 처분에 대하여도 집행을 할 수 있게 되었으므로 잠정판정도 보전처분과 유사한 범위 내에서 집행이 허가될 수 있을 것이라고 본다.

3. 절 차

가. 집행결정의 신청

(1) 신청서의 제출

집행결정절차는 당사자의 신청으로 개시된다(중재법 37조 2항). 관할법원에 집행결정신청서를 제출하여야 한다.

신청취지는 다음과 같다.

1. 신청인과 피신청인 사이의 OOO중재원 중재 제OO호 사건에 관하여 위 중재원 중재판정부가 20 . . . 한 별지 기재 중재판정 주문 기재 제 항에 기한 강제집행을 허가한다.
2. 신청비용은 피신청인이 부담한다.

---

1. 신청인과 피신청인 사이의 사단법인 대한상사중재원 중재 제16111-0257호 사건에 관하여 위 중재원 중재판정부가 2018. 2. 26.에 한 별지 기재 중재판정 주문 제1항을 승인하고, 그에 기한 강제집행을 허가한다. 다만, 위 중재판정 주문 제2항에 따라 신청인이 피신청인에게 지급하여야 할 6,000,000원은 공제되어야 한다.
2. 신청비용은 피신청인이 부담한다.

집행결정의 신청이 민사소송 등에서의 전자문서 이용 등에 관한 법률 3조 적용범위로 명시되어 있지 않지만, 동법에 따른 전자신청을 할 수 있다고 할 것이다.

절차의 당사자는 중재판정의 명의인으로, 신청인은 중재판정에 있어서 이행청구권을 가진다고 인정된 자이고, 피신청인은 그 이행의무를 진다고 인정된 자이다. 여기에서 말하는 당사자에는 그 승계인도 포함된다.

집행결정신청서에는 대상 중재판정의 표시, 서면을 제출하는 당사자와 대리인의 이름·주소와 연락처, 덧붙인 서류의 표시, 작성한 날짜 및 법원을 표시하여 적고 당사자 또는 대리인이 기명날인 또는 서명한다. 그런데 대리인이 선임된 경우에 결정절차에서의 대리인과 별개이므로 중재절차에서와 따로 집행결정절차의 대리권이 있음을 증명하는 서류를 제출하여야 한다(중재법에 따라 법원이 관할하는 사건의 처리에 관한 예규(재민 2017-1) 4조. 이하 '예규'라 한다).

당사자 1인당 2회분의 송달료를 예납한다.

(2) 제출서류

신청인은 집행결정의 신청시에 중재판정의 정본이나 사본을 제출하여야 한다(중재법 37조 3항 본문). 다만, 중재판정이 외국어로 작성되어 있는 경우에는 한국어 번역문을 첨부하여야 하는데(동조 동항 단서), 정당하게 인증될 필요까지는 없다. 이는 신청의 절차적 적법요건이라고 할 수 있고, 신청 후에 제출하여도 될 것이다.

그리고 개정 전 중재법과 달리 중재합의의 원본 또는 그 등본의 제출을 요구하고 있지 않다. 중재합의의 존재나 유효성은 이미 중재판정부가 판단하였을 것이고, 법원의 신청 단계에서 일부러 심사할 필요는 없기 때문이다. 집행거절사유가 문제가 된 시점에서 증거로 그 제출을 구하여 판단하면 충분하다고 할 것이다.

뉴욕협약을 적용받는 중재판정적용의 경우에 위와 같이 서류제출 요건을 완화할 것인지 여부가 문제되는데, 위 서류제출 요건은 뉴욕협약보다 유리하므로 뉴욕협약이 적용되는 외국 중재판정의 경우에도 유리한 법으로서 적용될 수 있고, 뉴욕협약상의 제출서류가 미비하더라도 중재법상 집행을 할 수 있다고 본다.

(3) 인지대 및 소가

위 예규 18조, 11조에 따라 중재판정의 승인 또는 집행신청에 관한 인지액은 민사소송 등 인지법 9조 5항을 준용하여 1천 원의 인지를 붙이도록 하고 있다(중재판정의 승인 및 집행결정을 동시에 신청하는 경우에는 2,000원의 수입인지를 첨부).

한편, 집행결정절차의 비용 및 그 확정절차는 중재비용과는 별개이다.

그런데 「민사소송 등 인지규칙」 16조 1호 가목은 중재판정의 집행판결을 구하는 소의 소가만 정하고 있고 개정된 중재법에 따라 중재판정의 집행결정을 신청하는 사건의 소가에 대해서는 별다른 규정을 두고 있지 않다. 최근 판례는 집행결정의 신청사건의 소송비용액확정을 신청한 사안에서, **중재판정 집행판결을 구하는 소의 소가**를 정한 「민사소송 등 인지규칙」 16조 1호 가목을 **유추적용**하여 **소가를 계산**하고 그에 따라 소송비용에 산입될 변호사 보수를 산정할 수 있다고 판단하였다(대법원 2021. 10. 15.자 2020마7667 결정).

(4) 신청기간

중재판정의 집행을 구하는 신청은 중재판정 취소의 소의 경우와(중재법 36조 3항) 달리, 그 신청기간을 제한하는 특별한 규정은 두고 있지 않다.

그리고 중재판정 취소의 제소기간이 만료되는 것을 기다리지 않고 집행결정을 구하는 신청을 할 수 있다.

중재판정 취소의 제소기간이 지났어도 집행결정절차에서 취소사유, 즉 집행거부사유를 주장하는 것은 무방하다.

(5) 관할법원

집행결정의 재판은 ① 중재합의에서 지정한 법원, ② 중재지를 관할하는 법원, ③ 피신청인 소유의 재산이 있는 곳을 관할하는 법원, ④ 피신청인의 주소 또는 영업소, 주소 또는 영업소를 알 수 없는 경우에는 거소, 거소도 알 수 없는 경우에는 최후로 알려진 주소 또는 영업소를 관할하는 법원에 그 관할이 인정된다(중재법 7조 4항).

집행결정이 강제집행을 전제로 한 사건인 것에 비추어 ①, ② 관할만을 인정하는 중재판정 취소의 소와(중재법 7조 3항 2호) 달리, ③, ④의 관할을 부가적으로 인정하고 있다. 이는 **전속관할**이다.

그런데 여기서 중재법 조문상으로는 여전히 '집행청구의 소', '원고', '피고' 등의 표현을 사용하고 있는데, 개정 중재법에서 판결절차에서 결정절차로 바뀌었으므로 관할법원에 관한 중재법 37조 4항에서도 '집행결정의 신청', '신청인', '피신청인'과 같이 그에 따른 적절한 용어 사용이 필요하다고 본다.

이들 여럿의 관할의 관계는 이용자의 편의나 집행결정절차의 신속성을 고려하면 그 사이에 순위적 것은 아니고, 병렬적인 것으로 볼 것이고, 원고는 이 가운데 적절한 법원을 선택할 수 있다. 한편, 중재법에 이송에 관한 규정은 없지만, 재량이송을 인정하여 신청을 받은 법원은 사건이 그 관할에 속하는 경우라도 상당하다고 인정되는 때는 신청에 의하거나 직권으로 해당 사건의 전부 또는 일부를 다른 관할 법원에 이송할 수 있다고 할 것이다.

한편, 위 중재법 7조의 관할법원은 원칙적으로 외국 중재판정의 집행결정의 신청이나 집행판결을 청구하는 소에도 적용된다(중재법 7조 4항). 가령 외국 확정재판등의 집행판결을 청구하는 소는 민사집행법 26조 2항에 따라 채무자의 보통재판적이 있는 곳의 지방법원이 관할하는 것이 원칙이고, 보통재판적이 없는 때에 비로소 민사소송법 11조 규정에 따라 채무자의 재산이 있는 곳의 법원에 그 관할이 인정되는데, 외국 중재판정의 집행결정의 신청에 있어서는 피신청인의 보통재판적이 있는지 여부와 상관없이 그 재산이 있는 곳에도 관할이 인정된다(중재법 7조 4항 3호). 관련하여 특히 외국 중재판정에 대하여는 법관의 전문성을 제고하기 위하여 서울중앙지방법원 또는 국제사건전담재판부를 두고 있는 법원으로 관할을 집중시키는 방안 등을 검토하여야 한다는 입장이 있다.

(6) 절차의 중지

중재판정 취소의 소제기기간(중재법 36조 3항 참조) 내라도 집행결정의 신청을 할 수 있는데, 중재법에 명문의 규정은 없지만 집행결정의 신청이 있은 후에 중재판정 취소의 소가 제기된 때에는 중재판정 취소의 소의 심리의 추이를 보면서 모순된 판단이 내려지는 것을 방지하고자 하는 취지에서 법원은 집행결정절차를 중지할 수 있는지 여부가 문제될 수 있다. 심리지연의 우려가 있지만, 계속 중의 중재판정 취소판결의 확정을 기다리는 취지에서 기일의 연기나 추후지정 등에 따른 사실상 절차의 중지가 있을 수 있다.

(7) 신청의 취하 및 변경

절차가 소송과 유사하므로 신청인은 신청에 대한 결정이 있기 전까지 그 신청을 취하할 수 있다.

나. 심 리

(1) 심리의 방식

중재판정에 기하여 집행을 하려는 경우에 법원의 집행할 수 있다는 선언을 개정 전 중재법 37조 1항은 집행판결에 따라 한다고 하였으므로 그 절차는 항상 변론이 필요하고(민사소송법 134조 1항 본문), 그 결과를 판결로 선고하였으나, 개정 중재법은 결정절차로 하면서 집행결정의 신청이 있는 때에는 법원은 변론기일 또는 당사자 쌍방이 참여할 수 있는 심문기일을 정하고 당사자에게 이를 통지하여야 한다고 규정하고 있다(중재법 37조 4항). 피신청인에게는 신청서 부본과 답변서제출명령을 송달한다(위 예규 18조, 12조 2항).

일반적으로 결정으로 완결할 사건은 변론을 열 것인지 아닌지는 법원의 재량이고(134조 1항 단서), 변론을 열지 않을 경우에는 법원은 재량으로 심문(변론에 대신하는 심문)을 할 수 있는데(동조 2항), 집행결정절차에서는 중재법에서 필수적 심문제도를 채택한 것이다. 심문은 법원이 당사자 등 사건이 관계자에게 서면 또는 말로 진술의 기회를 주고, 이를 청취하는 것으로 비공개절차이다. 법원은 심문기일을 여는 경우 기일에서 즉시 심리를 종결하거나, 심리를 종결할 기한을 별도로 정하여 당사자에게 고지할 수 있다(위 예규 18조, 12조 3항).

결국 집행결정절차에서 위와 같은 심리방식을 취한 기본적 취지는 결정절차이지만 당사자의 권리의무에 중대한 영향을 미치므로 대심적 변론의 형태가 실질적으로 확보되도록 할 필요가 있다고 본 것이라고 생각된다.

만약 집행결정절차에서 상대방으로부터 취소사유가 주장될 수 있고, 법원은 그 점에 대한 심리·판단을 집행결정절차에서 할 수 있다면 당연히 그 심리절차에서는 변론이 필요하다. 이는 당사자의 권리관계에 대하여 중대한 영향을 미치는 사항에 대하여 재판하는 경우로 변론을 거치는 것이 필요하기 때문이다.

한편, 서면심리만으로 집행결정을 할 수 없고, 변론 또는 심문기일을 열어야 하는데, 피신청인의 적극적 답변이 없는 경우에는 법원은 그대로 간이하면서 신속하게 무심리 집행결정을 할 수 있는 것을 검토할 필요가 있다. 종전 집행판결절차 하에서 종종 무변론 판결이 있었다는 것에 비추어 더욱 그러하다.

(2) 심리·판단할 사항

심리·판단할 사항은 중재판정의 집행결정을 구하는 신청의 적법요건과 본안으로서 집행거절사유의 존부이다. 법원의 심사권한은 제한되고, 해당 중재판정 내용의 당부 자체에 들어가 심리하지 않아야 한다. 이른바 실질적 재심사(révision au fond. 중재판단의 실체적 당부를 심사하는 것)는 금지된다.

중재판정의 집행거부사유는 승인거부사유와 동일한데(중재법 37조 1항 본문, 38조 참조), 중재판정에 기초한 집행을 할 수 있기 위해서는 해당 중재판정에 집행거부사유가 존재하지 않아야 하고, 이는 승인거부사유가 존재하지 않는다는 것을 의미한다고 볼 수 있다. 한편, 거부사유는 중재판단을 취소하여야 할 사유(중재법 36조 2항 각 호 참조)에 추가하여 중재판단의 구속력이 발생하지 않은 것 및 취소된 것(중재법 38조 1호 나목)으로 이루어진다.

이러한 사정은 집행결정을 신청한 자의 상대방(피신청인)이 증명할 필요가 있다. 다만, 중재판정의 대상이 된 분쟁이 우리나라 법에 따라 중재로 해결될 수 없는 경우와 중재판정의 승인 또는 집행이 우리나라의 선량한 풍속이나 그 밖의 사회질서에 위배되는 경우에 대항하는 경우는 직권조사사항이라고 할 것이다(중재법 36조 2항 2호 참조). 당사자가 문제삼지 않더라도 법원이 직권으로 심리하여야 하고, 직권으로 증거조사도 할 수 있을 것이다.

(3) 청구이의사유의 주장의 가부

집행결정절차에서 중재판정 성립 후의 변제 등 청구권의 소멸 등과 같은 사유를 청구이의사유로 주장할 수 있는지 여부가 문제된다.

종전 중재법하의 집행판결절차에서는 청구이의사유를 주장할 수 있다는 입장이 일반적이었고, 판례도 적극적 입장이었다. 청구이의사유의 주장이 허용된다고 할 경우에는 피신청인 측으로부터 가령 채무소멸원인의 주장이 행하여지는 것에 의하여 항상 해당 주장에 대한 심리를 위하여 변론이 열려야 할 것이다.

한편, 청구이의사유의 주장을 할 수 없다면 채무자는 다시 별도로 청구이의의 소를 제기하여야 한다.

절차가 판결절차에서 결정절차로 바뀐 개정 중재법에서도 신청인과의 무기대등, 소송경제의 관점에서 여전히 청구이의사유의 주장에 대하여 적극적으로 풀이하는 견해도 있을 수 있지만, 집행판결절차와 청구이의의 소송절차 양쪽 어느 쪽도 판결절차이었던 경우와 달리, 이제 집행결정절차는 청구이의소송절차와 그 성질을 달리하므로 집행결정절차에서 청구이의사유를 주장할 수 없다고 보아야 할 것이다.

4. 재 판

가. 결정의 종류

집행결정을 구하는 신청에 관련된 결정에는 그 판단내용에 따라 신청을 각하하는 결정, 중재판정에 기한 집행을 허가하지 않는다는 취지의 선언을 내용으로 하는 기각결정, 신청을 허가하는 인용결정이 있다.

(1) 각하결정

관할법원, 당사자능력, 대상적격 등 판결절차의 소송요건의 흠결이 있는 경우에는 신청을 각하하는 결정을 한다.

(2) 기각결정

집행거절사유가 존재하는 경우에 신청을 기각하는 결정을 한다. 그런데 집행거절사유가 존재하는 경우에 있어서도 그 재량에 의하여 신청을 기각하지 않을 수 있는지 여부가 문제될 수 있는데, 적극적으로 볼 것이다. 다만, 그 재량은 무제한은 아니고, 사유 등의 중대성이나 그 판단내용과의 관련성에 비례하여야 한다. 그러한 판단을 법원이 잘못하였다고 인정되는 경우에는 즉시항고에 의하여 집행결정이 취소될 것이다.

(3) **인용결정**(집행결정)

집행거절사유가 존재하지 않으면 법원은 신청을 허가하는 인용결정(집행결정)을 하여야 한다. 집행결정은 주문에 대하여 행하여지므로 중재판정에서 판단되지 않은 사항에 대하여는 법원이 집행결정으로 새롭게 이행을 명할 수 없다. 집행결정은 중재판정에 집행력을 부여하는 것에 그치고, 그 자체에서 이행을 명하는 재판이 아니므로 법원의 판단에 의하여 새롭게 이행을 명하는 것은 허용되지 않고, 이는 중재합의의 존재를 무시하는 것이 되기 때문이다.

가령 중재판정이 중재합의의 대상에 관한 부분과 대상이 아닌 부분으로 분리될 수 있는 경우에는 각각을 독립한 중재판정으로 보아 대상이 아닌 중재판정 부분만을 취소할 수 있는데(중재법 36조 2항 1호 다목), 이는 집행결정에 대하여도 마찬가지로 타당하다고 할 것이다. 그리하여 하자가 부착된 부분과 그렇지 않은 부분과 같이 중재판정을 분리할 수 있는 때에는 그러한 중재판정의 전체에 대하여 집행이 거부되는 것은 막을 수 있게 된다.

집행결정에는 이유를 적어야 한다(중재법 37조 5항 본문). 일반적으로 결정에는 이유를 적는 것을 생략할 수 있는데(민사소송법 224조 1항), 집행결정에서는 재판을 신중하게 하기 위하여 이유를 적도록 하였고, 다만, 변론을 거치지 않은 경우에는 이유의 요지만을 적을 수 있도록 하여(중재법 37조 5항 단서) 유연하게 대처할 수 있도록 하였다.

나. 결정의 고지

일반적으로 결정의 형식에 의한 재판은 상당한 방법으로 고지되면 충분하고, 송달이 필요하지 않다(민사소송법 221조 1항). 그러나 집행결정절차에서는 집행결정에 의하여 종국적 권리실현을 할 수 있는 집행권원이 완성되는 것이라고 할 수 있으므로 불복신청절차의 보장을 위하여 당사자에게 송달이 필요하다고 할 것이다.

다. 가집행선고

개정 전 중재법에서의 집행판결제도는 아무래도 신속성이 부족하므로 가집행을 인정할 실제적 필요성이 있어서 가집행선고를 붙이는 것에 대하여 긍정적으로 보았는데, 이제 집행결정제도로 바뀐 상황하에서 중재법 37조 6항은 집행결정에 대하여 당사자가 즉시항고를 할 수 있음을 규정하고, 동조 7항에서 즉시항고는 집행정지효가 없다고 명시적으로 규정하면서 집행결정에 가집행을 붙일 수 있다고 규정하지는 않고 있다. 집행결정이 있으면 굳이 가집행선고와 관계없이 바로 집행할 수 있을 것이다. 집행권원으로 민사집행법 56조 2호가 규정하는 가집행의 선고가 내려진 재판으로부터 집행결정을 제외할 근거가 없다고 본다면 집행결정에 가집행을 붙여도 무방하다고 할 것이지만, 현행 실무는 가집행을 붙이지 않고 있다고 보인다.

라. 불복신청

집행의 허가를 구하는 신청에 따른 결정에 대해서는 즉시항고를 할 수 있다(중재법 37조 6항). 일반적으로 즉시항고는 집행을 정지시키는 효력이 있으나(민사소송법 447조), 여기서의 즉시항고는 집행정지의 효력을 가지지 아니한다(중재법 37조 7항 본문). 다만, 항고법원(재판기록이 원심 법원에 남아 있을 때에는 원심 법원을 말한다)은 즉시항고에 대한 결정이 있을 때까지 담보를 제공하게 하거나 담보를 제공하게 하지 아니하고 원심재판의 집행을 정지하거나 집행절차의 전부 또는 일부를 정지하도록 명할 수 있으며, 담보를 제공하게 하고 그 집행을 계속하도록 명할 수 있는데(동조 동항 단서), 이 결정에 대해서는 불복할 수 없다(동조 8항). 이는 민사집행법에서의 즉시항고와 마찬가지 취지의 규정이다(민사집행법 15조 6항, 9항 참조).

신속한 해결이라는 측면에서 즉시항고는 재판이 고지된 날로부터 1주일의 항고기간(불변기간)이 정하여져 있다(민사소송법 444조, 민사집행법 15조). 그런데 즉시항고는 원칙적으로 집행정지의 효력을 가지지 않고 예외적으로만 집행정지의 효력을 인정하고 있고, 중재의 경우는 당사자가 외국에 거주하고 있는 경우도 적지 않으므로 오히려 불복에 있어서 충분한 검토와 준비를 할 수 있어야 하는 등 원격지의 당사자의 편의가 고려되어야 한다는 점에서 즉시항고기간을 판결절차에서의 상소기간과 같이 2주일로 하는 것도 검토할 것이다.

마. 집행결정의 효력

집행결정절차는 당사자 사이의 실체적 권리의무관계의 확정을 목적으로 하는 것은 아니므로 집행결정 자체의 기판력이 문제된다.

집행결정의 효력에 대하여 명문의 규정을 두고 있지 않으나, 집행결정 절차에서 심문을 필수적으로 하도록 하고 있다.

집행결정에 의하여 집행력이 생길 뿐만 아니라 확정된 집행결정은 유효한 중재판정이 존재한다는 것을 확정하므로 집행거절사유가 존재하지 않는 것이 기판력으로 확정된다고 할 것이다. 집행결정이 확정된 후에는 중재판정 취소의 소를 제기할 수 없다는(중재법 36조 4항) 것은 집행거부사유가 존재하지 않는다는 것, 따라서 해당 중재판정에 취소사유가 존재하지 않는다는 것이 기판력으로 확정된 이상, 그 이후는 그것이 존재한다고 주장하는 것이 허용되지 않는다는 것이 그 전제라고 볼 수 있다.

5. 집행절차

집행결정은 집행력이 있으므로 이를 가지고 집행을 할 수 있다.

중재판정은 집행결정과 합체되어 비로소 집행권원이 된다고 할 것이다 (**복합적 집행권원**이 되는데, 이를 **합체설**이라고 한다).

집행절차는 민사집행법이 정하는 바에 따른다.

집행문의 부여를 받아야 하는데, 집행결정을 받는 것에 나아가 다시 집행문의 부여가 있어야 하는 것의 타당성에 의문을 제기할 수 있으나, 집행문의 부여를 받아 집행기관에 위 집행권원(집행결정이 있는 중재판정)을 제출하는 것에 의하여 집행절차가 개시된다. 집행문부여기관은 집행결정을 한 법원의 법원사무관등이다(민사집행법 28조 2항은 사건기록이 있는 법원의 법원사무관등이 내어준다고 규정하고 있다). 중재판정에서 명하여진 이행의무가 채권자가 증명하여야 할 사실의 도래에 매인 경우에 그것은 집행문부여의 요건이므로 채권자가 그 사실이 도래한 것을 증명하는 서류를 제출하지 못한 경우에는 집행문은 부여되지 않는다(민사집행법 30조 2항). 한편, 이행의무가 확정기한의 도래에 매인 경우는 그것은 집행개시의 요건이므로 그 확정기한이 도래하지 않은 때에도 집행문을 부여할 수 있으나, 강제집행을 개시할 수는 없다(민사집행법 40조 1항).

제3부

특수한 소송유형

제10장

파산채권조사확정재판

제 3 부 특 수 한 소 송 유 형

제10장
파산채권조사확정재판

甲은 乙에 대하여 금전채권을 가지고 있다. 乙에 대하여 파산이 선고되었고 파산관재인으로 丙이 선임되었다. 甲은 乙에 대하여 위 금전채권의 이행을 구하는 소를 제기할 수 있는가?

한편, 甲의 乙에 대한 금전이행청구소송의 계속 중에 乙에 대하여 파산이 선고되었고, 파산관재인으로 丙이 선임되었다. 이렇게 채권자와 채무자 사이에 금전채권의 존부나 액수를 둘러싸고 소송이 계속 중에 채무자에 대하여 파산이 선고된 경우에 계속 중인 소송절차는 어떻게 되는가.

파산절차는 다수의 파산채권자에 대하여 각자의 순위에 따라서 공평한 만족을 도모하는 것을 목적으로 하므로 파산채권자가 앞다투어 개별적인 권리행사를 하는 것을 금지하여 통일적으로 처리할 필요가 있다. 그리하여 파산채권은 파산절차에 의하지 아니하고는 행사할 수 없다고 규정하고 있다(채무자 회생 및 파산에 관한 법률 424조). 여기서 파산절차에 의한 행사는 파산채권자가 그 채권을 법원에 신고하여 일정한 조사·확정의 절차를 거쳐 파산관재인으로부터 배당을 받는 것이다. 따라서 파산채권자는 채무자나 파산관재인에 대하여 독자적으로 이행을 청구하거나 소를 제기할 수 없다.

한편, 어느 쪽 당사자이든 소송의 당사자가 파산선고를 받은 때에는 그 소송이 파산재단에 관한 소송이라면 그 소송절차는 중단된다(민사소송법 239조). 이 중단에 관한 규정이 파산절차에 있어서는 채무자 회생 및 파산에 관한 법률이 아니라, 민사소송법 239조에 규정되어 있다. 중단은 법률상 당연히, 법원이나, 당사자의 알고 모름과 상관없이 발생한다. 소송대리인이 선임되어 있더라도 중단을 피할 수 없다(민사소송법 238조). 파산관재인은 재단의 관리처분권을 장악하고 있고, 채무자 사이에 이해관계의 대립이 존재할 가능성이 있고, 또한 파산관재인과 파산선고를 받은 당사자의 이해가 일치하는 것은 아니기 때문이다(중단의 예외의 예외).

파산선고에 의하여 채무자의 재산은 파산재단을 구성하고(채무자 회생 및 파산에 관한 법률 382조), 파산재단에 대한 실체적 관리처분권은 파산관재인에게 이전한다(동법 384조). 이에 대응하여 파산재단에 관한 소송에 있어서 당사자적격은 파산관재인에게 있다는 명문의 규정이 있다(동법 359조).

그런데 중단된 파산채권에 관한 소송을 **파산관재인이 당연히 수계하는 것은 아니다**. 파산채권은 개별적인 권리행사가 금지되고(법 424조), 파산절차 내에서 조사·확정된 후에 배당을 받는 것이기 때문이다. 오히려 소송은 중단된 채, 채권자는 그 채권을 신고하고, 신고채권에 대한 채권의 조사·확정 절차가 행하여진다.

1. 파산채권의 확정

채권신고기간은 파산선고를 한 날로부터 2주 이상, 3월 이하의 범위에서 법원이 선고와 동시에 정한다(채무자 회생 및 파산에 관한 법률 312조 1항 1호). 이 기간은 공고된다(동법 313조 3호). 지정된 신고기간 안에 신고되어야 하는데, 신고기간 후에 신고한 경우에도 파산관재인 및 파산채권자의 이의가 있는 때를 제외하고, 배척되지 않고 유효한 신고로 취급되어 조사된다.

각각의 파산채권자로부터 법원에 채권신고가 있으면, 법원사무관등은 파산채권자표를 작성한다(동법 448조 1항).

파산관재인, 파산채권자 및 채무자가 모여 신고채권에 대한 조사를 하기 위해서 법원은 채권조사기일을 지정한다(동법 312조 1항 3호).

채권조사기일에 파산관재인 및 다른 파산채권자로부터 이의가 없는 신고채권은 채권액, 우선권의 유무 및 후순위 파산채권의 구분이 신고대로 확정되고(법 458조), 확정채권에 관한 파산채권자표의 기재는 파산채권자 모두에 대하여 확정판결과 동일한 효력을 가지게 된다(동법 460조). 법원의 공권적 판단을 거치지 않고, 이해관계인의 의사에 의하여 대량의 파산채권을 획일적으로 확정하는 이러한 독특한 방법을 「**파산식 확정**」이라고도 부른다.

신고된 어느 채권에 대하여 파산관재인 또는 다른 파산채권자가 채권조사기일에 이의를 진술한 때에는 이의의 대상이 된 그 신고채권(이의채권이라 한다)의 확정은 방해되므로 파산절차 밖의 별개의 절차에 의하여 그 채권의 존부나 내용이 확정되어야 한다.

이 경우에 이의채권에 대하여 이미 집행력 있는 집행권원 또는 종국판결이 있는지 여부(이른바 무권원채권인가, 유권원채권인가)에 의하여 이의의 진술을 당한 채권자와 이의자 가운데 어느 쪽이 채권의 확정에 대한 책임이 있는가가 달라진다.

이는 이의채권의 존재 등의 개연성의 정도에 의하여 취급을 달리하는 것에 의하여 채권자 사이의 공평을 도모하고자 하는 취지인데, 이하에서 경우를 나누어 살펴본다.

가. 무권원채권

이의채권이 무권원채권인 경우에는 이의의 진술을 당한 채권자가 이의자를 상대방으로 하여 그 채권의 존재를 분명히 하여야 한다(채무자 회생 및 파산에 관한 법률 462조, 463조, 464조. 따라서 이 경우에 이의자는 이의를 남용할 우려가 있다).

이의를 받은 파산채권자의 쪽에서 이의를 제거하기 위하여 적극적으로 나가야 한다. 즉, 이의채권을 보유한 파산채권자는 이의자 전원을 상대방으로 하여 법원에 **채권조사확정재판**을 신청하여야 한다(동법 462조 제1항 본문). 이미 소송이 계속 중인 경우에 대하여는 위에서 설명하였다.

파산채권에 대하여 이의가 제출된 사항을 둘러싼 다툼을 확정하는 것을 목적으로 제1차적으로 결정에 의한 채권조사확정절차에 의하여 채권의 확정을 도모하고(동법 462조), 이 결정에 불복하는 경우에 제2차적으로 **채권조사확정재판에 대한 이의의 소**를 제기할 수 있도록 하고 있다(동법 463조).

파산관재인 또는 파산채권자의 이의가 있는 이상, 이해관계인 사이에서 더이상 자치적인 결말에 맡기는 것보다 법원의 판단에 의하여 채권확정을 하는 것이 적당한데, 다만 절차의 합리화와 신속화를 위하여 채권확정소송이(종전 파산법의 입장) 아닌, 절차적 부담이 가벼운 결정에 의한 채권조사확정절차와 이 결정에 대한 이의의 소에 의하도록 하였다(다음 항목에서 별도로 설명한다).

나. 유권원채권

유권원채권인 경우에는 이의자에게 그 책임이 있고, 이의자는 **채무자가 할 수 있는 소송절차에 의하여만 이의를 주장**할 수 있다(채무자 회생 및 파산에 관한 법률 466조 1항).

확정판결에 대하여는 판결경정의 신청(민사소송법 211조), 재심의 소(민사소송법 451조) 및 청구이의의 소(민사집행법 44조) 등에 의한다.

그리고 미확정의 종국판결에 대하여는 이의자의 신청으로 파산선고에 의하여 중단되고 있는 소송절차를 그 이의채권을 보유한 파산채권자를 상대방으로 하여 수계하여야 한다(채무자 회생 및 파산에 관한 법률 466조 2항).

그 밖의 경우로는 이의자는 새로이 채권부존재확인의 소 등을 제기할 수 있다.

한편, 이의자가 파산관재인인 때에는 부인권을 행사할 수 있으므로 그 한도에서는 채무자가 할 수 있는 것에 한정되지 않는다.

위 소송에서 이의채권이 존재하지 않는다는 판결이 없는 한 신고채권자는 배당으로부터 배제되지 않는다.

2. 무권원채권의 경우의 채권조사확정재판과 이에 대한 이의의 소

가. 채권조사확정재판

채권조사확정재판이란 신고된 파산채권의 내용에 대하여 파산관재인 또는 파산채권자가 이의를 한 때에 이의채권을 보유한 파산채권자의 신청에 의하여 법원이 그 채권의 존부 또는 내용을 정하는 재판절차이다(채무자 회생 및 파산에 관한 법률 462조 1항, 2항). 재판의 신청은 이의가 있는 파산채권에 관한 조사를 위한 일반조사기일 또는 특별조사기일부터 1월 이내에 하여야 한다(동법 동조 5항). 신청의 대상은 신고채권의 존부 및 내용을 확정하기 위한 전제로, 그 신고채권자에게의 귀속, 파산채권으로서의 적격성 등도 그 대상이 된다. 법원은 이의자를 심문한 후 결정으로 이의가 있는 파산채권의 존부 또는 그 내용을 정하는 재판을 하여야 한다(동법 동조 2항, 3항). 법원은 채권조사확정재판의 결정서를 당사자에게 송달하여야 한다(동법 동조 4항).

나. 채권조사확정재판에 대한 이의의 소

위 채권조사확정재판에 불복하는 사람은 그 결정서의 송달을 받은 날로부터 1월 이내에 이의의 소를 제기할 수 있다(채무자 회생 및 파산에 관한 법률 463조 1항).

본소는 이의 있는 사항의 확인소송으로 **소송물**은 이의 있는 사항의 존부이다.

이는 **파산계속법원의 전속관할**에 속한다(동법 동조 2항).

소송목적의 가액은 배당예정액을 표준으로 하여 파산계속법원이 정한다(동법 470조).

청구원인의 요건사실은 다음과 같다.

❶ 파산채권확정재판이 행하여진 것 ❷ 위 ① 결정서의 송달일부터 1월 이내에 본소를 제기한 것

❸ 원·피고적격을 기초 짓는 사실
❹ 해당 파산채권 또는 우선권의 발생원인사실 등(원고가 파산채권자인 경우)

이의의 소를 제기하는 사람이 이의채권을 보유하는 파산채권자인 때에는 이의자 전원을 피고로 하고(고유필수적 공동소송으로 풀이할 것이다), 이의의 소를 제기하는 사람이 이의자인 때에는 그 파산채권자를 피고로 하여야 한다(동법 동조 3항).

동일한 채권에 관하여 여러 개의 소가 계속되어 있는 때에는 법원은 변론을 병합하여야 한다(동법 463조 4항).

원고인 파산관재인이 소를 취하하는 경우는 동법 492조 12호에 준하여 원칙적으로 법원의 허가가 필요하다고 할 것이다.

판결에 있어서 소를 부적법한 것으로 각하하는 경우를 제외하고는 채권조사확정재판을 인가하거나 변경한다(동법 동조 5항).

가령, 판결의 **주문**은 다음과 같다.

1. OO지방법원 OOOO 파산채권조사확정신청사건에서 같은 법원이 2021. OO. OO.에 한 결정을 다음과 같이 변경한다.
   피고가 신청한 별지 채권 목록 기재의 파산채권을 OOO만 원으로 확정한다.
2. 소송비용은 피고가 부담한다.

판결은 파산채권자 전원에 대하여 효력을 가진다(동법 468조 1항).

3. 채권의 확정에 관한 소송의 결과의 기재 등

파산채권의 확정에 관한 소송의 결과(채권조사확정재판에 대한 이의의 소가 그 제기 기간 안에 제기되지 않거나 각하된 때에는 그 재판의 내용을 말한다)를 파산관재인 또는 파산채권자의 신청에 의하여 법원사무관등이 파산채권자표에 기재한다(채무자 회생 및 파산에 관한 법률 467조). 본조에 의하여 기재하여야 하는 소송의 결과는 파산채권을 확정하기 위하여 필요한 결론 부분이다. 따라서 신고채권의 존재 또는 부존재, 존재하는 경우는 금액 및 우선성을 기재하여야 한다.

소송의 결과 자체가 파산채권자 전원에 대하여 효력을 가지므로(동법 468조 1항) 이 경우의 파산채권자표에 기재는 창설적 효력을 가지는 것이 아니라, 확인적인 것에 지나지 않는다.

그리고 이의를 진술하지 않은 채무자는 파산채권자표에 구속된다(동법 535조).

4. 소송비용

파산채권의 확정에 관한 소송(채권조사확정재판을 포함한다)에서 이의자가 승소한 경우에, 그 지출한 소송비용은 상대방이 부담하는데, 이의자가 파산채권자인 때에는 이것과는 별도로 재단채권으로서 재단이 받은 이익의 한도에서 파산재단에 상환을 청구할 수 있다(채무자 회생 및 파산에 관한 법률 469조). 파산채권자 모두를 위한 **공익비용**이라고 할 수 있기 때문이다.

그러나 이의자가 패소한 경우에는, 이의자가 파산채권자라면 그 채권자 자신이 소송비용을 부담하고(따라서 이의를 진술하는 데에는 패소한 경우에 소송비용의 자기부담을 각오하여야 한다), 이의자가 파산관재인이라면 소송비용은 **재단채권**으로서 파산재단의 부담이 된다.

5. 중단된 파산채권에 관한 소송의 취급

파산재단에 관한 소송에 있어서 당사자적격은 파산관재인에게 있다는 명문의 규정이 있다(채무자 회생 및 파산에 관한 법률 359조). 파산재단에 대한 관리처분권은 적극재산에 대한 당사자적격과 소극재산인 파산채권에 대한 당사자적격 양쪽을 포함하므로 여기서 말하는 「파산재단에 관한 소송」은

「파산재단에 속하는 재산에 관한 소송」과 「파산채권에 관한 소송」을 의미한다. 전자인 **파산재단에 속하는 재산에 관한 소송**은 파산선고에 의하여 중단되고 채무자에 대신하여 파산관재인이 수계하여 소송을 속행하게 된다. 그러나 중단된 **파산채권에 관한 소송**은 파산관재인이 당연히 수계하는 것은 아니다. 이처럼 파산관재인이 당연히 수계하는 것이 아니라 파산채권자의 채권신고와 그에 대한 채권조사의 결과에 따라 처리되므로, 당사자는 파산채권이 **이의채권이 되지 아니한 상태에서 미리 소송수계신청을 할 수 없고**, 이와 같은 소송수계신청은 부적법하다(대법원 2018. 4. 24. 선고 2017다287587 판결).

파산선고 당시 파산채권에 관하여 소송이 계속되어 있는 때에는 그 법원, 당사자, 사건명 및 사건번호를 신고하여야 한다(동법 447조 3항).

파산관재인, 파산채권자 및 채무자가 모여 신고채권에 대한 조사를 하기 위해서 법원은 채권조사기일을 지정한다(동법 312조 1항 3호).

중단된 파산채권에 관한 소송의 취급에 있어서는 채권조사기일에서의 이의의 유무에 따라 다음 2가지 절차로 나뉜다.

가. 이의가 진술되지 않은 경우

가령 甲이 乙에 대하여 제기한 금전이행청구소송의 계속 중에 乙이 파산선고를 받았다고 하자. 일단 소송은 중단되는데, 파산절차의 채권조사기일에 甲이 신고한 채권에 대하여 이의가 진술되지 않은 경우에는 채권의 존재 및 내용이 파산채권자표에 기재되고, 그 채권자표의 기재는 확정판결과 마찬가지 효력을 가지므로(채무자 회생 및 파산에 관한 법률 460조) 중단된 소송은 그 존재의의를 잃고 수계의 문제는 생기지 않는다고 할 것이다.

여기서 신고채권에 대하여 이의가 진술되지 않아 채권이 신고한 내용대로 확정되면 계속 중이던 소송은 부적법하게 된다(대법원 2018. 4. 24. 선고 2017다287587 판결). 이렇게 **판례**는 계속 중이던 소송은 부적법하게 된다고 보나, **생각건대** 중단된 소송은 그 상태에서 당연종료된다고 할 것이다.

나. 이의가 진술된 경우

신고채권에 대하여 채권조사기일에 이의가 진술되어 그 확정의 방해로 채권의 확정이 필요하게 된 경우에는 새롭게 **채권조사확정재판을 신청하는 대신**에 중단된 소송이 수계되어 채권의 확정에 이용된다(채무자 회생 및 파산에 관한 법률 462조 1항 단서, 464조). 중단 중의 소송을 이의자가 수계한다. 이는 신소 제기에 따른 비용과 시간의 낭비를 방지하고 소송절차의 번잡을 피하기 위한 공익적인 목적을 위한 것이다.

(1) 무권원채권

집행력 있는 집행권원이나 종국판결이 없는 채권인 경우에는(**무권원채권**) 이의를 당한 파산채권자가 그 채권의 존재를 분명히 하여야 하므로 이의자를 상대방으로 하여 소송을 수계하여야 한다(채무자 회생 및 파산에 관한 법률 464조). 가령 위 예에서 甲이 제기한 금전이행청수소송이 아직 종국판결 전인 때에는 甲이 이의자를 상대방으로 하여 수계의 신청을 한다.

수계를 하여야 할 기간에 대하여는 직접적인 규정은 없으나, 채권자가 배당공고가 있은 날부터 기산하여 14일 이내에 파산관재인에 대하여 소송을 수계한 것을 증명하지 않으면 배당으로부터 제외되므로(동법 512조 1항) 간접적으로는 제한되고 있다.

소송수계 뒤에는 중단된 소송은(중단된 소송의 청구취지는 파산절차 내에서 파산채권의 확정을 상정한 것은 아니다) **채권확정을 위한 소송**으로서(그 성질은 이의사항의 존부에 대한 확인을 구하는 확인소송이다) 속행되는 것이므로 채권자는 필요하다면 이의의 배척·채권의 확정이라는 목적에 적합하도록 청구의 취지를 변경하여야 한다(가령 이행소송이 수계된 때에는 청구의 취지를 확인소송으로 변경하는 것이 필요하다).

(2) 유권원채권

한편, 종국판결이 있는 채권이라면(**유권원채권**), 반대로 이의자가 파산채권자를 상대방으로 하여 소송을 수계하여야 한다(채무자 회생 및 파산에 관한 법률 466조 2항).

위 수계는 계속되어 있는 법원에 신청한다.

소장부본 송달 전 채무자의 파산선고

📖 원고가 2016. 12. 5. 피고를 상대로 채권양도계약에 기한 채무의 부존재 확인을 구하는 이 사건 소를 제기하였고, 그 소장 부본이 2017. 1. 2. 피고에게 송달되었다. 한편 2016. 12. 14. 원고에 대하여 파산이 선고되었다. 2017. 2. 7. 원고의 파산관재인이 소송수계신청을 한 사안에서, 다음과 같이 판시하였다(대법원 2018. 6. 15. 선고 2017다289828 판결).

원고와 피고의 대립당사자 구조를 요구하는 민사소송법의 기본원칙상 사망한 사람을 피고로 하여 소를 제기하는 것은 실질적 소송관계가 이루어질 수 없어 부적법하다. 소제기 당시에는 피고가 생존하였으나 소장 부본이 송달되기 전에 사망한 경우에도 마찬가지이다(대법원 2015. 1. 29. 선고 2014다34041 판결; 대법원 2017. 5. 17. 선고 2016다274188 판결 참조). 사망한 사람을 원고로 표시하여 소를 제기하는 것 역시 특별한 경우를 제외하고는 적법하지 않다(대법원 2016. 4. 29. 선고 2014다210449 판결 참조).

파산선고 전에 채권자가 채무자를 상대로 이행청구의 소를 제기하거나 채무자가 채권자를 상대로 채무 부존재 확인의 소를 제기하였더라도, 만약 그 소장 부본이 송달되기 전에 채권자나 채무자에 대하여 파산선고가 이루어졌다면 이러한 법리는 마찬가지로 적용된다. 파산재단에 관한 소송에서 채무자는 당사자적격이 없으므로, 채무자가 원고가 되어 제기한 소는 부적법한 것으로서 각하되어야 하고(채무자 회생 및 파산에 관한 법률 제359조), 이 경우 파산선고 당시 법원에 소송이 계속되어 있음을 전제로 한 파산관재인의 소송수계신청 역시 적법하지 않으므로 허용되지 않는다.

원고가 피고를 상대로 채무 부존재 확인의 소를 제기하였는데 그 소장부본이 송달되기 전에 원고에 대해 파산이 선고되었고 파산관재인이 소송수계신청을 한 사건에서, 파산재단에 관한 소송에서 채무자인 원고는 당사자적격이 없으므로, 위 소는 부적법한 것으로서 각하되어야 하고, 파산선고 당시 법원에 소송이 계속되어 있음을 전제로 한 파산관재인의 소송수계신청 역시 부적법하다.

소송절차의 중단을 간과한 판결의 효력 및 상소심에서 수계절차를 밟은 경우, 절차상 하자의 치유

📖 소송계속 중 일방 당사자에 대하여 파산선고가 있었는데, 법원이 파산선고 사실을 알지 못한 채 파산관재인이나 상대방의 **소송수계가 이루어지지 아니한 상태 그대로 소송절차**

를 진행하여 판결을 선고하였다면, 그 판결은 소송에 관여할 수 있는 적법한 수계인의 권한을 배제한 결과가 되어 **절차상 위법하나 이를 당연무효라고 할 수는 없고**, 대리인에 의하여 적법하게 대리되지 않았던 경우와 마찬가지로 대리권 흠결을 이유로 한 **상소 또는 재심에 의하여 그 취소**를 구할 수 있으며, 상소심에서 수계절차를 밟은 경우에는 위와 같은 절차상의 **하자는 치유**되고 그 수계와 상소는 적법한 것으로 된다(대법원 2020. 6. 25. 선고 2019다246399 판결 등).

판례색인

[대법원]

[지방법원]

[헌법재판소]

[저자 약력]

전 병 서

- 서울 배문고 졸업
- 서울대 법대 졸업
- 사법시험 합격
- 대법원 법무사자격심의위원회 위원 역임
- 대법원 개인회생절차 자문단 위원 역임
- 법무부 법조직역 제도개선 특별분과위원회 위원 역임
- 변리사시험위원, 입법고시위원, 공인노무사시험위원 역임
- 사법시험위원, 변호사시험위원 역임
- (현재) 대한변호사협회지 「인권과 정의」 편집위원
- (현재) 한국민사집행법학회 회장
- (현재) 중앙대학교 법학전문대학원 교수

[저 서]

- 강의 민사소송법[제4판], 박영사
- 민사집행법[제4판], 박영사
- 도산법[제5판], 박영사
- 비송사건절차법, 유스티치아
- 민사소송법 핵심판례 셀렉션, 박영사
- 민사소송법연습[제7판], 법문사
- 분쟁유형별 민사법[제4판], 법문사
- 공증법제의 새로운 전개, 중앙대학교 출판부
- 제로(0) 스타트 법학[제6판], 문우사
- [e북] 민사소송법 판례, 유스티치아
- [e북] 민사소송법 연습, 유스티치아
- [e북] 민사소송법 선택형 문제, 유스티치아
- [e북] 분쟁유형별 요건사실, 유스티치아

[플랫폼 주소] http://justitia.kr

[QR코드]

제2판
민사소송 가이드·매뉴얼

초판발행 2022년 8월 31일
제2판발행 2024년 2월 15일

지은이 전병서
펴낸이 안종만·안상준

편 집 윤혜경
기획/마케팅 조성호
표지디자인 유지수
제 작 고철민·조영환

펴낸곳 (주) 박영사
서울특별시 금천구 가산디지털2로 53, 210호(가산동, 한라시그마밸리)
등록 1959. 3. 11. 제300-1959-1호(倫)
전 화 02)733-6771
f a x 02)736-4818
e-mail pys@pybook.co.kr
homepage www.pybook.co.kr
ISBN 979-11-303-4659-5 93360

정 가 47,000원